Ursula Eva Wiese

Rechtliche Qualitätsvorgaben in der stationären Altenpflege

Ursula Eva Wiese

Rechtliche Qualitätsvorgaben in der stationären Altenpflege

Leitfaden durch den Gesetzesdschungel

2. Auflage

ELSEVIER
URBAN & FISCHER

URBAN & FISCHER München

Zuschriften und Kritik an:
Elsevier GmbH, Urban & Fischer Verlag, Lektorat Pflege, Karlstraße 45, 80333 München
oder per E-Mail an die Autorin: U.Wiese@fh-osnabrueck.de

Bibliografische Information der Deutschen Nationalbibliothek
Die Deutsche Bibliothek verzeichnet diese Publikation in der Deutschen Nationalbibliografie; detaillierte bibliografische Daten sind im Internet unter http://dnb.ddb.de abrufbar.

1. Auflage 2005
2. Auflage 2009

Der Urban & Fischer Verlag ist ein Imprint der Elsevier GmbH.

09 10 11 12 13 5 4 3 2 1

Um den Textfluss nicht zu stören, wurde bei Bewohnern, Pflegebedürftigen und Berufsbezeichnungen die grammatikalisch maskuline Form gewählt. Selbstverständlich sind in diesen Fällen immer Frauen und Männer gemeint.

Planung: Christine Schwerdt, München
Lektorat: Dr. Petra Becker, Syke
Herstellung: Gabriele Reuter, München; Kerstin Wilk, Leipzig
Satz: abavo GmbH, Buchloe/Deutschland, TNQ, Chennai/Indien
Druck und Bindung: L.E.G.O. S.p.A., Lavis (TN)
Umschlaggestaltung: SpieszDesign, Neu-Ulm
Titelabbildung: SpieszDesign, Neu-Ulm
Gedruckt auf 115 g Gardamatt

Printed in Italy
ISBN 978-3-437-28200-3

Aktuelle Informationen finden Sie im Internet unter **www.elsevier.de** und **www.elsevier.com**

Vorwort

Mit der zweiten Auflage dieses Leitfadens zu *rechtlichen Qualitätsvorgaben in der stationären Altenpflege* wird der professionellen Praxis wiederum ein Nachschlagewerk an die Hand gegeben, das den aktuellen Stand der Rechtsvorgaben an die Versorgungsqualität und Qualitätsentwicklung darstellt.

Ziel des Werkes ist es, Leitungskräften und verantwortlich Pflegenden eine Informationsquelle zu sein, mit der diese sich umfassend und gezielt einen Einblick verschaffen können. Welche rechtlichen Qualitätsanforderungen bestehen und wie ist der Umsetzungstand in der Praxis? Vor allem aber, welche Maßnahmen sind zu treffen? Hier finden sich die Informationen, die man benötigt, um den Qualitätsstandards zu entsprechen. Der Leitfaden kann ebenso der gezielten Vorbereitung auf externe Überprüfungen der Qualität durch den Medizinischen Dienst der Krankenversicherung (MDK) und durch die Heimaufsicht dienen, da auf die Prüfungsanforderungen Bezug genommen wird und aktuelle Entwicklungen der Prüfpraxis dargestellt werden.

Neu ist ein **Online-Zusatz,** mit dem über weitere Links via Website Informationen über aktuelle Entwicklungen abgerufen werden können. Die für den Onlinezugang benötigte PIN-Nummer ist auf der Innenseite des vorderen Buchdeckels zu finden.

Für die Behandlung der rechtlichen Qualitätsvorgaben wird aufgrund der positiven Resonanz zur ersten Auflage die Aufteilung nach spezifischen Aufgaben- und Verantwortungsbereichen beibehalten. Fragen und Anregungen aus der Praxis sind aufgenommen worden.

Entlang den zentralen Aufgabenbereichen der Praxis werden die rechtlichen Vorgaben zur Versorgungsqualität entwickelt:

- Qualitative Anforderungen an eine bewohnerorientierte Versorgung
- Anforderungen an die (Pflege-)Hilfsmittelausstattung
- Anforderungen an die Qualifikation des Heimpersonals und die Personalausstattung
- Bauliche (Mindest-)Anforderungen an stationäre Pflegeeinrichtungen
- Qualitätssicherung durch Wahrung und Sicherung der Bewohnerrechte
- Qualitätsentwicklung und -sicherung als institutionelle Aufgabe

In der vorliegenden Neuauflage ist u.a. die Reformgesetzgebung zum Pflege-Weiterentwicklungsgesetz und Heimrecht bis August 2008 berücksichtigt worden.

Einschneidende Veränderungen für die stationäre Altenpflege gehen von dem 2008 in Kraft getretenen Pflege-Weiterentwicklungsgesetz und der Föderalisierung des Heimrechts 2006 aus. Das Heimgesetz besteht bis zur Ablösung durch die Ländergesetze fort.

Diese und weitere Veränderungen, insbesondere durch das Wettbewerbsstärkungs-Gesetz 2007, durch die Überarbeitung der Begutachtungsrichtlinien von 2006 und die Inkraftsetzung von Qualitätsprüfungs-Richtlinien (QPR) 2006 verdeutlichen, dass die Altenpflege ständigen Veränderungen unterworfen ist und sich in einem stetigen Entwicklungsprozess befindet.

Zentrale Zielsetzung des Gesetzgebers ist es, die Versorgungsqualität pflegebedürftiger Menschen in Pflegeeinrichtungen zu verbessern und eine innovative Qualitätsentwicklung zu fördern. Defizite in der stationären Versorgung sollen überwunden werden. Eine Verbesserung der Versorgung vor allem von Menschen mit erheblichem allgemeinem Betreuungsbedarf wird angestrebt. Präventive Leistungen und Rehabilitationsmaßnahmen sollen stärker entwickelt werden. Die Palliativversorgung soll in den stationären Pflegeeinrichtungen befördert werden. Externe Qualitätsprüfungen und von den Trägern der Pflegeeinrichtungen selbst veranlasste Prüfungen bzw. Zertifizierungen sollen anerkannt werden. Die Spannbreite der Anforderungen und Maßnahmen, die mit der Pflegereform 2008 initiiert wurden, ist somit weit gefasst.

Um die rechtliche Darstellung plastisch zu gestalten, sind praktische Beispiele und Hinweise u.a. zu Rahmenverträgen, Abgrenzungskatalogen von Spitzenverbänden, Mustervereinbarungen, Modellprojekten und Entscheidungen der Gerichte angeführt.

An zahlreichen Stellen sind rechtliche Qualitätsanforderungen den Prüfungskriterien der Qualitätsprüfungs-Richtlinien und der MDK-Anleitung gegenübergestellt. Es werden Handlungsempfehlungen für eine hausinterne Analyse gegeben.

Mein Dank gilt dem Verlag Elsevier, der die 2. Auflage mit einem innovativen Online-Zusatz ermöglicht und die Drucklegung des Buches professionell begleitet und umgesetzt hat sowie der Fachhochschule Osnabrück.

Prof. Dr. Ursula Eva Wiese,
Fachhochschule Osnabrück, im Herbst 2008

Das anschließende Schaubild gibt vorab eine Vorschau und eine Übersicht zu den Instrumenten und infrastrukturellen Voraussetzungen der Qualitätsentwicklung und -sicherung, die in dem Leitfaden behandelt werden.

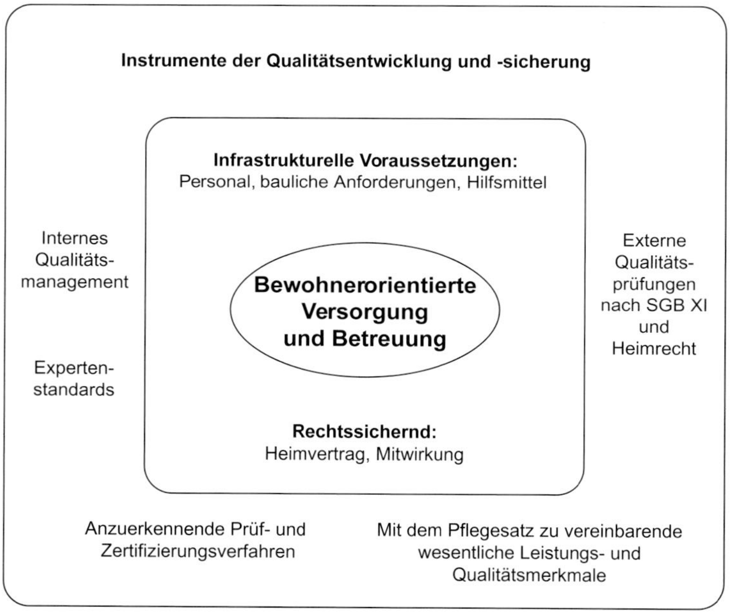

Abb. 0.1 Instrumente und infrastrukturelle Voraussetzungen der Qualitätsentwicklung und -sicherung

Die Autorin

Prof. Dr. jur. Ursula Eva Wiese lehrt an der Fachhochschule Osnabrück Arbeitsrecht, Gesundheitsrecht und Wirtschaftsrecht. Das Gesundheitsrecht lehrt sie insbesondere im Masterprogramm Management im Gesundheitswesen (MiG), im MBA Gesundheitsmanagement und an der Akademie für Krankenhaus-Management (AKM) e.V. Darüber hinaus ist sie Gutachterin u.a. für das BMBF-Programm zur Förderung anwendungsorientierter Forschung und Entwicklung an Fachhochschulen. Arbeitsschwerpunkte und Veröffentlichungen im Gesundheitsrecht sind: Pflegeversicherungsrecht, Heimrecht, Recht der Qualitätssicherung und Haftungsrecht im Gesundheitswesen.

Kontakt: U.Wiese@fh-osnabrueck.de

Abkürzungsverzeichnis

Symbole

%	Prozent
§	Paragraf
➢	Querverweis, siehe, vgl. mit
®	Handelsname

A

a.a.O.	am angegebenen Ort
a.F.	alte Fassung
Abb.	Abbildung
Abs.	Absatz
AltPflG	Altenpflegegesetz
AVR	Arbeitsvertragsrichtlinien
AWO	Arbeiterwohlfahrt
Az.	Aktenzeichen

B

BAnz	Bundesanzeiger
Bd.	Band
Beschl. v.	Beschluss vom
BGB	Bürgerliches Gesetzbuch
BGBl.	Bundesgesetzblatt
BGH	Bundesgerichtshof
BIKA	Bobath Initiative für Kranken- und Altenpflege
BIVA	Bundesinteressenvertretung der Nutzerinnen und Nutzer von Wohn- und Betreuungsangeboten im Alter und bei Behinderung e.V.
BKK	Betriebskrankenkasse
BMFSFJ	Bundesministerium für Familie, Senioren, Frauen und Jugend
BMG	Bundesministerium für Gesundheit
BR-Drucks.	Deutscher Bundesrat – Drucksache
BSG	Bundessozialgericht
BT-Drucks.	Deutscher Bundestag – Drucksache

C

ca.	circa
CMAI	Cohen-Mansfield Agitation Inventory bzw. Cohen-Mansfield-Scala

D

d.h.	das heißt
d.Verf.	der Verfasser
DBfK	Deutscher Berufsverband für Pflegeberufe
DGKH	Deutsches Gesellschaft für Krankenhaushygiene
DKG	Deutsche Krankenhausgesellschaft
DNQP	Deutsches Netzwerk für Qualitätsentwicklung in der Pflege
DVLAB	Deutscher Verband der Leitungskräfte von Alten- und Behinderteneinrichtungen e.V.

E

E.D.E.	European association for directors of residential care homes for the elderly (Europäische Verbindung für Direktoren von Wohnheimen für ältere Personen)
e.V.	eingetragener Verein
etc.	et cetera

F

f.	fortlaufend
ff.	fortlaufend folgend

G

ggf.	gegebenenfalls
GKV-WSG	GKV-Wettbewerbsstärkungsgesetz
GVBl.	Gesetz- und Verordnungsblatt

H

HACCP-System	Harzard Analysis and Critical Control Points
HeimG	Heimgesetz
HeimMindBauV	Heimmindestbauverordnung
HeimmitwV	Heimmitwirkungsverordnung
HeimPersV	Heimpersonalverordnung
Hess.	Hessisch
Hrsg.	Herausgeber
HW	Hauswirtschaft

I

i.d.R.	in der Regel
i.S.d.	im Sinne des
i.S.v.	im Sinne von
i.V.m.	in Verbindung mit
IfSG	Infektionsschutzgesetz
inkl.	inklusive

K

KDA	Kuratorium Deutsche Altershilfe

L

LHeimG	Landesheimgesetz
LQN	Leistungs- und Qualitätsnachweise
LQV	Leistungs- und Qualitätsvereinbarung
LSG	Landessozialgericht

M

m.w.N.	mit weiteren Nachweisen
max.	maximal
MDK	Medizinischer Dienst der Krankenversicherung

MDS	Medizinischer Dienst des Spitzenverbandes Bund der Krankenkassen e.V.
MinBl.	Ministerialblatt
MMSE	Mini-Mental-State-Examination

N

n.F.	neue Fassung
NDS	Niedersachsen
NRW	Nordrhein-Westfalen
Nr.	Nummer
NZS	Neue Zeitschrift für Sozialrecht

O

o.A.	ohne Angabe
o.O.	ohne Ort
o.V.	ohne Vornamen

P

PDL	Pflegedienstleitung
PfG NW	Landespflege-Gesetz NRW
PflEg	Pflegeleistungs-Ergänzungsgesetz
PfleGe	Pflege und Gesellschaft
PflegePrüfV	Pflege-Prüfverordnung
PflegeVG	Pflege-Versicherungsgesetz
PfleWoqG	Pflege- und Wohnqualitätsgesetz
PflWG	Pflege-Weiterentwicklungsgesetz
PLAISIR®	Planification Informatisée des Soins Infirmiers Requis (informationsgestützte Planung der erforderlichen Pflege in Einrichtungen der Langzeitpflege)
PQsG	Pflege-Qualitätssicherungsgesetz

Q

QM	Qualitätsmanagement
QPR	Qualitätsprüfungs-Richtlinien
QS	Qualitätssicherung

R

RdErl	Runderlass
Rdn.	Randnummer
RegE.	Regierungsentwurf

S

S.	Seite
SG	Sozialgericht
SGB	Sozialgesetzbuch
SozR	Sozialrecht

T

Tab.	Tabelle
TVöD	Tarifvertrag für den öffentlichen Dienst

U

u.a.	und andere, unter anderem
u.U.	unter Umständen
U.v.	Urteil vom
usw.	und so weiter

V

VG	Verwaltungsgericht
VGH	Verwaltungsgerichtshof
VO	Verordnung
VSSR	Vierteljahresschrift für Sozialrecht

W

WHO	World Health Organization (Weltgesundheitsorganisation)
wLQm	wesentliche Leistungs- und Qualitätsmerkmale

Z

z.B.	zum Beispiel
z.T.	zum Teil
ZFSH/SGB	Zeitschrift für Sozialhilfe und Sozialgesetzbuch
ZR	Zentralregister

Inhaltsverzeichnis

KAPITEL

1 Qualitative Anforderungen an eine bewohnerorientierte Versorgung

1.1 Bedeutungszuwachs von Rechtsquellen

Die Sicherstellung, Verbesserung und Entwicklung der Versorgungsqualität ist eine zentrale Aufgabe und Verpflichtung jeder Heimeinrichtung. Der Gesetzgeber hat in den vergangenen Jahren zur Beförderung der Qualitätsentwicklung diverse Gesetzesregelungen erlassen. Die Kerngesetze bilden das seit 1995 bestehende Sozialgesetzbuch XI, die Soziale Pflegeversicherung und das Heimgesetz. Mit dem Pflegeversicherungsgesetz wurde eine Neuausrichtung in der Versorgung Pflegebedürftiger geschaffen, indem ein Leistungssystem, verbunden mit ökonomischen Rahmenvorgaben, gesetzt wurde und verpflichtende Qualitätsanforderungen aufgestellt worden sind.[1] Das Heimgesetz, das ebenfalls dem Schutz und der Versorgungsqualität alter, pflegebedürftiger und behinderter Menschen dient, wurde reformiert. Durch Reformgesetze, wie das Pflege-Qualitätssicherungsgesetz und die Novellierung des Heimgesetzes, die beide Anfang 2002 in Kraft traten, haben rechtliche Qualitätsanforderungen für die stationäre Altenpflege einen weiteren Bedeutungszuwachs erfahren.

Pflegeeinrichtungen sind nach dem Heimgesetz und dem SGB XI grundsätzlich verpflichtet, für ihre Bewohner Leistungen der Pflege sowie der Versorgung und Betreuung vorzuhalten und anzubieten (§ 1 HeimG, § 11 SGB XI). Die Inhalte und der Umfang der Leistungen werden individuell im Heimvertrag (➢ Kap. 5.2) zwischen Heimträger und Heimbewohner vereinbart.

Versorgungsqualität nach SGB XI und Heimrecht

Beide Gesetzeswerke enthalten unterschiedliche Regelungsschwerpunkte zur Qualität der Versorgung. Das Pflegeversicherungsgesetz legt das Gewicht auf die Pflegequalität, die soziale Betreuung und hauswirtschaftliche Versorgung der Bewohner. Ein weiterer Focus richtet sich auf die Verbesserung der Versorgungsqualität und auf die Weiterentwicklung von Versorgungsstrukturen für demenziell Erkrankte mit erheblichem allgemeinem Betreuungsbedarf. Das Heimrecht ist im Vergleich dazu als Schutzgesetz konzipiert. Es soll die Fähigkeiten zur eigenständigen Lebensführung und die Rechtsstellung der Bewohner sicherstellen. Im Heimgesetz wird, anders als im SGB XI, nicht zwischen verschiedenen Leistungsarten wie der Grundpflege, der medizinischen Behandlungspflege und der sozialen Betreuung differenziert, sondern hier wird der Oberbegriff der „Betreuung" verwendet (➢ Abb. 1.1). Der Betreuungsbegriff und die Qualitätsanforderungen des Heimrechts sind somit nicht deckungsgleich mit jenen des Pflegeversicherungsgesetzes. Aufgabe der

[1] Zu den Auswirkungen in der Praxis vgl. Wiese, 2004.

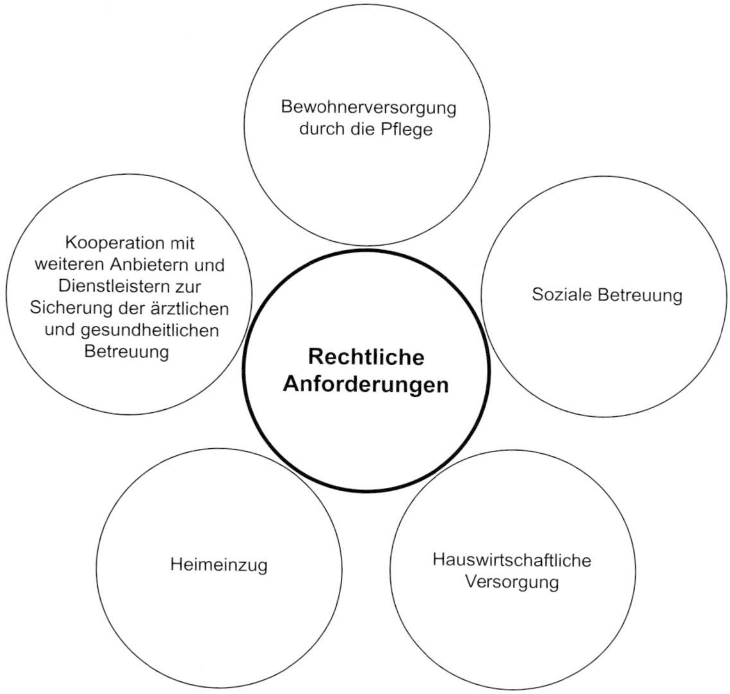

Abb. 1.1 Qualitätsanforderungen an die Versorgung

Pflegeeinrichtungen ist es, mit Blick auf das Pflegeversicherungs- und Heimgesetz ein Versorgungskonzept für die Pflege und Betreuung ihrer Bewohnerschaft zu erarbeiten und umzusetzen, das den Anforderungen beider Regelungskreise entspricht.

Geltung des Heimgesetzes/Föderalismusreform

Während zunächst im Jahre 2002 durch die gleichzeitige Novellierung des SGB XI mit dem Pflegequalitätssicherungsgesetz und die Neufassung des Heimgesetzes eine verbesserte Harmonisierung der Regelungsbereiche angestrebt wurde, erfolgte im Jahre 2006 ein Richtungswechsel in der Gesetzgebungszuständigkeit für das Heimrecht. Im Rahmen der Föderalismusreform wurde das bislang bundeseinheitlich geregelte Heimrecht aus der „öffentlichen Fürsorge" gemäß Art. 74 Abs. 1 Nr. 7 GG herausgenommen.[2] Seit dem 1.9.2006 liegt damit die Gesetzgebungskompetenz für das Heimrecht bei den Ländern. Beim Bund verblieben ist die Gesetzeszuständigkeit für das Heimvertragsrecht. Infolge der Verlagerung der Gesetzgebungskompetenz wird es Aufgabe der Länder sein, Landesheimgesetze zu entwickeln. Zum Zeitpunkt der Bearbeitung dieses Buches (2008) traten zwei Ländergesetze in Kraft. Überwiegend lagen allerdings erst Eckpunktepapiere bzw. Gesetzesentwürfe einzelner Länder vor, aus denen erste Schwerpunkte zur Ausgestaltung der Landesgesetze erkennbar sind.

[2] Gesetz zur Änderung des Grundgesetzes vom 28.8.2006, BGBl. I S. 2034.

Folgende Ziele und Regelungsabsichten lassen sich – ohne Anspruch auf Vollständigkeit – den Eckpunktepapieren und Gesetzesentwürfen entnehmen:

- Einzelne Länder, wie z.B. Nordrhein-Westfalen, planen ein eigenes Heimgesetz; das Land Schleswig-Holstein plant hingegen ein Landes-Pflegegesetzbuch mit drei Büchern, von denen ein Buch ein Selbstbestimmungsstärkungsgesetz enthalten soll, das seinem Regelungsinhalt nach das Heimgesetz des Bundes ablösen soll.
- Regelungsinhalte sollen nach den Entwürfen insbesondere sein: Veränderung und Erweiterung der bislang heimspezifischen Schutzvorschriften unter Einbeziehung neuer Wohnformen und Abkehr vom herkömmlichen Heimbegriff; Bürokratieabbau durch Reduzierung von Anzeige- und Berichtspflichten, z.B. nach § 12 HeimG, Überprüfung baurechtlicher Vorschriften; Verbesserung der Heimaufsicht und der Zusammenarbeit von Heimaufsicht und MDK im Rahmen der Qualitätsprüfung; Verbesserung der Pflege-, Beratungs- und Betreuungsangebote für Pflegebedürftige und Angehörige. Der Kabinettsentwurf für Nordrhein-Westfalen sieht ein Mitbestimmungsrecht für die Bewohnervertretung vor.

Mit einem Inkrafttreten der überwiegenden Zahl der Länderheimgesetze ist allerdings nicht vor 2009 zu rechnen (Weiteres: **www.pflegeheute.de**).

Bis zur Ablösung durch Landesgesetze gilt das Heimgesetz mit den dazu erlassenen Rechtsverordnungen uneingeschränkt weiter und ist in stationären Pflegeeinrichtungen zu beachten. Darüber hinaus ist zu erwarten, dass die Schutzregelungen des Bundesgesetzes – wenn auch in neuer Gestaltung – in den Ländergesetzen Eingang finden werden.

Im Folgenden werden die Qualitätsanforderungen und Maßstäbe des SGB XI und des Heimgesetzes entwickelt.

1.2 Anforderungen an die Pflege und die pflegerische Versorgung

1.2.1 Gesetzgeberisches Verständnis von Pflege

Begriffsverständnis

Die Pflege älterer und pflegebedürftiger oder behinderter Menschen ist eine Dienstleistung, die als ganzheitliche Aufgabe zu erbringen ist. Im Heimgesetz wird die Pflege der Bewohner als notwendiger Bestandteil der den Bewohnern gegenüber zu leistenden Betreuung erfasst. Der Gesetzgeber versteht Pflege daher als Betreuungsleistung, wenn auch als „eine gesteigerte Form der Betreuung“[3]. Der Charakter des Heimgesetzes ist durch einen Schutzauftrag gegenüber den Bewohnerinnen und Bewohnern bestimmt. Die Würde

3 Bundesministerium für Familie, Senioren, Frauen und Jugend, 1993, S. 18.

sowie die Interessen und Bedürfnisse der Bewohnerschaft sollen gemäß § 2 HeimG geschützt werden. Diesen Schutzauftrag wahrzunehmen ist Verpflichtung des Trägers und der Leitung.

Vom Schutzauftrag umfasst werden die pflege- und krankheitsspezifischen Bedürfnisse des Einzelnen, denen durch die Umsetzung eines anerkannten Pflegemodells Rechnung zu tragen ist. Darüber hinaus sollen aber auch das Wohlbefinden, die Selbstständigkeit und die Lebensqualität in ihren unterschiedlichen Ausprägungen gefördert werden. Das Pflegeverständnis des Heimgesetzes verlangt deshalb in § 1 Nr. 2 HeimG eine humane und aktivierende Pflege unter Achtung der Menschenwürde.

Im Leistungssystem der **Pflegeversicherung (SGB XI)** wird im Vergleich dazu stärker auf unterschiedliche Orientierungen, insbesondere auf Leistungs- und Vergütungskriterien des Versicherungssystems abgestellt. Die Dienstleistung **„Pflege" wird hier in drei Leistungsarten** unterteilt:

- Grundpflege
- medizinische Behandlungspflege
- soziale Betreuung

Die Grundpflege und die soziale Betreuung sind originäre Aufgaben der sozialen Pflegeversicherung.[4] Die medizinische Behandlungspflege ist eine Leistung der Krankenkassen, die aber für die stationäre Pflege im Heim gemäß § 43 SGB XI von den Pflegekassen zu finanzieren ist.[5] Eine Ausnahme, die mit dem Wettbewerbsstärkungsgesetz 2007 in § 37 Abs. 2 Satz 3 SGB V geregelt wurde, besteht für sehr pflegebedürftige Heimbewohner. Für **Heimbewohner mit besonders hohem Bedarf** an medizinischer Behandlungspflege, wie z.B. Wachkomapatienten, Dauerbeatmete, sind die Kosten der Behandlungspflege von den zuständigen Krankenkassen zu tragen. Dazu sind von den Krankenkassen mit den Heimträgern Verträge zur häuslichen Krankenpflege gemäß § 132a SGB V zu schließen. Erfasst wird aber nur ein eng begrenzter Personenkreis von Pflegebedürftigen.

Dem Heimgesetz und dem Pflegeversicherungsgesetz liegt **kein einheitliches Begriffsverständnis von Pflege** zugrunde.

Heimeinrichtungen müssen für pflegebedürftige Bewohner eine angemessene Qualität der Betreuung gewährleisten (§ 11 Abs. 1 Nr. 3 HeimG). Deshalb ist zu klären, was nach dem Pflegeversicherungsgesetz unter Pflegebedürftigkeit zu verstehen ist. Ebenso werden im Folgenden die Anforderungen entwickelt, die im Heimgesetz und im Pflegeversicherungsgesetz an die pflegerische Versorgung gestellt werden.

---

4 Vgl. § 43 Abs. 2 SGB XI.

5 Entwurf eines Gesetzes zur Stärkung des Wettbewerbs in der gesetzlichen Krankenversicherung (GKV-Wettbewerbsstärkungsgesetz), Deutscher Bundestag – Drucksache 16/3100 vom 24.10.2006, Art. 8 (Änderung des Elften Buches Sozialgesetzbuch) zu Nr. 12 (§ 43). Die Finanzierungszuständigkeit ist am 1.7.2007 endgültig auf die Pflegekassen übergegangen.

1.2.2 Definition von Pflegebedürftigkeit

Pflegebedürftigkeit nach dem Heimgesetz

Pflegebedürftigkeit nach Heimgesetz

Heime im Sinne des Heimgesetzes sind gemäß § 1 Abs. 1 HeimG Einrichtungen, die **pflegebedürftige Volljährige** aufnehmen, ihnen Wohnraum überlassen sowie Leistungen der Betreuung und Verpflegung gewähren und vorhalten. Eine konkretisierende **Definition** des Begriffs „Pflegebedürftigkeit" findet sich weder im Heimgesetz selbst noch in den amtlichen Begründungen zum Heimgesetz.

Lediglich in der ausführenden Rechtsverordnung zu § 3 Abs. 2 des Heimgesetzes, der Heimpersonalverordnung,[6] deren Regelungsinhalt auf die Festlegung fachlicher Qualifikationen des Personals zielt, wird eine Begriffsbeschreibung zur Pflegebedürftigkeit gegeben. Nach § 5 Abs. 3 HeimPersV[7] ist *„pflegebedürftig im Sinne der Verordnung, wer für die gewöhnlichen und regelmäßig wiederkehrenden Verrichtungen im Ablauf des täglichen Lebens in erheblichem Umfang der Pflege nicht nur vorübergehend bedarf"*. Allerdings kommt bereits in der Formulierung „im Sinne der Verordnung" zum Ausdruck, dass es dem Verordnungsgeber vor allem um die Festlegung eines Mindestpersonalstandards geht, der zur Betreuung Pflegebedürftiger vom Heimträger bereitzustellen ist.

Dem Heimrecht liegt zudem ein sehr weit gefasstes Grundverständnis von Pflegebedürftigkeit zugrunde: So wird nicht auf die Ursachen der Pflegebedürftigkeit abgestellt, sondern nur auf eine (unscharfe) Erheblichkeit des Pflegebedarfs. Erfasst werden sowohl physische als auch psychische Ursachen von Pflegebedürftigkeit oder Behinderungen.[8] Eine Begrenzung auf spezielle Hilfebedarfe in ausgewählten Verrichtungen erfolgt nicht. Auch wird die Feststellung von Pflegebedürftigkeit nicht – wie in der Pflegeversicherung – vom Erreichen eines Schwellenwertes im Pflegezeitaufwand abhängig gemacht.

Dem Heimrecht liegt ein **umfassenderes Verständnis von Pflegebedürftigkeit** zugrunde, das nicht mit dem Begriff der Pflegebedürftigkeit im Pflegeversicherungsgesetz deckungsgleich ist.[9]

---

6 Verordnung über personelle Anforderungen für Heime vom 19.7.1993, BGBl. III S. 1205.

7 Die Verordnungen zum Heimgesetz wirken fort. Die ersten Landesheimgesetze sehen dies ausdrücklich bis zum Inkrafttreten neuer Rechtsverordnungen vor (➢ Kap. 4.1).

8 Vgl. Dahlem, u.a., 2007, § 1, Rdn. 10.

9 Vgl. auch Kunz, u.a., 2003, § 1, Rdn. 11 und Anhang A 4, Verordnung über personelle Anforderungen für Heime (Heimpersonalverordnung), zu Abs. 3. Bereits in den Vorläuferregelungen des Heimgesetzes wurde die Pflegebedürftigkeit in einem weiten Verständnis beschrieben als Zustand, der infolge von Krankheit oder Behinderung zu einer Hilflosigkeit führt, sodass der Mensch nicht ohne Wartung und Pflege bleiben konnte.

1

Pflegewissenschaftliche Ansätze

Fehlende wissenschaftliche Ansätze

Aus den Gesetzesmaterialien des Heimgesetzes lassen sich keine Hinweise entnehmen, dass pflegewissenschaftliche Methoden oder Instrumente zur Bestimmung des Pflegebedürftigkeitsbegriffs vom Gesetzgeber berücksichtigt wurden. Eine Ursache ist, dass in der pflegewissenschaftlichen Diskussion unterschiedliche problem- und bedürfnisorientierte Ansätze zum Verständnis und zur Kennzeichnung von Pflegebedürftigkeit vertreten werden. Dies hat zur Folge, dass es gegenwärtig an einer Absorption und rechtlichen Verfestigung eines pflegewissenschaftlichen Verständnisses von Pflege und Pflegebedürftigkeit fehlt.[10]

Innerhalb eines von der WHO ausgearbeiteten Klassifikationskonzeptes zur Erfassung der verschiedenen Ursachen und Dimensionen der Pflegebedürftigkeit wird z.B. unterschieden zwischen biologischen, psychischen, instrumentellen und sozialen Ausmaßen des Verlustes an körperlichen bzw. geistigen Leistungspotenzialen.[11]

Ein weiterer Grund für die Zurückhaltung des Gesetzgebers dürfte in der ordnungsrechtlich strukturierten Form des Heimrechts liegen, das dem Schutz der Heimbewohner dienen soll. Die materielle, insbesondere leistungs- und bedarfsorientierte Bestimmung und Ausgestaltung des Begriffs der Pflegebedürftigkeit bleibt anderen Disziplinen überlassen.[12]

Pflegebedürftigkeit nach SGB XI

Pflegebedürftigkeit nach SGB XI

Im Gegensatz zum Heimgesetz wurde mit dem Pflegeversicherungsgesetz eine sehr dezidierte und differenzierte **Bestimmung von Pflegebedürftigkeit in den §§ 14 ff.** SGB XI getroffen. Diesem Pflegebedürftigkeitsbegriff kommt innerhalb des Leistungssystems der Pflegeversicherung eine zentrale Funktion in der Anerkennung eines Pflegebedarfs und der Zuerkennung von Leistungsansprüchen zu.

Feststellung der Pflegebedürftigkeit

Gesetzliche Voraussetzungen

Dem SGB XI liegt ein exakt definiertes Verständnis von Pflegebedürftigkeit zugrunde, das sich an konkreten Hilfebedarfen, Unterstützungsleistungen und Zeitwerten orientiert.

Nach § 14 Abs. 1 SGB XI sind Personen pflegebedürftig, wenn diese
- wegen einer körperlichen, geistigen oder seelischen Krankheit oder Behinderung

---

[10] Vgl. dazu auch Deutscher Bundestag, 2002: Schlussbericht der Enquete-Kommission Demografischer Wandel, BT-Drucks. 14/8800 vom 28.3.2002, S. 230; Robert Koch-Institut (Hrsg.), 2004, S. 43; zum fachlichen Verständnis: Wingenfeld, 2007, S. 6 ff.

[11] Vgl. Deutscher Bundestag, 2002: Schlussbericht der Enquete-Kommission Demografischer Wandel, BT-Drucks. 14/8800 vom 28.3.2002, S. 230.

[12] Zur ordnungsrechtlichen Struktur im Allgemeinen vgl. Klie, 2002, S. 19, 24.

- für die gewöhnlichen und regelmäßig wiederkehrenden Verrichtungen im Ablauf des täglichen Lebens
- auf Dauer, voraussichtlich für mindestens sechs Monate
- in erheblichem oder höherem Maße der Hilfe bedürfen.

Im SGB XI werden **Krankheit und Behinderung als Auslöser und Ursache von Pflegebedürftigkeit** eng verbunden.[13] In der amtlichen Begründung weist der Gesetzgeber ausdrücklich darauf hin, dass nichtmedizinische Ursachen als Grund für Pflegebedürftigkeit im Sinne des Gesetzes nicht ausreichen.[14]

Beeinträchtigungen und Hilfebedarfe

§ 14 Abs. 2 SGB XI konkretisiert dementsprechend die Begriffe Krankheit oder Behinderung im Sinne des Absatzes 1 als:

- Verluste, Lähmungen oder andere Funktionsstörungen am Stütz- und Bewegungsapparat,
- Funktionsstörungen der inneren Organe oder der Sinnesorgane,
- Störungen des Zentralnervensystems wie Antriebs-, Gedächtnis- oder Orientierungsstörungen sowie endogene Psychosen, Neurosen oder geistige Behinderungen.

Die Verknüpfung von Krankheit und Pflegebedürftigkeit bedeutet auch, dass sich außerhalb der gesetzlichen Definition der Pflegebedürftigkeit kein eigener, von medizinischen Kategorien unabhängiger Bedarfsstatus ergeben kann.[15]

Hilfeleistungen

§ 14 Abs. 3 SGB XI regelt die Dimensionen der Hilfe als:

- Unterstützung,
- teilweise oder vollständige Übernahme der Verrichtungen im Ablauf des täglichen Lebens,
- Beaufsichtigung oder Anleitung mit dem Ziel der eigenständigen Übernahme dieser Verrichtungen.

Auflistung: Verrichtungen

Schließlich werden die gewöhnlichen und **regelmäßig wiederkehrenden Verrichtungen** im Sinne des § 14 Abs. 1 SGB XI in Absatz 4 aufgezählt, die für die Feststellung der Pflegebedürftigkeit maßgebend sind:

- im Bereich der Körperpflege: Waschen, Duschen, Baden, Zahnpflege, Kämmen, Rasieren, Darm- oder Blasenentleerung;
- im Bereich der Ernährung: mundgerechtes Zubereiten oder die Aufnahme von Nahrung;
- im Bereich der Mobilität: selbstständiges Aufstehen und Zubettgehen, An- und Auskleiden, Gehen, Stehen, Treppen steigen, das Verlassen und Wiederaufsuchen der Wohnung;

[13] Vgl. Deutscher Bundestag, 2002: Schlussbericht der Enquete-Kommission Demografischer Wandel, BT-Drucks. 14/8800 vom 28.3.2002, S. 232.

[14] Vgl. Entwurf eines Gesetzes zur sozialen Absicherung des Risikos der Pflegebedürftigkeit (Pflege-Versicherungsgesetz/PflegeVG), Deutscher Bundestag – Drucksache 12/5262 vom 24.6.1993, S. 96.

[15] Vgl. Deutscher Bundestag, 2002: Schlussbericht der Enquete-Kommission Demografischer Wandel, BT-Drucks. 14/8800 vom 28.3.2002, S. 231.

- im Bereich der hauswirtschaftlichen Versorgung: Einkaufen, Kochen, Reinigen der Wohnung, Spülen, Wechseln und Waschen der Wäsche und Kleidung sowie das Beheizen.

Dem Pflegeversicherungsgesetz liegt ein reglementierter und stark verrichtungsbezogener Begriff von Pflegebedürftigkeit zugrunde. Darüber hinausgehende Hilfebedarfe, wie z.B. verrichtungsunabhängige Bedarfe im Bereich der Kommunikation, die in bedürfnisorientierten Pflegekonzepten durchaus Berücksichtigung finden, werden von der sozialgesetzlichen Definition nicht umfasst.

Konsequenzen der gesetzlichen Festlegung

Konsequenzen des verrichtungsbezogenen Begriffs

Das im Gesetz festgelegte Verständnis von Pflegebedürftigkeit hat folgende Konsequenzen: Eine Einstufung nach den Pflegestufen I bis III erfolgt im Rahmen des Begutachtungsverfahrens unter Ermittlung des gesetzlich definierten verrichtungsorientierten Pflegebedarfs. Weitergehende Hilfe- und Unterstützungsbedarfe, die nicht im Gesetz und in den Pflegebedürftigkeits-Richtlinien erfasst werden, bleiben bei der Feststellung der Pflegebedürftigkeit außer Betracht und werden deshalb bei der Einstufung in die Pflegestufe und den daran anknüpfenden Sach- und Geldleistungen nicht berücksichtigt.

Verdeutlichen lässt sich dies am Beispiel der Kommunikation und allgemeiner Betreuungsbedarfe: Kommunikative Bedürfnisse Pflegebedürftiger sollen gemäß § 28 Abs. 4 SGB XI bei der Leistungserbringung berücksichtigt werden. Einer Vereinsamung der Person soll auf diesem Wege vorgebeugt werden. Leistungsrechtlich relevant für die Feststellung der Pflegebedürftigkeit und der notwendigen Pflegeleistungen ist die Kommunikation allerdings nur dann, wenn sie im Zusammenhang mit verrichtungsorientierten Hilfen zur Anleitung oder Beaufsichtigung erforderlich ist. Im Übrigen bleibt sie mit folgender Begründung unberücksichtigt: *„Andere Bedarfsbereiche – z.B. die Kommunikation – können keine eigenständige Berücksichtigung finden, da die Kommunikation für gesunde, kranke und pflegebedürftige Menschen grundsätzlich in gleicher Weise notwendig und eine Abstufung daher nicht möglich ist.“*[16]

Eine weitere Diskrepanz besteht im Bereich allgemeiner Betreuungs- und Beaufsichtigungsbedarfe. Für die Einstufung und Leistungsgewährung dürfen Unterstützungsleistungen nur berücksichtigt werden, wenn sie zur Ausführung der in § 14 Abs. 4 SGB XI genannten Verrichtungen erforderlich sind. Allgemeine Aufsichts- und Betreuungsbedarfe, die z.B. bei Demenzerkrankten bestehen oder zur Vermeidung von Selbst- oder Fremdgefährdung erforderlich sind, bleiben für die Bedarfsfeststellung und Pflegestufenfestlegung außer Betracht.[17]

Das **Pflege-Weiterentwicklungsgesetz** vom 28.5.2008[18] sieht keine Änderung zum Pflegebedürftigkeitsbegriff vor. Neu ist allerdings, dass nach § 87b

---

[16] Entwurf eines Gesetzes zur sozialen Absicherung des Risikos der Pflegebedürftigkeit (Pflege-Versicherungsgesetz/PflegeVG), Deutscher Bundestag – Drucksache 12/5262 vom 24.6.1993, S. 96.

[17] Pflegebedürftigkeits-Richtlinien vom 7.11.1994, Stand 11.5.2006 unter 3.5.3.

[18] Pflege-Weiterentwicklungsgesetz vom 28.5.2008, BGBl. I S. 874 ff.

SGB XI Pflegeeinrichtungen **Vergütungszuschläge für Pflegebedürftige mit erheblichem allgemeinem Betreuungsbedarf** mit den Kostenträgern verhandeln können. Es handelt sich hierbei um zu vereinbarende Zuschläge im Pflegesatz (➤ Kap. 1.3.3).

Aufgrund des eng gefassten Begriffs sind aber andere allgemeine Hilfebedarfe nach wie vor nicht abgedeckt, wie z.B. Erholung, Bildung oder die Aufsicht pflegebedürftiger Kinder sowie die Hilfe als unterstützende Begleitung beim Verlassen der Wohnung.[19]

Konsequenzen des sozialrechtlichen Pflegebedürftigkeitsbegriffs

Folge rechtlicher Definitionen

Die stark verrichtungsbezogene Ausrichtung des sozialrechtlichen Pflegebedürftigkeitsbegriffs hat weit reichende Konsequenzen für die Entwicklung und Etablierung pflegewissenschaftlicher Theorien von Pflegebedürftigkeit und für die Praxis der Pflege. Denn mit der Konzeption eines eigenständigen verrichtungsbezogenen Begriffs von Pflegebedürftigkeit hat der Gesetzgeber Systembrüche zu den in der gegenwärtigen pflegewissenschaftlichen Diskussion entwickelten Pflegemodellen in Kauf genommen.[20] Der Systembruch wird deutlich, wenn man einzelne in der Pflegewissenschaft zentral diskutierte bedürfnisorientierte Pflegetheorien und -modelle der gesetzlichen Regelung gegenüberstellt (➤ Tab. 1.1).

Widersprüche im Gesetz

Durch die Aufteilung und Festschreibung einzelner Pflegebedarfe an medizinischen Kriterien der Krankheit und Behinderung wird bewusst auf einen bedarfsorientierten Ansatz verzichtet. Dies bewirkt, dass ein erheblicher Bevölkerungsanteil, der nach gerontologisch-pflegewissenschaftlichen Kriterien als pflegebedürftig anzuerkennen wäre, nicht erfasst wird.[21] Zusätzliche Betreuungsleistungen werden seit 1.4.2002 lediglich für Pflegebedürftige mit erheblichem allgemeinem Betreuungsbedarf gewährt und sind gemäß § 45b SGB XI auf die häusliche Pflege begrenzt. Mit dem Pflege-Weiterentwicklungsgesetz ist für stationäre Pflegeeinrichtungen die Möglichkeit der Vereinbarung von Vergütungszuschlägen für die Betreuung und Aktivierung Pflegebedürftiger mit erheblichem allgemeinem Betreuungsbedarf geschaffen worden. Diese Zuschläge sind jedoch gesondert auszuhandeln und sie sind gemäß § 87b SGB XI an weitere Leistungsbedingungen, wie die sozialversicherungspflichtige Beschäftigung der Betreuungspersonen, geknüpft (➤ Kap. 1.2.4 „Pflegefachlicher Schwerpunkt“).

Ein weiterer Widerspruch besteht darin, dass der Gesetzgeber einerseits, wenn es um die pflegerische Versorgung pflegebedürftiger Menschen geht,

---

[19] Vgl. dazu die Rechtsprechung: u.a. BSG U. v. 24.6.1998, NZS 1999, 189 f. zur Nahrungszubereitung und Beaufsichtigung von Kindern; BSG U. v. 24.6.1998, NZS 1999, 87 ff. zur Begleitung aus der Wohnung zur Bushaltestelle, BSG U. v. 24.6., NZS 1999, 87 ff. zur Beaufsichtigung Behinderter.

[20] Vgl. auch die Kritik in Deutscher Bundestag, 2002: Schlussbericht der Enquete-Kommission Demografischer Wandel, BT-Drucks. 14/8800 vom 28.3.2002, S. 232.

[21] Kritisch: Deutscher Bundestag, 1998: Zweiter Bericht der Enquete-Kommission „Demografischer Wandel – Herausforderungen, S. 81.

Tab. 1.1 Bedürfnisorientierte Pflegemodelle und die Reduktion der im Pflegeversicherungsgesetz erfassten Bedürfnisse[22]

Die 12 Lebensaktivitäten (LA) nach Nancy Roper	Die 12 Aktivitäten des täglichen Lebens (ATL) nach Liliane Juchli	Die 13 Aktivitäten und existenziellen Erfahrungen des Lebens (AEDL) nach Monika Krohwinkel	ATL-Bereiche im Gutachten des MDK	Leistungsbereiche nach § 14 Abs. 4 SGB XI
Kommunizieren	Kommunizieren	Kommunizieren	Kommunizieren können	–
Sich bewegen	Sich bewegen	Sich bewegen	Sich bewegen können	Selbstständiges Aufstehen und Zubettgehen, An- und Auskleiden, Gehen, Stehen, Treppensteigen, das Verlassen und Wiederaufsuchen der Wohnung
Die Körpertemperatur regulieren	Regulierung der Körpertemperatur	Vitale Funktionen des Lebens aufrechterhalten	Vitale Funktionen aufrechterhalten	–
Atmen	Atmen			–
Sich sauber halten und kleiden	Sich waschen und kleiden	Sich pflegen Sich kleiden	Sich sauber halten und kleiden können	Waschen, Baden, Zahnpflege, Kämmen, Rasieren
Essen und trinken	Essen und trinken	Essen und trinken	Essen und trinken können	Mundgerechtes Zubereiten oder die Aufnahme von Nahrung
Ausscheiden	Ausscheiden	Ausscheiden	Ausscheiden können	Darm- oder Blasenentleerung
Schlafen	Schlafen und Ruhen	Schlafen und Ruhen	Ruhen und schlafen können	–
Arbeiten und Spielen	Raum und Zeit gestalten	Sich beschäftigen	Sich beschäftigen können	–
Seine Sexualität ausdrücken	Sich als Mann oder Frau fühlen und verhalten	Sich als Mann oder Frau fühlen und verhalten	–	–
Für Sicherheit der Umgebung sorgen	Für Sicherheit sorgen	Für eine sichere Umgebung sorgen	Für Sicherheit sorgen können	Hauswirtschaft: Einkaufen, Kochen, Reinigen der Wohnung, Spülen, Wechseln und Waschen der Wäsche und Kleidung, das Beheizen
Sterben	Sinn finden	Mit existenziellen Erfahrungen des Lebens umgehen	–	–
		Soziale Bereiche des Lebens sichern	–	–
			Sich situativ anpassen können	–
			Soziale Bereiche des Lebens sichern können	–

22 Vgl. Katholischer Krankenhausverband Deutschlands e.V. (Hrsg.), 2001, S. 35, 39.

eine Pflege einfordert, die qualitativ den jeweils allgemeinen medizinischen-pflegerischen Erkenntnissen[23] entspricht, andererseits aber aufgrund des verengten Begriffs der Pflegebedürftigkeit den pflegewissenschaftlichen Stand zur Pflegebedürftigkeitsdiskussion vernachlässigt. Für die Pflegepraxis, die in der Pflicht steht, die Pflege, Versorgung und Betreuung Pflegebedürftiger nach dem anerkannten Stand der Wissenschaft leisten zu müssen, erwachsen daraus kaum lösbare Konflikte, wenn es gilt bedarfsorientierte Pflege mit den vergüteten Leistungen in Einklang zu bringen. In den Praxiseinrichtungen hat dies bewirkt, dass Leistungen, die aus gerontologisch-pflegewissenschaftlicher Sicht im Sinne einer bedarfsorientierten Pflege notwendig sind, reduziert oder unterlassen werden, weil sie nach dem Leistungssystem der Pflegeversicherung nicht adäquat bemessen und vergütet werden.[24]

Pflegezeitmaßstab

Festgelegte Mindestbedarfszeiten

Eine weitere Eingrenzung erfährt der Pflegebedürftigkeitsbegriff dadurch, dass nach § 15 Abs. 3 SGB XI **Mindestzeiten für den Pflegeaufwand** gesetzt sind. Diese geben vor, wie viel Zeit als Minimum für die Pflege durch Familienangehörige oder andere nicht professionelle Pflegepersonen im Rahmen der erforderlichen Pflege und hauswirtschaftlichen Versorgung[25] anfallen müssen, um Leistungen der Pflegeversicherung beanspruchen zu können. Festgesetzt wurden für die Grundpflege:

- in Pflegestufe I mehr als 45 Minuten Zeitaufwand,
- in Pflegestufe II mindestens 120 Minuten Zeitaufwand,
- in Pflegestufe III mindestens 240 Minuten Zeitaufwand.

Krankenspezifische Pflegemaßnahmen im SGB XI

Mit der Gesundheitsreform 2007 wurde § 15 Abs. 3 SGB XI dahingehend ergänzt, dass krankheitsspezifische Pflegemaßnahmen bei der Feststellung des Zeitaufwands für die Einstufung zu berücksichtigen sind. Damit werden auch **behandlungspflegerische Hilfebedarfe, die in unmittelbarem zeitlichem und sachlichem Zusammenhang** mit Grundpflegeleistungen erfolgen, in der Zeiterfassung beim Grundpflegebedarf berücksichtigt.[26]

Erfasst werden insbesondere das An- und Ausziehen von Kompressionsstrümpfen, eine oro/tracheale Sekretabsaugung, das Einreiben mit Dermatika, die Verabreichung eines Klistiers, die Verabreichung eines Einlaufs, die Einmalkatheterisierung, das Wechseln einer Sprechkanüle gegen eine Dauerkanüle bei einem Tracheostomapatienten zur Ermöglichung des Schluckens, Maßnahmen zur Sekretelimination bei Mukoviszidose oder Erkrankungen mit vergleichbarem Hilfebedarf.

---

[23] Vgl. § 11 SGB XI.

[24] Vgl. zum Spannungsfeld Ökonomie und Pflege: Wiese, 2004; Wiese (Hrsg.), 2003.

[25] Die hauswirtschaftliche Versorgung wird in stationären Pflegeeinrichtungen durch das Entgelt für Unterkunft und Verpflegung abgegolten und daher bei der Pflegeeinstufung nicht berücksichtigt.

[26] Entwurf eines Gesetzes zur Stärkung des Wettbewerbs in der gesetzlichen Krankenversicherung (GKV-Wettbewerbsstärkungsgesetz – GKV-WSG), Deutscher Bundestag – Drucksache 16/3100 vom 24.10.2006.

Unter Berücksichtigung der hauswirtschaftlichen Bedarfe müssen Hilfebedürftige für die Einstufung in Pflegestufe I insgesamt mindestens 90 Minuten, für die Pflegestufe II mindestens 180 Minuten und für Pflegestufe III mindestens fünf Zeitstunden täglich erreichen.

Mit diesen Zeitwerten soll verhindert werden, dass geringfügige Hilfebedarfe zu Leistungsansprüchen führen. Außerdem sollen sie in Verbindung mit den Zeitvorgaben des Begutachtungsverfahrens mehr Transparenz und Rechtssicherheit für die Betroffenen schaffen.[27]

Wer 45 Minuten oder weniger am Tag der Hilfe in den Bereichen Mobilität, Ernährung und Körperpflege bedarf, gilt somit nicht als pflegebedürftig im Sinne des SGB XI und hat daher keinen Anspruch auf Leistungen.

Auch dies verdeutlicht die bestehenden Diskrepanzen zwischen jenen bedarfsorientierten, an körperlichen und psychischen Beeinträchtigungen orientierten Pflegebegriffen und dem versicherungsrechtlichen Verständnis von Pflegebedürftigkeit.

Fazit: Sozialrechtliches Verständnis von Pflegebedürftigkeit und Entwicklungsperspektiven

Pflegebedürftigkeit im Recht

Mit Einführung der Pflegeversicherung wurde der zentrale Begriff der Pflegebedürftigkeit sozialrechtlich verbindlich gefasst.[28] Er zementiert abschließend aufgelistete Hilfebedarfe und definiert Pflegebedürftigkeit in einem engen zeitlichen und verrichtungsbezogenen Leistungsrahmen.

Der sozialrechtliche Begriff der Pflegebedürftigkeit ist nur teilweise deckungsgleich mit dem Pflegebedürftigkeitsbegriff des Heimgesetzes und dem Verständnis gerontologisch-pflegewissenschaftlicher Ansätze.

Reformierung des Begriffs „Pflegebedürftigkeit"

Derzeit wird der Begriff der Pflegebedürftigkeit überprüft.

Ziel wird es sein, zu einer Weiterentwicklung des Pflegebedürftigkeitsbegriffs und Entwicklung eines neuen Begutachtungsinstruments zu gelangen. Dabei wird es darum gehen, bislang ausgeklammerte Pflegebedarfe wie die allgemeinen Betreuungs- und Aufsichts- sowie Anleitungsbedarfe insbesondere von demenzerkrankten Menschen zu integrieren. Ebenso sollen Möglichkeiten geprüft werden, Veränderungen in den Wohnformen älterer Menschen zu berücksichtigen. Für diese Aufgabe wurde vom Bundesministerium ein Beirat eingerichtet. Parallel dazu wird das Begutachtungsverfahren evaluiert und überarbeitet werden.[29] Erste Berichte des Beirats sollen Ende 2008

---

[27] Bundesministerium für Gesundheit und Soziale Sicherung (Hrsg.), 2004, S. 55 f.

[28] Entwurf eines Gesetzes zur sozialen Absicherung des Risikos der Pflegebedürftigkeit (Pflege-Versicherungsgesetz/PflegeVG), Deutscher Bundestag – Drucksache 12/5262 vom 24.6.1993, S. 94 f.

[29] Zum Diskussionsstand: Pflegebedürftigkeit – Anforderungen an die Neudefinition eines Begriffs. Archiv für Wissenschaft und Praxis der sozialen Arbeit, 2007, Heft 2.

vorliegen. Von den Ergebnissen des Beirats, aber auch dem verfügbaren Finanzierungsrahmen wird es abhängen, inwiefern eine wirkliche Reformierung des Begriffs der Pflegebedürftigkeit gelingen kann. Weitere Informationen können via Website **(www.pflegeheute.de)** abgerufen werden.

1.2.3 Zielsetzung und Umfang der Pflege

Pflege nach dem Heimgesetz

Heimgesetz

Die mit der Pflege verbundenen Zielsetzungen und deren Umfang können innerhalb des Heimgesetzes nur aus dessen Schutzcharakter heraus bestimmt werden (vgl. § 2 HeimG).

So sollen die **Bedürfnisse der Bewohner geschützt, die Selbstständigkeit, die Selbstbestimmung und die Selbstverantwortung der Bewohner** gewahrt und gefördert werden. § 1 des Heimgesetzes legt dazu mit Blick auf den Anwendungsbereich des Gesetzes fest, dass die heimmäßige Versorgung die Wohnraumüberlassung, Betreuung und Verpflegung umfasst. Dies alles erfasst noch nicht den Umfang der zu erbringenden Pflege, aber es lassen sich daraus Rückschlüsse für die Anforderungen an die Praxis der Pflege ziehen. Pflege muss demnach mehr leisten, als nur die Abfolge einzelner pflegerischer Handlungen, wie z.B. Durchführung der Grundpflege, Waschen oder Anziehen.[30]

Bereits innerhalb der Ausführungen zur Betreuung und zur Pflegebedürftigkeit (➤ Kap. 1.2) wurde kenntlich gemacht, dass im Heimrecht nicht auf die Grund- und Krankenpflege abgestellt, sondern von einem **Anspruch ganzheitlicher Pflege und Betreuung** ausgegangen wird. In vergleichbarer Weise werden auch in der pflegewissenschaftlichen Diskussion Pflegemodelle vertreten, die den Menschen als komplexes, biopsychologisches Individuum verstehen und hiervon ausgehend die Anforderungen an die Pflege entwickeln. Daraus folgt die Vorstellung, dass die Pflege ganzheitlich orientiert sein müsse.

Das Modell der Ganzheitlichkeit wird jedoch mit unterschiedlichen Anforderungen an die Pflege verknüpft, sodass bislang damit kein einheitlicher Bedeutungsgehalt verbunden ist.[31] Vielfach werden Kennzeichnungen wie **„ganzheitliche", „individuelle", „personenorientierte" oder „patientenorientierte" Pflege synonym** verwendet.

In Deutschland werden auch unterschiedliche konzeptionelle Pflegemodelle vertreten. In der Altenpflegepraxis hat sich vor allem das Pflegemodell von Monika Krohwinkel durchsetzen können, da es mit seinen 13 Aktivitäten und existenziellen Erfahrungen des Lebens (AEDL) ein sehr konkretes und praxisnahes Modell ist.[32] Zwar wird auch in diesem Modell die Ganzheitlichkeit nicht definiert, aber es bietet der Praxis durch eine umfassende Sichtweise der Pflege und dem Modell der fördernden Prozesspflege die Möglichkeit, eine qualitativ hochwertige Pflege zu entwickeln.

---

[30] Vgl. Crößmann, u.a., 2000, § 2, Rdn. 6.4.1.
[31] Bundesministerium für Familie, Senioren, Frauen und Jugend (Hrsg.), 2002, S. 269 f.
[32] Vgl. Ebenda; vgl. Kuratorium Deutsche Altershilfe (Hrsg.), 2002, S. 66.

1

Pflege nach SGB XI

SGB XI

Im Gegensatz zum Heimrecht werden im Pflegeversicherungsgesetz die **Zielsetzungen** und vor allem der **Inhalt** der zu erbringenden pflegerischen Leistungen exakt festgelegt und begrenzt.

Ganzheitlicher Ansatz

Im ersten Kapitel des SGB XI nennt der Gesetzgeber die Zielsetzungen, die mit den Leistungen der Pflegeversicherung verfolgt werden. Es handelt sich überwiegend um Grundprinzipien und Orientierungshilfen für die Rechtsanwendung und um Forderungen an die Pflegeeinrichtungen. Die Regelungen verdeutlichen, dass auch im Pflegeversicherungssystem von einer personenorientierten Pflege und einer sogenannten **ganzheitlichen Pflege**[33] ausgegangen wird. Konsequenterweise wird im Rahmen der Qualitätsgrundsätze und Qualitätsmaßstäbe gemäß § 80 SGB XI[34] (aufgehoben mit PflWG, übernommen in § 113 SGB XI) von vollstationären Pflegeeinrichtungen die Implementierung eines Pflegekonzeptes verlangt, das auf einem pflegewissenschaftlichen Modell basiert und im Pflegekonzept umgesetzt wird. Entscheidungsfreiheit besteht bei der Auswahl des Pflegekonzeptes. Die konzeptionellen Grundlagen werden im Rahmen der Qualitätsprüfungen vom MDK regelmäßig überprüft.[35] Tabelle 1.2 gibt einen Einblick in die **Leitlinien des SGB XI** und die hieraus erwachsenden Zielbestimmungen für die Pflege.[36]

Die Finanzierung der Pflege erfolgt allerdings – wie bereits dargelegt – getrennt von diesen Zielsetzungen mit einem in den Sach- und Geldleistungen pauschaliertem und der Leistungshöhe nach begrenztem Leistungssystem.

Ein zentrales Ziel der Pflegeversicherung besteht darin, eine **Grundsicherung** zu geben, die in der Regel die pflegebedingten Aufwendungen abdecken soll. Eine volle Bedarfssicherung wird nicht gewährleistet. [37]

Tab. 1.2 Zielsetzungen der Pflege nach den Leitlinien des SGB XI

Auf die Person des Pflegebedürftigen bezogen	Anforderungen an die Pflegequalität
Stärkung der Selbstbestimmung durch: • Förderung der Selbstständigkeit und Selbstbestimmung • Achtung der Würde des Menschen, z.B. bei freiheitsentziehenden Maßnahmen • Achtung der Wahl- und Wunschrechte • Achtung religiöser Bedürfnisse • Teilhabe und Mitwirkung am Konzept der aktivierenden Pflege	• Orientierung an den Zielen der Selbstbestimmung • Rehabilitative Orientierung • Aktivierende Hilfe als Konzept der Pflege • Personen- und zuwendungsorientierte Pflege einschließlich kommunikativer Bedürfnisse • Fortschrittliche Pflege entsprechend dem Stand der medizinischen und pflegerischen Erkenntnisse

33 Zur Problematik der Begriffsklärung „Ganzheitliche Pflege" vergleiche die Ausführungen zum vorangegangen Abschnitt.

34 Gemeinsame Grundsätze und Maßstäbe zur Qualität und Qualitätssicherung sowie für die Entwicklung eines einrichtungsinternen Qualitätsmanagements nach § 80 in vollstationären Pflegeeinrichtungen vom 16.12.2003. Abgekürzt: Qualitätsvereinbarung/Qualitätsgrundsätze, Qualitätsmaßstäbe.

35 MDS e.V. (Hrsg.), 2005b. Abgekürzt: MDK-Anleitung, unter Nr. 5.

36 Zur Rechtsanalyse vgl. Wiese, 2004.

37 Erster Bericht des Bundesministeriums für Arbeit und Sozialordnung über die Entwicklung der Pflegeversicherung seit ihrer Einführung am 1. Januar 1995, S. 8 f.

Tab. 1.3 Ausgewählte Inhalte und Ziele der allgemeinen Pflegeleistungen aus den Bundesempfehlungen und -vereinbarungen und den Landesverträgen nach § 75 SGB XI

Inhalte und Ziele der Körperpflege	Inhalte und Ziele der Ernährung	Inhalte und Ziele der Mobilität
Schutz der Intimsphäre	Ausgewogene Ernährung einschl. notwendiger Diätkost	Förderung der Beweglichkeit, Abbau von überschießendem Bewegungsdrang
Pneumonieprophylaxe	Ernährungsberatung	Schutz vor Selbst- und Fremdgefährdung
Dekubitusprophylaxe	Differenzierte Problemanalyse bei Nahrungsverweigerung	Gewährleistung der Nachtruhe
Soor- und Parotitisprophylaxe	Mundgerechte Zubereitung der Nahrung	Hilfestellung beim An- und Ablegen von Körperersatzstücken, z.B. Prothesen
Kontinenztraining	Unterstützung bei der Nahrungsaufnahme	Kontrakturprophylaxe
Obstipationsprophylaxe	Hygienemaßnahmen, z.B. Mundpflege, Händewaschen	An- und Ausziehtraining

Infolge der Umsetzung jener Zielsetzung der Grundsicherung wurden die bereits dargestellten Leistungskriterien der §§ 14, 15 SGB XI zur Anerkennung der Pflegebedürftigkeit und der Bemessung des Pflegebedarfs entwickelt.[38] Die Festlegung der Inhalte der Pflegeleistungen und die Bestimmung der Abgrenzungen zwischen den sogenannten allgemeinen Pflegeleistungen, den Leistungen für Unterkunft und Verpflegung sowie den Zusatzleistungen hat der Gesetzgeber den Landesverbänden der Pflegekassen und den Trägervereinigungen der Pflegeeinrichtungen übertragen (vgl. § 75 Abs. 1 und 2 Nr. 1 SGB XI). Entsprechende Leistungsbestimmungen werden in Rahmenverträgen der Länder, orientiert an den Bundesempfehlungen und -vereinbarungen des Spitzenverbandes Bund der Pflegekassen, getroffen.

Pflege nach den Bundesempfehlungen gemäß § 75 SGB XI

Inhalte der Pflegeleistungen

Die Bundesempfehlungen zum Inhalt der Verträge gemäß § 75 SGB XI enthalten neben den Zielsetzungen der Pflege eine Auflistung der allgemeinen Pflegeleistungen bei der Körperpflege, Ernährung und Mobilität.[39]

Darüber hinaus werden begleitend zu den pflegerischen Handlungen, wie z.B. Zähne putzen, Prothesenversorgung, mundgerechte Zubereitung der Nahrung, die jeweiligen Zielsetzungen genannt (➢ Tab. 1.3). So ist das erklärte Ziel der Körperpflege die Vermeidung von Pneumonie und Dekubitus, bei der Zahnpflege ist es die Soor- und Parotitisprophylaxe und bei der Ernährung die Gewährleistung einer ausgewogenen Ernährung der Bewohner.

38 MDS e.V. (Hrsg.), 2006, Begutachtungs-Richtlinien vom 11.5.2006 unter Gliederungspunkt F. I.

39 Vgl. Gemeinsame Empfehlung gemäß § 75 Abs. 5 SGB XI (aktuell Abs. 6) zum Inhalt der Rahmenverträge nach § 75 Abs. 1 SGB XI zur vollstationären Pflege vom 25. November 1996, § 1 – Inhalt der allgemeinen Pflegeleistungen; siehe auch § 14 Abs. 4 SGB XI. Exemplarisch für die Inhalte ist der Rahmenvertrag Niedersachsen vom 27.1.2005.

Anhand der **festgelegten Ziele** lassen sich **erste wichtige Qualitätskriterien** ableiten, z.B. die Vermeidung eines Dekubitus, die Sicherstellung der Ernährung und der Flüssigkeitszufuhr, die Vermeidung von Kontrakturen.[40]

Vor allem das Auftreten von Dekubiti bei Heimbewohnern und mangelhafte Dekubitusprophylaxe gelten nach wie vor als gravierende **Pflegedefizite** in der stationären Altenpflege. Der MDK veröffentlichte bereits im Jahre 2001 eine Auflistung der fünfzehn wesentlichen Qualitätsdefizite, die im Rahmen von Qualitätsprüfungen in der stationären Pflege festgestellt wurden. Dem Bericht zufolge lagen Defizite im Bereich der Dekubitusprophylaxe bzw. -therapie auf Platz sechs, Defizite bei der Ernährung und Flüssigkeitsversorgung an achter Stelle und Defizite bei der Inkontinenzversorgung an elfter Stelle.[41]

Auch in den folgenden Berichten aus den Jahren 2004 und 2007 verwies der MDK auf fortbestehende Defizite in jenen Bereichen. Im Qualitätsprüfungsbericht 2004 wurde beanstandet, dass in den überprüften Heimeinrichtungen bei 43 % der erfassten Bewohner Defizite in der Dekubitusprophylaxe oder -therapie festzustellen waren. Bei 41 % der untersuchten Bewohner ließen sich Mängel in der Ernährung und Flüssigkeitszufuhr feststellen.[42] Auch der zweite Ergebnisbericht 2007 stellt für diese Bereiche in der „stationären Pflege weiterhin erhebliche Qualitätsprobleme" fest.[43]

1.2.4 Qualität der Pflege

Qualitätsvereinbarung nach § 113 SGB XI (80 SGB XI a.F.)

Festlegung von Qualitätsmaßstäben

Der Gesetzgeber hat ursprünglich in § 80 SGB XI a.F. den Trägern und Organisationen der Sozialversicherung, der Sozialhilfe und den Dachverbänden der Pflegeeinrichtungen die Aufgabe übertragen, Maßstäbe zur Qualität und Qualitätssicherung der Pflege zu vereinbaren.[44] Mit dem Pflege-Weiterentwicklungsgesetz 2008 wurde § 80 SGB XI aufgehoben und dessen Regelungen in § 113 SGB XI neu gefasst. Die Qualitätsvereinbarungen gelten bis zu einer für 2009 geplanten Neufassung weiter.

Die für die stationären Pflegeeinrichtungen geltende Qualitätsvereinbarung unterscheidet nach Qualitätsdimensionen zwischen der **Struktur-, Prozess- und Ergebnisqualität.**

---

[40] Siehe dazu auch: Roth, 2002, S. 8.

[41] Vgl. Brucker, 2001, S. 16. Ähnliche Feststellungen lassen sich aus Prüfberichten in einzelnen Bundesländern entnehmen.

[42] MDS e.V. (Hrsg.), 2004, S. 64.

[43] MDS e.V. (Hrsg.), 2007, S. 66; zur Ernährung und Flüssigkeitsversorgung vgl. MDS e.V.(Hrsg.), 2003.

[44] Gemeinsame Grundsätze und Maßstäbe zur Qualität und Qualitätssicherung sowie für die Entwicklung eines einrichtungsinternen Qualitätsmanagements nach § 80 SGB XI in vollstationären Pflegeeinrichtungen vom 13.12.2003. Abgekürzt: Qualitätsvereinbarung/Qualitätsgrundsätze/Qualitätsmaßstäbe.

Tab. 1.4 Qualitätsmaßstäbe der Qualitätsvereinbarung nach § 80 SGB XI a.F./§ 113 SGB XI n.F.

Strukturqualität, z.B.:
• Pflege unter ständiger Verantwortung einer ausgebildeten Fachkraft • Informationspflichten, u.a. Ausstattung, Heimvertrag • Verpflichtung zu funktions- und aufgabenbezogener Fort- und Weiterbildung der Leitung und der Mitarbeiter • Definition, Merkmale der Eignung und Aufgaben der leitenden Pflegekraft; Eignung der Kräfte
Prozessqualität, z.B.:
• Vorhandensein und Umsetzung eines Pflegekonzeptes • Vorbereitung des Einzugs • Individuelle Pflegeplanung • Geeignete, sachgerechte und kontinuierliche Pflegedokumentation • Bildung überschaubarer Pflegeteams • Organisation der hauswirtschaftlichen Versorgung, Versorgungskonzeption und Dokumentation • Anforderungen und Gestaltung der sozialen Betreuung • Bewohnerorientierte Dienstplanung • Einbindung Angehöriger
Ergebnisqualität, z.B.:
• Regelmäßige Ergebnisüberprüfung (Pflege, soziale Betreuung, Hauswirtschaft) • Auflistung von Kriterien für „eine gute Ergebnisqualität", z.B. Umsetzung des Pflegeprozesses, Beachtung ernährungsphysiologischer Bedürfnisse der Bewohner, Einhaltung von Standards zur Hygiene und Sauberkeit (siehe Nr. 4.)

Diese seit 2004 geltende Fassung der Qualitätsvereinbarung enthält im Vergleich zur ersten Fassung folgende zusätzlichen Anforderungen an die Versorgungsbereiche:

- Der Sicherstellungsauftrag der Heimträger ist in allen Qualitätsdimensionen auf die Gewährleistung der **sozialen Betreuung** erweitert worden. Gefordert wird für die soziale Betreuung der Bewohner ein differenziertes Betreuungsangebot (unter 3.3).
- Hinzugekommen sind konkrete Anforderungskriterien für die Entwicklung eines **einrichtungsinternen Qualitätsmanagements** (unter 1.3).
- **Für die hauswirtschaftliche Versorgung** werden erstmals qualitative Anforderungen festgelegt. Die Hauswirtschaft wird als dokumentationspflichtiger Bereich ausgewiesen (3.2.3). Kriterien für **„eine gute Ergebnisqualität"** werden aufgelistet (unter Gliederungspunkt 4.). Die folgende Übersicht verdeutlicht Schwerpunkte der Qualitätsvereinbarung (➢ Tab. 1.4).

Qualitätsprüfungs-Richtlinien und MDK-Anleitung

Qualitätsprüfungs-Richtlinien und MDK-Anleitung

Damit die Umsetzung der Qualitätsanforderungen und die mit den Heimen in den Pflegesatzverhandlungen zu vereinbarenden wesentlichen Leistungs- und Qualitätsmerkmale (wLQm) (➢ Kap. 6.2.5) geprüft werden können, obliegt dem MDK nach §§ 114, 114a SGB XI die regelmäßige Qualitätsprüfung in den Einrichtungen. Zum Prüfungsverfahren und der Beauftragung unabhängiger Sachverständiger oder Prüfinstitutionen: ➢ Kap. 6.2.7. Die Heimeinrichtungen sind zur Duldung und Mitwirkung an den Prüfungen verpflichtet. Die Medizinischen Dienste und der MDS sind verpflichtet, über die Qualitätsprüfungen zu berichten. Die hierfür verbindliche Gesetzesvorschrift des § 118 Abs. 4 SGB XI wurde mit dem Pflege-Weiterentwicklungsgesetz in § 114a Abs. 6 SGB XI neu geregelt. Zur Sicherstellung der Umsetzung des Prüfauftrags haben die Spitzenverbände der Pflegekassen gemäß § 53a SGB XI Richtlinien über das Verfahren zur Durchführung von Qualitätsprüfungen verfasst. Diese sogenannten Qualitätsprüfungs-Richtlinien (QPR) sind seit Januar 2006 in Kraft.[45]

In den Qualitätsprüfungs-Richtlinien ist **in erster Linie das Prüfverfahren** festgelegt, zudem werden die **Prüfinhalte** bestimmt. Darüber hinaus zeigen sie auch die Überprüfungsschwerpunkte auf und legen die Kategorien der Qualitätsmessung offen. Sie können deshalb den Verantwortlichen in den Pflegeeinrichtungen sowohl als Orientierung in Fragen der geforderten Qualitätsentwicklung dienen, als **auch zur Vorbereitung auf die Qualitätsüberprüfung** hilfreich sein.

Zeitlich mit den Qualitätsprüfungs-Richtlinien ist ergänzend zu den Richtlinien eine MDK-Anleitung zur Prüfung der Qualität in der stationären Pflege erschienen. Diese Anleitung enthält zum Teil zusätzliche Erläuterungen zu den in den Richtlinien verfassten Prüfungsgegenständen. Im Vergleich zu den Qualitätsprüfungs-Richtlinien hat die Anleitung allerdings nur für den MDK verpflichtenden Charakter.[46]

Qualitätsprüfungsinhalte

Im Folgenden werden zentrale Prüfungsschwerpunkte für die Qualitätsprüfung nach den **Qualitätsprüfungs-Richtlinien** aufgelistet. Weitergehende Inhalte zu den Qualitätsprüfungen erfolgen in (➤ Kap. 6). Anlage 2 der Qualitätsprüfungs-Richtlinien weist auf 45 Seiten folgende zentrale Prüfungsaspekte aus:

Die Prüfung der **Struktur- und Prozessqualität in der Einrichtung umfasst** Folgendes:

- Bereitstellung eines Katalogs von Unterlagen (1.5), insbesondere zur Kennzeichnung der Bewohner nach Pflegeproblemen, z.B. Beatmungspflicht, PEG-Sonde, Fixierung, MRSA; Vorlage des Pflegekonzeptes, des Hauswirtschafts- und Betreuungskonzeptes;
- Darlegung der Wohn- und Pflegebereiche mit Bewohnerstruktur (1.7);
- Nennung pflegefachlicher Schwerpunkte (1.9) sowie von Zusatzleistungen (1.10) und ausgegliederten Leistungsbereichen (1.11);
- Nachweis geregelter Verantwortungsbereiche, z.B. für die PDL, Fachkräfte und Helfer (3.);
- Unterlagen zur Ablauforganisation, u.a. zur Bezugspflege, die dokumentenechten Dienstpläne (3.8 und 4.);
- Darlegung konzeptioneller Grundlagen, u.a. durch Nachweis eines Einrichtungskonzeptes, Pflegekonzeptes und eines geeigneten schriftlichen hauswirtschaftlichen Konzeptes (unter 5.);

[45] MDS e.V. (Hrsg.), 2005a, Richtlinien der Spitzenverbände der Pflegekassen über die Prüfung der in Pflegeeinrichtungen erbrachten Leistungen und deren Qualität (Qualitätsprüfungs-Richtlinien – QPR) vom 10. November 2005. Abgekürzt: Qualitätsprüfungs-Richtlinien.

[46] MDS e.V. (Hrsg.), 2005b.

- Entwicklung des Qualitätsmanagements: externe Maßnahmen, u.a. durch Implementierung von Expertenstandards zur Prophylaxe, zum Schmerzmanagement, zur Sturzprophylaxe; interne Maßnahmen, u.a. in Pflege und Hauswirtschaft (6.);
- Vorliegen eines einheitlichen umfassenden Pflegedokumentationssystems, u.a. mit Pflegeanamnese, Biografie, Ernährungsplan, Wunddokumentation, Dekubitusrisiko, Fixierung;
- Hygienemanagement und Hygienestandards (8.);
- Verpflegung mit Angebotszeiten, Getränkeversorgung und Sicherstellung der Flüssigkeitszufuhr (9.);
- Arten, Inhalte, Zeitverteilung bewohnerorientierter und bewohnergruppenorientierter Angebote zur sozialen Betreuung (10.).

Die Prüfung der **Prozess- und Ergebnisqualität (bewohnerbezogen) umfasst** insbesondere:

- die Erfassung der Bewohnerzufriedenheit in der Heimsituation, der Begleitung und Unterstützung sowie der Betreuung, soweit Auskunftsfähigkeit besteht (12.);
- die Erhebung der Pflegesituation der einzelnen Bewohner, u.a. nach pflegerischen Maßnahmen, Zustand, Sturzrisiko, Dekubitusrisiko, Wunden und der Umsetzung von Pflegeprozess und Pflegedokumentation (13. und 14.);
- die Erhebung der Behandlungspflege nach ärztlicher Verordnung, deren Durchführung und Dokumentation sowie den Umgang mit Medikamenten, Hilfsmitteln, der Wundversorgung (15.);
- die Analyse der sachgerechten Versorgung bei bestehenden Gefährdungen oder Einschränkungen, u.a. bei Dekubitusgefahr und Dekubitusbehandlung, Inkontinenz, Sturzrisiko, Kontrakturgefahr, Schmerz und gerontopsychiatrischen Beeinträchtigungen (16.).

Die Ausweitung der Qualitätsprüfung im Bereich der Ergebnisqualität zeigt, dass mit der Einführung der Qualitätsprüfungs-Richtlinien die **Überprüfung der Ergebnisqualität einen höheren Bedeutungszuwachs** erlangt hat.

Verhältnis von Qualitätsvereinbarung und Qualitätsprüfungs-Richtlinien

Abweichungen

In der Logik der Rechtssetzung enthält die Qualitätsvereinbarung, die aufgrund des gesetzlichen Auftrags gemäß § 80 SGB XI a.F. umgesetzt wurde, auch die maßgebenden Qualitätsanforderungen für die Pflegeheime. Daher wäre grundsätzlich zu erwarten, dass sich die Qualitätsprüfungs-Richtlinien, die für die Prüfungsdurchführung durch den Medizinischen Dienst gemäß § 53a SGB XI beschlossen wurden, an den Inhalten der Qualitätsvereinbarung orientieren, um das Qualitätsniveau in den Einrichtungen wirksam erheben zu können. Ein Vergleich der beiden Quellen zeigt jedoch, dass es kaum Deckungsgleichheiten gibt. Auffallend sind eher fehlende Abstimmungen, wie einige Vergleiche zeigen:

Die Qualitätsvereinbarung folgt strukturell den von Donabedian entwickelten **Qualitätsdimensionen.**[47]

Die seit 2004 bestehende Qualitätsvereinbarung stellt neue Anforderungen an die qualitative Versorgung, die insbesondere auf eine Stärkung der Bewohnerrechte, auf die Verbesserung der sozialen Betreuung und Hauswirtschaft sowie auf eine Erweiterung der Kriterien zur Ergebnisqualität gerichtet sind (➤ Tab. 1.4). Die **Qualitätsprüfungs-Richtlinien** geben für die Prüfung zwei Erhebungsbögen vor, die sich zwar im Aufbau an der Qualitätsvereinbarung orientieren, dann allerdings in den Prüfungsdetails teilweise **von den Qualitätsmaßstäben abweichende bzw. darüber hinausgehende Regelungen** enthalten.

So ist beispielsweise für die Prüfung der Qualifikation der verantwortlichen Pflegefachkraft (siehe unter 2.2 der Qualitätsvereinbarung) in den Richtlinien für den MDK eine weitergehende Prüfung festgelegt, die auf die Erfassung der Arbeitszeit und Mitarbeit in der Pflege und der Bekanntheit der verantwortlichen Pflegefachkraft bei den Landesverbänden abstellt (unter 3. der QPR). Ähnliches gilt für die stellvertretende Pflegefachkraft (3.6 und 3.7).

Ebenso verlangt die Qualitätsvereinbarung gemäß § 80 SGB XI von den Einrichtungen, dass der Prozess der Pflege nebst Planung und Problemen in der Dokumentation abzubilden ist und anhand von Zielerreichungsgraden mit dem Bewohner gemeinsam überprüft wird (3.1.2).

Die Qualitätsprüfungs-Richtlinien geben für die Prüfung der Prozessqualität zusätzliche Dokumentationsinhalte vor, z.B. zum Ernährungsplan, zur Wundversorgung und zum Gewichtsverlauf. Zudem werden „unter Berücksichtigung der aktuellen Pflegedokumentation" für die Erhebungen bei den Bewohnern unter Nr. 13.1 bis 13.13 der Richtlinie den MDK-Gutachtern umfangreiche Analysen zur Pflegesituation und Ergebnisqualität vorgegeben.

Während in der Qualitätsvereinbarung für die hauswirtschaftliche Versorgung und deren Qualität eine Versorgungskonzeption zu den Bereichen Verpflegung, Reinigung Wäscheversorgung und Hausgestaltung (3.2) gefordert wird, sieht der Erhebungsbogen der Qualitätsprüfungs-Richtlinien detaillierte Prüfungsschwerpunkte zur Hygiene (8.) und zur Verpflegung (9.) vor.

Die Beispiele verdeutlichen die **Tendenz, die Qualitätsanforderungen durch die Prüfungsanforderungen sukzessive zu erweitern.** Damit droht zugleich ein Kompetenzverlust für die Verhandlungspartner der Qualitätsvereinbarung, zu denen neben den Spitzenverbänden auch die Trägervereinigungen der Pflegeeinrichtungen gehören sowie als weitere Beteiligte auch unabhängige Sachverständige, Berufsverbände der Pflegeberufe und Verbände der Behinderten und der Pflegebedürftigen. Zumindest muss es als Systemfehler gewertet werden, dass die Qualitätsprüfungs-Richtlinien allein von den Spitzenverbänden der Pflegekassen (Spitzenverband Bund der Pflegekassen) verfasst wurden.

Im Folgenden orientiert sich die Darlegung der Qualitätsanforderungen und der daran anknüpfenden Leistungen an den für die zugelassenen Pflegeeinrichtungen **verbindlichen Rechtsquellen.** Dies ist die **gemäß § 113**

[47] Donabedian, 1980.

SGB XI (§ 80 SGB XI a.F.) für den vollstationären Bereich verfasste **Qualitätsvereinbarung.**

Die Qualitätsvereinbarung nach § 80 SGB XI enthält dazu unter Gliederungspunkt 3.1. pflegefachliche Grundbedingungen (z.B. das Pflegekonzept, eine individuelle Pflegeplanung und die Pflegedokumentation). Daneben bestehen auch organisatorische und ablaufspezifische Anforderungen (z.B. die Vorbereitung des Heimeinzuges). Wie bereits dargelegt wurde, enthalten die Qualitätsvorgaben auch Anforderungen an die Hauswirtschaft. Dazu gehört insbesondere ein Versorgungskonzept. Weitere Qualitätsanforderungen betreffen die soziale Betreuung und – im Rahmen der Ergebnisqualität – die Bemessungsfaktoren für eine bewohnerorientierte Pflege, soziale Betreuung und Versorgung.

In der Gesamtheit werden höchst unterschiedliche Anforderungen an die Sicherstellung einer umfassenden Pflege aufgestellt. Im Folgenden sollen ausgewählte zentrale Qualitätsanforderungen dargestellt werden. Die Prüfungsvorgaben der Spitzenverbände der Pflegekassen nach den Qualitätsprüfungs-Richtlinien werden dazu je nach deren Praxisrelevanz einbezogen.[48]

Aus Gründen der Übersichtlichkeit werden folgende **Qualitätskomplexe** der pflegerischen Versorgung gebildet:

- Pflegetheoretische Grundlagen
- Pflegedokumentation und Pflegeorganisation einschließlich Dienstplangestaltung
- Behandlungspflege, Medikamentenmanagement und Hygiene

Weitere Qualitätsanforderungen an die Versorgung in Pflegeheimen, die in den Gemeinsamen Grundsätzen und Maßstäben enthalten sind, werden in den jeweiligen Abschnitten themenbezogen behandelt. Dazu gehören die soziale Betreuung und die hauswirtschaftliche Versorgung (unter ➤ Kap. 1.3 und 1.4). Auf die Anforderungen an das einrichtungsinterne Qualitätsmanagement wird im sechsten Kapitel näher eingegangen (➤ Kap. 6).

Pflegetheoretische Grundlagen

Pflegeleitbild

Einbeziehung methodischer Grundlagen

Gemäß der Qualitätsvereinbarung ist es für vollstationäre Pflegeeinrichtungen verpflichtend, die Leistungen der Einrichtung schriftlich darzulegen. Die **Leistungsdarstellung** hat folgende Informationen darzustellen:

- Leitbild und Pflegekonzeption
- Vorgehaltene Leistungen
- räumliche und personelle Ausstattung
- Beratungsangebote

---

48 Eine vollständige Darstellung der MDK-Anleitung ist nicht beabsichtigt, da hier die gesetzlich normierten Anforderungen im Vordergrund stehen. Aspekte der MDK-Anleitung fließen daher nur ein, soweit sie für die inhaltliche Konkretisierung rechtlicher Vorgaben dienlich sein können.

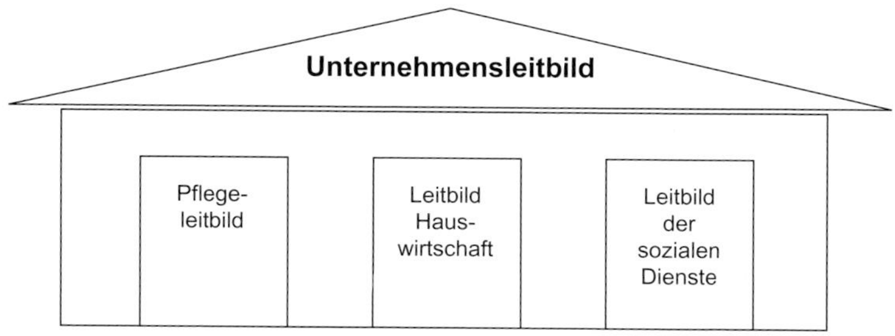

Abb. 1.2 Leitbilder der Pflege, der Hauswirtschaft und der sozialen Betreuung unter dem Dach des übergeordneten Unternehmensleitbildes

- Beteiligung der Einrichtung an Qualitätssicherungsmaßnahmen
- Aussagen zum einrichtungsinternen Qualitätsmanagement
- Pflegesätze, Preise für Unterkunft und Verpflegung, Investitionskosten
- den von der Einrichtung verwendeten Heimvertrag[49]

Pflegeleitbild

Berücksichtigt man im Weiteren die Qualitätsprüfungs-Richtlinien und die MDK-Anleitung, dann zeigt sich, dass zu den fachlichen Grundlagen der Pflege, die nachzuweisen sind, auch das **Pflegeleitbild** zählt. Das Vorhandensein eines Pflegeleitbildes wird regelmäßig geprüft.[50]

Mit dem (Unternehmens-)Leitbild ist die Zielsetzung verbunden, inhaltliche Aussagen und Festlegungen, insbesondere zum Zweck, zu den Entwicklungszielen und dem Selbstverständnis der Einrichtung zu treffen. Es soll als Fundament für das Einrichtungskonzept dienen. Da stationäre Pflegeeinrichtungen als komplexe Versorgungseinheiten zu führen sind, können für die unterschiedlichen Leistungsbereiche (Pflege, Hauswirtschaft, soziale Betreuung) eigene, vom Unternehmensleitbild abgeleitete Leitbilder erstellt werden (➢ Abb. 1.2).

Unternehmensleitbild als Teil des Pflegekonzeptes

Das Pflegeleitbild sollte Aussagen zu „Zielvorstellungen und Haltungen" der pflegerischen Versorgung beinhalten. Zu den Haltungen gehören insbesondere Aussagen zum Menschenbild und zum Pflegeverständnis der Einrichtung. Zu den Zielen zählen Aussagen zur Gestaltung der Pflege und zur Pflegequalität.

Im Pflegeleitbild soll sich nicht nur die Sichtweise der Mitarbeiter, sondern auch die der Bewohner widerspiegeln. Das Pflegeleitbild bildet das **Fundament für das Pflegekonzept.**

Pflegekonzept

Anforderungen an das Pflegekonzept

Stationäre Pflegeeinrichtungen müssen ihre Leistungen unter Beachtung des allgemein anerkannten Standes medizinisch-pflegerischer Erkenntnisse er-

[49] Vgl. unter 2.1.2 der Qualitätsvereinbarung nach § 80 SGB XI a.F./§ 113 n.F.
[50] Anlage 2 zu den Qualitätsprüfungs-Richtlinien, unter Punkt 1.5; MDS e.V. (Hrsg.), 2005b, S. 76.

bringen (§ 11 Abs. 1 Nr. 3 HeimG; § 11 Abs. 1 SGB XI). Ausdrücklich wird dabei im SGB XI die Gewährleistungspflicht zur aktivierenden Pflege (§ 28 Abs. 4 SGB XI) für die Pflegeeinrichtungen genannt. Die Leistungserbringung nach dem allgemein anerkannten Stand medizinisch-pflegerischer Erkenntnisse verlangt auch die Erarbeitung und Anwendung eines Pflegekonzeptes.[51]

Ein Vergleich der Gesetzesvorgaben, der Pflegekonzepte in den Fachdiskussionen und der Inhalte der Qualitätsprüfungs-Richtlinien sowie der Prüfungsanleitung des MDK zeigt, dass hier von unterschiedlichen Anforderungen ausgegangen werden muss.

So wird in der Qualitätsvereinbarung für die vollstationäre Pflege das Vorhandensein eines auf pflegewissenschaftlichen Theorien und Modellen sowie praktischen Erfahrungen basierenden und im Pflegeprozess umgesetzten Pflegekonzeptes gefordert.

Qualitätsprüfungs-Richtlinien und MDK-Prüfkriterien

Aufgrund der Qualitätsprüfungs-Richtlinien soll das Vorhandensein eines geeigneten Pflegekonzeptes (5.) geprüft werden und dessen Bekanntsein bei den Mitarbeitern. Nach den Vorgaben der für die Prüfer handlungsleitenden MDK-Anleitung zur Prüfung der Qualität soll hierzu geprüft werden, ob für die Pflegenden ein pflegerisches Angebot und eine Handlungsorientierung gegeben ist und das Konzept für Bewohner und Angehörige eine Orientierung gibt. Im Weiteren wird geprüft, ob im Pflegekonzept Aussagen zum System der Pflege, z.B. der Bezugspflege oder der Funktionspflege enthalten sind. Präferiert wird ausdrücklich die Bezugspflege: *„Im Sinne der Gemeinsamen Grundsätze und Maßstäbe nach § 80 SGB XI ist die Pflege nach dem Prinzip der Bezugspflege zu organisieren.“* Allerdings ist es jeder Einrichtung freigestellt zu entscheiden, welche pflegetheoretischen Überlegungen dem Pflegekonzept zugrunde gelegt werden.[52]

Sachverständigenrat

Der Sachverständigenrat für die Konzertierte Aktion im Gesundheitswesen wiederum verwendet den Begriff des Pflegekonzeptes in einem engeren Sinn und benennt zwei Pflegekonzepte:

- Aktivierende Pflege
- Bezugspflegemodell[53]

Auch dem System der Pflegeversicherung liegt das Konzept einer aktivierenden Pflege zugrunde. Zur Bezugspflege enthält das Gesetz keine ausdrücklichen Hinweise, allerdings korrespondiert das Pflegemodell der Bezugspflege mit den in der Qualitätsvereinbarung geforderten Grundsätzen und Zielen zu einer ganzheitlichen Pflege, die sich an der Menschenwürde ausrichtet und **Lebensqualität und Zufriedenheit des Bewohners anstrebt. In der Praxis hat sich mittlerweile das Modell der Bezugspflege** als Modell der fördernden Prozesspflege durchgesetzt.[54]

---

51 Vgl. Bundesministerium für Gesundheit, 2002, S. 89.
52 Vgl. MDS e.V. (Hrsg.), 2005b, S. 99 unter Punkt 5.
53 Vgl. Sachverständigenrat für die Konzertierte Aktion im Gesundheitswesen, BT-Drucks. 14/5661 vom 21.3.2001, S. 150.
54 Zu den Klassifikationssystemen siehe auch MDS e.V. (Hrsg.), 2005b, unter 5.

1

Probleme der Umsetzung

Ergebnisse der Qualitätsprüfungen

Nach dem zweiten Bericht des MDS zur Qualität in der Pflege, der sich auf den Berichtszeitraum von 2004 bis 2006 bezieht, haben sich hinsichtlich der Etablierung des Leitbildes und Pflegekonzeptes positive Entwicklungen ergeben. Während die Qualitätsprüfungen von 1996 bis 1999 in stationären Pflegeeinrichtungen noch ergaben, dass ein fehlendes Pflegeleitbild zu den wesentlichen **Qualitätsmängeln** der stationären Pflege gehörte, hat sich dies nach dem zweiten Bericht grundlegend geändert. Dem Bericht zufolge konnten 97,5 % der geprüften Heimeinrichtungen ein Leitbild vorlegen.[55] Eine ähnliche Entwicklung wurde hinsichtlich der Einführung eines Pflegekonzeptes festgestellt. Während in den vergangenen Jahren die Prüfungen ergaben, dass vielfach ein Pflegekonzept fehlte bzw. ein vorhandenes Pflegekonzept nicht umgesetzt wurde[56], hat sich dies umgekehrt. Nach dem neuesten Bericht des MDS verfügen 90,9 % der insgesamt 4217 geprüften stationären Einrichtungen über ein Pflegekonzept. Die größten Verbesserungen wurden in der Umsetzung des Pflegekonzeptes verzeichnet.[57]

Ergebnisse der Erhebung

Empirische Erhebungen belegen, dass seitens der Heimleitungen das Vorhandensein eines Pflegeleitbildes und eines Pflegekonzeptes für erforderlich und sinnvoll erachtet wird. Allerdings verursacht die Erstellung des Pflegeleitbildes und des Pflegekonzeptes einen zusätzlichen Zeit- und Arbeitsaufwand, der nach Ansicht der Leitenden aufgrund der knappen personellen Ressourcen nur schwer zu realisieren ist.

Erschwerend tritt aus der Sicht der Praxis hinzu, dass das Pflegekonzept theoriegeleitet sein muss. Wie schon an anderer Stelle dargestellt[58] bestehen bei der Auswahl der verschiedenen Pflegetheorien und -modelle inter- und intradisziplinär erhebliche Verunsicherungen. Einrichtungen entscheiden sich häufig für das AEDL-Modell von Krohwinkel „weil dies sozusagen auch der MDK bei seinen Prüfungen ganz stark mit abfragt [...]“ (HL4/S.10/Z. 23–24).

Weitere Entwicklungserfordernisse bestehen gegenwärtig auch noch in der Umsetzung des Pflegekonzeptes und insbesondere bei den Schritten des Pflegeprozesses, dessen Implementation und dessen Akzeptanz bei den Mitarbeitern.[59]

Die Entwicklung und Umsetzung eines Pflegekonzeptes stellt sich als **langfristig zu planender Prozess dar, der vom Management** zu gestalten ist und in den die Mitarbeiter mit intensiven Fort- und Weiterbildungsangeboten einzubinden sind.

Aktivierende Pflege/neue Anreize der Reform

Für eine weitere Verbesserung der Pflegequalität ist die Umsetzung einer aktivierenden Pflege notwendig, die sich an den Ressourcen und Fähigkeiten

---

55 MDS e.V. (Hrsg.), 2007, S. 69.

56 Vgl. Brucker, 2001, S. 16.

57 Der Berichtszeitraum bezog sich auf die Jahre 2004–2006; siehe MDS e.V. (Hrsg.), 2007, S. 69 f.

58 Siehe hierzu Ausführungen zu den pflegewissenschaftlichen Ansätzen in diesem Kapitel unter > 1.2.2.

59 MDS e.V. (Hrsg.), 2007, S. 64.

des Bewohners orientiert. Die aktivierende Pflege ist Bestandteil des Pflegekonzeptes der Pflegeversicherung und pflegewissenschaftlicher Modelle und ist damit eine zentrale Anforderung an die Qualität der Pflege in Heimeinrichtungen. Obwohl die aktivierende Pflege Bestandteil des pflegerischen Selbstverständnisses ist, wird sie im pflegerischen Alltag häufig vernachlässigt, weil sie mehr Zeit beansprucht als eine vollständige Übernahme von Verrichtungen durch eine professionelle Pflegekraft.[60] Die vom MDK in der Zeit von 2004 bis 2006 durchgeführten Qualitätsprüfungen ergaben hierzu, dass bei 40,6 % der in die Prüfung einbezogenen Bewohner bereits die Grundlagen für eine aktivierende Pflege nicht gegeben waren, da keine Erfassung und Dokumentation der vorhandenen Fähigkeiten, der Probleme und Defizite erfolgte.[61]

Eine weitere Ursache für die **Vernachlässigung der aktivierenden Pflege** in der Pflegepraxis dürfte ebenfalls darin liegen, dass es im Leistungssystem der Pflegeversicherung bislang versäumt wurde, adäquate Anreize für eine aktivierende Pflege zu schaffen.

Gegenwärtig hat die aktivierende Pflege weder bei der Pflegezeitbemessung noch bei der Vergütung einen eigenständigen Stellenwert. Auch dies führt dazu, dass sie als nicht angemessen berücksichtigte Leistung wahrgenommen wird, deren „Mehrarbeit" nicht vergütet und deren Leistung zum Teil sogar als kontraproduktiv empfunden wird, wenn beispielsweise Erfolge der Aktivierung zu Herabstufungen in der Pflegestufe und damit zu Vergütungsverlusten mit weiteren Folgen für die Personalbesetzung führen.[62]

Daneben dürfte allerdings ein weiterer Aspekt für die zu verzeichnenden Einschränkungen ursächlich sein. Es ist die betriebsinterne Reglementierung der Pflege in den Pflegeheimen. Der vielfach beklagte „Zeitdruck" in der Pflege resultiert auch daraus, dass einrichtungsintern **Zeitvorgaben für die Pflege** gesetzt werden. Diese beruhen zum Teil auf hauseigenen Bemessungen, zum Teil sind die Zeitvorgaben aber auch an den Zeitwertvorgaben der Begutachtungsrichtlinien orientiert, die allerdings nur für die Pflegeeinstufung durch den MDK relevant sein sollen. Entsprechende Reglementierungen sind nicht nur für die ambulante Pflege, sondern auch in der vollstationären Pflege festzustellen. Diskrepanzen zwischen den für die Pflege geplanten Zeitwerten je Pflegestufe und den faktischen zeitlichen Pflegeerfordernissen für den einzelnen Bewohner führen dazu, dass dann eher eine passivierende Pflege anstelle der aktivierenden Pflege geleistet wird.[63] Verbesserungen im Sinne einer Stärkung der aktivierenden Pflege verlangen folglich ein ganzes Bündel von Maßnahmen.

---

60 Zu den Einschränkungen und Hintergründen der Reduzierung aktivierender Pflege vgl. Wiese, 2004, S. 184 ff.; ebenso: Roth, 2002, S. 90.

61 MDS e.V. (Hrsg.), 2007, S. 64.

62 Vgl. Wiese, 2002b, S. 669 ff; Sachverständigenrat für die Konzertierte Aktion im Gesundheitswesen, BT-Drucks. 14/5661 vom 21.3.2001, S. 150.

63 Genauere Ausführungen über die Problematik der Umsetzung der aktivierenden Pflege finden sich bei: Wiese, 2004.

Prämien bei erfolgreicher Rückstufung

Deshalb wird die mit dem Pflege-Weiterentwicklungsgesetz eingeführte **Erfolgsprämie gemäß § 87a SGB XI** nicht ausreichend sein, die aktivierende Pflege oder rehabilitative Maßnahmen zu fördern.

Der Gesetzgeber setzt mit der Integration des § 87a Abs. 4 SGB XI aber ausschließlich auf finanzielle Anreize. Danach sollen vollstationäre Pflegeeinrichtungen gemäß § 43 SGB XI für jeden Pflegebedürftigen, der aufgrund aktivierender oder rehabilitativer Maßnahmen in eine niedrigere Pflegestufe zurückgestuft wird oder der von erheblicher Pflegebedürftigkeit zu nicht erheblicher Pflegebedürftigkeit herabgestuft wird, zusätzlich 1536 Euro von der Pflegekasse erhalten. Soweit jedoch der Pflegebedürftige innerhalb der folgenden sechs Monate in eine höhere Stufe eingestuft oder bei ihm wieder erhebliche Pflegebedürftigkeit festgestellt wird, muss das Geld zurückgezahlt werden.

Zwingend notwendig ist es, den Pflegenden Handlungs- und Gestaltungsspielraum zu eröffnen, indem die starre Verknüpfung der aktivierenden Pflege mit der verrichtungsbezogenen Pflege aufgegeben wird.[64]

Pflegefachlicher Schwerpunkt

Pflegefachliche Schwerpunktbildung prüfen

Stationäre Pflegeheime müssen nicht zwingend einen pflegefachlichen Schwerpunkt haben. Sie sind frei darin, ob sie sich auf besondere Pflegebedürfnisse spezialisieren. Das Pflegeversicherungsgesetz räumt zugelassenen Einrichtungen die Möglichkeit ein, einen oder mehrere pflegefachliche Schwerpunkte mit dem Versorgungsvertrag gemäß § 72 SGB XI oder als Bestandteil der Pflegesatzvereinbarungen als „wesentliche Leistungs- und Qualitätsmerkmale“ gemäß § 84 Abs. 5 SGB XI festzusetzen. Entsprechende pflegefachliche Schwerpunkte werden als wesentliche Leistungs- und Qualitätsmerkmale nach „Art und Inhalt und Umfang der Leistungen“ vereinbart und fließen in die Pflegesatzverhandlungen zur Bemessung der Vergütung mit ein. Auswirkungen können sich ergeben hinsichtlich der personellen Ausstattung und der sächlichen Ausstattung mit Verbrauchsgütern. Pflegefachliche Schwerpunkte können z.B. sein:[65]

- Pflege demenzkranker Menschen
- Pflege aidskranker Patienten
- Pflege von Patienten im Wachkoma
- psychiatrische Pflege
- onkologische Pflege

Besondere Personengruppen sind z.B.:

- unfallbedingt Pflegebedürftige, z.B. Apalliker
- chronisch erkrankte Pflegebedürftige, z.B. Diabetiker, Tetraplegiker
- Schädel-Hirngeschädigte
- Demenzkranke

[64] Voraussetzung ist, dass der aktivierenden Pflege ein eigener Stellenwert und vor allem ein eigener Bemessungswert gegeben wird. Vgl. Wiese, 2004, S. 184 ff., insbesondere für die stationäre Pflege S. 192 ff.

[65] Vgl. MDS e.V. (Hrsg.), 2005b, unter 1.9.

Im Rahmen der Pflegeversicherung wurden seit 1996 entsprechende Modellförderungen geleistet.[66] Bereits im zweiten Bericht über die Entwicklung der Pflegeversicherung wurde festgestellt, dass ein wachsender Bedarf an Pflegeplätzen für besondere Personengruppen und spezielle Erkrankungen verbunden mit Pflegebedürftigkeit, erwartet wird.[67]

Ein erheblicher Bedarf besteht vor allem für Pflegebedürftige, die an altersbedingter Demenz[68] leiden. Die wachsende Zahl demenziell erkrankter Bewohner in Pflegeheimen stellt an die Einrichtungen neue Herausforderungen in der pflegerischen Versorgung und Betreuung, auf die in zunehmendem Maße durch die Einrichtung sogenannter Demenzgruppen reagiert wird.[69]

Die Zahl der demenziell erkrankten Bewohner in stationären Einrichtungen wird sich in Zukunft noch erhöhen. Derzeit leben bis zu 71 % der hochgradig dementen Menschen in Heimen. Da der Anteil älterer Menschen in der Bevölkerung zukünftig noch zunehmen wird, ist auch mit einer weiteren Zunahme der Demenzerkrankungen zu rechnen. Allerdings gibt es hierzu keine verlässlichen Zahlen.[70]

Maßnahmen zur Entwicklung fachlicher Schwerpunkte

Verbesserte Konzepte zur pflegerischen Versorgung und Betreuung jener Bewohnergruppen werden zwingend entwickelt werden müssen, um eine adäquate Pflege gewährleisten zu können.[71] Die gemäß § 80 SGB XI erstellte Qualitätsvereinbarung für die stationäre Pflege sieht deshalb vor, dass soziale Betreuungsangebote insbesondere für die Orientierung von demenziell erkrankten Bewohnern zu schaffen und darüber hinaus auch Gruppenangebote zu gestalten sind. Ebenso wird in den Pflegerahmenplänen auf Weiterentwicklungen hingewiesen, etwa, indem Pflegeeinrichtungen **differenzierte Angebote** entwickeln und dazu übergehen, **eigene Wohn- und Pflegebereiche** für hochgradig demenziell erkrankte Bewohner zu schaffen und diese dort entsprechend den pflegewissenschaftlichen Erkenntnissen zu versorgen.[72]

---

66 So wurden bis zum Berichtszeitraum 2001 zehn Einrichtungen mit ca. 200 Pflegeplätzen für besondere Gruppen gefördert. Vgl.; im Weiteren: Bundesministerium für Gesundheit und soziale Sicherung (Hrsg.), 2004, S. 80.

67 Vgl. Bundesministerium für Gesundheit (Hrsg.), 2001, S. 58.

68 Zum Demenzbegriff: Landespflegeausschuss Nordrhein-Westfalen (Hrsg.), 2002, S. 47.

69 Vgl. Bäuerle, 2003, S. 73 ff.; Bundesministerium für Familie, Senioren, Frauen und Jugend (Hrsg.), 2002; Deutscher Bundestag, 2002, S. 234 ff.; Wiese, 2004.

70 Vgl. die Antwort der Bundesregierung auf eine Große Anfrage der SPD-Bundestagsfraktion zur Situation der Demenzkranken in der Bundesrepublik Deutschland. BT-Drucks. 13/5257 vom 10.7.1996, S. 5 f. Konkrete Zahlen fehlen vielfach, da verlässliche Diagnoseverfahren zur Erfassung der Erkrankung in Heimen bislang nicht standardmäßig eingesetzt wurden. Der MDK ist erst mit den neuen Begutachtungsrichtlinien seit 2006 verpflichtet, im Rahmen der Einstufungsprüfung auch Feststellungen zu Einschränkungen in der Alltagskompetenz zu treffen.

71 Zu den Problem- und Versorgungsbedarfen demenziell Erkrankter vgl. Landespflegeausschuss Nordrhein-Westfalen (Hrsg.), 2002, S. 52 ff. Richtlinie zur Feststellung von Personen mit erheblich eingeschränkter Alltagskompetenz und zur Bewertung des Hilfebedarfs, 2008 zu 4.2.

72 Vgl. Niedersächsischer Pflegerahmenplan, 2000, S. 137; vgl. auch den niedersächsischen Rahmenvertrag gemäß § 75 Abs. 1 i.V.m. Abs. 2 SGB XI vom 27.1.2005, in Kraft ab 1.1.2007, § 21 zur Personalbemessung.

1

Tendenziell sollten Pflegeheime sich deshalb mit Blick auf ihre Bewohnerstruktur, auf die künftig zu erwartenden Veränderungen in der Bewohnerschaft und den sich wandelnden Krankheits- und Bedarfsspektren der Bewohner frühzeitig damit auseinandersetzen, ob pflegefachliche Schwerpunkte gebildet werden sollen. Entsprechende Konzepte können dann im Rahmen der Pflegesatzverhandlungen als wesentliche Leistungs- und Qualitätsmerkmale gemäß § 84 Abs. 5 SGB XI für die Verhandlung einer einrichtungsindividuellen Personalbemessung vorgeschlagen werden.[73]

Zuschläge für Betreuungspersonal

Zusätzlich zu diesen Maßnahmen kann jede Pflegeeinrichtung bei Erfüllung der Voraussetzungen des **§ 87b SGB XI Vergütungszuschläge für die Beschäftigung von Betreuungspersonal** verlangen, wenn das Personal für die Aktivierung und Betreuung von Pflegebedürftigen mit erheblichem allgemeinem Betreuungsbedarf eingesetzt werden soll. Die Vereinbarung von Vergütungszuschlägen ist gemäß § 87b SGB XI jedoch davon abhängig, dass:

- Heimbewohner entsprechenden Betreuungsbedarf haben und aktiviert werden sollen;[74]
- in der Heimeinrichtung zusätzlich Betreuungspersonal beschäftigt wird, welches in einer sozialversicherungspflichtigen Beschäftigung ist. Die Aufwendungen für diese Beschäftigten dürften weder bei der Bemessung der Pflegesätze noch bei den Zusatzleistungen gemäß § 88 SGB XI berücksichtigt worden sein.

Im Weiteren ist verbindliche Grundlage:

- für die Vergütungsvereinbarung, dass in der Regel für jeden erheblich aufsichts- und betreuungsbedürftigen Bewohner der fünfundzwanzigste Teil der Personalaufwendungen für eine zusätzliche Vollzeitkraft finanziert wird,
- dass eine Abrechnung der Zuschläge nur bei tatsächlich erbrachter Betreuung und Aktivierung erfolgen darf,
- dass Angehörige im Rahmen der Vereinbarung eines Heimvertrags auf das zusätzliche Betreuungsangebot und die Zahlung des Zuschlags hingewiesen werden müssen. Auch die Leistungs- und Preisvergleichsliste nach § 7 Abs. 3 SGB XI muss entsprechend ergänzt werden.

Fazit

Qualitätsvorgaben sind Aufgabe der Leitung

Für die Versorgung Pflegebedürftiger stellen das Pflegeversicherungsgesetz und die weiteren daraus abgeleiteten Rechtsquellen verbindliche Qualitätsanforderungen an die pflegerische Begleitung. Diese Qualitätsvorgaben gelten neben dem Heimgesetz. Hierzu gehören implizit das Pflegeleitbild und explizit ein Pflegekonzept als wichtige Grundlagen der Qualitätsentwicklung.

---

[73] Näheres zu dem ursprünglichen Instrument der Leistungs- und Qualitätsvereinbarungen gemäß § 80a SGB XI und den nunmehr geforderten wesentlichen Leistungs- und Qualitätsmerkmalen (wLQm) siehe in ➢ Kapitel 6.

[74] Die Feststellung des Personenkreises in den Heimen erfolgt aufgrund der früheren MDK-Begutachtung mit PEA-Assessment oder nach Einschätzung der Pflegeeinrichtung.

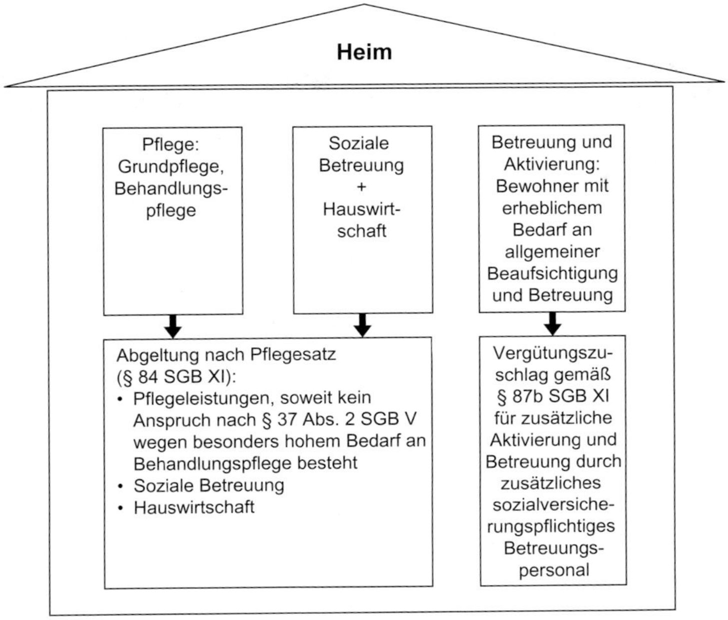

Abb. 1.3 Abgrenzung: Entgelte nach Pflegesatz und Vergütungszuschlag nach dem Pflege-Weiterentwicklungsgesetz vom 1.7.2008

Die aufgrund der Ermächtigungsvorschrift des § 80 SGB XI a.F. entwickelten Grundsätze und Maßstäbe zur Qualität und Qualitätssicherung (abgekürzt: Qualitätsvereinbarung) wurden 2003 für den Bereich der vollstationären Pflege überarbeitet und weiterentwickelt. Diese Qualitätsanforderungen bestehen auch nach Inkrafttreten des Pflege-Weiterentwicklungsgesetzes unter der nun maßgeblichen Vorschrift des § 113 SGB XI fort. Danach sind die Implementierung eines Pflegekonzeptes und die Beschreibung des Pflegeprozesses grundlegende Erfordernisse einer qualitativen Pflege. Die Gestaltung und Umsetzung der Qualitätsinstrumente obliegt der Verantwortung des Leitungsmanagements.

Pflegedokumentation und Pflegeorganisation

Umsetzung des Pflegeprozesses und der Pflegedokumentation

Bedeutung: Dokumentation

Das Modell des Pflegeprozesses dient der „umfassenden Beschreibung der Krankenpflege als planbare, systematische und zielorientiert durchführbare sowie überprüfbare berufliche Tätigkeit.“[75] Dazu werden sechs Phasen unterschieden, die einen Kreislauf bilden (> Abb. 1.4).

[75] Roche, Lexikon Medizin, 2003.

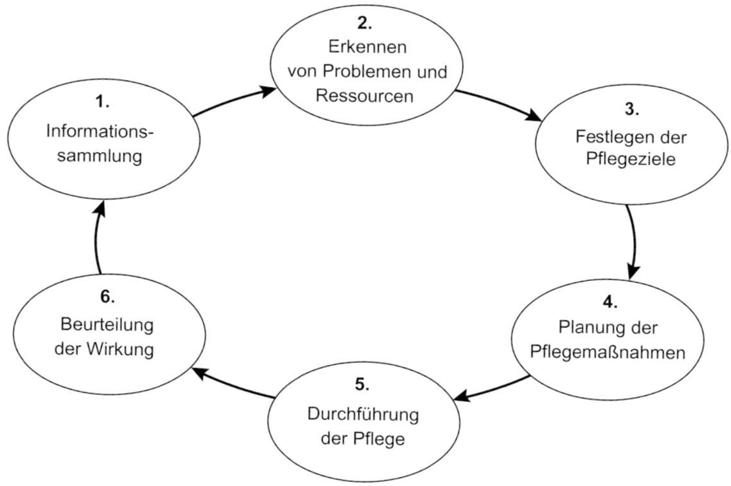

Abb. 1.4 Pflegeprozessmodell[76]

Die Anwendung des Pflegeprozesses in der Pflegepraxis bedingt somit ein systematisches Handeln der Pflegenden mit zielgerichtetem Charakter.

Um den Pflegeprozess erfolgreich im Pflegealltag einzusetzen, bedarf es u.a. eines pflegetheoretischen Bezugsrahmens, welcher sich im Pflegekonzept widerspiegelt.[77] Hierzu gehört u.a. die ganzheitliche und aktivierende Pflege unter Berücksichtigung der individuellen Probleme, Wünsche und Bedürfnisse der Bewohner.[78]

Darüber hinaus erfordert die erfolgreiche Anwendung des Pflegeprozesses im Pflegealltag eine kontinuierliche Datensammlung, die allen an der Pflege Beteiligten gleichermaßen zugänglich sein muss. Dazu bedarf es einer **geeigneten Pflegedokumentation,** die in den Pflegeprozess integriert ist.[79]

Anforderungen nach dem Pflegeversicherungsgesetz, den Qualitätsprüfungs-Richtlinien und der MDK-Anleitung

Anforderungen nach § 80 SGB XI

Die für die stationäre Pflege geltenden Qualitätsgrundsätze und Maßstäbe stellen an den Pflegeprozess folgende **Anforderungen**[80]:

- Erhebung personenbezogener Daten und Informationen über jeden Bewohner, insbesondere zu dessen Hilfebedarf, zu den notwendigen Versorgungsleistungen und individuellen Gewohnheiten; die Erhebung soll beim Einzug und der Vorbereitung des Einzugs erfolgen;

[76] Fichter/Meier, 1981.

[77] Vgl. Brüggemann, 2002, S. 338; Sachverständigenrat für die Konzertierte Aktion im Gesundheitswesen, 2001, S. 150 f.

[78] Zum Pflegekonzept siehe im vorhergehenden Abschnitt.

[79] Vgl. Brüggemann, 2002, S. 339; Brucker, 2001; vgl. auch unter 3.2.2.3 Qualitätsvereinbarung nach § 80 SGB XI.

[80] Vgl. 3.1.1 der Qualitätsvereinbarung nach § 80 SGB XI a.F.

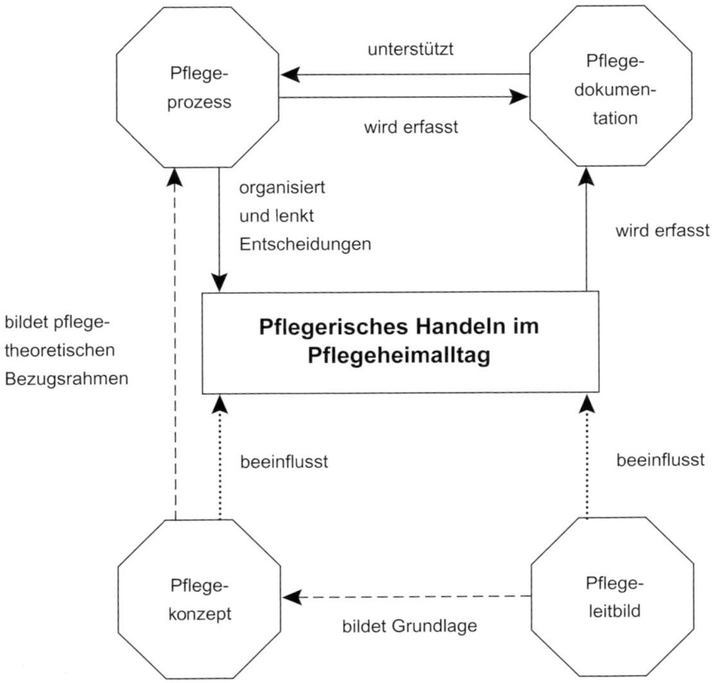

Abb. 1.5 Der Pflegeprozess im Sinne der Qualitätsvereinbarung nach § 80 SGB XI a.F./§ 113 SGB XI n.F.

- Durchführung einer individuellen Pflegeplanung unter Einbezug der Informationen, die vom Bewohner, seinen Angehörigen oder anderen, an der Pflege Beteiligten gesammelt wurden;
- Berücksichtigung der MDK-Empfehlungen aus dem Einstufungsverfahren;
- Herausarbeitung der Möglichkeiten einer aktivierenden Pflege unter Einbeziehung der individuellen Ressourcen und Fähigkeiten des Pflegebedürftigen;
- Festlegung von Pflegezielen unter Berücksichtigung der sozialen und kulturellen Integration des Bewohners;
- Berücksichtigung individueller Wünsche und Bedürfnisse des Bewohners in der Pflegeplanung;
- Kontinuierliche Aktualisierung des Pflegeplans.

Diese Anforderungen können von den Pflegenden nur erfüllt werden, wenn eine geeignete Pflegedokumentation in den Pflegeprozess eingebunden wird. Die **Pflegedokumentation** bildet die **Basis einer fachgerechten, kontinuierlichen und geplanten Pflege** im Sinne des Pflegeprozesses. Wird die Pflegedokumentation nur unzureichend geführt, sind Pflegedefizite vorprogrammiert.

Eine fachgerechte Umsetzung der Pflegeprozessplanung und der Pflegedokumentation hat wesentlichen Einfluss auf die Beurteilung der Qualität der Pflegeleistungen.[81]

Die Umsetzung des Pflegeprozesses und der Pflegedokumentation waren in der Vergangenheit zentrale Messinstrumente für die Pflegequalität und sind es auch heute noch. Innerhalb der Qualitätsprüfungs-Richtlinien gemäß §§ 112, 114 SGB XI und der dazu angepassten MDK-Anleitung für das Prüfverfahren soll deren Umsetzung anhand eines Erhebungsbogens und dazu ergänzender „Mindestprüfinhalte" und „Ausfüllhilfen" der MDK-Anleitung beurteilt werden. Die folgende Darstellung gibt eine Übersicht zu den zu erhebenden Qualitätskriterien der Richtlinien und stellt die jeweils dazu verfassten ergänzenden Hinweise („Ausfüllhilfen") der MDK-Anleitung für die Qualitätsbewertung dar.[82]

QPR/MDK-Anleitung: Pflegeprozess und Dokumentation

Folgende **Kriterien** sind zur Bemessung der Qualität zu erfragen:[83]

- Einzug: Ist vor oder beim Einzug ein Gespräch geführt und in der Pflegedokumentation dokumentiert worden?
- Daten: Sind alle wesentlichen Stammdaten in der Pflegedokumentation erfasst, z.B. zur medizinischen/therapeutischen und sozialen Versorgungssituation?
  → *MDK-Anleitung: Zur medizinischen/therapeutischen Versorgung zählen Haus- und Fachärzte, Krankengymnastik/Ergotherapie, die Versorgung mit Hilfsmitteln, Schrittmacher, Rehabilitationen und Krankenhausaufenthalte. Zur sozialen Versorgung gezählt werden Bezugspersonen, Vollmachten, ggf. gesetzliche Vertreter (Betreuer) und Seelsorger.*
- Enthält die Pflegeanamnese Angaben/Informationen, u.a. zu Pflegegewohnheiten, Bedürfnissen, aktuellen Problemen/Defiziten, zur Biografie des Bewohners?
  → *MDK-Anleitung: Informationen dienen der aktivierenden Pflege; Pflegeprobleme können separat, ggf. anhand von Einschätzungsskalen erfasst werden. Zur Orientierungs- und Gliederungshilfe können Pflegemodelle genutzt werden. Biografische Daten werden auf einem gesonderten Blatt dokumentiert oder deren Fehlen begründet.*
- Enthält die Pflegedokumentation differenzierte Aussagen zu Ressourcen und Fähigkeiten sowie zu Problemen und Defiziten des Pflegebedürftigen?
  → *MDK-Anleitung: Geplante Pflegemaßnahmen sollen handlungsleitend formuliert sein und der Lösung vorhandener Probleme und einer Zielerreichung dienen.*
- Wird bei der Pflegeplanung die individuelle soziale Betreuung berücksichtigt?
- Entsprechen die durchgeführten den individuell geplanten Maßnahmen und werden Ergebnisse überprüft und geplante Maßnahmen angepasst?

---

[81] Vgl. Brucker, 2001, S. 16.

[82] Die originäre Fassung findet sich jeweils in der Anlage 2 zu den Qualitätsprüfungs-Richtlinien unter Nr. 14 sowie in der vom MDS herausgegebenen MDK-Anleitung zur Prüfung der Qualität nach §§ 112,114 SGB XI in der stationären Pflege vom 10.11.2005.

[83] Vgl. die Qualitätsprüfungs-Richtlinien vom 10.11.2005; MDS e.V. (Hrsg.), 2005b.

→ *MDK-Anleitung: Pflegeziele sollen für einen Zeitraum festgelegt, überprüft und aktuell angepasst werden.*

- Pflegestandards: Spiegelt die Pflegedokumentation die Anwendung von Standards/Richtlinien wider?
  → *MDK-Anleitung: In der Einrichtung vorhandene Standards und deren Anwendung werden geprüft. Expertenstandards des Deutschen Netzwerkes für Qualitätsentwicklung in der Pflege stellen den aktuellen Stand dar.*
- Zum Personal: Erfolgt der Einsatz nach fachlicher Qualifikation? Werden Pflegemaßnahmen mit Handzeichen bestätigt und ergibt sich eine personelle Kontinuität?
  → *MDK-Anleitung: Der fachliche Einsatz und die fachliche Anleitung (u.a. durch Einarbeitungskonzept, Pflegevisiten, Fortbildungen) sowie die Erreichbarkeit des Personals sind wichtige Kriterien.*
- Pflegebericht: Gibt der Pflegebericht Auskunft z.B. über das Befinden und über Veränderungen des Pflegebedürftigen sowie über situationsgerechtes Handeln der Pflegenden?

Pflegedokumentationssystem

Qualitätsprüfungs-Richtlinien: Dokumentationsinhalte

Darüber hinaus enthalten die Qualitätsprüfungs-Richtlinien[84] unter Nr. 7 einen Katalog von pflegerischen Aufgaben, die in einem geeigneten Pflegedokumentationssystem festzuhalten sind. Erweitert bzw. ergänzt wurde in den Richtlinien der Katalog der relevanten Informationen um folgende Punkte:

- Bedürfnisse des Bewohners bei den geplanten Maßnahmen der Pflege
- Ernährungsplan
- Wunddokumentation
- Dekubitusrisiko/Dekubitusskala
- Fixierung
- Gewichtsverlauf
- Miktionsprotokoll
- Sturzrisiko

Handlungsbedarfe/Entwicklungen in der Praxis

Pflegeprozess und -Pflegedokumentation in der Praxis

Die bereits in den gemeinsamen Grundsätzen und Maßstäben nach § 80 SGB XI a.F. begründete Verpflichtung vollstationärer Einrichtungen, eine Dokumentation zu führen, hat bewirkt, dass alle zugelassenen Pflegeeinrichtungen ein Pflegedokumentationssystem haben.[85] Die Führung und Umsetzung der Pflegedokumentation und die Umsetzung des Pflegeprozesses ist in der Praxis zwar nach wie vor mit Problemen verbunden, doch zeigen sich auch positive Veränderungen.

Dies lässt sich im Vergleich der Ergebnisse von **Qualitätsprüfungen** aus den neunziger Jahren zu den Untersuchungen bis zum Jahre 2006 feststellen. Vom MDK in den neunziger Jahren (Zeitraum von 1996 bis 1999) durchgeführte Prüfungen ergaben noch deutliche Mängel in der Führung der Pflege-

84 Siehe unter Punkt 7 der Anlage 2 der Qualitätsprüfungs-Richtlinien vom 10.11.2005.

85 Im 1. Halbjahr 2006 hatten 97,8 % der überprüften Pflegeheime eine einheitliche Pflegedokumentation und 96,2 % vollständige Pflegedokumentationssysteme. In: MDS e.V. (Hrsg.), 2007, S. 75.

dokumentation. Die Erstellung einer Rangfolge von Qualitätsdefiziten mit einer Skala von 1 bis 15 ergab sogar, dass Mängel bei der Umsetzung des Pflegeprozesses und der Dokumentation auf Platz eins, die Beanstandung einer unvollständigen oder ungeeigneten Pflegedokumentation auf Platz zwölf rangierten.[86] Aktuelle Untersuchungen zeigen dagegen positive Entwicklungen auf. Neue Ergebnisse der Qualitätsprüfungen belegen, dass die Kriterien zum Pflegeprozess und deren Dokumentation in der Praxis zunehmend beachtet werden. So wird beispielsweise im zweiten MDK-Bericht aus dem Jahre 2007 darauf hingewiesen, dass im 1. Halbjahr 2006 eine adäquate Pflegeanamnese/Informationssammlung bei 75,4 % der betreuten Bewohner nachvollziehbar dokumentiert worden war. Allerdings bestanden noch bei 24,6 % der Bewohner in den geprüften Einrichtungen Defizite. Bei immerhin 56,8 % der Bewohner waren individuelle Maßnahmen handlungsleitend geplant worden. Bei 43,2 % der untersuchten Personen war dies nicht der Fall. Prophylaxen wurden nach der Dokumentationsanalyse bei der Maßnahmenplanung in 65,7 % der Fälle berücksichtigt. Bei 89,4 % der Bewohner enthielt der Pflegebericht Angaben zu Veränderungen und Befindlichkeiten.[87]

Diese Entwicklungen verdeutlichen, dass die ursprünglichen grundlegenden Probleme bei der Akzeptanz von Pflegedokumentation und Pflegeprozess zunehmend überwunden werden und sie in stärkerem Maße als Instrumente zur Qualitätssicherung der Pflege und zur Planung und Gestaltung einer individuellen und bewohnerbezogenen Pflege verstanden werden.[88]

Pflegeprozess und Pflegedokumentation finden trotz der noch bestehenden Verbesserungsbedarfe in der Pflegepraxis zunehmend Akzeptanz und werden als Instrumente der Qualitätssicherung anerkannt.

Bewohnerorientierte Dienstplangestaltung

Organisation/Dienstplan

Sowohl dem Pflegeversicherungsgesetz als auch den Gemeinsamen Grundsätzen und Maßstäben der Qualitätsvereinbarung nach § 80 SGB XI a.F. liegt das **Leitbild** zugrunde, das Pflegebedürftige bedürfnisorientiert und unter Beachtung ihres Selbstbestimmungsrechts zu versorgen sind. Der Qualitätsvereinbarung für vollstationäre Pflegeeinrichtungen ist deshalb die **Zielsetzung der bewohnerorientierten Pflege und Versorgung** vorangestellt. Dies verlangt eine an der Menschenwürde ausgerichtete Pflege, Betreuung und Versorgung, die sowohl Lebensqualität als auch Zufriedenheit der Bewohner anstrebt und sich an den individuellen Bedürfnissen des Einzelnen orientiert.

Im Heimalltag ist zur Erreichung dieser Zielsetzungen in organisatorischer Hinsicht vor allem eine an den Bedürfnissen der Bewohner orientierte Tages- und Nachtstrukturierung erforderlich (vgl. 1.1 der Qualitätsvereinbarung). Weitere damit verbundene Ziele sind die Gestaltung eines als sinnvoll erlebten Alltags, die Schaffung einer Vertrauensbeziehung zwischen den einzelnen

[86] Vgl. Brucker, 2001, S. 16.
[87] MDS e.V. (Hrsg.), 2007, S. 63 ff.
[88] Vgl. zu den Entwicklungen: Wiese, 2004, u.a. im 5. Kapitel; Wiese, 2005, unter 1.2.

Bewohnern und den an der Pflege und Betreuung Beteiligten.[89] Für diese Zielerreichung eignen sich vor allem **zwei Instrumente der Qualitätsvereinbarung,** die eine personelle Kontinuität und personenorientierte Versorgung sicherstellen:

- die Bildung von Pflegeteams (3.1.3) und
- die Dienstplanung (3.5).

In personeller Hinsicht soll mit der Bildung von überschaubaren Pflegeteams eine „größtmögliche personelle Kontinuität"[90] sichergestellt werden. Bei der Gestaltung der Pflegeteams haben die Einrichtungsträger freien Entscheidungsraum, da deren Größe und Besetzung nicht weiter festgelegt ist.[91]

wLQm und Dienstplanung

Das Pflegeversicherungsgesetz und das Heimrecht enthalten für den Personaleinsatz und die Dienstplanung keine detaillierten Vorgaben. Die Qualitätsvereinbarung enthält die allgemeine Anforderung, dass die Dienstplanung bewohnerorientiert nach den Notwendigkeiten einer ausreichenden und zweckmäßigen Pflege" sein soll.[92]

Im Übrigen bestehen für die Dienstplanung in der personellen Besetzungsplanung nur Mindestvorgaben. § 13 Abs. 1 HeimG verpflichtet Heimträger **zum Führen von Dienstplänen.** Eine weitere Anforderung nach § 5 der Heimpersonalverordnung geht dahin, dass die ständige Anwesenheit zumindest einer Pflegefachkraft in der Einrichtung gewährleistet sein muss. Dies gilt gemäß § 5 Abs. 1 S. 2 HeimPersV auch für den Nachtdienst. Eine weitergehende Festlegung des Personalumfangs und des Personaleinsatzes **ist auf die einzelne Einrichtung bezogen innerhalb der individuell zu vereinbarenden wesentlichen Elemente der Leistungs- und Qualitätsmerkmale** gemäß § 84 Abs. 5 SGB XI vom Gesetz vorgesehen. Zu den wesentlichen Leistungs- und Qualitätsmerkmalen in stationären Einrichtungen zählt nach Absatz 5 Nr. 3 des § 84 SGB XI die für den voraussichtlich zu versorgenden Personenkreis individuell vorzuhaltende personelle Ausstattung und die Qualifikation der Beschäftigten, gegliedert nach Berufsgruppen. Der als wesentliches Qualitätsmerkmal festgelegte **Personalbestand** und dessen **bestimmungsgemäßer Einsatz ist dann jederzeit für die Versorgung sicherzustellen** und von der Einrichtung nach Aufforderung gegenüber den Kostenträgern nachzuweisen (§ 84 Abs. 6 SGB XI). Der Nachweis erfolgt dann in einem Personalabgleich durch Einsicht in die Dienstpläne[93] oder Lohnlisten.

Änderungen des Personalansatzes sind nur in Ausnahmefällen durch Neuverhandlung bei „unvorhersehbaren wesentlichen Veränderungen" in den Belegungs- und Leistungsstrukturen des Pflegeheims möglich.

Mithilfe der Dienstpläne wird vor allem die Qualifikation der Kräfte, der Umfang der Beschäftigungszeiten, die Einplanung von Übergabezeiten und das

89 Vgl. unter 1.1 der Qualitätsvereinbarung nach § 80 SGB XI a.F./§ 113 SGB XI n.F.

90 Vgl. unter 3.1.3 der Qualitätsvereinbarung.

91 Da es an einer Dokumentation der Genese der Qualitätsvereinbarung fehlt, lassen sich auch keine weiteren Erkenntnisse zu den Vorstellungen der Experten gewinnen.

92 3.5 der Qualitätsvereinbarung nach § 80 SGB XI a.F./§ 113 n.F.

93 Vgl. das Gesetz zur Qualitätssicherung und zur Stärkung des Verbraucherschutzes in der Pflege (Pflege-Qualitätssicherungsgesetz – PQsG) vom 9.9.2001, BGBl. I Nr. 47, S. 2320 ff., amtliche Begründung zu § 80a SGB XI.

Qualitätsmerkmal der personellen Kontinuität in der Pflege- und Versorgung der Bewohner geprüft. Dies ist Aufgabe des MDK. Die hierbei umzusetzenden **Qualitätsprüfungs-Richtlinien** und die dazu erlassene MDK-Anleitung sehen dementsprechend einen regelmäßigen Abgleich des Personalbestands und der Dienstpläne innerhalb der Qualitätsprüfungen vor.[94] Dieser Abgleich wird dann selbstverständlich auch das Betreuungspersonal, dass gemäß § 87b SGB XI durch Vergütungszuschläge gefördert wird, mit einbeziehen.

Die Überprüfung erfasst die Arbeitszeit- und Dienstpläne sowohl hinsichtlich der in der Einrichtung eingesetzten Arbeitszeit- und Schichtmodelle als auch nach dem Umfang der Beschäftigungsverhältnisse (Wochen- oder Monatsarbeitszeit).[95] Ebenso soll sich aus den Dienstplänen eine ausreichende Übergabezeit erschließen. Im Weiteren wird die Kontinuität der Pflege, der hauswirtschaftlichen Versorgung und der sozialen Betreuung anhand von spezifischen Kriterien gemessen, wie z.B. der Besetzung innerhalb der Woche, an den Wochenenden und während der Nachtzeit.

> Für die Qualität der Pflege und Versorgung ist eine bewohnerorientierte Arbeitszeit- und Dienstplanung wichtig, die den individuellen Bedürfnissen und Wünschen der Bewohner Rechnung trägt und beim Personaleinsatz eine personelle Kontinuität erkennen lässt.

Bewohnerorientierte Dienstplanung

Eine **bewohnerorientierte Dienstplanung** ist mit der Forderung verbunden, dass die Personaleinsatzplanung den Bewohnern eine möglichst selbstbestimmte Tagesstrukturierung ermöglicht, indem sie beispielsweise die Zeit des Aufstehens und Zubettgehens oder die Essenszeiten für sich selbst bestimmen können. Dazu bedarf es einer zeitlich angepassten Personalbesetzung und einer ausreichenden Mitarbeiterpräsenz. Umsetzen lässt sich diese in Pflegeheimen durch die Einrichtung von **Kernzeiten und flexiblen Begleitzeiten.** Flexible Angebote für eine freie Wahl der Essenszeiten erfordern, dass der hauswirtschaftliche Bereich, das Pflegepersonal und die Reinigungsdienste entsprechend besetzt sein müssen.

Flexible Dienstplanung

Für die Schaffung größtmöglicher personeller Kontinuität in der Pflege sind Pflegeteams zu bilden, die eine Rund-um-die-Uhr-Versorgung an den Werktagen und an den Wochenenden sicherstellen. Dazu bedarf es flexibler Formen der Einsatzplanung, etwa indem mehr Variationsbreiten beim Einsatz von Dienstschichten zum Einsatz kommen. Weitere Verbesserungen bei der Ausgestaltung einer bedarfsorientierten Personaleinsatzplanung lassen sich durch die Implementierung von Arbeitszeitkonten oder sogenannter Ampelmodelle erreichen, die dem Personal in einem bestimmten Zeitkorridor Zeitautonomie einräumen.[96]

---

[94] Vgl. dazu Anlage 2 zu den Qualitätsprüfungs-Richtlinien vom 10.11.2005 unter 2 4.4 und der entsprechenden MDK-Anleitung vom 10.11.2005.

[95] Vgl. dazu jeweils die Prüfkriterien in Anlage 2 unter Nr. 4.4 und 4.5 zu den Qualitätsprüfungs-Richtlinien und der MDK-Anleitung.

[96] Zu den Entwicklungen und Modellen vgl. Wiese, 2007.

Bewohnerorientierte Dienstpläne müssen im Kontext mit rechtlichen Rahmenbedingungen und unterschiedlichen, auch ökonomischen, Interessen gestaltet werden. Tarifverträge wie der TVöD (Tarifvertrag für den öffentlichen Dienst) und Arbeitsvertragsrichtlinien (AVR) eröffnen Gestaltungsraum für flexible Arbeitszeitformen.

Flexible Arbeitszeitmodelle können außerdem dazu beitragen, **Personalkosten,** die insbesondere bei Überstunden anfallen, zu vermeiden oder einen Personalabbau zu verhindern. Vorrangig haben ökonomische Zwänge der Kostensenkung in der Altenpflege zu Maßnahmen des Personalabbaus in den Einrichtungen geführt. Einsparungen im Personalbereich wurden insbesondere dadurch erreicht, das Fachpersonal abgebaut und vermehrt Nichtfachkräfte eingestellt wurden.[97]

Eine flexible Arbeitszeit- und Dienstplanung kann dazu Alternativen bieten. Allerdings verlangt die Planung neben fundierten Fachkenntnissen der rechtlichen Rahmenbedingungen[98] und einem erhöhten Koordinationsaufwand oftmals Umgestaltungen in der betrieblichen Organisation und den Arbeitsabläufen.

Behandlungspflege und Medikamentenmanagement

Aufgabe: Behandlungspflege und deren Anordnung

Zur pflegerischen Versorgung der Bewohner in Heimen gehört auch die sogenannte Behandlungspflege. Sie zählt aufgrund der Steuerungsmechanismen der Pflegeversicherung in Verbindung mit der Grundpflege zu den zentralen Aufgaben. Der Umfang und die Intensität der Behandlungspflege haben in den vergangenen Jahren stark zugenommen. Die Ursachen für die Zunahme der Behandlungspflege sind bekannt: Ein Heimeinzug erfolgt regelmäßig erst dann, wenn ein Verbleib der Person und die Pflege in der Häuslichkeit aufgrund fortschreitender Hilfe- und Pflegebedürftigkeit nicht mehr möglich ist. Dementsprechend ist die Bewohnerschaft in den Pflegeheimen bundesweit durch hohe Altersstufen und multimorbide Bedarfsspektren gekennzeichnet. Infolge dieser Entwicklung haben die Aufgaben und fachlichen Anforderungen in der Krankenpflege in den Pflegeheimen deutlich zugenommen.

Die **Behandlungspflege** umfasst **Maßnahmen der ärztlichen Behandlung,** die der Heilung, der Verhütung, der Verschlimmerung oder der Linderung von Krankheitsbeschwerden dienen und nach ärztlicher Weisung von Pflegefachkräften wahrgenommen werden. Qualitative Probleme bei der Wahrnehmung behandlungspflegerischer Maßnahmen ergeben sich für die Pflegenden meistens in der Zusammenarbeit mit Vertragsärzten oder in der fachgerechten Ausübung. Für Pflegeeinrichtungen ist es deshalb wichtig, neben gebotenen Schu-

97 Vgl. Wiese, 2004. Zwänge der Kosteneinsparung resultieren dabei häufig aus einer Diskrepanz zwischen dem in den Pflegesätzen hinterlegten Personalansatz und dem tatsächlich Personalbedarf. In deren Folge kam es primär zum Personalabbau.

98 Beispielsweise sind neben Arbeitszeitregelungen des Arbeitszeitgesetzes und des Tarifrechts, auch Regelungen zum Teilzeit- und Befristungsgesetz, zum Bundeserziehungsgeldgesetz, zum Bundeselterngeld- und Elternzeitgesetz, zum Pflegezeitgesetz sowie zu den geringfügigen und kurzzeitigen Beschäftigungsformen zu berücksichtigen.

lungen des Fachpersonals mit den Vertragsärzten Kooperationen einzugehen und sie in den Prozess der Pflege einzubinden. Dazu ist es erforderlich, **verbindliche Vereinbarungen zur Dokumentation der ärztlichen Anordnungen behandlungspflegerischer Maßnahmen** zu treffen. Die Gesetzesregelungen zum Heimbereich und zur Pflegeversicherung sehen zwar keine Dokumentationsverpflichtung für Ärzte in der Pflegedokumentation vor, da im Heimbereich aber die Verantwortung für die Durchführung und Qualitätssicherung der medizinischen Behandlungspflege beim Träger und seinem Pflegepersonal liegt, gehört es auch zu den Aufgaben der Einrichtung, die Dokumentation der Behandlungspflege in der Anordnung, den zu treffenden Maßnahmen, der Häufigkeit, der Dauer und Zeit sowie nach der Konzentration und Dosierung in der Pflege sicherzustellen. Dabei geht es in der Abstimmung mit den Vertragsärzten vor allem darum, die Authentizität der ärztlichen Anordnung zu gewährleisten und damit die Behandlungspflege rechtlich zu legitimieren.

Dafür sind folgende **Maßnahmen** geeignet: schriftliche Dokumentation der medizinischen Verordnungen durch den Arzt, bei mündlicher Anordnung infolge Abwesenheit des Arztes sollte die schriftliche Anordnung per Fax erfolgen. Im Notfall ist eine mündliche, z.B. telefonische Anordnung von Pflegekräften nochmals vorzulesen und vom Arzt zu bestätigen. Die Dokumentation der Anordnung und deren Durchführung erfolgt dann durch die Pflegekraft.[99]

Die im Verantwortungsbereich des Heims liegende **Qualitätssicherung der Pflege** umfasst auch die Bereitstellung und Verabreichung von **Arzneimitteln nach ärztlicher Anweisung** sowie die sichere **Verwahrung von Medikamenten.**

Medikamentensicherung

Das Heimgesetz regelt in seiner Funktion als Schutzgesetz den Umgang mit Medikamenten in § 11 Abs. 1 Nr. 10 HeimG.[100] Dazu gehört eine:

- bewohnerbezogene Aufbewahrung der Medikamente
- ordnungsgemäße Aufbewahrung der Medikamente
- einmal jährlich stattfindende Schulung der in der Pflege beschäftigten Mitarbeiter über den sachgerechten Umgang mit Arzneimitteln

Die **bewohnerbezogene Aufbewahrung** erfordert eine individuelle und für jeden Bewohner getrennte Aufbewahrung der Medikamente mit namentlicher Zuordnung. Verwechslungen sollen auf diese Weise ausgeschlossen sein und die Kontrolle und Verabreichung verbessert werden.[101]

Eine ordnungsgemäße Aufbewahrung bedingt, dass Medikamente für Unbefugte unzugänglich verwahrt werden, indem die Lagerung in einem verschließbaren Schrank oder Fach erfolgt. Auch sind die Hinweise der Hersteller zur Haltbarkeit und Lagerung zu beachten.[102]

Um die Beachtung dieser Sicherheitsstandards zu gewährleisten, sind jährliche Schulungen gegenüber der Heimaufsicht nachzuweisen.

---

[99] Zur Akzeptanz dieses Verfahrens im Rahmen der Qualitätsprüfungen vergleiche MDS e.V. (Hrsg.), 2005b.

[100] Aus Gründen der Übersichtlichkeit wird auf die Erörterung weiterer Einzelgesetze, wie das Betäubungsmittel- oder das Infektionsschutzgesetz, verzichtet.

[101] Vgl. Krahmer; Richter (Hrsg.), 2005, § 11, Rdn. 22.

[102] Vgl. Kunz, u.a., 2003, § 11, Rdn. 13.

Umgang mit Medikamenten und der Dokumentation

Die **Sicherung von und der Umgang mit Medikamenten** sind seit Bestehen der Qualitätsprüfungs-Richtlinien auch **Bestandteil der Qualitätsprüfungen** nach dem Pflegeversicherungsgesetz. Der Erhebungsbogen sieht unter Nr. 15 der Richtlinien die Überprüfung der Dokumentation der verordneten Medikamente und auch des sach- und fachgerechten Umgangs mit Medikamenten vor. Deren Vorgaben sind detaillierter als die Anforderungen in § 10 Abs. 1 Nr. 10 HeimG und können als **Orientierung für das Medikamentenmanagement** dienen. Für die Medikamentendokumentation wird unter Nr. 15.2. zusätzlich zur Namensnennung, die Applikationsform, die Dosierung und Häufigkeit und die tageszeitliche Zuordnung des Medikaments sowie die Dokumentation der nach Bedarf zu verabreichenden Medikamente verlangt. Ein sachgerechter Umgang mit verordneten Bedarfsmedikamenten erfordert nach den Erläuterungen der MDK-Anleitung eine Festlegung der Symptome für den Einsatz des jeweiligen Medikaments, Angaben zu Einzeldosierungen und Nennung der Tageshöchstdosierung. Weitergehende Hinweise finden sich in der Qualitätsprüfungs-Richtlinie unter Nr. 15.3 zur Kühlschranklagerung sowie der Kennzeichnung und der Verabreichung von Blisterpackungen.

Behandlungspflege und Medikamentenmanagement sind Bestandteil der Versorgungsqualität. Deren Sicherstellung muss insbesondere durch eine enge Kooperation mit Vertragsärzten gewährleistet sein.

Qualitative Verbesserungen im Umgang und in der Handhabung von Medikamenten lassen sich durch regelmäßige Fortbildungen des Personals und durch die Aufgabenübertragung an Qualitätsbeauftragte erreichen. In den vergangenen Jahren wurden vom MDS systematische Prüfungen des Medikamentenmanagements durchgeführt. Damals wurden Mängel beim Richten der Medikamente und beim Überschreiten des Verfallsdatums sowie die fehlende Dokumentation des Anbruchdatums festgestellt.[103] Mittlerweile hat sich die Akzeptanz und Berücksichtigung dieser Qualitätsanforderungen verbessert. Im Rahmen der regelmäßigen Qualitätsprüfungen in Heimeinrichtungen wird der Umgang mit Medikamenten nunmehr bewohnerbezogen und anhand der dargestellten Prüfkriterien nach den Qualitätsprüfungs-Richtlinien bewertet.[104]

Bedeutungszuwachs rehabilitativer und therapeutischer Leistungen

Bedeutungszuwachs von Rehabilitation und Therapie

Aufgrund der veränderten Altersstruktur und der multimorbiden Bedarfsspektren der Bewohner, erhalten therapeutische und rehabilitative Leistungen eine wachsende Bedeutung. Der Grundsatz der Rehabilitation vor Pflege

103 Exemplarisch: Bericht des MDK Rheinland-Pfalz, Qualitätsprüfungen nach §§ 114, 112 SGB XI i.V.m. § 80 SGB XI im Jahre 2002.
104 MDS e.V. (Hrsg.), 2007, S. 97.

steht zwar schon seit der Einführung der Pflegeversicherung im Gesetz, doch ist diesem Grundsatz in der Praxis oft nicht entsprochen worden. Einen Problempunkt bildete die Trennung der Zuständigkeit zwischen Kranken- und Pflegekassen. Während im Pflegeversicherungsgesetz die Forderung nach medizinischer Rehabilitation in § 5 SGB XI verankert ist, liegt die Zuständigkeit für die rehabilitative Leistungserbringung bei den Krankenkassen. Mit dem Pflege-Weiterentwicklungsgesetz, das am 1.7.2008 in Kraft trat, sollen die **Rehabilitationsleistungen auch in der stationären Pflege** verbessert werden. Zur Überwindung der Schnittstellenprobleme sieht der Gesetzgeber verschiedene Maßnahmen vor:

- ✓ Im Rahmen der Pflegeberatung ist gemäß § 7a SGB XI für leistungsberechtigte Pflegebedürftige ein individueller Versorgungsplan, u.a. mit präventiven, kurativen, rehabilitativen oder sonstigen medizinischen sowie pflegerischen und sozialen Hilfen zu erstellen.
- ✓ Die Durchführung des Versorgungsplans wird durch die Pflegeberatung überwacht.
- ✓ Der MDK hat im Rahmen der Einstufungsbegutachtung gemäß § 18 Abs. 6 SGB XI auch dazu Stellung zu nehmen, ob und ggf. welche Maßnahmen der medizinischen Rehabilitation geeignet, notwendig und zumutbar sind.
- ✓ Gemäß § 31 Abs. 3 SGB XI informiert dann die Pflegekasse den behandelnden Arzt und leitet mit Einwilligung des Versicherten eine Mitteilung an den zuständigen Rehabilitationsträger weiter.
- ✓ Die Pflegekassen prüfen in angemessenen Zeitabständen, ob medizinische Rehabilitationsmaßnahmen durchgeführt wurden.
- ✓ Flankierend zu den zuvor genannten Maßnahmen ist mit Artikel 5 des Pflege-Weiterentwicklungsgesetzes in § 40 Abs. 3 SGB V festgelegt worden, dass die Krankenkasse als zuständiger Rehabilitationsträger der Pflegekasse eines Versicherten einen Betrag in Höhe von 3072 Euro quasi als Strafe zahlen muss, wenn der pflegebedürftige Versicherte nicht innerhalb von sechs Monaten nach Antragstellung die notwendigen Rehabilitationsleistungen erhalten hat.

Diese Regelungen gelten auch für die Rehabilitation pflegebedürftiger Heimbewohner. Außerdem hat der Gesetzgeber für den vollstationären Pflegebereich in § 87a Abs. 4 SGB XI eine Art Erfolgprämie für die Durchführung aktivierender und rehabilitativer Maßnahmen festgelegt: Führen beispielsweise rehabilitative Maßnahmen zu einer dauerhaften (mindestens sechs Monate) Herabstufung in der Pflegestufe oder zu nicht erheblicher Pflegebedürftigkeit, dann erhält die Einrichtung 1536 Euro als Prämie.

Leistungen der medizinischen Rehabilitation sollen für Pflegebedürftige verbessert und schneller umgesetzt werden. Dazu sind im Pflege-Weiterentwicklungsgesetz eine Ausweitung der Beratung und eine stärkere Unterstützung der Bürger durch die Pflegekassen bei der Umsetzung des Rehabilitationsanspruchs vorgesehen; ebenso soll eine stärkere Überwachung der zeitnahen Umsetzung bei den Rehabilitationsträgern erfolgen. Für nachweislich erfolgreiche Maßnahmen der Aktivierung und rehabilitative Pflege in den vollstationären Pflegeeinrichtungen setzt der Gesetzgeber auf das Instrument der Bonus- oder Prämienzahlung.
Er setzt damit auf Instrumente der Prozessentwicklung und finanzielle Anreize.

Therapeutische Leistungen

Auch **therapeutische Leistungen** sollten eine größere Beachtung in der stationären Pflege erlangen. Es gibt keine verlässlichen Daten darüber, wie viele Therapeuten in Pflegeeinrichtungen tätig sind und ob und wie beispielsweise Ärzte und Therapeuten kooperieren. Der erste Bericht über die Situation der Heime aus dem Jahre 2006[105] stellt Berufsgruppen nach der Qualifikation des Personals dar. Demzufolge sind therapeutische Berufe nur mit geringen Absolutanteilen in Pflegeeinrichtungen vertreten. Es ist deshalb anzunehmen, dass der Einsatz therapeutischer Leistungen in der Behandlung und Pflege in Pflegeheimen noch nicht verbreitet ist. Hier besteht Nachholbedarf, zumal die Zahl der Pflegebedürftigen, die intensiver Krankenpflege bedürfen, stetig zunimmt. Nachweise über Kooperationen mit Ärzten und Therapeuten sollten in Pflegeheimen Bestandteil des Konzeptes sein. Entsprechend den Krankheitsbildern sollten z.B. physiotherapeutische, ergotherapeutische oder logopädische Leistungen in den Pflegeprozess integriert sein.

Hygienemanagement

Hygieneanforderungen

Aufgrund des Schutzcharakters des Heimgesetzes fordert § 11 Abs. 1 Nr. 9 von den Heimbetreibern, den Bewohnern einen ausreichenden Schutz vor Infektionen zu geben und sicherzustellen, dass die einschlägigen Hygieneanforderungen eingehalten werden. Die Hygieneanforderungen ergeben sich aus unterschiedlichen Gesetzen, Richtlinien und Empfehlungen, insbesondere aus:

- Gesetzen, wie dem Infektionsschutzgetz (IFSG), dem Bundesseuchengesetz, dem Lebensmittelgesetz
- Landesregelungen, z.B. in Form von Rahmenhygieneplänen
- der Empfehlung (Richtlinie) der Kommission für Krankenhaushygiene und Infektionsprävention
- der Empfehlung der Deutschen Gesellschaft für Krankenhaushygiene (DGKH), Sektion „Hygiene in der ambulanten und stationären Kranken- und Altenpflege/Rehabilitation". Maßnahmenplan beim Auftreten von MRSA

Auf die zahlreichen Regelungsinhalte kann hier nicht eingegangen werden. Stattdessen werden die Empfehlungen und verpflichtenden Anforderungen an das **Hygienemanagement** in Heimeinrichtungen dargestellt. Im Anschluss daran werden zur weiteren Information auch die prüfungsrelevanten Kriterien aus den Qualitätsprüfungs-Richtlinien und der MDK-Anleitung aufgenommen. Sie sind Teil der regelmäßig stattfindenden Qualitätsprüfungen gemäß §§ 114, 114a SGB XI.

Empfehlungen und Pflichten

Um die Anforderungen an die Einhaltung und Umsetzung der Hygienestandards erfüllen zu können, ist es für Pflegeeinrichtungen empfehlenswert, einen **Hygienebeauftragten** einzusetzen. Zwingend vorgegeben ist dies nicht, doch kann mit der Bestellung eines Hygienebeauftragten und dessen Fortbildung auf dem Gebiet der Infektionsprävention gezielter eine sachgerechte

[105] Bundesministerium für Familie, Senioren, Frauen und Jugend (Hrsg.), 2006b, S. 76.

Umsetzung und einheitliche Anwendung der Hygienevorschriften im Heim erfolgen. Die Aufgaben eines Hygienebeauftragten sollten in einer Stellenbeschreibung festgelegt werden. Für die Fortbildung wird eine Orientierung an der aktuellen Leitlinie der Deutschen Gesellschaft für Krankenhaushygiene (DGKH) empfohlen.[106] Für zweckdienlich gehalten wird auch die Bildung einer **Hygienekommission,** die sich aus den an der Pflege beteiligten Berufsgruppen sowie eines Vertreters aus der Gruppe der Vertragsärzte zusammensetzt und den Heimbeirat beteiligt (➢ Kap. 5.3).

Verpflichtend für Heimeinrichtungen ist gemäß § 36 IfSG die Erstellung innerbetrieblicher Verfahrensweisen zur Infektionshygiene in Form eines schriftlichen Hygieneplans. Ziel ist es, Infektionsrisiken für die Bewohner und das Personal zu vermeiden. Der **Hygieneplan** soll die **einrichtungsspezifischen Infektionsgefahren** darstellen und eine Bewertung und Konkretisierung der **risikominimierenden Maßnahmen** enthalten. Ferner sind dort die Methoden zur Überwachung der Risikominimierungsmaßnahmen anzugeben und Zeitstufen für die Aktualisierung des Plans und dessen Dokumentationsinhalte festzulegen. Ebenso soll die Schulung und Fortbildung des Personals erfasst werden. Beispiele für die Ausgestaltung eines Hygieneplans nach Themen und Inhalten finden sich im Anhang zu der Empfehlung der Kommission für Krankenhaushygiene und Infektionsprävention beim Robert Koch-Institut (RKI).[107] Diese Empfehlungen stellen den aktuellen Stand des Wissens dar.

Die Empfehlungen zur Infektionsprävention[108] für Pflegeheime, die im Rahmen des Hygienemanagements zu berücksichtigen sind, erfassen verschiedene Aspekte der Pflege, der Behandlungspflege und der Hauswirtschaft, z.B.:

- Medizinprodukte und Pflegeartikel
- Gefäßkatheter (subkutane, intravenöse und intramuskuläre Injektionen); intravasale Katheter, z.B. zentraler Venenkatheter (ZVK)
- Perkutane endoskopische Gastrostomie (PEG-Sonde)
- Flächen
- Harnwege
- Atemwege
- Wunden bei Haut- und Weichteilverletzungen
- das Auftreten von speziellen Krankheitserregern, z.B. Methicillin-resistente Staphylococcus aureus (MRSA)
- Lebensmittel- und Küchenhygiene

Qualitätsprüfung: Hygienemanagement/QPR und MDK-Anleitung

Die Richtlinien der Spitzenverbände der Pflegekassen (Spitzenverband der Pflegekassen) und des MDS sehen unter Anlage 2 zu Punkt 8 eine Überprüfung der Hygienesituation und der Einhaltung der Hygienevorschriften vor.

Danach ist es Aufgabe des MDK-Prüfers sich einen Gesamteindruck über die Hygienezustände in der Einrichtung zu verschaffen, indem er den Eingangsbereich, die Zimmer der Heimbewohner, die Dienstzimmer, die Sani-

[106] DGKH (Hrsg.), 2002.
[107] Robert Koch-Institut (Hrsg.), 2005, 48, S. 1061 ff., Anhang 1, S. 1078.
[108] Robert Koch-Institut (Hrsg.), 2005, 48, S. 1061 ff., Anhang 1, S. 1061 ff.

tär- und Aufenthaltsräume, die Hilfsmittel und die Kleidung der Mitarbeiter nach Sauberkeit und Hygiene prüft. Ebenso wird auf die räumliche Trennung von Arbeits- und sonstigen Hilfsmitteln und auf die räumliche Trennung von reiner Wäsche und Schmutzwäsche geachtet.

Die weitere Prüfung richtet sich darauf, ob das Heim über ein angemessenes **Hygienemanagement** verfügt. Im Detail wird geprüft, ob Hygienepläne existieren, die innerbetriebliche Verfahrensweisen und Handlungsanweisungen für alle Beschäftigten im Hause vorgeben.

Grundlage und Maßstab bei der Prüfung sind die Empfehlungen/Richtlinien des Robert Koch-Instituts zur Infektionsprävention in Heimen, auf die bereits hingewiesen wurde.

Nach den Vorgaben der Qualitätsprüfungs-Richtlinien und der dazu ergänzend verfassten MDK-Anleitung werden folgende Details geprüft:

- Vorhandensein innerbetrieblicher Verfahrensweisen zur Desinfektion und dem Umgang mit Sterilgut; kontinuierliche Überprüfung der Verfahrensweise und Kenntnis der Mitarbeiter über die innerbetrieblichen Verfahren, z.B. zur Händedesinfektion und dem Tragen von Schutzkleidung
- Prüfung der Reinigung, Ver- und Entsorgung kontagiöser (ansteckender) oder kontaminierter Gegenstände
- Vorhandensein der notwendigen Desinfektionsmittel
- Vorhandensein von Arbeitshilfen, z.B. Händedesinfektionsmittel
- Vorhandensein von geeigneten Standards/Verfahren zum Umgang mit MRSA, wenn sich in der Einrichtung MRSA-Bewohner befinden

Fazit

Um eine Qualität der Pflege und der pflegerischen Versorgung zu gewährleisten, sind im Pflegeversicherungsgesetz und im Heimrecht zahlreiche Anforderungen spezifiziert worden. In der Qualitätsvereinbarung, die noch zu § 80 SGB XI a.F. festgelegt wurde, sind verpflichtende Vorgaben zur Struktur-, Prozess und Ergebnisqualität festgelegt worden, die von den Pflegeeinrichtungen umgesetzt und eingehalten werden müssen. Für die Qualität der pflegerischen Leistungen haben die der Prozessqualität (3.1 der Qualitätsgrundsätze) zuzurechnenden Qualitätsvorgaben, insbesondere das Pflegekonzept mit der Pflegeplanung und Pflegedokumentation, elementare Bedeutung. Die anfänglichen Probleme der Akzeptanz und Umsetzung der Qualitätsinstrumente sind noch nicht beseitigt, wie die regelmäßigen Prüfberichte des MDS belegen. Doch sind deutliche Verbesserungen sichtbar. Weitere Qualitätsanforderungen im engen Kontext der Pflege ergeben sich bei Leistungen der Behandlungspflege, im Medikamentenmanagement und bei der Umsetzung von Hygienestandards. Das Pflegeversicherungsgesetz, die Qualitätsvereinbarung (§ 80 SGB XI a.F., § 113 SGB XI n.F.) und das Heimrecht verfolgen als Leitbild das Ziel einer an den Bedürfnissen der Bewohner orientierten Versorgung. Verbesserungen in der Arbeitszeit und Dienstplanung, aber auch die Herausbildung pflegefachlicher Schwerpunkte können zu einer weiteren Qualitätsentwicklung in der Pflege und zu einer stärkeren Bewohnerorientiertheit führen.

1

1.3 Anforderungen an die soziale Betreuung

1.3.1 Einführung

Begriff: Betreuung

In stationären Pflegeeinrichtungen ist zusätzlich zur Pflege, Wohnraumüberlassung und hauswirtschaftlichen Versorgung auch für eine angemessene soziale Betreuung der Bewohner zu sorgen. Eine einheitliche Definition des Begriffs „Betreuung" besteht allerdings nicht. Dem Heimgesetz und dem Pflegeversicherungsgesetz liegt ebenfalls kein einheitliches Begriffsverständnis darüber zugrunde, was unter „sozialer Betreuung" zu verstehen ist. Infolgedessen werden in beiden Gesetzeswerken **unterschiedliche qualitative Anforderungen** an die soziale Betreuung gestellt. Hinzu kommt, dass der Begriff der Betreuung als eine Art Leitbegriff in unterschiedlichen Kontexten verwendet wird.

Daher soll zunächst eine Begriffsklärung und Abgrenzung zur Pflege als gesteigerter Form der Betreuung erfolgen, bevor anschließend auf die Qualitätsanforderungen an die soziale Betreuung im Heim eingegangen wird.

1.3.2 Definition der „Betreuung"

Heimgesetz

Verständnis von Betreuung im HeimG

§ 1 Abs. 1 S. 2 Heimgesetz regelt den Anwendungsbereich des Gesetzes und legt fest, dass Träger von Heimen Betreuungsleistungen für ihre Heimbewohner zur Verfügung stellen und vorhalten müssen. Der Begriff der Betreuung wird hier als Leitbegriff verwandt, der auch die Pflege mit einschließt. „Heimmäßige" Betreuung soll dazu dienen, dass der Bewohner die notwendigen Hilfen in allen Bereichen der Daseinsvorsorge erhält und zwar auch dann, wenn sich seine Bedürfnisse ändern.[109] Zu den über die Pflege hinausgehenden Betreuungsangeboten gehören gemäß § 11 Abs. 1 Nr. 2 HeimG die **sozialpädagogische Betreuung** und heilpädagogische Förderung behinderter Menschen und – ausdrücklich in § 11 Abs. 1 Nr. 3 HeimG genannt – die **angemessene ärztliche und gesundheitliche Betreuung.** Bei der Formulierung der „angemessenen" Qualität handelt es sich um einen unbestimmten Rechtsbegriff, dessen Konkretisierung durch den jeweiligen Stand der medizinischen Entwicklung und der im Wandel befindlichen Qualitätsanforderungen erfolgt.

Die Gewährleistung der ärztlichen Betreuung hat der Heimträger über Qualitätsstandards sicherzustellen, indem insbesondere Vertragsvereinbarungen mit niedergelassenen Ärzten zur Gewährleistung der medizinischen Versorgung, unabhängig von der Tages- oder Nachtzeit, getroffen werden.[110] Diese Verpflichtung ist jedoch nicht mit einer Einschränkung der Wahlfrei-

[109] Kunz u.a., 2003, § 1, Rdn. 1; ähnlich VG Stade, Beschluss v. 14.6.1990, 4B 49/90.
[110] Siehe in diesem Kapitel unter Gliederungspunkt ➢ 1.2.4. „Behandlungspflege".

heit der Bewohner verknüpft. Das Recht der Bewohner auf freie Arztwahl bleibt unberührt. Vielmehr geht es dem Gesetzgeber darum, dass Heimträger im Rahmen ihrer umfassenden Betreuungsaufgabe auch die Verpflichtung tragen, eine ärztliche Versorgung sowohl an den Wochenenden als auch in Notfällen bei Tag und Nacht sicherzustellen. Diese Forderung kann z.B. durch Benennung eines **„Heimarztes"** erfolgen oder durch die Vereinbarung von Notfallketten mit mehreren Ärzten. Für Einrichtungen mit überwiegend geriatrisch geprägter Bewohnerschaft wird für die Angemessenheit der ärztlichen Betreuung eine geriatrische Qualifikation der Mediziner zu verlangen sein. Da in Pflegeeinrichtungen auch eine gesicherte medizinische Behandlungspflege gewährleistet werden muss, sind entsprechende fachliche Anforderungen auch an die ärztliche Betreuung zu stellen.

Mit dem **Pflege-Weiterentwicklungsgesetz 2008** neu hinzugekommen ist die Möglichkeit, dass stationäre Pflegeeinrichtungen einen Heimarzt anstellen können, wenn eine ausreichende ärztliche Versorgung nicht auf andere Weise, z.B. durch Kooperationsverträge mit niedergelassenen Ärzte sichergestellt werden kann (➢ **Kap. 6 „Anstellung von Heimärzten"**). Dazu sieht § 119b SGB V vor, dass Pflegeeinrichtungen zur Teilnahme an der vertragsärztlichen Versorgung ermächtigt werden. Im Vergleich zum Heimrecht konkretisiert und erweitert das Pflegeversicherungsgesetz die Anforderungen, die an eine angemessene ärztliche Betreuung zu stellen sind.

Die **gesundheitliche Betreuung** verlangt von den Heimeinrichtungen die Beachtung und Einhaltung zahlreicher Vorschriften des Gesundheitsschutzes. Dazu zählen das Bundesseuchengesetz, das Infektionsschutzgesetz, das Arzneimittelgesetz sowie einschlägige Vorschriften der Lebensmittelhygiene und des Hygienerechts. Für den Infektionsschutz von Heimbewohnern sieht § 11 Abs. 1 Nr. 9 HeimG ergänzend vor, dass Heimträger zum Schutz der Bewohner verpflichtet sind, die Einhaltung der Hygieneanforderungen in den unterschiedlichen Beschäftigungsbereichen durch das Personal zu gewährleisten. Dies setzt neben entsprechenden Schulungen über Hygienevorschriften und Richtlinien im Weiteren auch die Aufstellung von Desinfektions- und Hygieneplänen und die Einsetzung eines Hygienebeauftragten voraus (➢ Kap. 1.2.4 „Hygienemanagement").

Ebenso umfasst die gesundheitliche Betreuung die Einrichtung von Therapieräumen zur Aktivierung und Prophylaxe sowie für Rehabilitationsmaßnahmen (zum Bedeutungszuwachs rehabilitativer Maßnahmen ➢ Kap. 1.2.4). Die baulichen Anforderungen dazu enthalten § 26 i.V.m. § 17 HeimMindBauV.[111] Der Anforderungsgrad an die gesundheitliche Betreuung in Pflegeheimen muss sich aber auch an den Bedürfnissen und der Struktur der Bewohnerschaft orientieren. Pflegeheime mit einem hohen Grad an schwerstpflegebedürftigen Menschen werden auch einen höheren ärztlichen und gesundheitlichen Betreuungsbedarf haben als Einrichtungen mit einer Bewohnerstruktur, die einen niedrigeren Grad an Behandlungs- und Pflegebedarf aufweist.[112]

---

[111] Vgl. Dahlem, u.a., 2007, § 17 HeimMindBauV, V, Rdn. 3 f.

[112] Vgl. Krahmer; Richter, 2005, § 11, Rdn. 14 f.

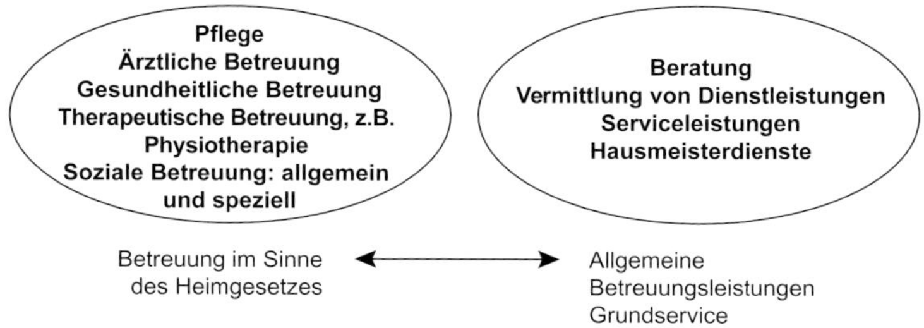

Abb. 1.6 Unterschiedliche Betreuungsleistungen im Überblick

Als Schutzgesetz kennt und regelt das Heimgesetz ärztliche, therapeutische und gesundheitliche Betreuungsaufgaben für Heimeinrichtungen. Allgemeine Betreuungsleistungen wie Beratungsdienste und die Vermittlung von Dienstleistungen werden (➤ Abb. 1.6) nicht erfasst.[113]

Soziale Betreuung

Für die Erbringung sozialer Betreuungsleistungen gibt es keine weiteren Vorgaben. Der Umfang der anzubietenden Betreuung soll sich an den jeweiligen Bedürfnissen der Heimbewohner orientieren. Heimbewohner haben nach § 11 Abs. 1 Nr. 5 HeimG gegenüber ihrem Heimträger einen Anspruch auf die Bereitstellung der erforderlichen Hilfen, die ihnen – entsprechend ihrer individuellen Betreuungsbedürftigkeit – eine angemessene Lebensgestaltung ermöglichen.[114] Dies schließt die Berücksichtigung biografischer Lebensgewohnheiten mit ein. Beispielsweise wäre die Begleitung gehbehinderter Heimbewohner bei Spaziergängen Teil der Betreuung, wenn diese aus eigener Kraft dazu nicht mehr in der Lage sind.

Das Pflegeversicherungsgesetz enthält Vorgaben zum Inhalt und zu den Anforderungen an soziale Betreuungsleistungen und ergänzt so das Heimrecht.

Pflegeversicherungsgesetz – SGB XI

Soziale Betreuung nach PflegeVG

Innerhalb des Regelungswerkes zur Umsetzung der sozialen Pflegeversicherung finden sich sowohl im Gesetz, dem SGB XI, als auch in untergesetzlichen Rechtsquellen, wie Bundesempfehlungen, Landesverträgen und Vereinbarungen der Spitzenverbände, Vorschriften zur sozialen Betreuung. Diese sind teils auf die Leistungserbringung und Leistungsabgrenzung zu anderen Leistungen gerichtet und teils auf die Festlegung der Anforderungen und Qualitätsniveaus, die in Pflegeheimen an eine angemessene soziale Betreuung gestellt werden. Im Folgenden werden zunächst die unterschiedlichen Regelungen nach ihren Rechtsquellen dargestellt. Im Abschnitt (➤ Kap. 1.3.6) wird

113 Gesetzentwurf der Bundesregierung (2001), Entwurf eines Dritten Gesetzes zur Änderung des Heimgesetzes. Deutscher Bundestag, Drucks. 14/5399 vom 23.2.2001, S. 18.
114 Vgl. Kunz, u.a., 2003, § 11, Rdn. 8.

dann nach einer Gesamtbewertung der Anforderungen auf den Stand der Umsetzung in der Praxis eingegangen.

Ziele und Inhalte der sozialen Betreuung nach dem SGB XI

Das Pflegeversicherungsgesetz unterscheidet bei den Leistungsarten zwischen (➢ Tab. 1.5):
- Grundpflege
- Behandlungspflege
- soziale Betreuung

Im Rahmen der stationären Versorgung ist die soziale Betreuung eine eigenständige Leistungspflicht neben den allgemeinen Pflegeleistungen und der medizinischen Behandlungspflege.

Die Aufgabe der sozialen Betreuung der Bewohnerschaft wurde mit dem **ersten SGB XI-Änderungsgesetz** 1996 in das Pflegeversicherungsgesetz aufgenommen.[115] Die amtliche Begründung des Änderungsgesetzes gibt Aufschluss darüber, welche Anforderungen der Gesetzgeber an die soziale Betreuung stellt: Demnach sollen mit der sozialen Betreuung und Beratung der Heimbewohner deren zusätzlichen Bedürfnisse neben den Leistungen der Pflege, der Unterkunft und der Verpflegung befriedigt werden.[116] Das Spektrum umfasst insbesondere:
- die Kommunikation, um einer Vereinsamung der Person entgegenzuwirken (vgl. § 28 Abs. 4 S. 2 SGB XI)[117],
- die Organisation des Tagesablaufs,
- die Gestaltung der Wohnung oder des Pflegeheims.[118]

Tab. 1.5 Leistungsarten vollstationärer Pflegeeinrichtungen nach dem SGB XI

Pflegevergütung nach § 82 Abs. 1 SGB XI		
Allgemeine Pflegeleistungen/ Grundpflege	Medizinische Behandlungspflege	Soziale Betreuung
• Leistungskomplex Pflege nach § 11 Abs. 1 i.V.m. §§ 14 Abs. 4 Nr. 1–3, 28 Abs. 4 SGB XI • Leistungskomplex Versorgung nach § 11 Abs. 1 i.V.m. § 14 Abs. 4 Nr. 4 SGB XI	Dauerhaft übertragene Aufgaben nach § 43 SGB XI *Sonderfall:* § 37 Abs. 2 S. 2 SGB V → Leistungspflicht und Kostentragung durch Krankenkasse bei Heimbewohnern mit besonders hohem Behandlungspflegebedarf	• Leistungskomplex Betreuung nach §§ 11 Abs. 1 SGB XI, gemäß § 43 Abs. 3 SGB XI auch bei außergewöhnlich hohem und intensivem Pflegeaufwand • Zusätzliche Betreuungsleistungen bei erheblichem allg. Betreuungsbedarf im Rahmen der Modellförderung (§ 45c Abs. 4 SGB XI) und bei Bereitstellung von zusätzlichem Betreuungspersonal gemäß § 87b SGB XI

115 Erstes Gesetz zur Änderung des Elften Sozialgesetzbuch und anderer Gesetze (Erstes SGB XI-Änderungsgesetz – 1. SGB XI-ÄndG), BGBl. 1996, Teil I, S. 830 (832) zu § 43 SGB XI.

116 Vgl. die Entstehungsgeschichte des Ersten SGB XI-Änderungsgesetzes zu § 43 Abs. 2. In: Vollmer; Vollmer, 2004, zu § 43.

117 Vgl. Klie; Krahmer, 2003, § 11 SGB XI, Rdn. 6.

118 Entwurf eines Gesetzes zur sozialen Absicherung des Risikos der Pflegebedürftigkeit (Pflege-Versicherungsgesetz/PflegeVG), Deutscher Bundestag – Drucksache 12/5262 vom 24.6.1993, S. 108.

1

Die Heime sollen dem einzelnen Pflegebedürftigen trotz seines Hilfebedarfs die Führung eines eigenständigen Lebens ermöglichen. Dazu dienen auch Maßnahmen der Strukturierung des Heimalltags und die Teilnahme an Gesprächsmöglichkeiten.

Ziele und Inhalte sozialer Betreuung nach den Bundesempfehlungen und Rahmenverträgen

Betreuung nach Bundesempfehlungen und -vereinbarungen/ Rahmenverträgen

Dezidierte Leistungsinhalte für eine angemessene soziale Betreuung enthalten die Bundesempfehlungen der Spitzenverbände zu den Rahmenverträgen nach § 75 SGB XI und die Rahmenverträge der Länder: So wird in § 1 Abs. 4 der Empfehlungen der Spitzenverbände zum Inhalt der Rahmenverträge gemäß § 75 SGB XI[119] vorgegeben, dass im Rahmen der sozialen Betreuung *„die Pflegeeinrichtungen für die Pflegebedürftigen einen Lebensraum gestalten, der ihnen die Führung eines selbstständigen und selbstbestimmten Lebens ermöglicht sowie zur Teilnahme am Leben in der Gemeinschaft innerhalb und außerhalb der Einrichtung beiträgt.“*

Ziel der sozialen Betreuung ist es *„Vereinsamung, Apathie, Depression und Immobilität“* zu vermeiden und *„dadurch einer Verschlimmerung der Pflegebedürftigkeit vorzubeugen beziehungsweise die bestehende Pflegebedürftigkeit zu mindern“.*[120]

Die Ziele der Bundesempfehlungen richten sich demnach nicht auf die Erhaltung der sozialen Interaktionsfähigkeit, sondern auf die Vermeidung einer Verschlechterung des Zustands des Pflegebedürftigen.[121]

Hilfekatalog zur Betreuung

Aufgrund der Bundesempfehlungen und -vereinbarungen können **folgende Hilfen den sozialen Betreuungsleistungen** zugeordnet werden:[122]

- Leistungen zur Orientierung zu Zeit, Ort und zur Person. Hierzu könnten insbesondere tägliche Gruppentreffen gezählt werden.
- Leistungen zur Gestaltung des persönlichen Alltags und eines Lebens in der Gemeinschaft. Hierzu zählen tagesstrukturierende Angebote, z.B. Bastel- und Spielnachmittage, Vorlese- und Singkreis oder kulturelle Angebote.
- Leistungen zur Bewältigung von Lebenskrisen, z.B. durch besondere Gesprächsangebote mit entsprechend geschultem Personal
- Leistungen zur Begleitung Sterbender
- Leistungen zur Unterstützung bei der Erledigung persönlicher Angelegenheiten, u.a. durch Begleitung bei Behördengängen.

---

119 Gemeinsame Empfehlung gemäß § 75 Abs. 5 SGB XI zum Inhalt der Rahmenverträge gemäß § 75 Abs. 1 SGB XI zur vollstationären Pflege vom 25.11.1996.

120 § 1 Abs. 4. In: Gemeinsame Empfehlung gemäß § 75 Abs. 5 SGB XI zum Inhalt der Rahmenverträge gemäß § 75 SGB XI zur vollstationären Pflege vom 25.11.1996. Ebenso beispielsweise: Rahmenvertrag nach § 75 Abs. 1 SGB XI zur vollstationären Pflege in Rheinland Pfalz, Abschnitt I, § 1 (4); Rahmenvertrag gemäß § 75 Abs. 1 i.V.m. Abs. 2 SGB XI zur vollstationären Pflege in Niedersachsen, Abschnitt I, § 1 (4).

121 Vgl. Klie; Krahmer, 2003, § 43 SGB XI, Rdn. 15.

122 Vgl. § 1 Abs. 4. In: Gemeinsame Empfehlung gemäß § 75 Abs. 5 SGB XI zum Inhalt der Rahmenverträge gemäß § 75 Abs. 1 SGB XI zur vollstationären Pflege vom 25.11.1996.

Von der Anerkennung sind Hilfen ausgenommen, die durch Angehörige oder Betreuer erbracht werden können.[123] Die Begleitung eines gehbehinderten Heimbewohners bei Spaziergängen wäre Aufgabe der Angehörigen und gehört nicht zur sozialen Betreuung, wenn Angehörige oder Betreuer tatsächlich zur Verfügung stehen.[124]

Die Regelungen der Bundesempfehlungen und -vereinbarungen nach § 75 Abs. 5 (a.F.)[125] SGB XI, die in den jeweiligen Rahmenvertrag der Länder gemäß § 75 Abs. 1 SGB XI Eingang gefunden haben, enthalten für die zugelassenen Heime verbindliche Vorgaben zur sozialen Betreuung und zur aktiven Einbindung Angehöriger in den Heimalltag.

Anforderungen an die soziale Betreuung nach der Qualitätsvereinbarung gemäß § 80 SGB XI a.F./§ 113 n.F.

Soziale Betreuung: Teil der Prozessqualität

In der **Qualitätsvereinbarung** zu den gemeinsamen Qualitätsgrundsätzen und -maßstäben bildet der Verantwortungsbereich der sozialen Betreuung mittlerweile einen eigenen Regelungsschwerpunkt. Unter 3.3 der Qualitätsanforderungen zur Prozessqualität in vollstationären Pflegeeinrichtungen finden sich detaillierte Kriterien zu den Zielen und den Inhalten der Betreuungsleistungen und den berufsspezifischen Anforderungen an das Personal.[126]

Oberstes Ziel der sozialen Betreuung soll es nach den einleitenden Grundsätzen unter Nr. 1 der Qualitätsvereinbarung sein, die soziale Betreuung an der Würde des Menschen auszurichten und Lebensqualität und Zufriedenheit für den einzelnen Bewohner anzustreben. Dazu sollen körperliche, geistige, soziale und seelische Bedürfnisse des Einzelnen berücksichtigt werden und ebenso Hilfestellung in Lebenskrisen gewährt werden. Orientiert an diesem Leitgrundsatz werden unter Nr. 3.3 folgende zentralen Voraussetzungen an die Qualität der sozialen Betreuung gestellt:

Die **soziale Betreuung** richtet sich nach den Bedürfnissen (sozialen, seelischen, kognitiven) der Bewohner und unterstützt die persönliche Lebensgestaltung einschließlich der Beziehungen und Fähigkeiten. Die Betreuung ist Teil der Tagesstrukturierung für alle Bewohner.

Für demenziell Erkrankte ist ein Pflege- und Betreuungsrahmen zu bilden.

Die Anforderung der **integrierten sozialen Betreuung** verlangt vom Personal eine „den Bewohnern zugewandte Grundhaltung", indem die Beschäftigten für Gespräche bereitstehen und – soweit es innerhalb des täglichen Arbeits- und Dienstablaufs möglich ist – Wünsche und Anregungen berücksichtigen. Handlungsleitend sollen biografische und lebensgeschichtliche Bezüge und individuelle Gewohnheiten der Bewohner sein.

---

123 Vgl. Ebenda
124 Vgl. Ebenda
125 § 75 Abs. 5, geändert in Ansatz 6 mit Wirkung ab 1.1.2002 durch Art. 1 Nr. 7 i.V.m. Art. 2 des Pflege-Qualitätssicherungsgesetzes vom 9.9.2001 (BGBl. I S. 2320).
126 Gemeinsame Qualitätsvereinbarung, 2003.

Angebote der sozialen Betreuung sind differenziert für einzelne Bewohner, für Gruppen oder zum Zwecke der Kontaktförderung in der Gemeinde anzubieten; außerdem müssen sie bedürfnisorientiert und in den Tagesablauf (den „gesamten Leistungsprozess“) eingebunden erfolgen. Besonders empfehlenswert sind Gruppenangebote, da sie der Vereinsamung vorbeugen und die Gemeinschaft fördern, sowie integrative Angebote in Verbindung mit dem Gemeinwesen und ehrenamtlichen Helfern. Individuelle Angebote für einzelne Bewohner können persönliche Gedenktage und Hilfeangebote bei persönlichen Anliegen, z.B. der Trauerbewältigung oder zur Konfliktbewältigung beinhalten.

1.3.3 Soziale Betreuung demenziell erkrankter Heimbewohner

Dementenbetreuung

Innerhalb der vollstationären Pflege sollen im Besonderen für die wachsende Zahl demenziell erkrankter Bewohner Betreuungsangebote von den Trägern der Einrichtungen geschaffen werden. Nach der für Pflegeheime verpflichtenden Qualitätsvereinbarung, die noch zu § 80 SGB XI a.F.[127] verfasst wurde, sind soziale Betreuungsangebote für demenziell erkrankte Bewohner unverzichtbarer Teil eines Pflege- und Betreuungsrahmens. Für die Pflegeeinrichtungen besteht somit die Verpflichtung, für alle Bewohner **differenzierte tagesstrukturierende Leistungsangebote** der sozialen Betreuung **über den Tag und auch an den Wochenenden** anzubieten. Konkrete Vorgaben zur Konzeption der Betreuungsangebote für demenziell erkrankte Bewohner finden sich im SGB XI und innerhalb der Qualitätsvereinbarung nicht. Pflegeeinrichtungen haben hier freien Gestaltungsraum und können sich an pflege- und sozialwissenschaftlichen Konzepten und Therapien orientieren.[128]

Zusätzliche Betreuungsangebote für demenzkranke Pflegebedürftige

Seit den neunziger Jahren wurden unterschiedliche Modellvorhaben im Rahmen des „Modellprogramms zur Verbesserung der Versorgung Pflegebedürftiger“ gefördert.[129] Darunter wurden auch Modelle in Pflegeeinrichtungen finanziell unterstützt, die Möglichkeiten der Verbesserung zur Versorgung demenziell erkrankter Pflegebedürftiger erprobten. Dazu gehörten integrative Lösungen bzw. Wohngemeinschafts- und Hauskonzepte.[130]

In der Praxis zunehmende Verbreitung findet die Einrichtung spezieller Stationen bzw. Gruppen für demenziell beeinträchtigte Bewohner. Hierbei handelt es sich um ein Konzept, mit dem eine stärker lebensweltlich orientierte Betreu-

---

[127] Seit dem 1.7.2008 angebunden an § 113 SGB XI.

[128] Dazu: Bundesministerium für Familie, Senioren, Frauen und Jugend (Hrsg.), 2002, S. 288 ff.; Bölicke; Steinhagen-Thiessen, 2002, S. 179.

[129] Bundesministerium für Gesundheit (Hrsg.), 2008, S. 67.

[130] Ebenda, S. 71.

ung in Tagesgruppen oder Wohngruppen angestrebt wird. Ähnliche aber nicht vergleichbare Entwicklungen wurden seit 2002 vom Gesetzgeber mit der Förderung **„niedrigschwelliger Betreuungsangebote"** in Gang gesetzt.[131]

Mit dem Pflegeleistungs-Ergänzungsgesetz wurden 2002 für die ambulante Pflege Betreuungsangebote für demenzkranke Pflegebedürftige initiiert, die dazu dienen, dass Helferinnen und Helfer unter pflegefachlicher Anleitung die Betreuung von Pflegebedürftigen mit erheblichem Bedarf an allgemeiner Beaufsichtigung und Betreuung in Gruppen oder im häuslichen Bereich übernehmen und pflegende Angehörige entlasten und beratend unterstützen.

Diese besonderen zusätzlichen Betreuungsangebote werden gemäß § 45b SGB XI nur für den Bereich der ambulanten und teilstationären Pflege gefördert. Der Heimbereich wurde damals mit dem Argument ausgeklammert, dass *„die in stationären Einrichtungen entstehenden Aufwendungen für den besonderen Hilfe- und Betreuungsbedarf demenziell erkrankter Pflegebedürftiger [...] bereits jetzt aufgrund des gesetzlich eingeräumten Anspruchs des Heimträgers auf eine leistungsgerechte Vergütung in den Heimentgelten Berücksichtigung finden [können, d. Verf.]"*.[132]

Damit ist die ursprünglich als eigenständiger Vertragstyp gestaltete Leistungs- und Qualitätsvereinbarung gemäß § 80a SGB XI a.F. gemeint. Eingeführt wurde dieser Vertragstyp mit dem Pflege-Qualitätssicherungsgesetz[133] 2002. Heimeinrichtungen sollten im Rahmen dieser Vereinbarung auch leistungsgerechte Vergütungen für besondere Betreuungsangebote ihrer demenzkranken Bewohner aushandeln können.[134] Diese gesonderte Vereinbarung ist mit dem Pflege-Weiterentwicklungsgesetz weggefallen. Die **wesentlichen Leistungs- und Qualitätsmerkmale" (wLQm)** sind nun als **integrierter Teil der Pflegesatzverhandlungen** zu verhandeln. Die wLQm sollen hier im Kontext der Förderung von Betreuungsangeboten nur kurz dargestellt werden. Eine ausführliche Darstellung der Inhalte der wLQm erfolgt im 6. Kapitel (➢ Kap. 6.2.5).

Auch in vollstationären Pflegeeinrichtungen sind **zusätzliche Betreuungsangebote für Pflegebedürftige mit erheblich eingeschränkter Alltagskompetenz** bereitzuhalten. Dies können z.B. besondere Wohn- und Betreuungsgruppen oder Tagesgruppenbetreuungen in Kleingruppen sein. Weiteres: **www.pflegeheute.de**

---

131 Pflegeleistungs-Ergänzungsgesetz vom 14.12.2001, BGBl. I S. 3728.

132 Entwurf eines Gesetzes zur Ergänzung der Leistungen bei häuslicher Pflege von Pflegebedürftigen mit erheblichem allgemeinem Betreuungsbedarf (Pflegeleistungs-Ergänzungsgesetz – PflEG), Deutscher Bundestag – Drucksache 14/6949 vom 24.9.2001, S. 8.

133 Pflege-Qualitätssicherungsgesetz – PQsG vom 9.9.2001, BGBl. I S. 2320.

134 Vgl. Entwurf eines Gesetzes zur Ergänzung der Leistungen bei häuslicher Pflege von Pflegebedürftigen mit erheblichem allgemeinem Betreuungsbedarf (Pflegeleistungs-Ergänzungsgesetz – PflEG), Deutscher Bundestag – Drucksache 14/6949 vom 24.9.2001, S. 9; vgl. die Begründung zum Regierungsentwurf des Pflegeleistungs-Ergänzungsgesetzes. Zur Vereinbarung der wesentlichen Leistungs- und Qualitätsmerkmale vgl. im 6. Kapitel Gliederungspunkt 2.5.

1

1.3.4 Bemessung und Vergütung besonderer Bedarfe an Betreuung

wLQm und Betreuung

Die für die vollstationäre Pflege geregelte Vorgabe, **wesentliche Leistungs- und Qualitätsmerkmale gemäß § 84 Abs. 5 SGB XI** je Einrichtung zu vereinbaren, soll nach der Intension des Gesetzgebers dazu dienen, den Pflegeeinrichtungen die Möglichkeiten zu geben, spezielle **Betreuungsangebote,** beispielsweise für **demenzkranke Pflegebedürftige** einzurichten, um den besonderen Bedarfen nach Betreuung, Anleitung und Beaufsichtigung entsprechen zu können. Festzulegen sind die wesentlichen Leistungs- und Qualitätsmerkmale", zu denen auch die besonderen Betreuungsbedarfe der Bewohnerschaft gehören. Damit ist Einrichtungen grundsätzlich der Weg eröffnet, für im Einzelnen auszuhandelnde Betreuungskonzepte und Betreuungsleistungen finanzielle Förderungen mit der Pflegesatzvereinbarung zu verhandeln. Zwar sollen Leistungen der sozialen Betreuung gemäß § 82 Abs. 1 SGB XI schon über die Pflegevergütung pauschal mit abgegolten werden, doch war und ist dies aufgrund der stark verrichtungsbezogenen Bedürfnisbestimmung der Pflegeversicherung real nicht der Fall gewesen.

Bei der Feststellung der Pflegebedürftigkeit nach den §§ 14, 15 SGB XI werden stets nur solche Betreuungsbedarfe berücksichtigt, die im Zusammenhang mit den regelmäßig wiederkehrenden Verrichtungen im Ablauf des täglichen Lebens anfallen.[135] Anleitungen und Beaufsichtigungen müssen demnach immer einen kausalen zeitlichen Bezug zu den gesetzlich definierten Verrichtungshilfen haben. Ein Interpretationsspielraum besteht nach der Rechtsprechung des Bundessozialgerichts nicht.[136] Deshalb kann beispielsweise eine notwendige Begleitung von dementen Personen außerhalb der Häuslichkeit nur berücksichtigt werden, wenn diese für die Aufrechterhaltung der Lebensführung notwendig ist und die pflegebedürftige Person persönlich erscheinen muss. Dies wird nur bei der Inanspruchnahme ärztlich veranlasster Therapien oder dem Aufsuchen von Behörden der Fall sein.[137] Darüber hinausgehende allgemeine Beaufsichtigungs- und Anleitungsbedarfe, die bei Demenzkranken häufig bestehen, bleiben bei der Pflegebedürftigkeitsfeststellung und damit bei der Pflegestufenfestsetzung und der Pflegeklassenzuordnung außer Betracht.

Da die Pflegestufe auch in der stationären Pflege nach § 84 SGB XI grundsätzlich für die Pflegeklassenzuordnung entscheidend ist, hat dies für die stationäre Pflege zur Konsequenz, dass nicht berücksichtigungsfähige aber dennoch notwendige Aufsichts- und Betreuungsbedarfe in der Pflegesatzverein-

---

[135] MDS e.V. (Hrsg.), 2006.

[136] BSG vom 10.2.2000, Vollmer; Vollmer, Kommentar SGB XI, Pflege-Rechtsprechung (PRS), 200 PRS 2000.02.10/6, 2004b.

[137] Vgl. die Richtlinien der Spitzenverbände der Pflegekassen zur Begutachtung von Pflegebedürftigkeit nach dem Elften Buch Sozialgesetzbuch Begutachtungsrichtlinien unter V. 5.3, Nr. 15.

barung nicht als vergütungsfähige Leistung berücksichtigt werden.[138] Dazu zählen allgemeine und besondere Betreuungsleistungen ohne Verrichtungsbezug. Es handelt sich hier um ein strukturelles Problem des Leistungssystems, dass alle Heimbewohner trifft. Für den Personenkreis mit demenzbedingten Fähigkeitsstörungen und einem erheblichen allgemeinen Betreuungsbedarf ist die Kluft zwischen dem Hilfebedarf an Betreuung und der Abgeltung der Leistungen, wenn diese Hilfen gewährt werden, allerdings häufig größer.[139]

Veränderung durch das Pflege-Weiterentwicklungsgesetz

Inwiefern die Leistungs- und Qualitätsvereinbarung für die Aushandlung und Einforderung der Vergütung zusätzlicher Betreuungsleistungen von den Heimträgern genutzt wurde, ist bislang datenmäßig nicht erschlossen. Doch belegen unterschiedliche **Vertragsmuster und Empfehlungen** zur Leistungs- und Qualitätsvereinbarung, dass grundsätzlich auch konzeptionelle Grundlagen für besondere Betreuungsangebote oder Formen der Milieugestaltung für mobile, erheblich verhaltensauffällige Menschen als Verhandlungsgegenstand für die LQV eingeplant waren.[140] Das **Pflege-Weiterentwicklungsgesetz**[141] hat lediglich zur Abschaffung der LQV als eigenständigem Vertragstypus geführt. Betreuungsleistungen sind unter der neuen Gesetzesregelung unmittelbarer Verhandlungsgegenstand der auszuhandelnden Vergütungsvereinbarung.

Eine leistungsgerechte Vergütung im Sinne des § 82 I SGB XI wird für soziale Betreuungsleistungen vorrangig über die Festlegung wesentlicher Leistungs- und Qualitätsmerkmale erreicht werden können, da andere Formen der (Re-)Finanzierung im SGB XI nicht bestehen.[142] Das Pflege-Weiterentwicklungsgesetz strebt zwar eine Verbesserung der Betreuungssituation für aufsichts- und anleitungsbedürftige Heimbewohner an, diese soll aber über gesonderte Vergütungszuschläge gemäß § 87b SGB XI erzielt werden (➢ Kap. 1.2.4 „Pflegefachlicher Schwerpunkt"). Die Vergütungszuschläge sind für die Beschäftigung von zusätzlichem Betreuungspersonal vorgesehen. Deren Qualifikation ist nach dem Entwurf des Spitzenverbandes Bund der Pflegekassen auf die Beschäftigung angelernter Kräfte gerichtet.[143] Eine Re-

---

138 Vgl. dazu auch den kritischen BSG Beschluss vom 10.2.2000 unter 8. der Begründung, indem klarstellend darauf verwiesen wird, dass in verfassungskonformer Auslegung die Zuordnung zu den Pflegeklassen letztlich von dem abzudeckenden Versorgungsaufwand im Einzelfall abhängen müsse. In: Vollmer; Vollmer Kommentar, SGB XI, Pflege-Rechtsprechung (PRS), 200 PRS 2000.02.10/6. 2004b.

139 Vgl. dazu auch die Feststellung der sogenannten Rürup-Kommission: Bundesministerium für Gesundheit und Soziale Sicherung, 2003, S. 197 ff.

140 Vgl. z.B. die Empfehlung der Verhandlungspartner des Rahmenvertrags gemäß § 75 SGB XI in Berlin, Stand 1.9.2007, in: http://www.berlin.de/imperia/md/content/sen-soziales/sonstiges/vertragsangelegenheiten/lqv_vollstat_ab_01_09_2007.pdf, vgl. ebenso die Mustervereinbarung für Hessen, in: http://www.vdak.de/LVen/HES/Vertragspartner/Pflegeversicherung/LQV_Hessen_offene_Version_verabschiedet_210905.pdf, zu § 2. [28.12.2007].

141 Gesetzentwurf der Bundesregierung (2007), Entwurf eines Gesetzes zur strukturellen Weiterentwicklung der Pflegeversicherung – Pflege-Weiterentwicklungsgesetz, Deutscher Bundestag – Drucks. 16/7439 vom 7.12.2007.

142 So die Feststellungen der sogenannten Rürup-Kommission: Bundesministerium für Gesundheit und Soziale Sicherung, 2003, S. 198.

143 Vgl. Richtlinien n. § 87b Abs. 3 SGB XI des GKV-Spitzenverbandes zur Qualifikation und zu den Aufgaben von zusätzl. Betreuungskräften in Pflegeheimen, Entwurf v. 30.6.2008.

1

formierung des Begriffs der Pflegebedürftigkeit dahingehend, dass demenziell bedingte (Mehr-)bedarfe stärker Berücksichtigung finden, wird noch geprüft. Eine andere Form der Leistungsverbesserung für diese Personengruppe ist nach dem jetzigen Leistungssystem und angesichts der Finanzsituation der Pflegeversicherung nicht realistisch.

1.3.5 Fazit: Anforderungen an die Qualität der Betreuung

Anforderungen des Heim- und Pflegeversicherungsgesetzes

Anforderungen an Betreuung: HeimG/SGB XI

Für die Betreuungsqualität legt das Heimgesetz fest, dass eine dem allgemein anerkannten Stand der fachlichen Erkenntnisse entsprechende Qualität des Wohnens und der Betreuung zu sichern ist. Auch soll aufgrund des im Heimrecht weit gefassten Betreuungsbegriffs, der – wie dargelegt – auch die gesundheitliche Betreuung einschließt, die pflegerische Versorgung dem allgemein anerkannten Stand medizinisch-pflegerischer Erkenntnisse entsprechen (§ 2 Abs. 1 Nr. 5 i.V.m. § 11 Abs. 1 Nr. 3 HeimG). Damit wird an den Qualitätsanspruch der Pflegeversicherung (§ 11 SGB XI) angeknüpft und verdeutlicht, „dass die Pflegestandards nach dem Heimgesetz und dem SGB XI gleich sind.“ [144]

Anforderungen des HeimG

In § 11 Abs. 1 Nr. 5 des Heimgesetzes werden die qualitativen Anforderungen an die Betreuung konkretisiert. Danach müssen die Heimbetreiber ihren Bewohnern eine dem individuellen Betreuungsbedarf angemessene Lebensgestaltung ermöglichen und die dazu erforderlichen Hilfen gewähren. Die Betreuungsleistungen sollen demnach bedürfnisorientiert erfolgen.

Die **qualitativen Anforderungen** an die soziale Betreuung sind im **Heimgesetz** und im **SGB XI** gleich.

Die Betreuung steht hier – entsprechend dem ganzheitlichen Ansatz des Pflegekonzeptes – in engem Zusammenhang mit der Pflege (auch ➢ Kap. 1.2.2).

1.3.6 Stand der sozialen Betreuung in der Praxis

Berichtsstand und Probleme der Praxis

Ist-Stand und Probleme der Praxis

Aus einer knappen Mitteilung im **Ersten Bericht des BMFSFJ** über die Situation der Heime und die Betreuung der Bewohnerinnen und Bewohner[145] ist zu entnehmen, dass heute in fast allen Heimen ein Angebot an Beschäfti-

[144] Gesetzentwurf der Bundesregierung (2001), Entwurf eines Dritten Gesetzes zur Änderung des Heimgesetzes, Deutscher Bundestag – Drucksache 14/5399 vom 23.2.2001, S. 26.
[145] Bundesministerium für Familie, Senioren, Frauen und Jugend (Hrsg.), 2006b.

gungsmöglichkeiten vorhanden ist. Prüfungen ergaben jedoch, dass die Angebote häufig nicht auf die Struktur der Bewohnerschaft und ihre Interessen und Vorlieben zugeschnitten sind. Verbesserungsbedarfe werden vor allem im Hinblick auf die Schaffung eines vielfältigen und abwechselungsreichen Angebots festgestellt. Ebenso wird aufgrund der Datenauswertungen eine stärkere lokale Vernetzung mit bürgerschaftlichen Gruppen und kommunalen Strukturen gefordert.[146]

Auch der **Medizinische Dienst des Spitzenverbandes Bund der Krankenkassen** stellt in seinem zweiten, im Jahre 2007 erschienenen Bericht zur Qualität der stationären Pflege für das Betreuungsangebot fest, dass das erreichte Qualitätsniveau „weiterhin nicht zufriedenstellend" ist. Geprüft wurde, ob Leistungen der sozialen Betreuung angeboten und ob diese Leistungen dokumentiert wurden, wie Bewohner darüber informiert worden sind und ob die Angebote auch der Bewohnerstruktur angepasst waren.[147] Erheblicher Verbesserungsbedarf wurde bei der Angebotsgestaltung konstatiert, da sich viele Betreuungsangebote noch zu wenig an der Struktur der Bewohner und deren Interessenslagen orientieren. Defizite wurden vor allem bei der Betreuung immobiler und demenziell erkrankter Bewohner festgestellt.

Im Rahmen der aktuellen **Qualitätsprüfungs-Richtlinien** und der MDK-Anleitung werden als Konsequenz dieser Ergebnisse im Rahmen der Prüfung der Struktur- und Prozessqualität unter dem Prüfpunkt Nr. 10 des Erhebungsbogens nun auch die **Angebote an sozialer Betreuung, die Vielfalt und der Umfang der Angebote, deren Ausrichtung an den unterschiedlichen Bewohnerbedürfnissen und die Fachkompetenz** der Betreuungskraft überprüft.[148]

Probleme der Praxis

Praxis der Betreuung

Erhebungen in Heimeinrichtungen haben gezeigt, dass die Notwendigkeit einer Verbesserung der sozialen Betreuungsleistungen auch in den Einrichtungen bekannt ist. Die im Rahmen qualitativer Erhebungen gewonnenen Daten durch Interviews mit Heimleitungen und Pflegekräften deckten auf, dass es für eine qualitativ gesicherte Betreuung an inhaltlichen Gesamtkonzepten und verlässlichen Strukturen in den Einrichtungen fehlt.[149] Ebenso war festzustellen, dass gerade die Betreuungsleistungen in den letzten Jahren in den Pflegeheimen häufig reduziert wurden, statt sie entsprechend den Bewohnerstrukturen anzupassen und weiter auszugestalten. Pro forma wurden sie den Pflegekräften übertragen und damit aufgrund der Arbeitsbelastungen in der Pflege auf pflegerische Kontakte begrenzt.

Die Ursachen sind vielschichtig: Zum einen bestehen Mehrbelastungen in der Pflege für das Personal aufgrund einer Zunahme pflegeintensiver Bewoh-

---

146 Ebenda, S. 132.

147 MDS e.V. (Hrsg.), 2007, S. 75.

148 Vgl. Anlage 2 zu den Qualitätsprüfungs-Richtlinien vom 10.11.2005 unter Nr. 10 und der entsprechenden MDK-Anleitung vom 10.11.2005.

149 Vgl. Wiese, 2004.

ner. Auch beeinflussen ökonomische Zwänge das Angebot an Betreuung. Beispielsweise wurde im Zuge der Anpassungen an das Leistungs- und Vergütungssystem der Pflegeversicherung häufig bei den Betreuungsleistungen gespart und die Betreuung schlechthin den Pflegekräften zugewiesen.[150]

Seitens der Pflegenden wird auf eine Zunahme des „Zeitdrucks" in der Pflege verwiesen, der bewirkt, dass „keine Zeit" mehr für persönliche Gespräche oder Zuwendung ist, obwohl deren Bedeutungswert für die allgemeine soziale Betreuung und Pflege der Bewohner gesehen wird. Für Pflegende besteht daher das Dilemma, dass sie die Betreuung der Pflegebedürftigen als notwendigen Teil der Pflege ansehen, diese Aufgabe in der Praxis aufgrund der Arbeitsbelastung jedoch nicht angemessen leisten können. Ebenso wurden die Personalstellen für die soziale Betreuung stark reduziert und häufig sogar vollständig „eingespart". Eine im Jahre 2005 im Bundesland Niedersachsen durchgeführte Erhebung zur Arbeitszeit- und Dienstplanung in Heimen ergab einen massiven Stellenabbau. Fast jede vierte der teilnehmenden Einrichtungen verfügte danach nicht (mehr) über eigenes für die Betreuung angestelltes Personal. Ebenso beschäftigten Einrichtungen, die noch über Stellen für Betreuungspersonal verfügten, dort ganz überwiegend Teilzeitkräfte mit 50 v.H. und weniger Stunden im Vergleich zu Vollzeitbeschäftigten.[151] Um diese Situation umzukehren hat der Gesetzgeber in § 87b mit dem **Pflege-Weiterentwicklungsgesetz** einen **Vergütungszuschlag zur Verbesserung der Betreuungsleistungen** aufgenommen. Der Zuschlag ist allerdings ausschließlich auf die Verbesserung der Betreuungssituation für Bewohner mit erheblichem allgemeinem Betreuungsbedarf ausgerichtet. Auch muss der Vergütungszuschlag vereinbart werden (➢ Kap. 1.2.4 und 1.3.3).

Bestandteile und Inhalt möglicher Betreuungskonzepte

Betreuungsangebote

Verbesserungen in der Qualität der sozialen Betreuung werden vor allem dann erreicht werden können, wenn die Betreuung stärker an den Bedürfnissen der Bewohner orientiert wird. Für die Umsetzung von Betreuungsangeboten können verschiedene Angebotskonzepte Orientierung geben. Standardmäßig kann unterschieden werden zwischen:

- allgemeinen Betreuungsangeboten
- besonderen Angeboten und Events
- individuellen Betreuungshilfen
- Angeboten für besondere Bewohnergruppen

Weitere Betreuungsangebote können Tierbesuchsdienste in den Pflegeeinrichtungen sein.

„Allgemeine Betreuungsangebote" richten sich in der Regel an die gesamte Bewohnerschaft der Einrichtung. Sie dienen regelmäßig tagesstrukturierenden und gemeinschaftsfördernden Zwecken. Das Angebot umfasst u.a. Gymnastikkurse, Seniorensitztanz, Gedächtnistraining, Vorlese- und Gesprächskreise, Singkreise, Kreativgruppen, Film- und Diavorführungen,

[150] Zur Entwicklung: Wiese, 2004, S. 173, 181 ff.
[151] Wiese, 2007, S. 259.

Kochgruppen, Morgenrunden, wöchentliches Wunschessen, regelmäßige Ausflugsfahrten, Cafeteria am Sonntag, regelmäßiges geselliges Abendessen, Generationentreff, Begegnungsnachmittag und Gottesdienste. Ebenso denkbar sind Aktivitäten, z.B. zur Gestaltung der monatlichen Heimzeitschrift oder die Organisation zum Betrieb eines ehrenamtlich betriebenen Kiosk.

„Besondere Angebote und Events" sollen regelmäßig der Förderung der Gemeinschaft und der sozialen Integration der Heimbewohner in das örtliche Gemeinwesen dienen. Dazu gehören Veranstaltungen wie Sommerfeste, Adventsbasar, Weihnachtsfest, der Besuch örtlicher Festlichkeiten, z.B. von Stadtfesten. Der Umfang solcher Angebote hängt von den Gegebenheiten vor Ort, der Lage der Einrichtung und weiteren Mitveranstaltern ab. Exemplarisch ist folgende Erzählung:

„Also das beste Beispiel ist, sagen wir mal, das, was wir hier einmal im Jahr anbieten, ist der Weihnachtsmarkt, hier auf dem Gelände. Es ist also eine riesen Veranstaltung am ersten Adventssonntag. Findet hier also so ein Bühnenzauber statt; wird mitgetragen von der politischen Gemeinde, von dem Seniorenverein, der hier ja direkt auch ansässig ist, von der katholischen Kirchengemeinde und von uns. Federführung liegt allerdings bei uns. X (Name einer Person) ist da drin und so weiter. Und da wird hier schon auch was aus dem Boden gestampft. Das ist auch immer bezogen auf den Generationentreff die Maximalveranstaltung, wo 2500 Gästen denn auch kommen." (HL2/S. 14–15/Z. 31–7)

Besondere Veranstaltungen können auch in Form wechselnder Angebote in der Pflegeeinrichtung organisiert werden. Ein weiteres Beispiel aus der Praxis verdeutlicht dies:

„... wir versuchen, jeden Monat möglichst etwas Besonderes zu machen, letztens hatten wir Sommerfest, dann hatten wir Vorbereitung auf den Herbst, dann hatten wir jetzt im Oktober Zwiebelkuchenessen, jetzt haben wir im November noch einen Musiknachmittag, also so versuchen wir möglichst jeden Monat irgendetwas anzubieten." (HL7/S. 9/Z. 3/7)

Individuelle Betreuungshilfen insbesondere in Krisen, Sterbe- und Trauerbegleitung

Betreuung/Hilfe in Krisen/Palliative Versorgung und Trauerbegleitung

Stärkere Bedeutung erlangen müssen unterstützende Betreuungsleistungen in Krisensituationen. Hier besteht allerdings noch erheblicher Entwicklungsbedarf in der Wissenschaft und Praxis. Die Pflege und Betreuung von Sterbenden wird eine künftige Herausforderung auch für die Heime der Altenhilfe sein. Bislang gibt es erst vereinzelte Ansätze, eine palliativ-pflegerische Betreuung und Hospizdienste im Heimalltag zu implementieren, da es sowohl an qualifiziertem Fachpersonal als auch an vernetzten Betreuungsformen der Kranken- und Pflegeeinrichtungen fehlt.[152]

In den einschlägigen Rahmenregelungen für die Pflegeversicherung bestehen schon lange entsprechende Forderungen nach Hilfen in Krisen. Nach den

[152] Vgl. Bundesministerium für Familie, Senioren, Frauen und Jugend (Hrsg.), 2006b, S. 132 ff.

gemäß § 75 SGB XI von den Spitzenverbänden verfassten Bundesempfehlungen und -vereinbarungen soll die Betreuung auch die *Begleitung Sterbender* beinhalten.[153] Zur Versorgungsqualität gehört nach den Anforderungen der Qualitätsvereinbarung gemäß § 113 SGB XI selbstverständlich auch die Unterstützung Pflegebedürftiger bei der **Bewältigung von Lebenskrisen.**[154]

In der Praxis ist dies alles nicht selbstverständlich.[155] Sterbebegleitung und Betreuung in Krisen erfolgt traditionell vorwiegend in kirchlich getragenen Heimen, insbesondere dann, wenn Ordensangehörige in der Einrichtung tätig sind. Dabei wird schon aufgrund der wachsenden Zahl hochbetagter und schwer- bis schwerstpflegebedürftiger Bewohner der Sterbe- und Trauerbegleitung mehr Beachtung eingeräumt werden müssen. Hochbetagte Menschen bilden mittlerweile in den Heimen eine große Bewohnergruppe: Im Jahre 1999 lebten 573.211 Pflegebedürftige in Heimen, davon waren 289.524 Bewohner 85 Jahre und älter.[156] Die durchschnittliche Lebenserwartung lag bei den 80-jährigen Männern bei 6,91 Jahre, bei 80-jährigen Frauen bei 8,37 Jahre. Im Dezember 2005 betrug die Zahl der Heimbewohner ca. 676.000.[157] Am Jahresende 2006 waren im stationären Bereich gut 63,5 v.H. der Leistungsberechtigten älter als 80 Jahre.[158] Viele hochbetagte Pflegebedürftige sterben mittlerweile im Heim.[159] Die Sterbe- und Trauerbegleitung kann schon deshalb nicht allein Aufgabe der Hospize sein, sondern muss auch in den Einrichtungen der Altenhilfe und den Pflegeheimen verankert werden. Ohnehin wächst angesichts der Pflegeintensität und multimorbider Krankheitsspektren der Bedarf, Aufgaben der Hospize und palliativ-medizinische Aufgaben auch verstärkt in Pflegeheime zu integrieren.

Bei der Sterbebegleitung handelt es sich um eine originäre Aufgabe der Pflegenden. Dies setzt aber voraus, dass das Personal auch in der Lage ist, spezialisierte Palliativversorgung zu erbringen. Den **Leistungsstandard gibt dafür die spezialisierte ambulante Palliativversorgung vor.** Mit dem Wettbewerbsstärkungsgesetz[160] wurde § 37b SGB V eingefügt. Die Palliativversorgung umfasst danach ärztliche und pflegerische Leistungen und die Koordination, insbesondere zur Schmerztherapie und Symptomkontrolle, sowie die Betreuung. Die weiteren Leistungsinhalte werden in Form von Richtlinien des Gemeinsamen Bundesausschusses nach §§ 91, 92 SGB V vorgegeben.

Grundvoraussetzung für eine qualitativ **gesicherte Palliativversorgung** ist die Erarbeitung begleitender Konzepte und die Bestimmung qualitativer Anforderungen, insbesondere zur:

---

[153] Vgl. § 1 Abs. 4 Gemeinsame Empfehlung gemäß § 75 Abs. 5 SGB XI zum Inhalt der Rahmenverträge gemäß § 75 Abs. 1 SGB XI zur vollstationären Pflege vom 25.11.1996.

[154] Unter Nr. 1.1 der Qualitätsvereinbarung gemäß § 80 SGB XI a.F./§ 113 SGB XI n.F.

[155] Vgl. auch Spee, 2003, S. 33 ff.

[156] Vgl. Bundesministerium für Familie, Senioren, Frauen und Jugend (Hrsg.), 2006b, S. 106 mit Bezug auf das Statistische Bundesamt.

[157] Bundesministerium für Familie, Senioren, Frauen und Jugend (Hrsg.), 2002, S. 56 f.

[158] Bundesministerium für Familie, Senioren, Frauen und Jugend (Hrsg.), 2002, S. 25.

[159] 1999 starben 860 000 Personen in Deutschland, davon ca. 14 % in Alten- und Pflegeheimen.

[160] Wettbewerbsstärkungsgesetz vom 26.3.2007, BGBl. I S. 378. Vgl. auch den Gesetzesentwurf vom 24.10.2006, BT-Drucksache 16/3100, S. 10.

- Qualifikation des Personals (auch in ➤ Kap. 3 zu den Beschäftigten für betreuende Tätigkeiten und in ➤ Kap. 3.2.5 unter Fort- und Weiterbildung),
- dauerhaften Kooperation mit niedergelassenen Ärzten oder Anstellung eines Heimarztes mit palliativ-medizinischer Qualifikation,
- Kooperation mit örtlichen Hospizen,
- Gewinnung und Einbindung informeller Helfer.

Mit dem Wettbewerbsstärkungsgesetz wurde für die gesetzlich Krankenversicherten, die in einer stationären Pflegeeinrichtung leben, erstmals in § 37b Abs. 2 SGB V ein Rechtsanspruch auf spezialisierte Palliativversorgung festgelegt. Damit ist im Weiteren die Möglichkeit gegeben, dass in Pflegeheimen eine der ambulanten Palliativversorgung entsprechende Leistung durch spezialisierte Pflegeteams oder durch qualifiziertes Heimpersonal geleistet wird.

Nach dem derzeitigen Stand können palliative Versorgungsleistungen in der stationären Pflege entweder durch einen auf Palliativmedizin spezialisierten Arzt erbracht werden oder durch das Personal der Heimeinrichtung, wenn dieses die gleichen Qualifikationsanforderungen erfüllt, wie ambulante Palliativteams (Palliativ-Care-Teams) gemäß § 37b SGB V.

Pflegebedürftige mit erheblich eingeschränkter Alltagskompetenz

Anerkannte Wohn- und Versorgungsformen

Betreuungsmodelle für demenziell Erkrankte

Auf die Notwendigkeit der Verbesserung der Betreuungsangebote für Pflegebedürftige mit erheblich eingeschränkter Alltagskompetenz, den sogenannten Dementen,[161] wurde bereits unter 1.3.3 eingegangen. Wesentliche Aufgabe von Heimeinrichtungen ist es, ihren demenziell erkrankten Bewohnern einen Pflege- und Betreuungsrahmen zu geben, der den sich ändernden sozialen, körperlichen, kognitiven und seelischen Bedürfnissen der Betroffenen Rechnung trägt und für sie Lebensqualität und Zufriedenheit anstrebt. In der Entwicklung befindlich sind bereits Methoden und Instrumente zur Erfassung der Lebensqualität psychisch veränderter Heimbewohner, insbesondere demenziell erkrankter Personen.[162]

Stationäre Pflegeeinrichtungen müssen dazu ein auf die jeweilige Bewohnergruppe ausgerichtetes **Konzept der Betreuung** entwickeln und im Rahmen des Vereinbarungsteils zu den wesentlichen Leistungs- und Qualitätsmerkmalen gemäß § 84 Abs. 5 SGB XI verhandeln, um eine angemessene Vergütung für die Leistungen zu erzielen. Ein umfassendes wissenschaftliches Konzept für die Pflege demenzkranker Menschen gibt es bislang zwar

161 Der Begriff „Demenzkranke" wird als Oberbegriff zur Kennzeichnung besonderer Bewohnergruppen verwandt.

162 Institut für Gerontologie der Universität Heidelberg (Hrsg.), 2004; Bundesministerium für Familie, Senioren, Frauen und Jugend (Hrsg.), 2006a; Bundesministerium für Gesundheit (Hrsg.), 2006.

1 Betreuungskonzepte

nicht, doch kann auf unterschiedliche klientenbezogene Konzepte bereits zurückgegriffen werden.[163] Im Folgenden werden einige Ansätze und Gestaltungsformen sowie Modellprojekte skizziert.

Grundsätzlich wird bei der stationären Dementenbetreuung zwischen der integrativen und der segregativen Betreuung unterschieden:[164]

- Bei der **integrativen Betreuung** wird keine Trennung der dementen und der nichtdementen Heimbewohner vorgenommen. Die „*Begleitung und Betreuung der Dementen erfolgt regelmäßig im Rahmen einer teilintegrierten Versorgung, die in die stationäre Rund-um-die-Uhr-Betreuung eingebettet ist*".[165] Die Betreuung umfasst die notwendige pflegerische Versorgung, eine Tagesstrukturierung und therapeutische Leistungen. Demente Bewohner verbleiben in ihrem gewohnten Umfeld und nehmen tagsüber an speziellen Betreuungsangeboten teil.
- Unter **segregativer Betreuung** versteht man demenzgerecht gestaltete Wohn- und Lebensbereiche, in denen die Bewohner zusammen leben und eine Rund-um-die-Uhr-Betreuung erhalten.[166]
- Als **Zwischenform** gelten sogenannte Tagesgruppen. Sie bilden ein zeitlich begrenztes segregatives Betreuungs- und Versorgungskonzept in einem sonst integrativ ausgerichteten Pflegeheim.

Weitere Formen stationärer Dementenbetreuung werden innerhalb des „Vierten Berichts zur Lage der älteren Generation"[167] dargestellt. Neben verschiedenen Formen der integrativen Betreuung gehören dazu auch:

- Domus-Einheiten
- Hausgemeinschaften[168]

Domus-Einheiten und Hausgemeinschaften zählen zu den segregativen Betreuungskonzepten. Tab. 1.6 gibt einen Überblick.

Für die Umsetzung von Hausgemeinschaften müssen verschiedene architektonische Anforderungen erfüllt werden, sodass diese Betreuungsform in älteren Heimen nicht ohne größere Umbauten umgesetzt werden kann. Derzeit überwiegt in der Organisationsform die integrative Betreuung von Dementen.[169]

---

[163] Vgl. Bölicke; Steinhagen-Thiessen, 2002, S. 189, 180. Zum Stand der Forschungsaktivitäten: Bundesministerium für Gesundheit und Soziale Sicherung (Hrsg.), 2004, E.I.2., II.; Bundesministerium für Gesundheit (Hrsg.), 2006a.

[164] Vgl. Bilke, 2001, S. 34–36.

[165] Anlage 1 Gemeinsame Vereinbarung über die besondere stationäre Dementenbetreuung in Hamburg. In: Behörde für Soziales und Familie, 2000; Weyerer/Schäufele/Hendlmeier, 2005, S. 90 ff.

[166] Vgl. Anlage 1 Gemeinsame Vereinbarung über die besondere stationäre Dementenbetreuung in Hamburg, In: Behörde für Soziales und Familie, 2000.

[167] Vgl. Bundesministerium für Familie, Senioren, Frauen und Jugend (Hrsg.), 2002, S. 262 ff.

[168] Zu den Hausgemeinschaften siehe das Modellprojekt des Kuratoriums Deutsche Altershilfe: Bundesministerium für Gesundheit (Hrsg.), 2000.

[169] Bundesministerium für Familie, Senioren, Frauen und Jugend (Hrsg.), 2006a, S. 8.

Tab. 1.6 Spezielle stationäre Wohn- und Versorgungsformen für Demenzkranke[170]

Integrative Betreuung	Domus-Einheiten	Hausgemeinschaften
• Demenzkranke bleiben im gewohntem Umfeld • Besondere Betreuungsangebote im Rahmen des Pflegebereichs	• Räumlich eine eigenständige Einheit in der Einrichtung • Architektonische Anpassung an die Besonderheiten der Demenz • Multiprofessionelles Betreuungsteam • 12 bis 32 Demenzkranke je Einheit • Erfüllung psychischer und emotionaler Bedürfnisse sowie die Förderung verbliebener Kompetenzen der Demenzkranken stehen im Vordergrund	• Alternative zu den konventionellen anstaltsähnlichen Altenpflegeheimen • Maximal acht Bewohner • Dezentralisierte Hauswirtschaft • Keine zentralen Ver- und Entsorgungseinrichtungen bzw. -dienste (Zentralküche, zentrale Wäscheversorgung, Hausmeisterzentrale, Heim- und Hauswirtschaftsleitung) • Bewohner hat einen mit eigenem Mobiliar ausgestatteten Wohn- und Schlafraum • Die Zimmer umschließen einen Gemeinschaftsbereich, möglichst mit angrenzendem geschützten Garten, Terrasse oder Balkon • Geräumige, gemütlich eingerichtete, für die Bewältigung der gesamten Haushaltsführung voll funktionsfähige Küche als Herzstück des Gemeinschaftsbereichs • Tagsüber feste Bezugsperson, sogenannte Präsenzkraft oder Alltagsmanagerin • Zeitweise Zuschaltung von Pflegekräften • Nachtbereitschaft durch Pflegefachkraft

Aufgrund der unterschiedlichen Demenzstadien[171] ist nicht jedes Konzept gleichermaßen für alle Schweregrade der Erkrankung geeignet. Derzeit werden unterschiedliche Konzepte und Angebote erprobt und weiterentwickelt.[172] Die Entwicklungsschritte und Ziele lassen sich nach dem „Vierten Altenbericht" wie folgt zusammenfassen:

„Entscheidend ist die Abkehr von krankenhausähnlichen Strukturen, hin zu kleinen Einheiten mit einer familiären Atmosphäre und normalen, alltäglichen Aktivitäten. […] Möglichst hohe Flexibilität einzelner Wohn- und Versorgungsformen für Demenzkranke und deren Vernetzung innerhalb einer Einrichtung oder in einer Wohngegend bis zu einem Betreuungskontinuum mit allen notwendigen, den unterschiedlichen Demenzstadien angepassten Angeboten, wird in der Zukunft über die Qualität der stationären Versorgung entscheiden."[173]

Therapeutische Betreuungskonzepte

Therapeutische Konzepte

Im Rahmen konzeptioneller Überlegungen für eine der Wohn- und Versorgungsformen sind auch therapeutische Formen der Betreuung zu bedenken.

---

170 Vgl. Bundesministerium für Familie, Senioren, Frauen und Jugend (Hrsg.), 2002, S. 264–266.

171 So werden bei Alzheimerpatienten sieben Schweregradeinteilungen unterschieden. Die Symptome reichen von „unauffällig. Keine Beschwerden" bis hin zu „sehr schwere Beeinträchtigungen". Siehe hierzu: Bundesministerium für Familie, Senioren, Frauen und Jugend (Hrsg.), 2002, S. 289.

172 Zu den Betreuungsansätzen und Interventionsformen: Bundesministerium für Familie, Senioren, Frauen und Jugend (Hrsg.), 2006b, S. 146 ff.

173 Vgl. Bundesministerium für Familie, Senioren, Frauen und Jugend (Hrsg.), 2002, S. 266. Zu den Schritten stationsintegrierte Demenzwohngruppen vgl. Landeswohlfahrtsverband Württemberg-Hohenzollern, 2002, S. 19.

Vieles ist hier allerdings erst in der Entwicklung. Deshalb kann nur ein kurzer Hinweis zum Stand der unterschiedlichen Therapieformen gegeben werden.

Zu den medizinischen Therapieformen treten nichtmedizinische Therapieansätze. Dies sind beispielsweise:

- **„Rehabilitative bzw. therapeutische Modelle"** mit dem Ziel der Stabilisierung der kognitiven und funktionellen Leistungen des Gehirns. Dazu gehören: Anregungen zur Sinneswahrnehmung, Bewegungsförderung (z.B. Musik- und Tanztherapie) Beschäftigungs- und Ergotherapie sowie Gedächtnistraining.
- **Soziotherapeutische Modelle,** in deren Zentrum das Erleben und Verhalten der Person in ihrer unmittelbaren Lebensumwelt steht und in denen auf die Gestaltung einer „reizarmen" Umwelt gesetzt wird.
- Ansätze der **psychologischen Intervention** mit den Therapieansätzen wie Psychoanalyse, Gesprächs- oder Verhaltenstherapie, Sozialpsychologie.

Im Kontext dieser Therapieansätze lassen sich je nach Interventionsansatz und Therapieform weitere Verknüpfungen zu Therapiemodellen wie etwa der Realitätsorientierungstherapie (ROT), der Milieutherapie und der Reminiszenztherapie (REM) herstellen. Therapieansätze zur Sinneswahrnehmung und Körperbewegung knüpfen an Betreuungsformen der Basalen Stimulation oder das sogenannte Snoezelen an, die in der Pflegepraxis stärker Verbreitung gefunden haben. Folgende **grundsätzliche Bedingungen werden an Betreuungsformen zu stellen sein:** Das Betreuungskonzept muss aufgrund des krankheitsbedingt unterschiedlichen Belastungsniveaus und der oft schwankenden Tagesform der Betroffenen flexibel gestaltbar sein. Da Demenzkranke zumeist Schwierigkeiten haben, sich situationsgerecht zu verhalten, ist es notwendig, dass die Betreuung in den räumlichen, tageszeitlichen, personellen und interaktiven Rahmenbedingungen ein hohes Maß an Stetigkeit gewährleistet.[174]

Zentrales Ziel der Betreuung muss die Förderung noch vorhandener Fähigkeiten der dementen Bewohner sein. Dies kann nach Wahl des Therapieansatzes durch verschiedene Angebote und Aktivierungsmaßnahmen geschehen, z.B. durch Frühstücksgruppen und Gesprächsrunden.

Die Einrichtung besonderer Betreuungsangebote für demenzerkrankte Bewohner kann zugleich positive Auswirkungen auf die Wohn- und Lebensqualität für nicht erkrankte Heimbewohner haben, wie die folgende Erzählung zeigt:

„Dieses Angebot wird natürlich von fitten Bewohnern manchmal etwas eifersüchtig beäugelt, weil für diese fitten Bewohner, die überwiegend in der Lage sind, sich andere Angebote selbst zu holen, jetzt natürlich nicht mehr so viel wie früher gemacht werden kann. Auf der anderen Seite ist es aber durchaus so, dass die Situation auch für die gleichen Leute heute ruhiger und entspannter ist, weil diese Bewohner jetzt eine besondere Betreuung erfahren und nicht mehr über die Flure geistern und in die Zimmer anderer Bewohner gehen und

174 Zu den Therapieansätzen und Interventionsformen: Bundesministerium für Familie, Senioren, Frauen und Jugend (Hrsg.), 2006b, S. 146 ff; Bundesministerium für Familie, Senioren, Frauen und Jugend (Hrsg.), 2002, S. 288 ff.

dort auch entsprechend repressiv behandelt werden. Ein solches Angebot dient auch dazu, insgesamt die pflegerische Situation in einzelnen Bereichen etwas ruhiger zu gestalten." (HL4/S.8/Z. 22–31)

Einbindung Angehöriger in den Heimalltag

Einbeziehung Angehöriger

Ein weiterer wichtiger Qualitätsfaktor ist die aktive Einbindung der Angehörigen in den Heimalltag. Der Einzug in ein Heim bedeutet für Pflegebedürftige eine gravierende Veränderung, da sie das Leben im Heim als neuen Lebensabschnitt für sich akzeptieren müssen. Ein weiterer wichtiger Aspekt ist dabei, dass die familiären Kontakte nicht abbrechen und Angehörige der Bewohner – soweit möglich – in den Heimalltag einbezogen werden. Gelingen kann dies, wenn in die Konzeption der Betreuungsangebote die Angehörigen der Bewohner einbezogen werden können.

In der Praxis wird in diesem Kontext häufig das sogenannte Angehörigen-Café genannt. Es soll als Treffpunkt dienen und den Bewohnern die Möglichkeit bieten, ihre Angehörigen in angenehmer Umgebung und außerhalb ihres Wohnbereichs zu treffen. In den Einrichtungen wird damit auch der Tatsache Rechnung getragen, dass im Jahre 2003 knapp 47 % der Heimbewohner noch in Zwei-Bett-Zimmern und 2 % in Drei-Bett-Zimmern wohnten.[175]

Weitere integrative Angebote für Angehörige richten sich auf die Teilnahme von Enkelkindern an sogenannten Spielnachmittagen oder die Begleitung durch Angehörige bei den Ausflügen mit Bewohnern.

Mitwirkung und Einbindung Angehöriger

Durch die Erweiterung der Heimmitwirkung[176] bekommt die aktive Einbindung der Angehörigen einen neuen Stellenwert. So können Angehörige Mitglieder des Heimbeirats werden oder einen Angehörigenbeirat bilden.[177] Diese gesetzliche Entwicklung verdeutlicht, dass Angehörige sowohl in der Vertretung der Bewohner als auch bei den Ereignissen des Heimalltags stärker als bisher eingebunden werden sollen. Zudem wurde das Mitwirkungsrecht des Heimbeirats auch um die Mitwirkung zur Sicherung einer angemessenen Qualität der Betreuung erweitert.[178] Der Heimbetreiber soll auf die Erfahrungen und Anregungen der Bewohner und deren Angehörige eingehen, um Betreuungsangebote nach den Bedürfnissen der Bewohner zu entwickeln. Gesetzlich ist die Mitwirkung zwar für die Heimträger als Verpflichtung geregelt worden, doch sollte sie gerade für den Bereich der sozialen Betreuung als Chance genutzt werden, Angehörige stärker „in Anspruch" zu nehmen. Dies kann z.B. durch Befragungen und durch Einbindung aktiver Angehöriger bei selbst zu gestaltenden Angeboten geschehen.

---

175 Bundesministerium für Familie, Senioren, Frauen und Jugend (Hrsg.), 2006b, S. 62 f. Nach Angaben des statistischen Bundesamtes 2001 lag die Zahl der Zweibettzimmer zuvor noch bei über 50 %: Statistisches Bundesamt, 2003, S. 17.

176 Heimmitwirkungsverordnung vom 25.7.2002, BGBl. I, S. 2896, BGBl. III S. 2170-5-1.

177 Siehe dazu die Ausführungen in ➢ Kapitel 5.3.2 „Bildung des Heimbeirats".

178 Wiese, 2002, S. 391, 394.

1.3.7 Fazit

Erkenntnisse und Schlussfolgerungen

Die soziale Betreuung der Bewohner wird im Vergleich zur pflegerischen Versorgung in der Praxis häufig vernachlässigt. Ein Grund für diese Entwicklung liegt in der nur unzureichenden – da nur verrichtungsbezogen anerkannten – Berücksichtigung allgemeiner und besonderer Betreuungsbedarfe bei der Pflegestufen- und Pflegeklassenzuordnung. Diese Beschränkungen bewirken, dass **allgemeine Betreuungsleistungen vergütungsmäßig nicht ausgewiesen** und in der Pflegesatzvereinbarung seitens der Kostenträger nicht berücksichtigt werden. Ebenso fehlt es nach wie vor an ausgewiesenen Betreuungskonzepten für eine qualitativ gesicherte und angemessene Betreuung. Nachholbedarf besteht nach wie vor in der wissenschaftlichen Entwicklung von Betreuungskonzepten für demenziell erkrankte Menschen im Heim.

Die im Pflegeversicherungsrecht implementierten Anforderungen an die Qualität und Zielsetzungen der sozialen Betreuung im Allgemeinen und die Betreuung von Bewohnergruppen im Besonderen werden in der Praxis nur punktuell berücksichtigt. Beispielsweise werden in Pflegeeinrichtungen zwar **zunehmend besondere Betreuungsangebote** zur Orientierung und Tagesstrukturierung bereitgestellt, doch werden sie häufig nicht täglich angeboten, sondern sind auf (einzelne) Werktage begrenzt, sodass die Wochenenden nicht mit einbezogen sind.

Eine angemessene Qualität der Betreuung für die Bewohner erhofft sich der Gesetzgeber durch mehr Mitwirkungsrechte des Heimbeirats und die Mitwirkung von Angehörigen. Entsprechende Mitwirkungsrechte sind zurzeit noch durch die Heimmitwirkungsverordnung zum Heimgesetz sichergestellt (➤ Kap. 5). Es ist anzunehmen, dass diese Rechte auch in die Ländergesetze zum Heimrecht übernommen werden bzw. hier noch ausgebaut werden. Eine Verbesserung der Betreuungsqualität wird auf diese Weise nur erreichbar sein, wenn es den Einrichtungen gelingt, auch die Angehörigen von Heimbewohnern in ihre Betreuungskonzepte einzubinden.

Spezielle Betreuungsbedarfe demenzkranker Heimbewohner werden in der Pflegeversicherung bislang noch nicht in dem erforderlichen Umfang berücksichtigt. Der mit dem **Pflege-Weiterentwicklungsgesetz** geschaffene Anspruch für Heimeinrichtungen, gemäß § 87b SGB XI leistungsgerechte **Zuschläge** zur Pflegevergütung **für die zusätzliche Betreuung** und Aktivierung zu vereinbaren, ist ein erster Schritt. Der Zuschlag ist allerdings auch mit der Erfüllung erheblicher Leistungsbedingungen für Heimträger verbunden (➤ Kap. 1.2.4 „Pflegefachlicher Schwerpunkt" und ➤ Kap. 1.3.2). In der Praxis besteht Nachholbedarf in der Entwicklung und Umsetzung bedürfnisorientierter Betreuungsformen für diese Bewohnergruppen.

Da eine Reformierung des Pflegebedürftigkeitsbegriffs im SGB XI zwar diskutiert wird (➤ Kap. 1.2.2 „Pflegebedürftigkeit nach SGB XI") aber noch nicht beschlossen ist, bietet § 84 Abs. 5 SGB XI für Pflegeeinrichtungen einen Vereinbarungsweg, um durch die Aushandlung wesentlicher Leistungs- und Qualitätsmerkmale auch für besondere Betreuungskonzepte und Betreuungsmodelle eine leistungsgerechte Vergütung auszuhandeln.[179]

[179] Vgl. dazu die Ausführungen im 6. Kapitel unter ➤ 6.2.5 zur LQV a.F. und wLQm.

1.4 Anforderungen an die hauswirtschaftliche Versorgung

1.4.1 Einführung

Hauswirtschaftliche Leistung

Die hauswirtschaftliche Versorgung älterer und pflegebedürftiger Menschen ist neben der Pflege und sozialen Betreuung die dritte Leistung, die für die stationären Pflegeeinrichtungen zu den verpflichtenden Versorgungsleistungen gehört. Innerhalb des Heimgesetzes ist die hauswirtschaftliche Versorgung ein Bestandteil der im umfassenden Sinne zu verstehenden Betreuung. In einigen Vorschriften, wie z.B. § 1 HeimG, wird mit Blick auf die Versorgungszwecke auf die zur Verfügungsstellung der Betreuung und Verpflegung verwiesen. In § 11 Abs. 1 Nr. 6 HeimG ist als eine Anforderung an den Betrieb eines Heimes die Erbringung hauswirtschaftlicher Versorgungsleistungen genannt. Im Pflegeversicherungsgesetz wiederum wird zur Feststellung von Pflegebedürftigkeit auf die Hilfebedarfe in der Grundpflege und hauswirtschaftlichen Versorgung abgestellt. Letztere bilden hier mit den Pflegebedarfen Anerkennungskriterien für die Pflegestufenzuordnung. Vorab sollen die Begrifflichkeiten geklärt werden.

1.4.2 Hauswirtschaftliche Versorgung nach dem Heimgesetz[180] und SGB XI

Begriffsverständnis

Nach den Ausführungen in der amtlichen Begründung zum Heimgesetz zählen zur hauswirtschaftlichen Versorgung[181], z.B.:

- Speisen- und Getränkeversorgung
- Reinigung der Wohnräume
- Wäscheversorgung der Bewohner

Daraus ist zu schließen, dass alle Aufgaben, die üblicherweise in einem Haushalt anfallen, der hauswirtschaftlichen Versorgung zuzurechnen sind. Die Verpflegung ist nur ein Ausschnitt der hauswirtschaftlichen Versorgung.[182]

Im **Pflegeversicherungsgesetz** findet sich in § 14 Abs. 4 Nr. 4 SGB XI eine detailliertere Auflistung der anzuerkennenden hauswirtschaftlichen Bedarfe. Danach zählen zum Bereich der hauswirtschaftlichen Versorgung:

- Einkaufen
- Kochen
- Reinigen der Wohnung
- Spülen
- Wechseln und Waschen der Wäsche und Kleidung
- Beheizen

180 Zur Geltung des Heimgesetzes und den Auswirkungen der Föderalismusreform (➢ in diesem Kap. 1.1).

181 Gesetzentwurf der Bundesregierung (2001), Entwurf eines Dritten Gesetzes zur Änderung des Heimgesetzes, Deutscher Bundestag – Drucksache 14/5399 vom 23.2.2001, S. 26.

182 Kunz u.a., 2003, § 11, Rdn. 9; Krahmer; Richter, 2005, § 11, Rdn. 18.

1

Entsprechende hauswirtschaftliche Hilfebedarfe müssen nach dem Leistungsrecht der Pflegeversicherung kumulativ zu den Hilfebedarfen in den Bereichen der Körperpflege, Ernährung oder Mobilität bestehen, um einen Leistungsanspruch zu begründen.

In der Logik der Pflegeversicherung ist die hauswirtschaftliche Versorgung als Teil eines weit gefassten Pflegebegriffs zu verstehen. [183]

In der häuslichen Pflege muss die hauswirtschaftliche Versorgung nach § 71 SGB XI grundsätzlich neben der Grundpflege von den Pflegediensten übernommen werden.

In der stationären Pflege ist zwischen der hauswirtschaftlichen Versorgung als Bestandteil der Grundpflege und der Teilleistung „Verpflegung" zu unterscheiden, deren Kosten gemeinsam mit den Kosten der Unterkunft von den als pflegebedürftig anerkannten Heimbewohnern selbst zu tragen sind.[184] Aus diesem Grunde werden bei der Pflegebedürftigkeitsfeststellung für Heimbewohner nur die Hilfebedarfe in den Bereichen Körperpflege, Ernährung und Mobilität erfasst.[185] Der Hilfeumfang in der hauswirtschaftlichen Versorgung entfällt. Der Gesetzgeber hat die Aufgabe der inhaltlichen Leistungsbestimmung bei der hauswirtschaftlichen Versorgung (Unterkunft und Verpflegung) einschließlich deren Abgrenzung zu den allgemeinen Pflegeleistungen und den Zusatzleistungen auf die Selbstverwaltung übertragen (§ 75 Abs. 2 Nr. 1 SGB XI).

1.4.3 Zielsetzung und Umfang der hauswirtschaftlichen Versorgung

Heimgesetz

Ziele und Umfang/ Ernährungswissenschaftliche Erkenntnisse

Zweck des Heimgesetzes ist es, die Würde sowie die Interessen und Bedürfnisse der Bewohner vor Beeinträchtigungen zu schützen und eine dem allgemein anerkannten Stand der fachlichen Erkenntnisse entsprechende Qualität des Wohnens und der Betreuung zu sichern (§ 2 Abs. 1 Nr. 1 und 5 HeimG). Deshalb sind Träger und Heimleitung einer stationären Pflegeeinrichtung verpflichtet, bei der Gestaltung der hauswirtschaftlichen Versorgung, einschließlich der Verpflegung, die Interessen und Bedürfnisse der Bewohner in ihrer Gesamtheit als Gruppe zu berücksichtigen.[186] Dies erfordert z.B. in der Verpflegung, dass eine ausreichende Speisen- und Getränkeversorgung, einschließlich Diätkost, gewährleistet werden muss. Was unter „ausreichend" zu

---

[183] Vgl. Entwurf eines Gesetzes zur sozialen Absicherung des Risikos der Pflegebedürftigkeit (Pflege-Versicherungsgesetz/PflegeVG), Deutscher Bundestag – Drucksache 12/5262 vom 24.6.1993, S. 97.

[184] Vgl. Klie; Kramer, 2003, § 43, Rdn. 13.

[185] Vgl. Punkt 6 der Pflegebedürftigkeits-Richtlinie vom 11.05.2006.

[186] Vgl. Kunz, u.a., 2003, § 2, Rdn. 4; Dahlem, u.a., 2007, § 2, Rdn. 7.

verstehen ist, ergibt sich hierbei aus den aktuellen **ernährungswissenschaftlichen Erkenntnissen.**[187]

Hauswirtschaftliche Versorgung nach den Bundesempfehlungen und -vereinbarungen gemäß § 75 SGB XI und den Landesrahmenverträgen

Empfehlung: § 75 SGB XI

Die **Bundesempfehlungen und -vereinbarungen** zum Inhalt der Verträge gemäß § 75 SGB XI enthalten zum Umfang der hauswirtschaftlichen Versorgung unter dem Stichwort „Unterkunft und Verpflegung" detaillierte Beschreibungen.

Unterkunft und Verpflegung

Grundsätzlich umfasst die Unterkunft und Verpflegung Leistungen, die für den Aufenthalt in einer Pflegeeinrichtung notwendig sind und nicht den allgemeinen Pflegeleistungen, den Zusatzleistungen sowie den Aufwendungen für Investitionen nach § 82 Abs. 2 SGB XI zuzuordnen sind.

Die in der Bundesempfehlung für die stationäre Versorgung beschriebenen hauswirtschaftlichen Leistungen weichen zum Teil von den in § 14 Abs. 1 SGB XI zugrunde gelegten Auflistungen zur hauswirtschaftlichen Versorgung ab. Dies kann auf eine stärkere Orientierung der Empfehlungen an den stationären Bedingungen zurückgeführt werden. Tabelle 1.7 gibt einen Überblick zu den hauswirtschaftlichen Leistungen unter Bezug auf die Unterkunft und Verpflegung:

Landesregelungen: Hauswirtschaftliche Leistungen

In einigen **Landesrahmenverträgen nach § 75 SGB XI** wurden die Regelungen der Bundesempfehlungen weiterentwickelt und ausgestaltet. So wird z.B. im **hessischen Rahmenvertrag nach § 75 Abs. 1 SGB XI** der Inhalt und Umfang der Unterkunft und Verpflegung getrennt voneinander bestimmt. Hauswirtschaftliche Leistungen wie Wäscheversorgung oder Reinigung der Räumlichkeiten werden unter dem Punkt Unterkunft erfasst. Verpflegung als

Tab. 1.7 Umfang der hauswirtschaftlichen Versorgung entsprechend den Bundesempfehlungen und -vereinbarungen gemäß § 75 SGB XI

Verpflegung umfasst die im Rahmen einer ausgewogenen und pflegegerechten Ernährung notwendigen Getränke und Speisen	**Speisen- und Getränkeversorgung** umfasst die Zubereitung und Bereitstellung von Speisen und Getränken
Reinigung umfasst die Reinigung des Wohnraums und der Gemeinschaftsräume (Sichtreinigung, Unterhaltsreinigung, Grundreinigung) und der übrigen Räume	**Wäscheversorgung** umfasst die Bereitstellung, Instandhaltung und Reinigung der von der Einrichtung zur Verfügung gestellten Wäsche sowie das maschinelle Waschen und Bügeln der persönlichen Wäsche und Kleidung
Gemeinschaftsveranstaltungen umfasst den Aufwand für Veranstaltungen zur Förderung des Gemeinschaftslebens, nicht jedoch die Organisation zur Durchführung oder Teilnahme von/an Gemeinschaftsveranstaltungen	

187 Vgl. z.B. Onlinepublikationen des Deutschen Instituts für Ernährungsmedizin und Diätetik e.V. In: http://www.diet-aachen.de.

hauswirtschaftliche Leistung der stationären Altenhilfe wird im hessischen Rahmenvertrag wie folgt definiert: *„Die Verpflegung umfasst die im Rahmen einer ausgewogenen und pflegegerechten Ernährung notwendigen Getränke und Speisen, die dem allgemeinen Stand ernährungswissenschaftlicher Erkenntnisse entsprechen.“*[188]

Anschließend werden Kriterien genannt, die bei der **Auswahl, der Zubreitung und dem Anrichten der Getränke und Speisen** zu beachten sind[189], z.B.:

- Erstellung des Speiseplans in Abstimmung mit dem Heimbeirat
- Berücksichtigung individueller Essenswünsche der Bewohner
- Angebot von Auswahlgerichten, altersgerechte Kost und Zwischenmahlzeiten
- flexible Essenszeiten, orientiert an häuslichen Gewohnheiten
- ausreichendes Getränkeangebot

Auch im **niedersächsischen Rahmenvertrag nach § 75 SGB XI** wird im § 2 Abs. 2 die **Speisen- und Getränkeversorgung** differenzierter bestimmt. Demnach umfasst diese als Regelleistung drei Haupt-, zwei Zwischenmahlzeiten und Diätkost. Nichtalkoholische Getränke sollen nach Bedarf, auch außerhalb der Mahlzeiten, angeboten werden. Zu jahreszeitlichen Festen sind regelmäßig Sonderleistungen zu gewähren.[190]

Abzugrenzende Zusatzleistungen

Die von den Regelleistungen abzugrenzenden **Zusatzleistungen (Komfortleistungen** gemäß § 88 SGB XI) werden danach definiert, ob es sich um Leistungen handelt, die über die allgemein üblichen Leistungen für Unterkunft und Verpflegung hinausgehen und ob sie individuell wählbar sind.[191] Eine Arbeitshilfe, die von den Spitzenverbänden der Pflegekassen, der Bundesarbeitsgemeinschaft der überörtlichen Träger der Sozialhilfe und den Einrichtungsträgern erstellt wurde, nennt folgende Definition und Beispiele für Zusatzleistungen:[192]

Zusatzleistungen sind „besondere Komfortleistungen bei Unterkunft und Verpflegung“ oder „zusätzliche pflegerische-betreuende Leistungen. Sie sind dadurch gekennzeichnet, dass sie über das Maß des Notwendigen hinausgehen.“ Als Beispiele für die Verpflegung und Unterkunft sind aufgeführt:

- Mahlzeitenservice auf dem Zimmer, wenn auf Wunsch des Bewohners Mahlzeiten auf dem Zimmer statt in der Gemeinschaft eingenommen werden
- Nutzung von Gemeinschaftsräumen, Bereitstellung von Geschirr, Tischschmuck, Spül- und Reinigungsleistungen bei Nutzung von Gemeinschaftsräumen für private Feiern

---

188 Rahmenvertrag über die vollstationäre pflegerische Versorgung gemäß § 75 Abs. 1 SGB XI für das Land Hessen gemäß Schiedsstellenbeschluss vom 14.10.2005, § 4 Abs. 2, Punkt B.

189 Vgl. Ebenda

190 Vgl. Rahmenvertrag gemäß § 75 Abs. 1 i.V.m. Abs. 2 SGB XI zur vollstationären Dauerpflege gemäß Schiedsstellenfestsetzung vom 27.1.2005, Stand 1.1.2007, zu § 2 Abs. 2.

191 Vgl. auch § 6 Abs. 3 Gemeinsame Empfehlung gemäß § 75 Abs. 5 SGB XI zum Inhalt der Rahmenverträge nach § 75 Abs. 1 SGB XI zur vollstationären Pflege vom 25. November 1996.

192 Zur Abgrenzung von Regelleistungen zu den sonstigen Leistungen und den Zusatzleistungen nach § 88 SGB XI vgl.: Arbeitshilfe stationäre Pflege für Regel- und Zusatzleistungen und Ausstattung mit Hilfsmitteln/Pflegehilfsmitteln, in: http://www.vdak.de/versicherte/Pflegeversicherung/Rahmenkonzept/abschnitt_9.pdf, [14.7.2008].

- Gourmetkost, wie z.B. Kaviar, Champagner
- Zusätzliche Reinigung von Fenstern, Gardinen, Zimmern, die über den notwendigen Umfang der Regelleistungen hinausgeht

1.4.4 Qualität der hauswirtschaftlichen Versorgung

Inhalte der Qualitätsvereinbarung

Qualitätsanforderungen an die Hauswirtschaft

Während in der ersten Fassung der gemeinsamen Qualitätsgrundsätze und Maßstäbe für die vollstationäre Pflege von 1996 für die hauswirtschaftlichen Leistungen kaum Vorgaben enthalten waren, hat sich dies mit der Neufassung der Qualitätsvereinbarung grundlegend geändert. Die Qualitätsvereinbarung mit Stand vom 16.12.2003 enthält in einem eigenen Abschnitt unter Nr. 3.2 zur Ablauforganisation der hauswirtschaftlichen Versorgung umfangreiche Qualitätsanforderungen. Dem Abschnitt ist eine Forderung vorangestellt, die besagt, dass Pflegeeinrichtungen über eine **„Versorgungskonzeption"** verfügen müssen, die den Grundsätzen und Zielen unter Nr. 1.1. der Qualitätsvereinbarung entspricht. Zudem sind die Bereiche der Verpflegung, Hausreinigung, Wäscheversorgung und Hausgestaltung nach dem Fachwissen zu erarbeiten und verschriftet darzulegen. Tabelle 1.8 gibt die Qualitätsanforderungen wieder.[193]

Leistung und Dokumentation der HW

Zusätzlich zu den inhaltlichen Anforderungen an die Leistungserbringung werden weitere Vorgaben an die **Prozessgestaltung und die Dokumentation** gestellt:

- Bei der hauswirtschaftlichen Versorgung sind auch Möglichkeiten der **aktivierenden Pflege** zu nutzen.
- Angemessene **Wünsche und Bedürfnisse der Bewohner** sollen berücksichtigt werden.
- **Hauswirtschaftliche Leistungen** einschließlich der Reinigungs- und Speisepläne **sind dokumentationspflichtig;** für den Pflegeprozess relevante hauswirtschaftliche Daten sind in der Pflegedokumentation aufzunehmen.

Die Potenziale der hauswirtschaftlichen Leistungen sind für die Versorgungsqualität in Heimen noch zu erschließen und mit der Pflege zu verknüpfen (dazu ➤ Kap. 1.4.5)

Qualitätsprüfung nach den Richtlinien und der MDK-Anleitung

QPR/MDK-Prüfung – der Hauswirtschaft

Seitdem die Bedeutung der hauswirtschaftlichen Bereiche für die Versorgungsqualität erkannt worden ist, wird dieses Aufgabenfeld zunehmend zum

[193] Vgl. 3.2 der Gemeinsamen Grundsätze und Maßstäbe zur Qualität und Qualitätssicherung sowie für die Entwicklung eines einrichtungsinternen Qualitätsmanagements nach § 80 SGB XI in vollstationären Pflegeeinrichtungen. Stand 16.12.2003.

1

Übersicht: Qualitätsgrundsätze für die Hauswirtschaft

Tab. 1.8 Versorgungskonzeption der hauswirtschaftlichen Versorgung nach der Qualitätsvereinbarung für vollstationäre Pflegeeinrichtungen

Verpflegung Altersgerechtes, abwechslungsreiches und vielseitiges Speisen- und Getränkeangebot; Diätnahrung nach Bedarf Individuell auf die Situation des Bewohners abgestimmte Darreichungsform der Speisen und Getränke zur Unterstützung des Bewohners in seiner Selbstständigkeit	**Hausreinigung** Regelmäßig durchzuführende Raumpflege sowie bedarfsorientierte Sichtreinigung Rücksichtnahme bei der Raumpflege auf den Tagesablauf der Bewohner (insbesondere auf Schlaf-, Essens- und Ruhezeiten) Information der Bewohner über Umfang und Turnus der Hausreinigung
Wäschepflege Abstimmung der sachgerechten Wäschepflege auf den notwendigen Bedarf des Bewohners	**Hausgestaltung** Alten- und behindertengerechte Gestaltung der Einrichtung unter Beachtung der Bewohnerbedürfnisse nach räumlicher Orientierung, Wohnlichkeit und jahreszeitlicher Orientierung

Gegenstand von Qualitätsprüfungen. Die Prüfungen beschränken sich dabei nicht auf die Einhaltung klassischer Anforderungen, wie die zur Hygiene oder der Beachtung von Schutzgesetzen. Die seit 2006 geltenden Qualitätsprüfungs-Richtlinien enthalten für die Überprüfung der hauswirtschaftlichen Verantwortungsbereiche eigene Kategorien, die durch Prüfhinweise in der MDK-Anleitung noch weitere Ergänzungen erfahren haben. **Prüfungsgegenstände nach den Qualitätsprüfungs-Richtlinien** sind hierbei:

- Vorhandensein eines Hauswirtschaftskonzeptes neben dem Pflege- und Betreuungskonzept durch Vorlage der Unterlagen und Nachweis hauswirtschaftsbezogener Ausbildungsnachweise (Punkt 1.5 der Richtlinien)
- Festlegung der Aufgaben- und Verantwortungsbereiche in der Hauswirtschaft (Punkt 3.1) und die Zusammensetzung des Personals (Punkt 3.8)
- Kontinuität in der Personaleinsatzplanung (Punkt 4.5)
- Inhalte des Konzeptes zur hauswirtschaftlichen Versorgung und deren Kenntnis bei den Mitarbeitern der Pflege und Hauswirtschaft (Punkt 5.5 und 5.6)
- Maßnahmen des internen Qualitätsmanagements (Punkt 6.4) und Fortbildungsmaßnahmen (Punkt 6.9)
- Verpflegung nach den Merkmalen seniorengerechter Information und die Bekanntmachung der Speisepläne; das Vorhandensein eines differenzierten Speisenangebots, das auch bedarfsgerecht auf die unterschiedlichen Bewohnergruppen abgestimmt wird und ebenso bedürfnisgerecht, z.B. mit Wunschkost, ausgerichtet ist. Geprüft wird auch die Berücksichtigung aktivierender Maßnahmen bei der mundgerechten Zubereitung, die Bereitstellung der Mahlzeiten, die über den Tag verteilt sind, einschließlich einer Nachtmahlzeit; die Getränkeversorgung sowie die Beachtung spezieller Erfordernisse der Nahrungs- und Flüssigkeitszufuhr (Prüfpunkt Nr. 9).
- Ermittlung der Bewohnerzufriedenheit hinsichtlich der hauswirtschaftlichen Leistungen (Punkt 12)

Ergebnisse zur Hauswirtschaft

Ausgewiesene **Prüfungsergebnisse zur Hauswirtschaft liegen bundesweit bislang nicht vor.** Häufig enthalten offizielle Berichte, wie z.B. der vom MDS gemäß § 118 Abs. 4 SGB XI a.F. (ab 1.7.2008 § 114a Abs. 6 SGB XI) regelmäßig herauszugebende Bericht zur Qualität in der Pflege oder der Bericht des BMFSFJ zur Situation der Heime,[194] keinen eigenständigen Berichtsteil über die Qualität der Hauswirtschaft. Auch in den Berichten der Heimaufsicht fehlen teilweise Angaben zur Hauswirtschaft; nur in den Landesberichten der Heimaufsichtsbehörden wird unter dem Prüfungsaspekt „Beschwerden" über Beschwerdegründe zur Ernährung, Essensversorgung und Hygiene berichtet.[195]

Es ist jedoch anzunehmen, dass im Zuge der intensiven Umsetzung der Qualitätsprüfungs-Richtlinien auch das Aufgabenfeld der Hauswirtschaft mehr in den Focus der Prüfungen rücken wird. Ein wesentlicher Grund wird aber darin liegen, dass hauswirtschaftliche (Vor-)Leistungen bislang in die Qualitätsprüfung der Pflegeleistungen eingeflossen sind. Beispielsweise wird bei der Ergebnisqualität für die Pflege die Angemessenheit der Ernährungs- und Flüssigkeitszufuhr erhoben. Folglich wurden aufgrund von Überprüfungen ausschließlich im Pflegebereich Defizite bei der Ernährung und Flüssigkeitsversorgung beanstandet. Auf der Defizitskala der 15 wesentlichen Qualitätsmängel in der Heimpflege nehmen Mangelernährung und Fehler in der Flüssigkeitsversorgung den achten Platz ein.[196] Auch im aktuellen zweiten Bericht des MDS wird darauf hingewiesen, dass in der stationären Pflege bei 34,4 % der im 1. Halbjahr 2006 überprüften Bewohner Mängel in der Ernährung und Flüssigkeitszufuhr festzustellen waren.[197]

Untersuchungen zu hauswirtschaftlichen Kriterien erfolgten bislang nur singulär und thematisieren Änderungsbedarfe bei der Bereitstellung von Spätmahlzeiten bzw. in den Zeiträumen bei frühen Speisenangeboten.[198]

1.4.5 Schnittstellenmanagement zwischen Hauswirtschaft und Pflege

Schnittstellentätigkeit

Im Zuge der Weiterentwicklung der Versorgungsqualität wird auch über eine engere Vernetzung von Pflege, Betreuung und hauswirtschaftlicher Versorgung nachgedacht werden müssen. Dazu wird eine Überprüfung der Leistungsprozesse erforderlich sein. Ebenso werden auch Möglichkeiten der engeren **Zusammenarbeit im Schnittstellenbereich von Hauswirtschaft und Pflege zu überdenken sein.** Dabei gilt es Tätigkeiten zu bestimmen, die weder der Pflege noch der Hauswirtschaft eindeutig zuzuordnen sind und deshalb einen flexiblen Personaleinsatz und eine Verbesserung der Versorgungs-

194 MDS e.V. (Hrsg.), 2007; Bundesministerium für Familie, Senioren, Frauen und Jugend (Hrsg.), 2006b.

195 Bundesministerium für Familie, Senioren, Frauen und Jugend (Hrsg.), 2004; Niedersächsisches Landesamt für zentrale Aufgaben (Hrsg.), 2004.

196 Vgl. Brucker, 2001, S. 16.

197 MDS e.V. (Hrsg.), 2007.

198 Vgl. Bayerisches Staatsministerium für Arbeit und Sozialordnung, Familie und Frauen u.a. (Hrsg.), 2002, S. 24 f.

1

Ausbildungsinhalte: Hauswirtschaft

Tab. 1.9 Auszüge aus dem Ausbildungsrahmenplan für die Berufsausbildung zum Hauswirtschafter/zur Hauswirtschafterin[200]

Lfd. Nr.	Teil des Ausbildungsberufsbildes	Fertigkeiten und Kenntnisse, die unter Einbeziehung selbstständigen Planens, Durchführens und Kontrollierens zu vermitteln sind
4	Hauswirtschaftliche Betreuungsleistungen (§ 4 Abs. 1 Nr. 5)	
4.1	Personenorientierte Gesprächsführung (§ 4 Abs. 1 Nr. 5.1)	• Anwendung von verschiedenen Kommunikationsformen und -techniken • Gespräche personenorientiert und situationsgerecht führen • Konflikte erkennen und Möglichkeiten der Konfliktlösung anwenden
4.2	Motivation und Beschäftigung (§ 4 Abs. 1 Nr. 5.2)	• Betreuungsbedarf erfassen • Betreuungsangebote personen- und anlassorientiert gestalten und umsetzen • Aktivierende Angebote zur Motivation und Beschäftigung unterbreiten und bei deren Umsetzung mitwirken
4.3	Hilfe leisten bei Alltagsverrichtungen (§ 4 Abs. 1 Nr. 5.3)	• Betreuungsleistungen unter Berücksichtigung berufsbezogener Regelungen durchführen • Häusliche Krankenpflege durchführen

qualität eröffnen. Geeignete Ansätze für entsprechende Schnittstellentätigkeiten können aus dem Berufsausbildungsprogramm für die Fachhauswirtschaft entnommen werden.

Hauswirtschaftliche Betreuungsleistungen

Hauswirtschaftliche Betreuung

Die Ausbildungsverordnung für die Hauswirtschaft sieht in § 4 Qualifizierungsmaßnahmen für die **hauswirtschaftliche Versorgung und für hauswirtschaftliche Betreuungsaufgaben** vor. Die hauswirtschaftlichen Versorgungsleistungen beinhalten die im vorherigen Abschnitt beschriebenen Leistungen: Speisenzubereitung und Service, Reinigen und Pflegen von Räumen, Gestalten von Räumen und des Wohnumfelds, Reinigen und Pflegen von Textilien.

Den hauswirtschaftlichen Betreuungsleistungen werden Aufgaben der personenorientierten Gesprächsführung, der Motivation und Beschäftigung sowie Hilfeleistungen bei Alltagsverrichtungen zugerechnet.[199] Die Tabelle 1.9 stellt Inhalte des Ausbildungsrahmenplans dar.

Schnittstellentätigkeit: Soziale Betreuung

Bei den **Betreuungsleistungen** handelt es sich um eine **Schnittstellentätigkeit,** die sowohl von Pflege- als auch von Hauswirtschaftskräften wahr-

[199] Vgl. die Verordnung über die Berufsausbildung zum Hauswirtschafter/zur Hauswirtschafterin (Ausbildungsverordnung Hauswirtschafter/Hauswirtschafterin) vom 30. Juni 1999. In: Bundesgesetzblatt Jahrgang 1999, Teil I, S. 1495 ff.

[200] Ebenda, S. 1504.

genommen werden kann. Die hauswirtschaftliche Betreuung ist deshalb ebenfalls eine Form der sozialen Betreuung im Sinne des § 43 SGB XI. Eine verstärkte Einbeziehung hauswirtschaftlicher Kräfte für die soziale Betreuung von Heimbewohnern ist damit möglich und wird auch der Anforderung nach einer anzustrebenden integrierten sozialen Betreuung im Heim entsprechen. Dem Konzept der **integrierten sozialen Betreuung** im Sinne der Qualitätsgrundsätze gemäß § 80 SGB XI[201]a.F. liegt der Anspruch zugrunde, dass alle Mitarbeiter auf der Grundlage einer bewohnerorientierten Grundhaltung für Gespräche zur Verfügung stehen.

Weitergehende Schnittstellentätigkeiten bestehen auch bei der Wahrnehmung **besonderer Betreuungsaufgaben.** Hauswirtschaftliches Personal kann bei entsprechenden Wohn- und Betreuungskonzepten der Einrichtung auch für betreuungsintensive Aufgaben und in Krisensituationen eingesetzt werden, soweit auch die persönliche Eignung hierfür besteht. Zu den Berufskompetenzen, die im Rahmen der Ausbildung erworben werden sollen, gehört es, alters-, krankheits- und behinderungsbedingte Veränderungen zu erkennen und adäquat situationsbezogen damit umgehen zu können. Ebenso zählen dazu Verhaltenskompetenzen im Umgang mit geriatrisch erkrankten Menschen, Kommunikation im sozialen Umfeld zur Einbeziehung von Hilfemöglichkeiten, adäquates Verhalten bei Lebenskrisen, chronischen Krankheiten, Behinderungen, Sterben, Tod, Trauer.[202]

Ebenfalls mit sozialen Betreuungsleistungen verbunden sind **hauswirtschaftliche Betreuungsleistungen, die der „Motivation und Beschäftigung" dienen.**[203] Dies können Tätigkeiten der gemeinsamen Hausgestaltung in Zusammenarbeit mit Bewohnern sein oder eine (teilweise) Beteiligung von Bewohnern an hauswirtschaftlichen Aufgaben.

Aufgrund ihrer Ausbildung sind hauswirtschaftliche Kräfte befähigt, Unterstützungsaufgaben nach Vorgaben der zu betreuenden Personen wahrzunehmen. Dazu gehört auch die Befähigung, „erkennen [zu, d. Verf.] können, wann eine Pflegefachkraft und/oder ein Arzt hinzugezogen werden muss."[204]

Weitere Schnittstellen

Schnittstellen: Pflege/Hauswirtschaft

Im vorherigen Abschnitt wurden Schnittstellentätigkeiten zwischen Hauswirtschaft und Pflege am Beispiel von Betreuungsaufgaben dargestellt. Weitere Schnittstellentätigkeiten, die sowohl der Pflege als auch der Hauswirt-

---

201 § 80 SGB XI aufgehoben durch das Pflege-Weiterentwicklungsgesetz vom 1.7.2008; neue Regelungen in § 113 SGB XI.

202 Verordnung über die Prüfung zum anerkannten Abschluss „Geprüfte Fachhauswirtschafterin/Geprüfter Fachhauswirtschafter", veröffentlicht im Bundesgesetzblatt Jahrgang 1996, Teil I, S. 1866. Weitere Hinweise: Deutsche Gesellschaft für Hauswirtschaft (Hrsg.), 2007, S. 47 ff.

203 § 5 der Verordnung über die Prüfung zum anerkannten Abschluss „Geprüfte Fachhauswirtschaftlerin/Geprüfter Fachhauswirtschaftler". In: Bundesgesetzblatt, Jahrgang 1996, Teil I, S. 1866.

204 Ebenda

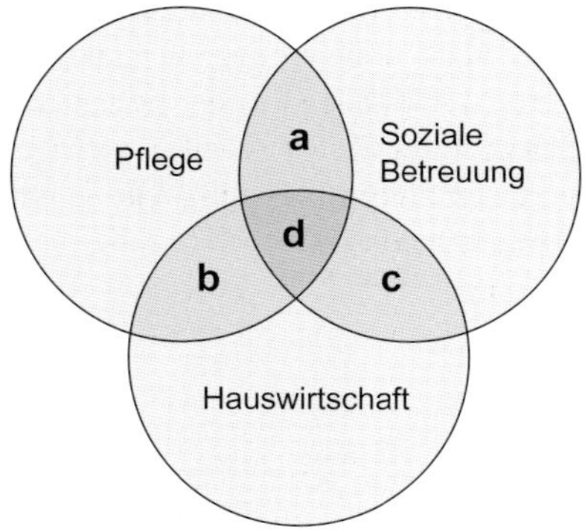

Abb. 1.7 Schnittstellen zwischen Pflege, sozialer Betreuung und Hauswirtschaft, z.B.:
(a) bedürfnisorientierte Zuwendung
(b) Förderung der Mobilität
(c) Kommunikation
(d) Teilhabe an hauswirtschaftlichen Aufgaben, Speisenvorbereitung, mundgerechte Zubereitung

schaft zugeordnet werden können, bestehen in folgenden Aufgabenbereichen[205]:

- Verpflegung
  - Essenswunsch erfragen
  - Eindecken, Transportieren von Speisen
  - Mundgerechte Zubereitung der Mahlzeiten
  - Vorbereiten/Zubereiten von Zwischenmahlzeiten/Getränken
  - Portionieren/Ausgeben/Abräumen des Geschirrs
- Hausreinigung
  - Reinigen der Betten, von Hilfsmitteln
  - Beziehen der Betten[206]
  - Funktionsräume aufräumen
- Wäschepflege
  - Einsammeln von Schmutzwäsche
  - Sortieren/Verteilen der Wäsche
  - Umgang mit bewohnereigener Wäsche

Ebenso sind Erprobungen bzw. Modellprojekte initiiert worden, die auf eine Zusatzqualifikation in der Altenpflegehilfe für Hauswirtschafterinnen und Hauswirtschafter gerichtet sind. Beispielsweise hat das Land Baden Württemberg modellhaft eine Berufsqualifikation in den Schnittstellen zwischen Hauswirtschaft und Pflege erprobt. Mit der Zusatzqualifikation sollten Haus-

---

205 Vgl. Bayerisches Staatsministerium für Arbeit und Sozialordnung, Familie und Frauen u.a. (Hrsg.), 2000, S. 10. In: http://www.stmas.bayern.de/pflege/stationaer/leitfaden.pdf, [13.7.2008] Im Weiteren: Bayerisches Staatsministerium für Arbeit und Sozialordnung, Familien und Frauen, u.a. (Hrsg.), 2006, S. 65.

206 Ministerium für Arbeit, Gesundheit und Soziales des Landes Nordrhein-Westfalen (Hrsg.), 2006. In: http://www.meinwerk.de/pdf-dateien/060202pflegeassistentin.doc [28.2.2008].

wirtschaftskräfte qualifiziert werden, zusammen mit ihren hauswirtschaftlichen Leistungen auch Grund- und „kleinere Behandlungspflege" verbinden zu können.[207] In Nordrhein-Westfalen wurde eine Qualifizierungsmaßnahme zur Assistentin für Pflege und Hauswirtschaft modellhaft erprobt, die ebenfalls zur Aufgabenwahrnehmung im Schnittstellenbereich von Pflege und Hauswirtschaft ausgebildet werden sollte.

Auswirkungen

Erreichbare Ziele/Voraussetzungen

Die Überprüfung, Bewertung und Verteilung von Schnittstellenaufgaben eröffnet für Heimeinrichtungen die Option, das Personal in der Pflege und Hauswirtschaft flexibler einzusetzen. Pflegekräfte können dadurch unter Umständen von Aufgaben entlastetet und die Pflege kann in ihrer Profession gestärkt werden. Einsparpotenziale in der Qualifikation und Personalausstattung werden sich durch entsprechende Maßnahmen aber wohl nicht erreichen lassen.[208] Dagegen kann die Analyse und Umstellung von Schnittstellenaufgaben Einfluss auf die **Dienstplangestaltung** nehmen, wenn z.B. Aufgaben der Verpflegung, der Wäschedienste oder der Reinigung aus der Pflege in den Hauswirtschaftsbereich verlagert werden. Durch eine integrative Aufgabenzuteilung und Einbindung von hauswirtschaftlichem Personal in den Wohnbereichen lassen sich zudem positive Effekte für eine bewohnerorientierte Betreuung erzielen. Voraussetzung dafür ist eine gezielte Analyse der Leistungsprozesse und die Erstellung eines Schnittstellenplans.

1.5 Themenrelevante Literatur

Archiv für Wissenschaft und Praxis der sozialen Arbeit, 2007: Vierteljahresheft zur Förderung von Sozial-, Jugend- und Gesundheitshilfe: Pflegebedürftigkeit – Anforderungen an die Neudefinition eines Begriffs, Heft 2, 2007.

Bäuerle, D., 2003: Verhalten in der Grauzone. Eine Studie des Wohlfahrtswerks für Baden-Württemberg zur Versorgung dementer Menschen im Pflegeheim. In: Blätter der Wohlfahrtspflege 2003, Heft 2, S. 73–76.

Bayerisches Staatsministerium für Arbeit und Sozialordnung, Familie und Frauen u.a. (Hrsg.), 2000: Kooperation von Hauswirtschaft und Pflege in stationären Einrichtungen der Altenhilfe, München 2000.

Bayerisches Staatsministerium für Arbeit und Sozialordnung, Familie und Frauen u.a. (Hrsg.), 2002: Qualitätssicherung und Personalausstattung in der Hauswirtschaft und im Schnittstellenbereich Hauswirtschaft/Pflege von stationären Altenhilfeeinrichtungen. Eine empirische Untersuchung, München 2002.

Bayerisches Staatsministerium für Arbeit und Sozialordnung, Familien und Frauen, u.a. (Hrsg.), 2006: Optimierung der personellen Ressourcen unter Berücksichtigung der aktuellen Konzeptentwicklung in der stationären Pflege, München 2006.

[207] Landtag von Baden-Württemberg, 14. Wahlperiode, Drucks. 14/1422 v. 21.6.2007, S. 9.
[208] Vgl. 3. Kapitel, unter „Fachkraft".

Bayerische Stiftung Hospiz (Hrsg.), 2002: Leben bis zuletzt im Alten- und Pflegeheim. Ein Leitfaden für alle, die über die Implementierung von Palliativbetreuung und Hospizidee in Einrichtungen der stationären Altenhilfe nachdenken, München 2002.

Behörde für Soziales und Familie, 2000: Amt für Soziales und Rehabilitation, Abteilung für Rehabilitation, Altenhilfe, Pflege und Betreuung, Besondere stationäre Dementenbetreuung in Hamburg, Hamburg 2000.

Bilke, E., 2001: Integrative versus segregative Wohn- und Betreuungsformen. In: Diakonisches Werk der Ev. Kirche von Westfalen in Zusammenarbeit mit dem Ev. Fachverband für Altenarbeit und ambulante gesundheits- und sozialpflegerische Dienste in den Diakonischen Werken Westfalen und Lippe (EFAD) (Hrsg.): Diakonie Forum 24, Altenhilfe und Demenz, Münster 2001, S. 34–36.

Bölicke, C.; Steinhagen-Thiessen, E., 2002: Qualität in der Pflege dementierender alter Menschen. In: Igl, G./Schiemann, D./Gerste, B./Klose, J. (Hrsg.): Qualität in der Pflege, Stuttgart 2002, S. 189–190.

Brucker, U., 2001: Qualität in der Pflege: Schwachstelle Management. In: Die Betriebskrankenkasse 2001, S. 16–19.

Brüggemann, J., 2002: Der Pflegeprozess in der Altenpflege – eine umfassende Herausforderung für das Pflegemanagement. In: Igl, G.; Schiemann, D.; Gerste, B.; Klose, J. (Hrsg.): Qualität in der Pflege. Betreuung und Versorgung von pflegebedürftigen alten Menschen in der stationären und ambulanten Altenhilfe, Stuttgart 2002, S. 337–348.

Bundesministerium für Arbeit und Sozialordnung (Hrsg.), 1998: Bericht über die Entwicklung der Pflegeversicherung, Bonn 1998.

Bundesministerium für Familie, Senioren, Frauen und Jugend, 1993: Verordnung über personelle Anforderungen für Heime (HeimPersV). Deutscher Bundesrat – Drucksache 204/93 vom 26.3.1993.

Bundesministerium für Familie, Senioren, Frauen und Jugend, 1996: Antwort der Bundesregierung auf eine Große Anfrage der SPD-Bundestagsfraktion zur Situation der Demenzkranken in der Bundesrepublik Deutschland. Deutscher Bundestag – Drucksache 13/5257 vom 10.7.1996.

Bundesministerium für Familie, Senioren, Frauen und Jugend (Hrsg.), 2002: Vierter Bericht zur Lage der älteren Generation. Deutscher Bundestag – Drucksache 14/8822 vom 18.4.2002.

Bundesministerium für Familie, Senioren, Frauen, Jugend (Hrsg.), 2004: Handbuch zur Praxis der Heimaufsicht, Berlin 2004.

Bundesministerium für Familie, Senioren, Frauen und Jugend (Hrsg.), 2006a: Aktuelle Forschung und Projekte zum Thema Demenz, Berlin 2006.

Bundesministerium für Familie, Senioren, Frauen und Jugend (Hrsg.), 2006b: Erster Bericht des Bundesministeriums für Familie, Senioren, Frauen und Jugend über die Situation der Heime und die Betreuung der Bewohnerinnen und Bewohner, Stand 15.8.2006, Berlin 2006.

Bundesministerium für Familie, Senioren, Frauen und Jugend (Hrsg.), 2006c: Hilfe- und Pflegebedürftige in Alteneinrichtungen 2005. Schnellbericht zur Repräsentativerhebung im Forschungsprojekt „Möglichkeiten und Grenzen selbständiger Lebensführung in stationären Einrichtungen“ (MuG IV), München 2006.

Bundesministerium für Gesundheit (Hrsg.), 2000: BMG Modellprojekte, Band 8: Hausgemeinschaften. Die 4. Generation des Altenpflegeheimbaus. Kuratorium Deutsche Altershilfe, Köln 2000. In: http://www.kda.de/files/bmg/2004-07-28bmg-band8.pdf [02.7.2008].

Bundesministerium für Gesundheit (Hrsg.), 2001: Zweiter Bericht über die Entwicklung der Pflegeversicherung. Deutscher Bundestag – Drucksache 14/5590 vom 15.3.2001.

Bundesministerium für Gesundheit (Hrsg.), 2002: Verordnung zur Beratung und Prüfung von Pflegeeinrichtungen (Pflege-Prüfverordnung – PflegePrüfV). Deutscher Bundesrat – Drucksache 588/02 vom 20.6.2002.

Bundesministerium für Gesundheit und Soziale Sicherung, 2003: Nachhaltigkeit in der Finanzierung der Sozialen Sicherungssysteme. Bericht der Kommission, Berlin 2003.

Bundesministerium für Gesundheit und Soziale Sicherung (Hrsg.), 2004: Dritter Bericht über die Entwicklung der Pflegeversicherung, Berlin 2004. In: http://www.bmgs.bund.de [29.2.2008].

Bundesministerium für Gesundheit (Hrsg.), 2006: Rahmenempfehlungen zum Umgang mit herausforderndem Verhalten bei Menschen mit Demenz in der stationären Altenhilfe, Berlin 2006.

Bundesministerium für Gesundheit (Hrsg.), 2008: Vierter Bericht über die Entwicklung der Pflegeversicherung, 2008. In: http://www.bmgs.bund.de [29.2.2008].

Crößmann, G.; Goberg, O.; Iffland, S.; Mangels, R., 2000: Taschenkommentar zum Heimgesetz, Hannover 2000.

Dahlem, O.; Giese, D.; Igl, G.; Klie, Th., 2007: Das Heimgesetz, Band I, Kommentar, Köln/Berlin/Bonn/München 2007.

Dangel B.; Korporal, J., 2002: Konzept und Verfahren der Qualitätssicherung im Rahmen der Pflegeversicherung. In: Igl, G.; Schiemann, D.; Gerste, B.; Klose, J. (Hrsg.): Qualität in der Pflege. Betreuung und Versorgung von pflegebedürftigen alten Menschen in der stationären und ambulanten Altenhilfe, Stuttgart/New York 2002, S. 35–63.

Deutscher Bundestag, 1996a: Beschlussempfehlung und Bericht des Ausschusses für Arbeit und Sozialordnung (11. Ausschuss) zu dem Gesetzentwurf der Fraktion der CDU/CSU und F.D.P. – Drucksache 13/3696, Deutscher Bundestag – Drucksache vom 13.3.1996.

Deutscher Bundestag, 1996b: Antwort der Bundesregierung auf die Große Anfrage der Abgeordneten Regina Schmidt-Zadler, Ingrid Becker-Inglau, Dr. Ulrich Böhme (Unna) und weiterer Abgeordneter und der Fraktion der SPD – Drucksache 13/3343 – Situation der Demenzkranken in der Bundesrepublik Deutschland, Deutscher Bundestag – Drucksache 13/5257 vom 10.7.1996.

Deutscher Bundestag, 1998: Zweiter Bericht der Enquete-Kommission Demographischer Wandel – Herausforderungen unserer älter werdenden Gesellschaft an den Einzelnen und die Politik, Deutscher Bundestag – Drucksache 13/11460 vom 5.10.1998.

Deutscher Bundestag, 2002: Schlussbericht der Enquete-Kommission „Demografischer Wandel – Herausforderungen unserer älter werdenden Gesellschaft an den Einzelnen und die Politik", Deutscher Bundestag – Drucksache 14/8800 vom 28.3.2002.

Deutsche Gesellschaft für Hauswirtschaft (Hrsg.), 2007: Die Potenziale der Hauswirtschaft nutzen. Leitlinien zur Sicherung der Zukunftsfähigkeit sozialer Einrichtungen, Wallenhorst 2007.

DGKH, 2002: Empfehlungen der Deutschen Gesellschaft für Krankenhaushygiene (DGKH), Sektion „Hygiene in der ambulanten und stationären Kranken- und Altenpflege/Rehabilitation", ohne Ort 2002.

Donabedian, A., 1980: The definition of quality and approaches to its assessment, Health Administration Press, Ann Arbor 1980.

Fichter, V.; Meier, M.: Pflegeplanung, Basel 1981.

Gemeinsame Grundsätze und Maßstäbe (2003) zur Qualität und Qualitätssicherung sowie für die Entwicklung eines einrichtungsinternen Qualitätsmanagements nach § 80 SGB XI in vollstationären Pflegeeinrichtungen vom 16.12.2003.

Gesetz zur strukturellen Weiterentwicklung der Pflegeversicherung (Pflege-Weiterentwicklungsgesetz) vom 28.5.2008, BGBl. Teil I Nr. 20 S. 874 ff.

Gesetzentwurf der Bundesregierung, 2001: Entwurf eines Dritten Gesetzes zur Änderung des Heimgesetzes, Deutscher Bundestag – Drucksache 14/5399 vom 23.2.2001.

Gesetzentwurf der Bundesregierung, 2007: Entwurf eines Gesetzes zur strukturellen Weiterentwicklung der Pflegeversicherung – Pflege-Weiterentwicklungsgesetz, Deutscher Bundestag – Drucksache 16/7439 vom 7.12.2007.

Gesetzentwurf der Fraktionen der CDU/CSU und FDP, 1993: Entwurf eines Gesetzes zur sozialen Absicherung des Risikos der Pflegebedürftigkeit (Pflege-Versicherungsgesetz/PflegeVG), Deutscher Bundestag – Drucksache 12/5262 vom 24.6.1993.

Gesetzentwurf der Fraktionen der CDU/CSU und FDP, 1996: Entwurf eines Ersten Gesetzes zur Änderung des Elften Buches Sozialgesetzbuches und anderer Gesetze (Erstes SGB XI-Änderungsgesetz – 1. SGB XI-ÄnderG), Deutscher Bundestag – Drucksache 13/3696 vom 6.2.1996.

Gesetzentwurf der Fraktionen der SPD und Bündnis 90/Die Grünen, 2001: Entwurf eines Gesetzes zur Ergänzung der Leistungen bei häuslicher Pflege von Pflegebedürftigen mit erheblichem allgemeinem Betreuungsbedarf (Pflegeleistungs-Ergänzungsgesetz – PflEG), Deutscher Bundestag – Drucksache 14/6949 vom 24.9.2001.

Gesetzentwurf der Fraktionen der CDU und SPD, 2006: Entwurf eines Gesetzes zur Stärkung des Wettbewerbs in der gesetzlichen Krankenversicherung (GKV-Wettbewerbsstärkungsgesetz – GKV-WSG), Deutscher Bundestag – Drucksache 16/3100 vom 24.10.2006.

Gunzelmann, T.; Schumacher, J., 1997: Psychologische Betreuungs- und Behandlungskonzepte für Demenzkranke. In: Weis, S./Weber G. (Hrsg.): Handbuch Morbus Alzheimer. Neurobiologie, Diagnose, Therapie, Weinheim 1997, S. 1147–1172.

Institut für Gerontologie der Universität Heidelberg (Hrsg.), 2004: Projekt „Identifizierung bzw. Entwicklung von Instrumenten zur Erfassung von Lebensqualität gerontologisch erkrankter Menschen in stationären Einrichtungen der Altenhilfe, (H.I.L.D.E.). 1. Zwischenbericht, Heidelberg 2004.

Katholischer Krankenhausverband Deutschlands e.V. (Hrsg.), 2001: Pflegequalität und Pflegeleistungen 1. Bericht über die erste Phase des Projektes „Entwicklung und Erprobung eines Modells zur Planung und Darstellung von Pflegequalität und Pflegeleistungen“, Freiburg/Köln 2001.

Kieschnick, H.; Mybes, U., 1999: Organisation der Medikamentenversorgung für Bewohner/-innen von Altenpflegeheimen. Kuratorium Deutsche Altershilfe, Köln 1999.

Klie, Th., 2002: Recht und Qualitätssicherung in der Pflege alter Menschen. In: Igl, G; Schiemann, D.; Gerste, B.; Klose, J. (Hrsg.): Qualität in der Pflege. Betreuung und Versorgung von pflegebedürftigen alten Menschen in der stationären und ambulanten Altenhilfe, Stuttgart 2002, S. 19–34.

Klie, Th.; Krahmer, U. (Hrsg.), 2003: Soziale Pflegeversicherung, Lehr- und Praxiskommentar (LPK-SGB XI), Baden-Baden 2003.

Krahmer, U.; Richter, R. (Hrsg.), 2005: Heimgesetz, 2. Auflage, Düsseldorf/Hamburg 2005.

Kunz, E.; Butz, M.; Wiedemann, E., 2003: Heimgesetz. Kommentar, München 2003.

Kuratorium Deutsche Altershilfe (Hrsg.), 2002: Bundeseinheitliche Altenpflegeausbildung, Materialien für die Umsetzung der Stundentafel, Köln 2002.

Landespflegeausschuss Nordrhein-Westfalen (Hrsg.), 2002: Pflegebedarf und Leistungsstruktur in vollstationären Pflegeeinrichtungen. Eine Untersuchung im Auftrag des Landespflegeausschusses Nordrhein-Westfalen, Duisburg 2002.

Landeswohlfahrtsverband Württemberg-Hohenzollern, 2002: Die Versorgung Demenzkranker, Stuttgart, 2001. Landtag von Baden-Württemberg: Antrag der Abg. Andreas Hoffmann u.a. aus der CDU und Stellungnahme des Sozialministeriums. Demenzerkrankungen – eine gesellschaftliche und gesundheitspolitische Herausforderung, Landtag von Baden-Württemberg – Drucksache 13/1259 vom 10.8.2002.

Landtag von Baden-Württemberg, 2007: 14. Wahlperiode, Drucksache 14/1422 vom 21.6.2007, S. 1–10. In: http://www.landtag-bw.de/dokumente/initiativen/gesamtliste.asp?WP=14 [25.8.2008]

MDS e.V. (Hrsg.), 1998: Pflegebericht des Medizinischen Dienstes. Berichtsraum 1998, Essen ohne Jahreszahl.

MDS e.V. (Hrsg.), 2002: Verfahren zur Feststellung von Personen mit erheblich eingeschränkter Alltagskompetenz vom 22.3.2002, genehmigt durch das BMG mit Schreiben vom 1.8.2002.

MDS e.V. (Hrsg.), 2003: Grundsatzstellungnahme. Ernährung und Flüssigkeitsversorgung älterer Menschen, Essen 2003. In: http://www.mds-ev.org/download/030707_grundsatzstellungnahme.pdf [2.1.2008].

MDS e.V. (Hrsg.), 2004: 1. Bericht des Medizinischen Dienstes der Spitzenverbände der Krankenkassen (MDS) nach § 118 Abs. 4 SGB XI, Essen 2004.

MDS e.V. (Hrsg.), 2005a: Richtlinien der Spitzenverbände der Pflegekassen über die Prüfung der in Pflegeeinrichtungen erbrachten Leistungen und deren Qualität (Qualitätsprüfungs-Richtlinien – QPR) vom 10.11.2005, Essen 2005. In: http://www.mds.de [30.4.2008].

MDS e.V. (Hrsg.), 2005b: MDK-Anleitung zur Prüfung der Qualität nach den §§ 112, 114 SGB XI in der stationären Pflege vom 10.11.2005, Essen 2005.

MDS e.V. (Hrsg.), 2006a: Richtlinien der Spitzenverbände der Pflegekassen zur Begutachtung von Pflegebedürftigkeit nach dem XI. Buch des Sozialgesetzbuches (Begutachtungs-Richtlinien –BRi) vom 21.3.1997 in der Fassung vom 11.5.2006, Essen 2006.

MDS e.V. (Hrsg.), 2007: 2. Bericht des Medizinischen Dienstes der Spitzenverbände der Krankenkassen (MDS) nach § 118 Abs. 4 SGB XI, Essen 2007.

Medizinischer Dienst der Krankenversicherung Rheinland-Pfalz, 2003: Qualitätsprüfungen nach §§ 114, 112 SGB XI i. V. m. § 80 SGB XI im Jahre 2002. Bericht des MDK Rheinland-Pfalz, 2003.

Ministerium für Arbeit, Soziales, Gesundheit und Frauen des Landes Brandenburg (Hrsg.), 2002: Demenz als sozialpolitische Herausforderung: Bestandsaufnahme und Perspektiven der Versorgung Demenzkranker in Brandenburg, Potsdam 2002.

Ministerium für Arbeit, Gesundheit und Soziales des Landes Nordrhein-Westfalen (Hrsg.), (2005/2006): Modellprojekt Assistentin für Pflege und Hauswirtschaft – Präsenzkraft, vom 8.12.2005 bis 7.5.2006. In: www.meinwerk.de/pdf-dateien/060202pflegeassistentin.doc [28.2.2008].

Niedersächsisches Landesamt für zentrale Aufgaben (Hrsg.), 2004: Tätigkeitsbericht gemäß § 22 Abs. 3 HeimG, Stichtag 31.3.2003, Hildesheim 2004.

Niedersächsisches Ministerium für Frauen, Arbeit und Soziales, 2000a: Niedersächsischer Pflegerahmenplan. 2000.

Niedersächsisches Ministerium für Frauen, Arbeit und Soziales, 2000b: Rahmenkonzept zur vollstationären Pflege von Schädel-Hirngeschädigten in Pflegeeinrichtungen der Phase F in Niedersachsen, Hannover 2000.

Pick, P., 2003: Der Medizinische Dienst bleibt am Ball. In: Altenheim, Heft 3, 2003, S. 23–26.

Richtlinien der Spitzenverbände der Pflegekassen über die Abgrenzung der Merkmale der Pflegebedürftigkeit und der Pflegestufen sowie zum Verfahren der Feststellung der Pflegebedürftigkeit, Stand vom 11.5.2006.

Richtlinien nach § 87b Abs. 3 SGB XI des GKV-Spitzenverbandes zur Qualifikation und zu den Aufgaben von zusätzlichen Betreuungskräften in Pflegeheimen (Betreuungskräfte-RI). Entwurf Stand 30.6.2008.

Richtlinie zur Feststellung von Personen mit erheblich eingeschränkter Alltagskompetenz und zur Bewertung des Hilfebedarfs vom 22.3.2002, geändert durch Beschlüsse vom 11.5.2006 und 10.6.2008.

Robert Koch-Institut (Hrsg.), 2004: Schwerpunktbericht der Gesundheitsberichterstattung des Bundes. Pflege, Berlin 2004.

Robert Koch-Institut (Hrsg.), 2005: Empfehlungen der Kommission für Krankenhaushygiene und Infektionsprävention beim Robert Koch-Institut (RKI). In: Bundesgesundheitsblatt – Gesundheitsforschung – Gesundheitsschutz 2005, 48, S. 1061–1080.

Roche, 2003: Lexikon Medizin, München 2003.

Roth, G., 2002: Qualität in Pflegeheimen. Expertise im Auftrag des Bundesministeriums für Familie, Senioren, Frauen und Jugend, Dortmund 2002.

Sachverständigenrat für die Konzertierte Aktion im Gesundheitswesen, 2001: Gutachten 2000/2001. Bedarfsgerechtigkeit und Wirtschaftlichkeit, Band II. Qualitätsentwicklung in Medizin und Pflege, Deutscher Bundestag – Drucksache 14/5661 vom 21.3.2001.

Schmidt, B., 2001: Pflegebedarf bei dementen alten Menschen – welche Konzepte hält die Pflegewissenschaft bereit? In: Pre-InterNet, Heft 6, 2001, S. 3–13.

Seger, W., 1997: Probleme bei der Feststellung von Pflegebedürftigkeit (SGB XI) aus medizinischer Sicht. Medizinischer Dienst der Krankenversicherung Niedersachsen, Hannover 1997.

Spee, A. v., 2003: In Würde oder verzweifelt sterben. In: Forum Sozialstation 2003, S. 33–35.

Statistisches Bundesamt (Hrsg.), 2001: Kurzbericht: Pflegestatistik 1999, Bonn 2001.

Statistisches Bundesamt (Hrsg.), 2003: Kurzbericht: Pflegestatistik 2001, Bonn 2003.

Verband Deutscher Alten- und Behindertenhilfe e.V., 1996: Gemeinsame Empfehlung gemäß § 75 Abs. 5 SGB XI zum Inhalt der Rahmenverträge nach § 75 Abs. 1 SGB XI zur vollstationären Pflege vom 25. November 1996.

Verordnung über die Berufsausbildung zum Hauswirtschafter/zur Hauswirtschafterin (Ausbildungsverordnung Hauswirtschafter/Hauswirtschafterin) vom 30. Juni 1999. In: Bundesgesetzblatt Jahrgang 1999, Teil I Nr. 35, S. 1495 ff.

Verordnung über die Prüfung zum anerkannten Abschluss „Geprüfte Fachhauswirtschafterin/Geprüfter Fachhauswirtschafter", veröffentlicht im Bundesgesetzblatt Jahrgang 1996, Teil I Nr. 64, S. 1866

Vollmer, R. J.; Vollmer, P., 2004a: Kommentar SGB XI, Pflegerecht der Selbstverwaltung, Pflegevertragsrecht, Stand 2004, Remagen 2004.

Vollmer, R. J.; Vollmer, P., 2004b: Kommentar, SGB XI, Pflege-Rechtsprechung (PRS), Stand 2004, Remagen 2004.

Vollmer, R. J.; Vollmer, P., 2007: Kommentar SGB XI, Remagen 2007.

Weyerer, S.; Schäufele, M.; Hendlmeier, I., 2005: Lebens- und Betreuungsqualität demenzkranker Menschen in der besonderen stationären Betreuung in Hamburg: Segregative und teilsegregative Versorgung im Vergleich. In: Pflege & Gesellschaft, 2005, Heft 2, S. 90–96.

Wiese, U. E., 2002a: Das neue Heimrecht. In: PflegeRecht 2002, S. 391–402.

Wiese, U. E., 2002b: Pflegeversicherung und Pflegepraxis. In: ZFSH/SGB 2002, Heft 11, S. 669–773.

Wiese, U. E. (Hrsg.), 2003: Soziale Sicherung im Spannungsfeld von Recht, Pflege und Ökonomie. Osnabrücker Studien, Band 19, Osnabrück 2003.

Wiese, U. E., 2004: Pflegeversicherung und Pflegepraxis. Auswirkungen rechtlicher Regularien auf die Pflege, Pflegequalität und Qualitätssicherung, Baden-Baden 2004.

Wiese, U. E., 2005: Rechtliche Qualitätsvorgaben in der stationären Altenpflege, Leitfaden durch den Gesetzesdschungel, München/Jena 2005.

Wiese, U. E. (Hrsg.), 2007: Arbeitszeitgestaltung in der stationären Altenpflege, Göttingen 2007.

Wingenfeld, K., 2007: Der Begriff der Pflegebedürftigkeit aus pflegewissenschaftlicher Perspektive. In: Archiv für Wissenschaft und Praxis: Vierteljahresheft zur Förderung von Sozial-, Jugend- und Gesundheitshilfe, 2007, Heft 2, S. 6–17.

KAPITEL

2 Anforderungen an die (Pflege-) Hilfsmittelausstattung

2.1 Einführung

Regelungsquellen

Die Versorgung erkrankter- und pflegebedürftiger Menschen mit notwendigen Hilfsmitteln ist eine zentrale Leistung der Sozialversicherung und dient der Versorgungsqualität. Die Zuständigkeiten für die Versorgung sind zwischen den verschiedenen Versicherungsträgern aufgeteilt. Die Leistungsgewährung der einzelnen Versicherungsträger ist an unterschiedliche Voraussetzungen geknüpft.

- In der **gesetzlichen Krankenversicherung** zählt die Versorgung mit **notwendigen Hilfsmitteln** zu den Regelleistungen gemäß § 27 SGB V, auf die Versicherte in den gesetzlich geregelten Bedarfsfällen einen Rechtsanspruch haben.
- Innerhalb des Leistungsrahmens der **gesetzlichen Pflegeversicherung** haben Pflegebedürftige gemäß § 40 SGB XI ebenfalls Anspruch auf Versorgung mit **Pflegehilfsmitteln und technischen Hilfen.**
- **Sozialhilfeträger** leisten gemäß § 61 SGB XII **Hilfsmittel** im Rahmen der Hilfe zur Pflege. Der Inhalt der Hilfen bestimmt sich nach den Regelungen der Pflegeversicherung[1], sodass im Rahmen der Sozialhilfe auch Pflegehilfsmittel und technische Hilfen gemäß § 40 SGB XI geleistet werden.

2.1.1 Nebeneinander von Leistungszuständigkeiten

Zuständigkeiten für Hilfsmittel

Die Aufteilung der Leistungszuständigkeiten zwischen der Kranken- und Pflegekasse führt zu **Konkurrenzen,** die auch für die Versorgung von Heimbewohnern mit Hilfsmitteln erhebliche Konsequenzen haben können. Hinzu kommt, dass in Pflegeheimen vielfach Hilfsmittel wechselnd sowohl für die Grundpflege als auch für die Behandlungspflege eingesetzt werden. Die Leistungs- und Kostenzuständigkeit der Sozialversicherungsträger ist dagegen starr festgelegt. Die Pflegekassen sind nur für die **Pflegehilfsmittelversorgung** im Bereich der Grundpflege verantwortlich.

Diese Aufteilung führt zwischen den Pflege- und den Krankenkassen immer wieder zu gegenseitigen Zuständigkeitsverweisen und zu Irritationen bei

[1] § 61 SGB XII verweist auf § 28 Abs. 1 Nr. 1, 5 bis 8 des Elften Buches.

Pflegebedürftigen.[2] Hinzu kommt, dass für die **stationäre Altenpflege** für Heimträger bislang noch **keine klaren Bereitstellungs- und Vorhaltungspflichten** für Hilfsmittel getroffen wurden.

2.1.2 Fehlende Abgrenzungsregelungen zur Bereitstellung und Vorhaltung von Hilfsmitteln

Keine rechtliche Festlegung in der QV

Bis zum Inkrafttreten des Reformgesetzes zur Weiterentwicklung der Pflegeversicherung[3] im Jahre 2008 fehlte es an eindeutigen Abgrenzungsregeln.

In den Gemeinsamen Grundsätzen und Maßstäben zur Qualität und Qualitätssicherung einschließlich des Verfahrens zur Durchführung von Qualitätsprüfungen nach § 80 SGB XI[4] (kurz: **Qualitätsvereinbarung)** ist die Bereitstellung und Vorhaltung von Hilfsmitteln durch Pflegeeinrichtungen nicht ausdrücklich geregelt worden.[5] Im Rahmen der Anforderungen an die Leistungsdarstellung (2.1.2 der Qualitätsvereinbarung) wird allgemein eine schriftliche Leistungsdarlegung von den Einrichtungen gefordert, die unter anderem auch die räumliche und personelle Ausstattung umfassen soll. Anforderungen zur sächlichen Ausstattung mit Hilfsmitteln werden dort nicht angesprochen.

Leitlinien zur Versorgung

Das **Pflegeversicherungsgesetz** enthält außer der Regelung des Grundanspruchs auf Pflegehilfsmittel in § 40 SGB XI ebenfalls keine weiteren Vorgaben zur Ausstattung mit Hilfs- und Pflegehilfsmitteln von Pflegeheimen. Der Gesetzgeber fordert allerdings in § 11 SGB XI von den Pflegeeinrichtungen eine Pflege, Versorgung und Betreuung der Pflegebedürftigen, die dem allgemein anerkannten Stand medizinisch-pflegerischer Erkenntnisse entspricht. Die Pflege muss ausreichend und angemessen sein und auch die soziale Betreuung gewährleisten. Auch diese Vorgaben dienen nicht der Abgrenzung. Mit der Pflegereform 2008 sollen Veränderungen eingeleitet werden.

Pflege-Weiterentwicklungsgesetz 2008

Mit dem Pflege-Weiterentwicklungsgesetz sind die Vertragspartner der Rahmenverträge gemäß § 75 Abs. 2 Nr. 3 SGB XI verpflichtet worden, neben der personellen Ausstattung nun auch die Grundausstattung mit Hilfsmitteln in Maßstäben und Grundsätzen festzulegen. Der Gesetzesbegründung ist zu entnehmen, dass mit den Maßstäben und Grundsätzen mehr Rechtssicherheit bei der Festlegung der Grundausstattung mit Hilfsmitteln geschaffen werden soll. Allerdings wird damit keine „Einheitsausstattung" bezweckt,

---

[2] Beide Aspekte waren Anlass, in einer Expertise im Auftrag der Enquete-Kommission eine Integration von SGB V und SGB XI Leistungen vorzuschlagen. Darin wurde festgestellt, dass eine Zusammenlegung von Kranken- und Pflegeversicherung Zuständigkeitsstreitigkeiten bei der Hilfsmittelversorgung vermeiden könnte: vgl. IGES; Igl; Wasem, 2002, S. 59 und 76 ff.

[3] Pflege-Weiterentwicklungsgesetz vom 28.5.2008, BGBl. I S. 874 ff.

[4] Die Qualitätsvereinbarung wurde mit dem Inkrafttreten des Pflege-Weiterentwicklungsgesetzes § 113 SGB XI zugeordnet und gilt bis zur Ablösung durch eine Qualitätsvereinbarung fort.

[5] Gemeinsame Grundsätze und Maßstäbe zur Qualität und Qualitätssicherung einschließlich des Verfahrens zur Durchführung von Qualitätsprüfungen nach § 80 SGB XI in vollstationären Pflegeeinrichtungen vom 16.12.2003. Abgekürzt: Qualitätsvereinbarung.

sondern die Ausstattung soll nach den pflegefachlichen Schwerpunkten erfolgen. Ähnliche Zielsetzungen ergeben sich aus den Regelungen zu den wesentlichen Leistungs- und Qualitätsmerkmalen gemäß § 84 Abs. 5 SGB XI (➢ Kap. 6.2.5). Danach soll die Art und der Umfang der Ausstattung mit Verbrauchsgütern in der stationären Pflege einrichtungsbezogen festgelegt werden. Aus der Gesetzesbegründung ergibt sich, dass damit keine Kostenverlagerung zulasten der Pflegeeinrichtungen geplant ist, sondern eine bessere Abgrenzung der zur Grundausstattung gehörenden Hilfsmittel zu den Leistungspflichten der Krankenkassen erreicht werden soll.[6] Der individuelle Leistungsanspruch des Pflegebedürftigen gegenüber seiner Krankenkasse auf Versorgung mit Hilfsmitteln soll dagegen unberührt bleiben.

Entwicklung durch die Rechtsprechung

Die neuen gesetzlichen Vorgaben an die Vertragsparteien der Rahmenverträge knüpfen dabei an die sozialgerichtliche Rechtsprechung an. Aufgrund der in der Vergangenheit aufgetretenen Unklarheiten in den Leistungszuständigkeiten und den daraus resultierenden Streitigkeiten wurden die zentralen Grundsätze zur **Begründung und Konkretisierung der Bereitstellungspflichten** durch die **Rechtsprechung** entwickelt. In sozialgerichtlichen Entscheidungen wurde für den Pflegeheimbereich eine eigenständige Bereitstellungs- und Vorhaltungspflicht für Hilfsmittel festgestellt. Diese Verpflichtung besteht nunmehr neben den Leistungspflichten der Kranken- und Pflegekassen.

Mit der Feststellung der Bereitstellungsverpflichtung ist allerdings noch nicht endgültig geklärt, welche **Kategorien von Hilfsmitteln** als Grundausstattung von den Heimträgern vorzuhalten sind und welche von den Krankenkassen zu leisten sind. Die Abgrenzungsprobleme sind damit noch nicht beseitigt worden. In der Praxis führt dies zu erheblichen Unsicherheiten, zumal Sozialversicherungsträger Anträge von Heimbewohnern auf Hilfsmittelleistungen nach wie vor mit dem Argument ablehnen, dass der Heimträger zur Vorhaltung verpflichtet sei.

Im Folgenden sollen die „Schnittstellen" in den Leistungszuständigkeiten dargestellt und die zur Abgrenzung der Leistungspflicht der Kassen gegenüber den **Vorhaltungspflichten der Heimträger** entwickelten Kriterien verdeutlicht werden. Zum Abschluss wird auf die Möglichkeit der vertraglichen Vereinbarung zur sächlichen Ausstattung, die der Gesetzgeber mit § 75 Abs. 2 Nr. 3 SGB XI neuer Fassung forcieren will, eingegangen.

2.2 Hilfsmittelversorgung nach dem Krankenversicherungsrecht

Hilfsmittel nach SGB V

Krankenversicherungen gewähren medizinisch notwendige Hilfsmittel im Rahmen der Krankenbehandlung gemäß § 27 SGB V.

[6] Vgl. Begründung zu Nr. 42 (§ 75), zu Buchstabe b, Gesetzentwurf der Bundesregierung (2007), Entwurf eines Gesetzes zur strukturellen Weiterentwicklung der Pflegeversicherung – Pflege-Weiterentwicklungsgesetz, Deutscher Bundestag – Drucks. 16/7439 vom 7.12.2007, S. 68.

2.2.1 Hilfsmittel i.S.d. SGB V

Anspruch auf Hilfsmittel

§ 33 des Krankenversicherungsrechts (SGB V) regelt die Leistungsvoraussetzungen, nach denen Patienten Hilfsmittel gewährt werden können. Danach haben Versicherte einen Anspruch auf:
- Seh- und Hörhilfen
- Körperersatzstücke
- orthopädische Hilfsmittel
- andere Hilfsmittel, z.B. Orientierungshilfen, Krankenfahrstühle und weitere Mobilitätshilfen, Hilfsmittel zum Lesen, Sprechen oder für hygienische Bedarfe[7]
- Kosten der notwendigen Änderung, Instandhaltung, Ersatzbeschaffung

Für den Anspruch entscheidend ist, dass ein Hilfsmittel:
- im **Einzelfall erforderlich** sein muss,
- um den Erfolg einer **Krankenbehandlung** zu sichern
- oder eine Behinderung auszugleichen, unabhängig vom Grad der Rehabilitationsfähigkeit,
- und es sich bei dem Hilfsmittel **nicht** um einen **allgemeinen Gebrauchsgegenstand des täglichen Lebens** handelt.
- Ferner darf das Hilfsmittel nicht aufgrund geringen therapeutischen Nutzens oder aufgrund eines geringen Abgabepreises aus dem Leistungskatalog ausgeschlossen sein **(§ 34 Abs. 4 SGB V)**.

Dem **Erfolg der Krankenbehandlung** dienen können je nach Einzelfall orthopädische Mittel wie Stütz- und Halteapparate. Erforderlich sind ebenfalls Hilfsmittel, die dem **Ausgleich einer Behinderung** unmittelbar dienen, wie Körperersatzstücke, die z.B. die weitergehenden Folgen der Behinderung ausgleichen, wenn damit lebensnotwendige Grundbedürfnisse betroffen sind. Eine Leistungsverpflichtung der Krankenkassen kann in diesen Fällen ohnehin nur entstehen, wenn die Beeinträchtigung erheblich ist und durch ein Hilfsmittel ausgeglichen werden kann.

Beispiele

Zu den **lebensnotwendigen Grundbedürfnissen,** die infolge einer Behinderung durch die Bereitstellung eines Hilfsmittels ausgeglichen werden können, zählen im Krankenversicherungsrecht:
- Ernährung
- elementare Körperpflege
- körperlicher und geistiger Freiraum
- Kommunikation

Von den Krankenkassen sind deshalb grundsätzlich zu leisten[8], z.B.:
- Badhelfer, z.B. WC-Automaten
- Mobilitätshilfen, z.B. Rollstühle, Lagerungsrollstühle, Blindenführhunde, Treppenraupen

---

[7] Weitere Beispiele finden sich im Kassler Kommentar, 2008, § 33 SGB V, Rdn. 11 f.

[8] Vgl. zu den Beispielen der Rechtsprechung den Kassler Kommentar, 2008, § 33, Rdn. 8 ff.

- Schreibtelefone für Gehörlose oder elektronische Lese-Sprechgeräte, Kopfschreiber für Gelähmte zur Befriedigung kommunikativer Bedürfnisse, wie etwa der Sicherung sozialer Kontakte

Eine Behinderung kann folglich durch direkten oder indirekten Ausgleich fehlender Körperglieder oder fehlender Funktionen ausgeglichen werden. Der Ausgleich muss nicht zwingend vollständig sein, auch eine Erleichterung oder Ergänzung fehlender Funktionen reicht aus.

Mit dem GKV-Wettbewerbsstärkungsgesetz[9] 2007 wurde der Versorgungsanspruch schwerstbehinderter Versicherter verbessert: Der **Hilfsmittelanspruch ist nicht vom Grad der Rehabilitationsfähigkeit abhängig.** Daher haben auch schwerstbehinderte Heimbewohner, z.B. bettlägerige mit fortgeschrittener seniler Demenz, für die eine selbstbestimmte und gleichberechtigte Teilhabe am Leben in der Gesellschaft nicht mehr ermöglicht werden kann, Anspruch auf Versorgung mit einem speziellen Lagerungsrollstuhl. Ziel ist es, eine passive Teilhabe am Gemeinschaftsleben zu ermöglichen. Ausdrücklich wird in § 33 SGB V klargestellt, dass eine Vorhaltepflicht des Heimträgers für Hilfsmittel im Pflegeheim unberücksichtigt bleibt.

Anspruch bei fehlender Rehabilitationsfähigkeit

Wie bei allen Leistungen der gesetzlichen Krankenversicherung werden auch Hilfsmittel unter Berücksichtigung des Wirtschaftlichkeitsgebots gemäß § 12 SGB V gewährt. Daher werden stets Nutzen und Kosten gegeneinander abgewogen.[10]

Nicht als Hilfsmittel einzustufen sind Gebrauchsgegenstände des täglichen Lebens.

Abgrenzung: Gebrauchsgegenstände des täglichen Lebens

Deshalb werden entsprechende Alltagshilfen im Rahmen der Krankenversicherung nicht geleistet, auch wenn der Patient nach der Art der bestehenden Beeinträchtigung im Besonderen auf entsprechende Alltagshilfen angewiesen ist. Daher zählen z.B. behindertengerechte Sitzmöbel, wie erhöhte oder verkürzte Möbel, besonders geformtes Essbesteck oder technische Hilfen, wie verlängerte Schuhanzieher nicht zum Leistungskatalog und können somit nicht beansprucht werden. Andererseits ist der Charakter eines Gebrauchsgegenstands nicht mehr gegeben, wenn der Gegenstand **zur behindertengerechten Nutzung** erheblich verändert wird, weil er speziell für Kranke und Behinderte hergestellt wird.

Deshalb wird z.B. ein behindertengerechtes Bett, ein Arthrosenstuhl, eine Gummieinlage bei Inkontinenz oder ein Rollstuhlboy von den Krankenkassen geleistet. Bei **Gegenständen mit Doppelfunktion,** die sowohl Gebrauchsgegenstand des täglichen Lebens als auch notwendiges Hilfsmittel bei Krankheit oder Behinderung sein können, wie z.B. orthopädische Schuhe oder ein Fernsehlesegerät, ist von den Versicherten ein sogenannter **Eigenanteil** bei den Kosten zu tragen.[11]

Gegenstände mit Doppelfunktion

[9] Gesetz zur Stärkung des Wettbewerbs in der gesetzlichen Krankenversicherung (GKV – Wettbewerbsstärkungsgesetz) vom 26.3.2007, BGBl. I S. 378.

[10] Vgl. dazu Kassler Kommentar, 2008, § 33, Rdn. 26.

[11] Vgl. Kassler Kommentar, 2008, § 33, Rdn. 18. Hauck; Gerlach, 2008, § 33, Rdn. 14 ff.

Ausgeschlossene Hilfsmittel

Versicherte können Leistungen für Hilfsmittel von ihrer Krankenversicherung nicht beanspruchen, wenn diese aufgrund eines **geringen therapeutischen Nutzens oder eines geringen Abgabepreises durch Rechtsverordnung** von der Leistungspflicht der gesetzlichen Krankenkassen ausgenommen werden (§ 34 SGB V). Dazu zählen aufgrund Rechtsverordnung[12], z.B. sächliche Mittel:

- mit geringem oder umstrittenem therapeutischen Nutzen wie Kommpressionsstücke für Waden und Oberschenkel, Knie und Knöchel-Kompressionsstücke, Applikationshilfen für Wärme und Kälte, Rektophore
- mit geringem Abgabepreis, z.B. Armtragetücher, Augentropfenpipetten, Druckschutzpolster (ausgenommen Dekubitusschutzmittel), Einmalhandschuhe (ausgenommen sterile Handschuhe zur regelmäßigen Katheterisierung und unsterile Einmalhandschuhe bei Querschnittsgelähmten mit Darmlähmung zur Darmentleerung)

2.2.2 Hilfsmittelverzeichnis der Spitzenverbände

Seitens der Krankenkassen wird für die Anspruchsprüfung ein Hilfsmittelverzeichnis herangezogen. Rechtsgrundlage war bis zum Inkrafttreten des GKV-Wettbewerbsstärkungsgesetzes § 128 SGB V. Aufgrund der Gesetzesänderung soll gemäß § 139 SGB V ein systematisch-strukturiertes Hilfsmittelverzeichnis erstellt werden. Der Leistungsanspruch der Versicherten soll durch das Hilfsmittelverzeichnis aber nicht abschließend konkretisiert werden. Das Verzeichnis soll alle von der Leistungspflicht der Kassen umfassten Hilfsmittel beinhalten und im Bundesanzeiger bekannt gemacht werden. Das geltende Hilfsmittelverzeichnis[13] umfasst die in Tabelle 2.1 aufgeführten **Produktgruppen.**

Produktgruppen

Das **Hilfsmittelverzeichnis** dient den Krankenkassen als Auslegungshilfe für die Leistungsgewährung und hat deshalb für die Entscheidungspraxis eine große Bedeutung. Innerhalb sozialgerichtlicher Streitigkeiten hat das Hilfsmittelverzeichnis **für die Gerichte jedoch keine Bindungswirkung,** sondern ist nur unverbindliche Auslegungshilfe.[14] Folglich kann trotz ablehnender Entscheidung einer Krankenkasse im Wege sozialgerichtlicher Entscheidung unter Umständen dennoch die Leistung eines nicht im Hilfsmittelverzeichnis aufgelisteten Mittels erwirkt werden.

Zweck der Hilfsmittel

Im Ergebnis ist festzustellen, dass die Hilfsmittelversorgung innerhalb der Krankenversicherung dem Zweck dient, im Krankheitsfall die Versicherten bei der Sicherung des Erfolgs der Krankenbehandlung zu unterstützen oder erhebliche Beeinträchtigungen einer Behinderung auszugleichen. Die Hilfsmittelversorgung soll daher der Wiederherstellung von Körperfunktionen

[12] Verordnung über Hilfsmittel von geringem therapeutischen Nutzen oder geringem Abgabepreis in der gesetzlichen Krankenversicherung vom 13.12.1989, geändert durch die erste Änderungsverordnung vom 17.1.1995, BGBl. I S. 44.

[13] § 128 SGB V a. F. i.V.m. den Richtlinien des Bundesausschusses der Ärzte und Krankenkassen über die Verordnung von Hilfsmitteln in der vertragsärztlichen Versorgung (Hilfsmittel-Richtlinien) in der Fassung vom 17. Juni 1992, zuletzt geändert 2008, BAnz vom 29.7.2008, Nr. 112.

[14] BSG-Urteil vom 23.8.1995 – 3 RK 7/95-SozR 3 – 2500, § 33 Nr. 16.

Tab. 2.1 Hilfsmittelverzeichnis

Produktgruppen	
01 Absauggeräte	17 Hilfsmittel zur Kompressionstherapie
02 Adaptionshilfen	18 Kranken- und Behindertenfahrzeuge
03 Applikationshilfen	19 Krankenpflegeartikel
04 Badehilfen	20 Lagerungshilfen
05 Bandagen	21 Messgeräte für Körperzustände/-funktionen
06 Bestrahlungsgeräte	22 Mobilitätshilfen
07 Blindenhilfsmittel	23 Orthesen/Schienen
08 Einlagen	24 Prothesen
09 Elektrostimulationsgeräte	25 Sehhilfen
10 Gehhilfen	26 Sitzhilfen
11 Hilfsmittel gegen Dekubitus	27 Sprechhilfen
12 Hilfsmittel bei Tracheostoma	28 Stehhilfen
13 Hörhilfen	29 Stomaartikel
14 Inhalations- und Atemtherapiegeräte	30 Nicht besetzt
15 Inkontinenzhilfen	31 Schuhe
16 Kommunikationshilfen	32 Therapeutische Bewegungsgeräte
	33 Toilettenhilfen
	99 Verschiedenes

dienen oder diese ausgleichen und damit Versicherte in die Lage versetzen, ein möglichst selbstbestimmtes Leben zu führen.

Anspruch der Heimbewohner

Der Versorgungsanspruch ist nicht davon abhängig, ob ein versicherter Patient im eigenen häuslichen Bereich lebt oder in einer stationären Pflegeeinrichtung. Gemäß § 33 Abs. 1 Satz 2 n.F. hängt der Anspruch auch nicht vom Grad der Rehabilitationsfähigkeit ab. Daher haben auch **Heimbewohner,** die in stationären Pflegeeinrichtungen versorgt werden, **grundsätzlich Anspruch** auf Versorgung mit Hilfsmitteln nach § 33 SGB V.[15] Allerdings sind bei der Bereitstellung der Hilfsmittel für Heimbewohner abzugrenzen:

- Leistungspflichten der Krankenkasse
- Leistungspflichten der Pflegekasse
- Bereitstellungs- bzw. Vorbehaltepflichten des Heimträgers

Für die Festlegung der Leistungszuständigkeit sind zunächst die Abgrenzungskriterien zwischen Hilfsmitteln i.S.d. SGB V und Pflegehilfsmitteln i.S.d. SGB XI zu beachten.

2.3 Hilfsmittelversorgung nach dem Pflegeversicherungs- und Sozialhilferecht

Pflegehilfsmittel nach SGB XI und SGB XII

Mit dem Inkrafttreten des **Pflegeversicherungsgesetzes** am 1. April 1995 wurde für Pflegebedürftige, die Leistungen aus der Pflegeversicherung erhal-

15 Grundlegend sind die BSG-Beschlüsse vom 10.2.2000. Das Gericht stellt klar, dass ein Versorgungsanspruch nach § 33 SGB V nicht dadurch ausgeschlossen ist, dass ein Versicherter in einem Heim lebt und dort vollstationär pflegerisch versorgt wird.

ten, zugleich auch ein **Anspruch auf Versorgung mit Pflegehilfsmitteln** im Gesetz festgeschrieben.

Sozialhilfeleistungen

Leistungen der Sozialhilfe werden als Hilfen in besonderen Lebenslagen auch bei Pflegebedürftigkeit in Form von Hilfsmitteln gewährt, soweit Bedürftigkeit besteht. Die Voraussetzungen der Leistungen decken sich weitgehend mit den Leistungsvoraussetzungen der Pflegeversicherung (vgl. § 61 SGB XII). Hilfe zur Pflege, die auch die Hilfsmittel umfasst, wird **neben der Pflegeversicherung** auch gewährt,

- wenn Bedürftige nicht Mitglieder der Pflegeversicherung sind,
- wenn ein Pflegebedarf unterhalb der Pflegestufe I (sogenannte Pflegestufe Null) besteht oder
- wenn der Bedarf über die Leistungsgrenzen der Pflegeversicherung hinausgeht.

Aufgrund der Auffangfunktion der Sozialhilfe können unter Berücksichtigung der Umstände des Einzelfalls Hilfsmittel auch über den in der Pflegeversicherung gesetzten Leistungsrahmen hinaus gewährt werden.

Da die Regelungen des § 61 SGB XII weitgehende Leistungskongruenz zur Pflegeversicherung aufweisen, sind auch die Abgrenzungskriterien für Pflegehilfsmittel zu den Hilfsmitteln für die Sozialhilfe gleichermaßen von Bedeutung.

2.4 Abgrenzung der Leistungszuständigkeit von Pflege- und Krankenkassen

Pflege- oder Krankenkasse zuständig

Die zentrale Regelung für die Abgrenzung der Leistungspflicht der Pflegekasse gegenüber der Krankenkasse enthält **§ 40 SGB XI**[16]. Darin wird den Pflegebedürftigen ein Versorgungsanspruch auf Pflegehilfsmittel und wohnumfeldverbessernde Maßnahmen gewährt. Der Anspruch auf Pflegehilfsmittel besteht, soweit ein Hilfsmittel nicht wegen einer Krankheit oder Behinderung von der Krankenkasse oder einem anderen zuständigen Leistungsträger zu leisten ist (§ 40 Abs. 1 S. 1 SGB XI).

„Andere" Leistungsträger können Berufsgenossenschaften aufgrund eines Arbeitsunfalls sein oder Versorgungsämter im Rahmen der Kriegsopferversorgung. Im Verhältnis zu den gesetzlichen Krankenkassen wird ein **Leistungsvorrang der Krankenversicherungsträger** festgelegt. Pflegehilfsmittel der Pflegeversicherung sind ausgeschlossen, soweit ein Hilfsmittel aufgrund einer Erkrankung oder Behinderung vorrangig von den Krankenkassen zu leisten ist.

[16] Eingeführt durch Art 1 PflegeVG vom 26.5.1994, BGBl. I S. 1014 ff.

2.4.1 Leistungsvoraussetzungen für Pflegehilfsmittel gemäß § 40 SGB XI

Anspruch auf Pflegehilfsmittel

Soweit keine vorrangige Leistungsverpflichtung der Krankenkasse besteht und die Pflegekasse zuständig ist, müssen folgende Leistungsvoraussetzungen für den Anspruch auf Versorgung mit einem Pflegehilfsmittel erfüllt sein:

Das Hilfsmittel muss:
- zur **Erleichterung der Pflege dienen**
- oder zur **Linderung der Beschwerden** des Pflegebedürftigen beitragen
- oder ihm eine **selbstständigere Lebensführung** ermöglichen.
- Kein Leistungsausschluss, weil das **Hilfsmittel wegen einer Krankheit oder Behinderung** von der Krankenversicherung oder anderen zuständigen Leistungsträgern zu leisten ist.

Der Anspruch auf Pflegehilfsmittel besteht demnach unabhängig von der Pflegestufe des Pflegebedürftigen.

Es werden keine inhaltlichen Beschreibungen gegeben, welche Hilfsmittel als die **„Pflege erleichternd“** anzuerkennen sind. Lediglich in einem Pflegehilfsmittelverzeichnis (➢ Kap. 2.4.2) finden sich Auflistungen zu Hilfsmitteln, die der Erleichterung der Pflege dienen, z.B. manuell oder motorisch verstellbare Pflegebetten, Pflegebettenzubehör oder Pflegeliegestühle.

Ebenfalls aufgelistet sind Hilfen, die zur **Linderung von Beschwerden** dienen, z.B. Lagerungsrollen, Lagerungshalbrollen, oder die **der selbstständigeren Lebensführung dienen,** z.B. Hausnotrufsysteme.

Dagegen sollen Hilfsmittel i.S.d. Krankenversicherung der Unterstützung der Krankenbehandlung sowie dem Ausgleich von Behinderungen dienen.

Dem gesetzlichen Wortlaut folgend werden in der **Praxis unterschieden:**
- **Pflegehilfsmittel,** die **zum Verbrauch** bestimmt sind. Verbrauchsgüter, z.B. Desinfektionsmittel, Einmalvorlagen, Einmalhandschuhe, Schutzschürzen oder Mundschutz, werden monatlich **bis zu einem Betrag von 31 Euro** gewährt (§ 40 Abs. 2 SGB XI). Die Leistungen in diesem Segment können auch in Form der Kostenerstattung erbracht werden.
- **Technische Pflegehilfsmittel.** Technische Hilfsmittel, die zum längeren Gebrauch bestimmt sind, wie z.B. Rollstühle, Pflegebetten, Hebegeräte oder Lagerungsrollen, werden vorrangig leihweise zur Verfügung gestellt (§ 40 Abs. 3 SGB XI).

Tabelle 2.2 verdeutlicht die unterschiedlichen Leistungskriterien.

2.4.2 Pflegehilfsmittelverzeichnis der Spitzenverbände

Pflegehilfsmittelverzeichnis

Parallel zum Hilfsmittelverzeichnis der Krankenversicherung haben die Spitzenverbände gemäß § 78 Abs. 2 Satz 2 SGB XI i.V.m. § 139 SGB V ein systema-

Leistungskriterien: SGB V oder SGB XI

2

Tab. 2.2 Abgrenzung: Hilfsmittel von Pflegehilfsmitteln

Hilfsmittel (SGB V)	Pflegehilfsmittel (SGB XI)
• ist im **Einzellfall erforderlich,** • zur Sicherung der **Krankenbehandlung** oder zum Ausgleich einer **Behinderung** und • soweit es sich nicht um einen **allgemeinen Gebrauchsgegenstand des täglichen Lebens** handelt oder das Hilfsmittel aufgrund geringem therapeutischen Nutzen oder Abgabepreis aus dem Leistungskatalog ausgeschlossen ist.	• dient der **Erleichterung der Pflege** oder zur **Linderung der Beschwerden** oder ermöglicht eine **selbstständigere Lebensführung.** • Vorrang anderer Träger, insbesondere der Krankenkassen, soweit **Hilfsmittel wegen Krankheit oder Behinderung** erforderlich sind.

Tab. 2.3 Pflegehilfsmittelverzeichnis

Produktgruppe	
50	Pflegehilfsmittel zur Erleichterung der Pflege
51	Pflegehilfsmittel zur Körperpflege/Hygiene
52	Pflegehilfsmittel zur selbstständigeren Lebensführung/Mobilität
53	Pflegehilfsmittel zur Linderung von Beschwerden
54	Zum Verbrauch bestimmte Pflegehilfsmittel
98	Sonstige Pflegehilfsmittel

tisch strukturiertes **Pflegehilfsmittelverzeichnis**[17] als Anlage zu dem Hilfsmittelverzeichnis zu erstellen und regelmäßig fortzuschreiben. Ebenso wie für das Hilfsmittelverzeichnis gilt auch hier, dass es für die Entscheidungspraxis der Pflegekassen als Auslegungshilfe dient, innerhalb gerichtlicher Verfahren allerdings für Richter nicht bindend ist. Auch für andere Leistungsträger, wie z.B. die Sozialhilfeträger, ist das Verzeichnis nicht bindend.[18] Das Pflegehilfsmittelverzeichnis umfasst derzeit sechs Produktgruppen[19] (➤ Tab. 2.3).

2.5 Ausschluss der Leistungspflicht bei pflegebedürftigen Heimbewohnern

Kein Anspruch für Heimbewohner

Der Wortlaut und Regelungsgehalt des § 40 SGB XI enthält keinen Hinweis darauf, das die Leistungsverpflichtung der Pflegekassen sich nur auf die häusliche Pflege erstreckt und Heimbewohner keinen Anspruch auf Pflegehilfsmittel haben. Daher wurde zunächst vielfach ein Versorgungsanspruch sowohl für den Bereich der häuslichen Pflege als auch für die stationäre Pflege bejaht.[20]

[17] Hilfs- und Pflegehilfsmittelverzeichnis, Stand 30.5.2008. In: http://www.internet.ikk.de/himi/

[18] Vgl. Krahmer, 1998, § 68, Rdn. 12.

[19] Hilfs- und Pflegehilfsmittelverzeichnis, Stand 30.5.2008. In: http://www.internet.ikk.de/himi/

[20] Udsching, 1997 (1. Aufl.) SGB XI, zu § 40, Rdn. 12. Anders dagegen Udsching, 2000 (2. Aufl.), § 40, Rdn. 2; Griep; Renn, 1998, S. 190 ff. Anders: Vogel, 2003b, § 40, Rdn. 5.

Erst mit den Entscheidungen des Bundessozialgerichts vom 10. Februar 2000[21] wurde klargestellt, dass ein **Anspruch auf Pflegehilfsmittel für Pflegebedürftige,** die in stationären Einrichtungen leben, gegenüber der Pflegekasse aus § 40 SGB XI **nicht besteht.** Begründet wurde dies mit der systematischen Einbindung des § 40 SGB XI in den Dritten Abschnitt „Leistungen" und dort unter dem Ersten Titel „Leistungen bei häuslicher Pflege".

Zur weiteren Begründung des **Leistungsausschlusses stationär versorgter Pflegebedürftiger von der Pflegehilfsmittelversorgung** verwies das Gericht darauf: *„Die Begrenzung auf die häusliche Pflege ist auch sachgerecht, weil individuelle Pflegehilfsmittel im Pflegeheim wegen der dort vorhandenen Ausstattung regelmäßig nicht benötigt werden."*[22]

Mit dieser Begründung wurde zugleich die Feststellung getroffen, dass die Träger von Pflegeheimen für eine – wenn auch nicht näher spezifizierte – Ausstattung mit Pflegehilfsmitteln zu sorgen haben.

2.5.1 Bereitstellungs- und Vorhaltepflichten der Heimträger bei Hilfsmitteln

Leistungspflicht der Heimträger

Das Bundessozialgericht hat im Jahre 2000 in den sogenannten Rollstuhlurteilen[23] Grundsatzentscheidungen getroffen, die den Anstoß gaben, die Verantwortungsbereiche der Heimträger zur Bereitstellung und Vorhaltung von Hilfsmitteln neu zu definieren und Abgrenzungskriterien zu schaffen.

Heimträger müssen darauf achten, welche Hilfsmittel für eine qualitativ gesicherte Versorgung der Bewohner ihrer Einrichtung notwendig und deshalb vorzuhalten sind.

Dabei ist u.a. zu berücksichtigen:

- welche Pflegehilfsmittel mit Blick auf die Bewohnerstruktur und deren Hilfebedarfe bereitzuhalten sind,
- wie ein effizienter Einsatz der Pflegehilfsmittel gewährleistet werden kann,
- welche finanziellen Mittel im Rahmen der Pflegesatzvereinbarungen für die wesentlichen Leistungs- und Qualitätsmerkmale (wLQm) gemäß § 84 Abs. 5 SGB XI[24] zu veranschlagen sind.

Nach dem Leistungssystem der Pflegeversicherung besteht für Heimbewohner kein Pflegehilfsmittelanspruch nach § 40 SGB XI, wohl aber – im Bedarfsfall – ein Hilfsmittelanspruch gegenüber ihrer Krankenkasse. Der Versicherungsanspruch auf Leistung notwendiger Hilfsmittel nach dem SGB V bleibt auch dann erhalten, wenn der Versicherte in einem Pflegeheim lebt und dort versorgt wird.

21 Vgl. BSG Beschluss vom 10.2.2000, BSG B 3 KR 24/99 R, BSG Beschluss vom 10.2.2000, BSG B 3 KR 26/99 R.

22 BSG-Beschluss vom 10.2.2000, BSG B 3KR 24/99R.

23 Vgl. die BSG Beschlüsse vom 10.2.2000, BSG B 3 KR 24/99 R, B 3 KR 25/99 R, B 3 KR 26/99 R sowie B 3 KR 28/99 R.

24 Pflege- Weiterentwicklungsgesetz vom 28.5.2008, BGBl. I S. 874 ff.

Für Heimträger bedeutet dies, dass zu differenzieren ist, vor allem zwischen:
- der eigenen Leistungspflicht, notwendige Hilfsmittel für das Pflegeheim und die Bewohner bereitzustellen und
- der Leistungspflicht anderer Versicherungsträger, insbesondere der Krankenkassen, die im Einzelfall erforderlichen Hilfsmittel zu leisten.

Fragestellungen, die daraus erwachsen, sind z.B., wer unter welchen Voraussetzungen für die Leistung von Rollstühlen oder Dekubitusmatratzen zuständig ist und diese Mittel finanzieren muss.

Abgrenzungskatalog

Die damit angesprochene **Abgrenzungsaufgabe** bereitet in der Umsetzung nach wie vor Schwierigkeiten. Die Spitzenverbände der Krankenkassen haben dazu einen **„Abgrenzungskatalog“**[25] zur Hilfsmittelversorgung in Pflegeheimen erarbeitet, der in der Beschlussfassung vom 7.5.2007 vorliegt und die Entwicklung der Rechtsprechung des BSG berücksichtigt.

Im Folgenden werden zunächst die Abgrenzungskriterien skizziert, die in der Rechtsprechung entwickelt wurden. Sie enthalten die „Weichenstellungen“ und geben Aufschluss über die Zurechnungskriterien und den Umfang der Vorhaltepflicht. Anschließend wird der Abgrenzungskatalog der Selbstverwaltung mit Stand von 2007 dargestellt, der als Entscheidungsgrundlage von den Krankenkassen herangezogen wird. Im Weiteren werden die Bedeutung der Gerichtsentscheidungen und deren Konsequenzen für die Praxis aufgezeigt.

2.5.2 Ableitung der Vorhaltepflicht aus dem Pflegeversicherungsgesetz

Vorhaltepflicht nach SGB XI

Das Bundessozialgericht hat eine Bereitstellungspflicht der Heimträger für Hilfsmittel mit dem Versorgungsauftrag der Einrichtungen und der finanziellen Abdeckung der Leistungen durch die zuständigen Pflegekassen begründet. Gemäß § 11 SGB XI sind **Pflegeeinrichtungen** verpflichtet:
- entsprechend dem **allgemein anerkannten Stand medizinisch-pflegerischer Erkenntnisse** Pflegebedürftige zu pflegen, zu versorgen und zu betreuen;
- dafür Sorge zu tragen, dass der **Inhalt** und die **Organisation der Leistungen** eine **humane und aktivierende Pflege** unter Achtung der Menschenwürde gewährleisten.

Aus § 43 Abs. 2 Satz 2 SGB XI sowie § 82 Abs. 1 SGB XI ergibt sich für die Einrichtungen die Pflicht, **allgemeine Pflegeleistungen und soziale Betreuung** zu erbringen. Ebenso gehören dazu Leistungen der medizinischen Behandlungspflege. Die Kostentragung der Behandlungspflege wurde mit der Gesundheitsreform 2007 endgültig den Pflegekassen zugewiesen.[26]

Die Zulassung stationärer Pflegeeinrichtungen erfolgt durch einen **Versorgungsvertrag** nach § 72 SGB XI. Um diesen zu erlangen, müssen die Einrichtungen:

---

[25] Abgrenzungskatalog der Spitzenverbände der Krankenkassen, 2007, [5.8.2008]
[26] Gesetz zur Stärkung des Wettbewerbs in der gesetzlichen Krankenversicherung (GKV – Wettbewerbsstärkungsgesetz) vom 26.3.2007, BGBl. I S. 378.

- den Anforderungen nach § 71 SGB XI genügen und
- die Gewähr für **eine leistungsfähige und wirtschaftliche pflegerische Versorgung** bieten.

Hilfsmittel als Inventar

Aufgrund dieser Vorgaben müssen die Einrichtungen nach Auffassung des Gerichts das für die vollstationäre Pflege „notwendige Inventar"[27] bereithalten und die „im Rahmen des üblichen Pflegebetriebs notwendigen Hilfsmittel"[28] bereitstellen.

Welche Hilfsmittel im Einzelnen von der Pflegeeinrichtung für Bewohner bereitzustellen sind, hängt von den Vereinbarungen im Versorgungsvertrag gemäß § 72 SGB XI ab.[29] In den Versorgungsverträgen sind Art, Inhalt und Umfang der allgemeinen Pflegeleistungen (§ 84 Abs. 4 SGB XI) festzulegen. § 84 Abs. 5 SGB XI verlangt, dass für die Pflegesatzvereinbarung auch Art und Umfang der Leistungen und der Verbrauchsgüter festgelegt werden sollen (➤ Kap. 6.2.5). Die sächliche Ausstattung ist folglich Teil der Versorgungsvereinbarung.[30] Enthalten weder der Versorgungsvertrag noch die Pflegesatzvereinbarung zu den Leistungs- und Qualitätsmerkmalen Regelungen zur Heimausstattung, dann werden vom Heimträger das **„übliche Inventar"** und die **„notwendigen Hilfsmittel"** bereitzustellen sein. Die Festlegung der Hilfsmittel erfolgt dann **einzelfallbezogen**. Klarstellend führt das BSG aus: *„Was im Einzelnen dazu gehört und wie die Abgrenzung zu den von den Krankenkassen zu leistenden Hilfsmitteln in diesen Bereichen vorzunehmen ist, kann auch nur jeweils für konkrete Gegenstände entschieden werden"*.[31]

Der folgende Abschnitt stellt die von der Sozialgerichtsbarkeit herausgearbeiteten Abgrenzungskriterien für die Vorhaltepflicht der Heime und die Leistungspflichten der Krankenkassen dar. Einbezogen wird dazu auch der aktuelle Abgrenzungskatalog der Spitzenverbände.

2.6 Abgrenzungskriterien: Hilfsmittel zu vorhaltepflichtigen Pflegehilfsmitteln

Kriterien der Vorhaltepflicht

Das BSG hat die ersten Grundsätze[32] zur (Pflege-)Hilfsmittelversorgung im Pflegeheim im Jahr 2000 getroffen. Sie bezogen sich auf die Frage, inwieweit Krankenkassen zur Bereitstellung von **Rollstühlen** an Pflegebedürftige, die in Pflegeheimen versorgt werden, verpflichtet sind.

---

[27] BSG Beschluss vom 10.2.2000, BSG B 3 KR 25/99 R.

[28] Ebenda.

[29] Vgl. auch BSG Urteil vom 6.6.2002 – BSG B 3 KR 67/01; BSG Urteil vom 22.7.2004 – BSG B 3 KR 5/03.

[30] Bereits im Rahmen der Leistungs- und Qualitätsvereinbarung nach § 80a SGB XI, die durch das Instrument der wesentlichen Leistungs- und Qualitätsmerkmale abgelöst wurde, war die sächliche Ausstattung Vereinbarungsbestandteil.

[31] BSG Urteil vom 6.6.2002 – BSG B 3 KR 67/01 – Orientierungssatz.

[32] Vgl. die BSG-Urteile vom 10.2.2000, B 3 KR 26/99 R und BSG B 3 KR 24/99 R.

2

In allen Fällen hatten die Krankenkassen die Anträge von pflegebedürftigen Heimbewohnern mit dem Hinweis auf die Leistungspflicht der Pflegekassen bzw. die Vorhaltepflicht der Heimträger abgelehnt. Die betroffenen Heimbewohner machten jeweils geltend, dass die im Heim bereitgestellten Rollstühle ihnen nicht zur Verfügung ständen und aufgrund ihrer spezifischen individuellen Bedarfe, z.B. nach verstärkter Sitzfläche, einem Sicherheitsgurt, kippbarer Rückenlehne oder einem Therapietisch, nicht geeignet und nicht anpassbar seien.

In den sogenannten Rollstuhlfällen hat das Gericht einen Anspruch der Pflegebedürftigen auf Bereitstellung des Rollstuhls durch die Krankenkasse bejaht und damit eine Leistungspflicht der Krankenkassen anerkannt. Diese Entscheidungen beruhen auf folgenden abgestuften Abgrenzungskriterien.

Erstes (Abgrenzungs-)Kriterium

Kriterium: „Sphäre" des Heimes

Krankenkassen sind zur Leistung von Hilfsmitteln nur verpflichtet, wenn deren Bereitstellung nicht in die „Sphäre" des Heimes fällt.

Mit dem Begriff der **„Sphäre" ist der räumliche Heimbereich** angesprochen. Dies wird in der Feststellung deutlich, dass die Bereitstellungspflicht sich auf den Bereich innerhalb des Heimes und des Heimgeländes beschränken soll.

Mobilitätshilfen

Mobilitätshilfen

In den zu entscheidenden Fällen ging es um Mobilitätshilfen. Unter weiter Auslegung des Begriffs ist daraus zu schließen, dass außer den Rollstühlen auch andere Fortbewegungshilfen, wie z.B. Rollatoren oder Gehgestelle, soweit sie typischerweise im Pflegeheim zur Erleichterung der Pflege eingesetzt werden, vom Heimträger zur Verfügung gestellt werden müssen.

Die Vorhaltepflicht beschränkt sich jedoch nicht nur auf Mobilitätshilfen, sondern erfasst grundsätzlich auch alle Hilfsmittel, die innerhalb des Heimbereichs für eine qualitativ gesicherte Versorgung erforderlich sind. Es werden alle Hilfsmittel erfasst, die *„bei Verwirrtheitszuständen, Lähmungen und sonstigen Funktionseinschränkungen üblicher Art (z.B. bei Altersdemenz, Morbus Alzheimer, Folgen eines Schlaganfalls, Multipler Sklerose und Querschnittlähmungen) benötigt werden"*.[33]

Hilfsmittel zur Erleichterung der Pflege

Pflegeerleichterung oder Behinderungsausgleich

Neben der „Sphärentheorie" wird von den Sozialgerichten zusätzlich darauf abgestellt, ob das Hilfsmittel **überwiegend der Erleichterung der Pflege** dient oder schwerpunktmäßig zum Ausgleich einer Behinderung eingesetzt wird. Maßgebend ist dabei wiederum die **Einzelfallbetrachtung.** Danach dient ein Multifunktions-Adaptiv-Rollstuhl schwerpunktmäßig nicht der

[33] Vgl. BSG Beschluss vom 10.2.2000, BSG B 3 KR 17/99 R.

Pflege, sondern dem Ausgleich einer Behinderung.[34] Dient der Einsatz eines Dusch- und Toilettenstuhls nach objektiver Betrachtung dem Zuwachs an Selbstständigkeit und nicht überwiegend der Durchführung der Pflege, dann besteht eine Leistungszuständigkeit der Krankenkasse des Versicherten.[35] Ein Pflegebett gehört nur dann nicht zur Vorhaltepflicht des Heimträgers, wenn es im Einzelfall vorrangig dem Behindertenausgleich dient. Daraus ist zu schließen, dass alle Pflegehilfsmittel, die der **Erleichterung der Pflege** dienen, von den Heimen aufgrund ihrer Versorgungsverpflichtung vorzuhalten und den Bewohnern zur Verfügung zu stellen sind, so z.B.:

- Pflegebetten und Pflegebettenzubehör, Aufrichthilfen, spezielle Pflegebetttische
- Mittel zur Körperpflege und Hygiene
- Pflegehilfsmittel zur selbstständigen Lebensführung, z.B. fahrbare Gehhilfen für die Bewohner
- Pflegehilfsmittel zur Linderung von Beschwerden
- zum Verbrauch bestimmte Mittel, z.B. saugende Bettschutzeinlagen oder Einmalhandschuhe
- Bettpfannen
- Ganzkörperwaschsysteme
- standardmäßige (nicht individuell angepasste) Mobilitätshilfen, insbesondere Rollstühle
- Lagerungsrollen
- Schutzkleidung, Schutzschürzen

Das Pflegehilfsmittelverzeichnis[36] der Spitzenverbände kann dabei als Orientierungshilfe dienen. Es hat allerdings gegenüber den Bürgern keine rechtliche Bindungswirkung, sondern stellt für die Pflegekassen eine interne Auslegungshilfe dar.[37] Anders dagegen, wenn – wie dargestellt (➤ Kap. 2.1.2) die sächliche Grundausstattung gemäß § 75 Abs. 2 Nr. 3 aktueller Fassung in den Rahmenverträgen festgelegt ist. Deren Inhalt ist gemäß § 75 Abs. 1 Satz 4 SGB XI für die Pflegeeinrichtungen unmittelbar verbindlich, sodass keine Auslegungsmöglichkeit gegeben ist.

Zweites (Abgrenzungs-)Kriterium

Kriterium: Individuelle Bedürfnisse

Hilfsmittel, die **individuell den Bedürfnissen des einzelnen Bewohners angepasst** werden müssen, sind von den Krankenkassen zu leisten. Sie sind nicht der „Sphäre" des Heimträgers zuzurechnen und zwar unabhängig davon, wo diese verwendet werden.

---

34 SG Münster Beschluss vom 23.6.2005 – S 12 KR 21/05 ER.

35 Vgl. LSG Schleswig-Holstein Urteil vom 15.3.2005 – L5 KR 105/03.

36 Vgl. z.B. das Pflegehilfsmittelverzeichnis, Stand 30.5.2008. In: http://www.internet.ikk.de/himi/

37 Das Pflegehilfsmittelverzeichnis wird gemäß § 78 Abs. 2 Satz 2 SGB XI von dem Spitzenverband Bund der Pflegekassen erstellt. Das Pflegeversicherungsgesetz sieht zwar in § 40 Abs. 5 SGB XI die Möglichkeit einer Verbindlichkeitserklärung für Versicherte durch Rechtsverordnung vor, doch wurde diese bislang nicht vollzogen.

In den oben genannten Rollstuhlurteilen[38] wurde der Leistungsanspruch der pflegedürftigen Heimbewohner gegenüber deren Krankenkasse damit begründet, dass diese aufgrund ihrer individuellen Krankheits- und Pflegebedürfnisse keinen geeigneten (für die Bedürfnisse anpassungsfähigen) Rollstuhl verfügbar hatten und den Rollstuhl zumindest zum Teil[39] auch für Aktivitäten außerhalb des Heims benötigten.

Das zentrale vom Bundessozialgericht herausgearbeitete Abgrenzungskriterium ist das des **individuellen Anpassungserfordernisses,** wie es auch dem Hilfsmittelbegriff gemäß § 33 SGB V zugrunde liegt. Danach sind die im Einzelfall erforderlichen Hilfsmittel von den Krankenkassen zu leisten, während die „betriebsüblichen", also die zur Standardausstattung für die Pflege gehörenden Hilfsmittel, von den Heimträgern bereitzustellen sind.

Folgende Leistungsvoraussetzungen nach § 33 SGB V müssen erfüllt sein: Das Hilfsmittel muss den Erfolg einer Krankenbehandlung sichern oder eine Behinderung ausgleichen und es darf kein allgemeiner Gebrauchsgegenstand des täglichen Lebens sein.

2.6.1 Ausgleich von Behinderungen in der Mobilität

Falltypus: Mobilitätshilfen

Die sogenannten Rollstuhlurteile betrafen Sachverhalte, in denen das anzupassende Hilfsmittel dem Ausgleich von Behinderungen dienen sollte. Die Verfügbarkeit der Mobilitätshilfen diente der Befriedigung des allgemeinen Grundbedürfnisses nach Kommunikation und Mobilität, die ohne individuell angepasste Rollstühle für die Betroffenen nicht möglich war.

In seinen ersten Entscheidungen im Jahre 2000 hat das Gericht wiederholt hervorgehoben, das ein Hilfsmittelanspruch für Heimbewohner bestehe, wenn der eigene Rollstuhl regelmäßig für Aktivitäten außerhalb des Pflegeheims benötigt wird. Im Umkehrschluss wurde in der Entscheidungspraxis der Kassen daraus abgeleitet, dass Personen, die zwar einen individuellen Bedarf an einer eigens für ihre Bedürfnisse herzurichtenden Mobilitätshilfe haben, aber den Heimbereich nicht mehr verlassen oder verlassen können, keinen Anspruch gegenüber der Krankenkasse haben. Auch jene Abgrenzung trug zu einer restriktiven Handhabung der Entscheidungspraxis der Krankenkassen bei.

Klarstellung „Heimsphäre"

Diese Restriktion des „räumlichen Kriteriums" wurde allerdings bereits 2002[40] wieder gelockert, indem auch für Heimbewohner, die nur innerhalb der Heimeinrichtung ein auf ihre Bedarfe abgestimmtes Hilfsmittel zur Mobilität benötigen, um sich in der Einrichtung selbstbestimmt bewegen zu können, ein Anspruch auf das erforderliche Hilfsmittel gegenüber der Krankenkasse anerkannt wurde.

---

[38] Quellen: vgl. die Beschlüsse des BSG vom 10.2.2000, BSG B 3 KR 17/99 R, 24/99 R, 25/99 R, 26/99 R, 28/99 R. BSG Beschluss vom 10.2.2000, BSG B 3 KR 25/99 R.

[39] BSG Beschluss vom 10.2.2000, BSG B 3 KR 25/99 R.

[40] BSG Urteil vom 6.6.2002 – BSG B 3 KR 67/01 R. Vgl. auch das zeitlich spätere Urteil vom 28.5.2003 – B 3 KR 30/02 R in dem nochmals bekräftigt wurde, dass der Begriff der „Heimsphäre" nicht im räumlichen Sinne zu verstehen ist.

Das Abgrenzungskriterium der „Heimsphäre“ wurde dahingehend präzisiert, dass der Begriff „Heimsphäre nicht rein räumlich“ zu verstehen sei, sondern dass damit bildhaft beschrieben werden solle, was zur Vorhaltepflicht der Pflegeheimträger gehöre.

Als Konsequenz dieser Entscheidungen ist festzuhalten, dass allgemeine, für die Bewohnerschaft nutzbare und einsetzbare Mobilitätshilfen, wie einfache Schieberollstühle, vom Heimträger zur Verfügung zu stellen sind. Im Einzelfall individuell für Bewohner anzupassende und auf deren Bedürfnisse abzustimmende Hilfsmittel sind dagegen von den Krankenkassen zu leisten, **unabhängig** davon, **ob** sie **innerhalb oder außerhalb der Einrichtung** benutzt werden.[41]

Abgrenzungsbeispiele Behindertenausgleich oder Pflege

Die Abgrenzungsmerkmale wurden in den folgenden Jahren weiter konkretisiert. Die im Folgenden skizzierten Gerichtsentscheidungen sollen die Abgrenzungskriterien für die Leistungszuständigkeit von Krankenkasse oder Heimträger bei den Mobilitätshilfen verdeutlichen:

Beispiele

- Ein Toilettenrollstuhl, der es einem Gehbehinderten ermöglichen soll, ohne Inanspruchnahme von Pflegepersonal die Toilette aufzusuchen, fällt auch bei stationärer Pflege in die Leistungspflicht der Krankenversicherung. Das individuell anzupassende Hilfsmittel dient überwiegend der Selbstständigkeit und damit dem Behindertenausgleich.[42]
- Ein Multifunktions-Adaptiv-Rollstuhl mit individuellem Zubehör für einen Pflegeheimbewohner, der den Rollstuhl zwar nicht ohne fremde Hilfe fortbewegen, aber durch Anweisungen zur Fortbewegung einsetzen kann, ist von der Krankenkasse zu leisten, da er schwerpunktmäßig zum Ausgleich der Behinderung dient.[43]

Soweit der Behinderungsausgleich und damit die rehabilitativen Zwecke der Förderung der Selbstbestimmung und Teilhabe am Leben in der Gesellschaft im Vordergrund stehen, besteht auch die Leistungszuständigkeit der Krankenversicherung.

Mit der Gesundheitsreform 2007 wurde § 33 SGB V dahingehend geändert, dass auch schwerstbehinderte Personen in Pflegeheimen, bei denen ein Behinderungsausgleich nur noch in eingeschränktem Maße möglich ist und für die eine selbstbestimmte Teilnahme am Leben in der Gemeinschaft nicht mehr möglich ist, gegenüber ihrer Krankenkasse Anspruch auf Versorgung mit Hilfsmitteln haben. Die Gesetzesänderung wurde erforderlich, weil das Bundessozialgericht mit Urteil vom 22.7.2004.[44] entschieden hatte, dass beim Fehlen eigengesteuerter Bestimmungsmöglichkeiten und damit fehlender Rehabilitationsmöglichkeiten keine Leistungspflicht der Krankenversicherung besteht. Die Entscheidung betraf den Fall einer schwerstpflegebedürfti-

---

41 BSG Urteil vom 6.6.2002 – BSG B 3 KR 67/01 R. unter II. der Begründung; Bayerische LSG Urteil vom 29.6.2006 – L 4 KR 253/03.

42 BSG Urteil vom 28.5.2003, BSG B 3 KR 30/02 R.

43 SG Münster Urteil vom 23.6.2005 – S 12 R 21/05 ER.

44 BSG Urteil vom 22.7.2004, BSG B 3 KR 5/03 R.

gen Bewohnerin. Ein Anspruch auf die Leistung eines Lagerungsrollstuhls mit Fixationsweste wurde verneint. Die Ablehnung gegenüber der an fortgeschrittener Alzheimer-Demenz leidenden Pflegebedürftigen erfolgte mit der Begründung, bei ihr stehe auch bei der Mobilisierung mittels Rollstuhl die Pflege im Vordergrund, da eigengesteuerte Bestimmungsmöglichkeiten und damit rehabilitative Möglichkeiten fehlten. Mit der Neufassung des § 33 Abs. 1 Satz 2 SGB V wird klargestellt, dass bei stationärer Pflege Versicherte auch dann einen Rechtsanspruch auf die individuelle Versorgung mit Hilfsmitteln haben, wenn eine Teilhabe am Gemeinschaftsleben nur passiv oder sehr eingeschränkt möglich ist. Folglich haben Pflegebedürftige, die am appallischen Syndrom oder an schwerer Alzheimer-Demenz leiden und zur eigengesteuerten Bestimmung des Aufenthalts nicht mehr imstande sind, Anspruch auf die Gewährung von Mobilitätshilfen durch ihre Krankenkasse.[45]

Schwerstbehinderte Bewohner haben auch bei fehlender Rehabilitationsfähigkeit Anspruch auf Hilfsmittel gegenüber der Krankenversicherung.

2.6.2 Ausgleich sonstiger Behinderungen[46]

Bezug zu sonstigen Behinderungen

Jene Abgrenzungskriterien lassen sich auch für die Beurteilung der Leistungszuständigkeit bei anderen körperlichen Behinderungen heranziehen. Seh-, Hör- oder Sprechhilfen sind ebenso wie Körperersatzstücke zweifelsfrei der Leistungspflicht der Krankenkassen zuzuordnen.

Hilfsmittel zur Körperpflege

Dagegen sind **Hilfsmittel, die der Körperpflege** in der stationären Pflege dienen, grundsätzlich der betriebsüblichen Ausstattung im Heim zuzurechnen. Diese dienen der Erleichterung der Pflege und sind in der Regel generell für Heimbewohner einsetzbar.

Individuell abgestimmte Hilfsmittel

Ausnahmen sind denkbar, wenn im einzelnen Fall besondere und damit individuell abgestimmte Hilfen zur Körperpflege erforderlich sind, die dem Ausgleich einer Behinderung dienen. Auch dann besteht eine Leistungspflicht der Krankenkassen, soweit es dabei **überwiegend um den Ausgleich einer Behinderung** und nicht um die pflegerische Versorgung geht.[47]

Inkontinenzhilfen

Im Weiteren sind Hilfsmittel, z.B. **Inkontinenzhilfen** und zum Verbrauch bestimmte Mittel wie saugende Bettschutzeinlagen, **grundsätzlich** zum notwendigen **Ausstattungsinventar der Heime** zu zählen, denn sie dienen der Hygiene und Pflege der Bewohner. Allerdings kommt es auch hier auf den Einzelfall an. Das Bundessozialgericht hat bereits in einem Beschluss aus dem Jahre 1990[48] festgestellt, dass Einmalvorlagen für Heimbewohner als Hilfsmittel von der Krankenkasse zu gewähren sind, wenn sie im Einzelfall einer inkontinenten Bewohnerin erst die Teilnahme am gesellschaftlichen Leben

---

[45] Anders noch 2005: SG Dresden Beschluss vom 11.10.2005 – S 18 KR 540/05 ER.

[46] Der Begriff „Behinderung" signalisiert in der allgemeingültigen Definition eine Abweichung von der normalen körperlichen, geistigen oder seelischen Verfassung.

[47] Vgl. BSG Urteile vom 28.5.2003 B 3 KR 30/02 R und vom 22.7.2004 B 3 KR 5/03 R.

[48] Beschluss vom 7.3.1990 – BSG 3 KR 15/89.

ermöglichen. Begründet wurde die Entscheidung seinerzeit damit, dass ein körperliches Funktionsdefizit auszugleichen sei.

Daher gehören Inkontinenzhilfen für Heimbewohner zur Leistungspflicht der Krankenkassen, wenn sie nach ärztlicher Feststellung im Einzelfall dem Pflegebedürftigen helfen, Grundbedürfnisse des täglichen Lebens zu befriedigen.[49]

Mobilitätshilfen und sonstige Hilfsmittel sind von der Krankenkasse zu leisten, wenn sie dem individuellen Ausgleich einer Behinderung dienen. Maßgebend ist der Einzelfall. Das Hilfsmittel muss ganz oder überwiegend dem Ausgleich der Behinderung dienen und deshalb auf die Förderung der Selbstbestimmung und auf eine gleichberechtigte Teilhabe am Leben in der Gesellschaft gerichtet sein. Der Grad der Rehabilitationsfähigkeit bei schwerstbehinderten Menschen ist unerheblich.

2.6.3 Zuordnung von Absaughilfen, Applikationshilfen, Hilfsmitteln gegen Dekubitus

Schwieriger erscheint eine Bestimmung der Leistungspflicht, wenn Hilfsmittel benötigt werden, die – mittelbar – Organausfälle ersetzen sollen, z.B. Applikationshilfen, Einlagen, Spülsysteme, Ernährungspumpen (PEG), Absauggeräte, oder wenn es um den Einsatz von Dekubitusmatratzen geht. Das Abgrenzungskriterium des individuellen Anpassungserfordernisses passt hier nicht.

Der Abgrenzungskatalog zur Hilfsmittelversorgung in Pflegeheimen

Abgrenzungskatalog

Die Spitzenverbände der Kranken- und Pflegeversicherung haben zur Klärung der Finanzierungszuständigkeit von Hilfsmitteln einen Abgrenzungskatalog erstellt, der eine einheitliche Rechtsanwendung in der Praxis sicherstellen soll. Die BSG-Rechtsprechung wurde dabei berücksichtigt.

Der **Abgrenzungskatalog zur Hilfsmittelversorgung von pflegebedürftigen Bewohnern in stationären Pflegeeinrichtungen** liegt derzeit in der überarbeiteten Fassung vom 26.03.2007 (Beschlussfassung vom 07.05.2007) vor.[50]

Inhalte des Abgrenzungskatalogs

Folgende **Hilfsmittelgruppen** sind in dem Abgrenzungskatalog ausgewiesen und mit Zuständigkeitszuweisungen versehen:

- Absauggeräte (Produktgruppe 01)
- Adaptionshilfen (Produktgruppe 02)
- Applikationshilfen (Produktgruppe 03)
- Badehilfen (Produktgruppe 04)
- Bandagen (Produktgruppe 05)

---

[49] Die Leistungspflicht wird auch von den Krankenkassen bejaht: Abgrenzungskatalog der Spitzenverbände der Krankenkassen, 2007, [3.11.2007].

[50] Ebenda [15.11.2007].

- Bestrahlungsgeräte (Produktgruppe 06)
- Blindenhilfsmittel (Produktgruppe 07)
- Einlagen (Produktgruppe 08)
- Elektrostimulationsgeräte (Produktgruppe 09)
- Gehhilfen (Produktgruppe 10)
- Hilfsmittel gegen Dekubitus (Produktgruppe 11)
- Hilfsmittel bei Tracheostoma (Produktgruppe 12)
- Hörhilfen (Produktgruppe 13)
- Inhalations- und Atemtherapiegeräte (Produktgruppe 14)
- Inkontinenzhilfen (Produktgruppe 15)
- Kommunikationshilfen (Produktgruppe 16)
- Hilfsmittel zur Kompressionstherapie (Produktgruppe 17)
- Kranken-/Behindertenfahrzeuge (Produktgruppe 18)
- Krankenpflegeartikel (Produktgruppe 19)
- Lagerungshilfen (Produktgruppe 20)
- Messgeräte für Körperzustände/-funktionen (Produktgruppe 21)
- Mobilitätshilfen (Produktgruppe 22)
- Orthesen/Schienen (Produktgruppe 23)
- Prothesen (Produktgruppe 24)
- Sehhilfen (Produktgruppe 25)
- Sitzhilfen (Produktgruppe 26)
- Sprechhilfen (Produktgruppe 27)
- Stehhilfen (Produktgruppe 28)
- Stomahilfen (Produktgruppe 29)
- Nicht besetzt (Produktgruppe 30)
- Schuhe (Produktgruppe 31)
- Therapeutische Bewegungsgeräte (Produktgruppe 32)
- Toilettenhilfen (Produktgruppe 33)
- Pflegehilfsmittel zur Erleichterung der Pflege (Produktgruppe 50)
- Pflegehilfsmittel zur Körperpflege (Produktgruppe 51)
- Pflegehilfsmittel zur selbstständigen Lebensführung/Mobilität (Produktgruppe 52)

Eindeutige Zuständigkeit der Kassen

Eine ausschließliche **Zuständigkeitszuweisung** für die Leistungspflicht der **Krankenkassen** besteht nach dem Abgrenzungskatalog bei folgenden Hilfsmitteln:

- Adaptionshilfen (Produktgruppe 02) – nur bei Greif-, Schreib- und Lesehilfen durch einen Versicherten; nicht bei Bedienungssensoren, Umfeldkontrollgeräten
- Bandagen (Produktgruppe 05)
- Bestrahlungsgeräte (Produktgruppe 06)
- Einlagen (Produktgruppe 08)
- Elektrostimulationsgeräte (Produktgruppe 09)
- Gehilfen (Produktgruppe 10) – nur Hand-/Gehstöcke, Unterarmgehstützen, Achselstützen
- Hilfsmittel gegen Dekubitus (Produktgruppe 11) – nur nach ärztlicher Feststellung zur Be- und Nachbehandlung

- Inkontinenzhilfen (Produktgruppe 15) bei medizinischer Indikation und Erfordernis im Einzelfall und für Grundbedürfnisse des täglichen Lebens, bei Inkontinenztherapie
- Kommunikationshilfen (Produktgruppe 16) – außer Signalanlagen
- Hilfsmittel zur Kompressionstherapie (Produktgruppe 17)
- Kranken-/Behindertenfahrzeuge (Produktgruppe 18) – nur Rollstühle mit Einarmantrieb, Elektrorollstühle für den Innenraum, Rollstühle mit Greifreifenantrieb, Adaptivrollstühle, Elektrorollstühle (Außenbereich), Rollstühle mit Stehvorrichtung
- Messgeräte für Körperzustände/-funktionen (Produktgruppe 21) – nur für Blutgerinnungsmessgeräte; andere Messgeräte nur bei ausschließlicher Nutzung durch einen Versicherten
- Produktgruppen 23–27 (Orthesen/Schienen, Prothesen, Sehhilfen, Sitz- und Sprechhilfen) und Produktgruppen 29–32 (Stomaartikel, Schuhe, therapeutische Bewegungsgeräte)

Eindeutige Zuständigkeit der Heime

Nach den Festlegungen des Abgrenzungskatalogs besteht eine **eindeutige ausschließliche Bereitstellungspflicht** für Pflegeheime bei:

- Adaptionshilfen (Produktgruppe 02) – Anziehhilfen, Ess- und Trinkhilfen, rutschfesten Unterlagen, Halter, Halterungen und Greifhilfen für Produkte zur Körperhygiene; für Bedienungssensoren unterschiedlicher Art, z.B. druck- bzw. berührungssensible, bewegungssensible, lichtsensible, schaltsensible Sensoren und für Umfeldkontrollgeräte
- Badehilfen (Produktgruppe 04)
- Gehilfen (Produktgruppe 10) – nur Gehübungsgeräte
- Kommunikationshilfen (Produktgruppe 16) – nur Signalanlagen
- Krankenfahrzeugen (Produktgruppe 18) – für Toiletten-, Dusch- und Schieberollstühle, Treppenfahrzeugen
- Krankenpflegeartikeln (Produktgruppe 19)
- Messgeräte für Körperzustände (Produktgruppe 21) – nur Personenwaagen
- Mobilitätshilfen (Produktgruppe 22)
- Stehhilfen (Produktgruppe 28)
- Produktgruppen 33, 50–54 (Toilettenhilfen sowie insbesondere Pflegehilfsmittel zur Erleichterung der Pflege, Körperpflege, zur selbstständigen Lebensführung, Mobilität, zur Linderung von Beschwerden)

Mögliche Zuständigkeit von Kassen und Heimen

Für eine erhebliche Zahl der hier aufgelisteten Produktgruppen ist nach dem Katalog der Spitzenverbände grundsätzlich sowohl die Möglichkeit einer Leistungspflicht der Krankenkassen als auch eine Bereitstellungspflicht der Pflegeheime vorgesehen.

Beispielsweise kann für Absauggeräte (Produktgruppe 01), wozu Sekret-Absauggeräte mit Netzabhängigkeit und ohne Netzabhängigkeit sowie Sekret-Absauggeräte mit Inhalator – netzunabhängig und netzabhängig – gezählt werden, dem Grunde nach eine Leistungspflicht der gesetzlichen Krankenkasse bzw. des Pflegeheims bejaht werden. Hintergrund ist, dass die Zuständigkeit aus der Perspektive der Krankenkassen nunmehr nach **Einzelfallprüfung** und nicht allgemeinverbindlich und rein produktspezifisch festgelegt werden soll.[51] Im Wege der Einzelfallprüfung soll dabei auch die **„Einrichtungsstruktur"** und die **„Bewohnerklientel"** der Pflegeeinrichtung, in der der Pflegebedürftige lebt, berücksichtigt werden.

Tendenziell sollen damit Pflegeeinrichtungen, die sich auf die Pflege spezifischer Patientengruppen spezialisiert und deshalb auch in der Hilfsmittelausstattung besondere Schwerpunkte haben, stärker in die Vorhalte- und Bereitstellungspflicht genommen werden. Betroffen sind davon z.B. **Pflegeheime,** die sich z.B. **spezialisiert** haben auf die Versorgung von:

- Apallikern,
- Beatmungspatienten,
- Patienten mit Multipler Sklerose,

und – entsprechend den jeweiligen Erkrankungsfällen – über Absauggeräte, Hilfsmittel für die Tracheostoma-Versorgung, Inhalations- und Atemtherapiegeräte oder Blindenhilfsmittel verfügen müssen.

Regelung im Versorgungsvertrag § 72 SGB XI

Nach dem Willen der Krankenkassen kann für solche spezialisierten Pflegeeinrichtungen *„entsprechend dem Versorgungsvertrag die Finanzierungszuständigkeit des Heimes für Absaughilfen, Applikationshilfen, Blindenhilfsmittel, Inhalations- und Beatmungsgeräte und für Hilfsmittel bei Tracheostoma in Betracht kommen."*[52]

Bislang finden sich in den **Versorgungsverträgen gemäß § 72 SGB XI** soweit ersichtlich kaum **Vereinbarungen zur Finanzierungszuständigkeit** für Hilfsmittel. Sowohl die „Gemeinsame Empfehlung gemäß § 75 Abs. 5 SGB XI"[53] als auch die Landesrahmenverträge enthalten lediglich Regelungen zum Einsatz von Pflegehilfsmitteln.

Einzelne Landesrahmenverträge sehen explizit vor, dass Ansprüche des Pflegebedürftigen nach SGB V und damit auf Hilfsmittel gemäß § 33 SGB V unberührt bleiben.[54] Lediglich der Landesrahmenvertrag für das Land Bayern enthält seit 1998 eine Auflistung der von den stationären Pflegeheimen vorzuhaltenden Hilfsmittel.[55]

Hilfsmittel als Verhandlungsgegenstand

Die im Abgrenzungskatalog aufgestellte Forderung der Krankenkassen zielt folglich darauf ab, die Finanzierungszuständigkeit für Krankenhilfsmittel über den Versorgungsvertrag gemäß § 72 SGB XI auszuhandeln und zu vereinbaren. Sollte dies in der Praxis geschehen, wäre die Leistungspflicht dann in der Tat nicht mehr produktorientiert, sondern einrichtungsorientiert.

[51] Vergleiche die Ausführungen der Spitzenverbände zum Abgrenzungskatalog unter 2. „Grundsätze zur Hilfsmittelversorgung in Pflegeheimen".

[52] Einen entsprechenden Klammerzusatz enthält der Abgrenzungskatalog zu dem jeweiligen Hilfsmittel, die hier in der Zitation zusammengezogen wurden.

[53] Gemeinsame Empfehlung gemäß § 75 Abs. 5 SGB XI zum Inhalt der Rahmenverträge nach § 75 Abs. 1 SGB XI zur vollstationären Pflege vom 25.11.1996, unter Abschnitt I, § 5. Rahmenvertrag gemäß § 75 Abs. 1 in Verbindung mit Abs. 2 SGB XI zur vollstationären Dauerpflege ab 1.1.2001.

[54] Vgl. Rahmenvertrag für vollstationäre Pflege gemäß § 75 Abs. 1 SGB XI für das Land Baden-Württemberg vom 12.12.1996, unter § 5; Rahmenvertrag nach § 75 Abs. 1 SGB XI zur vollstationären Pflege in Rheinland-Pfalz in Kraft ab 1.1.1999, unter Abschnitt I, § 5.

[55] Landesrahmenvertrag Bayern: Rahmenvertrag für den Bereich vollstationäre Pflege gemäß § 75 Abs. 2 SGB XI ab 1.10.1998.

In **rechtlicher Hinsicht** ist jedoch die Wirksamkeit entsprechender Vereinbarungen in Zweifel zu ziehen. Schließlich haben die Pflegebedürftigen individuelle Rechtsansprüche gegenüber ihrer Krankenkasse auf die Leistung notwendiger Hilfsmittel. Die Abwälzung der Finanzierungs- und Bereitstellungspflicht auf Heimträger tangiert diesen Individualanspruch des Bewohners, da die Kostenträger im Bedarfsfalle eine Leistung unter Hinweis auf die kollektive Bereitstellungspflicht des Heimträgers verweigern würden. Dies liefe auf einen unzulässigen Vertrag zulasten Dritter hinaus. Dennoch hat das Sozialgericht Leipzig[56] in einem Urteil vom November 2006 die Klage eines Wachkoma-Patienten gegen seine Krankenkasse abgelehnt. Anlass dafür war, dass der Versorgungsvertrag der Pflegeeinrichtung ausdrücklich die Vorhaltung von Absaughilfen nebst Zubehör vorsah. Die Berufung wurde allerdings „wegen grundsätzlicher Bedeutung gemäß § 144 Abs. 2 SGG" zugelassen. Eine abschließende Bewertung steht damit noch aus.

„Übliches" Inventar und Investitionskosten

Für die Pflegeeinrichtungen von elementarer Bedeutung wäre zudem, wie und nach welchen Maßstäben die im Rahmen des **„üblichen Pflegebetriebes"** notwendigen Hilfsmittel und deren Vergütung **vertraglich** festgelegt werden sollen. Gemäß § 72 Abs. 4 SGB XI sind die Pflegekassen verpflichtet, die Leistungen der Pflegeeinrichtungen nach §§ 82 ff. SGB XI zu vergüten. Die Terminologie des Gesetzgebers ist nicht eindeutig. § 75 Abs. 2 SGB XI spricht von der „sächliche(n) Ausstattung", meint aber nach der Gesetzesbegründung damit die „Grundausstattung mit Hilfsmitteln".[57] Mit dem Pflege-Weiterentwicklungsgesetz ist die Festlegung der wesentlichen Leistungs- und Qualitätsmerkmale (wLQm) Bestandteil der Pflegesatzvereinbarung geworden. Zur Leistungsbestimmung gehört auch die sächliche Ausstattung. Die Maßstäbe und Grundsätze dazu sollen gemäß § 75 Abs. 2 Nr. 3 in den Rahmenverträgen festgelegt werden.

Die Ausstattung mit Hilfsmitteln fiele unter die Investitionsaufwendungen, für die kein Anspruch auf Förderung besteht. Zudem ist die Investitionsförderung in den Ländern unterschiedlich geregelt.[58] Pflegeeinrichtungen müssen deshalb bei den **Verhandlungen zur Hilfsmittelausstattung** verstärkt

- die erwartete Bewohnerstruktur,
- die üblichen Ausstattungsbedarfe mit Pflegehilfsmitteln und ggf. mit Hilfsmitteln sowie
- die Sicherstellung der Vergütung für die Pflegehilfsmittel und die Grundausstattung mit Hilfsmitteln für die Bewohnerschaft berücksichtigen.

Damit ist eine umfassende, **einrichtungsindividuelle Verhandlung zu den Leistungs- und Qualitätsmerkmalen** bezüglich der Ausstattungsmittel zu

---

56 Sozialgericht Leipzig Urteil vom 30.11.2006 – S 8 KR 253/05 mit Hinweis auf die abweichende Praxis der verklagten Krankenkasse.

57 Siehe die Begründung zu Nummer 42 (§ 75) unter aa: Gesetzentwurf der Bundesregierung (2007), Entwurf eines Gesetzes zur strukturellen Weiterentwicklung der Pflegeversicherung – Pflege-Weiterentwicklungsgesetz, Deutscher Bundestag – Drucks. 16/7439 vom 7.12.2007, S. 68.

58 Vgl. zur Finanzierung: Udsching, 2000 (2. Aufl.) vor §§ 82 SGB XI, Rdn. 4 ff.

führen, **die für die Versorgung der Bewohnerschaft bereitzuhalten sind.**[59] Nähere Erkenntnisse liegen derzeit aber noch nicht vor.

Zur Einschätzung der Bedeutung des Abgrenzungskatalogs ist zu bedenken, dass es sich um eine einseitige Zuständigkeitsregelung der Spitzenverbände der Krankenkassen handelt. Dieser entfaltet zwar verwaltungsinterne Wirkung, für zugelassene Pflegeeinrichtungen kann die Finanzierungs- und Bereitstellungspflicht mit dem Katalog aber nicht unmittelbar und rechtsverbindlich festlegt werden. Rechtsverbindlich sein werden dagegen die Festschreibungen in den Maßstäben und Grundsätzen zur sächlichen Ausstattung in den Rahmenverträgen, die allerdings noch zu entwickeln sind.

Im Folgenden wird weiter auf die für die Praxis relevante Rechtsprechung eingegangen und deren Konsequenzen für die Praxis aufgezeigt.

Bedeutung des BSG-Urteils zur Bereitstellungspflicht von Ernährungspumpen

Falltypus: Ernährungspumpe

Von grundlegender Bedeutung für die Abgrenzung der Leistungszuständigkeiten war auch das Urteil des Bundessozialgerichts vom 6. Juni 2002. Das Gericht hatte über die Leistungspflicht der Krankenkassen zur Bereitstellung von Ernährungspumpen zu entscheiden. Über diesen Entscheidungsrahmen hinaus hat das Urteil auch grundlegende Weichenstellungen für die Leistungs- und Vorhaltepflichten bei weiteren Hilfsmitteln, wie z.B. Absauggeräten, gesetzt. Der zentrale Aussagegehalt der Entscheidung lag darin, dass in Erweiterung der Abgrenzungssystematik für die Leistungsverantwortung auch noch zwischen Maßnahmen der Grundpflege und Behandlungspflege unterschieden wurde.[60] Das **dritte Abgrenzungskriterium** (erstes und zweites Abgrenzungskriterium ➢ Kap. 2.6) lässt sich wie folgt fassen:

Drittes (Abgrenzungs-)Kriterium

Kriterium: Hilfsmittel zur Behandlungspflege

Hilfsmittel, die der Durchführung der Behandlungspflege dienen, sind grundsätzlich nicht von den Heimträgern vorzuhalten. Einzelvertragliche Vereinbarungen zwischen den Krankenkassen und Heimträgern sind aber möglich.

Zuordnung: Grund- oder Behandlungspflege

In der BSG-Entscheidung vom 6. Juni 2002[61] wurde die Ernährungspumpe als Hilfsmittel im Sinne von § 33 SGB V gewertet und damit eine Leistungspflicht der Krankenkasse bejaht. Zu diesem Ergebnis kam es, weil das Gericht in Fortführung seiner „Sphärentheorie" darauf abstellte, dass **Maßnahmen der Grundpflege und der hauswirtschaftlichen Versorgung** als typische Aufgaben von Pflegeeinrichtungen von **Maßnahmen der medizinischen**

[59] Vgl. dazu die Ausführungen unter ➢ Kapitel 6.2.5. Anders Vogel, 2003a, S. 12, entsprechende Vereinbarungen ausschließend.
[60] BSG Urteil vom 6.6.2002 – BSG B 3 KR 67/01 R.
[61] Ebenda.

Behandlungspflege zu unterscheiden seien. Daher müsse der Heimträger auch nur die für die üblichen Maßnahmen der Grundpflege und der hauswirtschaftlichen Versorgung erforderlichen Mittel für die Bewohner vorhalten. Diese zählen zur „erforderlichen" Ausstattung.

Anders zu bewerten seien **Hilfsmittel, die der Durchführung der Behandlungspflege** dienen. Insofern bestehe keine Bereitstellungspflicht für Heimträger. Auch die Tatsache, dass die Pflegekassen, seinerzeit noch befristet geregelt, die Kosten der Behandlungspflege übernehmen mussten[62], gab nach Auffassung des BSG keinen Grund, die stationären Pflegeeinrichtungen in die Bereitstellungspflicht zu nehmen.

Die Leistung der **Ernährungspumpe** ist nach den Entscheidungsgründen **von den Krankenkassen** zu übernehmen, auch wenn die Notwendigkeit der künstlichen Ernährung häufig Folge „von Altersdemenz im Spätstadium, Lähmungen durch Schlaganfälle oder Nervenleiden" ist. Nach Auffassung des Gerichts handele es sich nicht um eine routinemäßige Pflegemaßnahme, zumal sie ärztlich angeordnet und überwacht werden müsse. Sie diene der Sicherstellung der ärztlichen Behandlung. Das als Folge dieser Maßnahmen auch die Pflege erleichtert werde und Maßnahmen der Grundpflege wegfallen, sei demgegenüber nachrangig.

Mit seiner Begründung knüpfte das Gericht an die Systematik des Leistungssystems der Kranken- und Pflegeversicherung an: Leistungen der Grundpflege und hauswirtschaftlichen Versorgung für Pflegebedürftige obliegen der Pflegeversicherung. Die Bereitstellung von Pflegehilfsmitteln für die Grundpflege ist – wie dargestellt – Aufgabe der Pflegeeinrichtungen.

Im Krankheitsfalle ist und **bleibt die Leistung von Hilfsmitteln zur Behandlungspflege originäre Aufgabe der Krankenkassen.** Auch der Gesetzgeber stellt dies klar, indem er in § 75 Abs. 2 SGB XI mit dem Pflege-Weiterentwicklungsgesetz folgende Satz aufgenommen hat: *„Durch die Regelung der sächlichen Ausstattung in Satz 1 Nr. 3 werden Ansprüche der Pflegeheimbewohner nach § 33 des Fünften Buches auf Versorgung mit Hilfsmitteln weder aufgehoben noch eingeschränkt".*

Die (versicherungsrechtlich intendierte) Aufteilungssystematik nach Grund- und Behandlungspflege ist nicht unproblematisch, wie die seit der Einführung der Pflegeversicherung laufende Diskussion um die Frage zeigte, welche Maßnahmen der Grundpflege und welche der Behandlungspflege zuzuordnen sind.[63] Entscheidend war stets, ob eine **pflegerische Maßnahme medizinisch indiziert** ist, also auf ärztlicher Anordnung beruht und somit als **Behandlungspflege** zu werten ist oder nicht. Die Einstufung der Ernährungspumpe als von der Krankenkasse zu übernehmendes Hilfsmittel folgt dieser Systematik, da auch hier die medizinische Indikation und ärztliche Anordnung sowie Überwachung das maßgebende Zuordnungskriterium ist.

[62] Vgl. § 43 Abs. 2 SGB XI. 2007 wurde mit dem GKV-Wettbewerbsstärkungsgesetz die Finanzierung der Behandlungspflege den Pflegekassen endgültig zugewiesen.

[63] Vgl. etwa: Igl; Welti, 1995, S. 117 ff.

Konsequenzen für die Praxis

Für die Praxis ergibt sich aus der Entscheidung zur Leistungspflicht für Ernährungspumpen im Weiteren, dass **Applikationshilfen,** die aufgrund **medizinischer Indikation** in der stationären Pflege eingesetzt werden, von den **Krankenkassen** und nicht von den Heimträgern bereitzustellen sind.

Konsequenterweise fallen auch andere Hilfsmittel, wie Absauggeräte, die aufgrund medizinischer Indikation als Ersatz für ausgefallene Körperfunktionen in der stationären Pflege eingesetzt werden, in die Leistungspflicht der Kassen.[64] Auch der bereits entschiedene Sachverhalt zum Einsatz von Einmalvorlagen[65] bei medizinischer Anordnung fügt sich in diese Systematik. Der Abgrenzungskatalog der Spitzenverbände zur Hilfsmittelversorgung in stationären Pflegeeinrichtungen sieht mittlerweile auch für Absauggeräte eine vorrangige Leistungspflicht der Krankenkassen vor.

Die BSG Urteile zur Bereitstellung von Dekubitusmatratzen

Falltypus: Hilfsmittel zur Dekubitusbehandlung

Als weitere Schlussfolgerung aus den entwickelten Grundsätzen sind auch Dekubitusmatratzen, soweit sie im Rahmen der Dekubitusbehandlung zum Einsatz kommen, von den Krankenkassen zu übernehmen. Auch zur Leistungszuständigkeit für Hilfsmittel zur Dekubitusbehandlung wurden in zwei Entscheidungen vom BSG am 24. September 2002 eindeutige Abgrenzungen getroffen.[66]

Kernaussagen

Hilfsmittel zur Dekubitusbehandlung

Zum einen bestätigte das BSG die in den vorangegangenen Urteilen begründete **Systematik der Einteilung in Grund- und Behandlungspflege.** Offen blieb hierbei, ob Maßnahmen der Dekubitusprophylaxe der Grundpflege zuzuordnen sind. In der Begründung wurde allerdings die Tendenz deutlich, Maßnahmen der **Dekubitusvorsorge eher als „reine" Pflegemaßnahmen** zu bewerten, sodass die Bereitstellung der für die Prophylaxe erforderlichen Hilfsmittel im **Verantwortungsbereich der Pflegeheime** liegen wird. Davon abzugrenzen ist der Einsatz von Dekubitusmatratzen bei Behinderungen, die „nicht nur allgemein, sondern konkret und unmittelbar drohen". Deren Leistung soll dem Zuständigkeitsbereich der Krankenkassen obliegen.

---

64 Die Feststellung des SG Leipzig, dass der Heimträger die Bereitstellungspflicht für Absauggeräte und entsprechendes Zubehör bei Wachkoma-Patienten habe, beruhte darauf, dass der Versorgungsvertrag für die Einrichtung eine Selbstverpflichtung vorsah. Die Entscheidung ist sonst nicht verallgemeinerungsfähig, SG Leipzig Urteil vom 30.11.2006 – S 8 KR 253/05.

65 Vgl. den Beschluss vom 7.3.1990 – BSG 3 KR 15/89 und die Ausführungen im Abschnitt 2.6.2 Ausgleich sonstiger Behinderungen.

66 Urteil vom 24.9.2002 – BSG B 3 KR 9/02 R und B 3 KR 15/02 R.

Im Anschluss an die Vorentscheidungen zu den Rollstuhlurteilen und zur Bereitstellung von Ernährungssonden wird die Zuständigkeit der Krankenkassen für die Leistung von **Dekubitusmatratzen** daran geknüpft, dass diese:

- als **Teil eines ärztlichen Behandlungskonzeptes** bei akuten Dekubitusgeschwüren oder
- **zur Nachsorge** nach entsprechender Behandlung eingesetzt werden.

Abgrenzung: Prophylaxe zu drohender Gefährdung (Behinderung)

Unterschied: Prophylaxe – Gefährdung

Das Gericht setzt damit wiederum bei der Behandlungspflege an, für deren Hilfsmittelversorgung die Krankenkassen auch in der stationären Pflege zuständig sind. Darüber hinaus bemüht sich das BSG um eine Eingrenzung und Konturierung der Leistungszuständigkeit beim Einsatz von Hilfsmitteln zur Dekubitusbehandlung:

Innerhalb der medizinisch indizierten Behandlungspflege und Nachsorge sind Dekubitusmatratzen von den Krankenkassen zu stellen. Problematisch und zugleich bedeutsam für die Zuständigkeitsabgrenzung zwischen Krankenkassen und Heimträgern ist die **Grenzziehung zwischen pflegerischer Prophylaxe und prognostizierbarer Gefährdung** für das Entstehen eines Dekubitus. Nur wenn ohne den Einsatz einer speziellen Dekubitusmatratze ein Dekubitus drohe (was eine ärztliche Prüfung erfordert), dann soll eine Leistungspflicht der jeweiligen Krankenkasse bestehen.

Mit dem Erfordernis einer **konkreten und unmittelbaren Gefährdung** wird an die Leistungsvoraussetzung der Vorbeugung einer „drohenden Behinderung" i.S.d. § 33 Abs. 1 SGB V angeknüpft. Druckgefährdet können demnach Patienten bzw. Pflegebedürftige sein, bei denen z.B. aufgrund eines lebensbedrohlichen Zustands oder aufgrund gravierender Störungen der Durchblutung eine Anwendung der prophylaktischen Maßnahmen nicht möglich ist.[67]

Als Maßstab für eine Prognose sollen standardisierte Parameter (wie die Norton- und Seilerskala) herangezogen werden. Soweit eine **Dekubitusmatratze der druckreduzierten Weichlagerung (Stufe 0) und der Prophylaxe** dient, ist der Heimträger für die **Vorhaltung** der entsprechenden Hilfsmittel verantwortlich. Soweit dagegen im Einzelfall ein sogenanntes **Wechseldrucksystem (Stufen 1 bis 4)** erforderlich wird, muss die **Krankenkasse** die Dekubitusmatratze bereitstellen.[68] Diese Abgrenzungssystematik ist mittlerweile auch von den Spitzenverbänden in den Abgrenzungskatalog übernommen worden.[69]

---

67 So das BSG in der Entscheidung B 3 KR 9/02 R unter Verweis auf Schiemann; Moers, Nationaler Expertenstandard Dekubitusprophylaxe in der Pflege, 2002.

68 Vgl. BSG Urteil vom 24.9.2002, B 3 KR 9/02 R unter II der Gründe.

69 Abgrenzungskatalog der Spitzenverbände der Krankenkassen, 2007, [4.8.2008].

Fazit

Keine generelle Vorhaltepflicht

Die Streitigkeiten um die Leistungs- und Finanzierungszuständigkeiten für Hilfsmittelleistungen bei Heimbewohnern sind zwar noch nicht gänzlich beigelegt, aber durch die Entwicklung systematischer Abgrenzungskriterien lösbarer geworden. Die dargelegten Gerichtsentscheidungen zu den Mobilitätshilfen, Inkontinenzhilfen sowie der Bereitstellung von Ernährungspumpen und von Dekubitusmatratzen geben bereits zwingende Abgrenzungskriterien vor. Diese werden zum Ende des Abschnitts nochmals zusammengefasst dargestellt (> Abb. 2.1).

Eine wichtige Erkenntnis ist, dass **Heimträger** mit der Versorgungsverpflichtung **nicht** in einer universellen Pflicht zur **Bereitstellung aller** im Pflegeheim benötigten **Hilfsmittel** stehen.

A. Leistungszuständigkeit der **Kranken- und Pflegekassen:**

Krankenkassen § 33 SGB V	Pflegekassen § 40 SGB XI
Im Rahmen medizinisch indizierter Krankenbehandlung zur Sicherung des Erfolges oder zum Ausgleich einer Behinderung	Im Rahmen **häuslicher** Pflege und anerkannter Pflegebedürftigkeit i. S. d. SGB XI zwecks Erleichterung der Pflege, Linderung von Beschwerden, zur selbstständigeren Lebensführung

B. Leistungszuständigkeit der **Krankenkassen** in Abgrenzung zur **Vorhaltepflicht** der Heimträger:

Leistungspflicht der **Krankenkassen**	Vorhaltepflicht der **Heimträger**
besteht für Hilfsmittel, soweit deren Bereitstellung nicht in die „Sphäre" des Heimes fällt.	besteht für Hilfsmittel, die „notwendiges Inventar" zur Pflege sind und deren Erleichterung dienen. Es besteht keine generelle Vorhaltepflicht.
Die Leistungspflicht erfordert je nach Einzelfall: • bei Mobilitätshilfen eine individuelle Anpassung zum Ausgleich einer Behinderung, um eine selbstbestimmte Fortbewegung und Teilhabe am Leben in der Gesellschaft außerhalb und innerhalb des Heimes zu ermöglichen. Der Grad der Rehabilitationsfähigkeit ist unerheblich. • bei Absaug- und Applikationshilfen, Inkontinenzhilfen und Hilfen gegen Dekubitus den Einsatz der Hilfsmittel im Rahmen medizinisch indizierter und verordneter Behandlungspflege (für Ernährungspumpen; Inkontinenzhilfen; für Dekubitusmatratzen nur innerhalb der Behandlungspflege des Dekubitus, im Einzelfall bei drohender Gefährdung)	Dazu zählen insbesondere: • allgemein nutzbare Mobilitätshilfen in der Einrichtung und sonstige Hilfsmittel, die vorrangig und überwiegend der Pflege dienen • Hilfsmittel, deren Einsatz nicht medizinisch indiziert ist und im Rahmen der Grundpflege erfolgt: - Grundsätzlich Applikationshilfen ohne medizinische Indikation, Inkontinenzhilfen zur Erleichterung hygienischer u. pflegerischer Maßnahmen und Wechseldruckmatratzen im Rahmen der Prophylaxe.
Kosten für Zusätze, Zubehörteile, Verbrauchsmaterialien zu den Hilfsmitteln, Reparaturen, Wartungen und technische Kontrollen sind vom zuständigen Leistungsträger zu tragen.	

Abb. 2.1 Systematik der Leistungszuständigkeit und Vorhaltepflicht

Hilfsmittel, die dem Ausgleich von Behinderungen im Einzelfall dienen und die Selbstständigkeit fördern sowie eine gleichberechtigte Teilhabe am gesellschaftlichen Leben ermöglichen, fallen in die Leistungspflicht der Krankenkasse.

Die Sicherung und Gewährleistung der im Rahmen der **Behandlungspflege** erforderlichen Hilfsmittel, die der Erfolgssicherung sowie der Vorbeugung drohender Behinderung oder deren Ausgleich dienen, obliegen auch im vollstationären Pflegebereich der originären **Leistungspflicht der Krankenkassen.** Der für die Entscheidung der Krankenkassen maßgebende Abgrenzungskatalog zur Hilfsmittelversorgung in stationären Pflegeeinrichtungen wurde dieser Systematik angepasst.

Abbildung 2.1 verdeutlicht die derzeitige Abgrenzungssystematik.

2.7 Möglichkeiten und Grenzen von Vertragsvereinbarungen zur Hilfsmittelausstattung

Mögliche Vertragsregelungen

Das Bundessozialgericht hat in seinen Entscheidungen wiederholt auf die Möglichkeiten vertraglicher Vereinbarungen zur Hilfsmittelausstattung in den **Versorgungsverträgen** bzw. in der seit dem Jahre 2004 bestehenden **Leistungs- und Qualitätsvereinbarung (LQV)** hingewiesen. Da die LQV alter Form mit dem **Pflege-Weiterentwicklungsgesetz** zum 1.7.2008 durch die Vereinbarung der **wesentlichen Leistungs- und Qualitätsmerkmale (wLQm)** gemäß § 84 Abs. 5 SGB XI abgelöst wurde, sind seitdem entsprechende vertragliche Vereinbarungen in der Pflegesatzverhandlung zum Regelungsbereich der wLQm möglich. Mit der Pflegereform scheint der Gesetzgeber die Möglichkeit aufgreifen zu wollen, die sächliche Ausstattung einschließlich der Grundausstattung mit Hilfsmitteln durch entsprechende Vereinbarungen zu forcieren, indem in den Rahmenverträgen Maßstäbe und Grundsätze zur Ausstattung implementiert werden sollen. Außerdem soll in der für jede Einrichtung zu treffenden Leistungs- und Qualitätsbestimmung auch eine verbindliche Grundausstattungsvereinbarung getroffen werden.

2.7.1 Versorgungsverträge

Bedeutung der Verträge gem. § 72 SGB XI

Innerhalb der Versorgungsverträge nach § 72 SGB XI hat – wie bereits dargelegt wurde – die Hilfsmittelausstattung bislang kaum Bedeutung erlangt. Auch sieht die Gesetzesvorschrift des § 72 SGB XI nur Mindestinhalte des Versorgungsauftrags zu den allgemeinen Pflegeleistungen vor.[70] In den Empfehlungen zum Inhalt der Rahmenverträge nach § 75 Abs. 6 SGB XI finden sich gegenwärtig nur allgemeine Vorgaben zum Einsatz und Gebrauch von

[70] Vgl. Udsching, 2000, zu § 72, Rdn. 7.

Hilfsmitteln.[71] Für die auf Länderebene vereinbarten Rahmenverträge gemäß § 75 Abs. 1 und 2 SGB XI gilt derzeit nichts anderes. Rahmenverträge, wie z.B. der Rahmenvertrag für das Land Niedersachsen, stellen für die Vorhaltepflicht darauf ab, ob Hilfsmittel überwiegend der Pflege dienen.[72] Einzelne neuere Rahmenverträge sehen zum Teil Regelungen zur sächlichen Ausstattung vor. Vorhaltepflichten der Heimeinrichtungen sind hier auf die Pflegehilfsmittel und technischen/wohnumfeldverbessernden Hilfen nach dem Pflegehilfsmittelverzeichnis begrenzt. Zu den Hilfsmitteln wurden in den Verträgen keine Regelungen getroffen.[73] Ändern wird sich das in naher Zukunft, wenn in den Bundesempfehlungen und -vereinbarungen gemäß § 75 Abs. 2 Nr. 3 SGB XI die geplanten Maßstäbe und Grundsätze für die personelle und sächliche Ausstattung der Pflegeeinrichtungen umgesetzt sein werden.

2.7.2 Hilfsmittelausstattung als Regelungsgegenstand der Leistungs- und Qualitätsbestimmung

Bedeutung der wesentlichen Leistungs- und Qualitätsmerkmale (wLQm)

Mit der Festlegung von Maßstäben und Grundsätzen zur Grundausstattung soll die sächliche Ausstattung auch stärker bei der Leistungs- und Qualitätsvereinbarung Berücksichtigung finden. Entsprechende Zielsetzungen hatte der Gesetzgeber bereits in der Vergangenheit mit dem Instrument der LQV verfolgt, diese aber aufgrund der Streitigkeiten zur Leistungs- und Bereitstellungspflicht nicht erreicht.

Mit der Implementierung der Leistungs- und Qualitätsvereinbarung war die Erwartung verbunden gewesen, die Pflegequalität in der stationären Pflege zu sichern und weiterzuentwickeln.[74] In materieller Sicht bestand für die Versicherungs- und Heimträger die Pflicht, konkrete Leistungskriterien, z.B. Art und Inhalt der Leistungen, in einem „Leistungsprogramm“ auszuhandeln. Die Hilfsmittelausstattung eines Pflegeheims gehörte zweifelsfrei dazu. Von den Spitzenverbänden der Pflegekassen wurde in ihren Empfehlungen zur Umsetzung der Leistungs- und Qualitätsvereinbarung die Ausstattung mit Pflegehilfsmitteln und Hilfsmitteln als Verhandlungspunkt mit aufgenommen.[75] Die LQV wurde in der Praxis jedoch kaum zur Konkretisierung

[71] Vgl. die Gemeinsame Empfehlung gemäß § 75 Abs. 5 SGB XI zum Inhalt der Rahmenverträge nach § 75 Abs. 1 SGB XI zur vollstationären Pflege vom 25.11.1996.

[72] Rahmenvertrag gemäß § 75 Abs. 1 i.V.m. Abs. 2 SGB XI zur vollstationären Dauerpflege in der Fassung der Schiedsstellenfestsetzung vom 27.1.2005 nebst Nachtrag, in Kraft seit 1.1.2007, Abschnitt I § 5 Abs. 2.

[73] Vgl. z.B. den Rahmenvertrag für die vollstationäre Pflege des Landes Hessen vom 14.10.2005, § 6; Rahmenvertrag für Sachsen-Anhalt vom 1.8.2004.

[74] Vgl. Vorblatt zum Entwurf eines Gesetzes zur Qualitätssicherung und zur Stärkung des Verbraucherschutzes in der Pflege (Pflege-Qualitätssicherungsgesetz – PQsG), Anlage 1 unter A. Zielsetzung.

[75] Spitzenverbände der Pflegekassen zu den Leistungs- und Qualitätsvereinbarungen, Stand 17.7.2003. In: http://www.aok-gesundheitspartner.de/brb/pflege/stationaerepflege/ [15.11.2007].

des Leistungsprogramms genutzt, vielmehr blieb es bei gleichlautenden Vereinbarungen zu den vorgegebenen Leistungsmerkmalen.[76]

Vor diesem Hintergrund und angesichts des nach wie vor bestehenden Hilfsmittelstreits ist zu bezweifeln, dass in der sächlichen Ausstattung im Rahmen der zu vereinbarenden wesentlichen Leistungs- und Qualitätsmerkmale (wLQm) Fortschritte erreicht werden. Die in den Rahmenverträgen festzulegenden Maßstäbe und Grundsätze zur Grundausstattung zielen auf die Typisierung von Pflegeeinrichtungen. In der Gesetzesbegründung wird darauf verwiesen, dass die Vertragspartner der Rahmenverträge die Ausstattung für die **verschiedenen „Arten von Pflegeeinrichtungen"** festlegen sollen.[77] Die Fluktuation bei den Bewohnern und die sich ändernden Bedarfe erschweren den Heimträgern eine vorausschauende Bewertung des Ausstattungsbedarfs. Der Gesetzgeber spricht von sächlicher Ausstattung und meint eine nicht näher definierte „Grundausstattung mit Hilfsmitteln", mit der „indirekt" eine deutliche Abgrenzung der Leistungszuständigkeiten von Krankenkassen und Heimträgern erzielt werden soll.

Heimträger müssen sich deshalb in Vorbereitung auf die Pflegesatzverhandlungen und die damit zu vereinbarenden Leistungs- und Qualitätsmerkmale darüber Gedanken machen, welche Hilfsmittel, z.B. nach Art bzw. Produktgruppe und Menge, sie mit Blick auf die Entwicklung der Bewohnerstruktur und die unterschiedlichen Pflegebedarfe der Bewohner vorhalten und verhandeln müssen. Soweit im Versorgungsvertrag oder in der Pflegesatzvereinbarung Festlegungen zur sächlichen Ausstattung getroffen wurden, ist der Träger verpflichtet, diese bereitzustellen.

Verhandlungsgegenstand: Hilfsmittel

Verhandlungsgegenstand dürften allerdings nur **Hilfsmittel zur Grundpflege** sein, also Mittel, die ganz überwiegend zur Pflege[78] bzw. zur Erleichterung der Pflege eingesetzt werden. Die überwiegend der Krankenbehandlung (Behandlungspflege) dienenden Hilfsmittel können hingegen nicht Verhandlungsgegenstand der Leistungs- und Qualitätsmerkmale sein. Die Krankenkassen sind, wie aus § 85 Abs. 2 SGB XI zu entnehmen ist, nicht zwingend Vertragspartei der Leistungs- und Qualitätsvereinbarungen. Inwiefern damit z.B. die Bereitstellung und Finanzierung von Absauggeräten, Applikationshilfen und Hilfsmittel bei Tracheostoma für spezialisierte Heime als Leistungspflicht rechtswirksam vereinbart werden kann, wird noch der Klärung durch das Bundessozialgericht bedürfen.

Denn auch der individuell begründete Anspruch Pflegebedürftiger auf Hilfsmittel im Falle der Behandlungspflege kann nicht durch vertragliche Vereinbarung zwischen Kassenverbänden und Heimträgern abgeändert

---

76 Klie; Röber, 2003, § 80a SGB XI, Rdn. 5.

77 Begründung zu Nr. 42 (§ 75), zu Buchstabe b, Gesetzentwurf der Bundesregierung (2007), Entwurf eines Gesetzes zur strukturellen Weiterentwicklung der Pflegeversicherung – Pflege-Weiterentwicklungsgesetz, Deutscher Bundestag – Drucks. 16/7439 vom 7.12.2007, S. 68.

78 So auch das BSG in seiner Entscheidung vom 6.6.2002 – B 3 KR 67/01.

werden.[79] Dies liefe auf – unzulässige – Verträge zulasten der versicherten Heimbewohner hinaus.

Die sächliche Ausstattung von Heimen kann individuell im Versorgungsvertrag bzw. mit der Festlegung der Leistungs- und Qualitätsmerkmale im Pflegesatz vereinbart werden.

2.8 Themenrelevante Literatur

Abgrenzungskatalog der Spitzenverbände der Krankenkassen (2007) – zugleich handelnd als Spitzenverbände der Pflegekassen zur Hilfsmittelversorgung in stationären Pflegeeinrichtungen (Pflegeheimen) vom 26.3.2007 in der Beschlussfassung vom 7.5.2007, http://www.ikk.de/ikk/genartor/ikk/fuer-m [5.8.2008].

Gemeinsame Empfehlung gemäß § 75 Abs. 5 SGB XI zum Inhalt der Rahmenverträge nach § 75 Abs. 1 SGB XI zur vollstationären Pflege vom 25. November 1996.

Gemeinsame Grundsätze und Maßstäbe (2003) zur Qualität und Qualitätssicherung sowie für die Entwicklung eines einrichtungsinternen Qualitätsmanagements nach § 80 SGB XI in vollstationären Pflegeeinrichtungen vom 16.12.2003.

Gesetz zur Stärkung des Wettbewerbs in der gesetzlichen Krankenversicherung (GKV – Wettbewerbsstärkungsgesetz) vom 26.3.2007, BGBl. I Nr. 11 S. 378 ff.

Gesetz zur strukturellen Weiterentwicklung der Pflegeversicherung (Pflege-Weiterentwicklungsgesetz) vom 28.5.2008, BGBl. I Nr. 20, S. 874 ff.

Gesetzentwurf der Bundesregierung, 2007: Entwurf eines Gesetzes zur strukturellen Weiterentwicklung der Pflegeversicherung – Pflege-Weiterentwicklungsgesetz, Deutscher Bundestag – Drucksache 16/7439 vom 7.12.2007.

Griep, H.; Renn, H., 1998: Pflegehilfsmittel in zugelassenen Pflegeheimen im Sinne des § 72 SGB XI. In: PflegeRecht 1998, S. 190–196.

Hauck, K.; Gerlach, 2008: Gesetzliche Krankenversicherung SGB V, Loseblatt 2008.

IGES-Institut für Gesundheits- und Sozialforschung GmbH; Igl, G.; Wasem, S. J., 2002: Potentiale und Grenzen der Integration von Gesetzlicher Krankenversicherung (SGB V) und Sozialer Pflegeversicherung (SGB XI). In: Enquete-Kommission „Demographischer Wandel" Deutscher Bundestag (Hrsg.): Herausforderungen unserer älter werdenden Gesellschaft an den Einzelnen und die Politik, Heidelberg 2002, S. 1–78.

Igl, G.; Welti, F., 1995: Die Leistungsinhalte der häuslichen Krankenpflege und ihre Abgrenzung von den Leistungen bei Pflegebedürftigkeit. In: VSSR 1995, S. 117–148.

Kassler Kommentar, 2008: Sozialversicherungsrecht, Loseblatt, München 2008.

Klie, Th.; Krahmer, U. (Hrsg.), 1998: Lehr- und Praxiskommentar, (LPK – SGB XI), Baden-Baden 1998.

Klie, Th.; Röber, M., 2003: § 80a SGB XI: Lehr- und Praxiskommentar (LPK – SGB XI), 2. Auflage, Baden-Baden 2003.

Landesrahmenvertrag Bayern, 1998: Rahmenvertrag für den Bereich vollstationäre Pflege gemäß § 75 Abs. 2 SGB XI ab 1.10.1998.

Meuthen, E.; Hartmann, P., 2002: Das so genannte Rollstuhlurteil des 3. Senats des Bundessozialgerichts. In: NZS 2002, S. 26–29.

[79] Insofern gilt der zivilrechtliche Grundsatz, dass ein Vertrag zulasten Dritter mit der Privatautonomie unvereinbar und unzulässig ist, vgl. Palandt; Heinrichs, Einführung vor § 328 BGB, Rdn. 10.

Palandt, O.; Heinrichs, H., 2008: Bürgerliches Gesetzbuch, Kommentar, 67. Auflage, München 2008.

Rahmenvertrag für vollstationäre Pflege (1996) gemäß § 75 Abs. 1 SGB XI für das Land Baden-Württemberg vom 12.12.1996.

Rahmenvertrag für Sachsen-Anhalt, 2004: Rahmenvertrag nach § 75 SGB XI zur vollstationären Pflege zwischen den Landesverbänden der Pflegekassen vom 23.4.2004, in Kraft ab 1.8.2004. In: http://www.ratgeber-arzthaftung.de [15.9.2008].

Rahmenvertrag für die vollstationäre pflegerische Versorgung (2005) gemäß § 75 Abs. 1 SGB XI für das Land Hessen gemäß Beschluss der Schiedsstelle vom 14.10.2005.

Rahmenvertrag für Niedersachsen: Rahmenvertrag gemäß § 75 Abs. 1 i.V.m. Abs. 2 SGB XI zur vollstationären Dauerpflege, in der Fassung der Schiedsstellenfestsetzung vom 27.1.2005 nebst Nachtrag, in Kraft seit 1.1.2007.

Rossbruch, R., 2002: Pflegeheim-Pflegehilfsmittel-Wechseldruckmatratze-Kostenübernahme; Hinweis für die Praxis. In: PflegeRecht 2002, S. 247–251.

Schiemann, D.; Moers, M., 2002: Nationaler Expertenstandard Dekubitusprophylaxe in der Pflege. In: Igl, G.; Schiemann, D.: Qualität in der Pflege. Stuttgart/New York 2002.

Udsching, P., 1997: SGB XI, Soziale Pflegeversicherung, 1. Auflage, München 1997.

Udsching, P., 2000: SGB XI, Soziale Pflegeversicherung, Kommentar, 2. Auflage, München 2000.

Vogel, G., 2003a: Hilfsmittel zur Behandlungspflege nicht in die LQV aufnehmen. In: Altenheim 2003, Heft 3, S. 12.

Vogel, G., 2003b: § 40 SGB XI. In: Klie, Th.; Kramer, U., Lehr- und Praxiskommentar (LPK-SGB XI), 2. Auflage, Baden-Baden 2003.

KAPITEL 3 Anforderungen an die Qualifikation des Heimpersonals und die Personalausstattung

3.1 Einführung

Die Qualität der pflegerischen Versorgung der Heimbewohner wird insbesondere auch durch die Qualifikation des Personals und die personelle Ausstattung der Einrichtung bestimmt. Zur Versorgung der Heimbewohner sind in der stationären Pflege verschiedene **Berufsgruppen** tätig: In der Regel sind dies:

- Gesundheits- und Krankenpfleger/-innen[1]
- Gesundheits- und Kinderpfleger/-innen
- Altenpfleger/-innen

Im Weiteren:

- Sozialarbeiter/-innen
- Krankengymnasten/-innen
- Ergotherapeuten/-innen
- Fachhauswirtschafter/-innen
- Zivildienstleistende
- Leiter/-in des Heimes, Leiter/-in des Pflegedienstes[2]

Dementsprechend unterschiedlich sind die Qualifikationsanforderungen an die verschiedenen Berufsgruppen. Für die ärztliche Versorgung neu hinzugekommen ist gemäß § 119b SGB V die Anstellung von Heimärzten (➢ Kap. 1.2.5; ➢ Kap. 6.2.2)

Sicherstellung des Personals

Heimbetreiber müssen durch **Eignung und Anzahl der Beschäftigten** sicherstellen, dass eine angemessene Qualität der Bewohnerbetreuung erreicht wird (§ 11 Abs. 1 i.V.m. Abs. 2 HeimG). Aufgrund der Bedeutung des Personals für die Qualität verlangt der Gesetzgeber in § 84 Abs. 5 SGB XI, das die personelle Ausstattung nach Berufsgruppen gegliedert, in der Pflegesatzvereinbarung zu den Leistungs- und Qualitätsmerkmale festzulegen ist. Entsprechend Absatz 6 hat der Träger mit der festgelegten personellen Ausstattung die Versorgung jederzeit sicherzustellen (➢ Kap. 6.2.5).

Die **personelle Ausstattung** der Einrichtungen wird dabei zum einen durch Personalbemessungswerte gemäß § 75 SGB XI gesteuert. Zum anderen ist die personelle Ausstattung einschließlich der Berufsqualifikation der Mitarbeiter seit 2004 für alle zugelassenen Pflegeeinrichtungen Verhandlungsge-

---

[1] Berufsbezeichnung nach § 71 Abs. 3 SGB XI in der Fassung des Pflege-Weiterentwicklungsgesetzes vom 28.5.2008, BGBl. Teil I, S. 874 ff.

[2] Zur besseren Lesbarkeit werden im Folgenden die Kennzeichnungen Heimleitung und Pflegedienstleitung verwandt.

genstand der Leistungs- und Qualitätsfestlegungen (➢ Kap. 6.2.5). Die LQV alter Fassung war zunächst als eigenständiger Vertrag geregelt worden, wurde dann aber mit dem Pflege-Weiterentwicklungsgesetz[3] integrierter Teil der Pflegesatzvereinbarungen. Die zentralen Regelungen enthält jetzt § 84 Abs. 5 SGB XI (➢ Kap. 6.2.5).

Mit Blick auf die Beschäftigten und deren Aufgaben sowie die genannten Rahmenregelungen zur Personalbemessung und die zu vereinbarende Personalausstattung stellen sich für den Betreiber einer stationären Pflegeeinrichtung folgende zentrale Fragen:

- Welcher individuelle Personalbedarf besteht zur Sicherstellung der geforderten Versorgungsqualität für den im nächsten Pflegesatzzeitraum zu versorgenden Personenkreis?
- Welche rechtlich verbindlichen Vorgaben zur Qualifikation der Beschäftigten der Pflegeeinrichtung sind zu beachten?
- Welche verbindlichen Vorgaben, Indikatoren bzw. Parameter zum (Mindest-)Personalbedarf sowie zur Personalbemessung in den Pflegeeinrichtungen bestehen?

Die erste Frage nach dem individuellen Personalbedarf muss jede Einrichtung für sich gesondert ermitteln. Das Ergebnis ist davon abhängig, wie in der Pflegeeinrichtung die künftige Bewohnerstruktur prognostiziert wird und welche Pflege- und Betreuungsbedarfe erwartet werden (➢ Kap. 6.2.5 zu § 84 Abs. 5). Im Folgenden werden mit Blick auf die beiden anderen Fragestellungen die:

- rechtlichen Anforderungen an die **Qualifikation des Personals** (einschließlich der Heimleitung) und
- die bestehenden Vorgaben sowie Grundsätze und Maßstäbe zur **Personalbedarfsermittlung** dargestellt.

Rechtsquellen

Sowohl im **Heimgesetz,** als auch im **Pflegeversicherungsgesetz** sind zur Beantwortung dieser Fragen verschiedene Vorschriften zu finden. Im Rahmen der Föderalismusreform wurde das Heimrecht aus der „öffentlichen Fürsorge" gemäß Art 74 Abs. 1 Nr. 7 GG herausgenommen. Die Gesetzgebungszuständigkeit ist damit im September 2006 auf die Länder übergegangen. Inwiefern es zu einer teilweisen oder umfassenden Ersetzung durch Landesgesetze kommen kann, ist streitig.[4] Die Zuständigkeit des Bundes für das Heimvertragsrecht ist beim Bund verblieben. In den Bundesländern werden derzeit unterschiedliche Gesetzesinitiativen verfolgt. Derzeit richten sich politische Bemühungen darauf, eine Zersplitterung des Heimrechts in 16 Ländergesetze zu vermeiden und möglichst viele Gemeinsamkeiten festzulegen. Bis zur Ablösung durch landesgesetzliche Regelungen gilt das Heimgesetz mit seinen Durchführungsverordnungen fort (Art 125a Abs. 1 GG).

[3] Pflege-Weiterentwicklungsgesetz vom 28.5.2008, BGBl. I S. 874 ff.
[4] Dahlem, u.a., 2007, A. Allgemeines, Rdn. 15a.

Heimgesetz

Das Heimgesetz räumt in § 3 Abs. 2 HeimG dem zuständigen Bundesministerium als Verordnungsgeber die Möglichkeit ein, Mindestanforderungen zur Eignung der Leitung und der Beschäftigten zu erlassen. Eine entsprechende Verordnung liegt als **Heimpersonalverordnung** vor.[5]

Die Beachtung der Heimpersonalverordnung ist mit der **Betriebserlaubnis** für die Einrichtung verknüpft. § 11 Abs. 3 HeimG bestimmt, dass Heimeinrichtungen, in denen die Heimpersonalverordnung nicht eingehalten wird, nicht betrieben werden dürfen.

Pflegeversicherungsgesetz (SGB XI)

Im Pflegeversicherungsgesetz (SGB XI) wird in § 11 Abs. 3 zu den Rechten und Pflichten der Pflegeeinrichtung auch auf die Regelungen des Heimgesetzes verwiesen und klargestellt, dass diese unberührt bleiben und damit neben den Vorschriften des Pflegeversicherungsgesetzes bestehen. Im Weiteren enthält § 75 Abs. 3 Satz 5 SGB XI, der das Verfahren der Personalbemessung regelt, den Hinweis, dass die Heimpersonalverordnung in allen Regelungsfällen unberührt bleibt und damit neben den Personalbemessungsvorgaben des SGB XI Bestand hat.

Mit den Verweisen auf die Personalregelungen im Heimgesetz wird klargestellt, dass beide Regelungsbereiche, **das Heimrecht und das SGB XI, nebeneinander gelten** und von den Einrichtungen zu beachten sind.

Darüber hinaus sind für das Pflegeversicherungsgesetz in verschiedenen **Vereinbarungen der Spitzenverbände** Anforderungen zur Qualifikation und zur Anzahl des Personals in den Einrichtungen getroffen worden, insbesondere:

- in der **Qualitätsvereinbarung für die stationäre Pflege** nach § 80 SGB XI a.F./§ 113 SGB XI n.F. und
- in der Empfehlung der Spitzenverbände zum Inhalt der Rahmenverträge gemäß § 75 Abs. 1 SGB XI (den Bundesempfehlungen nach § 75 Abs. 6 – vormals Abs. 5 – SGB XI).

---

[5] Verordnung über personelle Anforderungen für Heime (Heimpersonalverordnung – HeimPersV) vom 22.6.1998, BGBl. I S. 1506.

3.2 Qualifikation der Leitung sowie der Beschäftigten

3.2.1 Heimleitung

Aufgabenbereich der Leitung

Aufgaben nach HeimG

Aus § 11 HeimG lässt sich der **Aufgabenkatalog** entnehmen, der mit der Heimleitertätigkeit verbunden ist.[6] Das Gesetz nennt die Anforderungen, die an das Betreiben einer Heimeinrichtung geknüpft sind und stellt deren Erfüllung und Einhaltung zugleich in den Verantwortungsbereich des Trägers und der Leitung. Diese beziehen sich zusammengefasst auf:

- den Schutz der Würde und der Interessen und Bedürfnisse der Bewohner vor Beeinträchtigung und Wahrung und Förderung deren Selbstständigkeit, Selbstbestimmung und Selbstverantwortung;
- die Gewährleistung und Sicherung der angemessenen Qualität der Betreuung, bezogen auf die Pflege, die medizinische Versorgung, Betreuung und hauswirtschaftliche Versorgung;
- die Sicherung pflegerischer und organisatorischer Anforderungen, wie z.B. die Pflegeplanung, die Erstellung von Förder- und Hilfeplänen, Beachtung der Hygieneanforderungen und die Gewährleistung der Arzneimittelverwahrung.

Diese sehr weit reichenden Aufgaben erfordern von der Heimleitung eine qualifizierte Grundausbildung. Diese bildet die Basis für ein in jedem Heim **individuell vom Träger zu erstellendes erforderliches Qualifikationsprofil** der Heimleitung.[7] Hierzu zählen neben der Persönlichkeit, z.B. Auftreten und Durchsetzungsvermögen, auch der Nachweis zusätzlich erworbener Qualifikationen (vgl. § 2 Abs. 2 Ziffer 2 HeimPersV).

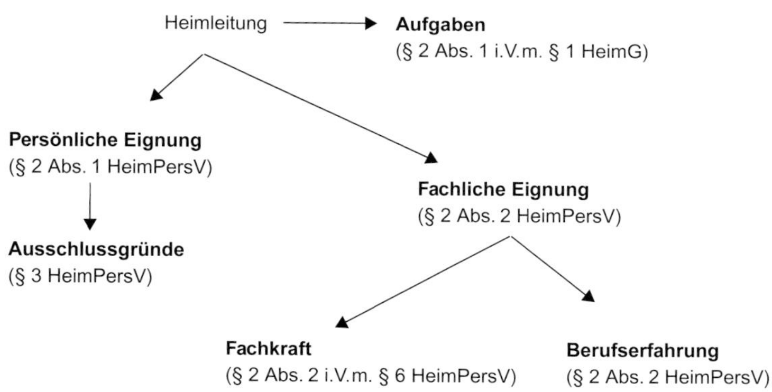

Abb. 3.1 Übersicht zu Qualifikationsanforderungen an die Heimleitung und Ausschlussgründen

6 Die Aufzählung ist nicht abschließend.
7 Vgl. Dahlem, u.a., 2007, HeimPersV, § 2, Rdn. 6.

Eignungskriterien sind die Persönlichkeit, die Ausbildung und der berufliche Werdegang.

Persönliche Eignung und Ausschlussgründe

§ 2 HeimPersV nennt **persönliche Anforderungen,** die an die Heimleitung gestellt werden. Ergänzend zu § 2 regelt § 3 HeimPersV **Ausschlussgründe,** nach denen eine persönliche Eignung auszuschließen ist, wenn eine der dort genannten Tatsachen festgestellt wird.

Persönliche Eignung

Die persönlichen **Eignungskriterien,** die an die Heimleitung gestellt werden, orientieren sich an den oben beschriebenen Aufgaben, die von ihr wahrgenommen werden sollen. Daraus folgt, dass die Leitung des Heimes eine Persönlichkeit sein muss, die gewährleisten kann, dass der Schutz der Würde der Bewohner geachtet wird und die Betreuung und Pflege qualitativ gesichert und bewohnerorientiert erfolgt. Die persönliche Eignung knüpft somit an soziale Kompetenzen der Leitung an und verlangt, dass sie in der Organisation und Führung des Heimes für die Belange und das Wohl der Bewohner Sorge trägt.

Persönliche Ausschlussgründe

An der **persönlichen Eignung** fehlt es z.B., wenn der Kandidat für die Heimleiterposition:

- einen im Bundeszentralregister nicht getilgten Eintrag einer **Verurteilung** wegen eines **Verbrechens** oder wegen einer in Abs. 1 Nr. 1a HeimPersV genannten Straftat aufweist, z.B. wegen Tötung oder vorsätzlicher Körperverletzung, Erpressung, Urkundenfälschung, Untreue oder Diebstahl, und diese mit einer Freiheits- oder Ersatzfreiheitsstrafe von mindestens drei Monaten geahndet wurde;
- in den letzten fünf Jahren (längstens bis zur Tilgungsreife aus dem Zentralregister) wegen **Verstoßes gegen** die §§ 29 bis 30b des **Betäubungsmittelgesetzes** verurteilt wurde (§ 3 Abs. 1 Nr. 1b HeimPersV);
- mindestens dreimal zu einer **Geldbuße** wegen einer Ordnungswidrigkeit nach § 17 HeimG a.F. i.V.m. § 21 HeimG, z.B. Zuwiderhandlung vollziehbarer Anordnungen der Heimaufsicht, verpflichtet wurde.[8]

Die genannten persönlichen Ausschlussgründe sind nicht abschließend, sondern beispielhaft.

Fachliche Eignung als Zugangsvoraussetzung

Fachliche Eignung

Für die Tätigkeit der Heimleitung fordert § 2 Abs. 1 Satz 1 HeimPersV neben der persönlichen Eignung auch die **fachliche Eignung.** Diese Forderung wird im § 2 Abs. 1 Satz 2 HeimPersV konkretisiert: Die Heimleitung muss durch ihre Eignung die **Gewähr** dafür bieten, dass die Interessen und Bedürfnisse der Bewohner gewahrt werden. Dies erfordert unter anderem eine **sachgerechte und wirtschaftliche Leitung** des Heimes. Auch muss die Heimleitung

[8] Ergänzend anzumerken ist, dass der letzte Bußgeldbescheid nicht älter als fünf Jahre sein darf, vgl. § 3 Abs. 1 Nr. 2 HeimPersV.

die **Anforderungen des Heimgesetzes** umsetzen können. Diese Anforderungen an die Heimleitung haben ein besonderes Gewicht, da das **Heimgesetz als Schutzgesetz** für die Bewohner ausgestaltet ist.

Berufsausbildung

Berufsfelder

Die **qualitativen Anforderungen** an die fachliche Eignung werden in § 2 Abs. 2 HeimPersV bestimmt. Zur Erfüllung der fachlichen Geeignetheit hat ein Bewerber eine Ausbildung zu einer **Fachkraft** mit **staatlich anerkanntem Abschluss** nachzuweisen. Diese Ausbildung zur Fachkraft muss in einem der folgenden **Berufsfelder** erfolgt sein:

- Gesundheitswesen
- Sozialwesen
- kaufmännischer Beruf
- öffentliche Verwaltung

Berufsgruppen

Die vier Berufsfelder werden nicht spezifiziert. Jedoch ergibt sich aus der Definition des Begriffs **Fachkraft** nach § 6 HeimPersV, dass Fachkräfte über „Kenntnisse und Fähigkeiten zur selbstständigen und eigenverantwortlichen Wahrnehmung der von ihnen ausgeübten Funktionen und Tätigkeiten" verfügen müssen.[9] Für die Heimleitung werden sehr breit gefächerte Kenntnisse und Fähigkeiten vorausgesetzt.[10] Daher zählen z.B. Ärzte, Psychotherapeuten, Heilpädagogen, Krankenpfleger, Sozialarbeiter, Sozialpädagogen, Altenpfleger, Sozialtherapeuten, Absolventen eines Hochschulstudiums mit betriebswirtschaftlichen Schwerpunkten zum geeigneten Personenkreis.[11] Im umgekehrten Sinne sind berufliche Abschlüsse, die zwar auf einer staatlich anerkannten Ausbildung basieren, aber nicht einschlägig zur Fachkraft im Gesundheits- oder Sozialwesen oder für den kaufmännischen bzw. den Verwaltungsbereich qualifizieren, nicht als „geeignet" anzuerkennen. Dem folgend wurde beispielsweise der Abschluss als Innenarchitektin und eine langjährige Tätigkeit in der Altenpflege als sogenannte Kunst- und Milieutherapeutin in der Altenpflege nicht anerkannt.[12]

Einrichtungen

Als weitere Zugangsvoraussetzung muss die **Fachkraft** in einem Heim oder in einer **vergleichbaren Einrichtung** durch eine mindestens zweijährige **hauptberufliche Tätigkeit** die geforderten notwendigen Kenntnisse und Fähigkeiten erlangt haben. Ziel dieser Regelung ist es, durch eine einschlägige berufspraktische Vorbildung zu gewährleisten, dass die Heimleitung sich entsprechend den Anforderungen der Praxis qualifiziert. Möglich ist die Gewinnung berufspraktischer Erfahrungen auch in „vergleichbaren Einrichtungen", wie ambulanten Pflegediensten, soweit dort auch berufsbezogene Leitungserfahrungen gesammelt werden können.[13] Als weitere geeignete Einrichtungen kommen in Frage: Krankenhäuser, Sanatorien, Jugendheime,

[9] Vgl. VG Gera Urteil vom 22.10.2002 – 6 K 65/02.GE.
[10] Siehe hierzu auch Crößmann, u.a., 2000, HeimPersV, § 2, Rdn. 10.
[11] Vgl. Dahlem, u.a., 2007, HeimPersV, § 2, Rdn. 7.
[12] VG Gera Urteil vom 22.10.2002 – 6 K 65/02.GE.
[13] Kunz, u.a., 2003, zu § 2 HeimPersV, Rdn. 5. Anders Dahlem, u.a., 2007, HeimPersV § 2, Rdn. 8.

u.U. auch Tages- oder Nachtkliniken, soweit dort Leitungsfunktionen ausgeübt und entsprechende Fähigkeiten zur Wahrnehmung der Leitungsaufgaben erworben werden können. Die Durchführungsverordnungen der Länder treffen hierzu weitere Konkretisierungen.

Hauptberufliche Tätigkeit

Sozialversicherungsrechtliche Beschäftigung

Der Nachweis der beruflichen Tätigkeit wird in § 2 Abs. 2 HeimPersV mit dem Erfordernis der hauptberuflichen Tätigkeit verbunden. Der Verordnung sind keine Angaben zu entnehmen, ab wann jemand **hauptberuflich** tätig ist. Der Nachweis der hauptberuflichen Tätigkeit ist deshalb durch den **Nachweis eines sozialversicherungspflichtigen Beschäftigungsverhältnisses,** das an eine Anstellung als **Arbeitnehmer** anknüpft, zu erbringen.[14] Der Nachweis einer einschlägigen unselbstständigen Beschäftigung soll sicherstellen, dass berufspraktische Erfahrungen unter Aufsicht in einem geeigneten Betrieb gewonnen werden konnten.[15] Daher ist ein sozialversicherungspflichtiges Beschäftigungsverhältnis als Nachweis für eine „hauptberufliche Tätigkeit" ausreichend.

Die untere Grenze stellen sogenannte **geringfügige Beschäftigungen** dar. Die sogenannten Minijobs mit einer Entgeltgrenze bis zu 400,00 Euro monatlich sind gemäß § 8 SGB IV[16] sozialversicherungsfrei. Zwar bestehen für die geringfügigen Beschäftigungen keine Arbeitsstundengrenzen, doch ergibt sich aus der Natur der „Minijobs", dass sie auf zeitlich sehr eingeschränkte Nebentätigkeiten ausgerichtet sind. Bei anderen sozialversicherungspflichtigen Teilzeitformen wird daher entscheidend sein, ob im Rahmen der reduzierten Teilzeit adäquate fachbezogene Leitungserfahrung gewonnen werden konnte.

Nicht ausdrücklich gefordert wird, dass Bewerber für eine Heimleiterposition in der berufspraktischen Zeit in ihrem erlernten Beruf gearbeitet haben. Entscheidend ist, dass in der Zeit die **notwendigen Kenntnisse und Fähigkeiten** zur Leitung erworben wurden. Auch können **geeignete Weiterbildungen** in der Gesamtbeurteilung berücksichtigt werden. Die Teilnahme an Weiterbildungsmaßnahmen ist für die Qualifizierung zur Heimleitung jedoch nicht zwingend vorgegeben (vgl. § 2 Abs. 2 Satz 2 HeimPersV).

[14] Vgl. auch die Anstellungsanforderung für die verantwortliche Pflegefachkraft im Rahmen der Pflegeversicherung zu § 113 SGB XI i.V.m. den Gemeinsamen Grundsätzen und Maßstäbe zur Qualität und Qualitätssicherung sowie für die Entwicklung eines einrichtungsinternen Qualitätsmanagements nach § 80 SGB XI a.F. (§ 113 n.F.) in vollstationären Einrichtungen vom 16.12.2003 unter 2.2.2.2: Hauptberufliche Beschäftigung.

[15] Entsprechende Zulassungskriterien bestehen auch im Krankenversicherungsrecht, z.B. für die Zulassung von Heilmittelerbringern. Die Rechtsprechung stellt hier grundsätzlich ebenfalls auf die unselbstständige (abhängige) Beschäftigung ab: BSG NZS 1997, S. 277.

[16] Die Vorschrift des § 8 SGB IV wurde im Rahmen der Harzreform zum 1.4.2003 geändert. Die Stundenregelung wurde ersatzlos gestrichen und die Arbeitsentgeltgrenze auf 400 Euro heraufgesetzt.

Geeignete Weiterbildungen

Keine gesetzliche Regelung

Das Gesetz gibt nicht vor, wann bzw. welche Weiterbildungsmaßnahmen für künftige Heimleiter geeignet sind.

Auch sind die Regelungen unterschiedlich. In einigen Bundesländern wurden interne Verwaltungsvorschriften von den zuständigen Ministerien erlassen, die für eine Anerkennung von Maßnahmen konkrete Anforderungen zum zeitlichen Umfang stellen. Andere Empfehlungen beziehen sich auf die Inhalte und die Gestaltung der Lehrangebote.

Umfang der Weiterbildung

Beispielsweise ist für das Land Sachsen der Nachweis einer Weiterbildungsmaßnahme für leitende Funktionen erforderlich, die mindestens 400 Stunden umfassen muss.[17] In Abstimmung mit dem Deutschen Verband der Leitungskräfte von Alten- und Behinderteneinrichtungen e.V. (DVLAB) und dem Thüringer Ministerium für Soziales, Familie und Gesundheit erfolgen Weiterbildungsangebote mit einem zeitlichen Umfang von 800 Stunden.[18] In anderen Bundesländern, wie z.B. Beispiel in Niedersachsen, kann die zweijährige hauptberufliche Tätigkeit teilweise durch geeignete Weiterbildungsmaßnahmen ersetzt werden.[19]

Inhalte der Weiterbildung

Unterschiedlich sind auch die Themeninhalte der Weiterbildungsmaßnahmen. **Inhaltliche Themenschwerpunkte** sind häufig:

- Unternehmen „Altendienste", u.a. Organisationsentwicklung
- Gesprächsführung, u.a. Kommunikation
- Führungs- und Berufsethik, u.a. Berufsbild, Berufsidentität
- Personalwirtschaft
- Betriebswirtschaft, u.a. Finanzwirtschaft
- Rechtskunde, u.a. bewohnerbezogenes Recht
- Vernetzung der Altenarbeit, u.a. Sozialpolitik
- Fachspezifische Themen, u.a. Gerontologie, Geriatrie, Gerontopsychiatrie
- Konzeptentwicklung, Standards

Diese Auflistung ist nicht abschließend.

Die fachlichen Zugangsvoraussetzungen und die persönliche und fachliche Eignung sollen künftige Heimleiter befähigen, Leitungsaufgaben im Interesse der Heimbewohner und deren Bedürfnisse wahrzunehmen und die Einrichtung sachgerecht und wirtschaftlich zu leiten. Eine konkrete Aufgabenbeschreibung enthält die Verordnung ebenfalls nicht. Ebenso wenig soll ein Berufsbild vorgegeben werden, weil dies mit Blick auf die vielfältigen Anforderungen als nicht sachdienlich gesehen wird.[20]

---

[17] Vgl. IHK Leipzig, 2008 (Gründung von Pflegeeinrichtungen, Nr. 2 Persönliche Voraussetzungen).

[18] Vgl. auch das Positionspapier des Deutschen Verbandes der Leitungskräfte von Alten- und Behinderteneinrichtungen e. V. (DVLAB), Punkt 1: Qualifizierung von HeimleiterInnen, aktuelle Fassung – Stand: Juli 2008 und http://www.andragogik-konkret.de/seiten/heimleiter.htm.

[19] Durchführung der Verordnung über personelle Anforderungen für Heime, § 2 unter 2.2.4. In: RdErl. D.MS v. 29.10.1994. 101-43371-2.0- (Nds.MinBl. 1994 S. 1536).

[20] Vgl. Dahlem, u.a., 2007, HeimPersV, § 2, Rdn. 6; Crößmann, u.a., 2000, § 2 HeimPersV, Rdn. 5.

3.2.2 Leitung des Pflegedienstes

Begriffsbestimmung

Sowohl im **Heimgesetz** als auch im **SGB XI** werden Qualifikationsanforderungen für die Leitung des Pflegedienstes genannt. Die Terminologie ist jedoch unterschiedlich:

- § 4 Abs. 2 HeimPersV spricht vom **Leiter des Pflegedienstes.**
- Im SGB XI und in den gemeinsamen Grundsätzen und Maßstäben nach § 80 SGB XI a.F. wird die Kennzeichnung **verantwortliche Pflegefachkraft** verwandt.

Mit beiden Kennzeichnungen ist grundsätzlich die Pflegedienstleitung gemeint, sodass im Folgenden der Begriff der Pflegedienstleitung (PDL) verwandt wird.

Aufgabenbereich der PDL

Die für die Tätigkeit der Pflegedienstleitung **zentralen Aufgabenbereiche** sind in der Qualitätsvereinbarung für die stationäre Pflege nach § 80 SGB XI geregelt.[21] Mit dem Pflege-Weiterentwicklungsgesetz wurde zum 1.7.2008 der § 80 SGB XI aufgehoben. Die Regelungen des § 80 SGB XI mit den Qualitätsvereinbarungen[22] wurden in § 113 SGB XI neu gefasst. Die PDL ist verantwortlich für:

- die Anwendung der in den gemeinsamen Grundsätzen und Maßstäben beschriebenen Qualitätsmaßstäbe im Pflegebereich,
- die Umsetzung des Pflegekonzeptes,
- die Planung, Durchführung und Evaluation der Pflege,
- die fachgerechte Führung der Pflegedokumentation,
- die an dem Pflegebedarf orientierte Dienstplanung der Pflegekräfte und
- die regelmäßige Durchführung der Dienstbesprechung innerhalb des Pflegebereichs.

Dieser Aufgabenbereich ist nicht abschließend[23], sondern kann je nach Bedarf der Einrichtung, insbesondere im Rahmen des Direktionsrechts des Arbeitgebers, erweitert werden. Bei Abwesenheit oder Ausfall muss durch eine Vertretungsregelung die Aufgabenwahrnehmung gesichert sein.

Persönliche Eignung und Ausschlussgründe

Nach der Heimpersonalverordnung werden die Forderungen, die an die Qualifikation der Heimleitung gestellt wurden, bis auf wenige Ausnahmen auch an die Pflegedienstleitung gestellt. Daneben regelt auch das Pflegeversiche-

---

[21] Vgl. unter Punkt 2.2.1 der Qualitätsvereinbarung nach § 80 SGB XI.

[22] Die Regelungen der Qualitätsvereinbarung vom 16.12.2003 gelten weiter. Bis 2009 sollen neue Qualitätsvereinbarungen entwickelt sein.

[23] Vgl. Qualitätsvereinbarung nach § 80 SGB XI, Punkt 2.2.1. verantwortliche Pflegefachkraft.

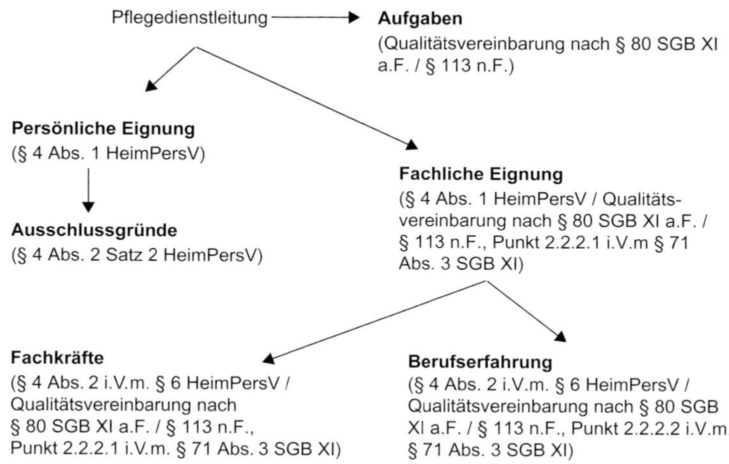

Abb. 3.2 Übersicht über die Qualifikationsanforderungen an die Pflegedienstleitung und Ausschlussgründe

rungsgesetz fachliche Anforderungen (nächster Abschnitt ➢ „Fachliche Eignung“). Voraussetzungen sind die persönliche und fachliche Eignung.

Nach § 4 Abs. 1 HeimPersV kann die Tätigkeit einer PDL nur ausüben, wer die erforderliche **persönliche Eignung** besitzt. Die Eignung orientiert sich an den zuvor beschriebenen Aufgaben und Funktionen.

Die Aufgabenbereiche verlangen vor allem fachliche Kompetenzen von der PDL. Allerdings sind pflegerische Fachkompetenzen auch immer mit sozialen und kommunikativen Kompetenzen verbunden. Die persönliche Eignung einer PDL knüpft daher – wie für die Heimleitung – daran an, dass sie die Fähigkeit besitzen muss, individuelle Bedürfnisse der pflegebedürftigen Bewohner zu erfassen und eine qualitativ gesicherte Pflege und Versorgung zu gewährleisten. Die persönliche Eignung richtet sich dabei auch nach den individuellen Gegebenheiten in der Einrichtung und den der Pflegedienstleitung zugewiesenen Aufgabenbereichen. Die Verantwortung der PDL für die Sicherstellung der erforderlichen Pflegeleistungen verlangt, dass die PDL dafür Sorge tragen muss, dass die beschäftigten Pflegekräfte ihre Arbeit ordnungsgemäß erledigen und keine Missstände auftreten. Bei groben Pflichtverstößen, z.B. offensichtlicher Unterversorgung von Bewohnern, weil beispielsweise eine Nachtwache mehrfach Heimbewohner nicht oder sehr unzureichend versorgt, ist sie verpflichtet, unverzüglich einzugreifen. Kommt die PDL ihrer Aufsichtspflicht nicht nach und verletzt sie dadurch ihren Schutzauftrag gemäß § 2 Abs. 1 HeimG in grober Weise, erweist sie sich als nicht geeignet.[24] Für den Heimträger kann dies die Verhängung eines Beschäftigungsverbotes gemäß § 18 HeimG zur Folge haben. Ebenso kann

[24] Vgl. Bayerischer Verwaltungsgerichtshof München 12. Senat, Beschluss vom 30.8.2007, Az.: 12 CS 07.1076.

wegen grober Pflichtverletzung gemäß § 74 Abs. 1 Satz 1 SGB XI die Kündigung des Versorgungsvertrags eine Konsequenz sein (➢ Kap. 6.2.7).

Ausschlussgründe

Der Gesetzgeber regelt klarstellend **persönliche Ausschlussgründe,** die zur Ungeeignetheit als Pflegedienstleitung führen. In § 4 Abs. 2 Satz 2 wird auf die Ausschlussgründe in § 3 Abs. 1 Nr. 1 HeimPersV verwiesen.

- Diese bestehen bei strafrechtlicher **Verurteilung** der PDL wegen eines Verbrechens oder wegen einer Straftat gegen eines der in § 3 HeimPersV genannter Rechtsgüter, die mit einer Freiheits- oder Ersatzfreiheitsstrafe von mindestens drei Monaten geahndet und nicht aus dem Zentralregister gelöscht wurde. Danach schließen Tötungsdelikte und Straftaten gegen die sexuelle Selbstbestimmung oder die persönliche Freiheit sowie vorsätzliche Körperverletzungen und Vermögensdelikte die persönliche Eignung für die Leitung des Pflegedienstes aus. § 3 Abs. 1 Nr. 1 HeimPersV enthält dazu eine Auflistung der zwingenden Ausschlussgründe.
- Mangelnde Eignung ist auch gegeben, wenn die betreffende Person in den letzten fünf Jahren (längstens bis zur Tilgungsreife aus dem Zentralregister) wegen **Verstoßes gegen** die §§ 29 bis 30b des **Betäubungsmittelgesetzes** verurteilt wurde.

Fachliche Eignung

Fachkraft

Fachkraft nach der HeimPersV

Die fachlichen Grundvoraussetzungen werden ebenfalls in § 4 Abs. 2 HeimPersV konkretisiert. Ebenso wie für die Tätigkeit der Heimleitung ist auch für die Tätigkeit als Pflegedienstleitung eine abgeschlossene Ausbildung als **Fachkraft** mit staatlich anerkanntem Abschluss nachzuweisen. Dieser Nachweis ist gemäß § 4 Abs. 2 Satz 1 HeimPersV allerdings auf den **Berufsbereich Gesundheits- oder Sozialwesen** begrenzt. Dazu würden u.a. Ärzte, Psychotherapeuten, Heilpädagogen, Krankenpflegeberufe, Sozialarbeiter, Sozialpädagogen, Altenpfleger und Sozialtherapeuten gehören. Kaufmännische Berufsabsolventen oder Absolventen einer Ausbildung in der öffentlichen Verwaltung sind im Gegensatz zur Heimleitung für die Tätigkeit als Pflegedienstleitung nicht geeignet.

Die fachlichen Anforderungen an den berufsqualifizierenden Abschluss in § 4 Abs. 2 Satz 1 HeimPersV entsprechen nicht denen, die in § 71 SGB XI gefordert werden.

Verantwortliche Pflegefachkraft nach SGB XI

Mit dem **Pflege-Weiterentwicklungsgesetz** wurde § 71 Abs. 3 SGB XI wie folgt geändert: Grundvoraussetzung für die Anerkennung als verantwortliche Pflegefachkraft ist gemäß § 71 Abs. 3 Satz 1 SGB XI eine abgeschlossene Ausbildung entweder als Gesundheits- und Krankenpflegerin bzw. als Gesundheits- und Krankenpfleger oder als Gesundheits- und Kinderkrankenpflegerin bzw. als Gesundheits- und Kinderkrankenpfleger oder als Altenpflegerin oder Altenpfleger. In dem erlernten Beruf muss eine praktische Berufserfahrung von zwei Jahren innerhalb der letzten fünf Jahre nachgewiesen werden.[25]

Für die Anerkennung ist als weitere Voraussetzung nach Satz 2 erforderlich, dass eine **Weiterbildungsmaßnahme für leitende Funktionen mit einer Mindeststundenzahl, die 460 Stunden** nicht unterschreiten soll, erfolgreich durchgeführt wurde.

Da die Zulassung einer Pflegeeinrichtung gemäß § 72 Abs. 3 SGB XI u.a. davon abhängt, dass die verantwortliche Pflegefachkraft über die Qualifikation nach § 71 Abs. 3 SGB XI verfügt, haben diese Berufsabschlüsse für die PDL elementare Bedeutung.

Die Regelung in § 4 HeimPersV wird damit faktisch durch die Vorschrift des Pflegeversicherungsgesetzes eingeschränkt.

Hauptberufliche Berufserfahrung und Anstellung als PDL

Berufserfahrung nach der HeimPersV

Als berufspraktische Zeit zur Vorbereitung auf eine Tätigkeit als PDL ist nach § 4 Abs. 2 Satz 2 HeimPersV eine mindestens **zweijährige hauptberufliche Tätigkeit** in einem Heim oder in einer vergleichbaren Einrichtung nachzuweisen.

Als vergleichbare Einrichtung kommt hier auch eine ambulante Einrichtung in Betracht, da das Tätigkeitsprofil einer Pflegedienstleitung in einer ambulanten Einrichtung den Aufgaben einer verantwortlichen Pflegedienstleitung in einer stationären Einrichtung weitgehend entspricht.[26] Die Ausübung des erlernten Berufs wird nicht explizit gefordert. Zentrale Voraussetzung ist, dass die PDL über qualifizierte Pflegekompetenz verfügen muss. Die Durchführungsverordnungen der Länder können jeweils gesondert regeln, welche berufspraktischen Erfahrungen für die Eignung anerkannt werden. Folgende Tätigkeiten werden genannt: stellvertretende PDL, sozialpädagogische Leitung von Wohn- und Pflegegruppenleitung, Leitungserfahrung im Krankenhaus oder in Behinderteneinrichtungen.[27]

Berufserfahrung nach dem SGB XI

Zu den fachlichen Zugangsvoraussetzungen und Qualifikationsanforderungen für die Tätigkeit als PDL werden durch das Pflegeversicherungsgesetz speziellere Zugangskriterien im Vergleich zur Heimpersonalverordnung gesetzt. § 71 Abs. 3 Satz 1 SGB XI stellt darauf ab, dass die **praktische Berufserfahrung im erlernten Pflegeberuf** gesammelt wurde. Außerdem müssen die zwei Jahre innerhalb einer Rahmenfrist von fünf Jahren liegen, die vor dem Tag des beabsichtigten Beschäftigungsbeginns beginnt und zurückgerechnet wird (vgl. § 71 Abs. 3 Satz 3 SGB XI).

Rahmenfrist

Diese Rahmenfrist kann nach § 71 Abs. 3 Satz 4 SGB XI nur aus besonderen – im Gesetz aufgelisteten – Gründen erweitert werden und darf acht Jahre nicht überschreiten. Verlängerungsgründe sind:

---

[25] § 71 Abs. 3 SGB XI in der Fassung des Pflege-Weiterentwicklungsgesetzes v. 28.5.2008, BGBl. Teil I, S. 874 ff.

[26] Vgl. Dahlem, u.a., 2007, HeimPersV, § 4, Rdn. 6.2.

[27] Beispielhaft: Durchführung der Verordnung über personelle Anforderungen für Heime, § 4. In: RdErl. D.MS v. 29.10.1994, 101-43371-2.0- (Nds.MinBl. 1994 S. 1536).

- Erwerbslosigkeit aufgrund der Betreuung und Erziehung eines Kindes;
- nicht erwerbstätige Pflege nach § 19 SGB XI, wenn diese mit wenigstens 14 Stunden wöchentlich für eine pflegebedürftige Person in deren häuslicher Umgebung geleistet wurde;
- Teilnahme an einem betriebswirtschaftlichem- oder pflegewissenschaftlichem Studium oder einem sonstigen Weiterbildungslehrgang in der Kranken-, Alten- oder Heilerziehungspflege. Der Abschluss muss nach Bundes- oder Landesrecht anerkannt sein.[28]

Im Zusammenhang mit der zu sammelnden praktischen Berufserfahrung von Pflegedienstleitungen wird in dem Gutachten 2000/2001 des Sachverständigenrates für die Konzertierte Aktion im Gesundheitswesen eine strukturelle **Benachteiligung für Hochschulabsolventen** bei der Besetzung der Pflegedienstleitungen angesprochen. Bis zum 1.1.2002 wurde die geforderte Weiterbildung nicht direkt im § 71 SGB XI, sondern nur in der Qualitätsvereinbarung nach § 80 SGB XI a.F. bestimmt. Dort wurde geregelt, dass die Rahmenfrist für die nachzuweisenden zwei Jahre praktischer Berufserfahrung fünf Jahre beträgt. Für Hochschulabsolventen bedeutete dies eine nahezu unmöglich zu erfüllende Anforderung.[29] Diese strukturelle Benachteiligung wurde durch das Pflege-Qualitätssicherungsgesetz zum 1.1.2002 beseitigt. Seitdem kann die Rahmenfrist aufgrund eines abgeschlossenen pflegewissenschaftlichen oder betriebswirtschaftlichen Studiums auf maximal acht Jahre erweitert werden.

Während nach § 4 i.V.m. § 2 HeimPersV auch für die PDL eine hauptberufliche Tätigkeit als Nachweis für den Erwerb berufspraktischer Erfahrungen verlangt wird, fehlt eine entsprechende Vorgabe in § 71 SGB XI. Zwar wird in der Qualitätsvereinbarung nach § 80 SGB XI (a.F.) unter 3.1.2 als Voraussetzung für die Übernahme der Tätigkeit einer PDL auch eine **hauptberufliche Beschäftigung** verlangt, doch können in untergesetzlichen Vereinbarungen, wie der Qualitätsvereinbarung nach § 113 SGB XI keine weitergehenden Beschränkungen als im Gesetz selbst ohne Ermächtigung getroffen werden.[30] Da allerdings über das Heimgesetz in Verbindung mit der Heimpersonalverordnung bereits eine zweijährige hauptberufliche Tätigkeit rechtswirksam festgeschrieben ist, wirkt sich diese Gesetzeslücke im SGB XI nicht aus.

Eine mindestens **zweijährige hauptberufliche Tätigkeit** ist somit **zwingende Zugangsvoraussetzung** für die Tätigkeit als PDL.

---

[28] Gesetzesstand nach dem Gesetz zur Qualitätssicherung und zur Stärkung des Verbraucherschutzes in der Pflege (Pflege-Qualitätssicherungsgesetz – PQsG) vom 9.9.2001, BGBl. 2001 Nr. 47.

[29] Vgl. Gutachten 2000/2001 des Sachverständigenrates für die Konzertierte Aktion im Gesundheitswesen, Bedarfsgerechtigkeit und Wirtschaftlichkeit, Band II (BT-Drucks. 14/5661), S. 46.

[30] Vgl. BSG Urteil vom 24.9.2002 – Az. BSG B 3 P 14/01 betreffend die Zulassung als PDL in einem ambulanten Pflegedienst.

Sozialversicherungspflichtige Beschäftigung

Der Nachweis der hauptberuflichen Tätigkeit bedeutet, dass es sich um ein **sozialversicherungspflichtiges Beschäftigungsverhältnis** handeln muss. Damit wird klargestellt, dass die Pflegedienstleitung nur im Rahmen eines arbeitsrechtlichen Anstellungsverhältnisses beschäftigt werden kann. Innerhalb dieses Rahmens sind Vollzeit- aber auch Teilzeitbeschäftigungen möglich. Wenn der Eigentümer oder Gesellschafter der Einrichtung gleichzeitig die Funktion der Pflegedienstleitung in der Einrichtung übernimmt, gilt die Voraussetzung der hauptberuflichen Beschäftigung als erfüllt.

Ausgenommen von dieser Anforderung sind Mitglieder geistlicher Genossenschaften, Diakonissen und Kirchenbeamte[31], da diese ohnehin nicht sozialversicherungspflichtig sind. Für sie besteht Versicherungsfreiheit gemäß § 6 Abs. 1 Nr. 7 SGB V.

Geeignete Weiterbildungsmaßnahmen

Weiterbildung der PDL

§ 4 Abs. 2 Satz 2 HeimPersV sieht für die Leitung des Pflegedienstes ebenso wie für die Heimleitung vor, dass geeignete **Weiterbildungsmaßnahmen** bei der Gesamtbeurteilung der Qualifikation einer Person zu berücksichtigen sind.

§ 71 Abs. 3 SGB XI konkretisiert die anzuerkennenden Weiterbildungen, indem auf Weiterbildungslehrgänge in der Kranken-, Alten- oder Heilerziehungspflege oder auf betriebswirtschaftliche und pflegewissenschaftliche Studiengänge Bezug genommen wird.

Nachweise

Die Mindeststundenzahl von 460 Stunden für eine anzuerkennende Weiterbildungsmaßnahme ist mit dem Pflege-Weiterentwicklungsgesetz in § 71 Abs. 3 SGB XI[32] geregelt worden, da die Berufzulassungskriterien eine gesetzliche Regelung erfordern.

Nur bei langjährig berufstätigen Pflegedienstleitungen mit einschlägiger Fortbildung konnte übergangsweise im Einzelfall auf begründeten Antrag eine Ausnahme von dieser Zugangsvoraussetzung gemacht werden. Für alle Pflegedienstleitungen, die diese Qualifikationsanforderung noch nicht erfüllten, bestand eine **Übergangsfrist** von sieben Jahren, die im März 2003 auslief.[33]

Die **Anforderungen an die inhaltlichen Erfordernisse der Weiterbildungsmaßnahmen** sind in der Qualitätsvereinbarung als Rahmenregelung festgelegt.

Nach den Gemeinsamen Grundsätzen und Maßstäben zur Qualität und Qualitätssicherung einschließlich des Verfahrens zur Durchführung von Qualitätsprüfungen nach § 80 SGB XI[34] in vollstationären Pflegeeinrichtungen vom 16.12.2003 **müssen** Pflegedienstleitungen für ihre Tätigkeit den Abschluss einer **Weiterbildungsmaßnahme für leitende Funktionen** oder den

[31] Qualitätsvereinbarung nach § 80 SGB XI a.F., Punkt 2.2.2.2 Berufserfahrung.

[32] Fassung des Pflege-Weiterentwicklungsgesetzes vom 28.5.2008, BGBl. Teil I, S. 874 ff.

[33] Vgl. Qualitätsvereinbarung nach § 80 SGB XI a.F. (§ 113 n.F)., Punkt 2.2.2.3 Weiterbildung. Nach dem Stand von 6. 12.2003.

[34] § 80 SGB XI wurde mit dem Pflege-Weiterentwicklungsgesetz 2008 aufgehoben. Die Regelungsinhalte wurden in § 113 SGB XI gefasst.

Abschluss eines betriebswirtschaftlichen oder pflegewissenschaftlichen Studiums an einer **Fachhochschule** oder **Universität** nachweisen können. Die Weiterbildungsmaßnahme muss gemäß § 71 Abs. 3 eine **Mindeststundenzahl** von 460 Stunden umfassen.

Rahmenkonzept der Weiterbildungsinstitute

Hinsichtlich der Inhalte kann auf das Rahmenkonzept der **Ständigen Konferenz der Weiterbildungsinstitute für leitende und lehrende Pflegekräfte** verwiesen werden. Die **Inhalte** der Weiterbildungskonzeption sind in drei Bereiche untergliedert:

A. Managementkompetenz mit einem Anteil von 50 %
- 1. Personalführung
- 2. Betriebsorganisation
- 3. Betriebswirtschaftliche Grundlagen
- 4. Rechtsgrundlagen
- 5. Gesundheits- und sozialpolitische Grundlagen

B. Psychosoziale und kommunikative Kompetenz mit einem Anteil von 25 %

C. Pflegefachliche Kompetenz
- 1. Pflegewissen
- 2. Pflegeorganisation

Von der Gesamtstundenzahl müssen 20 % in Präsenzphasen vermittelt worden sein. Die Voraussetzung für eine erfolgreiche Weiterbildung ist auch durch den Abschluss eines betriebswirtschaftlichen oder pflegewissenschaftlichen Studiums an einer Fachhochschule oder Universität erfüllt.

MDK-Prüfung nach QPR und MDK-Anleitung

MDK-Prüfkriterien

Im Rahmen der Qualitätsprüfung nach §§ 114, 114a SGB XI werden sowohl die formellen Qualifikationsvoraussetzungen als auch die Aufgabenwahrnehmung der PDL überprüft. Dazu sehen die Qualitätsprüfungs-Richtlinien zum Prüfbereich „Aufbauorganisation Personal“ und zum Prüfpunkt“ „Ablauforganisation“ folgende Kriterien[35] vor:

- Zu 3. **Aufbauorganisation**
  - Bekanntheit der verantwortlichen Pflegefachkraft bei den Pflegekassen zur Prüfungszeit
  - Erfüllung fachlicher Anforderungen: Pflegefachkraft, ausreichende Berufserfahrung, sozialversicherungspflichtige Beschäftigung, Weiterbildung zur Leitungsqualifikation
  - Umfang der wöchentlichen Arbeitszeit
  - Mitarbeit in der direkten Pflege, ggf. mit Stundenumfang
  - Erfüllung der Anforderungen an die Stellvertretung: Pflegefachkraft, sozialversicherungspflichtige Beschäftigung
- Zu 4. **Ablauforganisation**
  - Aufgabenerfüllung der verantwortlichen Pflegefachkraft in der Umsetzung des Pflegekonzeptes, Organisation der fachlichen Planung, Durch-

35 MDS e.V. (Hrsg.), 2005a, unter Prüfpunkt 3. und 4; sowie: MDS e.V. (Hrsg.), 2005b, S. 87, 92.

führung, Evaluation der Pflegeprozesse, Organisation für fachgerechte Führung der Pflegedokumentation, am Pflegebedarf orientierte Dienstplanung, regelmäßige Durchführung von Dienstbesprechungen, Zeit für Aufgaben der verantwortlichen Pflegefachkraft

Ohne die Beschäftigung einer entsprechend qualifizierten Pflegedienstleitung darf eine Einrichtung weder nach §§ 71, 72 SGB XI noch nach § 11 Abs. 3 Heimgesetz betrieben werden. Dies gilt nach Feststellung des Bundessozialgerichts auch für Pflegeeinrichtungen von Glaubensgemeinschaften.[36] Soweit mehrere örtlich und organisatorisch verbundene Pflegeeinrichtungen einen Gesamtversorgungsvertrag gemäß § 72 Abs. 2 Satz 1 SGB XI abgeschlossen haben, genügt es, wenn alle Einrichtungen des Verbundes unter der ständigen Verantwortung nur einer ausgebildeten Pflegekraft stehen.[37]

Beschäftigungsverbot bei fehlender Eignung

Fehlende Eignung/Beschäftigungsverbot/Heimaufsicht

Neben den Prüfungsmöglichkeiten des MDK besteht in Akutsituationen für die **Heimaufsicht** die Möglichkeit gegenüber dem Heimträger ein Beschäftigungsverbot auszusprechen, wenn eine fehlende Eignung festgestellt wird. Heimträger sind verpflichtet, mit Rücksicht auf das Wohl der Heimbewohner stets geeignetes Personal in der Heimleitung, der Pflegedienstleitung, aber auch in allen anderen Beschäftigungsbereichen, z.B. in der Pflege, Hauswirtschaft, im Therapiebereich oder ärztlichen Bereich, soweit ein Beschäftigungsverhältnis oder ein Werkvertrag besteht, einzusetzen. Die „Eignung" bezieht sich sowohl auf die fachlichen Fähigkeiten als auch auf die persönliche Zuverlässigkeit. Maßgebend sind die Erfordernisse der jeweils ausgeübten Tätigkeit. Entfällt die erforderliche Eignung aufgrund von Tatsachen, die die Annahme der fehlenden erforderlichen Eignung begründen, dann erlaubt § 18 HeimG der Heimaufsicht, dem Träger die weitere Beschäftigung der Heimleitung, Pflegedienstleitung oder anderer vertraglich beschäftigter Mitarbeiter zu untersagen (➢ Kap. 3.2.2 „Persönliche Eignung und Ausschlussgründe", in diesem Kapitel).[38] Auch kann die Heimaufsicht eine kommissarische Leitung einsetzen.

Die **fehlende erforderliche Eignung** bei einer **Leitungskraft** ist gegeben, wenn diese wegen Betrugs oder Unterschlagung strafrechtlich verurteilt wurde. Bei der Position der **Pflegedienstleitung** ist zu berücksichtigen, dass sie die Verantwortung für die Gesundheit der Bewohner hat und dafür Sorge tragen muss, dass alle Bewohner die ihren Bedürfnissen und Wünschen entsprechende Pflege erhalten. Bei Hinweisen auf mögliche Missstände in der Pflege hat sie eine unverzügliche Kontrollpflicht bei Kenntniserlangung. Kommt sie dieser Aufsichtspflicht nicht sofort nach, kann dieser Umstand den Schluss

36 BSG Urteil v. 6.8.1998 – B 3 8/97, NZS 1999, S. 298.

37 Erläuterung zu § 72 Abs. 2 Satz 1, Gesetzentwurf der Bundesregierung (2007), Entwurf eines Gesetzes zur strukturellen Weiterentwicklung der Pflegeversicherung – Pflege-Weiterentwicklungsgesetz, Deutscher Bundestag – Drucks. 16/7439 vom 7.12.2007.

38 Vgl. Bayerisches Verwaltungsgericht vom 30.8.2007 – 12 CS 07.1076.

auf eine mangelnde Eignung begründen und zu einem Beschäftigungsverbot gegenüber dem Heimträger führen.

Maßgebend für die Feststellung einer fehlenden erforderlichen Eignung sind die verantwortliche Tätigkeit, die sich daraus ergebenden Anforderungen an die Fachlichkeit und das persönliche Verhalten sowie die vorzuwerfenden Tatsachen.

3.2.3 Stellvertretende Leitung des Pflegedienstes

Qualitätsvereinbarung nach § 80 SGB XI a.F./§ 113 SGB XI n.F.

Die Stelle der **stellvertretenden Pflegedienstleitung** wird **weder im Heimgesetz noch im Pflegeversicherungsgesetz ausdrücklich** gefordert. Die Qualitätsvereinbarung zu den gemeinsamen Grundsätzen und Maßstäben zur Qualität und Qualitätssicherung, enthält dafür umso konkretere Anforderungen an die Stellvertretung der PDL:

„Der Träger der vollstationären Pflegeeinrichtung stellt sicher, dass bei Ausfall der verantwortlichen Pflegefachkraft (z.B. durch Verhinderung, Krankheit oder Urlaub) die Vertretung durch eine Pflegefachkraft mit der Qualifikation nach 2.2.2.1 gewährleistet ist.“[39]

Demnach hat die stellvertretende Pflegedienstleitung in fachlicher Hinsicht einen der nachfolgend beschriebenen Abschlüsse vorzuweisen. Die genannten Abschlüsse werden aber in Orientierung an das Pflege-Weiterentwicklungsgesetz[40] und den Änderungen zum Krankenpflege- und Altenpflegegesetz in der neuen Kennzeichnung wiedergegeben:

- Gesundheits- und Krankenpflegerin oder Gesundheits- und Krankenpfleger oder
- Gesundheits- und Kinderkrankenpflegerin oder Gesundheits- und Kinderkrankenpfleger oder
- Altenpflegerin/Altenpfleger.

Diese berufsqualifizierenden Abschlüsse sind nachzuweisen. Da für die Eignung nicht auf Ziffer 2.2.2.2 der Qualitätsvereinbarung verwiesen wird, muss die Stellvertretung auch nicht zwingend eine mindestens zweijährige hauptberufliche Berufserfahrung in der gesetzten Rahmenfrist von 5 Jahren nachweisen können. Dieses Erfordernis besteht gemäß § 71 Abs. 3 SGB XI nur für die Anerkennung als verantwortliche Pflegefachkraft.

Ebenso wie für die verantwortliche Pflegefachkraft gilt natürlich auch für die Stellvertretung, dass sie persönlich und fachlich geeignet sein muss, um bei einem Ausfall der Pflegedienstleitung deren Aufgaben zum Teil auch kurzfristig übernehmen zu können.

Qualitätsprüfungs-Richtlinien und MDK-Prüfung: Stellvertretung

Nach den Regelungen der Qualitätsprüfungs-Richtlinien und der MDK-Prüfanleitung wird im Rahmen der Qualitätsprüfung auch geprüft, ob die stellvertretende verantwortliche Pflegefachkraft über die geforderte Pflege-

---

39 Qualitätsvereinbarung nach § 80 SGB XI, Nr. 2.2.1 Funktion der verantwortlichen Pflegefachkraft.

40 Pflege-Weiterentwicklungsgesetz vom 28.5.2008, BGBl. I S. 874 ff. zu § 71 Abs. 3 SGB XI.

fachkraftausbildung verfügt und in einem **sozialversicherungspflichtigen Beschäftigungsverhältnis** steht. Das Kriterium der sozialversicherungspflichtigen Beschäftigung wird zwar nicht in der Qualitätsvereinbarung für die vollstationäre Pflege gefordert. In der Qualitätsvereinbarung für die ambulante Pflege aus dem Jahre 1996 steht jedoch die Forderung, dass die Stellvertretung in der Regel sozialversicherungspflichtig beschäftigt werden „sollte". Dass in der Qualitätsvereinbarung für die vollstationäre Pflege ein entsprechender Hinweis fehlt, dürfte ein Redaktionsversehen sein. Vom Sinn und Zweck der Aufgabenstellung her wird auch von der Stellvertretung verlangt werden müssen, dass sie sozialversicherungspflichtig tätig ist, um die Benennung von geringfügig beschäftigten Kräften von vornherein auszuschließen. Eine zeitlich geringfügige Tätigkeit wäre für die Übernahme verantwortlicher Aufgaben sicher nicht geeignet. Unter Berücksichtigung dieser zu vollziehenden ergänzenden Auslegung hinsichtlich der Qualifikationsanforderung an die stellvertretende verantwortliche Pflegefachkraft lässt sich das Prüfungsmerkmal der „sozialversicherungspflichtigen Beschäftigung" unter Ziffer 3.7 der Qualitätsprüfungs-Richtlinien und der MDK-Anleitung als begründet rechtfertigen.

Die Überprüfung des Bestehens einer sozialversicherungspflichtigen Beschäftigung der stellvertretenden PDL nach den QPR und der MDK-Anleitung ist aufgrund des Verantwortungsbereichs der Stellvertretung begründet.[41]

3.2.4 Beschäftigte im Heim

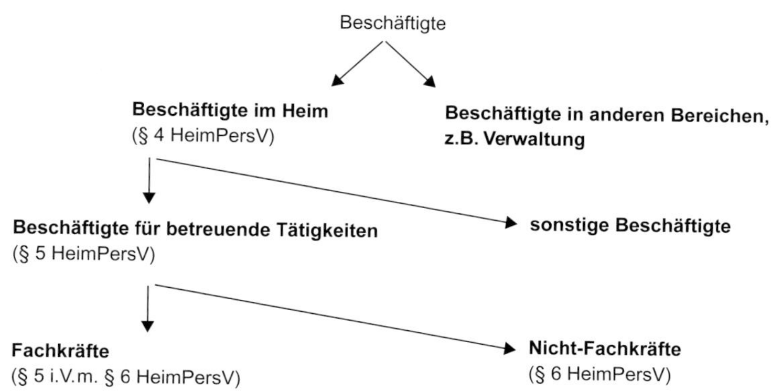

Abb. 3.3 Übersicht über die Beschäftigten in Heimeinrichtungen

[41] Vgl. MDS e.V. (Hrsg.), 2005b, S. 75.

Abb. 3.4 Beschäftigungsbereiche in stationären Pflegeeinrichtungen

Beschäftigte für betreuende Tätigkeiten

Grundsätzliche Anforderungen

Die Beschäftigten in Heimen müssen gemäß § 4 Abs. 1 HeimPersV **persönlich und fachlich** für die Tätigkeiten und die Funktionen, für die sie eingestellt werden, geeignet sein. Der Beschäftigtenbegriff ist weit gefasst.

Kreis der Beschäftigten

Nach der amtlichen Begründung umfasst er alle Personen, die nicht zur Heimleitung gehören. Zu den Beschäftigten zählt auch die Pflegedienstleitung. Aufgrund der mit dieser Tätigkeit verbundenen leitenden Verantwortungsbereiche sind mit der Tätigkeit der verantwortlichen Pflegefachkraft auch spezifische Qualifikationen und Eignungsvoraussetzungen verbunden. Diese wurden bereits dargestellt (➤ Kap. 3.2.2).

Ansonsten zählen zum Kreis der „Beschäftigten" alle Personen, die eine weisungsgebundene Tätigkeit im Heim ausüben und damit in einem festen Arbeitsverhältnis stehen. Dazu gehören in der Regel sowohl die Beschäftigten, die in der Krankenpflege, der Hauswirtschaft und mit heilpädagogischen bzw. sozialpädagogischen Aufgaben befasst sind, als auch das Personal der Verwaltung und der Haustechnik[42], also z.B. auch Verwaltungskräfte an der Pforte oder Wirtschaftskräfte.[43] Nicht zum Kreis der Beschäftigten i.S.d. § 4 HeimPersV gehören Personen, die nicht an Weisungen gebunden und als freie Mitarbeiter tätig sind, z.B. niedergelassene Ärzte, Masseure und Friseure. Sie werden der Gruppe der „sonstigen Mitarbeiter" gemäß § 18 HeimG zugerechnet. Außer Betracht bleibt hier die seit dem 1.7.2008 bestehende Möglichkeit der Beschäftigung von Heimärzten (➤ Kap. 3.2.4 „Der angestellte Heimarzt" und ➤ Kap. 1.3.2).

Begriffsbestimmung „betreuende Tätigkeiten"

Eine gesonderte Regelung erfährt in § 5 HeimPersV die Gruppe der **Beschäftigten für betreuende Tätigkeiten.** Nach der amtlichen Begründung zur Verordnung ist für die betreuenden Aufgaben auch eine in besonderem Maße dafür **geeignete Personalausstattung** zu verlangen. Dabei zählen zu den betreuenden Tätigkeiten alle Formen von **Hilfen für die Heimbewohner,** außer es handelt sich nur um die „reine Gebrauchsüberlassung des Wohn- und Schlafplatzes und die Verpflegung als solches".[44]

Betreuungsbereiche

Alle anderen betreuenden Tätigkeiten sind aus den Vereinbarungen des Heimvertrags zu entnehmen. Aufgrund des § 5 Abs. 2 HeimG und des § 43

[42] Vgl. Dahlem, u.a., 2007, HeimPersV, § 4, Rdn. 5.2.

[43] Krahmer; Richter, 2006, § 4, Rdn. 3.

[44] Gemeinsame Empfehlung gemäß § 75 Abs. 5 SGB XI zum Inhalt der Rahmenverträge nach § 75 Abs. 1 SGB XI zur vollstationären Pflege vom 25.11.1996.

Abs. 2 SGB XI sowie der Gemeinsamen Empfehlung gemäß § 75 Abs. 5 (a.F.) SGB XI können folgende **Betreuungsbereiche** definiert werden:
- Therapie
- allgemeine Pflege und Behandlungspflege
- soziale Betreuung
- hauswirtschaftliche Tätigkeiten

Fachliche Eignung

Fachkraft

Definition: Weiter Fachkraftbegriff nach HeimPersV

Betreuende Tätigkeiten dürfen nur von **Fachkräften** ausgeübt werden. Zumindest müssen Fachkräfte angemessen an der Betreuung beteiligt sein. Dies verlangt eine Beteiligung von Fachkräften bei den betreuenden Tätigkeiten in der stationären Versorgung. Bloße Rufbereitschaften von Fachkräften genügen diesen Anforderungen nicht. § 5 Abs. 1 HeimPersV regelt dazu die sogenannte **Mindestbesetzung mit Fachkräften.** Zur weiteren Definition der Qualifikation der Fachkraft wird nach § 6 HeimPersV eine **abgeschlossene Berufsausbildung** gefordert. Mit dem Berufsabschluss verbunden ist die Annahme, dass die erforderlichen Kenntnisse und Fähigkeiten zur selbstständigen und eigenverantwortlichen Wahrnehmung betreuender Funktionen und Tätigkeiten erworben wurden. Die qualifizierenden Berufsabschlüsse sind in der Verordnung allerdings nicht enumerativ aufgelistet. Der Verordnungsgeber hat in § 6 HeimPersV lediglich eine Ausschlussregelung getroffen. Danach sind Berufsabschlüsse als Altenpflegerhelferin oder Altenpflegehelfer, als Krankenpflegehelferin oder Krankenpflegehelfer sowie vergleichbare Hilfskräfte nicht ausreichend. Aus dem generellen Erfordernis einer „abgeschlossenen Berufsausbildung“ ist zu schließen, dass für die Anerkennung als Fachkraft nicht zwingend pflegefachbezogene Abschlüsse verlangt werden, sondern dass auch andere – vergleichbar qualifizierende Abschlüsse – gemäß § 6 HeimPersV anzuerkennen sind. Dafür spricht, dass es dem Verordnungsgeber um die Qualität der betreuenden Leistungen und um die Eignung des Personals geht. Von Fachkräften ist zu erwarten, dass sie aufgrund ihrer Qualifizierung zur **selbstständigen und eigenverantwortlichen Aufgabenwahrnehmung** befähigt sind und über die erforderlichen Kenntnisse verfügen. Hätte er diese Befähigung nur für spezifische Gesundheitsberufe anerkennen wollen, dann hätte der Verordnungsgeber die Berufsabschlüsse konkretisieren müssen, so wie dies auch im Rahmen des SGB XI in § 71 Abs. 3 SGB XI und in der Qualitätsvereinbarung gemäß § 80 SGB XI a.F. geschehen ist.[45] Folglich sind als Fachkräfte neben den examinierten Kranken- und Altenpflegekräften z.B. auch Heilerziehungspfleger, Sozialarbeiter/Sozialpädagogen, Ergotherapeuten, Beschäftigungstherapeuten, Physiotherapeuten und Hauswirtschafter anzuerkennen.[46]

---

[45] Zur Fachausbildung der verantwortlichen Fachkraft siehe Nr. 2.2.2.1 der Qualitätsvereinbarung.

[46] Vgl. Krahmer; Richter, 2006, § 6, Rdn. 6.

Pflegeeinrichtungen müssen deshalb für die jeweiligen Betreuungsbereiche das einsetzbare Fachpersonal bestimmen.

Beispiel Ernährungsberaterin

Dies soll am konkreten Beispiel des Einsatzes einer Beschäftigten für die Ernährungsberatung verdeutlicht werden. Die Gemeinsame Empfehlung gemäß § 75 Abs. 5 a.F SGB XI regelt in § 1 Abs. 3 zur Hilfe bei der Ernährung durch die Pflege:

„Eine ausgewogene Ernährung (einschließlich notwendiger Diätkost) ist anzustreben. Der Pflegebedürftige ist bei der Essens- und Getränkeauswahl sowie bei Problemen der Nahrungsaufnahme zu beraten“.[47]

Die beschriebene Tätigkeit zählt zu den klassischen Aufgaben der ausgebildeten Diätassistentin. Wird in einer Einrichtung für die Ernährungsberatung der Bewohner eine Diätassistentin beschäftigt, ist diese als **Fachkraft** anzuerkennen, da sie:

- eine anerkannte betreuende Tätigkeit ausführt,
- über einen abgeschlossenen Berufsabschluss verfügt und demzufolge
- über Fähigkeiten und Kenntnisse zur eigenverantwortlichen und selbstständigen Ausführung der Tätigkeit verfügt.

Fachkraftquote

Die Erfassung der Fachkräfte aus der Zahl der Beschäftigten ist für Heimträger nicht nur wegen der Sicherstellung und Gewährleistung der Qualität des Personaleinsatzes und der fachgerechten Betreuung von Bedeutung, sondern hat auch erhebliche Relevanz für die Einhaltung des individuell zu vereinbarenden Personalbestands und dessen Einsatz im Rahmen der Feststellung der Leistungs- und Qualitätsmerkmale gemäß § 84 Abs. 5 und Abs. 6 SGB XI, sowie für die sogenannte **Fachkraftquote** gemäß § 5 Abs. 2 HeimPersV. Zu den Regelungen der Leistungs- und Qualitätsmerkmale und deren Regelungsbereich zum Personal wird auf (➢ Kap. 6.2.5) verwiesen. Mit der in der Heimpersonalverordnung festgelegten Fachkraftquote soll sichergestellt werden, dass jede Heimeinrichtung eine Mindest-Fachkraftquote einhält. Zu deren Erfüllung muss mindestens einer, bei mehr als 20 nicht pflegebedürftigen Bewohnern mindestens jeder zweite weitere Beschäftigte eine Fachkraft sein. In Pflegeheimen muss auch bei Nachtwachen mindestens eine Fachkraft ständig anwesend sein.

Nach § 5 Abs. 1 Satz 2 HeimPersV müssen bei den betreuenden Tätigkeiten (in der Pflege, sozialen Betreuung, bei hauswirtschaftlichen Hilfen, therapeutischen Leistungen) **mindestens 50 %** des betreuenden Personals Fachkräfte sein.[48] In den ersten in Kraft getretenen Landesheimgesetzen wird entweder bis zum Erlass einer Rechtsverordnung auf die Fortgeltung der Heimpersonalverordnung verwiesen oder es wird die Fachkraftquote aus § 5 HeimPersV übernommen.[49] Weiteres: **www.pflegeheute.de**

---

47 Abschnitt I, § 1 Abs. 3 Gemeinsame Empfehlung gemäß § 75 Abs. 5 SGB XI zum Inhalt der Rahmenverträge nach § 75 Abs. 1 SGB XI zur vollstationären Pflege vom 25. November 1996.

48 Eine Abweichung von der Fachkraftquote ist nach § 5 Abs. 2 HeimPersV nur mit Zustimmung der Heimaufsicht möglich. Hierfür muss nachgewiesen werden, dass eine geringere Besetzung für die fachgerechte Betreuung der Bewohner ausreichend ist.

49 Pflege- und Wohnqualitätsgesetz für Bayern: Bayerischer Landtag, Drucksache 15/10997 vom 3.7.2008. Heimgesetz für Baden-Württemberg vom 3.6.2008 zu § 11 Abs. 2 Nr. 3.

Die Quote bestimmt sich nach dem zahlenmäßigen Anteil von Fachkräften zu Hilfskräften, ausgehend von Vollzeitkräften, die vom Träger einer Pflegeeinrichtung für betreuende Tätigkeiten zu beschäftigen sind. Nicht berücksichtigt werden Auszubildende und Zivildienstleistende sowie Praktikanten. Allerdings scheinen die Methoden, nach denen die Fachkraftquote berechnet wird, ebenso wie die Anerkennungen auf die Fachkraftquote in den Bundesländern unterschiedlich gehandhabt zu werden.[50]

Nach der amtlichen Mitteilung des Statistischen Bundesamtes aus dem Jahre 1999 lag die Fachkraftquote in Deutschland bei 47 % bzw. – bei einer Ausklammerung der Teilzeitkräfte – bei 51 %. In den Bundesländern gab es Abweichungen vom Bundesdurchschnitt sowohl nach oben als auch nach unten.[51] Im Ersten Bericht des Bundesministeriums für Familie, Senioren, Frauen und Jugend über die Situation der Heime und die Betreuung der Bewohnerinnen und Bewohner wird darauf verwiesen, dass im Jahre **2003** bundesweit eine **empirische Fachkraftquote** von 56,6 % festgestellt wurde. Grundlage für die Berechnung der Quote war die Division der Vollzeit-Äquivalente (Umrechung aller Beschäftigten in Vollzeit-Äquivalente) der Fachkräfte durch die Zahl der Vollzeit-Äquivalente insgesamt (Fach- und Hilfskräfte).[52]

Personalwerte im SGB XI und Heimrecht

Nach der **Rechtsprechung** muss die Fachkraftquote auf das Heim insgesamt gesehen erfüllt werden. Sie muss aber nicht stets zu jeder Zeit in der Personalbesetzung erfüllt sein.[53] Der Träger hat jedoch sicherzustellen, dass beim Einsatz von Hilfskräften diese unter angemessener Beteiligung von Fachkräften, die fachliche Vorgaben setzen und nach Bedarf auch einsatzbereit sind, betreuende Tätigkeiten wahrnehmen. Eine **Unterschreitung der Fachkraftquote mit gerichtlicher Zustimmung** ist deshalb ohnehin nur unter sehr engen Voraussetzungen denkbar, insbesondere, **wenn heimspezifische Besonderheiten dies rechtfertigen.** Das Verwaltungsgericht Düsseldorf[54] hat auf folgende „Besonderheiten" verwiesen: wenn eine „nennenswerte Anzahl von nicht pflegebedürftigen Bewohnern" betreut wird, wenn langjährige erfahrene Hilfskräfte als Fachkräfte berücksichtigt werden können und wenn der Einrichtung aufgrund repräsentativer Prüfung Mängelfreiheit bescheinigt wird. Dagegen sind Hinweise auf finanzielle Überforderung und Kostendeckelungen unerheblich.

Außer der Mindestfachkraftquote gibt es im Heimrecht keine verbindlichen Vorgaben für Personalschlüssel. Diese werden überwiegend in den Landesrahmenverträgen gemäß § 75 Abs. 1 SGB XI festgelegt und in den Leistungs- und Qualitätsbestimmungen für die Pflegesatzvereinbarung gemäß § 84 Abs. 5 SGB XI einrichtungsspezifisch geregelt. Für die Heimaufsicht sind

---

50 Bundesministerium für Familie, Senioren, Frauen und Jugend (Hrsg.), 2006, S. 81.
51 Vgl. Statistisches Bundesamt, 2002, S. 4.
52 Bundesministerium für Familie, Senioren, Frauen und Jugend (Hrsg.), 2006, S. 82 mit einer Übersicht zu den Abweichungen in den Bundesländern.
53 Oberverwaltungsgericht Münster, Urteil vom 21.6.2004, Az 4 A 151/01.
54 VG Düsseldorf, Urteil vom 19.11.2002 – 3 K 4948/02.

weder die Personalschlüssel und Richtwerte in den Rahmenverträgen nach § 75 Abs. 2 Nr. 3, Abs. 3 S. 1 Nr. 2 SGB XI bindend, noch die Vereinbarungen zur Personalmenge innerhalb der Festlegung der Leistungs- und Qualitätsmerkmale gemäß § 84 Abs. 5 SGB XI (zur Heimaufsicht siehe auch ➢ Kap. 5.4.3). Denn gemäß § 11 SGB XI bleiben die Bestimmungen des Heimgesetzes unberührt. Deshalb ist die Heimaufsicht mit Blick auf das Wohl der Bewohner berechtigt, abweichend von den Personalschlüsseln und Personalrichtwerten selbstständig Anforderungen an die Personalausstattung zu stellen. Dies wird der Fall sein, wenn Anhaltspunkte für eine unzureichende personelle Ausstattung festgestellt werden und eine Gefährdung des Wohls von Bewohnern droht.[55] Die Aufstockung des Personalbestands an Fachkräften durch die Auflage der ständigen Anwesenheit **einer Fachkraft pro Wohnbereich** ist nach Anordnung der **Heimaufsicht** zulässig.

Fachkräfte-Teams/ Schnittstellenkonzept

Der Einsatz der Fachkräfte muss sich selbstverständlich auch bei Berücksichtigung der Fachkraftquote nach der Fachlichkeit und den erforderlichen betreuenden Tätigkeiten richten. Allerdings schließt dies kooperative Formen der Betreuung nicht aus. Der Fachkraftbegriff sollte daher nicht immer primär auf das Pflegepersonal bezogen betrachtet werden. Für die personelle Betreuung pflegebedürftiger Heimbewohner gewinnen allmählich auch interdisziplinär und multiprofessionell strukturierte Teams an Bedeutung.[56] Eine – gewissermaßen – Vorreiterfunktion nehmen die unterschiedlichen Betreuungsmodelle im Bereich der Demenzbetreuung ein, in der zunehmend Betreuungskonzepte mit interdisziplinär zusammengesetzten Kräften (Pflege- und Hauswirtschaftskräfte, Sozialarbeiter, Therapeuten) erprobt und umgesetzt werden.

Beispielsweise bestehen in den Bereichen der Speisenversorgung, Wäscheversorgung und der Reinigung Aufgaben, die weder der **hauswirtschaftlichen** noch der **pflegerischen Tätigkeit** eindeutig zuzuweisen sind. Durch die Festlegung eines Schnittstellenkonzeptes können in diesen Tätigkeitsfeldern Verantwortungsbereiche für ausgebildete Hauswirtschafter/-innen oder Pflegekräfte definiert werden.[57] Dadurch kann im Rahmen der Personalbemessung eine flexible Personalausstattung und Fachkraftzusammensetzung bewirkt werden.

Landesregelungen zur Fachkraft

Als weitere Orientierung für den Fachkraftbegriff und die Fachkraftanerkennung sind landesrechtliche Regelungen zu beachten. Hier bestehen in den Bundesländern unterschiedliche Zuordnungen, die jeweils nach dem Sitz der Einrichtung zu beachten sind. Beispielsweise zählen aufgrund eines für das Land Hessen geltenden Rundschreibens zu „Grundsätzen zur Durchführung der Heimpersonalverordnung“ nur die Berufsgruppen „therapeutisches Fachpersonal, Pflegefachkräfte und Fachkräfte im Sozialwesen“ zu den Fach-

[55] VG Sigmaringen, Urteil vom 31.1.2007 – 1 K 473/05.
[56] Bundesministerium für Familie, Senioren, Frauen und Jugend (Hrsg.), 2006, S. 84.
[57] Vgl. Bayerisches Staatsministerium für Arbeit und Sozialordnung, Familie, Frauen, u.a (Hrsg.), 2006.

Tab. 3.1 Anzuerkennende Fachkräfte im Land Niedersachsen

Fachkräfte für Pflege	Fachkräfte für Förderung, Therapie und soziale Betreuung	Andere Fachkräfte im Gesundheits- oder Sozialwesen
• Altenpfleger/-in • Heilerziehungspfleger/-in • Kinderkrankenschwester/-pfleger • Krankenschwester/-pfleger	• Ergotherapeut/-in • Diplompädagoge/-in • Dorfhelfer/-in • Erzieher/-in • Haus- und Familienpfleger/-in • Physiotherapeut/-in • Motopäde/Motopädin • Psychologe/-in • Sozialarbeiter/-in • Sozialpädagoge/-in • Logopäde/Logopädin	• Diätassistent/-in • Fachhauswirtschafter/-in für ältere Menschen • Hauswirtschaftliche(r) Betriebsleiter/-in • Hebamme • Masseur/-in • Medizinische(r) Fußpfleger/-in • Medizinisch-technische(r) Assistent/-in • Morphologie-Assistent/-in • Ökotrophologe/-in • Orthoptist/-in • Pharmazeutisch-technische(r) Assistent/-in • Rettungsassistent/-in

kräften im Sinne der HeimPersV.[58] Diätassistenten werden nicht dazugerechnet, sondern sind den „sonstigen" Beschäftigten zuzuordnen.

Anders als im Bundesland Hessen ist für die „Durchführung der Verordnung über personelle Anforderungen für Heime" im Land Niedersachsen festgelegt, dass Diätassistenten als Fachkräfte anerkannt werden.[59] Tabelle 3.1 zeigt die Struktur der anzuerkennenden Fachkräfte.

Nichtfachkräfte

Hilfskräfte

Zu den Beschäftigten für betreuende Tätigkeiten gehören auch die **Nichtfachkräfte** im Sinne des § 6 Satz 2 HeimPersV:

- Altenpflegehelfer/-in
- Arzthelfer/-in
- Heilerziehungshelfer/-in
- Kinderpfleger/-in
- Krankenpflegehelfer/-in
- Rettungssanitäter/-in
- Sozialassistent/-in
- Auszubildende
- Zivildienstleistende
- Praktikanten

[58] Rundschreiben – Heimgesetz, Grundsätze zur Durchführung der Heimpersonalverordnung (HeimPersV).In: Dahlem, u.a., 2007, Band II, E.

[59] Runderlass des Ministeriums v. 20.10.1994 – 101-43371-2.0 – Durchführung der Verordnung über personelle Anforderungen für Heime, Nds. MinBl. 1994, S. 1536.

Sie können unter **angemessener Beteiligung der Fachkräfte** betreuende Tätigkeiten übernehmen (§ 5 Abs. 1 zweiter Halbsatz HeimPersV). Eine Fachkraft muss demnach nicht selbst die betreuende Tätigkeit durchführen. Es muss jedoch bei der Durchführung betreuender Tätigkeiten durch Hilfskräfte sichergestellt sein, dass das Fachwissen der Fachkraft „für die Art und Weise des Dienstleistungsvollzugs prägend ist."[60] Um dies zu gewährleisten, müssen Fachkräfte die Hilfskräfte anleiten und die durch Hilfskräfte geleistete Arbeit kontrollieren.

Anerkennung ausländischer Qualifikation

Ausländische Abschlüsse

Für die Beschäftigung von Pflegekräften, die über eine abgeschlossene ausländische Berufsausbildung verfügen, sieht das Altenpflegegesetz ein Anerkennungsverfahren vor. § 2 Abs. 3 AltPflG verweist darauf, dass eine außerhalb des Geltungsbereichs des Altenpflegegesetzes erworbene abgeschlossene Ausbildung zur Berufskennzeichnung berechtigt, wenn eine Gleichwertigkeit des Ausbildungsstands gegeben ist. Dazu bedarf es einer Anerkennung im Einzelfall. Die Anerkennung von im EU-Raum erworbenen Ausbildungen erfolgt in Umsetzung der:

- Richtlinie 89/48/EWG des Rates vom 21.12.1988 über eine allgemeine Regelung zur Anerkennung der Hochschuldiplome, die eine mindestens dreijährige Berufsausbildung abschließen,
- Richtlinie 92/51/EWG des Rates vom 18.6.1992 über eine allgemeine Regelung zur Anerkennung beruflicher Befähigungsnachweise in Ergänzung zur Richtlinie 89/48/EWG,
- Richtlinie 2001/19/EG des Europäischen Parlaments und des Rates vom 14.05.2001 (ABl-EG Nr. 1 L 206 S. 1).[61]

Für die Anerkennung ausländischer Berufsabschlüsse hat eine Einzelfallprüfung durch die zuständige Behörde zu erfolgen.[62]

„Sonstige" Beschäftigte und „geeignete Kräfte"

Abschließend soll der Vollständigkeit halber noch auf eine Gruppe beim Heimpersonal hingewiesen werden, die zur Kerngruppe der Beschäftigten zählt, aber von den „Beschäftigten für betreuende Tätigkeiten" zu trennen ist. Zu den sogenannten „sonstigen" Beschäftigen sind die **Berufsgruppen** im Heimbereich zu zählen, die **nicht mit betreuenden Tätigkeiten** im Sinne von § 5 i.V.m. § 6 HeimPersV beauftragt sind, also:

---

60 Bayerischer VGH, Beschluss vom 12. April 2000 – 22 CS 99.3761.

61 Ausführlicher Quellennachweis im: Gesetz über die Berufe der Altenpflege (Altenpflegegesetz – AltPflG) i.d.F. vom 25.8.2003 (BGBl. I S. 1690), zuletzt geändert mit Art. 16 des Pflege-Weiterentwicklungsgesetzes vom 28.5.2008, BGBl. I S. 874 ff., 904.

62 Zur Problematik von Personen aus sogenannten Drittstaaten: Die Gleichwertigkeit des Ausbildungsstandes bei nichtärztlichen Gesundheitsfachberufen aus dem außereuropäischen Raum ist im Einzelfall zu prüfen. Auch hier muss die zuständige Heimaufsichtsbehörde über die Gleichwertigkeit entscheiden.

- Mitarbeiter der Verwaltung
- Hausmeister
- Fahrpersonal
- Hilfspersonal im Küchenbereich

Auch für diese Gruppe der Beschäftigten besteht gemäß § 4 Abs. 1 HeimPersV die Anforderung, dass sie die erforderliche **persönliche und fachliche Eignung** für die Übernahme der von ihnen zu erbringenden Tätigkeiten besitzen müssen.

„Geeignete" Kräfte nach SGB XI

Abgleich HeimPersV und SGB XI

Das Pflegeversicherungsgesetz enthält zu den Qualifikationsanforderungen des Personals nur wenige Vorgaben. Diese sind mit dem Heimrecht nicht deckungsgleich. Zur Qualifikation der Leitung der Pflegeeinrichtung sind keine Regelungen getroffen worden, sodass hier die Heimpersonalverordnung einschlägig ist (➤ Kap. 3.2.1). Für die Leitung des Pflegedienstes enthält das Heimgesetz persönliche Eignungskriterien und den geeigneten Berufsabschluss. Das SGB XI regelt für die Pflegedienstleitung als verantwortliche Pflegefachkraft in § 71 SGB XI und in der Qualitätsvereinbarung gemäß § 80 SGB XI spezielle Berufszugangsbedingungen und fachspezifische Verantwortungsbereiche. Beide Regelungen stehen nebeneinander (➤ Kap. 3.2.2).

Für weitere Beschäftigtengruppen enthält das Pflegeversicherungsgesetz keine Details. Innerhalb der Qualitätsvereinbarung wird als „weitere personelle Strukturanforderungen" unter 2.4 gefordert, dass **„geeignete Kräfte"** für die den individuellen Erfordernissen entsprechende Pflege, soziale Betreuung und Versorgung der Bewohner bereitgestellt werden müssen. Angesprochen sind damit Fachkräfte und Hilfskräfte in allen Aufgabenbereichen. Hilfskräfte und angelernte Kräfte dürfen nur unter fachlicher Anleitung einer Fachkraft Tätigkeiten ausführen.[63] Maßgebend für die weitere Konkretisierung der Beschäftigtengruppen sind folglich die zuvor dargestellten Regelungen aus der Heimpersonalverordnung. Eine Pflegefachkraft ist Fachkraft im Sinne des § 6 HeimPersV.

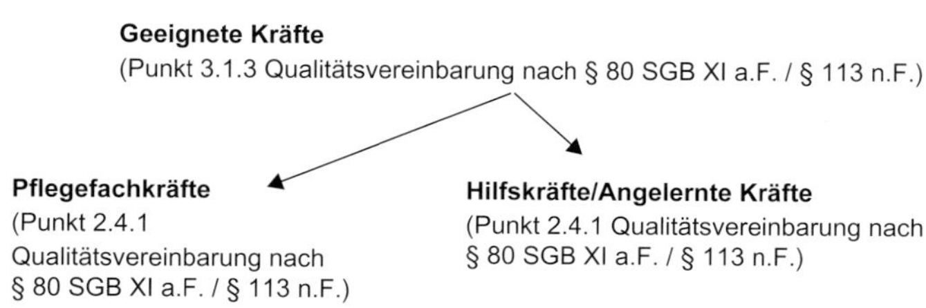

Abb. 3.5 Geeignete Kräfte

[63] Vgl. Qualitätsvereinbarung nach § 80 SGB XI a.F., Punkt 2.4.1.

Sonderfall: Der angestellte Heimarzt

Der angestellte Heimarzt

Seit Inkrafttreten der **Pflegereform im Juli 2008** besteht die Möglichkeit, Ärzte im Pflegeheim zu beschäftigen. Nach dem Willen des Gesetzgebers sollen Pflegeeinrichtungen unter bestimmten Bedingungen die Möglichkeit haben, zur Versorgung ihrer Bewohner einen Arzt anzustellen, der im Arztregister eingetragen und geriatrisch fortgebildet ist.

Dazu wurde mit der Pflegereform auch das Krankenversicherungsrecht (SGB V) geändert. Mit Art. 6 wurde § 119b SGB V in das Gesetz eingefügt. Danach haben Pflegeeinrichtungen einen Rechtsanspruch auf die Ermächtigung zur Teilnahme an der vertragsärztlichen Versorgung von pflegebedürftigen Versicherten, wenn ansonsten die ärztliche Versorgung nicht sichergestellt ist. Heimträger können aufgrund der Ermächtigung einen Arzt einstellen. Die weiteren Voraussetzungen an die Ermächtigung und Einstellung sind in ➢ Kapitel 6.2.2 dargestellt. Denkbar wäre die Anstellung von Ärzten in größeren Pflegeeinrichtungen, die sich auf die Pflege schwerkranker Pflegebedürftiger oder besonderer Patientengruppen spezialisiert haben. Da mit der Reform in § 72 Abs. 2 SGB XI auch die Möglichkeit eröffnet wurde, eine Gesamtversorgungsvertrag mit verschiedenen selbstständig wirtschaftenden Pflegeeinrichtungen (Verbundeinrichtungen) zu schließen, dürfte dann auch für die Anstellung von Heimärzten eine Basis geschaffen sein.

MDK und Heimaufsicht-Prüfpunkt: Personal

MDK-Prüfkriterien

Mit dem Inkrafttreten der **Qualitätsprüfungs-Richtlinien (QPR)** im Jahre 2006 sind für die Qualitätsprüfungen des MDK konkrete Prüfungsvorgaben bezüglich des Personals gesetzt worden. Die Überprüfung der Qualifikation der Pflegedienstleitung wurde zuvor bereits dargestellt (➢ Kap. 3.2.2), sodass hier ausschließlich auf die Prüfung des Personals und der Personalausstattung eingegangen wird. In den QPR finden sich unterschiedliche Prüfgesichtspunkte, u.a.:

- Im Rahmen der Strukturqualität werden nach Nr. 1.5 der Ausbildungsnachweis der stellvertretenden PDL und der pflegebezogene Ausbildungsnachweis der pflegerischen Mitarbeiter geprüft. Dazu wird auch eine Aufstellung aller Beschäftigten in der Pflege und Betreuung mit Namen, Berufsausbildung und Beschäftigungsumfang als Vorlage verlangt. Außerdem werden die hauswirtschaftlichen Ausbildungsnachweise der Mitarbeiter dieses Aufgabenbereichs geprüft.
- Unter Nr. 3 der QPR wird die Prüfung der Aufbauorganisation des Personals u.a. hinsichtlich der verbindlichen Festlegung der Verantwortungsbereiche, Stellenbeschreibungen für Fachkräfte, Helfer, Angelernte in Pflege, Hauswirtschaft und Betreuung festgelegt.
- Nach Nr. 3.8 erfolgt die Erfassung der Zusammensetzung des gesamten Personals nach der fachlichen Besetzung/den Qualifikationen und der Arbeitszeit.
- Nach Nr. 4.3 wird die fachliche Anleitung und Überprüfung von Pflegehilfskräften in der Grundpflege durch Pflegefachkräfte geprüft und nach

Ziffer 4.6 die Personaleinsatzplanung auf ihre Geeignetheit in Hinblick auf die Bewohnerbedürfnisse.
- Nach Nr. 10.3 wird die Personalbesetzung der sozialen Betreuung und deren Koordination geprüft.

Die Heimaufsicht nimmt ihrerseits gemäß § 15 HeimG eigenständig Überwachungsaufgaben wahr und prüft dazu gemäß § 13 Abs. 1 Nr. 3 HeimG insbesondere die Qualifikation, den Einsatz und den Beschäftigungsumfang des Personals. Nähere Ausführungen zur Tätigkeit der Heimaufsicht finden sich im 5. Kapitel unter ➢ 5.4.3.

Die fachliche Qualifikation der Beschäftigten für betreuende Tätigkeiten im Sinne der HeimPersV zur Beurteilung der Einhaltung der Fachkraftquote überprüft der MDK nicht. Dies ist Aufgabe der Heimaufsicht.

3.2.5 Fort- und Weiterbildung

Gesetzliche Grundlagen

Anforderungen

Sowohl das Heimgesetz als auch das Pflegeversicherungsgesetz fordern von den stationären Pflegeeinrichtungen, dass diese ihre Leistungen entsprechend dem **allgemein anerkannten Stand medizinisch-pflegerischer Erkenntnisse** erbringen.[64] Der Gesetzgeber geht damit von einem sich stetig entwickelnden Qualitätsniveau aus, was bedingt, dass auch das Personal sich durch stetige Fort- und Weiterbildung an dem aktuellen Entwicklungsstand orientiert.

Ziel ist es, die Qualität der Pflege entsprechend dem Forschungs- und Entwicklungstand zu sichern und zu verbessern. Dafür ist eine kontinuierliche Fort- und Weiterbildung der Beschäftigten eine zentrale Voraussetzung.

Sowohl das **Heimgesetz** als auch das **Pflegeversicherungsgesetz** enthalten Regelungen zur Fort- und Weiterbildung des Personals in den vollstationären Pflegeeinrichtungen.[65] Diese sind unterschiedlich ausgestaltet.

HeimPersV

In **§ 8 Abs. 1 HeimPersV** wird der Heimträger verpflichtet, dem Leiter der Einrichtung und den Beschäftigten **Gelegenheit zur Teilnahme** an berufsbegleitenden Fort- und Weiterbildungsveranstaltungen zu geben. Damit soll bewirkt werden, dass die Beschäftigten grundsätzlich die Möglichkeit zur Teilnahme an entsprechenden Veranstaltungen haben, um ihr Fachwissen zu aktualisieren und zu verbessern.[66] Die „Gelegenheit geben" bedeutet, dass

[64] Vgl. § 11 Abs. 1 Nr. 3 HeimG, § 11 Abs. 1 SGB XI.
[65] *Fortbildung* dient der Vertiefung und Aktualisierung des erlernten und berufsbezogenen Wissens. *Weiterbildung* dient dem Erwerb neuer oder zusätzlicher Kompetenzen.
[66] Vgl. BR-Drucks. 204/93 in Dahlem, u.a., 2007, HeimPersV, § 8, Rdn. 2.

den Beschäftigten durch entsprechende Dienstplangestaltung oder Freistellung die zeitliche Möglichkeit zur Teilnahme an Fort- und Weiterbildungsmaßnahmen eröffnet wird. Eine **Kostenübernahme** oder eine Übernahme von Teilnahmekosten durch den Träger **ist damit nicht festgelegt.** Eine Kostenübernahme kann unter Umständen tarifvertraglich oder aufgrund einer Betriebsvereinbarung oder innerhalb einer Individualvereinbarung mit dem Arbeitgeber geregelt werden.[67]

Fort- und Weiterbildung gemäß § 80 SGB XI a.F./§ 113 SGB XI n.F.

Innerhalb der **Qualitätsvereinbarung nach § 80 SGB XI a.F.** ist die Fort- und Weiterbildung des Personals als qualitative Anforderung im Rahmen der Strukturqualität (➤ Kap. 2.4.2) vorgegeben. *„Der Träger der vollstationären Pflegeeinrichtung ist verpflichtet, die fachliche Qualifikation der Leitung und der Mitarbeiter durch funktions- und aufgabenbezogene Fort- und Weiterbildung sicherzustellen. Ihr Fachwissen ist regelmäßig zu aktualisieren, Fachliteratur ist zugänglich vorzuhalten.“* [68]

Die **Sicherstellung** der fachlichen Qualifikation der Beschäftigten verlangt von dem Heimträger, dass er für die Beschäftigten ein **Fort- und Weiterbildungskonzept** erarbeiten und die hierfür notwendigen **Kosten** übernehmen muss. Dies zeigt sich in der Verpflichtung, **Fachliteratur,** z.B. Fachzeitschriften, Fachbücher und auch (Online-)Datenbanken, vorzuhalten. Da die Art der Fort- und Weiterbildung nicht vorgegeben wird, ist der Träger in der Ausgestaltung der Angebote frei. Ein individueller Anspruch auf Teilnahme an bestimmten, z.B. externen Veranstaltungen ist für den Einzelnen damit nicht verbunden.

Fort- und Weiterbildungsschwerpunkte

Inhalte der Fort- und Weiterbildung

§ 8 Abs. 2 HeimPersV begrenzt die **Pflicht des Trägers,** den Beschäftigten die **Teilnahme an** Fort- und Weiterbildungen **zu ermöglichen,** auf folgende Funktionen und Tätigkeitsfelder:

- Heimleitung
- Wohnbereichs- und Pflegedienstleitung sowie entsprechende Leitungsaufgaben
- Rehabilitation und Eingliederung sowie Förderung und Betreuung Behinderter
- Förderung selbstständiger und selbstverantworteter Lebensgestaltung
- aktivierende Betreuung und Pflege
- Pflegekonzepte, Pflegeplanung und Pflegedokumentation
- Arbeit mit verwirrten Bewohnern
- Zusammenarbeit mit anderen Berufsgruppen sowie mit Einrichtungen und Diensten des Sozial- und Gesundheitswesens
- Praxisanleitung
- Sterbebegleitung

[67] Vgl. Crößmann, u.a., 2000, HeimPersV, § 8, Rdn. 4; Dahlem, u.a., 2007, HeimPersV, § 8, Rdn. 4.

[68] Qualitätsvereinbarung nach § 80 SGB XI a.F., Punkt 2.4.2.

- Rechtliche Grundlagen der fachlichen Arbeit
- Konzeptionelle Weiterbildung der Altenhilfe und der Eingliederungshilfe für Behinderte

Die Aufzählung ist vom Verordnungsgeber nicht abschließend („insbesondere“) gedacht. Er gibt aber mit der Aufzählung deutliche **Schwerpunkte** in den Funktions- und Tätigkeitsfeldern der Heimleitung und der Beschäftigten für betreuende Tätigkeiten vor.[69]

3

Da die Heimträger durch die Qualitätsvereinbarung nach § 80 SGB XI a.F. zur Sicherstellung der fachlichen Qualifikation der Beschäftigten verpflichtet sind, indem sie für funktions- und aufgabenbezogene Fort- und Weiterbildungsmaßnahmen sorgen, sollten sie sich bei der **Erstellung eines Fortbildungskonzeptes an den Vorgaben des § 8 Abs. 2 HeimPersV orientieren.** Als Träger zugelassener stationärer Pflegeeinrichtungen nach dem SGB XI müssen sie sowohl die Vorgaben nach der Qualitätsvereinbarung nach § 80 SGB XI a.F. als auch die der HeimPersV erfüllen.

Entwicklungen der Praxis im Bereich der Fort- und Weiterbildungen

Verbesserungen in der Fort- und Weiterbildung

Gezielte Fort- und Weiterbildungen für die Beschäftigten in den verschiedenen Funktions- und Tätigkeitsfeldern in der Praxis haben erhebliche Bedeutung für die Verbesserung der Versorgungsqualität. Dies belegen Auswertungen der Qualitätsprüfungen des MDK von 1996 bis 1999 mit ca. 2200 Qualitätsprüfungen im Vergleich zu zeitlich späteren Überprüfungen. Die Erhebung in den Jahren 1996 bis 1999 ergab nach einer Rangfolge zu den wesentlichen Qualitätsdefiziten im Bereich der stationären Pflege folgende Mängel:[70]

- Mängel bei der Umsetzung des Pflegeprozesses bzw. der Pflegedokumentation
- nicht umgesetzte Pflegekonzepte
- **Defizite bei der Fortbildung**
- passivierende Pflege
- Defizite bei der Fachliteratur
- Defizite im Bereich Dekubitusprophylaxe und -therapie
- Defizite im Umgang mit Medikamenten
- Defizite bei der Ernährung bzw. Flüssigkeitsversorgung
- Defizite bei der Inkontinenzversorgung

Defizite bei der Fortbildung gehörten mit zu den am häufigsten festgestellten Mängeln. Konkrete Analysen wurden allerdings nicht vorgelegt.

Entwicklungen

Für den Berichtszeitraum von 2004 bis 2006 wurden nach den Angaben des MDS im 2. Bericht nunmehr deutliche Verbesserungen festgestellt. Danach wurden in der stationären Pflege in den vergangenen Jahren Maßnahmen und Konzepte der Einarbeitung und der Fortbildung für die Mitarbeiter

[69] Dahlem, u.a., 2007, HeimPersV, § 8, Rdn. 7.
[70] Vgl. Brucker, 2001, S. 16.

eingeführt. Pflegebezogene Fortbildungen für das Personal, die auf die Aktualisierung und Sicherung des Fachwissens gerichtet waren, wurden in 95,3 % der überprüften Einrichtungen durchgeführt. Eine prospektive Planung von Fortbildungen wurde in 90,4 % der geprüften stationären Pflegeeinrichtungen festgestellt.[71]

Eigene Erhebungen im Zeitraum von 1999 bis 2001 **zum Stand und zur Entwicklung der Fort- und Weiterbildung** in den Pflegeeinrichtungen ergaben folgende Erkenntnisse:[72] **Maßnahmen der Fort- und Weiterbildung** für das Personal wurden in der Praxis stets als **wichtig** erachtet und zwar sowohl von den Leitungskräften als auch von den Pflegekräften. Die Durchführung von Fortbildungen orientierte sich weitgehend an den Bedarfen im Bereich der Behandlungspflege oder der Gestaltung der Pflegedokumentation und Pflegeplanung. Deren Umsetzung und Führung bereitete und bereitet nach wie vor in der Praxis Probleme.

Systematische Fortbildungskonzepte bestanden anfangs in den Einrichtungen ebenso wenig wie differenzierte Fortbildungsangebote für Fachkräfte und Helferberufe. Dies hat sich nach den Auswertungen des Berichts des MDS geändert.

QPR und MDK-Prüfung

MDK-Prüfkriterien

Aufgrund der besonderen Bedeutung der Fort- und Weiterbildung für die Qualitätssicherung wurde dieser Bereich auch in die **Qualitätsprüfungs-Richtlinien** aufgenommen und dem Prüfungsteil „Qualitätsmanagement" zugeordnet. **Im Rahmen der Qualitätsprüfung**[73] anhand der Qualitätsprüfungs-Richtlinien und der MDK-Anleitung wird hinsichtlich der Umsetzung des Qualitätsmanagements geprüft:

- ob ein bedarfsgerechter prospektiver Fortbildungsplan für die Pflege, soziale Betreuung und Hauswirtschaft besteht; bei fachlichen Schwerpunkten der Einrichtung wird die Planung spezifischer Fortbildungsschwerpunkte erfasst (6.8),
- ob alle Berufsgruppen der Pflege, sozialen Betreuung und Hauswirtschaft in die Fortbildung einbezogen werden (6.9),
- ob für die Mitarbeiter aktuelle Fachliteratur und Fachzeitschriften zugänglich bereitgestellt werden; als Vorgabe werden tätigkeitsbezogene Fachbücher und mindestens eine periodisch erscheinende Fachzeitschrift gefordert.

Nach den Hinweisen der MDK-Anleitung sind von den Prüfern als Nachweis für die Teilnahme an Fortbildungen bei externen Fortbildungen Teilnehmerlisten bzw. Teilnahmebescheinigungen zu verlangen. Die Bedarfsorientierung der Fortbildungen für die unterschiedlichen Tätigkeitsbereiche wird in Form einer inhaltlichen Sichtung der Programme nachgeprüft. Die Ausgestaltung

---

[71] MDS e.V. (Hrsg.), 2007, S. 74.
[72] Vgl. Wiese, 2004, S. 223 ff.
[73] Vgl. MDS e.V (Hrsg.)., 2005b, S. 84 f.

und Qualität sowie inhaltliche Schwerpunktsetzung und Konzeption der Fort- und Weiterbildungen sowie deren Zeitplanung wird nicht geprüft.

Nachqualifizierung

Qualifizierung von Nichtfachkräften

Neben der Fort- und Weiterbildung sieht § 8 Abs. 1 S. 2 HeimPersV die Möglichkeit der Nachqualifizierung für Kräfte vor, die noch nicht die Qualifikation zur Fachkraft erworben haben. Voraussetzung dafür ist eine mehrjährige Beschäftigung, wobei diese nicht in demselben Heim oder bei dem Ausstellungsträger erfolgt sein muss.[74] Eine Nachqualifizierung zu einer Fachkraft i.S.d. § 6 HeimPersV wird nur selten „berufsbegleitend" möglich sein, sodass der Umfang der Freistellung oder die Urlaubsgewährung erheblich höher sein wird, als bei einer Fort- und Weiterbildung.[75] Für die Kosten der Bildungsmaßnahme muss der Träger nicht aufkommen.[76]

3.2.6 Fazit

Einbeziehung der Anforderungen

Umfassende Anforderungen an die Qualifikation des Heimpersonals finden sich zentriert im Heimrecht. Es handelt sich dabei um ordnungsrechtliche Schutzregelungen zur Sicherheit der Bewohner. Die Anforderungen aus dem Heimrecht werden in einigen Punkten durch Anforderungen aus dem Pflegeversicherungsgesetz und der Qualitätsvereinbarung gemäß § 80 SGB XI a.F. konkretisiert und erweitert (z.B. Anforderungen an die stellvertretende Pflegedienstleitung). Beide Regelungsbereiche sollten in das Qualitätssicherungskonzept der Einrichtung integriert werden.[77]

3.3 Anforderungen an die personelle Ausstattung

3.3.1 Besetzung der Leitungsposition und Leitungsmodelle

Heimleitung

Zahl der Leitenden

Vom Wortlaut des § 2 der HeimPersV ausgehend, soll die **Heimleitung** in der Regel durch **eine Person** erfolgen. Dies schließt jedoch nicht aus, dass mehre-

[74] Vgl. Crößmann, u.a., 2000, HeimPersV, § 8, Rdn. 7.
[75] Vgl. Crößmann, u.a., 2000, HeimPersV, § 8, Rdn. 7; Dahlem, u.a., 2007, HeimPersV, § 8, Rdn. 6.
[76] Vgl. BR-Drucks. 204/93 in Dahlem, u.a., 2007, HeimPersV, § 8, Rdn 2.
[77] Zur institutionellen Qualitätssicherung als Aufgabe der Leitung vgl. die Ausführungen im 6. Kapitel.

re Personen gemeinsam eine Einrichtung leiten. Voraussetzung ist, dass jeder der Leitenden die gesetzlich geforderten Qualifikationen erfüllt, die an die Aufgabenwahrnehmung geknüpft sind. Das Pflegeversicherungsgesetz enthält zur Heimleitung keine Regelungen. In der amtlichen Begründung zum SGB XI finden sich ausschließlich Hinweise zur Abgrenzung der Heimleitung im Vergleich zur Pflegedienstleitung. Für die Tätigkeit der Heimleitung wird auf die Heimpersonalverordnung verwiesen.[78] Hinsichtlich der Qualifikation (➤ Kap. 3.2.1) und der Anzahl der Personen der Heimleitung sind damit die Regelungen der Heimpersonalverordnung maßgebend.

Pflegedienstleitung und Stellvertretung

Pflegedienstleitung

Nach dem Pflegeversicherungsgesetz wird gemäß § 71 Abs. 2 SGB XI vorausgesetzt, dass in jeder Pflegeeinrichtung **eine Pflegedienstleitung** als verantwortliche Pflegefachkraft tätig ist.[79] In den gemeinsamen Grundsätzen und Maßstäben zur Qualität und Qualitätssicherung wird diese Besetzungsvorgabe noch einmal wiederholt.[80] Auch die Heimpersonalverordnung (§ 4 Abs. 2 HeimPersV) stellt durch die Aufteilung nach der Heimleitung und Pflegedienstleitung darauf ab, dass die beiden Leitungsaufgaben fachlich getrennt von verschiedenen Personen wahrgenommen werden.

Diese Regelungen sind jedoch nicht zwingend und schließen deshalb nicht aus, dass die Tätigkeit der Heimleitung und der Pflegedienstleitung auch in Personalunion denkbar ist.[81] Eine Entscheidung über eine Bündelung der Aufgabenbereiche wird aber nur dann haltbar sein, wenn die Leitungsperson alle formalen Qualifikationsanforderungen erfüllt, die sowohl an die Heimleitung als auch an die Pflegedienstleitung gestellt werden. Zudem sind an eine Leitungskraft, die beide Aufgabenbereiche in **Personalunion** durchführen soll, die für beide Tätigkeiten geforderten persönlichen und fachlichen Kompetenzen zu stellen.

Stellvertretende PDL

Ebenso denkbar erscheint **eine Personalunion von Heimleitung und stellvertretender Pflegedienstleitung.** Nach dem Pflegeversicherungsgesetz muss aufgrund der Besetzungsvorgaben in der Qualitätsvereinbarung unter Nr. 2.2.1 für die Sicherstellung der Pflege **eine stellvertretende Pflegedienstleitung angestellt sein. Dies ist eine zwingende personelle Voraussetzung und auch für das Betreiben einer Pflegeeinrichtung elementare Voraussetzung.** Die Stellvertretung muss bei Abwesenheit der Pflegedienstleitung

---

78 Vgl. Regierungsentwurf, Entwurf eines Gesetzes zur sozialen Absicherung des Risikos der Pflegebedürftigkeit (Pflege-Versicherungsgesetz – PflegeVG). Deutscher Bundesrat – Drucksache 505/93 vom 13.8.1993, S. 133 bis 135.

79 Innerhalb des SGB XI und in den Gemeinsamen Grundsätzen und Maßstäbe nach § 80 SGB XI wird die Kennzeichnung „verantwortliche Pflegefachkraft" verwandt. Hiermit ist grundsätzlich die Pflegeleitung gemeint, sodass der eingebürgerte Begriff Pflegedienstleitung verwandt wird.

80 Vgl. die Qualitätsvereinbarung nach § 80 SGB XI a.F., Punkt 2.2.1.

81 Vgl. Ebenda.

fachlich und persönlich in der Lage sein, die Leitungsaufgaben in der Pflege wahrzunehmen.

Die Entscheidung, wie die Stelle der stellvertretenden Pflegedienstleitung besetzt werden soll, insbesondere ob im Einzelfall die Heimleitung die Tätigkeit zusätzlich mit übernehmen kann, ist davon abhängig, ob die formellen Qualifikationsanforderungen durch die Stellenbesetzung von der ausgewählten Person erfüllt werden. In der Praxis sind somit bei der Besetzung der Heimleiterposition und der Stelle der Pflegedienstleitung und deren Stellvertretung unterschiedliche Modelle möglich.

Praxis der Ausgestaltung

In welchem Umfang in der Praxis gerade auf der Leitungsebene eine Zusammenlegung der unterschiedlichen Leitungsaufgaben real erfolgt und welche Kostenreduzierungen und/oder Effizienzsteigerungen erzielt werden oder werden sollen, ist unklar, da weder in den einschlägigen Qualitätsberichten zur Pflegeversicherung noch in Berichten zur Altenpflege und Heimversorgung dazu Angaben zu finden sind. Das in der Praxis der Altenpflege entsprechende Besetzungsmodelle schon seit einigen Jahren umgesetzt werden, ist unstreitig. Eine Studie[82] aus dem Jahre 2002 skizziert die erhobenen Besetzungsmodelle:

Im Rahmen der Studie wurden 52 stationäre Pflegeeinrichtungen u.a. zur personellen Ausgestaltung der Leitungspositionen schriftlich befragt. 26 Einrichtungen nahmen an der Befragung teil. Die Auswertung ergab folgende unterschiedliche **Besetzungsmodelle in den Leitungspositionen:**

- Heimleitung und Pflegedienstleitung wurden in Personalunion geführt, die Stelle der stellvertretenden Pflegedienstleitung war gesondert besetzt.
- Die Heimleitung übernahm teilweise Aufgaben der Pflegedienstleitung; die Stelle der Pflegedienstleitung war als Teilzeitarbeit mit einem Umfang von einer halben Stelle besetzt.
- Heimleitung und stellvertretende Pflegedienstleitung wurden in Personalunion wahrgenommen, daneben war die Position der Pflegedienstleitung besetzt.
- Zwei fachlich qualifizierte Pflegedienstleitungen nahmen gleichberechtigt die Aufgaben wahr und vertraten sich gegenseitig; die Position der Heimleitung war separat besetzt.
- Klassische Aufteilung in: Heimleitung, Pflegedienstleitung und stellvertretende Pflegedienstleitung.

Die Modelle belegen, dass in den Pflegeinrichtungen sehr unterschiedliche Kombinationen umgesetzt werden. Grundvoraussetzung ist, dass die Qualifikationsanforderungen und Eignungskriterien erfüllt werden.

Personalunion von Heimleitung und Pflegedienstleitung

Noch nicht abschließend geklärt ist die Frage der Besetzung der Position der **Heimleitung und PDL in Personalunion.** Gerichtsentscheidungen gibt es hierzu kaum. Abschließend soll auf die Urteile des Sozialgerichts Stuttgart und des Landessozialgerichts Baden-Württemberg hingewiesen werden.[83] In dem Streitverfahren vor dem Sozialgericht machte die Rechtsträgerin eines

[82] Vgl. Wiese; Haastert, 2002.

[83] Sozialgericht Stuttgart, Urteil vom 9.3.2004 – Az.: S 12 P 1833/03; LSG Baden-Württemberg, Urteil vom 16.11.2007 – Az.: 4P 2359/04.

Pflegeheims im Rahmen einer Feststellungsklage geltend, dass eine bei ihr erfolgte Stellenbesetzung der Heimleitung und Pflegedienstleitung in Personalunion zulässig sei. Die Kammer entschied, dass die Personalunion zulässig sei, da sich nach Auffassung des Gerichts aus den Gesetzesvorschriften keine Anhaltspunkte entnehmen ließen, die es verbieten könnten, dass eine Pflegedienstleitung zusätzlich auch die Aufgaben der Heimleitung übernimmt. Das Gericht wies aber auch darauf hin, dass die Zulässigkeit der doppelten Aufgabenwahrnehmung nicht abstrakt und auch nicht ausschließlich nach der Größe der Einrichtung, insbesondere nicht nach der Anzahl der Betten entschieden werden könne. Wesentliche Entscheidungskriterien sind nach Auffassung der Kammer die Höhe der Fachkraftquote und die damit einhergehenden Möglichkeiten der Delegation durch die Pflegedienstleitung sowie die geprüfte Qualität der Versorgung.

Das Urteil des Sozialgerichts wurde 2007 in der 2. Instanz vom LSG Baden-Württemberg aufgehoben. Die Revision zum BSG wurde eröffnet.[84] Das LSG verweist darauf, dass nach dem Pflegeversicherungsgesetz und der Heimpersonalverordnung von einer Trennung der Aufgabenbereiche ausgegangen werden muss. Die Übernahme der pflegerischen Gesamtverantwortung als PDL verlange, dass der Schwerpunkt der Pflegedienstleitung auch in der Pflege liege müsse. Eine Aufteilung der Tätigkeiten in jeweils 50 % Pflegedienstleitung und 50 % Heimleitung genüge dieser Anforderung nicht.

Die **Besetzung** der **Heimleiterposition und Pflegedienstleitung in Personalunion ist rechtlich bedenklich.** Eine Grundsatzentscheidung des Bundessozialgerichts steht noch aus. Da mit der Aufgabe der PDL die pflegende Gesamtverantwortung verbunden ist, muss für eine zulässige Besetzung in Personalunion der Schwerpunkt in der Pflegedienstleitung liegen. Eine hälftige Aufteilung reicht nach der aktuellen Rechtsprechung nicht aus. Im Weiteren sind länderspezifische Regelungen zur Vollzeittätigkeit der PDL zu beachten.

3.3.2 Personalausstattung mit Beschäftigten für betreuende Tätigkeiten

Grundvorgaben in den Gesetzesregelungen

Betreuendes Personal

Bei der Sichtung der einschlägigen Gesetzesregelungen und der Literatur zur Personalausstattung fällt zunächst auf, dass **rechtliche Vorgaben zur Personalausstattung** nur ansatzweise vorhanden sind, dagegen die Literatur **„über" die Personalausstattung** und **„zur" Personalbemessung** sehr umfangreich ist.[85]

Fachkraftquote

Im Gesetz selbst finden sich nur sehr allgemein gehaltene Vorgaben zur Personalbemessung und zu Personalschlüsseln.

[84] Revision anhängig Az.: BSG B3 P 14/07 R.

[85] Vgl. z.B. die Themenschwerpunkte zur Personalbemessung, zum Standard-Pflegesatz-Modell, zum Verfahren PLAISIR© in Pflege & Gesellschaft, 2000, Heft 4; Mezger, 1998, S. 201.

Das **Heimgesetz** mit den dazu ergangenen Verordnungen kennt keinen (**Mindest-)Personalschlüssel,** sondern lediglich eine **Mindestfachkraftquote.** Danach muss nach § 5 Absatz 1 HeimPersV **mindestens eine Fachkraft für betreuende Tätigkeiten** beschäftigt werden. Bei mehr als 20 nicht pflegebedürftigen Bewohnern oder **bei mehr als vier pflegebedürftigen Bewohnern** ist ein Verhältnis von **50:50** zwischen Fachkraft und sonstigen Kräften vorgegeben. Bei den **Nachtwachen** muss in Pflegeheimen mit pflegebedürftigen Bewohnern mindestens eine Fachkraft **ständig anwesend** sein (➤ Kap. 3.2.4). Ausnahmen sind durch die Heimaufsichtsbehörde gemäß § 5 Abs. 2 HeimPersV möglich.

Mit der Fachkraftquote wird nur der Anteil der Fachkräfte festgelegt; dieser richtet sich nach der nach Vollzeitkräften berechneten Anzahl der Beschäftigten im Heim, die mit der Wahrnehmung betreuender Tätigkeiten befasst sind und nicht nach einem bestimmten Sollbestand.[86] Wenn beispielsweise 40 Beschäftigte in einer Heimeinrichtung tätig sind, müssen 20 die Qualifikation zur Fachkraft im Sinne des § 6 HeimPersV besitzen.

Die **Fachkraftquote sagt nichts** über die für die Einrichtung **gemäß § 11 HeimG geforderte „ausreichende"** Anzahl an Beschäftigten und deren **Qualifikation** aus.[87]

Personalschlüssel und Prüfungen

Zur Ermittlung der Gesamtzahl des notwendigen Personals sind verschiedene Quellen heranzuziehen. Für jede Pflegeeinrichtung ist im Rahmen von **Pflegesatzverhandlungen** ein individueller **Personalschlüssel** zur Berechnung der Personalkosten festzustellen. Dazu bedarf es einer Vereinbarung der Leistungs- und Qualitätsmerkmale (wLQm) gemäß § 84 Abs. 5 SGB XI. Darin ist auch die personelle Ausstattung einrichtungsspezifisch festzulegen.[88] (➤ Kap. 6.2.5). Der einrichtungsspezifische Personalschlüssel wird jeweils nach den Anforderungen gemäß § 84 Abs. 5 SGB XI und in Orientierung an **landesspezifische Personalrichtwerte verhandelt.**

Bei einer Überprüfung der Heimeinrichtung werden die Landesrichtwerte und der vereinbarte Personalschlüssel zugrunde gelegt. Für die Qualitätskontrolle durch den **MDK** ergibt sich dies aus § 84 Abs. 5 und 6 SGB XI und den Qualitätsprüfungsrichtlinien, z.B. durch die Vorlage der wLQm, der Beschäftigtenliste und der Dienstpläne. Für die **Heimaufsicht** besteht zwar keine dahingehende Bindungswirkung, dass sie sich bei der Prüfung an die in den Pflegesatzverträgen fixierten Personalschlüssel oder die Landesrichtwerte halten muss[89], doch ist sie auch nicht berechtigt, ohne rechtliche Grundlage eigene Grundsätze für die Personalausstattung aufzustellen und deren Einhaltung von den Einrichtungen zu verlangen.[90]

[86] Bayerischer VGH, Urteil vom 20. Juni 2002 – 903 PRS 2001.06.20, OVG NRW, Urteil Vom 21.6.2004 – 4A 151/01.
[87] Vgl. Dielmann, 2000, S. 93.
[88] Die wLQm ist gemäß § 85 Abs. 5 SGB XI Teil der Pflegesatzvereinbarung.
[89] Vgl. VG Sigmaringen, Urteil vom 31.1.2007 – 1 K 473/05.
[90] Vgl. Verwaltungsgericht Minden, Urteil vom 16.12.1999, VG 2 K 3705/97.

Eine rechtliche Legitimation bestünde dann, wenn die Heimaufsicht in einem Heim Missstände aufgrund unzureichender Personalbesetzung feststellen würde und deshalb zum Wohle der Bewohner Vorgaben zur Personalausstattung trifft (➤ Kap. 3.2.4 und ➤ Kap. 5.4.3). Da die Heimaufsichtsbehörden über keine eigenen Richtwerte verfügen, dienen die von den Pflegesatzparteien vereinbarten Personalschlüssel als Orientierung. In einzelnen Landesregelungen ist ausdrücklich festgelegt, dass die Heimaufsichtsbehörden diese vereinbarten Personalschlüssel überprüfen.[91]

Länderspezifische Regelungen

Rahmenverträge der Länder

Die rechtliche Grundlage für das Verfahren der Personalfestlegung ist § 75 Abs. 2 Nr. 3 SGB XI. Danach werden in Landesrahmenverträgen „Maßstäbe und Grundsätze für eine wirtschaftliche und leistungsbezogene, am Versorgungsauftrag orientierte personelle und sächliche Ausstattung der Pflegeeinrichtungen" festgelegt. Die Festsetzungen in den Rahmenverträgen gelten unmittelbar für die zugelassenen Pflegeeinrichtungen. Deren Regelungsinhalte sind in den16 Bundesländern nicht einheitlich. In einigen Ländern wie Baden-Württemberg, Hamburg und Niedersachsen sind in den Rahmenverträgen dezidierte Personalrichtwerte vorgegeben worden. In anderen Ländern, z.B. Hessen und NRW, wurden keine konkreten Personalrichtwerte ausgewiesen. Die anzuwendenden Werte richten sich nach den Vergütungsvereinbarungen. Die nachfolgende Tabelle (➤ Tab. 3.2) gibt exemplarisch die Vereinbarungen einzelner Bundesländer auf der Basis der Zahlen von 2003 wieder. Aktualisierungen in einzelnen Rahmenverträgen nach diesem Zeitpunkt bleiben unberücksichtigt, um die Homogenität der Regelungen zu erhalten. Die Daten sind dem BMFSFJ Bericht zur Situation der Heime entnommen.[92] Auf eine vollständige Darstellung wird verzichtet. Die Gesamtübersicht kann via Website[93] abgerufen werden.

Die Beispiele verdeutlichen, dass **die Spannbreiten zwischen den Ländern unterschiedlich sind. In einigen Ländern, exemplarisch wird Mecklenburg-Vorpommern genannt,** bestehen Korridore, innerhalb derer die einrichtungsspezifischen Vereinbarungen getroffen werden können.

Fehlende Bemessungsverfahren

Der Gesetzgeber hat mit der Verlagerung der festzusetzenden Personalbemessungswerte auf die Länder auch die Verantwortung für die personelle Ausstattung auf die Pflegesatzparteien verlagert. Gemäß **§ 75 Abs. 3 SGB XI** soll in den Rahmenverträgen ein Verfahren zur Ermittlung des Personalsbedarfs und der Pflegezeiten getroffen werden oder es sollen Personalrichtwerte mit Personalanhaltszahlen und einer Fachkraftquote vereinbart werden. Weitere Indikatoren wurden nicht bestimmt.

91 Bundesministerium für Familie, Senioren, Frauen und Jugend (Hrsg.), 2006, Anhang 6 des Berichtes zu den Angaben der Länder zu Personalbedarf und Personalbemessung.

92 Bundesministerium für Familie, Senioren, Frauen und Jugend (Hrsg.), 2006, S. 94.

93 In: http://www.bmfsfj.de/bmfsfj/generator/Publikationen/heimbericht/3-Heiminfrastruktur-in-deutschland/3-4-personelle-situation-der-heime.html (dort unter Abschnitt 3.4.3, Tab. 3.4.9).

Personalschlüssel

Tab. 3.2 Personalrichtwerte (Stand 2003)

Bundesland	Personalschlüssel
Bayern	Rahmenvertrag Keine Personalrichtwerte **Vergütungsvereinbarungen (ab 2003):** Pflegestufe 0 → 1:6,7 Pflegestufe I → 1:3,0 Pflegestufe II → 1:2,5 Pflegestufe III → 1:2,0 *Personalschlüssel insg.* 1:2,4
Berlin	Rahmenvertrag Keine Personalrichtwerte **Vergütungsvereinbarungen:** Pflegestufe 0 → 1:7,74 Pflegestufe I → 1:4,64 Pflegestufe II → 1:2,73 Pflegestufe III → 1:2,11 Verantwortliche Pflegefachkraft → 1:100 Sozialarbeiter/in → 1:200 Qualitätsbeauftragte/r → 1:200
Mecklenburg-Vorpommern	Rahmenvertrag Keine Personalrichtwerte **Vergütungsvereinbarungen:** Pflegestufe 0 Korridor → von 1:11 bis 1:9 Pflegestufe I Korridor → von 1:6 bis 1:5 Pflegestufe II Korridor → von 1:4 bis 1:3 Pflegestufe III Korridor → von 1:3 bis 1:2 (Nach Schiedsstellenspruch v. 3.5.06: Stufe I → 1:4,71 bis 1:4,07 Stufe II → 1:3,38 bis 1:2,64 Stufe III → 1:2,24 bis 1:1,83)
Rheinland-Pfalz	Rahmenvertrag Keine Personalrichtwerte **Vergütungsvereinbarungen:** Pflegestufe 0 → 1:8,7 bis 1:8,3 Pflegestufe I → 1:4,3 bis 1:4,1 Pflegestufe II → 1:2,9 bis 1:2,7 Pflegestufe III → 1:1,9 bis 1:1,7

Erprobt und in einzelnen Einrichtungen angewandt[94] wurde im Rahmen eines bundesweiten Modellprojektes das Messverfahren PLAISIR.[95] Die Übernahme des Messverfahrens für die Personalbemessung scheiterte jedoch im August 2004.

---

94 Vgl. Nakielski, 2000b, S. 30–34. PLAISIR© wurde leicht modifiziert. Siehe hierzu auch: Ministerium für Arbeit, Soziales, Gesundheit und Verbraucherschutz des Landes Schleswig-Holstein. In: http://www.pflegeleitstelle-niedersachsen.de [20.12.2004].

95 Vgl. Nakielski, 2000b; vgl. auch Gennrich, 2002, S. 275 ff.

Tab. 3.3 Personalrichtwerte für Baden-Württemberg mit Werten für Demente

Pflegestufe	Grundlegende Personalrichtwerte	Personalrichtwerte bei schwer Demenzkranken
I	1:3,96 bis 1:3,13	1:2,38
II	1:2,83 bis 1:2,23	1:1,70
III	1:2,08 bis 1:1,65	1:1,25

Bemessungskriterien bei besonderen Bedarfen

Bewohner mit besonderem Bedarf

Eine weitere explizite Vorgabe des Gesetzgebers in § 72 Abs. 3 Satz 2 SGB XI ist, dass in den Rahmenverträgen auch Regelungen zur personellen Ausstattung getroffen werden sollen, die besondere Pflege- und Betreuungsbedarfe von Heimbewohnern berücksichtigen. Gemeint sind damit Pflegebedürftige mit geistigen Behinderungen, psychischen Erkrankungen, demenziellen Fähigkeitsstörungen und anderen Leiden des Nervensystems. Dies verlangt von den Vertragspartnern der Landesverträge, dass sie sich hinsichtlich der Bewohnergruppen, für die ein erheblicher Betreuungsbedarf anzuerkennen ist, auf Personalanhaltszahlen bzw. Zahlenrichtwerte einigen.

Beispiel Demenz

Dieser Schritt wurde offenbar bislang nur in einigen Ländern vollzogen, zumindest zeigen dies die belegten Personalrichtwerte für 2003.[96] Die Umsetzung der Personalwerte vollzieht sich dabei in den Ländern sehr unterschiedlich. Beispielsweise sind im Landesrahmenvertrag für das Land Baden-Württemberg für die Pflege und Betreuung schwer Demenzkranker seit dem 1.1.2003 gesonderte Personalwerte festgelegt worden. Diese sehen im Vergleich zu den Grundrichtwerten wie in Tabelle 3.3 dargestellt aus.[97]

Die Personalrichtwerte sind verknüpft mit besonderen Leistungsbeschreibungen, u.a. zu den besonderen Betreuungsbedürfnissen, den Maßnahmen der Qualitätssicherung und zur Qualifikation des Personals.

Im Rahmenvertrag für das Land Niedersachsen findet sich eine andere Form der Umsetzung. Für das Land Niedersachsen wurden ergänzend zu den Grundrichtwerten in Anhang 4 beispielhafte Aufzählungen für einrichtungsindividuelle Personalvereinbarungen für **Bewohner mit besonderem Pflege- und Betreuungsbedarf** getroffen. Die Regelungen definieren die erfassten Personenkreise mit besonderem Pflege- und Betreuungsbedarf und weisen dazu je nach Pflegestufe gesonderte Personalschlüssel aus. Erfasst wird dabei auch die Gruppe der Heimbewohner, für die noch keine Pflegestufe nach der Pflegeversicherung anerkannt wurde. Zu den betroffenen Personengruppen zählen Menschen der Pflegestufe G bis Stufe III mit seelischen/geistigen Behinderungen, in der Regel über 60 Jahre, Personen in der Gerontopsychiatrie, unterteilt nach segregativer und integrativer Wohnform sowie Personen in

[96] Amtliche Grundlage des Bundesministeriums für Familie, Senioren, Frauen und Jugend (Hrsg.), 2006, S. 93 ff.

[97] Vgl. Rahmenvertrag für vollstationäre Pflege gemäß § 75 Abs. 1 SGB XI für das Land Baden-Württemberg vom 12. Dezember 1996 in der Fassung vom 9.7.2002, bestätigt durch Festsetzung der SGB XI-Schiedsstelle vom 11.9.2002 sowie ergänzt durch Beschluss vom 12.9.2002, § 17 Sicherstellung der Leistungen, Qualifikation des Personals.

der Gerontopsychiatrie, die in Hausgemeinschaften leben. Die Auflistung ist dem Wortlaut nach allerdings beispielhaft und ist deshalb dahingehend auszulegen, dass sie im Rahmen der Leistungs- und Qualitätsverhandlungen als Maßstab für die personelle Ausstattung dienen soll.[98] Die Zahlenwerte und Zuordnungen geben aber immerhin eine Orientierung für die Ermittlung zusätzlichen Personalbedarfs.

Beispiel Schädel-Hirngeschädigte

Für das Land Niedersachsen wurde im Weiteren ein Personalschlüssel für Schädel-Hirngeschädigte in Pflegeeinrichtungen entwickelt. Die nachfolgende Tabelle 3.4 legt den Personalschlüssel für die vollstationäre Pflege von Schädel-Hirngeschädigten in Pflegeeinrichtungen der Phase F dar.

Amtliche Zahlen zur Umsetzung und Gestaltung von Personalschlüsseln, insbesondere auch für Bewohner mit besonderem Pflege- und Betreuungsbedarf, liegen nicht flächendeckend aus den Bundesländern vor.

Die nach dem SGB XI in Rahmenverträgen umzusetzenden Personalanhaltszahlen bzw. Richtwerte werden in den Ländern in unterschiedlichem Maße umgesetzt. Der Bereich ist aufgrund der länderspezifischen Regelungskompetenz unübersichtlich und damit intransparent. Differenzierende Personalzahlen zur Hauswirtschaft, sozialen Betreuung sowie für Bewohner mit besonderem Pflege- und Betreuungsbedarf fehlen weitgehend.

Tab. 3.4 Personalausstattung nach Empfehlung des Landespflegeausschusses[99]

Pflege und Betreuung **Stufe 1** 1:2,75 **Stufe 2** 1:1,6 **Stufe 3** 1:1,1 In den vorstehenden Richtzahlen ist die verantwortliche Pflegefachkraft mit erfasst. Die Anforderungen an die Qualifikation der Mitarbeiter werden im Rahmenkonzept (siehe: 5.2.2.1 Pflege) weiter ausgeführt.		
Leitung und Verwaltung 1:24 bis 1:30	**Hauswirtschaft** 1:6,3 bis 1:7,23	**Technischer Dienst** 1:72,5 bis 1:77

Geringfügig Beschäftigte

Empfehlung zu Minijobs

Obwohl in den gemeinsamen Empfehlungen gemäß § 75 Abs. 6 (n. F. SGB XI) zum Arbeitszeitumfang der Beschäftigten keine Angaben gemacht werden, regelt § 21 Abs. 2 der Rahmenempfehlung Beschäftigungsquoten für sogenannte **geringfügig Beschäftigte.** Zu den geringfügigen Beschäftigungsver-

[98] Rahmenvertrag Niedersachsen gemäß § 75 Abs. 1 i.V.m. Abs. 2 SGB XI zur vollstationären Dauerpflege, in der Fassung der Schiedsstellenfestsetzung vom 27.1.2005 sowie Nachtrag zum Rahmenvertrag, in Kraft ab 1.1.2007 für Niedersachsen, Anlage 4 (21.12.2003). In: http://www.aok-gesundheitspartner.de/nds/pflege/stationaerepflege/vollstationaer [28.8.2008].

[99] Niedersächsisches Ministerium für Frauen, Arbeit und Soziales, 2000 unter http://cdl.niedersachsen.de/blob/images/C1561728_L20.doc, Anlage 2 zum Rahmenkonzept zur vollstationären Pflege von Schädel-Hirngeschädigten in Pflegeeinrichtungen der Phase F [16.7.2008].

hältnissen gehören Arbeitsverhältnisse, die gemäß § 8 SGB IV sozialversicherungsfrei sind.[100] Dies ist der Fall, wenn die Entgeltgrenze von monatlich 400 Euro in der Regel nicht überschritten wird. Deren Anteil sollte nach der Bundesempfehlung bei den Pflegekräften nicht höher als 20 % sein.[101] Eine entsprechende Quotierung enthalten nahezu alle Landesrahmenverträge außer Baden-Württemberg, Hamburg und Niedersachsen. In den Bundesländern, die eine Soll-Quote vorgeben, ist diese unterschiedlich festgelegt und schwankt für den Pflegebereich zwischen 5 % und 30 %. Für die Hauswirtschaft und Betreuung sind keine Begrenzungen vorgesehen. Hintergrund dieser Soll-Regelung ist, dass aus Kostenersparnisgründen und auch aus Gründen der Flexibilisierung der Arbeitszeit zur Sicherstellung der Rund-um-die-Uhr-Pflege in Pflegeeinrichtungen der Trend besteht, verstärkt Teilzeitbeschäftigungen abzuschließen und hierbei auch zunehmend sogenannte „Minijobs" in allen Aufgabenbereichen anzubieten.[102]

MDK-Prüfung

Der MDK überprüft im Rahmen der Qualitätsprüfung nach §§ 114, 114a SGB XI die Anzahl des Pflegepersonals, aufgeteilt nach geeigneten Kräften und Hilfskräften. Dabei wird auch der Anteil der geringfügig Beschäftigten erfasst. Konkrete Personalanhaltszahlen werden jedoch nicht geprüft.

3.4 Resümee

Resümee

Gesetzliche Regelungen zu den Qualifikationsanforderungen des Personals in Pflegeeinrichtungen und zur Personalausstattung sind sowohl im Heimrecht als auch im SGB XI enthalten. Die Rechtsvorschriften sind nicht aufeinander abgestimmt, sondern orientieren sich an den jeweiligen Gesetzeszwecken. Das Heimrecht mit dem Heimgesetz und Verordnungen ist als **Ordnungsrecht** ausgestaltet und regelt Mindestanforderungen zum Schutz der Heimbewohner. Das **Pflegeversicherungsgesetz mit seinen diversen** untergesetzlichen Rechtsquellen dient der Leistungsgewährung und der Versorgungsqualität, einschließlich der Qualitätsentwicklung.

Die **Anforderungen an die Qualifikation** des Heimpersonals sind in den Gesetzen teils ergänzend, teils differierend gefasst. Um diese Anforderungen in der Gesamtheit berücksichtigen und für die Personalbesetzung beachten zu können, sollten in den Pflegeeinrichtungen detaillierte Anforderungs- und **Leistungsprofile** erstellt werden. Diese Profile dienen der internen Qualitätssicherung und können innerhalb externer Qualitätsprüfungen zum Nachweis der Strukturqualität eingesetzt werden. Die Qualifikation des Pflegepersonals

[100] Die Sozialversicherungsfreiheit bezieht sich auf die Arbeitnehmerseite, während der Arbeitgeber Pauschalabgaben (Steuer, Kirchensteuer, Sozialversicherungsbeiträge) entrichten muss.

[101] Vgl. § 21 Abs. 2 Gemeinsame Empfehlung zum Inhalt der Rahmenverträge gemäß § 75 Abs. 5 SGB XI zum Inhalt der Rahmenverträge nach § 75 Abs. 1 SGB XI zur vollstationären Pflege vom 25. November 1996.

[102] Ausführlich: Wiese, 2007, S. 128 ff.

hat – wie die Regelungen der Heimpersonalverordnung belegen – besonderes Gewicht, da die Pflege von zentraler Bedeutung ist. Andere Bereiche, wie die Qualifikation des hauswirtschaftlichen Personals und des Betreuungspersonals gewinnen zunehmend an Bedeutung, da im Zuge der sich verändernden Pflegebedarfs- und Versorgungsstrukturen im Heim auch neue Formen der Zusammenarbeit für das Personal entstehen. Sichtbar ist dies bereits in veränderten Betreuungskonzepten für demenziell erkrankte Bewohner.

Der Heimträger hat neben der Gewährleistung der geforderten Qualifikation des Personals auch dessen **Fort- und Weiterbildung** sicherzustellen. Dies erfordert ein Fort- und Weiterbildungskonzept, dass sich an den Versorgungsbedarfen und damit an den Leistungsaufgaben der Einrichtung orientiert und in ein einrichtungsinternes Qualitätsmanagement eingebunden ist.

Die **Personalausstattung** der Heimeinrichtungen ist nach den Grundvorgaben des Heimgesetzes und des SGB XI nur rudimentär geregelt (z.B. zur Fachkraftquote). Das Verfahren der Personalbemessung nach Personalrichtwerten/Anhaltszahlen ist mit Recht als nicht transparent und in den Bemessungsmaßstäben als nicht ausreichend zu bezeichnen. Soweit überhaupt einsehbar zeigt der Stand der Umsetzung zum Personalbedarf in der stationären Pflege, dass dieser nach Pflegestufen bzw. Pflegeklassen erfolgt. Differenzierte Personalwerte in Anknüpfung an spezifische Bewohnergruppen oder Pflegebedürftige mit besonderem Bedarf bzw. Leistungsschwerpunkte von Einrichtungen sind bislang nur in einzelnen Landesverträgen umgesetzt worden.

3.5 Themenrelevante Literatur

Bayerisches Staatsministerium für Arbeit und Sozialordnung, Familien und Frauen, u.a. (Hrsg.), 2006: Optimierung der personellen Ressourcen unter Berücksichtigung der aktuellen Konzeptentwicklung in der stationären Pflege, München 2006.

Brucker, U., 2001: Qualität in der Pflege: Schwachstelle Management. In: Die BKK, Heft 1, 2001, S. 16–18.

Bundesministerium für Familie, Senioren, Frauen und Jugend (Hrsg.), 1998: Verordnung über personelle Anforderungen für Heime (HeimPersV), vom 19.7.1994, BGBl. I S. 1205, BGBl. III S. 2170-5-5, geändert durch Erste ÄnderungsVO vom 22.6.1998, BGBl. I S. 1506.

Bundesministerium für Familie, Senioren, Frauen und Jugend (Hrsg.), 2000: Dritter Bericht zur Lage der älteren Generation in der Bundesrepublik Deutschland: Alter und Gesellschaft und Stellungnahme der Bundesregierung, Deutscher Bundestag – Drucksache 14/5130 vom 19.1.2000.

Bundesministerium für Familie, Senioren, Frauen und Jugend (Hrsg.), 2002a: Qualitative und quantitative Erfassung des erforderlichen Pflegezeit- und Personalbedarfs in deutschen Altenpflegeheimen. Erprobung des Verfahrens PLAISIR® in elf Einrichtungen der Arbeiterwohlfahrt, Stuttgart 2002.

Bundesministerium für Familie, Senioren, Frauen und Jugend, 2002b: Fachworkshop, Freiwilliges Engagement in Deutschland, Bonn 18.12.2001, Tagungsdokumentation, Berlin 2002.

Bundesministerium für Familie, Senioren, Frauen und Jugend (Hrsg.), 2002c: Vierter Bericht zur Lage der älteren Generation. Deutscher Bundestag – Drucksache 14/8822 vom 18.4.2002.

Bundesministerium für Familie, Senioren, Frauen und Jugend (Hrsg.), 2006: Erster Bericht des Bundesministeriums für Familie, Senioren, Frauen und Jugend über die Situation der Heime und die Betreuung der Bewohnerinnen und Bewohner, Berlin 2006.

Bundesministerium für Gesundheit (Hrsg.), 2001: Zweiter Bericht über die Entwicklung der Pflegeversicherung. Deutscher Bundestag – Drucksache 14/5590 vom 15.3.2001.

Bundesministerium für Gesundheit (Hrsg.), 2002: Verordnung zur Beratung und Prüfung von Pflegeeinrichtungen (Pflege-Prüfverordnung – PflegePrüfV). Deutscher Bundesrat – Drucksache 588/02 vom 20.6.2002.

Bundesministerium für Gesundheit und Soziale Sicherung (Hrsg.), 2004: Dritter Bericht über die Entwicklung der Pflegeversicherung, Berlin 2004. In: http://www.bmg.bund.de [29.2.2008].

Crößmann, G.; Goberg, O.; Iffland, S.; Mangels, R., 2000: Taschenkommentar zum Heimgesetz, Hannover 2000.

Dahlem, O.; Giese, D.; Igl, G.; Klie, Th., 2007: Das Heimgesetz, Band I, Kommentar, Köln/Berlin/Bonn/München 2007.

Deutsche Krankenhausgesellschaft (DKG), 1996: DKG-Empfehlung zur Weiterbildung von Krankenpflegepersonen für die pflegerische Leitung einer Station oder Einheit. In: Das Krankenhaus, Heft 4, 1996, S. 171–175.

Deutscher Paritätischer Wohlfahrtsverband – Landesverband Baden-Württemberg e.V. (Hrsg.), 2003: Studie zur Personalsituation, Stuttgart 2003. In: http://www.equal-altenhilfe.de [3.8.2008].

Deutscher Verband der Leitungskräfte von Alten- und Behinderteneinrichtungen e.V. (DVLAB), 2004: Positionspapier des Deutschen Verbandes der Leitungskräfte von Alten- und Behinderteneinrichtungen e.V. (DVLAB), aktuelle Fassung – Stand: Februar 2004. In: http://www.dvlab.de/pdf/positionspapier2004.pdf [4.8.2008].

Dielmann, G., 2000: Pflege und Personalbemessung – Eine Einführung ins Thema. In: PfleGe 2000, S. 93–94.

European association for directors of residential care homes for the elderly (E.D.E.), 2004: E.D.E. Euro Zertifikat. In: http://www.ede-association.org/de/documenti/certificazionedirettori.htm [20.07.2008].

Gemeinsame Empfehlung gemäß § 75 Abs. 5 SGB XI zum Inhalt der Rahmenverträge nach § 75 Abs. 1 SGB XI zur vollstationären Pflege vom 25 November 1996.

Gennrich, R., 2002: Qualitative und quantitative Erfassung des Pflege- und Personalbedarfs durch das Verfahren PLAISIR. In: Igl, G.; Schiemann, D.; Gerste, B.; Klose, J. (Hrsg.): Qualität in der Pflege, Stuttgart/New York 2002, S. 275–291.

Gesetz über die Berufe in der Altenpflege (Altenpflegegesetz – AltpflG) in der Fassung vom 25.8.2003, zuletzt geändert mit Art. 16 des Pflege-Weiterentwicklungsgesetzes vom 28.5.2008, BGBI. I S. 874 ff., 904.

Gesetz zur Qualitätssicherung und zur Stärkung des Verbraucherschutzes in der Pflege (Pflege-Qualitätssicherungsgesetz – PQsG) vom 9.9.2001, BGBl. I Nr. 47.

Gesetz zur strukturellen Weiterentwicklung der Pflegeversicherung (Pflege-Weiterentwicklungsgesetz) vom 28.5.2008, BGBI. Nr. 20 S. 874 ff.

Gesetzentwurf der Bundesregierung, 2007: Entwurf eines Gesetzes zur strukturellen Weiterentwicklung der Pflegeversicherung – Pflege-Weiterentwicklungsgesetz, Deutscher Bundestag – Drucksache 16/7439 vom 7.12.2007.

Gesetz zur Regelung der Pflege-, Betreuungs- und Wohnqualität im Alter und bei Behinderung (Pflege- und Wohnqualitätsgesetz – PfleWoqG), Bayerischer Landtag – Drucksache 15/10997 vom 3.7.2008. In: http://www.vincentz.net/download/pflegeqg.pdf [12.8.2008].

Gewerkschaft ÖTV/DAG (Hrsg.), 2000: Anforderungen an eine bedarfsgerechte Personalbemessung in der Altenpflege – Arbeitsergebnisse einer Expertenrunde, Hamburg/Stuttgart 2000.

Hamburgische Pflegegesellschaft e.V.: Die PLAISIR®-Erhebung in Hamburg. Onlinedokumentation. In: http://www.hpg-ev.de [20.7.2007].

3

Heimgesetz für Baden-Württemberg (Landesheimgesetz – LHeimG) vom 3.6.2008. In: http://www.vincentz.net/download/Heimgesetz_04-06-08.pdf [15.9.2008].

IHK Leipzig, 2008: Gründung von Pflegeeinrichtungen, Nr. 2 Persönliche Voraussetzungen. In: http://www.leipzig.ihk.de/de/Portaldata/resources/merkblaetter/03_su/MB-3-25-Pflegeeinrichtungenpdf.pdf [20.7.2007].

Krahmer, U.; Richter, R., 2006: Heimgesetz, 2. Auflage, Düsseldorf/Hamburg 2006.

Kunz, E.; Butz, M.; Wiedemann, E., 2003: Heimgesetz, 9. Auflage, München 2003.

Kuratorium Deutsche Altershilfe, 2000: Pflegebedarf, Personalbemessung und Fachkraftanteil in vollstationären Einrichtungen. Kuratorium Deutsche Altershilfe, Köln 2000.

Kuratorium Deutsche Altershilfe (Hrsg.), 2002: Die Planung der erforderlichen Pflege in Pflegeheimen unter Einsatz des Verfahrens PLAISIR®. Ziele, Instrumente und Ergebnisse, Kuratorium Deutsche Altershilfe, Köln 2002.

MDS e.V. (Hrsg.), 2005a: Richtlinien der Spitzenverbände der Pflegekassen über die Prüfung der in Pflegeeinrichtungen erbrachten Leistungen und deren Qualität (Qualitätsprüfungs-Richtlinien – QPR) vom 10.11.2005, Essen 2005. In: http://www.mds.de [30.4.2008].

MDS e.V. (Hrsg.), 2005b: MDK-Anleitung zur Prüfung der Qualität nach den §§ 112, 114 SGB XI in der stationären Pflege vom 10.11.2005, Essen 2005.

MDS e.V. (Hrsg.), 2007: 2. Bericht des Medizinischen Dienstes der Spitzenverbände der Krankenkassen (MDS) nach § 118 Abs. 4 SGB XI. Qualität in der ambulanten und stationären Pflege, Essen 2007.

Mezger, M., 1998: Pflegesatzermittlung: Grundlage und Verfahren. In: Schmidt, R.; Thiele, A. (Hrsg.): Konturen der neuen Pflegelandschaft, Positionen, Widersprüche, Konsequenzen. Regensburg 1998, S. 201–206.

Ministerium für Arbeit, Soziales, Gesundheit und Verbraucherschutz des Landes Schleswig-Holstein, 2004: Ergebnisse und Perspektiven der Anwendung des Verfahrens PLAISIR®. In: http://www.pflegeleitstelle-niedersachsen.de. [20.7.2008].

Nakielski, H., 2000a: 131 Minuten durchschnittlicher Pflegebedarf pro Tag. Ergebnisse des PLAISIR® -Tests bei 1354 Bewohnern von elf AWO-Pflegeheimen. In: Pro Alter 2000, Heft 3, S. 30–34.

Nakielski, H., 2000b: Das zähe Ringen um die Personalbesetzung in Heimen. In: Pro Alter 2000, Heft 3, S. 15–17.

Niedersächsisches Ministerium für Frauen, Arbeit und Soziales, 2000: Rahmenkonzept zur vollstationären Pflege von Schädel-Hirngeschädigten in Pflegeeinrichtungen der Phase F in Niedersachsen, Hannover 2000.

Niedersächsisches Sozialministerium: Runderlass des Niedersächsischen Sozialministeriums zur Durchführung der Verordnung über personelle Anforderungen für Heime vom 20.10.1994. In: Vollmer, R.: Pflegehandbuch SGB XI, Soziale Pflegeversicherung, Pflegerecht, Band 2, Remagen 2004, Loseblatt.

Rahmenvertrag für vollstationäre Pflege gemäß § 75 Abs. 1 SGB XI für das Land Baden-Württemberg vom 12. Dezember 1996 in der Fassung vom 9.7.2002, bestätigt durch Festsetzung der SGB XI-Schiedsstelle vom 11.9.2002 sowie ergänzt durch Beschluss vom 12.9.2002.

Rahmenvertrag für Niedersachsen: Rahmenvertrag gemäß § 75 Abs. 1 i.V.m. Abs. 2 SGB XI zur vollstationären Dauerpflege, in der Fassung der Schiedsstellenfestsetzung vom 27.1.2005 sowie Nachtrag zum Rahmenvertrag, in Kraft ab 1.1.2007 für Niedersachsen, Anlage 4 (21.12.2003). In: http://www.aok-gesundheitspartner.de/nds/pflege/stationaerepflege/vollstationaer [28.8.2008].

Regierungsentwurf, Entwurf eines Gesetzes zur sozialen Absicherung des Risikos der Pflegebedürftigkeit (Pflege-Versicherungsgesetz – PflegeVG). Deutscher Bundesrat – Drucksache 505/93 vom 13.8.1993.

Sachverständigenrat für die Konzertierte Aktion im Gesundheitswesen, 2001: Gutachten 2000/2001. Bedarfsgerechtigkeit und Wirtschaftlichkeit, Band II. Qualitätsentwicklung in Medizin und Pflege. Deutscher Bundestag – Drucksache 14/5661 vom 21.3.2001.

3

Sächsisches Staatsministerium für Soziales, 2003: Verwaltungsvorschrift des Sächsischen Staatsministeriums für Soziales zur Verordnung über personelle Anforderungen für Heime (HeimPersV) vom 16. April 2003. In: http://www.lvhs-sachsen.de [18.1.2004].

Statistisches Bundesamt, 2002: 3. Kurzbericht: Pflegestatistik 1999 – Ländervergleich: Pflegeheime, Bonn 2002.

Verordnung über personelle Anforderungen für Heime (Heimpersonalverordnung – HeimPersV) vom 22.6.1998, BGBl. I Nr. 38, S. 1506.

Wiese, U. E.; Haastert, F., 2002: Situationsanalyse der Bau- und Wohnausstattung sowie der Personalstruktur in ausgewählten vollstationären Pflegeeinrichtungen auf der Basis einer standardisierten Erhebung im April 2002, unveröffentlichter Forschungsbericht 2002.

Wiese, U. E., 2004: Pflegeversicherung und Pflegepraxis. Auswirkungen rechtlicher Regularien auf die Pflege, Pflegequalität und Qualitätssicherung, Baden-Baden 2004.

Wiese, U.E., 2007: Arbeitszeitgestaltung in der stationären Altenpflege, Göttingen 2007.

KAPITEL

4 Bauliche (Mindest-) Anforderungen an stationäre Pflegeeinrichtungen

4.1 Einführung

HeimMindBauV und Föderalismusreform

Das Heimrecht umfasst als Schutzrecht für Bewohner in Alten- und Pflegeeinrichtungen neben den Gesetzesregelungen auch zahlreiche Rechtsverordnungen, zu denen auch die Heimmindestbauverordnung (HeimMindBauV) gehört. Die **Verordnung über bauliche Mindestanforderungen für Altenheime, Altenwohnheime und Pflegeheime** für Volljährige[1] zählt mit dem Stand 1983 und letzten Änderungen im Jahre 2003 neben der Heimsicherungsverordnung[2] zu den ältesten Bundesverordnungen. Die Kennzeichnung als **Verordnung über Mindestanforderungen** signalisiert bereits, das hiermit rechtliche Minimalstandards getroffen wurden, die auch mit Blick auf die zeitliche Weiterentwicklung baulicher Maßstäbe und Ansprüche der Bewohner nicht zwingend den aktuellen Standard wiedergeben. Dies war aber bereits bei der Entwicklung der Verordnung bekannt, denn im Regierungsentwurf wurde vermerkt: *„Die Mindestanforderungen orientieren sich an der unteren Grenze, die unter Abwägung aller Interessen noch vertretbar ist."*[3] Im Weiteren wurde damit die Feststellung verbunden, dass die Mindestanforderungen damit unter den Vorstellungen des normalerweise zu erwartenden Standards liegen sollten. Heimträgern wurde deshalb geraten, sich an den Bedarfslagen zu orientieren.

Eine Novellierung der Verordnung scheiterte in der Vergangenheit vor allem an den mit einer Veränderung verbundenen finanziellen Folgen. Mittlerweile gelten die dort **enthaltenen Standards als nicht mehr zeitgemäß,** weil beispielsweise deren Unterteilungen nach Alten- und Pflegeheimen, aber auch Details wie die Anforderungen zu den sanitären Anlagen in § 18 der Rechtsverordnung, hinter den realen Entwicklungen der Bewohnerstrukturen bzw. der Baulichkeiten zurückbleiben. Inwiefern die Länder hier ihre durch die **Föderalismusreform** erreichte Regelungskompetenz auch für eine Neufestlegung von baulichen Anforderungen nutzen werden, ist nicht eindeutig zu erkennen. Einige **Eckpunktepapiere der Länder**[4] sehen dies zwar

1 In der Fassung vom 3.5.1983, BGBl. I S. 550, geändert durch Art. 5 der Verordnung zur Berechnung der Wohnfläche, über die Aufstellung von Betriebskosten und zur Änderung anderer Verordnungen vom 25.11.2003, BGBl. I S. 2346.

2 In der Fassung vom 24.4.1978, BGBl. I S. 553. Jene Verordnung wird nicht behandelt, da es sich um reine Überwachungsregelungen handelt.

3 Entwurf der Bundesregierung für eine Heimmindestbauverordnung: BR-Drucks. 760/74 vom 12.11.1974, unter II. der Begründung.

4 Zum Beispiel Eckpunkte für ein Landesheimgesetz NRW, 2007.

grundsätzlich mit vor, doch ist bislang allenfalls eine Neufassung auf der Basis allgemeiner fachlicher Standards geplant.

Landesheimgesetze/Geltung der Heimmindestbauverordnung

Die ersten Landesheimgesetze[5], die Mitte 2008 für die Bundesländer Bayern und Baden-Württemberg in Kraft traten, sehen keine spezifischen Bauvorgaben vor. Die Landesgesetze enthalten jeweils Vorschriften, nach denen bauliche Mindestvorgaben im Rahmen einer Rechtsverordnung erlassen werden können.[6] Ausdrücklich wird in beiden Landesgesetzen klargestellt, dass bis zum Erlass einer Rechtsverordnung die aufgrund der §§ 3 und 10 HeimG erlassenen Verordnungen, zu der auch die Heimmindestbauverordnung gehört, fortgelten. Die **Heimmindestbauverordnung ist damit bis zur Ablösung durch landesgesetzliche Regelungen nach wie vor Maßstab** für die baulichen Anforderungen in stationären Einrichtungen.

Arbeitskreise zur Entbürokratisierung sind zu dem Ergebnis gekommen, dass bei einer Novellierung der Verordnung vor allem Anpassungen an moderne Wohnkonzepte zu beachten sind.[7] Außerdem ist eine Neufassung von Baustandards für jedes einzelne Bundesland in der Sache nicht sinnvoll, sodass möglichst homogene Standards zu entwickeln wären. Es bleibt abzuwarten, wie die Länder verfahren werden. Im Folgenden wird auf die weiterhin geltende Heimmindestbauverordnung weiter eingegangen.

„Kernvorschriften"

Seit Bestehen der **Pflegeversicherung** sind über Landesgesetze, insbesondere Landespflegegesetze zur Förderung und zu Förderquoten von Pflegeeinrichtungen und Landespflegepläne auf der Basis von § 9 SGB XI Anforderungen an die bauliche Beschaffenheit stationärer Pflegeeinrichtungen aufgestellt worden. Die **HeimMindBauV** enthält jedoch nach wie vor die **Kernvorschriften** zu den baulichen Anforderungen.

Ziel und Zweck der Regelungen ist es, die Interessen und Bedürfnisse der Bewohner in Heimeinrichtungen gemäß § 1 HeimG vor Beeinträchtigungen durch bauliche Mängel zu schützen und ihnen eine angemessene Lebensqualität zu sichern. Insofern sind die Regelungen **qualitative Mindestanforderungen** für die bauliche Gestaltung, die die Heimträger beachten müssen.

Weitere baurechtliche Anforderungen enthalten jeweils die einzelnen **Landesgesetze zum Baurecht,** die z.B. Vorgaben zum Wärmeschutz, zur Belüftung oder Regelungen zum Feuer- und Katastrophenschutz enthalten und ordnungsrechtliche Ziele im öffentlichen Interesse wahrnehmen.

Gleiches gilt für Vorschriften des **Gewerbe- und Gesundheitsrechts,** die öffentlichen Interessen und dem Bewohnerschutz dienen.[8]

Die auf den Schutz der Bewohner und deren Bedürfnisse nach Lebensräumen, die ihrer Situation angepasst und entsprechend gestaltet sind, gerichte-

[5] Gesetz zur Regelung der Pflege-, Betreuungs- und Wohnqualität im Alter und bei Behinderungen (Pflege- und Wohnqualitätsgesetz – PfleWoqG), Bayerischer Landtag – Drucks. 15/10997 vom 3.7.2008. Heimgesetz für Baden-Württemberg (Landesheimgesetz – LHeimG) vom 3.6.2008.

[6] Vgl. Ebenda Art. 25 des Bayerischen Gesetzes, § 24 des Heimgesetzes für Baden-Württemberg.

[7] Bundesministerium für Familie, Senioren, Frauen und Jugend (Hrsg.), 2006c, S. 274 ff.

[8] Vgl. Dahlem u.a, 2007, HeimMindBauV, Einleitung Punkt 5; Crößmann, u.a., 2000, HeimMindBauV, Einleitung Punkt 5, S. 259.

ten Ziele sind Anlass, im Folgenden die Anforderungen der HeimMindBauV darzustellen und anschließend um neuere Anforderungen und die Darstellung von Modellprojekten zur Verbesserung der Wohnsituation zu ergänzen.

Ergebnisse aus einer im Jahre 2002 durchgeführten Erhebung zur Ist-Situation des Bau- und Wohnstandards in Heimeinrichtungen geben Einblick zum baulichen Standard in Heimen. Weitere Informationen sind dem **ersten Bericht des zuständigen Bundesministeriums für Senioren über die Situation der Heime** und die Betreuung der Bewohnerinnen und Bewohner zu entnehmen.[9]

Ausgangspunkt ist die HeimMindBauV. Das Pflegeversicherungsgesetz selbst hat keine baulichen Regelungen. § 11 Abs. 3 SGB XI enthält den Verweis, dass die Bestimmungen des Heimgesetzes unberührt bleiben. Daraus folgt, dass auch die Heimmindestbauverordnung Anwendung findet.

Im SGB XI wird klargestellt, dass das **Heimrecht neben den Vorschriften des SGB XI** Anwendung findet. Über das Heimgesetz findet gemäß § 3 HeimG die HeimMindBauV Anwendung. Ob durch neue Ländergesetze auch bundesweit neue bauliche Verordnungen getroffen werden, ist aus den Eckpunktepapieren und Entwürfen nicht erkennbar. Die Regelungen der Heimmindestbauverordnung gelten fort.

Die Verordnung zu den baulichen Mindestanforderungen ist zugleich Grundlage für die Betriebserlaubnis. § 11 HeimG regelt die Anforderungen an die Zulassung zum Betrieb eines Heimes und enthält u.a. in § 11 Absatz 3 Nr. 1 die Bedingung, dass die Berechtigung zum Betreiben eines Heimes davon abhängig ist, dass die Rechtsverordnungen nach § 3 HeimG und deren Regelungen beachtet und eingehalten werden.

Ergebnisse der Heimaufsicht

Aus den **regelmäßigen Tätigkeitsberichten der Heimaufsicht der Länder** ergibt sich, dass die Anforderungen der Heimmindestbauverordnung ständig überprüft werden. Einen wiederkehrenden Berichtspunkt bilden dabei „bauliche Mängel", in denen neben unzureichenden Orientierungshilfen, Mängel der Sanitärausstattung, der Zimmergrößen und Bewegungsflächen sowie fehlende Pflegebäder, Funktionsräume, behindertengerechte Toiletten und mehr beanstandet werden. Eine im ersten Bericht des BMFSFJ über die Situation der Heime und die Betreuung der Bewohnerinnen und Bewohner nach Nennungen erstellte bauliche Mängelliste ergab schwerpunktmäßig Beanstandungen wegen fehlender Orientierungshilfen, Mangel an Lager-, Wirtschafts- und Fäkalienräumen, das Fehlen altersgerechter Nasszellen und Haltegriffe sowie die Nichteinhaltung der HeimMindBauV bei Zimmergrößen.[10]

---

9 Bundesministerium für Familie, Senioren, Frauen und Jugend (Hrsg.), 2006b, S. 59 ff.

10 Bundesministerium für Familie, Senioren, Frauen und Jugend (Hrsg.), 2004, S. 85 ff. Einen Überblick über festgestellte bauliche Mängel bundesweit gibt: Bundesministerium für Familie, Senioren, Frauen und Jugend (Hrsg.), 2006b, Anlage 3, Ausgewählte Angaben der Länder zur baulichen Situation der Heime. Die einzelnen Tätigkeitsberichte werden jeweils in den Bundesländern erstellt. Vgl. z.B. Niedersächsisches Landesamt für Soziales, Jugend und Familie (Hrsg.), 2004, S. 5.

Geltungsbereich der HeimMindBauV

Die **HeimMindBauV** gilt für:

- Altenheime
- Altenwohnheime
- Pflegeheime für Volljährige

Dies entspricht dem Anwendungsbereich des § 1 HeimG, das Einrichtungen erfasst, die „heimmäßige" Betreuung leisten, mithin die genannten Heimformen. Aufgrund der demografischen Veränderungen und der Struktur der Bewohnerschaft in den Einrichtungen ist allerdings eindeutig die Form des Altenpflegeheims dominierend.

§ 1 HeimMindBauV konkretisiert den Anwendungsbereich der Verordnung, indem die Regelungen für Heime gelten, die in der Regel mindestens sechs Personen aufnehmen. Maßgebend für die Bewertung ist die Gesamtzahl der Plätze. Für kleinere Einrichtungen gilt die Verordnung nicht. Gleichwohl müssen auch sie über § 2 und § 6 und insbesondere § 11 Abs. 3 HeimG die baulichen Mindestanforderungen erfüllen. Sie stehen ebenso in der Verantwortung, dass die Interessen und Bedürfnisse ihrer Bewohner nach einem angemessenen Lebensraum nicht durch bauliche Mängel beeinträchtigt werden.[11]

4.2 Anforderungen der HeimMindBauV für Pflegeheime

4.2.1 Pflegeplätze

Inhalte

Die HeimMindBauV differenziert zwischen:

- **Wohnplätzen** in Altenheimen und Altenwohnheimen und
- **Pflegeplätzen** in Pflegeheimen.

Das Pflegeheim wird als Heim beschrieben, in dem volljährige Personen, die wegen Krankheit, Gebrechlichkeit oder Behinderung pflegebedürftig sind, volle Unterkunft, Verpflegung und Betreuung sowie Pflege erhalten. Es hat die umfassende Betreuung kranker und pflegebedürftiger Menschen zur Aufgabe.[12] Für die Gestaltung der Pflegeplätze gelten gesonderte Regelungen.

Grundsätzliche Anforderungen

Anforderungen

Gemäß § 23 Abs. 1 Satz 1 HeimMindBauV müssen Pflegeplätze in Pflegeheimen dem Charakter eines **Wohnschlafraums** entsprechen. Dies bedeutet, dass dem Interesse und Bedürfnis der Bewohner nach einer Wohnsphäre entsprochen werden muss und zwar sowohl in der Größe der Räumlichkeit als auch in der Art der Ausstattung. Da die Pflegeplätze in der Gegenwart vor al-

[11] Vgl. Dahlem, u.a., 2007, HeimMindBauV, § 1, Rdn. 3.
[12] Vgl. die Kommentierungen u.a. in Kunz, u.a., 2003, zu § 1, Rdn. 6 m.w.N.

lem der Betreuung kranker und pflegebedürftiger Personen dienen, muss die Ausstattung auf die **Pflege und Behandlung** ausgerichtet sein.[13]

Mindestwohnfläche

Die Mindestwohnfläche wird nach der Verordnung in § 23 Abs. 1 Satz 1 HeimMindBauV wie folgt festgelegt:

- Wohnschlafraum für einen Bewohner: 12 qm
- Wohnschlafraum für zwei Bewohner: 18 qm
- Wohnschlafraum für drei Bewohner: 24 qm
- Wohnschlafraum für vier Bewohner: 30 qm

Wohnschlafräume für mehr als vier Bewohner sind nach § 23 Abs. 1 Satz 2 HeimMindBauV unzulässig.

§ 23 Abs. 2 HeimMindBauV regelt die **Berechnung der Wohnfläche.** Danach ist in Verbindung mit § 14 der Verordnung zur Berechnung § 42 der Zweiten Berechnungsverordnung[14] anzuwenden. Diese Wohnflächenverordnung gibt vor, welche Raumteile z.B. mit einer lichten Höhe von mindestens einem Meter und weniger als zwei Meter jeweils zur Hälfte auf die Grundfläche angerechnet werden können.[15] Vorraum, Sanitärraum und sonstige Nebenräume werden grundsätzlich nicht auf die Mindestwohnfläche angerechnet.[16] Die Berechnungsregelungen dienen somit der Klarstellung der Flächenbemessung.

Gestaltung und Ausstattung der Pflegeplätze

Zugang zum Pflegeplatz

Die Heimmindestbauverordnung enthält dezidierte Vorgaben zur Gestaltung und **Ausstattung der Räumlichkeiten.** Nach § 2 HeimMindBauV müssen Pflegeplätze unmittelbar vom Flur aus erreichbar sein. Dieser muss den Heimbewohnern, dem Personal und den Besuchern allgemein zugänglich sein. Entscheidend ist die Unmittelbarkeit des Zugangs. Daher dürfen Räumlichkeiten, die nur durch einen anderen Durchgangsraum oder Lagerraum oder durch einen Hintereingang betreten werden können, nicht als Pflegeplätze genutzt werden.[17]

Gemäß § 9 Abs. 1 HeimMindBauV müssen die Räume im **Notfall** auch **von außen** zugänglich sein:

- Zugangswege dürfen nicht verstellt werden.
- Verschlossene Türen müssen mit einem griffbereiten Schlüssel schnell zu öffnen sein.[18]

---

13 Vgl. Dahlem, u.a., 2007, HeimMindBauV, § 23, Rdn. 3.

14 Verordnung über wohnungswirtschaftliche Berechnungen (Zweite Berechnungsverordnung – II.BV vom 25.11.2003 (BGBl. I S. 2346) für Wohnflächenanforderungen nach dem 31.12.2003.

15 Vgl. Dahlem u.a., 2007, HeimMindBauV, § 14, Rdn. 5.

16 Vgl. Ebenda.

17 Vgl. Ebenda, § 2, Rdn. 4; Crößmann, u.a., 2000, HeimMindBauV, § 2, Rdn. 2; Kunz, u.a., 2003, HeimMindBauV, § 2, Rdn. 3.

18 Vgl. Dahlem, u.a., 2007, HeimMindBauV, § 9, Rdn. 3.

- Die Türsicherung muss so beschaffen sein, dass durch das Öffnen der Tür von außen einem hilflosen oder ohnmächtigen Bewohner keine Verletzungen zugefügt werden.[19]

Des Weiteren müssen nach § 9 Abs. 2 HeimMindBauV die Türen zu den Pflegeplätzen breit genug für den Transport bettlägeriger Bewohner sein.

Diese Vorschrift gilt nicht nur für besondere Krankheits- oder Notfälle, sondern sie hat grundsätzliche Bedeutung.[20]

Fußboden

Nach § 5 HeimMindBauV muss der **Fußbodenbelag** in den Räumen **rutschfest** sein. Dies gilt nicht nur für Pflegeplätze, sondern für alle von Heimbewohnern genutzten Räume und Verkehrsflächen.[21] Durch diese Vorschrift soll eine wichtige **Gefahrenquelle für Stürze** der Heimbewohner mit häufig schwerwiegenden Folgen vermindert werden.

Ob der Fußbodenbelag rutschfest und damit sicher ist, kann nur individuell für den jeweiligen Raum und die Verkehrsfläche entschieden werden.[22] Die Rutschfestigkeit darf auch nicht durch die regelmäßige Reinigung und Fußbodenpflege herabgesetzt werden.[23]

Beleuchtung von Räumen

Lichtschalter müssen nach § 6 Abs. 1 HeimMindBauV ohne Schwierigkeiten zu bedienen sein. Diese Vorschrift gilt für alle von den Bewohnern genutzten Räume und Wege, somit auch für Flure, Gemeinschafts- und Sanitärräume der Einrichtung.[24]

Die Schalter müssen leicht erreichbar, betriebssicher und an die Bedürfnisse der Bewohner angepasst sein, auch wenn dazu technische Änderungen notwendig sind.[25]

Bereits bei der Auswahl und Installation der Lichtschalter sind Mobilitätseinschränkungen und feinmotorische Störungen der Bewohner zu berücksichtigen. Bewegungs- und Kontaktmelder sollten deshalb bevorzugt werden.[26]

Leselampen

In Wohn-, Schlaf- und Gemeinschaftsräumen sind **Leselampen** vorzuhalten. Dazu müssen die benötigten Anschlüsse gemäß § 6 Abs. 3 Satz 1 HeimMindBauV vorhanden sein. In Schlafräumen müssen die Leselampen dem Bett zugeordnet sein. Der Anschluss muss nicht direkt neben dem Bett, aber in dessen Nähe installiert sein. Von Kabeln und Anschlüssen dürfen keine Gefahren für den Benutzer ausgehen.[27]

Rufanlagen

Ebenso verpflichtend ist nach § 7 HeimMindBauV für Heimträger, dass Räume, in denen Pflegebedürftige untergebracht werden, mit einer Rufanlage ausgestattet sind. Diese muss von jedem Bett aus bedient werden können.

Der Begriff der **Pflegebedürftigkeit** ist in der HeimMindBauV nicht definiert. Anzuknüpfen ist an die Definition in § 5 Abs. 3 HeimPersV: „*Pflegebe-*

---

[19] Vgl. Kunz, u.a., 2003, HeimMindBauV, § 9, Rdn. 1.
[20] Vgl. Dahlem, u.a., 2007, HeimMindBauV, § 9, Rdn. 6.
[21] Vgl. § 5 HeimMindBauV.
[22] Vgl. Dahlem, u.a., 2007, HeimMindBauV, § 5, Rdn. 3 und 4.
[23] Vgl. Kunz, u.a., 2003, HeimMindBauV, § 5, Rdn. 1.
[24] Vgl. Dahlem, u.a., 2007, HeimMindBauV, § 6, Rdn. 3.
[25] Vgl. Crößmann, u.a., 2000, HeimMindBauV, § 6, Rdn. 4, S. 280.
[26] Vgl. allgemein Kunz, u.a., 2003, HeimMindBauV, § 6, Rdn. 2.
[27] Vgl. Dahlem, u.a., 2007, HeimMindBauV, § 6, Rdn. 6.

dürftig im Sinne der Verordnung ist, wer für die gewöhnlichen und regelmäßig wiederkehrenden Verrichtungen im Ablauf des täglichen Lebens in erheblichem Umfang der Pflege nicht nur vorübergehend bedarf." Diese Begriffsbestimmung findet in der HeimMindBauV entsprechende Anwendung.[28]

Sonstige Räume

Die Anforderungen der § 6 und § 7 HeimMindBauV in der Ausstattung beziehen sich nicht nur auf die Ausstattung der Wohnräume nach § 23 HeimMindBauV, sondern erfassen auch:

- Gemeinschaftsräume
- Bäder
- sanitäre Anlagen

Somit gelten in diesen Räumen die gleichen Anforderungen in der Bedienerfreundlichkeit der Lichtschalter und zum Einbau einer Rufanlage. Die Verordnung enthält keine weiteren Vorgaben zu den Rufanlagen. Für die Einrichtungen besteht somit freie Auswahl.

Heizanlage

Zur Gewährleistung einer angemessenen Wohnqualität werden in § 12 HeimMindBauV Grundanforderungen an die Heizungsanlage gestellt. Durch eine geeignete Heizanlage muss in den Räumlichkeiten eine den Bedürfnissen der Heimbewohner angepasste Temperatur sichergestellt werden. Weitergehende Anforderungen werden nicht festgelegt. Daher kann jede Anlage als geeignet eingestuft werden, mit der angemessene Temperaturen sichergestellt und die technischen Voraussetzungen und Brandschutzbestimmungen erfüllt werden.[29]

Als Richtwert für die Temperatur werden in den Kommentierungen für Wohnräume mindestens 22 °C genannt, wobei die Temperatur „in den Zimmern durch die Bewohner um mindestens jeweils 2 °C nach oben oder unten reguliert werden"[30] können soll.

4.2.2 Anforderungen an Funktions- und Zubehörräume

Funktionsräume

Gemäß § 24 Abs. 1 HeimMindBauV müssen Funktions- und Zubehörräume in **ausreichender Zahl** vorhanden sein und den Anforderungen an die Versorgung Pflegebedürftiger **angepasst** sein.

§ 24 Abs. 2 Satz 1 HeimMindBauV verweist auf § 15 Abs. 1 Nr. 2 bis 4 und Abs. 2 i.V.m. Abs. 1 Nr. 3 HeimMindBauV. Diese Regelungen enthalten konkretere Vorgaben für die Funktions- und Zubehörräume.

Demnach muss in jeder Einrichtung mit Mehrbettzimmern auch ein **Einzelzimmer** im Sinne des § 14 HeimMindBauV zur vorübergehenden Nutzung durch Bewohner vorgehalten werden, z.B. für ärztliche Verrichtungen oder für eine vorübergehende Unterbringung erkrankter oder sterbender Bewohner.[31]

---

[28] Vgl. Crößmann, u.a., 2000, HeimMindBauV, § 7, Rdn. 3.
[29] Vgl. Dahlem, u.a., 2007, HeimMindBauV, § 12, Rdn. 4; Kunz, u.a., 2003, HeimMindBauV, § 12, Rdn. 2.
[30] Dahlem, u.a., 2007, HeimMindBauV, § 12, Rdn. 5.
[31] Vgl. Ebenda, HeimMindBauV, § 15, Rdn. 6; Kunz, u.a., 2003, HeimMindBauV, § 15, Rdn. 4.

Des Weiteren müssen in jeder Einrichtung:

- ein **Abstellraum** für die Sachen der Bewohner und
- ein sogenannter **Leichenraum** vorhanden sein, wenn nicht eine kurzfristige Überführung der Leiche sichergestellt ist.

Der Abstellraum muss von den Heimbewohnern selbstständig und ohne große Schwierigkeiten erreichbar sein.[32] Auch hier ist zu beachten, dass – wie bei den Wohnräumen – ein unmittelbarer Zugang vom Flur aus gegeben ist. Soweit dieser Raum sich im Keller oder im Dachgeschoss befindet, ist sicherzustellen, dass dieser Teil unter zumutbaren Bedingungen, z.B. durch einen Fahrstuhl, erreichbar ist. Die Vorgaben, insbesondere zum Fußbodenbelag, zu den Lichtschaltern, zur Rufanlage und zur Raumtemperatur gemäß den §§ 5 ff. gelten auch hier.

Entsprechend § 24 Abs. 2 Satz 2 HeimMindBauV müssen zudem in jeder Einrichtung **Schmutzräume** und **Fäkalienspülen** in erforderlicher Anzahl vorhanden sein. Hinsichtlich der Lage und der Anzahl werden nur allgemeine Empfehlungen gegeben: *„Für Zahl und Standort der Schmutzräume sowie der Fäkalienspülen sind nicht nur Arbeitsanfall, Wegstrecken und Geruchsbelästigung Entscheidungskriterien; zu beachten sind auch die arbeitsrechtlichen Bestimmungen."*[33]

4.2.3 Anforderungen an Gemeinschaftsräume

Gemeinschaftsräume

Jede Einrichtung ist nach § 25 HeimMindBauV verpflichtet, einen **Gemeinschaftsraum** vorzuhalten. Dieser muss **mindestens 20 qm** Nutzfläche aufweisen; bei mehr als 20 Bewohnern muss mindestens eine Nutzfläche von 0,75 qm pro Bewohner zur Verfügung stehen. Außerdem muss der Gemeinschaftsraum so angelegt sein, dass auch **bettlägerige Bewohner** an dort stattfindenden Veranstaltungen teilnehmen können.

Die Anforderungen an die Ausstattung hinsichtlich der Rutschfestigkeit des Fußbodenbelags, der Lichtschalter sowie hinsichtlich der Rufanlage, des Zugangs und der Angemessenheit der Raumtemperatur gelten entsprechend.

Speiseräume

Speiseräume können als Gemeinschaftsräume anerkannt werden, wenn diese regelmäßig für Gemeinschaftsveranstaltungen genutzt werden, die geforderte Mindestnutzfläche von 20 qm aufweisen und dort auch Bettlägerige an Veranstaltungen teilnehmen können.[34]

4.2.4 Anforderungen an Therapieräume

Therapieräume

Zu den in den Pflegeeinrichtungen vorzuhaltenden Räumlichkeiten gehören auch **Therapieräume**. § 26 i.V.m. § 17 HeimMindBauV legt fest, dass in jeder

---

32 Vgl. Crößmann, u.a., 2000, HeimMindBauV, § 24, Rdn. 6.
33 Ebenda, § 24, Rdn. 5.
34 Vgl. Dahlem, u.a., 2007, HeimMindBauV, § 25, Rdn. 3.

Einrichtung ein Raum für **Bewegungstherapie** oder **Gymnastik** vorhanden sein muss. Ausnahmen sind möglich, wenn:

- geeignete Gymnastik- und Therapieräume in zumutbarer Entfernung außerhalb der Einrichtung vorhanden sind, die von den Heimbewohnern regelmäßig genutzt werden können und die insbesondere ohne Hilfe öffentlicher Verkehrsmittel erreichbar sind,[35]
- Gemeinschaftsräume dafür geeignet und verwendbar sind.[36]

Zur **Größe** des Therapieraums gibt es keine Vorgaben. Da auch Gemeinschaftsräume als Therapieräume nutzbar sind, ist daraus zu schließen, dass die Größe der Therapieräume bei mindestens 20 qm liegen sollte. Ob ein Gemeinschaftsraum für therapeutische Zwecke einsetzbar ist, muss individuell entschieden werden und hängt von Gegebenheiten wie z.B. der Bodenbeschaffenheit, den Lichtverhältnissen und der Belüftung ab.[37]

Bei der Beurteilung der Geeignetheit von Räumen außerhalb der Einrichtung sind strenge Maßstäbe zur Bewertung heranzuziehen. Abzuwägen sind:

- die körperliche Verfassung der Bewohner,
- mögliche Verkehrsgefährdungen beim Aufsuchen der Räume,
- Erreichbarkeit der externen Räumlichkeiten sowie
- Möglichkeiten der regelmäßigen Nutzung, z.B. durch Anmietung.[38]

Auch hier gelten die in den §§ 5 ff. HeimMindBauV genannten Vorschriften zur Rutschfestigkeit des Fußbodens und die anderen Sicherheits- und Bedienungsvorgaben.

Allgemeine Anforderungen

Die in § 17 enthaltenen allgemeinen Anforderungen zu den Therapieräumen entsprechen – wie bereits erwähnt – dem Regelungsstand der HeimMindBauV und damit im Wesentlichen dem baulichen Standard der 80er Jahre. Es handelt sich hierbei um Mindestvorgaben. Eine Ausweitung therapeutischer Leistungen und damit verbundener räumlicher Ausstattungsstandards muss sich nach der Struktur der Bewohner und deren Bedürfnissen ausrichten und an geriatrischen und rehabilitativen Anforderungen orientieren.

Die **Pflegeversicherung** hat dazu einschneidende Veränderungen bewirkt. Therapeutische Leistungen umfassen heute ein breites Spektrum von krankengymnastischen, physikalischen, sprachtherapeutischen oder beschäftigungstherapeutischen Leistungen.

Dies liegt zum einen daran, dass sich durch die Leistungsstrukturen der Pflegeversicherung und hier insbesondere durch die Steuerung der vorrangig zu unterstützenden ambulanten Pflege vor der stationären Versorgung die Bewohnerstrukturen in den Pflegeheimen grundlegend verändert haben. Die überwiegende Zahl der Bewohner ist zum Zeitpunkt des Heimeinzugs hochbetagt, multimorbide und in starkem Maße pflegebedürftig. Diese Entwicklung hat einen steigenden Bedarf an Grund- und Behandlungspflege hervorgerufen und verlangt auch den Einsatz geriatrischer und rehabilitativer Leistungen.

---

35 § 26 i.V.m § 17 HeimMindBauV.
36 Vgl. § 26 i.V.m. § 17 Satz 2 HeimMindBauV.
37 Vgl. Dahlem, u.a., 2007, HeimMindBauV, § 17, Rdn. 6.
38 Vgl. Ebenda, § 17, Rdn. 5; Kunz, u.a., 2003, HeimMindBauV, § 17, Rdn. 3 und § 26, Rdn. 2.

Zum anderen ist in der Pflegeversicherung auch der Grundsatz des **Vorrangs der Prävention und Rehabilitation vor der Pflege** verankert. Es handelt sich um eine Zielvorgabe, die in § 5 SGB XI festgeschrieben ist. Die Aufgabe der Rehabilitation fällt zwar in die Zuständigkeit der Krankenkassen, jedoch haben die Pflegekassen die Verpflichtung, auf die Durchführung rehabilitativer Maßnahmen auch nach dem Eintritt der Pflegebedürftigkeit hinzuwirken. Pflegebedürftige sollen bei Maßnahmen der medizinischen Rehabilitation und der aktivierenden Pflege mitwirken (vgl. § 6 SGB XI).

Neue Regelungen zur Förderung von Rehabilitationsmaßnahmen

Rehabilitative Maßnahmen sollen nach dem Willen des Gesetzgebers künftig stärker gefördert werden. Das **Pflege-Weiterentwicklungsgesetz**[39] sieht dazu unterschiedliche Maßnahmen vor: Der MDK hat bei der Einstufungsprüfung im Rahmen der Begutachtung auch zu prüfen, welche **Maßnahmen der medizinischen Rehabilitation geeignet, notwendig und zumutbar** sind. Ein individueller Pflegeplan soll für den einzelnen Pflegebedürftigen empfohlen werden. Gemäß § 31 SGB XI soll dann die Pflegekasse aufgrund des Gutachtens und den darin enthaltenen Empfehlungen mit **Einwilligung des Versicherten** den **zuständigen Rehabilitationsträger informieren.** Die Mitteilung an den Rehabilitationsträger **gilt bei Einwilligung des Bürgers als Antrag** für die Durchführung des Rehabilitationsverfahrens und soll die in § 14 SGB IX (Sozialgesetzbuch Neuntes Buch) geregelten Entscheidungsfristen in Gang setzen.

Damit die Durchführung der Maßnahme nicht an den unterschiedlichen Zuständigkeiten scheitert und gleichzeitig Anreize für die Betroffenen geschaffen werden, enthält das Gesetz flankierende Maßnahmen zur Absicherung, Förderung und Sanktionierung bei Fehlverhalten bereit.

Anreiz- und Sanktionsmittel

- Für die Krankenkassen als zuständigem Rehabilitationsträger sieht § 40 Abs. 3 SGB V[40] eine Art „Strafgeld" vor: Die Krankenkasse hat der Pflegekasse 3072 Euro für jeden pflegebedürftigen Versicherten zu zahlen, für den innerhalb von sechs Monaten nach Antragstellung keine notwendigen Leistungen zur medizinischen Rehabilitation erbracht worden sind. Eine Zahlung ist nur dann ausgeschlossen, wenn die Krankenkasse die fehlende Leistungserbringung nicht zu vertreten hat. Dafür ist sie beweispflichtig. Außerdem hat sie der Aufsichtsbehörde regelmäßig Bericht zu erstatten.
- Pflegebedürftige Heimbewohner sollen nicht aus Sorge um den Verlust des Heimplatzes von Rehabilitationsmaßnahmen abgehalten werden. § 87a SGB XI sieht dazu vor, dass für die Dauer eines Aufenthaltes in einer Rehabilitationseinrichtung der Pflegeplatz im Heim freizuhalten ist.
- Vollstationäre Pflegeeinrichtungen sollen gemäß § 87a Abs. 4 SGB XI eine einmalige Prämie von 1536 Euro erhalten, wenn ein Pflegebedürftiger nach Durchführung aktivierender oder rehabilitativer Maßnahmen in

[39] Pflege-Weiterentwicklungsgesetz vom 28.5.2008, BGBl. I S. 874 ff.

[40] § 40 Abs. 3 SGB V, eingefügt mit Art. 6 (Änderung des Fünften Buches Sozialgesetzbuch) des Pflege-Weiterentwicklungsgesetzes vom 28.5.2008, BGBl. I S. 899.

eine niedrigere Pflegestufe zurückgestuft wird. Der Betrag ist bei einer Verschlechterung des Zustands, verbunden mit einer Höhereinstufung in den nachfolgenden sechs Monaten allerdings zurückzuzahlen.

Mit dem Bedeutungszuwachs rehabilitativer und präventiver Maßnahmen werden **auch in den Heimeinrichtungen therapeutische Räumlichkeiten** geschaffen bzw. ausgebaut werden müssen, da der Gesetzgeber die Durchführung rehabilitativer und aktivierender Maßnahmen auch in den Heimeinrichtungen erwartet. Dies verdeutlicht auch § 87b SGB XI. Die Gesetzesvorschrift sieht vor, dass für die zusätzliche **Betreuung und Aktivierung von pflegebedürftigen Heimbewohnern mit erheblichem Bedarf an allgemeiner Beaufsichtigung und Betreuung** leistungsgerechte Vergütungszuschläge vereinbart werden können. Grundvoraussetzung ist die Bereitstellung von Therapieräumen für die Betreuung und für Aktivierungsmaßnahmen, wie Malen und Basteln oder Bewegungsübungen. Näheres zu den Betreuungs- und Aktivierungsmaßnahmen ist einem Richtlinienentwurf zu § 87b vom 30.6.2008 zu entnehmen.[41]

Die Anforderungen der HeimMindBauV an die Vorhaltung und Ausstattung von Therapieräumen sind vor dem Hintergrund der skizzierten Entwicklung und den Regelungen der Pflegereform als veraltet zu bewerten. Eine rehabilitative Pflege und Betreuung gerade von Bewohnern mit erheblichem allgemeinem Betreuungsbedarf erfordert auch die Bereitstellung von Räumlichkeiten und stellt spezifische Anforderungen an die Gestaltung und Ausstattung der Räume.[42] Zudem erlangen Konzepte und Therapieformen für eine rehabilitative Pflege in der Altenpflege und Gerontologie mehr Bedeutung und sollten im Rahmen der Pflegesatzverhandlungen in den wesentlichen Leistungs- und Qualitätsmerkmalen (wLQm) Berücksichtigung finden.[43]

4.2.5 Anforderungen an Wirtschaftsräume

Wirtschaftsräume

§ 11 HeimMindBauV fordert von den Heimträgern: **„Wirtschaftsräume** *müssen in der erforderlichen Zahl und Größe vorhanden sein, soweit die Versorgung nicht durch Betriebe außerhalb des Heimes sichergestellt ist.*"

Zu den **Wirtschaftsräumen** zählen:

- Küchenbereich
- Kühl- und Vorratsräume
- Wasch- und Trockenräume
- Lagerräume
- Stationszimmer
- Verwaltungsräume[44]

---

41 Entwurf vom 30.6.2008: Richtlinien nach § 87b Abs. 3 SGB XI des GKV-Spitzenverbandes zur Qualifikation und zu den Aufgaben von zusätzlichen Betreuungskräften in Pflegeheimen.

42 Vgl. Schmidt, 1998, S. 223.

43 Vgl. Schmidt, 1998, S. 223. Zu den wLQm Kap. 6.2.5.

44 Vgl. Crößmann, u.a., 2000, HeimMindBauV, § 11, Rdn. 1.

Soweit die Versorgung der Bewohner durch externe Betriebe sichergestellt wird, z.B. durch eine Zentralküche, bedarf es dann zumindest eines Küchenbereichs für die Notversorgung. Daher muss mindestens ein kleiner Küchenbereich in jedem Heim vorhanden sein.[45]

4.2.6 Sanitäre Anlagen

Mindestausstattung

Als **Mindestanforderung** sieht § 27 Abs. 1 HeimMindBauV für bis zu vier Bewohner einen Waschtisch mit Kalt- und Warmwasseranschluss sowie für bis zu acht Bewohner einen Spülabort vor. Es reicht aus, wenn die **sanitären Anlagen** sich in unmittelbarer Nähe des Wohnschlafraums befinden. Nach diesen Vorgaben muss nicht in jedem Wohnschlafraum eine **Waschgelegenheit** vorhanden sein, was aber dem aktuellen Standard nicht entspricht. Auch ein Sanitärraum zwischen zwei Wohnschlafräumen entspricht dieser Vorschrift.[46]

Die HeimMindBauV schreibt zudem in § 27 Abs. 2 vor, dass für jeweils bis zu 20 Bewohner im gleichen Gebäude mindestens eine **Badewanne** und eine **Dusche** zur Verfügung stehen sollen. Diese müssen nach § 10 Abs. 1 HeimMindBauV mit einem **Sichtschutz** ausgerüstet sein, wenn sich die Dusche und die Badewanne in einer Gemeinschaftsanlage befinden.[47] Dem Bedürfnis nach **Sicherheit** gerade bei der Benutzung der Sanitärräume entsprechend, fordert § 10 Abs. 2 HeimMindBauV, dass ein sicheres Ein- und Aussteigen bei Badewannen gewährleistet sein muss. Im Weiteren wird in § 10 Abs. 3 HeimMindBauV die Einrichtung von **Haltegriffen** an Badewannen, Duschen und Spülaborten vorgeschrieben.

Nach § 10 Abs. 4 HeimMindBauV müssen Einrichtungen für Rollstuhlbenutzer geeignete sanitäre Anlagen besitzen. Rollstuhlfahrer sollen die sanitären Anlagen ohne Hilfe Dritter benutzen können.[48] Zur Sicherstellung persönlicher und technischer Hilfe ist es darüber hinaus erforderlich, dass die Badewannen in Gemeinschaftsbädern an den Längsseiten und an einer Stirnseite frei stehen (§ 27 Abs. 4 i. V. m. § 18 Abs. 3 HeimMindBauV).

Bettlägerige Bewohner

Weitere Vorgaben der Verordnung zur Ausstattung bestehen für **bettlägerige Bewohner.** In der sanitären Ausstattung ist für bis zu 20 Bewohner mindestens eine Badewanne und eine Dusche in dem jeweiligem Geschoss vorzuhalten, wenn diese die sanitären Anlagen nur auf der Geschossebene ihres Wohnschlafraums benutzen können.[49]

Die sonstigen allgemeinen Anforderungen der §§ 5 ff. HeimMindBauV, z.B. zum Fußbodenbelag und zu den Lichtschaltern, gelten auch für die sanitären Anlagen.

[45] Vgl. Ebenda, § 11, Rdn. 2; Kunz, u.a., 2003, HeimMindBauV, § 11, Rdn. 3.
[46] Vgl. Dahlem, u.a., 2007, HeimMindBauV, § 27, Rdn. 3.
[47] Vgl. Crößmann, u.a., 2000, HeimMindBauV, § 10, Rdn. 4.
[48] Vgl. Dahlem, u.a., 2007, § 10, Rdn. 6.
[49] Vgl. Ebenda, § 27, Rdn. 5.

4.2.7 Flure und Treppen

Flure und Treppen

Gemäß § 3 Abs. 1 HeimMindBauV müssen **Flure** innerhalb eines Geschosses stufenlos sein, es sei denn, diese sind mit einer geeigneten Rampe versehen. Diese Vorschrift gilt allerdings nur für Flure, die von den Heimbewohnern benutzt werden. Sie gilt nicht für Wirtschaftswege.[50]

Rampen müssen der DIN-Norm[51] entsprechen und dürfen maximal eine Steigerung von sechs Prozent aufweisen. Nur in Ausnahmefällen kann eine Rampe eine geringfügig stärkere Steigung haben.[52]

Die Flure sind gemäß § 3 Abs. 2 HeimMindBauV so zu bemessen, dass auf ihnen **bettlägerige Bewohner transportiert** werden können. Vorgaben zur Art des Transportes bestehen nicht. Demnach sind Tragen oder auch Rollstühle für den Transport ausreichend. § 3 HeimMindBauV ist i.V.m. § 25 HeimMindBauV, der die Ausstattung der Gemeinschaftsräume regelt, zu sehen. Beide Regelungen sollen es bettlägerigen Bewohnern ermöglichen, an Gemeinschaftsveranstaltungen teilzunehmen.[53] Konkretere Anforderungen zur Mindestbreite von Fluren enthalten die baurechtlichen **Bestimmungen der Bundesländer,** die ebenfalls beim Heimbau zu berücksichtigen sind.[54]
Zur **Sicherheit** der Bewohner müssen Flure und Treppen:

- an beiden Seiten mit festen **Handläufen** versehen (§ 3 Abs. 3 HeimMindBauV) und
- bei Dunkelheit beleuchtet sein (§ 6 Abs. 2 HeimMindBauV). Die **Beleuchtung** muss aus Gründen der Verkehrssicherheit nicht nur bei Nacht, sondern auch bei trübem Wetter und in der Dämmerung eingeschaltet werden.[55]

4.2.8 Gebäudezugänge

Zugänge

Ebenso wie die Flure soll nach § 13 HeimMindBauV die *Eingangsebene* der von den Bewohnern benutzten Gebäude von der öffentlichen Verkehrsfläche her stufenlos erreichbar sein. Der Eingangsbereich muss nicht dauerhaft beleuchtet sein. Die Beleuchtung muss jedoch von den Bewohnern leicht zu bedienen sein.[56]

---

50 Vgl. Ebenda, § 3, Rdn. 5.

51 DIN-Norm 18065 von Januar 2000, Gebäudetreppen – Definition, Maßregeln und Ausführungen.

52 Vgl. Crößmann, u.a., 2000, HeimMindBauV, § 3, Rdn. 5.

53 Vgl. Dahlem, u.a., 2007, HeimMindBauV, § 3, Rdn. 8.

54 Vgl. dazu im einzelnen Kunz, u.a., 2003, HeimMindBauV, § 3, Rdn. 3.

55 Vgl. Dahlem, u.a., 2007, HeimMindBauV, § 6, Rdn. 5.

56 Vgl. Ebenda, § 13, Rdn. 6.

4.2.9 Aufzüge

Aufzüge

Für Bewohner, die bei der regelmäßigen Benutzung der Einrichtung mehr als eine Geschosshöhe überwinden müssen, ist nach § 4 Satz 1 HeimMindBauV mindestens ein **Aufzug** in der Einrichtung zu schaffen. Die regelmäßige Nutzung umfasst:
- das Aufsuchen des Speiseraums,
- das Aufsuchen der Therapieräume,
- das Aufsuchen der Gemeinschaftsräume und
- den Besuch anderer Bewohner.[57]

Auch muss nach § 4 Satz 1 HeimMindBauV mindestens ein Aufzug vorhanden sein, wenn Rollstuhlbenutzer in nicht stufenlos zugänglichen Geschossen untergebracht sind. Die Mobilität der Bewohner soll nicht eingeschränkt werden.

Weitere Anforderungen enthält § 4 Satz 2 HeimMindBauV: Art, Größe und Ausstattung des Aufzugs müssen den Bedürfnissen der Bewohner entsprechen. Diese Vorschrift ist sehr allgemein gefasst. Da es sich um **Personenaufzüge** handelt, müssen auch die **Verordnungen über Aufzugsanlagen** vom 19. Juni 1998 (BGBl. I S. 1410, ergänzend S. 2856) sowie landesrechtliche Bauvorschriften beachtet werden. Die HeimMindBauV enthält nur Vorgaben für Aufzüge zum Schutz der Interessen der Heimbewohner. Daneben sind auch bautechnische und unfallverhütende **Vorgaben der Berufsgenossenschaften** zu beachten.[58]

4.2.10 Fernsprecher

Telefon

In jedem Gebäude muss nach § 8 HeimMindBauV mindestens ein Fernsprecher vorhanden sein, über den jeder Bewohner erreichbar ist und den jeder Bewohner benutzen kann. Diese Vorschrift setzt nicht voraus, dass in jedem Wohnschlafraum ein **Telefon** vorhanden ist. Es reicht ein **öffentlicher Fernsprecher,** z.B. ein Münzfernsprecher, oder eine Regelung der Nutzung eines festen Fernsprechers im Hause aus.[59] Die Fernsprecher müssen von nicht bettlägerigen Bewohnern ohne Möglichkeit des Mithörens durch Dritte genutzt werden können. Diesen Anforderungen entsprechen Fernsprechkabinen oder ein separater Telefonraum. Nachteile für bettlägerige Bewohner bestehen insofern, als das sie zwar das Recht zur Benutzung des Fernsprechers haben, jedoch nicht die Möglichkeit der Nutzung ohne Mithören Dritter.[60]

---

[57] Vgl. Crößmann, u.a., 2000, HeimMindBauV, § 4, Rdn. 6.2.
[58] Vgl. Dahlem, u.a., 2007, HeimMindBauV, § 4, Rdn. 5.
[59] Vgl. Ebenda, § 8, Rdn. 6; Kunz, u.a., 2003, HeimMindBauV, § 8, Rdn. 1.
[60] Vgl. Dahlem, u.a., 2007, HeimMindBauV, § 8, Rdn. 7.

4.2.11 Fazit

Fazit

Die HeimMindBauV enthält zwar einerseits detaillierte Anforderungen an die bauliche und räumliche Ausstattung von stationären Pflegeeinrichtungen. Diese sind als Minimalanforderungen gefasst und dienen ordnungsrechtlichen Schutzzwecken. Andererseits zeigen sich in den Einzelregelungen und in der Gesamtstruktur der Verordnung Reformbedarfe. Die konstatierten Veränderungen in der Bewohnerstruktur der Pflegeeinrichtungen, aber auch technische und konzeptionelle Weiterentwicklungen in der Pflege und neue Kommunikationsmittel sowie deutlich veränderte Ansprüche der Bewohner an die Wohn- und Versorgungssituation sprechen dafür, dass die Verordnung den Veränderungen angepasst werden muss. Bis zu der Verlagerung der Gesetzgebungskompetenz auf die Länderebene Ende 2006 ist dies dem Bund nicht gelungen. Die ersten Landesheimgesetze sehen vor, dass bauliche Anforderungen durch Rechtsverordnung der zuständigen Landesministerien vorgegeben werden können. Die Heimmindestbauverordnung gilt aufgrund von Verweisungsregelungen in den jeweiligen Rechtsverordnungen fort (➢ Kap. 4.1 mit Quellen).

4.3 Anforderungen an die Bau- und Wohnausstattung im Kontext der Pflegeversicherung

4.3.1 Verhältnis der Rechtsquellen der HeimMindBauV und des SGB XI sowie der Prüfzuständigkeiten

SGB XI/Qualitätsvereinbarung und Heimrecht

Die soziale Pflegeversicherung stellt ebenfalls Anforderungen an die **sächliche und räumliche Ausstattung** sowie an die **bauliche Beschaffenheit** vollstationärer Pflegeeinrichtungen.

Im Gegensatz zur ordnungsrechtlich geprägten Festlegung der Heimmindestbauverordnung zielen die Regelungen der Pflegeversicherung auf die Festlegung **qualitativer Standards in der Ausstattung.** Deren Regelungsinhalte orientieren sich an den Zielen der Pflegeversicherung, pflegebedürftigen Heimbewohnern eine Lebensführung zu ermöglichen, die auf die **Sicherstellung einer menschenwürdigen Lebensqualität und Zufriedenheit der Betroffenen** gerichtet ist. Dazu zählt auch die **Möglichkeit der Gestaltung einer eigenen Wohnsphäre.**

Diesen Zielen dienen Anforderungen, die in den gemeinsamen Grundsätzen und Maßstäben zur Sicherung und Weiterentwicklung der Pflegequalität gemäß § 80 SGB XI (abgekürzt: Qualitätsvereinbarung) vereinbart wurden.[61] Die Qualitätsvereinbarung wurde mit dem Pflege-Weiterentwicklungsgesetz dem neu gefassten § 113 SGB XI zugeordnet. Die Grundsätze und Maßstäbe

[61] Gemeinsame Grundsätze und Maßstäbe (2003).

gelten bis zur geplanten Ablösung einer Neufassung im März 2009 fort. Weitere Regelungsquellen werden über sogenannte Rahmenverträge nach § 75 Abs. 1 SGB XI und über die Landesregelungen (Landespflegepläne) eröffnet. Gemäß § 9 SGB XI ist es Aufgabe der Länder, die Planung und Förderung der Pflegeeinrichtungen durch Landesrecht näher zu bestimmen. Ziel soll eine leistungsfähige, zahlenmäßig ausreichende und wirtschaftliche pflegerische Versorgungsstruktur sein. Daher enthalten auch die verschiedenen Landespflegegesetze räumliche und bauliche Kriterien für die Einrichtungen. Im Folgenden werden die unterschiedlichen Regelungsebenen dargestellt. Anschließend wird auf die baulichen und räumlichen Anforderungen der Qualitätsvereinbarung eingegangen.

Prüfverantwortliche

Ein wichtiger Aspekt im Kontext der baulichen und räumlichen Anforderungen ist die Prüfverantwortung. Die Qualitätsprüfungen im Rahmen der Pflegeversicherung erfolgen durch den MDK. Die §§ 114 ff. SGB XI enthalten seit der Pflegereform 2008 die zentralen Vorschriften für die Qualitätsprüfungen. Pflegeeinrichtungen sind danach auf die Einhaltung der Qualitätsanforderungen nach § 80 SGB XI a.F. und der vereinbarten Qualitätsstandards gemäß § 84 Abs. 5 SGB XI zu überprüfen (vgl. § 114 Abs. 2 SGB XI). Der MDK hat eigenständige Kompetenzen zur Prüfung und Beratung. Die Überprüfung findet nach § 114a Abs. 1 SGB XI in der Einrichtung statt. Sie kann auch durch bestellte Sachverständige (§ 114a SGB XI) bzw. unter Beteiligung der Heimaufsicht (§ 114a Abs. 2 SGB XI) erfolgen. Mit dem Pflege-Weiterentwicklungsgesetz wurden die Regelungen zu den Qualitätsprüfungen überarbeitet und in den §§ 112 bis 115 SGB XI neu gefasst. (Weiteres ➢ Kap. 6.2.7).

Während die **Heimaufsicht** für die Einhaltung der **heimrechtlichen Erfordernisse** und hier insbesondere für die **Beachtung der Heimverordnungen** zuständig ist, werden die **qualitativen Anforderungen nach dem Pflegeversicherungsgesetz,** auch soweit es sich um die Ausstattung und Räumlichkeiten handelt, durch den **MDK** überprüft. Die zentralen Prüfungsgegenstände sind in den Qualitätsprüfungs-Richtlinien unter Gliederungspunkt 2 aufgelistet.[62]

MDK und Heimaufsicht sollen gemäß §§ 114a, 117 SGB XI und § 20 HeimG bei der Abstimmung und Durchführung der Prüfungen zusammenarbeiten. Zur inhaltlichen Abstimmung scheinen erste Schritte des Austausches erfolgt zu sein (➢ Kap. 5.4.4). Für das Prüfverfahren des MDK besteht seit dem Jahr 2006 eine neue MDK-Anleitung. Sie enthält die Handlungsanleitungen zu den Qualitätsprüfungs-Richtlinien vom 10.11.2005, die von den Spitzenverbänden der Pflegekassen zur Gewährleistung eines einheitlichen Prüfverfahrens im Rahmen der sozialen Pflegeversicherung erstellt wurden. Für die Heimaufsicht bestehen entsprechend detaillierte Verfahrensraster und Prüfkataloge nicht. In den Bundesländern finden sich einzelne Empfehlungen, die regional unterschiedlich als interne Checklisten angelegt sind (➢ Kap. 5.4.3). Deshalb wird im Folgenden nur auf die Prüfkriterien des Medizinischen Dienstes der Krankenkassen eingegangen.

62 MDS e.V. (Hrsg.), 2005a.

4.3.2 Anforderungen an die räumlichen und baulichen Voraussetzungen nach den Maßstäben und Grundsätzen für die Qualität und Qualitätssicherung in der stationären Pflege

Qualitätsvereinbarung nach § 80 SGB XI (a.F.)/ § 113 SGB XI (n.F.)

Die **Qualitätsgrundsätze und Maßstäbe zur Qualität und Qualitätssicherung gemäß § 80 SGB XI (a.F.) für die vollstationäre Pflege**[63] finden in der überarbeiteten Fassung vom 16.12.2003 Anwendung. Deren Zuordnung erfolgte mit dem Pflege-Weiterentwicklungsgesetz als „Maßstäbe und Grundsätze zur Sicherung und Weiterentwicklung der Pflegequalität" in § 113 SGB XI. Die Kurzfassung als Qualitätsvereinbarung wird beibehalten. Die Qualitätsvereinbarung enthält Mindestanforderungen an die Qualität. Dazu werden sowohl Zielsetzungen als auch Qualitätsstandards aufgelistet, deren Umsetzung und Einhaltung für die zugelassenen Pflegeeinrichtungen verpflichtend sind.[64] Dies gilt auch für die Bau- und Wohnstruktur.

Zuvorderst genannt ist für die stationäre Pflege das **Leitbild der ganzheitlichen Pflege,** deren Sicherstellung in die gemeinsame Verantwortung der Beteiligten, der Pflegeeinrichtungen und der Pflegekassen gestellt ist. Dieses Leitbild umfasst in den Zielen unter 1.1 der Grundsätze eine personenorientierte Pflege und Betreuung, die sich an einer menschenwürdigen Lebensqualität und Zufriedenheit des Bewohners orientiert. Die bewohnerorientierte Betreuung verlangt auch die Schaffung einer adäquaten Wohnsituation, denn die bauliche Struktur eines Hauses hat auch Einfluss auf die Lebensqualität und das Wohngefühl.

Räumliche Voraussetzungen an die Wohnqualität

Im Rahmen der **Anforderungen an die Strukturqualität** werden in der Qualitätsvereinbarung unter 2.5 konkrete **Anforderungen an die räumlichen Voraussetzungen** gestellt:

Vorrangig soll dem **Wunsch des Bewohners** nach einem Einzel- oder Doppelzimmer entsprochen und das **Wohnen in Einzelzimmern** angestrebt werden. Zur Unterstreichung des Wohnwertes wird durchgängig die Bezeichnung „Wohnräume" verwandt. Dies entspricht auch der Forderung in § 23 Abs. 1 der HeimMindBauV, wonach die Räumlichkeiten dem Charakter eines Wohnschlafraums entsprechen sollen.

Auch zur Gestaltung des eigenen Wohnraums werden für die Heimträger Vorgaben gemacht. Der Heimträger muss die individuellen Wünsche und die Bedürfnisse des einzelnen Bewohners bei der Gestaltung seines Wohnraums respektieren. Maßgebend sind die Vorstellungen des Bewohners in der Wohnlichkeit und Privatheit. Einheitsmöblierung wird ausdrücklich für nicht zulässig erklärt. Einschränkungen des Ausstattungsrechts können sich also nur aus der Größe der Räumlichkeit und vor allem aus pflegenotwendigen Erfordernissen ergeben, ohne dass dies ausdrücklich erwähnt wird. Aus-

63 Vollständige Bezeichnung: Gemeinsame Grundsätze und Maßstäbe zur Qualität und Qualitätssicherung sowie für die Entwicklung eines einrichtungsinternen Qualitätsmanagements nach § 80 SGB XI in vollstationären Pflegeeinrichtungen vom 16.12.2003.

64 Vgl. dazu im Weiteren die Ausführungen im 1. Kapitel, insbesondere Gliederungspunkt ➢ 1.2.4.

drücklich klargestellt wird in der Qualitätsvereinbarung unter 2.5, dass es möglich ist, eigene Möbel aufzustellen und persönliche Dinge, insbesondere Wäsche, mitzubringen.

Hieran wird deutlich, dass die Vertragspartner vor allem **eine qualitative Sicherung der individuellen Wohnraumgestaltung** beabsichtigen, um den Bewohnern eine für sie angemessene Lebens- und Wohnqualität zu ermöglichen.

Weitere Inhalte

Daneben finden sich in der Qualitätsvereinbarung weitere bauliche Anforderungen, die – vergleichbar den Regelungen der HeimMindBauV – die Grundausstattung sicherstellen wollen:

- Zur Sicherheit der Bewohner sollen die Zugänge zu den Einrichtungen beschildert sein.
- Diese Zugänge sollen sicher zu erreichen und alten- und behindertengerecht gestaltet sein.
- Es soll eine direkte Zufahrt für Fahrzeuge geben.
- Das Heim soll alten- und behindertengerecht ausgestattet sein.
- Der Heimträger soll ein angemessenes Angebot an Gemeinschafts- und Therapieräumen zur Verfügung stellen.

Verhältnis HeimMindBauV und Qualitätsvereinbarung

Es handelt sich um Auflistungen, die nicht mit den geltenden Vorgaben der HeimMindBauV abgestimmt und auch nur zum Teil deckungsgleich sind. Während z.B. in §§ 16 und 17 der HeimMindBauV Mengen und Größenvorgaben zu den Gemeinschafts- und Therapieräume angegeben werden, wird in der Qualitätsvereinbarung ein „angemessenes" Angebot gefordert. Weder zur konkreten Ausstattung noch zu den Möglichkeiten der Nutzung externer Räumlichkeiten, wie sie § 17 HeimMindBauV für die Therapieräume eröffnet, werden Aussagen gemacht. Insgesamt kann aus den Vorgaben der Qualitätsvereinbarung nur entnommen werden, dass sich die Anzahl und Ausstattung der Gemeinschaftsräume und Therapieräume am Bedarf der Bewohner orientieren sollen.

Die Regelungen der HeimMindBauV und der Qualitätsvereinbarung sind somit nebeneinander zu sehen und zu berücksichtigen. Beide Rechtsquellen regeln Mindestanforderungen.

4.3.3 Prüfung baulicher und räumlicher Anforderungen durch den MDK

Prüfaspekte der QPR/MDK-Anleitung

Die Überprüfung der Umsetzung und Einhaltung der in der Qualitätsvereinbarung gemäß § 80 SGB XI (a.F.) getroffenen Qualitätsstandards obliegt dem MDK, während die Prüfung der Einhaltung der Mindestvoraussetzungen nach der HeimMindBauV durch die Heimaufsicht der Länder erfolgt. Darauf wurde bereits im vorangegangenen Abschnitt hingewiesen (➢ Kap. 4.3.1). Seit 2006 geben die Qualitätsprüfungs-Richtlinien einheitliche Mindestanforderungen für die Qualitätsprüfungen durch den MDK vor.[65] Darin enthalten sind auch Vorgaben zur Prüfung der Wohnstruktur und Wohnqualität sowie

[65] MDS (Hrsg.), 2005a.

Ausstattungskriterien. Eine vergleichbare Prüfungsrichtlinie existiert für die Heimaufsicht derzeit nicht und scheint auch nach den Entwürfen zu den Landesheimgesetzen zu urteilen, nicht geplant zu sein.

Inhalte der Qualitätsprüfungs-Richtlinien

Der Medizinische Dienst der Krankenversicherung überprüft im Rahmen der Strukturqualität folgende **Wohnbeschaffenheit und Ausstattungsmerkmale:**
- Struktur der Wohn- und Pflegebereiche (1.7 der QPR)
- Mindestanforderungen der Ausstattung (2. der QPR)
- Gestaltung und Ausstattung der Wohnräume nach den Wünschen und Bedürfnissen der Bewohner (2.2 der QPR)
- strukturelle Gegebenheiten für gerontopsychiatrisch erkrankte Bewohner (2.3 der QPR)

Strukturen

Im Rahmen der **Überprüfung der Wohn- und Pflegebereiche** werden die Anzahl der Wohnbereiche, die Anzahl der Ein- und Mehrbettzimmer mit Wohnplätzen, die Bewohneranzahl und hier zusätzlich die Anzahl der Bewohner mit gerontopsychiatrischen Beeinträchtigungen sowie die Verteilung der Pflegestufen erfasst.

In der zur QPR ergänzend gefassten MDK-Anleitung[66] finden sich in den Handlungsanleitungen Hinweise für die Prüfung dieser Strukturmerkmale: Es sollen möglichst viele Zimmer besichtigt und ein Überblick über die wohnliche Zusammensetzung und Aufteilung der Bewohner in den Wohnbereichen gewonnnen werden, um feststellen zu können, dass keine gesonderten Wohnbereiche gebildet werden. Gesonderte Wohnbereiche, in denen z.B. nur erheblich pflegebedürftige Bewohner leben, sind als unangemessen zu beanstanden, da diese Wohnstrukturen dazu führen, dass Bewohner bei Änderungen ihres Gesundheitszustands innerhalb der Einrichtung umziehen müssen. Dies soll mit Blick auf die Lebens- und Wohnqualität verhindert werden.

Den Einrichtungen ist daher zu raten, in der Belegung auf eine heterogene Bewohnerstruktur in der Pflegestufenverteilung zu achten und damit für eine adäquate Wohnsphäre zu sorgen.[67]

Ausstattungserfordernisse

Die Qualitätsprüfungs-Richtlinien sehen vor, dass „Allgemeine Angaben" zur **Ausstattung** vom MDK überprüft werden. Dem Wortlaut der Richtlinie nach geht es darum **„Defizite in der Ausstattung"** festzustellen. Aus der MDK-Anleitung zum Prüfpunkt 2.1 ist zu entnehmen, weshalb es hier um die Erschließung von Defiziten geht. Mit dieser Formulierung soll klargestellt werden, dass die **Prüfung der baulichen Ausstattung** ausschließlich im **Kompetenzbereich der Heimaufsicht** liegt. Der MDK soll in diesem Bereich deshalb **keine systematische Prüfung** durchführen, sondern im Einzelfall festgestellte Mängel in der Ausstattung erfassen und in den Prüfbericht aufnehmen. Letztlich ist damit aber auch dem MDK die Befugnis zur Kontrolle baulicher Merkmale übertragen worden. Dies zeigt auch ein **Abgleich** der zu prüfenden Ausstattungsmerkmale nach den **Qualitätsprüfungs-Richtlinien** mit den Prüfgegenständen der **HeimMindBauV.** Die Prüfgegenstände sind nahezu

[66] MDS e.V. (Hrsg.), 2005b.
[67] Vgl. Ebenda.

identisch. Die Qualitätsprüfungs-Richtlinien nennen darüber hinaus zusätzliche Ausstattungskriterien.

Die folgende Übersicht gibt die **Prüfinhalte zur Ausstattung und deren Regelung in der HeimMindBauV** wieder, die auch dem Prüfraster nach Nr. 2.1 **der Qualitätsprüfungs-Richtlinie** entsprechen:

- stufenloser Eingang und Zugang zu den Wohnbereichen, ggf. durch Einsatz von Rampen zum Ausgleich von Niveauunterschieden (vgl. §§ 3 und 13 HeimMindBauV)
- Aufzüge mit großen Bedienungselementen, die auch Rollstuhlfahrer erreichen können; Höhe der Bedienungselemente: höchstens 1,20 m (vgl. § 4 Satz 2 HeimMindBauV)
- Handläufe in den Fluren (vgl. § 3 Abs. 3 HeimMindBauV)
- Haltegriffe im Sanitärbereich, z.B. Toiletten, Duschen, Badewannen (vgl. § 10 Abs. 3 HeimMindBauV)
- behindertengerechtes Bad und Toilette auf jeder Etage (vgl. § 10 Abs. 4 HeimMindBauV)
- Fäkalienspüle auf jeder Etage (vgl. § 24 Abs. 2 Satz. 2 HeimMindBauV)
- Intakte und erreichbare Rufanlage (vgl. § 7 HeimMindBauV)
- höhenverstellbare Pflegebetten
- rutschfester Fußboden (vgl. § 5 HeimMindBauV)
- Nachtbeleuchtung (vgl. § 6 Abs. 2 HeimMindBauV)
- allgemeine Orientierungshilfen, z.B. Speiseraum, WC

Zusätzlich in den Qualitätsprüfungs-Richtlinien aufgelistet sind: die Beleuchtung allgemein, abschließbare Medikamentenschränke, Sonstiges.

Gestaltungsraum für Bewohner

Unter 2.2. der Qualitätsprüfungs-Richtlinien wird geprüft, inwiefern Heimbewohner ihre Wohnräume selbst gestalten können. Dieser Prüfaspekt dient der Qualität des Wohnens.

In Bezug auf die Möglichkeiten der individuellen Ausstattung wird geprüft, ob den Wünschen und Bedürfnissen der Bewohner nach Privatheit und Wohnlichkeit Rechnung getragen wird. Dazu werden die Anzahl der Einzel- und Mehrbettzimmer nach den individuellen Gestaltungsmöglichkeiten erfasst. Mehrbettzimmer sind nach der HeimMindBauV zulässig, stehen jedoch im Kontrast zu den Zielen der Qualitätsvereinbarung gemäß § 80 SGB XI (a.F.), wonach das Wohnen in Einzelzimmern anzustreben ist. Die Möglichkeiten, persönliche Gegenstände, eigene Möbel und Wäsche mitzubringen und das Zimmer individuell zu gestalten, werden ebenfalls – auch im Rahmen von Besichtigungen – überprüft. Zur Sicherung der Privatsphäre sollen auch abschließbare Schubladen und Fächer für jeden Bewohner zur Verfügung stehen.

Ausstattung für gerontopsychiatrische Patienten

Die Ausstattung und **Raumgestaltung für gerontopsychiatrisch erkrankte Heimbewohner** bildet in den Qualitätsprüfungs-Richtlinien und in der MDK-Anleitung einen eigenen Prüfpunkt und liefert damit für Heimträger wichtige Hinweise zu den Entwicklungen in der Raumgestaltung. Laut MDK-Anleitung zählen zu den gerontopsychiatrischen Beeinträchtigungen u.a. Demenz, Depression und paranoide Syndrome.[68]

[68] Vgl. Ebenda, unter Prüfpunkt 1.2.

4

Strukturelle Anforderungen in der Gestaltung der Räumlichkeiten bestehen darin, dass:[69]

- Bewegungs- und Aufenthaltsmöglichkeiten auch während der Nacht bestehen;
- eine identifikationserleichternde Milieugestaltung der Zimmer und Aufenthaltsräume erfolgt, die den Lebensgewohnheiten der Bewohner entspricht;
- die Beleuchtung angemessen und den unterschiedlichen Wohn- und Aufenthaltsbereichen angepasst ist. Die MDK-Anleitung empfiehlt dazu für die unterschiedlichen Räume konkrete Beleuchtungsstärken in Lux.
- individuelle Orientierungshilfen gegeben werden.

Bedeutungszuwachs von Bau- und Wohnform

Die Übersicht zu den Prüfkriterien des MDK verdeutlicht, dass ordnungsrechtliche und qualitätssichernde Anforderungen an die Ausstattung und räumliche Beschaffenheit vermischt werden. Da es sich – wie bereits dargestellt – um Mindestanforderungen handelt, müssen alle Ausstattungsmerkmale von den Heimträgern erfüllt werden, um Beanstandungen zu vermeiden.

Darüber hinaus belegen die Richtlinien, dass neuere architektonische und wohnraumgestaltende Anforderungen unabhängig vom Bestand rechtlicher Vorgaben in die Qualitätsprüfung Eingang gefunden haben.

Entwicklungen in den Versorgungs- und Betreuungskonzepten für **gerontopsychiatrisch beeinträchtigte Bewohner** haben dazu geführt, dass an die Bau- und Wohnformen neue Anforderungen gestellt werden müssen. Die in den Qualitätsprüfungs-Richtlinien aufgenommenen Kriterien geben dazu nur einen kleinen Ausschnitt wieder. Die Verbesserung der Wohnsituation dahingehend, dass in der Raumgestaltung und Ausstattung in stärkerem Maße auf individuelle Bedürfnisse der Bewohner an die Wohnsphäre eingegangen wird, ist in vielen Einrichtungen eine noch einzulösende Verpflichtung. In besonderem Maße trifft dies für die Betreuung und Versorgung von Demenzkranken zu, für die differenzierte Versorgungs- und Wohnstrukturen in vielen Heimen noch geschaffen werden müssen.[70]

4.3.4 Gemeinsame Empfehlung zum Inhalt der Rahmenverträge

§ 75 SGB XI

Der Gesetzgeber hat in § 75 SGB XI den Abschluss von Bundesempfehlungen und -vereinbarungen vorgesehen, um eine möglichst einheitliche bundesweite Gestaltung der Rahmenverträge zu erreichen. Darin wurden für die stationäre Pflege auch Regelungen zu den Leistungen bei Unterkunft und Verpflegung und den Zusatzleistungen getroffen. Die damit verbundene Option, auch für die räumliche Gestaltung und Ausstattung der Heimeinrichtungen rechtsverbindliche Maßstäbe zu setzen, wurde nicht wahrgenommen.

---

69 MDS e.V. (Hrsg.), 2005a und MDS e.V. (Hrsg.), 2005b, jeweils unter Punkt 2.3.

70 Zu aktuellen Rahmenempfehlungen, organisatorischen Anforderungen und der Umgebungsgestaltung: Bundesministerium für Gesundheit (Hrsg.), 2006.

§ 11 der Gemeinsamen Empfehlung der Spitzenverbände[71] verweist lediglich auf die Grundsätze und Maßstäbe zur Qualität und Qualitätssicherung nach § 80 SGB XI (a.F.) in der vollstationären Pflege und erklärt diese als verbindlich. Die Empfehlung wurde in den Landesrahmenverträgen gemäß § 75 Abs. 1 SGB XI übernommen.

4.4 Sonstige Anhaltspunkte zu baulichen Anforderungen und Modellprojekte

Weitere Quellen

4.4.1 Landesrechtliche Fördergesetze

Landesrecht

Eine andere Perspektive auf neuere Entwicklungen zur Heimgestaltung bieten die Landesregelungen zur Planung und Förderung von Heimeinrichtungen.

Aus den recht unterschiedlichen **Förderbestimmungen der Bundesländer** lassen sich Regelungsschwerpunkte entnehmen, die ebenfalls höhere Anforderungen an die Struktur der Einrichtungen stellen, als dies in der HeimMindBauV der Fall ist. Im Folgenden werden einige zentrale Maßstäbe für die Förderung von Einrichtungen dargestellt.

Einzelaspekte

Die Landesregelungen sehen in den Förderbestimmungen **Größenvorgaben für die Einrichtung** vor, während die HeimMindBauV dazu keine Angaben enthält.

Die Regelungen sind in den Bundesländern sehr unterschiedlich gehalten. Beispielsweise sieht das Landespflegegesetz für Nordrhein-Westfalen[72] vor, dass nur „überschaubare, ortsnahe Einrichtungen von angemessener Größe und angemessener baulicher Ausstattung Anspruch auf Förderung haben. Eine angemessene Größe liegt nach der Landesregelung vor, wenn 80 Pflegeplätze nicht überschritten werden. Ferner soll der Einzelzimmeranteil bei 80 % liegen. Ein Einzelzimmer soll mindestens 14 qm und ein Doppelzimmer mindestens 24 qm betragen.

Der Landespflegeplan des Saarlandes[73] sieht für die Aufnahme vollstationärer Einrichtungen in den Landespflegeplan zwar keine Zimmergrößen vor, doch werden in diesem Plan Vorgaben gesetzt, dass mindestens 50 % der Plätze in Einzelzimmern angeboten werden müssen, Ebenso werden eine dementengerechte Gestaltung der Räumlichkeiten, die Gestaltung von Außenanlagen und überschaubare Stationsgrößen mit Wohngruppengrößen für bis zu 12 Personen verlangt.

[71] Gemeinsame Empfehlung gemäß § 75 Abs. 5 a.F. SGB XI zum Inhalt der Rahmenverträge nach § 75 Abs. 1 SGB XI zur vollstationären Pflege vom 25.11.1996.

[72] Landespflege-Gesetz NRW (PfG NW) vom 8.7.2003.; Ministerium für Gesundheit, Soziales, Frauen und Familie des Landes NRW, Novelle des PfG NRW, in Kraft getreten am 1.8.2003; Angabe nach Rechtsverordnung vom 15.10.2003.

[73] Ministerium für Justiz, Arbeit, Gesundheit und Soziales des Saarlandes, 2007.

4.4.2 Modellprojekte

Modellprojekte

Um Entwicklungen zur Verbesserung der Versorgungssituation in Pflegeheimen anzustoßen, wurden bereits verschiedene Modellprojekte initiiert.[74]

Das Kuratorium Deutsche Altershilfe (KDA) führte mit finanzieller Unterstützung des Bundesministeriums für Gesundheit ein **Modellprogramm zur Verbesserung der Situation Pflegebedürftiger** durch, in dem sowohl Entwicklungsbedarfe erhoben als auch Wohnmodelle erprobt wurden.[75] Im Rahmen der Projektentwicklung sind zwei Berichte[76] veröffentlicht worden, die sowohl Planungsfehler aufzeigen als auch Anforderungen bei der baulichen Ausführungs- und Detailplanung von Pflegeeinrichtungen entwickeln bzw. zu konzeptionellen Modellen der Gestaltung von Hausgemeinschaften berichten.

Vermeidbare Planungsfehler

Folgende Planungsfehler im Pflegeheimbau wurden im Rahmen eines Modellprogramms zur Verbesserung der Situation Pflegebedürftiger erfasst:[77]

- abgelegene Standorte, ungünstige Topografien oder schädigende Umwelteinflüsse
- zu hohe Konzentration von Plätzen an einem Standort
- ausschließlich vollstationäre Platzangebote
- fehlende Bedarfs- und Konkurrenzanalysen
- geringes aktuelles Wissen zu der komplexen Planungsaufgabe „Pflegeheim“
- Rampen, Treppen und formal überbetonte Haupteingänge und Eingangshallen
- unzureichende Aufzugskapazitäten
- fehlende Zentralküchen und anonyme Speisenverteilsysteme über Tabletts
- überdimensionierte zentrale Gemeinschafts- und Versorgungseinrichtungen
- Pflegezimmer in Nordlage
- zu schmale, schlauchartige Pflegezimmer
- zu hohe Fensterbrüstungen in Pflegezimmern
- Duschbäder, die zwischen zwei Zimmern liegen und jeweils direkt zu begehen sind (Tandembäder bzw. Durchladenasszellen)
- Flure ohne Ausblick, da durchgehend innen liegend und künstlich belichtet
- anstaltstypische Pflegebäder

Hausgemeinschaftsmodell

Ein anderes **Modellprojekt** befasste sich mit der Konzeption von **Hausgemeinschaften** als neue Wohnform in Pflegeeinrichtungen und den damit verbundenen Anforderungen an die Architektur und Raumordnung und den Gestaltungsmöglichkeiten.

[74] Eine Datenbank über aktuelle Baumodelle der Alten- und Behindertenhilfe mit weiteren Informationen und Bauprojekten findet sich im Internet: http://www.weeberpartner.de/Baumodelle/Begruessung.html [27.2.2008].

[75] Weitere Hinweise zum Modellprogramm sind zu finden unter: http://www.kda.de/bmg-modellprogramm [27.2.2008].

[76] Bundesministerium für Gesundheit (Hrsg.), 2000b; Bundesministerium für Gesundheit (Hrsg.), 2002.

[77] Bundesministerium für Gesundheit (Hrsg.), 2000b.

Eine Hausgemeinschaft wird wie folgt definiert:

- *„Eine Hausgemeinschaft ist eine räumliche und organisatorische Einheit, in der sechs bis acht ältere und pflegebedürftige Menschen leben.*
- *Alle Pflege- und Betreuungsleistungen, die nicht von den Bewohnern selbst, den Angehörigen und / oder Freunden geleistet werden können, werden über die Präsenzkräfte im Zusammenhang mit den Tagesaktivitäten oder/ und über den hauseigenen Pflegerischen Dienst erbracht.*
- *Hausgemeinschaften werden, anders als die Wohngemeinschaften, als zugelassene und pflegesatzfinanzierte vollstationäre Einrichtung betrieben. Als Heim unterliegen sie unter anderem dem Heimgesetz.“* [78]

Hausgemeinschaften folgen dem Konzept einer „alltagsnahen Normalität“. Sie knüpfen an das Wohngruppenprinzip an, in dem beispielsweise Bewohnergruppen in einem gemeinsamen überschaubaren Haushalt mit Wohnküche oder einem großzügigen Gemeinschafts-, Wohn- und Essbereich leben.[79]

Solche Formen der Hausgemeinschaft gewinnen vor allem hinsichtlich der Betreuung und angemessenen Lebensgestaltung für demenziell erkrankte Heimbewohner zunehmende Bedeutung. Sie knüpfen in der Konzeption an eine möglichst alltagsnahe Struktur an und ermöglichen den Bewohnern Vertrautheit, aber auch Rückzugsmöglichkeiten in die Privatsphäre des eigenen Wohnraums. Entsprechende Hausgemeinschaften erfordern allerdings in den meisten Fällen neben baulichen und räumlichen Veränderungen auch grundlegende Veränderungen in den Pflege- und Versorgungsabläufen und in der Personalausstattung.

4.5 Umsetzung baulicher Anforderungen in der Praxis

Entwicklungen in der Praxis

Abschließend soll zum **Stand der räumlichen Ausstattung** in der Praxis berichtet werden. Den Maßstab bilden spezifische bauliche Ausstattungsmerkmale. Ausgangspunkt ist eine Infratest-Heimerhebung aus dem Jahre 1994. Danach gab es im Bundesgebiet zirka 8300 Alteneinrichtungen mit insgesamt 661.000 Plätzen. 57 % der Heimplätze, also insgesamt 375.000, waren Altenpflegeplätze.[80] Die 2001 veröffentlichte Pflegestatistik ergab sieben Jahre später, dass in 9165 Pflegeheimen insgesamt 658.317 vollstationäre Pflegeplätze bereitgestellt wurden[81]. Vergleicht man die Anzahl der Altenpflegeplätze 1994 mit der Anzahl vollstationärer Pflegeplätze 2001, so würde dies eine Steige-

[78] Bundesministerium für Gesundheit (Hrsg.), 2002, S. 20.

[79] Vgl. zu den Konzepten ebenda S. 12 ff. Vgl. im Weiteren auch die Übersicht: Bundesministerium für Familie, Senioren, Frauen und Jugend (Hrsg.), 2002, S. 265 f.

[80] Die restlichen 43 % der Plätze wurden in der Studie den Altenheim- und Altenwohnheimplätze zugeordnet, vgl. Bundesministerium für Familie, Frauen und Jugend (Hrsg.), 1997, S. 25.

[81] Vgl. Statistisches Bundesamt, 2003, S. 17.

rung um 75,5 % bedeuten. Der Zuwachs an Pflegeplätzen erklärt sich durch die Umwandlung von Altenwohnheimen und mehrgliedrigen Alteneinrichtungen in Pflegeeinrichtungen und ist auf Anpassungen an die Bedarfsentwicklung unter den Einflüssen der Pflegeversicherung zurückzuführen.[82]

Umstrukturierungen in der Vergangenheit, Veränderungen in den Pflege- und Betreuungsspektren der Bewohner sowie eine intensivierte Qualitätssicherungsdiskussion haben dazu geführt, dass zunehmend auch bauliche Anforderungen entwickelt wurden, die wohnlichen Bedürfnissen entsprechen. Hierzu finden sich allerdings nur begrenzt aussagefähige und nur zum Teil repräsentative Daten.[83] Ein wichtiger Faktor für eine angemessene Wohnsphäre ist sicher die Möglichkeit, einen eigenen Wohnraum zu haben.

Die statistischen Auswertungen aus den Jahren 1994 und 1998 ergaben hierzu keine unmittelbaren Aussagen. Ein Vergleich der Auswertungen von 1994 und 1998 hinsichtlich der **Zimmerbelegung** ergab vielmehr, dass ein Abbau von Einbettzimmern und ein Zuwachs an Zweibettzimmern zu verzeichnen war:

Tab. 4.1 Wohnsituation der Bewohner 1994 und 1998 im Vergleich[84]

	1994	1998
1-Bett-Zimmer	53,6 %	51 %
2-Bett-Zimmer	41,3 %	44 %
3- und Mehr-Bett-Zimmer	5,1 %	5,0 %

Bei diesen Feststellungen ist allerdings zu berücksichtigen, dass nicht bekannt war, wie viele der befragten Einrichtungen umgewandelt wurden und wie viele tatsächlich neu gebaut hatten.[85]

Ein anderes Bild ergaben Auswertungen zwischen 1999 und 2001 (> Tab. 4.2). Danach stieg die Zahl der verfügbaren Pflegeplätze in dem Zeitraum um ca. 4 % auf 658.317 Plätze. Erkennbar wurde ein eindeutiger Trend hin zu mehr Einbettzimmern.[86]

Tab. 4.2 Wohnsituation der Bewohner 1999 und 2001

	1999	2001
Verfügbare Plätze insgesamt	631.382	658.317
1-Bett-Zimmer	45,7 %	47,9 %
2-Bett-Zimmer	49,3 %	48,6 %
3- und Mehr-Bett-Zimmer	5,0 %	3,5 %

82 Zweiter Bericht über die Entwicklung der Pflegeversicherung, Bundesministerium für Gesundheit (Hrsg.), 2001, S. 52.
83 Wiese; Haastert, 2002, S. 2.
84 Bundesministerium für Familie, Frauen und Jugend (Hrsg.), 1997, S. 148; Bundesministerium für Gesundheit (Hrsg.), 2000a, S. 139.
85 Zum Anstieg des Ausstattungsgrades im Pflegebereich zwischen 1960 und 1994 vgl. Meyer, 2003, S. 313, 314. Dieser wird mit 6 % angegeben.
86 Vgl. Statistisches Bundesamt (Hrsg.), 2001, S. 15 und Statistisches Bundesamt (Hrsg.), 2003, S. 17.

Da die durchschnittliche Auslastung der vollstationären Pflegeplätze in beiden Erhebungsjahren nahezu identisch war, kann davon ausgegangen werden, dass tatsächlich mehr Bewohner die Möglichkeit erhielten, in einem Einbettzimmer zu wohnen.

Eine **Repräsentativbefragung** in Alteneinrichtungen, die **2005** veröffentlicht wurde, bestätigte den Trend zum Ausbau von Einbettzimmern. Danach lebten 59 % der Bewohner in den neuen Bundesländern und 53 % der Bewohner in den alten Bundesländern in Einbettzimmern.[87] Die im Vergleich der West- und Ostbundesländer höhere Zahl in den neuen Ländern erklärt sich daraus, dass hier nahezu der gesamte Bestand an Pflegeplätzen neu gebaut oder saniert werden musste und dadurch ein entsprechender Modernisierungsstand erreicht wurde.[88]

Ein weiteres Merkmal für die Bestimmung der Wohnqualität und der Wohnbedingungen ist – wie dargelegt – die **Ausstattung** der Zimmer mit **eigener Sanitäranlage.** Die HeimMindBauV sieht hier keine notwendige Integration in den Wohn-Schlafraum vor. Moderne Wohnkonzepte, insbesondere auch die Hausgemeinschaften, setzen diese Ausstattung als Teil der Privatsphäre voraus.

Ein Vergleich der statistisch erhobenen Zahlen zeigt, dass 1994 52,6 % der Bewohner in Zimmern mit Bad/Dusche und WC wohnten.[89] 1998 waren es bereits 57 %.[90] Damit wurde durch den Einbau sanitärer Anlagen innerhalb des persönlichen Wohnbereichs eine Verbesserung des Wohnkomforts erreicht. Dies wurde später durch eine quantitative Studie im Jahre 2002 bestätigt. Befragt wurden 52 Einrichtungen u.a. über die Ausstattung ihrer Zimmer mit eigenem Sanitärbereich (Waschbecken, WC, Dusche). 26 Einrichtungen beteiligten sich an der Gesamtbefragung. Von den 1927 erhobenen Pflegeplätzen verfügten 828 (42,96 %) über einen eigenen Sanitärbereich in den Wohnräumen. Die weiteren Einrichtungen gaben u.a. folgende Modelle an:

- Jeweils zwei Einbettzimmer sind an einem gemeinsamen Sanitärbereich angeschlossen.
- Jeweils zwei Zweibettzimmer sind an einem gemeinsamen Sanitärbereich angeschlossen.[91]

Insgesamt belegen die Daten, dass in der Praxis in stärkerem Maße auf Bedürfnisse der Bewohner nach Einzelzimmern mit eigenem Sanitärbereich eingegangen wird. Dennoch wurde seitens des zuständigen Bundesministeriums[92] im ersten, im Jahre 2006 erschienen Bericht über die Situation in den Heimen, zum baulichen Standard festgestellt, dass „ein großer Teil der heute bestehenden Heime in Bezug auf seine baulich-räumlichen Standards nicht mehr den heutigen Erfordernissen genügen." Da keine gesicherten Informationen zur Anzahl der modernisierungsbedürftigen Heimplätze vorlagen, verwies das Ministerium auf Schätzungen des KDA. Nach den Schätzungen

[87] Bundesministerium für Familie, Senioren, Frauen und Jugend (Hrsg.), 1997, S. 23.
[88] Bundesministerium für Gesundheit (Hrsg.), 2008, S. 79.
[89] Bundesministerium für Familie, Senioren, Frauen und Jugend (Hrsg.), 1997, S. 148.
[90] Bundesministerium für Gesundheit (Hrsg.), 2000a, S. 139.
[91] Wiese; Haastert, 2002, S. 13.
[92] Bundesministerium für Familie, Senioren, Frauen und Jugend (Hrsg.), 2006b, S. 62 f.

des KDA sollen ca. 100.000 Heimplätze nicht mehr dem aktuellen Standard entsprechen. Hinzu kommt die Tatsache, dass es in einigen Bundesländern noch einen relativ hohen Anteil an Dreibett- bzw. Mehrbettzimmern gibt.[93]

4.6 Resümee

Resümee

Bauliche Standards und Anforderungen an die räumliche Ausstattung ergeben sich für vollstationäre Pflegeeinrichtungen aus unterschiedlichen Rechtsquellen. Neben dem Heimgesetz mit der weiter geltenden Heimbaumindestverordnung (➤ Kap. 4.1) und dem SGB XI enthalten vor allem die Qualitätsvereinbarung gemäß § 80 SGB XI (a.F.), die Ländergesetze sowie die Landespflegepläne entsprechende bauliche Anforderungen. Deren Regelungsinhalte sind weder deckungsgleich noch ergänzen sie sich, sondern orientieren sich jeweils an den Aufgabenbereichen der Verfasser: Die stark ordnungsrechtlich geprägten Regelungen des Heimgesetzes und der HeimMindBauV enthalten diverse Anforderungen an die Heimausstattung. Es sind Mindestanforderungen, die als überholt bewertet werden müssen, zumal die tatsächlichen Gegebenheiten in den Einrichtungen sich geändert haben. Das SGB XI enthält mit den Qualitätsgrundsätzen und Maßstäben zur Qualität und Qualitätssicherung eigene Maßstäbe für die Wohnqualität. Die Lebensqualität und Zufriedenheit unter Berücksichtigung der Wohnbedürfnisse des Einzelnen stehen hier im Vordergrund.

Neuere Entwicklungen der letzten Jahre signalisieren steigende Anforderungen an die Wohnqualität. Dies zeigt sich daran, dass beispielsweise Einrichtungen bei Umbauten bzw. Neubauten Förderungen nach den Länderplänen nur erhalten können, wenn sie der Schaffung von Einzelwohnplätzen und/ oder der Umgestaltung für gerontopsychiatrisch erkrankte Bewohner dienen.

Pflegewissenschaftliche Forschungen und konzeptionelle Weiterentwicklungen in der Pflege und Betreuung Schwerkranker und psychisch erkrankter Bewohner erfordern im Weiteren ein Umdenken und Veränderungen in der baulichen Ausstattung. Vor allem führen die sich verändernden Erwartenshaltungen älterer Menschen an den Wohnkomfort zu Änderungserfordernissen in der baulichen Ausstattung. Die Einhaltung baulicher Mindestanforderungen ist dabei nur eine Anforderung; die sich gleichsam prozesshaft weiter entwickelnden Ansprüche an die Wohnqualität umzusetzen, eine weitere Herausforderung. Pflegeeinrichtungen müssen sich diesen Anforderungen stellen, um wettbewerbsfähig zu bleiben.

---

93 Ebenda, S. 63.

Um Entwicklungen in den Pflege- und Betreuungsprozessen und daraus resultierenden Ausstattungserfordernissen zu entsprechen und gleichzeitig den Bewohnerbedürfnissen nachzukommen und damit wettbewerbsfähig zu sein, muss die bauliche Ausstattung den differenzierten Bedürfnissen und Qualitätsansprüchen der Bewohner entsprechen.[94]

4.7 Themenrelevante Literatur

Bayerisches Staatsministerium des Inneren (Hrsg.), 2002: Heime für alte Menschen, Arbeitsblätter Wohnungsbau, Nr. 5, Oktober 2002. In: http://www.stmas.bayern/Pflege/unterpflege.pdf [15.8.2008].

Bundesministerium für Familie, Frauen und Jugend (Hrsg.), 1997: Hilfe- und Pflegebedürftige in Heimen. Endbericht zur Repräsentativerhebung im Forschungsprojekt „Möglichkeiten und Grenzen selbstständiger Lebensführung in Einrichtungen", Stuttgart/Berlin/Köln 1997.

Bundesministerium für Familie, Senioren, Frauen und Jugend (Hrsg.), 2002: Vierter Bericht zur Lage der älteren Generation. Deutscher Bundestag – Drucksache 14/8822 vom 18.4.2002.

Bundesministerium für Familie, Senioren, Frauen und Jugend (Hrsg.), 2003: Pressemitteilung vom 18.9.2003: Modellwettbewerb zeigt: Qualität bei niedrigen Baukosten in der Altenpflege. In: http://www.bmfsfj.de/Kategorien/Presse/pressemitteilungen,did=11378.html [14.7.2008].

Bundesministerium für Familie, Senioren, Frauen und Jugend (Hrsg.), 2004: Handbuch zur Praxis der Heimaufsicht, Berlin 2004.

Bundesministerium für Familie, Senioren, Frauen und Jugend (Hrsg.), 2006a: Hilfe- und Pflegebedürftige in Alteneinrichtungen 2005. Schellbericht zur Repräsentativerhebung im Forschungsprojekt „Möglichkeiten und Grenzen selbständiger Lebensführung in Einrichtungen" (MuG IV), Berlin 2006.

Bundesministerium für Familie, Senioren, Frauen und Jugend (Hrsg.), 2006b: Erster Bericht des Bundesministeriums für Familie, Senioren, Frauen und Jugend über die Situation der Heime und die Betreuung der Bewohnerinnen und Bewohner, Stand 15.8.2006, Berlin 2006.

Bundesministerium für Familie, Senioren, Frauen und Jugend (Hrsg.), 2006c: Identifizierung von Entbürokratisierungspotenzialen in Einrichtungen der stationären Altenpflege in Deutschland. Abschlussbericht, Berlin 2006.

Bundesministerium für Gesundheit (Hrsg.), 2000a: Wirkungen der Pflegeversicherung. Band 127, Schriftenreihe des Bundesministeriums für Gesundheit, Baden-Baden 2000.

Bundesministerium für Gesundheit (Hrsg.), 2000b: BMG Modellprojekte, Band 7: Typische Mängel und Anforderungen bei der baulichen Ausführungs- und Detailplanung von Pflegeeinrichtungen. Kuratorium Deutsche Altershilfe, Köln 2000.

Bundesministerium für Gesundheit (Hrsg.), 2001: Zweiter Bericht über die Entwicklung der Pflegeversicherung. Deutscher Bundestag – Drucksache 14/5590 vom 15.3.2001.

Bundesministerium für Gesundheit (Hrsg.), 2000: BMG Modellprojekte, Band 8: Hausgemeinschaften. Die 4. Generation des Altenpflegeheimbaus. Kuratorium Deutsche Altershilfe, Köln 2000. In: http://www.kda.de/files/bmg/2004-07-28bmg-band8.pdf [02.7.2008].

94 Zu den Veränderungen in der Pflegebeziehung vgl. Wiese, 2004, S. 156 ff.

Bundesministerium für Gesundheit (Hrsg.), 2006: Rahmenempfehlungen zum Umgang mit herausforderndem Verhalten bei Menschen mit Demenz in der stationären Altenhilfe, Berlin 2006.

Bundesministerium für Gesundheit (Hrsg.), 2008: Vierter Bericht über die Entwicklung der Pflegeversicherung, 2008. In: http://www.bmg.bund.de [29.2.2008].

Crößmann, G.; Goberg, O.; Iffland, S.; Mangels, R., 2000: Taschenkommentar zum Heimgesetz, Hannover 2000.

Dahlem, O.; Giese, D.; Igl, G.; Klie, Th., 2007: Das Heimgesetz, Band I, Kommentar, Köln/Berlin/Bonn/München 2007.

Deutscher Bundestag, 2001: Antwort der Bundesregierung auf die Kleine Anfrage der Abgeordneten Dr. Ilja Seifert, Monika Balt, Heidemarie Lüth, weiterer Abgeordneter und der Fraktion der PDS – Drucksache 14/7398 – Menschenwürde und Menschenrechte im Pflegeheim. Deutscher Bundestag – Drucksache 14/7567 vom 26.1.2001.

Eckpunkte für ein Landesheimgesetz NRW, 2008: In: http://www.mags.nrw.de/08_PDF/003/Eckpunkte_Landesheimgesetz_NRW.pdf [17.1.2008].

Entwurf der Bundesregierung für eine Heimmindestbauverordnung: BR-Drucks. 760/74 vom 12.11.1974.

Gemeinsame Empfehlung gemäß § 75 Abs. 5 a.F. SGB XI zum Inhalt der Rahmenverträge nach § 75 Abs. 1 SGB XI zur vollstationären Pflege vom 25.11.1996.

Gemeinsame Grundsätze und Maßstäbe (2003) zur Qualität und Qualitätssicherung sowie für die Entwicklung eines einrichtungsinternen Qualitätsmanagements nach § 80 SGB XI in vollstationären Pflegeeinrichtungen vom 16.12.2003.

Gesetz zur Regelung der Pflege-, Betreuungs- und Wohnqualität im Alter und bei Behinderungen (Pflege- und Wohnqualitätsgesetz – PfleWoqG), Bayerischer Landtag – Drucksache 15/10997 vom 3.7.2008.
In: http://www.vincentz.net/download/pflegeqg.pdf [12.8.2008].

Gesetz zur strukturellen Weiterentwicklung der Pflegeversicherung (Pflege-Weiterentwicklungsgesetz) vom 28.5.2008, BGBl. I Nr. 20, S. 874 ff.

Heimgesetz für Baden-Württemberg (Landesheimgesetz –LHeimG) vom 3.6.2008. In: http://www.vincentz.net/download/Heimgesetz_04-06-08.pdf [10.8.2008].

Kunz, E.; Butz, M.; Wiedemann, E., 2003: Heimgesetz. Kommentar, München 2003.

Landespflege-Gesetz NRW (PfG NW) vom 8.7.2003 GV. NRW. S. 380; Ministerium für Gesundheit, Soziales, Frauen und Familie des Landes NRW, Novelle des PfG NRW, in Kraft getreten am 1.8.2003.

MDS e.V. (Hrsg.), 2005a: Richtlinien der Spitzenverbände der Pflegekassen über die Prüfung der in Pflegeeinrichtungen erbrachten Leistungen und deren Qualität (Qualitätsprüfungs-Richtlinien – QPR) vom 10.11.2005, Essen 2005. In: http://www.mds.de [30.6.2008].

MDS e.V. (Hrsg.), 2005b: MDK-Anleitung zur Prüfung der Qualität nach den §§ 112, 114 SGB XI in der stationären Pflege vom 10.11.2005, Essen 2005.

Meyer, D., 2003: Eine Prognose zum zukünftigen Bedarf in der stationären Altenhilfe. In: Zeitschrift für Sozialreform 2003, Heft 2, S. 313–332.

Ministerium für Justiz, Arbeit, Gesundheit und Soziales des Saarlandes, 2007: Landespflegeplan Saarland: Fortschreibung Neufassung 2005–2007, Saarbrücken 2007.

Niedersächsisches Landesamt für Soziales, Jugend und Familie (Hrsg.), 2004: Tätigkeitsbericht gemäß § 22 Abs. 3 HeimG, Stichtag 2003, Hildesheim 2004. In: http://cdl.niedersachsen.de/blob/images/C3775247_L20.pdf [10.8.2008].

Ohne Verfasser, 2001: Verordnung über bauliche Mindestanforderungen für Heime gemäß § 1 Heimgesetz (Heimmindestbauverordnung – HeimMindBauV). Diskussionsentwurf einer zweiten Änderungsverordnung. Stand: 6. August 2001. In: http://www.vincentz.net [12.11.2004].

Richtlinien nach § 87b Abs. 3 SGB XI des GKV-Spitzenverbandes zur Qualifikation und zu den Aufgaben von zusätzlichen Betreuungskräften in Pflegeheimen (Betreuungskräfte-Richtlinie) im Entwurf vom 30.6.2008.

4

Schmidt, R., 1998: Pflegeheimentwicklung im Kontext sich verändernder Versorgungssysteme. In: Schmidt, R.; Thiele, A. (Hrsg.): Beiträge zur Gerontologie, Sozialpolitik und Versorgungsforschung, Bd. 4. Regensburg 1998.

Statistisches Bundesamt (Hrsg.), 2001: Kurzbericht: Pflegestatistik 1999, Deutschlandergebnisse, Bonn 2001.

Statistisches Bundesamt (Hrsg.), 2003: Kurzbericht: Pflegestatistik 2001, Pflege im Rahmen der Pflegeversicherung – Deutschlandergebnisse, Bonn 2003.

Verordnung über bauliche Mindestanforderungen für Altenheime, Altenwohnheime und Pflegeheime für Volljährige in der Fassung der Bekanntmachung vom 3.5.1983, zuletzt geändert durch Art. 5 der Verordnung zur Berechnung der Wohnfläche, über die Aufstellung von Betriebskosten und zur Änderung anderer Verordnungen vom 25.11.2003, BGBl. I Nr. 56, S. 2346.

Verordnung über wohnungswirtschaftliche Berechnungen (Zweite Berechnungsverordnung – II. BV vom 25.11.2003 (BGBl. I Nr. 56 S. 2346) für Wohnflächenanforderungen nach dem 31.12.2003.

Wiese, U. E.; Haastert, F., 2002: Situationsanalyse der Bau- und Wohnausstattung sowie der Personalstruktur in ausgewählten vollstationären Pflegeeinrichtungen auf der Basis einer standardisierten Erhebung im April 2002, unveröffentlichter Forschungsbericht 2002.

Wiese, U. E., 2004: Pflegeversicherung und Pflegepraxis. Auswirkungen rechtlicher Regularien auf die Pflege, Pflegequalität und Qualitätssicherung, Baden-Baden 2004.

KAPITEL

5 Qualitätssicherung durch Wahrung und Sicherung der Bewohnerrechte

5.1 Heimrecht und Gesetzgebungszuständigkeit

Schutzcharakter des Heimgesetzes/Föderalismusreform

Gegenstand dieses Kapitels sind gesetzliche Regelungen, deren Zweckbestimmungen und Ziele der Sicherung der Rechtsstellung und dem Schutz von Heimbewohnern dienen.

Mit der **Föderalisierung des Heimrechts** zum 1.9.2006 hat der Gesetzgeber einen Systemwechsel in der Gesetzgebungskompetenz vollzogen und die Zuständigkeit für das Heimrecht weitgehend auf die Bundesländer übertragen. Beim **Bund** verblieben ist die **Gesetzgebungskompetenz für das Vertragsrecht.** Der Heimvertrag ist ein zivilrechtlicher Vertrag, der als Verbrauchervertrag nach dem Bürgerlichen Gesetzbuch einzuordnen ist. Das Bürgerliche Gesetzbuch kodifiziert das Zivilrecht mit dem vertragsrechtlichen Bereich im Rahmen der konkurrierenden Gesetzgebung gemäß Art. 74 Abs. 1 Nr. 1 GG umfassend. Die §§ 5 bis 9 HeimG mit den elementaren Regelungen zum Heimvertragsrecht gelten somit weiter. Gerade die Regelungen des Heimvertragsrechts haben eine wichtige Regulierungs- und Schutzfunktion für Heimbewohner und werden in den rechtlichen Anforderungen im ersten Abschnitt behandelt.

Geltung des Heimgesetzes bis zur Ablösung

Neben dem Heimvertragsrecht nehmen die **Heimmitwirkungsrechte** für Bewohner in Heimeinrichtungen eine ganz wichtige Rolle ein, da sie der Wahrung der Rechtsstellung und der Sicherung von Teilhaberechten dienen. Dem Schutz und der Rechtssicherung dient im übergreifenden Sinne die **Heimaufsicht,** die neben dem MDK Aufgaben der externen Sicherung wahrnimmt und ordnungsrechtliche Funktionen ausübt. Darüber hinaus soll die Heimaufsicht auch beratend tätig sein. Diese **Regelungen des Heimgesetzes wirken** bis zur Ablösung durch landesgesetzliche Regelungen in den Bundesländern **fort.** Ein ersatzloser Wegfall der Regelungen zur Heimmitwirkung und Heimaufsicht ist schon aufgrund deren erheblichen Rechtsschutzfunktion nicht zu erwarten. Es ist vielmehr davon auszugehen, dass die geltenden Rechtsregelungen als Vorlage für die länderspezifischen Regelungen dienen werden und infolgedessen fortwirkend Relevanz auch für die Gestaltung der Ländergesetze haben.[1] Die Umsetzung in Landesrecht steht in vielen Bundesländern noch aus.

[1] Siehe: Eckpunkte für ein Landesheimgesetz NRW, 2007; Ministerium für Soziales, Gesundheit, Familie, Jugend und Senioren des Landes Schleswig-Holstein (Hrsg.), 2007. Entsprechende Regelungen zur Mitwirkung finden sich bereits im Heimgesetz für Baden-Württemberg und dem für Bayern verabschiedeten Pflege- und Wohnqualitätsgesetz. Zu den Rechtsquellen ➢ Kap. 3 Literaturverzeichnis.

Insgesamt lassen sich drei zentrale Regelungsbereiche im Heimrecht identifizieren, die der Wahrung und Sicherung der Rechte und der Bedürfnisse der Heimbewohner dienen sollen:

- Regelungen zum Heimvertrag
- Regelungen zur Mitwirkung der Bewohner in Heimangelegenheiten
- Regelungen zur Wahrnehmung der Heimaufsicht

Inhalte der Heimgesetznovelle 2001

Zentrales Anliegen des Heimgesetzes ist die Qualitätssicherung. § 2 Abs. 1 Nr. 5 HeimG nennt explizit die Aufgabe der Qualitätssicherung und leitet daraus die Forderung für Heimeinrichtungen ab, eine dem „anerkannten Stand der fachlichen Erkenntnisse entsprechende Qualität des Wohnens und der Betreuung zu sichern". Anders als das Pflegeversicherungsgesetz, dass auf eine Qualitätssicherung der Leistungen zielt, stellt das Heimrecht in stärkerem Maße auf **institutionelle Schutzmaßnahmen** ab. Dieser Ansatz ist historisch begründet und beruht darauf, dass der Gesetzgeber von einer schwächeren Rechtsstellung des Heimbewohners ausgeht, die in der Lebenssituation der Hilfe- und Pflegebedürftigkeit gründet und damit zu Abhängigkeitsbeziehungen des einzelnen Bewohners führt. Die daraus resultierenden Schutzziele haben dem Heimgesetz und den dazu gehörigen Rechtsverordnungen ein ordnungsrechtliches Gepräge gegeben. Novellierungen des Gesetzes, die in der Vergangenheit Verbesserungen der Qualitätssicherung bewirken sollten, waren deshalb stets auf die Stärkung der Rechtsstellung und damit einer Stärkung des Schutzes der Heimbewohner gerichtet.

Eine umfassende Reform des Heimgesetzes erfolgte 2001, also knapp fünf Jahre vor der Föderalismusreform. Mit dem **Dritten Gesetz zur Änderung des Heimgesetzes**[2], das am 1.1.2002[3] in Kraft trat, wurde das Heimgesetz in seiner Funktion als Heimbewohnerschutzgesetz weiterentwickelt. Dabei wurden die drei oben genannten Regelungsbereiche mit folgenden Zielen ausgeweitet:

- bewohnerorientiert eine Verbesserung der Transparenz bei den Heimverträgen herbeizuführen,
- institutionell die Heimmitwirkung zu erweitern,
- Ordnungsrechtlich die Heimaufsicht zu stärken und deren Eingriffsrechte zu verbessern.[4]

Der Gesetzgeber verband mit der Neufassung des Heimgesetzes die Erwartung der Verbesserung der **Qualität der Pflege und Betreuung.** Für die Träger der Heimeinrichtungen ergaben sich daraus **neue Anforderungen** hinsichtlich der Transparenz und Gestaltung der **Heimverträge** sowie der Beteiligung der Interessenvertretung der Bewohner aufgrund gesetzlich erweiterter Mitwirkungsmöglichkeiten. Ausgeweitet wurden auch die Instrumente der Heimaufsicht, indem die Eingriffsrechte verstärkt wurden, z.B. durch wiederkehrende und auch unangemeldete Prüfungen. Ebenfalls eingeleitet wurden Maßnahmen für eine Zusammenarbeit der Heimaufsichtsbehörden

[2] Drittes Gesetz zur Änderung des Heimgesetzes vom 5.11.2001, BGBl. I S. 2960; vgl. Bundesministerium für Familie, Senioren, Frauen und Jugend, 2001, S. 16–17.
[3] Drittes Gesetz zur Änderung des Heimgesetzes vom 5.11.2001, BGBl. I S. 2960.
[4] Vgl. Bundesministerium für Familie, Senioren, Frauen und Jugend, 2001, S. 16–17.

mit anderen Behörden, wie Pflegekassen, Sozialhilfeträgern und dem MDK, um eine Verbesserung der Qualität der Betreuung, einschließlich der Pflege zu bewirken und eine arbeitsteilige Überprüfung der Heime zu erreichen. Mit § 20 HeimG sollte eine Verzahnung der beiden Regelungssysteme Heimgesetz und SGB XI in die Wege geleitet und eine bislang fehlende Kooperation von Heimaufsicht und MDK angeschoben werden.[5]

Das Heimrecht dient aufgrund seines Schutzcharakters der Sicherung der Rechte der Bewohner. Maßnahmen zur Verbesserung des Verbraucherschutzes dienen der Qualitätssicherung.

Sicherheit in der Vertragsgestaltung

Im Folgenden werden die geltenden Anforderungen des Heimgesetzes an den Heimvertrag dargelegt. Deren Kenntnis ist für eine rechtswirksame und in der Praxis sichere Gestaltung und Vereinbarung mit den Bewohnern bedeutsam und dient ebenso der Bestandssicherung bei Prüfungen der Heimaufsicht.

5.2 Anforderungen an den Heimvertrag

5.2.1 Pflichten bei Anbahnung und Abschluss des Heimvertrags

Heimvertrag unterliegt dem Verbraucherschutz

Der Einzug eines Menschen in ein Heim bedeutet für den Betroffenen einen elementaren Umbruch in seiner Lebens- und Wohnform, der auch in rechtlicher Hinsicht mit neuen vertraglichen Leistungsvereinbarungen verbunden ist. Schon vor dem tatsächlichen Einzug in eine Heimeinrichtung ist zwischen dem Heimträger und dem künftigem Bewohner ein Vertrag zu schließen, wenn ein konkreter Entschluss für den Einzug getroffen wurde. Bei dem Heimvertrag handelt es sich um einen Vertrag im Sinne des Bürgerlichen Gesetzbuches, der Elemente des Kauf-, Miet- und Dienstvertragsrechts verbindet. Nach heutigem Verständnis ist der **Heimvertrag ein Verbrauchervertrag.** Die Kennzeichnung als Verbrauchervertrag signalisiert, dass auch für diese Vertragsart die Gedanken des Verbraucherschutzes und der Verbraucherschutzregelungen des Bürgerlichen Gesetzbuches (BGB) gelten. § 13 BGB definiert den Verbraucherbegriff. Verbraucher ist jede natürliche Person, die ein Rechtsgeschäft zu einem Zwecke abschließt, der weder ihrer gewerblichen noch ihrer selbstständigen beruflichen Tätigkeit zugerechnet werden kann. Bei dem **Verbrauchervertrag** handelt es sich folglich um einen für **private Zwecke** abgeschlossenen Vertrag, bei dem von einer typischen Situation der strukturellen Unterlegenheit der Privatperson im Verhältnis zum Unternehmer auszugehen ist. Dies trifft auf den Heimvertrag zu, da er zu privaten Zwecken abgeschlossen wird. Der Heimträger handelt dabei gemäß § 14 BGB als

[5] Vgl. Ebenda, S. 15.

Unternehmer, da er beim Abschluss des Heimvertrags und dem damit verbundenen Angebot der Unterkunft, Pflege und Betreuung gewerblich tätig ist.

Die Feststellung, dass es sich um einen Verbrauchervertrag handelt, hat zur Folge, dass konkrete Schutzmaßnahmen greifen, um den Bürger vor nachteiligen inhaltlichen Vereinbarungen zu schützen. Verbraucherverträge unterliegen insbesondere der Inhaltskontrolle, es gelten zwingende Formvorgaben und Informationsrechte sowie ggf. Widerrufsrechte. Für die **Anbahnung, den Abschluss und die inhaltliche Kontrolle der Heimverträge** enthält das **Heimgesetz spezifische Instrumente.**

Anbahnung des Heimvertrags

Bereits bei der Anbahnung der Vertragsbeziehung, d.h. wenn der Bewohner sich informiert, aber noch keinen Heimvertrag abgeschlossen hat, bestehen für den Heimträger gestufte Pflichten zur Information. Sie dienen dem Schutz des potenziellen Bewohners.

Informationspflichten

Daher hat die Heimleitung den künftigen Bewohner schriftlich über den Vertragsinhalt zu informieren (vgl. § 5 Abs. 2 HeimG). Der Betroffene soll durch die Informationspflicht in die Lage versetzt werden, sich ein Bild über die künftigen Lebensbedingungen in der Heimeinrichtung zu machen. Schriftlich informiert werden muss u.a. über:[6]

- Leistungen und den Ausstattungsstandard der Einrichtung
- Lage und Verkehrsanbindung der Einrichtung
- Eigentumsverhältnisse
- Rechte und Pflichten der Bewohner
- Möglichkeiten künftiger Leistungs- und Entgeltveränderungen

So muss z.B. für den Bewohner erkennbar sein, ob für den Fall des Eintritts einer höheren Pflegebedürftigkeit ein Umzug innerhalb des Heimes notwendig wird. Zur Erfüllung der Informationspflicht reicht es nicht aus, wenn die Heim- oder Benutzerordnung vorzeitig ausgehändigt wird.[7] Der Heimträger hat Interessenten auch über generell mögliche Leistungs- und Entgeltveränderungen zu informieren. Werden die Informationspflichten nicht beachtet, besteht für den Bürger aufgrund von Pflichtverletzungen bei Vertragsanbahnung gemäß §§ 280, 311 Abs. 2 BGB ein Anspruch auf Aufhebung bzw. Anpassung des nachteiligen Vertrags.

Informationspflichten nach SGB XI

Ein weiterer Ausbau der Informationsmöglichkeiten wird durch § 115 Abs. 1a SGB XI eröffnet. Mit dem Pflege-Weiterentwicklungsgesetz[8] wurde in dem Paragrafen festgelegt, dass die im Rahmen der Qualitätsprüfungen ermittelten Ergebnisse zu den Leistungen und der Qualität der Pflege der einzelnen Pflegeeinrichtung im Internet kostenfrei veröffentlicht werden müssen. Auch sind die in der einzelnen Pflegeeinrichtung ermittelten Prüfergebnisse in der Einrichtung zu Informationszwecken auszuhängen. Die Prüfergebnisse sollen dazu nach einer eigens durch die Spitzenverbände erstellten Bewertungssystematik aufbereitet werden. Weiteres dazu: **www.pflegeheute.de**

[6] Kunz, u.a., 2003, § 5, Rdn. 13.
[7] Vgl. Dahlem, u.a., 2007, § 5, Rdn. 9.
[8] Pflege-Weiterentwicklungsgesetz vom 28.5.2008, BGBl. I S. 874 ff.

Die Informationspflichten des Heimträgers sollen betroffene Bürger und Angehörige in die Lage versetzen, das bestehende Leistungsangebot, die Kosten und deren Veränderungspotenzial, vor allem mögliche Entgelterhöhungen, abschätzen zu können.[9] Die Informationspflichten des Heimträgers bestehen neben den Pflichten der Pflegekassen, Pflegebedürftige gemäß § 7 Abs. 3 SGB XI bei der Auswahl der Pflegeeinrichtung beratend zu unterstützen und dazu auch Leistungs- und Preisvergleichslisten der regionalen Pflegeeinrichtungen auszuhändigen. Sie bestehen auch neben dem ab 1.1.2009 geltenden Anspruch der Leistungsempfänger, gemäß § 7a SGB XI individuelle Beratung und Hilfestellung durch Pflegeberater bzw. Pflegeberaterinnen zu erhalten. Mit dem Pflege-Weiterentwicklungsgesetz wurden die Informationsrechte der Bürger weiter ausgeweitet.

Infos zu Beschwerderechten und Heimordnung

Bei Mängeln der vertraglich vereinbarten Leistungen hat der Bewohner das Recht der Beschwerde beim Träger, bei der Heimaufsichtsbehörde oder bei den Arbeitsgemeinschaften gemäß § 20 HeimG. Der Träger der Heimeinrichtung hat den künftigen Bewohner hierüber bereits beim Abschluss des Heimvertrags schriftlich zu informieren. Auch muss er dem Bewohner die Adressen der Beschwerdestellen mitteilen, insbesondere auch die der zuständigen Arbeitsgemeinschaften nach § 20 Abs. 5 HeimG, die dem Interessenschutz der Bewohner dienen (vgl. § 5 Abs. 10 HeimG).

Im Heimvertrag werden die Rechte und Pflichten des Trägers und des Bewohners festgelegt (vgl. § 5 Abs. 3 Satz 1 HeimG). Häufig sind jedoch auch in der Heimordnung Pflichten der Bewohner geregelt. Damit die Heimordnung für den Bewohner verbindlich wird, muss sie Bestandteil des Heimvertrags werden.[10] Dies hat zur Folge, dass einseitige Änderungen der Heimordnung durch den Träger nicht zulässig sind, es sei denn, dem Heimträger wird in dem Heimvertrag ausdrücklich ein einseitiges Änderungsrecht eingeräumt. Vertragsklauseln, nach denen die Heimordnung in der jeweils geltenden Fassung Bestandteil des Vertrags sein soll, sind unwirksam. Das Heimgesetz sieht ohnehin bei der Aufstellung und Änderung der Heimordnung die Mitwirkung des Heimbeirats vor (§ 10 Abs. 1 HeimG).

Beratung und Information

Dem Heimträger obliegen bereits im Stadium der Anfrage und einer Anbahnung eines Heimvertrags umfängliche Beratungs- und Informationspflichten. Zur professionellen Information gehört auch die Bereitstellung schriftlicher Unterlagen in Form von Informationsbroschüren über die Einrichtung, eines Mustervertragsformulars, einer Beispielsberechnung oder Auflistung zu den anfallenden Entgelten.

Darüber hinaus sollte dem künftigen Bewohner auch Zeit für die Informationssammlung gewährt werden. Interviews mit Heimleitungen verdeutlichen, dass bei den Interessenten und deren Angehörigen kaum Kenntnisse über das Versorgungssystem und die für sie zentralen Finanzierungskriterien vorhanden sind. Folgende Erzählung eines Heimleiters verdeutlicht dies:

„Vorausgegangen ist bei mir hier aber auch ein relativ intensives Aufnahme- und Informationsgespräch. Sie können davon ausgehen, dass sich die Angehö-

---

[9] Vgl. Bundesministerium für Familie, Senioren, Frauen und Jugend, 2001, S. 21.
[10] Vgl. Dahlem, u.a., 2007, § 5, Rdn. 11.

rigen mit solchen Dingen in der Regel nicht vorher befasst haben. Kaum. Es ist normal, dass man vom Heim keine Ahnung hat, dass man von der Pflegeversicherung keine Ahnung hat, in ganz, ganz vielen Fällen ist der Bewohner noch nicht eingestuft und und und." (Interview HL4 /S. 5/Z. 27–31).

Letztlich wird von den Heimträgern die Entwicklung eines Beratungs- und Informationskonzeptes verlangt, das Heimplatz-Interessenten umfassend über die Lebensbedingungen im Heim und die Kosten des Heimplatzes informiert.

Formvorgaben beim Abschluss und Lösungsrecht

Dem Verbraucherschutzgedanken entspricht es, dass der Heimvertrag auch der Einhaltung einer Form bedarf. Zwar besteht nach dem Gesetz kein Schriftformzwang für die Vertragsvereinbarung, doch ist der Heimträger nach § 5 Abs. 1 HeimG verpflichtet, den **Vertragsinhalt schriftlich zu bestätigen,** sodass der Bewohner einen Anspruch auf einen schriftlichen Nachweis hat.[11]

Ein Widerrufsrecht nach dem Vertragsabschluss sieht das Heimgesetz nicht vor. Dafür enthält das Heimgesetz zum Schutz des Bürgers kürzere Lösungsmöglichkeiten. Er kann den Heimvertrag binnen kurzer Frist kündigen. Gemäß § 8 Abs. 1 HeimG haben Bewohner das Recht, den Heimvertrag bis zum dritten Werktag eines Kalendermonats für den Ablauf desselben zu kündigen.

5.2.2 Inhaltliche Anforderungen an den Heimvertrag

Zum Schutz der Heimbewohner unterliegen die Regelungsinhalte des Heimvertrags der Kontrolle. Nach den Verbraucherschutzvorschriften des Bürgerlichen Gesetzbuches müssen vertragliche Vereinbarungen in Formularverträgen dem Transparenzgebot gemäß § 307 Abs. 1 BGB entsprechen. Die einzelnen Vertragsklauseln dürfen den anderen Vertragspartner nicht unangemessenen benachteiligen und müssen nach dem Transparenzgebot klar und verständlich sein. Dies gilt auch für den Heimvertrag. Das Heimgesetz enthält darüber hinaus strenge Vorgaben bezüglich der Inhalte des Heimvertrags, von denen nicht zum Nachteil der Bewohner abgewichen werden darf (vgl. § 9 HeimG). Die Anforderungen und Kontrollmechanismen des Heimgesetzes werden im Folgenden unter Berücksichtigung der Rechtsprechung zum Heimvertragsrecht dargestellt.

Transparenz der Vertragsinhalte

Festgelegte Inhalte

Die zentralen Anforderungen an die inhaltlichen Bestimmungen des Heimvertrags enthält § 5 Abs. 3 HeimG. Danach sind im Heimvertrag die Rechte und Pflichten beider Vertragsparteien festzulegen, wobei insbesondere die Leistungen des Trägers und das von den Bewohnern zu zahlende Heimentgelt anzugeben sind. Im Weiteren muss der Heimvertrag eine **allgemeine Leistungsbeschreibung** der Heimeinrichtung enthalten, die auch die Ausstattung beinhaltet (vgl. § 5 Abs. 3 HeimG). Die Forderung nach einer detail-

[11] Vgl. Dahlem, u.a., 2007, § 5, Rdn. 7.

lierten Leistungsbeschreibung dient hier wiederum dem Zweck, dass sich der Bewohner darüber informieren kann, ob eine für ihn angemessene Betreuung und Versorgung geboten wird. Deshalb muss die Leistungsbeschreibung so detailliert gestaltet werden, dass sie zur Art, zum Inhalt und zum Umfang der Unterkunft, Verpflegung und Betreuung Angaben enthält.

Beispiele (nicht abschließend) zur Leistungsbeschreibung der Regelleistungen:

1. Leistungen der Grundpflege

- Pflege nach Pflegestufen, z.B.:
  - Hilfe bei der Körperpflege
  - Hilfe bei der Nahrungsaufnahme
  - Hilfe bei der Fortbewegung
  - Hilfe bei der Ausscheidung
- Pflegeplanung durch Pflegefachkraft

2. Leistungen der Behandlungspflege

Kooperation mit niedergelassenen Ärzten, Krankenhäusern, Physiotherapeuten, z.B.:

- Übernahme auf ärztliche Anordnung
- Verbandswechsel
- Dekubitusversorgung
- Katheterpflege
- Sondenernährung

3. Hilfsmittel, z.B.:

- Pflegebetten
- Lagerungskeile
- Schieberollstühle
- Bade- und Duschhilfen

4. Betreuung

Art und Umfang der Betreuungsangebote, z.B.:

- Betreuungsangebote für spezielle Bewohnergruppen, Krankheitsfälle
- Soziale/therapeutische Betreuungsangebote
- Seelsorgerische Betreuung

5. Unterkunft

- Appartement oder Zimmer, Angaben zu Einzel- und Zweibettzimmern
- Ausstattung, z.B. Möblierung, Kochzeile, Dusche, Balkon
- Lage, z.B. ebenerdig oder Stockwerk

6. Hauswirtschaft

- Anzahl, Lage und Verteilung der Mahlzeiten
- Wahlmöglichkeiten
- Diätkost
- Zimmerservice

Zu den allgemeinen Leistungsbeschreibungen des Heimes gehören auch:

- (Pflege-)Leitbild
- Leistungen externer Dienstleister, z.B. bei der Wäsche- oder Essensversorgung
- grundsätzliche Tagesorganisation[12]

[12] Die Aufzählung ist nicht abschließend; vgl. auch Bundesministerium für Familie, Senioren, Frauen und Jugend (Hrsg.), 2003a, S. 29–30. Vgl. auch Heumann, 2002, S. 56.

Die im **Einzelnen vereinbarten Leistungen** mit dem Bewohner sollten dann nach Art, Inhalt und Umfang für die drei Leistungsbereiche „Pflege, Betreuung, Unterkunft" beschrieben werden. So gehören zur Leistungsbeschreibung z.B.:

- Unterbringung im Einzel- oder Doppelzimmer
- Größe des Zimmers
- Möblierung des Zimmers, z.B. inkl. Pflegebett
- Umfang der hauswirtschaftlichen Versorgung, z.B. Häufigkeit der Zimmerreinigung
- Anzahl der Mahlzeiten pro Tag
- Art der Mahlzeiten, z.B. Diätkost oder sonstige Kost
- Umfang der Pflegeleistungen, z.B. Unterstützung beim Duschen, Unterstützung bei der Nahrungsaufnahme

Die Angaben sollten im Heimvertrag detailliert erfolgen. Ebenso sind aus Gründen der Transparenz die Regelleistungen, die im Heimentgelt enthalten sind, von anderen Leistungen, den sogenannten weiteren Leistungen und Zusatzleistungen abzugrenzen.[13]

„Zusatzleistungen" und „weitere" Leistungen

Zusatzleistungen

Zu den „Zusatzleistungen" und den „weiteren" Leistungen gibt es bislang keine konkrete Beschreibung.

Zusatzleistungen

Den Begriff „Zusatzleistungen" enthält § 88 SGB XI. Hier ist ausdrücklich vorgesehen, das

- besondere Komfortleistungen bei Unterkunft und Verpflegung und
- zusätzliche pflegerisch-betreuende Leistungen

gesondert vereinbart und berechnet werden können. Eine inhaltliche Bestimmung der Zusatzleistungen und deren Abgrenzung zu den notwendigen Leistungen sollen in Rahmenverträgen über die pflegerische Versorgung erfolgen.

Die Bundesempfehlungen und -vereinbarungen[14] und die Rahmenverträge gemäß § 75 SGB XI enthalten jedoch kaum Hinweise darüber, welche Leistungen als Zusatzleistungen anzuerkennen sind. In vielen Landesverträgen werden die Zusatzleistungen allgemein definiert als Leistungen, die über das Maß des Notwendigen in der Pflege sowie bei der Unterkunft und der Verpflegung hinausgehen und die individuell wählbar sind.[15] In einigen Lan-

[13] Vgl. Bundesministerium für Familie, Senioren, Frauen und Jugend (Hrsg.), 2003a, S. 30.
[14] § 3. In: Gemeinsame Empfehlung gemäß § 75 Abs. 5 SGB XI zum Inhalt der Rahmenverträge nach § 75 Abs. 1 SGB XI zur vollstationären Pflege vom 25.11.1996.
[15] Vgl. z.B. § 5 des Rahmenvertrags über die vollstationäre Pflege gemäß § 75 Abs. 1 SGB XI für das Land Hessen gemäß Beschluss der Schiedsstelle vom 14.10.2005.

Tab. 5.1 Abgrenzungsbeispiele aus den Rahmenverträgen der Länder Niedersachsen und Berlin für verschiedene Leistungen

Notwendige pflegerisch betreuende Leistungen	Zusatzleistungen
Häufiges Duschen bei besonderer Notwendigkeit oder besonderem Reinigungsbedürfnis	Maniküre, Pediküre (über notwendige Nagelpflege hinaus)
Pflege besonderer Gruppen, z.B. Wachkoma-Patienten	Individueller Vorleseservice, individuelle Auswahl von Musikprogrammen
Gemeinsame Gruppenausflüge, aktivierende Gruppenarbeit	Persönliche (nicht notwendige) Begleitung zum Arzt
Notwendige Leistungen der Unterkunft, Verpflegung	Zusatzleistungen/Komfortleistungen
Wäschekennzeichnung, Wäscheinstandhaltung	Änderung von Kleidungsstücken, chemische Reinigung der Wäsche
Zwischenmahlzeiten, Wahlmenü, Nachmittagskaffee, Diätkost	Sonderkost, Verpflegung nach individuellen Wünschen, Gourmetkost
Essensversorgung am Bett, soweit aufgrund des Patientenzustands erforderlich	Mahlzeiten auf dem Zimmer ohne Notwendigkeit aufgrund der gesundheitlichen Verfassung
Diätkost	Fahrdienste im Zusammenhang mit Zusatzleistungen
Entsorgung von privatem Abfall	Zusätzliche Reinigung von Fenstern, Gardinen nach Wunsch außerhalb des üblichen Umfangs
	Versorgung von Haustieren
	Belegung von Doppel- und Mehrbettzimmern durch Einzelpersonen
	Reparatur persönlicher Gegenstände

desregelungen, wie z.B. in dem Rahmenvertrag für Niedersachsen[16] oder dem Rahmenvertrag für das Land Berlin,[17] sind beispielhaft aufgelistete Zusatzleistungen genannt, die von den Regelleistungen abzugrenzen sind (➢ Tab. 5.1).

„Weitere" Leistungen

„Weitere" Leistungen nach § 5 HeimG

Der Begriff der „weiteren" Leistungen wird in § 5 Abs. 3 Satz 4 des Heimgesetzes verwandt. Das Gesetz verpflichtet Heimträger, auch diese Leistungen im Heimvertrag gesondert zu beschreiben und die berechneten Entgeltbestandteile anzugeben.

Gemeint sind Leistungen, die nicht den Regelleistungen zuzurechnen sind, da sie nicht Bestandteil der Pflege-, Betreuungs- und Unterkunftsleistungen sind, auf der anderen Seite aber auch nicht zu den Zusatzleistungen zählen, da es sich nicht um Komfortleistungen handelt. Die sogenannten „weiteren" Leistungen sind nach dem Verständnis des Gesetzgebers Bestandteil des

[16] Anlage 1 zu § 3. In: Rahmenvertrag gemäß § 75 Abs. 1 in Verbindung mit Abs. 2 SGB XI zur vollstationären Dauerpflege in der Fassung der Schiedsstellenfestsetzung vom 27.1.2005, in Kraft ab 1.1.2007.

[17] § 3. In: Rahmenvertrag gemäß § 75 Abs. 1 und 2 SGB XI zur vollstationären Pflege. In Kraft seit 1.4.2005.

Heimentgeltes. Darauf verweist auch die Formulierung in § 5 Abs. 3 HeimG, nach der diese Leistungsarten in ihren „Entgeltbestandteilen gesondert" auszuweisen sind.[18]

Orientierungshilfe zur Abgrenzung

In den Leistungsbeschreibungen der Landesrahmenverträge fehlen bislang jedoch eindeutige Kennzeichnungen für diese Leistungsart. Derzeit gibt es lediglich **„Orientierungshilfen"** der Spitzenverbände der Selbstverwaltung für eine Leistungsbestimmung und Abgrenzung zu anderen Leistungen. Auch handelt es sich bei den Orientierungshilfen um nicht abschließende Arbeitshilfen ohne Rechtsverbindlichkeit. Deshalb können sie für die Praxis nur Hinweisfunktion haben. Die Arbeitshilfe enthält eine Katalogisierung der Leistungsarten nach Regelleistungen, sonstige Leistungen und Zusatzleistungen:[19]

Beispiele für sonstige („weitere") Leistungen[20] sind:

- Änderungen von Kleidungsstücken, soweit es sich nicht um die Reparatur von Kleidung oder Wäsche handelt
- individuell gewünschte Anschlüsse mit Gebührenpflicht
- chemische Reinigung, die über die übliche Wäscheversorgung hinausgeht
- Gästeessen
- Geldverwaltung
- Haustierversorgung eigener Tiere des Bewohners
- Krankengymnastik, Physiotherapie und Massagen, soweit es sich um eine verordnete Leistung nach SGB V handelt, die nicht als Komfortleistung auf eigenen Wunsch in Anspruch genommen wird
- Sondenernährung, nur soweit es sich um eine ärztlich verordnete Sondennahrung nach SGB V handelt
- Kurse, Unterrichtsveranstaltungen unter fachlicher Leitung, soweit diese nicht Leistungen der tagesstrukturierenden Maßnahmen sind

Bei einigen Leistungen, die in der Arbeitshilfe aufgelistet sind, wie z.B. bei der Haustierversorgung oder bei Änderungen von Kleidungsstücken, fällt auf, dass diese in den Rahmenverträgen den Zusatzleistungen zugeordnet wurden (➢ Tab. 5.1). Dies zeigt, dass eine eindeutige Abgrenzung und Zuordnung noch nicht erreicht wurde.

Harmonisierung der Vertragsinhalte mit dem SGB XI

Vertragsanpassung entsprechend SGB XI

Für den Heimvertrag sind bei den Leistungen **zwei Besonderheiten** zu beachten:

- Für Heimbewohner, die Leistungen nach der sozialen Pflegeversicherung erhalten, müssen die Leistungen der Einrichtung nach Art, Inhalt und Umfang und den Entgelten den Regelungen des SGB XI entsprechen (vgl.

[18] Vgl. Kunz, u.a., Heimgesetz, § 5, Rdn. 20.; Krahmer; Richter, 2006, § 5, Rdn. 4.

[19] Vgl. im Anhang unter Abschnitt 9: Arbeitshilfe stationäre Pflege für Regel- und Zusatzleistungen und Ausstattung mit Hilfsmitteln/Pflegehilfsmitteln, 2007.

[20] Anlage 1 III des Rahmenvertrags für Niedersachsen. In: Rahmenvertrag gemäß § 75 Abs. 1 in Verbindung mit Abs. 2 SGB XI zur vollstationären Dauerpflege in der Fassung der Schiedsstellenfestsetzung vom 27.1.2005, in Kraft ab 1.1.2007.

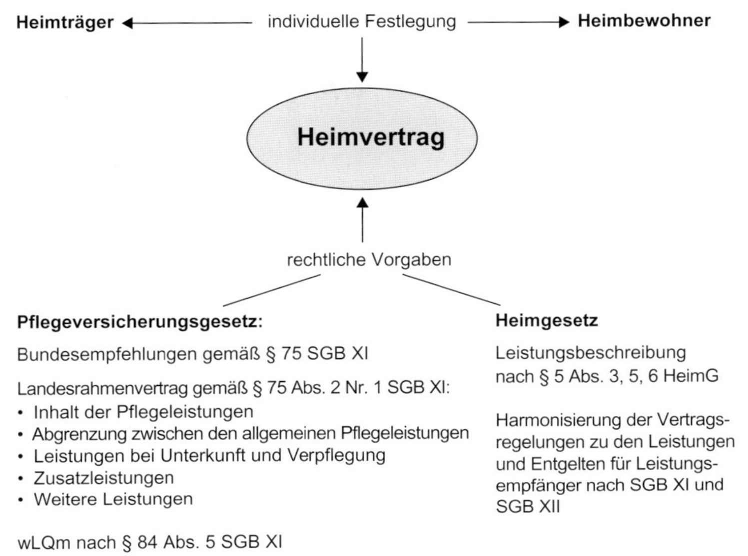

Abb. 5.1 Einordnung des Heimvertrags in die Regelsystematik von HeimG und SGB XI

§ 5 Abs. 5 HeimG). Ebenfalls auszuweisen sind die Investitionskosten nach § 82 Abs. 3 und 4 SGB XI. Diese Regelung dient der Harmonisierung der Vertragsregelungen mit den Leistungsfeststellungen des SGB XI. Bei der Erstellung der Heimverträge sind deshalb die geltenden **Landesrahmenverträge** gemäß **§ 75 SGB XI** zu berücksichtigen:

- Dort werden die von den Einrichtungen zu erbringenden Leistungen für den Leistungsbereich **„Pflege"** beschrieben. Diese umfassen insbesondere Hilfen bei der Körperpflege, bei der Ernährung sowie bei der Mobilität. Diese Leistungen sind im Heimvertrag darzulegen.
- Ebenfalls aufzunehmen sind die Leistungen der **sozialen Betreuung und der Behandlungspflege.**[21]
- Zu den **Regelleistungen der Unterkunft und Verpflegung,** die zu beschreiben sind, zählen u.a. die übliche Reinigung des Wohnraums, die Wäscheversorgung sowie die Speisen- und Getränkeversorgung.[22]

Für Heimbewohner, deren Heimplatz mit Leistungen der Sozialhilfe nach dem **SGB XII** finanziert wird, müssen die vereinbarten Leistungen nach Art, Inhalt und Umfang sowie nach den jeweiligen Entgelten, den Regelungen des Zwölften Buches Sozialgesetzbuch entsprechen. Gemäß § 61 Abs. 6 SGB XII finden zur näheren Bestimmung der Leistungen auch die **Landesrahmenverträge und die Bundesempfehlungen und -vereinbarungen nach § 75 SGB XI** zur Beschreibung der Pflegeleistungen, der Unterkunft und Verpflegung Anwendung. Ziel ist eine Harmonisierung der Bestimmungen mit den Leis-

---

[21] Vgl. § 1. In: Gemeinsame Empfehlung gemäß § 75 Abs. 5 SGB XI zum Inhalt der Rahmenverträge nach § 75 Abs. 1 SGB XI zur vollstationären Pflege vom 25. November 1996.

[22] Vgl. § 2. In: Ebenda.

tungen der Pflegeversicherung. Soweit nach den Vertragsregelungen die Leistungen nach Art, Inhalt oder Umfang oder den Entgelten nicht den Regelungen der Pflegeversicherung entsprechen, kann der Sozialhilfeempfänger bzw. der Leistungsträger eine Vertragsanpassung verlangen (§ 5 Abs. 5 Satz 2 HeimG).

Erstattungsregelung bei Abwesenheit und ersparten Verpflegungsaufwendungen bei Bewohnern

Entgelterstattung bei Abwesenheit

Um für Interessenten eines Heimplatzes das Leistungsangebot der Einrichtungen transparent zu machen, sind Heimträger gemäß § 5 Abs. 8 HeimG verpflichtet, in ihren Formularverträgen zu regeln, ob und in welchem Umfang sie eine **Entgelterstattung für Abwesenheitszeiten der Bewohner** vorsehen. Im Weiteren ist in Absatz 8 Satz 2 durch Verweis auf Absatz 5 und 6 des § 5 HeimG klargestellt, dass die Regelungen zur Abwesenheit in den Rahmenverträgen sowie den Bundesempfehlungen und -vereinbarungen der Pflegeversicherung zu beachten sind. Insbesondere gilt dies für § 75 Abs. 2 Nr. 5 SGB XI mit den Regelungen zur vorübergehenden Abwesenheit eines Bewohners. Die Vorschriften des SGB XI und des SGB XII (§§ 75, 79 SGB XII) haben nach § 5 Abs. 8 Satz 2 HeimG Vorrang.

5

Rahmenverträge zur Erstattung/Platzgebühr/Freihaltegeld

Gemäß § 75 Abs. 2 Nr. 5 SGB XI werden Zeiten der vorübergehenden Abwesenheit von Heimbewohnern definiert als Situation eines **Krankenhausaufenthaltes** oder der **Beurlaubung** des Pflegebedürftigen. Für die **Abwesenheitszeiten** sollen in den Verträgen Vereinbarungen für „Abschläge" von der Pflegevergütung getroffen werden. Diese Vorgaben wurden in den Bundesländern mangels gesetzlicher Regelung in unterschiedlichen Regelungen umgesetzt. Die Rahmenverträge sahen nach der Höhe und Zahlungsdauer unterschiedliche Platzgebühren und Abschläge vor.[23] Im Folgenden werden einzelne Landesregelungen dargelegt, bevor auf die Neuregelungen des Pflege-Weiterentwicklungsgesetzes vom 1.7.2008[24] eingegangen wird.

Rahmenvertragsregelungen der Länder zur Abwesenheit

Zum Beispiel bestimmt § 27 des **Rahmenvertrags für das Land Niedersachsen,** dass während eines vollstationären **Krankenhausaufenthaltes, einer Rehabilitation, einer Vorsorgekur oder einer Beurlaubung** des Pflegebedürftigen die Pflegevergütung und das Entgelt für Unterkunft und Verpflegung für bis zu vier Wochen weitergezahlt werden, wenn der Pflegeplatz für den Bewohner freigehalten wird. Für die Zeit der Abwesenheit muss die Heimeinrichtung dem Pflegebedürftigen kalendertäglich 7 Euro für längstens 28 Tage je Kalenderjahr zur Verfügung stellen.[25] Erstattungen erfolgen jeweils zugunsten des Kostenträgers.

23 Beispielsweise enthält Abschnitt V, § 27 des niedersächsischen Rahmenvertrags gemäß § 75 Abs. 1 i.V.m. Abs. 2 SGB XI zur vollstationären Dauerpflege ausführliche Festlegungen bei vorübergehender Abwesenheit des Bewohners.

24 Pflege-Weiterentwicklungsgesetz vom 28.5.2008, BGBl. I S. 874 ff.

25 Abschnitt V, § 27. In: Rahmenvertrag gemäß § 75 Abs. 1 in Verbindung mit Abs. 2 SGB XI zur vollstationären Dauerpflege in der Fassung der Schiedsstellenfestsetzung vom 27.1.2005, in Kraft ab 1.1.2007.

Der **Rahmenvertrag für Rheinland-Pfalz**[26] sieht im Vergleich dazu bei einem Rehabilitations- oder Krankenhausaufenthalt eine Platzgebühr vor, wenn der Heimplatz für den Zeitraum der Abwesenheit freigehalten wird. Bei sonstiger Abwesenheit des Bewohners wird die Platzgebühr bis zu 21 Tage gezahlt. Die Gebühr beträgt für die Zeit der vorübergehenden Abwesenheit 60 % des Gesamtheimentgeltes.

Der Rahmenvertrag für das Land **Berlin**[27] sieht in § 26 bei vorübergehender Abwesenheit des Pflegebedürftigen von mehr als drei Tagen vor, dass ein Freihaltegeld in Höhe von 85 % der vertraglich vereinbarten Pflegevergütung gezahlt wird und das um den Beköstigungssatz verminderte Entgelt für Unterkunft und Verpflegung. Bei vorübergehender Abwesenheit des Bewohners bis zu drei Tagen wird das volle Entgelt weitergezahlt. Der Bewohner kann zwischen Verpflegung durch den Träger oder Auszahlung des ersparten Beköstigungssatzes wählen. Nach Ablauf des jeweils im Rahmenvertrag vereinbarten Zeitraums werden die Pflegekassen von der Zahlungspflicht frei. Nach § 26 ist dies bei einem Krankenhausaufenthalt oder einer Kur- oder Rehabilitationsmaßnahme nach drei Monaten der Fall.

Leistungen bei Abwesenheit nach dem Pflege-Weiterentwicklungsgesetz

Das Pflege-Weiterentwicklungsgesetz sieht nunmehr folgende Regelungen für Pflegeleistungen bei Abwesenheit vor: Gemäß § 43 Abs. 5 SGB XI werden bei vorübergehender Abwesenheit eines Pflegebedürftigen die Leistungen für vollstationäre Pflege erbracht, solange die Zahlungsvoraussetzungen des § 87a Abs. 1 Satz 5 und 6 SGB XI vorliegen. § 87a Abs. 1 nennt dazu folgenden Mindestsatz bei Abwesenheitszeiten: *Der Pflegeplatz ist im Fall vorübergehender Abwesenheit vom Pflegeheim für einen Abwesenheitszeitraum von bis zu 42 Tagen im Kalenderjahr für den Pflegebedürftigen freizuhalten. Soweit der Pflegebedürftige aufgrund eines Krankenhausaufenthaltes oder eines Aufenthaltes in einer Rehabilitationseinrichtung abwesend ist, verlängert sich der 42 Tage überschreitende Zeitraum für die Dauer des Aufenthaltes. Der Pflegebedürftige erhält den pauschalen Leistungsbetrag nach der Pflegestufe weiter (§ 43 Abs. 2 SGB XI). In den Rahmenverträgen nach § 75 sind für die nach § 87a Abs. 1 in den Sätzen 5 und 6 bestimmten Abwesenheitszeiträume, soweit drei Kalendertage überschritten werden, Abschläge von mindestens 25 vom Hundert der Pflegevergütung, der Entgelte für Unterkunft und Verpflegung und der Zuschläge nach § 92b SGB XI (Bezug: leistungsgerechte Zuschläge) vorzusehen.*

Für Sozialhilfeempfänger ist im Heimvertrag auf die Abwesenheitsregelungen des jeweils geltenden Landesrahmenvertrags hinzuweisen. Die vertragliche Vereinbarung muss für diese Personengruppen den Rahmenregelungen der Pflegeversicherung und der Sozialhilfe entsprechen.

Erstattungsklausel im Heimvertrag

Für die Zahlungspflichten und **Erstattungsrechte des Bewohners sind die einzelvertraglichen Regelungen im Heimvertrag** maßgebend. Die Heimträger sind deshalb mit § 5 Abs. 8 Satz 1 HeimG verpflichtet worden, **vor dem Heimeinzug** in ihren Formularverträgen die künftigen Bewohner über Erstattungsregelungen für ersparte Aufwendungen zu informieren. Interessen-

[26] Abschnitt V, § 26. In: Rahmenvertrag nach § 75 Abs. 1 SGB XI zur vollstationären Pflege in Rheinland-Pfalz, in Kraft ab 1.1.1999.

[27] Abschnitt V, § 26. In: Rahmenvertrag gemäß § 75 Abs. 1 u. 2 SGB XI zur vollstationären Pflege, in Kraft ab 1.4.2005.

ten für einen Heimplatz sollen auf diese Weise frühzeitig über Kostenlasten informiert werden und auch Vergleiche zu anderen Heimeinrichtungen ziehen können. Der Heimträger hat bei der Ausgestaltung der Erstattungsregelung vertraglichen Gestaltungsraum, soweit nicht die zuvor genannten verbindlichen Rahmenregelungen zu beachten sind.

Der **Gestaltungsraum** besteht darin, dass der Heimträger entscheiden kann, ob überhaupt eine Erstattung bei Abwesenheitszeiten erfolgen soll. Soweit keine Erstattung vorgesehen werden soll, ist im Heimvertrag darauf hinzuweisen. Soll eine Erstattung vereinbart werden, dann ist darauf hinzuweisen, in welchem Umfang ersparte Aufwendungen erstattet werden.

Eine typische Heimvertragsklausel lautet wie folgt: *„Bei Abwesenheit des Bewohners von mehr als drei Tagen erstattet das Heim vom ersten Tag an … % des Heimkostensatzes"*.

Angemessenheit des Erstattungsausschlusses

Da der Heimvertrag in der Regel als Formularvertrag vom Heimträger gestellt wird, unterliegen die einzelnen Vertragsregelungen der Angemessenheitsprüfung gemäß § 307 Abs. 1 Satz 1 BGB. Daher sind auch Erstattungsregelungen in den Heimverträgen wiederholt einer gerichtlichen Inhaltskontrolle unterzogen worden. In der Rechtsprechung wurden bis zum Jahre 2001 Abwesenheitsklauseln, die für die ersten drei Tage der Abwesenheit eine Weiterzahlungspflicht der Bewohner festlegten, als undifferenziert und damit als unangemessen beurteilt.[28] Mit der Aufnahme des § 5 Abs. 8 HeimG im Rahmen des Dritten Gesetzes zur Änderung des Heimgesetzes wurde eine Wende in der rechtlichen Beurteilung der Abwesenheitsklauseln eingeleitet. Der Bundesgerichtshof hat mit Urteil vom 17.2.2005 festgestellt, dass aufgrund der Gestaltungsmöglichkeiten des § 5 Abs. 8 HeimG eine Heimvertragsklausel wirksam ist, die für den Fall der Abwesenheit von bis zu drei Tagen keine Erstattung ersparter Aufwendungen vorsieht.[29] Begründet wurde die Entscheidung damit, dass nach dem Wortlaut der Vorschrift der Gesetzgeber den Heimträgern die Möglichkeit einräumen wollte, eine Erstattung bei Abwesenheit vertraglich auszuschließen. Folglich könne ein vertraglicher Ausschluss für die ersten drei Tage nicht als unangemessene Benachteiligung gewertet werden.

Im Heimvertrag kann formularmäßig eine Regelung getroffen werden, nach der gemäß § 5 Abs. 8 HeimG eine Erstattung ersparter Aufwendungen bei bis zu dreitägiger Abwesenheit des Heimbewohners ausgeschlossen wird. Auf den Ausschluss ist dann im Vertrag hinzuweisen. Eine entsprechende Vereinbarung ist grundsätzlich auch im Vertrag mit Leistungsempfängern der Pflegeversicherung und der Sozialhilfe zulässig, soweit sie nicht mit Abwesenheitsregelungen in den Rahmenverträgen nach dem SGB XI und SGB XII kollidiert.

[28] BGH Urteil vom 5.7.2001, III ZR 310/00.

[29] BGH Urteil vom 27.10.2005 – III ZR 59/05; ähnlich auch OLG Koblenz, Urteil vom 17.2.2005 – 2 U 736/04.

Erstattung bei anderweitig finanzierter Verpflegung, insbesondere bei Sondenernährung

Sondenernährung

Die Abwesenheitsregelung gemäß § 5 Abs. 8 HeimG erfasst nicht Lebenssachverhalte, in denen es Bewohnern unmöglich ist, Verpflegungsleistungen des Heimträgers in Anspruch zu nehmen. Dies betrifft Sachverhalte, in denen Bewohner z.B. nach einem Schlaganfall in komatösem Zustand nach Krankenhausaufenthalt in ein Pflegeheim aufgenommen werden und auf die Verabreichung von Sondennahrung angewiesen sind. Die Sondennahrung ist in diesen Fällen eine durch die Krankenkasse finanzierte Leistung.

Der Bundesgerichtshof[30] hat in entsprechenden Rechtsstreitigkeiten für die mittels Sondenkost ernährten Bewohner einen Erstattungsanspruch gegenüber dem Heimträger bejaht.[31] Demnach muss der Heimträger die ersparten Verpflegungsaufwendungen ausgleichen und ist zur Auskunft gemäß § 242 BGB über den Tagessatz für Unterkunft und Verpflegung verpflichtet. Begründet wurde die Entscheidung dahingehend, dass für den Heimvertrag als Dienstvertrag § 615 Satz 2 BGB gelte, sodass sich der Heimträger bei fehlender Inanspruchnahme der Verpflegung den Wert der Leistung anrechnen lassen muss, den er infolge des Unterbleibens der Dienstleistung erspart. **Zu erstatten ist der vereinbarte Entgeltanteil** unabhängig davon, wie die Entgeltanteile nach den Pflegesatzvereinbarungen kalkuliert wurden.

5

Erstattungsregelung bei Sondenernährung

Eine **Änderung dieser Rechtsprechung** ist auch **nicht** aufgrund des BGH-Urteils vom 17.10.2005 zur Wirksamkeit von Erstattungsausschlüssen in Formularverträgen bei bis zu dreitägiger Abwesenheit des Heimbewohners **zu erwarten** (➢ Erstattungsklausel im Heimvertrag). In seiner Entscheidung vom Oktober 2005 hat der BGH bereits darauf hingewiesen, dass in Fällen der Sondenernährung von Bewohnern § 5 Abs. 8 HeimG nicht anwendbar ist. Diesen Sachverhalten müsse aufgrund ihrer dauerhaften Wirkung ein anderes Gewicht zukommen.[32] Nicht ausgeschlossen ist nach dem derzeitigen Stand der Rechtsprechung eine vertragliche Regelung, die – analog der Abwesenheitsregelung in § 5 Abs. 8 HeimG – eine angemessene Erstattung von Entgeltanteilen der Verpflegungskosten gemäß § 5 Abs. 7 HeimG für den Fall der Sondenernährung regelt. Für Heimträger empfiehlt es sich, mit Blick auf das **Transparenzgebot** und die Informationspflichten des Heimträgers eine entsprechende Erstattungsregelung in den Heimvertrag aufzunehmen.

Für eine vertragliche Erstattungsregelung im Fall der Notwendigkeit einer anderweitigen Verpflegung (z.B. durch Sonde) sollte der Entgeltanteil für die Verpflegung vertraglich ausgewiesen werden oder bestimmbar sein, da dieser als Rechnungsgröße von der Rechtsprechung zugrunde gelegt wird. Ob auch anteilige Erstattungsregelungen rechtswirksam vereinbart werden können, ist gerichtlich noch nicht entschieden.

[30] BGH Urteil vom 4.11.2004 – III ZR 371/03; anders zuvor LG Essen, Urteil vom 25.2.2003, 13 S 243/02.
[31] Vgl. BGH Urteil vom 22.1.2004 – III ZR 68/03.
[32] BGH Urteil vom 27.10.2005 – III ZR 59/05.

5.2.3 Anforderungen an die Darlegung der Entgelte

Zur Verbesserung der Transparenz wird von der Rechtsprechung gefordert, dass auch die auf die vereinbarten Leistungen entfallenden Entgeltanteile im Heimvertrag ausgewiesen werden müssen. Dazu sind die **Entgeltanteile für die Leistungsbereiche Pflege, Betreuung sowie Unterkunft und Verpflegung** gemäß § 5 Abs. 3 Satz 3 HeimG anzugeben.[33] Es reicht deshalb nicht aus, die Gesamtsumme für die Leistungen aufzunehmen. Allerdings ist es für Heimträger nicht zwingend, die Preise für die einzelnen Leistungen anzugeben, also z.B. für die Verpflegung und hier die Mahlzeiten.[34] Bei den Pflege- und Betreuungsleistungen muss jedoch eindeutig erkennbar sein, welche Betreuungsangebote und welche Pflegeleistungen im Entgelt enthalten sind.

Ebenso müssen die **„weiteren" Leistungen** im Einzelnen aufgelistet und die jeweiligen Entgeltbestandteile der einzelnen Leistung angegeben werden (vgl. § 5 Abs. 3 Satz 4 HeimG). Ähnliches gilt für die **Zusatzleistungen.** Ergänzend zum Heimgesetz regelt § 88 Abs. 2 SGB XI, dass Zusatzleistungen nach Art, Umfang, Dauer und zeitlicher Abfolge im Heimvertrag vereinbart werden müssen. Ebenso sind die Höhe der Zuschläge und die Zahlungsbedingungen schriftlich zu vereinbaren. Mit dem Pflegesatz werden gemäß § 82 Abs. 1 SGB XI nur die allgemeinen Pflegeleistungen, die sozialen Betreuungsleistungen sowie die Leistungen der Unterkunft, Verpflegung und medizinischen Behandlungspflege abgegolten.

Investitionsaufwendungen, die nicht durch Landesförderungen finanziert werden, dürfen den Pflegebedürftigen gesondert berechnet werden (vgl. § 82 Abs. 4 SGB XI).

Differenzierungsverbot

Die Entgelte müssen für alle Bewohner nach **einheitlichen Grundsätzen** bemessen werden (vgl. § 5 Abs. 7 HeimG, §§ 84 Abs. 2 und 3, 87 SGB XI). Eine Differenzierung der Entgelte nach Kostenträgern ist somit nicht gestattet.[35]

Vom Differenzierungsverbot gibt es **zwei Ausnahmen:** Die Entgelte für Investitionskosten können unterschiedlich hoch ausfallen, wenn die betriebsbedingten Investitionskosten nur für einen Teil der Einrichtung durch Landesförderung übernommen worden sind. Die gleiche Ausnahme gilt bei Trägern der Sozialhilfe, wenn nach § 75 SGB XII abweichende Vereinbarungen über Investitionsbeiträge getroffen worden sind (vgl. § 5 Abs. 7 HeimG).[36]

Angemessenheit des Entgelts und Vergleichbarkeit von Pflegeeinrichtungen

Das **Entgelt sowie die Entgeltbestandteile** müssen im Verhältnis zu den Leistungen **angemessen** sein (vgl. § 5 Abs. 7 HeimG). Was unter **„angemessen"** zu verstehen ist, sagt das Gesetz nicht.[37] Der Gesetzgeber begründet die Vorschrift damit, dass der einzelne Bewohner i.d.R. keinen Einfluss auf die Entgeltgestaltung hat und deshalb die Regelungen zur Entgeltfestlegung eine

[33] Nach BGH Urteil vom 3.2.2005 – III ZR 411/04 ist für Leistungsempfänger der Pflegeversicherung der Kostenblock „Unterkunft und Verpflegung" nicht zwingend weiter aufzugliedern.
[34] Vgl. Heumann, 2002, S. 56.
[35] Vgl. Bundesministerium für Familie, Senioren, Frauen und Jugend, 2001, S. 22.
[36] Vgl. Münder, u.a, 2008, § 75, Rdn. 24 ff.
[37] Vgl. Kunz, u.a., 2003, § 5, Rdn. 27 ff.

Tab. 5.2 Entgeltaufschlüsselung im Heimvertrag

Beispielhafte Entgeltaufschlüsselung (Entgelt fiktiv in €)				
Leistung	Pflegestufe 0	Pflegestufe I	Pflegestufe II	Pflegestufe III
Unterkunft	13,27	13,27	13,27	13,27
Verpflegung	6,63	6,63	6,63	6,63
Betreuung (inkl. Pflege)	26,35	39,94	54,41	69,14
Investitionskosten	8,74	8,74	8,74	8,74
Gesamt Tag	54,99	68,58	83,05	97,78
Monat (Rechnungsfaktor 30,42)	1672,79	2086,20	2526,38	2974,46

erhebliche Schutzfunktion haben.[38] Tatsächlich wird die Höhe des Entgelts für die Regelleistungen in den **Pflegesatzverhandlungen** gemäß §§ 82 ff. SGB XI festgelegt. Hierbei werden nach dem Wortlaut des Gesetzes **leistungsgerechte Pflegesätze** ausgehandelt (vgl. §§ 84 Abs. 2 und 3, 87 SGB XI). Mit dem **Pflege-Weiterentwicklungsgesetz** ist in § 84 Abs. 2 Satz 7 SGB XI neu hinzugekommen, dass für die **Bemessung der Pflegesätze vergleichbare Pflegeeinrichtungen, die nach der Art und Größe sowie hinsichtlich der Leistungs- und Qualitätsmerkmale** im Wesentlichen gleichartig sind, angemessen berücksichtigt werden können.[39]

5

Gleiches gilt für die Kosten der Unterkunft und Verpflegung nach § 87 SGB XI, die von den Pflegebedürftigen zu tragen sind. Da es beim Entgelt ein Differenzierungsverbot nach den Kostenträgern gibt, kommen die in den Pflegesatzverhandlungen ausgehandelten Pflegesätze auch für Bewohner ohne Anspruch auf Leistungen nach dem SGB XI zur Anwendung.

Nach der Rechtsprechung ist der Begriff der „Angemessenheit“ ein objektivierter Begriff. Dem Heimträger steht deshalb bei der einseitigen Entgeltfestlegung kein freies oder billiges Ermessen im Sinne des § 315 BGB zu. Die Angemessenheit zwischen Leistung und Entgelt wird seitens der Gerichte anhand wertender Beurteilung überprüft: Angemessen ist ein Entgelt dann, wenn die Höhe des Entgelts für die dafür zu erbringenden Leistungen des Heimes in einem objektiv vernünftigen Verhältnis steht und das Entgelt auch in vergleichbaren Heimen (u.a. nach Art, Größe, Ausstattung, Lage, örtlichem Bezug) berechnet wird.[40] Der Gesetzgeber hat in **§ 84 Abs. 2 SGB XI diese Vergleichbarkeit** nunmehr ausdrücklich geregelt. Beispielhaft werden zwei Gerichtsentscheidungen zitiert, in denen Vertragsklauseln als unangemessen und damit als nichtig bewertet wurden:

- Unangemessen ist der Ausschluss einer Entgeltreduzierung für die Verpflegungskosten, wenn Bewohner auf Dauer auf Sondenernährung angewiesen sind.
- Unangemessen ist eine Vereinbarung, dass Pflegebedürftige Differenzpflegekosten für einen behaupteten Mehraufwand an Pflege zu tragen haben, wenn der Antrag auf Höherstufung von den Pflegekassen abgelehnt wird.

---

38 Vgl. Bundesministerium für Familie, Senioren, Frauen und Jugend, 2001, S. 22.
39 Pflege-Weiterentwicklungsgesetz vom 28.5.2008, BGBl. I S. 874 ff.
40 Krahmer; Richter, 2006, § 5, Rdn. 18.

Für die Pflegesatzbemessung sieht im SGB XI § 84 Abs. 2 Satz 7 vor, dass **vergleichbare Pflegeeinrichtungen** (nach Art, Größe, wesentlichen Leistungs- und Qualitätsmerkmalen) und **deren Pflegesätze** herangezogen werden können. Die Vergleichbarkeit ist ebenfalls Grundlage für die Angemessenheitsprüfung von Leistung und Entgelt durch die Gerichte.

5.2.4 Rechtliche Anforderungen bei Vertragsanpassungen aufgrund von Leistungsänderungen

Vertragsanpassung bei Veränderung des Gesundheitszustands

Ändert sich der **gesundheitliche Zustand** des Bewohners, so hat der Träger seine Leistungen nach Möglichkeit dem neuen Betreuungsbedarf anzupassen und die hierzu erforderlichen Änderungen des Heimvertrags anzubieten (vgl. § 6 Abs. 1 HeimG).

Folgendes Beispiel **verdeutlicht dies:** Ein Bewohner ist aufgrund eines Tremors nicht mehr in der Lage, sein Essen ohne Unterstützung einzunehmen. Er benötigt mundgerecht zubereitete Nahrung, sodass Hilfebedarf bei der Ernährung (mundgerechte Zubereitung der Nahrung und eventuell Unterstützung bei der Nahrungsaufnahme) besteht.

§ 6 HeimG reguliert mit Blick auf die Schutzbedürftigkeit des Heimbewohners die Möglichkeiten der Vertragsanpassung für den Heimträger. Soweit der Pflegebedürftige Leistungsempfänger für Leistungen aus der Pflegeversicherung oder der Sozialhilfe ist, sind weitere gesetzliche Kriterien für eine Vertragsanpassung und eine damit verbundene Anpassung des Entgelts zu beachten.

Anpassungskriterien im Heimgesetz

Der Träger hat einerseits die **Verpflichtung,** eine vertragliche Leistungsanpassung bei Veränderungen des Gesundheitszustands des Bewohners anzubieten, andererseits hat er auch das **Recht,** eine erforderliche Anpassung zu verlangen. Träger und Heimbewohner können gleichermaßen die Anpassung geltend machen (vgl. § 6 Abs. 1 HeimG). Aufgabe des Trägers ist es, geplante Änderungen der Art, des Inhalts und des Umfangs der Leistungen und der damit verbundenen Veränderungen in der Vergütung darzustellen (vgl. § 6 Abs. 2 HeimG).

Leistungsänderungen

Für das oben genannte **Beispiel** könnte die Vertragsänderung mit dem Mehrbedarf an pflegerischen Leistungen bei der Ernährung und der Unterstützung bei der Nahrungsaufnahme begründet werden.

Damit eventuell verbundene Änderungen beim Entgelt müssen zwischen dem Träger und dem Bewohner vereinbart werden, es sei denn, im Heimvertrag wurde ein einseitiges Änderungsrecht des Trägers bei Leistungsanpassungen vereinbart (vgl. § 6 Abs. 1 S. 3 HeimG). Die Prüfung der Angemessenheit des Verhältnisses zwischen Leistung und Entgelt, die dem Grunde nach in § 5 Abs. 7 HeimG festgelegt ist, erstreckt sich nach § 6 Abs. 3 HeimG auch auf Entgeltanpassungen im Zuge veränderter Leistungsanpassungen.[41]

Anpassungskriterien bei Leistungsempfängern der Pflegeversicherung und Sozialhilfe

SGB XI/SGB XII

Deutliche **Einschränkungen erfährt das Anpassungsrecht** des Heimträgers, wenn der Bewohner Leistungsempfänger der Pflegeversicherung ist oder Leistungen von einem Sozialhilfeträger bezieht. Dies wird hinsichtlich der Leistungsansprüche nach der Pflegeversicherung bei der überwiegenden Zahl der Heimbewohner der Fall sein.

Eine Erhöhung des Entgelts kann bei einer Verschlechterung des Gesundheitszustands durch Heimträger nur geltend gemacht werden, wenn der MDK einen höheren Pflegebedarf und damit eine höhere Pflegestufe feststellt. Die Entscheidung der Pflegekasse ist dann gemäß § 62 SGB XII auch für den Sozialhilfeträger im Rahmen der Hilfe zur Pflege bindend.

Entgeltanpassungen

Die Heimleitung kann deshalb den Pflegebedürftigen schriftlich auffordern, einen Antrag auf Höherstufung bei der Pflegekasse zu stellen. Diese Aufforderung ist der Pflegekasse und ggf. dem zuständigen Sozialhilfeträger zuzuleiten. Der Heimbewohner ist dann zur Antragstellung bei seiner Pflegekasse verpflichtet (vgl. § 87a Abs. 2 SGB XI). Soweit eine Höherstufung erfolgt, muss auch der Heimvertrag entsprechend angepasst werden. Die Erweiterung der Leistungen oder gänzlich neue Leistungen müssen nach Art, Inhalt und Umfang im Heimvertrag dargestellt werden (➤ Kap. 5.2.2).[42]

5.2.5 Erhöhung des Entgelts

Für eine Erhöhung des Entgelts stellt das Heimgesetz Anforderungen sowohl an die Begründung als auch an das Verfahren. Es gibt zwei anzuerkennende Gründe für eine Entgelterhöhung:

1. Die bisherige **Berechnungsgrundlage** hat sich verändert und sowohl die Erhöhung als auch das erhöhte Entgelt sind angemessen.
2. Es sind betriebsnotwendige **Investitionsaufwendungen** des Heims getätigt worden, die nicht durch eine öffentliche Förderung gedeckt werden (§ 7 Abs. 1 HeimG).

SGB XI/SGB XII

Für Leistungsempfänger der **Pflegeversicherung** sind neue Pflegesätze nach §§ 82 ff. SGB XI einschließlich der wesentlichen Leistungs- und Qualitätsmerkmale nach § 84 Abs. 5 SGB XI mit den Pflegekassen zu verhandeln. Das gleiche gilt für die Leistungsvergütung von Sozialhilfeempfängern nach §§ 75 ff.

[41] § 6 Abs. 3 i.V.m. § 5 Abs. 7 HeimG verweist darauf, das Differenzierungen nach Kostenträgern grundsätzlich nicht zulässig sind.
[42] Vgl. Heumann, 2002, S. 58.

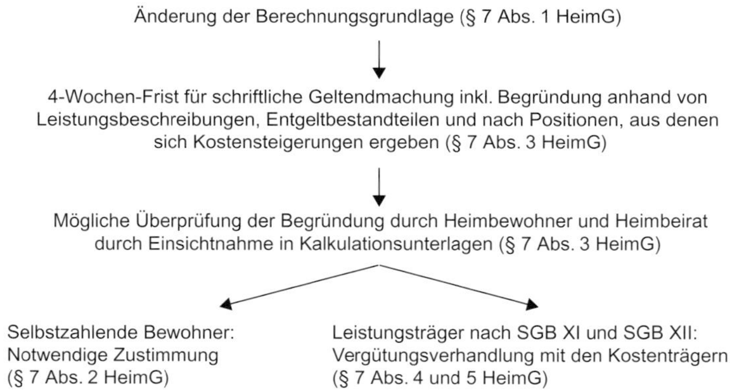

Abb. 5.2 Verfahren zur Umsetzung einer Entgelterhöhung

SGB XII. In beiden Fällen ist die Interessenvertretung der Bewohner, der **Heimbeirat bzw. der Heimfürsprecher** (➢ auch Kap. 5.3.5), rechtzeitig vor Aufnahme von Verhandlungen zu informieren und einzubeziehen (vgl. § 7 Abs. 4 und 5 HeimG).

Fristen

Der Heimträger hat eine Entgelterhöhung **spätestens vier Wochen** vor dem Zeitpunkt, zu dem sie wirksam werden soll, gegenüber dem Bewohner **schriftlich** geltend zu machen. Die Begründung der Erhöhung muss anhand der Leistungsbeschreibung und der Entgeltbestandteile des Heimvertrags unter Angabe des Umlagemaßstabs die Positionen beschreiben, für die sich Kostensteigerungen ergeben (§ 7 Abs. 3 HeimG).

Es reicht demnach nicht aus, z.B. mit einem einfachen Hinweis auf gestiegene Personalkosten eine Entgelterhöhung geltend zu machen.[43] Vielmehr muss dezidiert dargelegt werden, welcher Bereich in welchem Umfang von der Kostensteigerung betroffen ist, z.B. Pflegepersonalkosten, hauswirtschaftliche Personalkosten oder Verwaltungspersonalkosten.

Auch sind unter Beachtung des Transparenzgebots sowohl die alten als auch die geplanten neuen **Entgeltbestandteile** nebeneinander aufzuführen, damit der Bewohner sich einen Überblick über die anstehende Entgelterhöhung verschaffen kann. **Bewohner** und **Heimbeirat** haben das Recht, die Angaben des Trägers durch **Einsichtnahme in die Kalkulationsunterlagen** zu überprüfen (§ 7 Abs. 3 S. 4 HeimG).

Für Bewohner, die keine Leistungen nach dem SGB XI oder SGB XII erhalten und sogenannte **Selbstzahler** sind, ist für die Wirksamkeit der Erhöhung ausschließlich nur deren Zustimmung erforderlich. Beim Abschluss des Heimvertrags kann außerdem vereinbart werden, dass eine Entgelterhöhung auch durch **einseitige Erklärung** des Trägers wirksam werden soll. Die einseitige Erhöhung wird allerdings nur wirksam, wenn sie den in § 7 Abs. 1 HeimG abschließend geregelten und anerkannten Begründungskriterien entspricht.

[43] Vgl. Heumann, 2002, S. 60; Dahlem, u.a., 2007, § 7, Rdn. 35.

Tab. 5.3 Beispiel Entgelterhöhung

Leistung	Pflegestufe I (alt)	Pflegestufe I (neu)
Unterkunft	13,27	13,32
Verpflegung	6,63	6,75
Betreuung (inkl. Pflege)	39,94	40,45
Investitionskosten	8,74	8,74
Gesamt Tag	68,58	69,26
Monat (Rechnungsfaktor 30,42)	2086,20	2106,88

5.2.6 Vertragsdauer

Regelfall unbefristeter Vertrag

Vertragsdauer

Der Heimvertrag wird in der Regel auf **unbestimmte Zeit** geschlossen. Nur im Einzelfall, wenn eine befristete Aufnahme beabsichtigt ist oder eine Kurzzeitpflege erfolgen soll, kann gemäß § 8 Abs. 1 HeimG auch ein zeitlich befristeter Heimvertrag eingegangen werden.

Der Gesetzgeber verfolgt mit dieser Regelung das Ziel, dem zukünftigen Heimbewohner größtmögliche Planungssicherheit zu gewährleisten. Ein Umzug in eine stationäre Pflegeeinrichtung ist für die betroffene Person mit der Aufgabe des vertrauten Wohn- und Lebensmittelpunktes verbunden. Sie muss sich den neuen Lebensumständen anpassen und ihren neuen Lebensmittelpunkt im Heim suchen. Ein befristeter Vertrag dürfte dann für Heimbewohner ein Unsicherheitsfaktor sein und ihrem Interesse nach Konstanz- und Planungssicherheit widersprechen.[44]

Unwirksamkeit von Befristungen

Das Heimgesetz sieht deshalb **befristete Verträge eher als Ausnahmefall** vor und legt die Konditionen fest. Für eine vorübergehende Aufnahme sieht das Heimgesetz in § 1 Abs. 4 HeimG eine Begrenzung auf bis zu drei Monate vor. Zum Schutz der Bewohner sind befristete Kettenverträge ausgeschlossen. Entsprechende Vereinbarungen wären auch dann, wenn sie auf Wunsch des Bewohners erfolgen würden, gemäß § 9 HeimG unwirksam.

Kündigung durch den Bewohner

Kündigungsrechte des Bewohners

Zwecks Sicherung der Versorgungskontinuität und mit Blick auf den Schutz der Heimbewohner sieht das Heimgesetz unterschiedliche Kündigungsrechte für die Heimträger und Bewohner vor. Durch das Dritte Änderungsgesetz zum Heimgesetz wurden 2002 die Kündigungsrechte der Bewohner erweitert. Sie sind im Rahmen des **Qualitätsmanagements bei der Vertragsgestaltung** und Anpassung der Heimverträge zu beachten.

[44] Vgl. Kunz, u.a., 2003, § 8, Rdn. 1.

Aufgrund des Sicherungs- und Schutzzwecks des Heimgesetzes haben Träger nur ein außerordentliches Kündigungsrecht aus wichtigem Grunde, während für die Bewohner ein unbeschränktes Kündigungsrecht besteht. Heimbewohner können ihren Heimvertrag bis spätestens am dritten Werktag eines Kalendermonats für den Ablauf desselben Monats schriftlich kündigen (§ 8 Abs. 2 Satz 1 HeimG). **Abweichungen** im Heimvertrag sind möglich, soweit diese **zugunsten des Bewohners** erfolgen. Eine kürzere Kündigungsfrist wird dann als für den Bewohner günstiger einzustufen sein, während eine längere Frist als die nach § 8 Abs. 2 HeimG genannte Frist in der Regel als nachteilig und damit nach § 9 HeimG als unwirksam zu bewerten ist.[45] Zusätzlich zu dem ordentlichen Kündigungsrecht besteht ein **Sonderkündigungsrecht,** wenn eine Erhöhung des Heimentgeltes erfolgt. In diesem Fall ist eine Kündigung zum Eintritt der Erhöhung jederzeit möglich (§ 6 Abs. 2 Satz 2 HeimG).

Ein **außerordentliches Kündigungsrecht** aus wichtigem Grund hat der Bewohner gemäß § 8 Abs. 2 Satz 3 HeimG, wenn ihm die Fortsetzung des Heimvertrags bis zum Ablauf der Kündigungsfrist nicht zuzumuten ist (§ 8 Abs. 2 Satz 3 HeimG). Ein wichtiger Kündigungsgrund besteht bei **schuldhafter Pflichtverletzung** vertraglicher Pflichten, z.B. wenn Hygienestandards nicht eingehalten werden, grobe Pflegefehler aufgedeckt werden oder gravierende organisatorische Mängel zu Schadensfällen führen. Parallel zum Kündigungsrecht des Bewohners ist mit dem Pflege-Weiterentwicklungsgesetz die **Kündigung des Versorgungsvertrages wegen grober Pflichtverletzungen gegenüber Pflegebedürftigen** im SGB XI verankert worden. Die Landesverbände der Pflegekassen können bei wiederholter gröblicher Verletzung der Verpflichtung, Pflegebedürftigen ein möglichst selbstständiges und selbstbestimmtes Leben zu ermöglichen, den Versorgungsvertrag kündigen, § 74 Abs. 1 SGB XI (➤ Kap. 6.2.7).

Allerdings können auch durch den Träger nicht verschuldete Umstände zur fristlosen Kündigung des Heimvertrags berechtigen. Ein außerordentliches Kündigungsrecht aus **wichtigem Grunde** besteht beispielsweise, wenn bei einer Doppelzimmerbelegung zwischen den Bewohnern Streit besteht und dieser nicht durch Vermittlungsgespräche oder einen internen Umzug beendet werden kann.[46] Soweit der **Träger** den **Kündigungsgrund zu vertreten** hat, ist der Heimträger zudem verpflichtet, dem Bewohner eine angemessene anderweitige Unterkunft und Betreuung zu zumutbaren Bedingungen nachzuweisen und die Kosten des Umzugs in angemessenem Umfang zu tragen. Die kürzere Kündigungsfrist und das Sonderkündigungsrecht gelten seit dem Inkrafttreten der Regelungen zum 1.1.2001 für alle laufenden und für neu zu schließende Verträge. Für die schriftlichen Vertragsanpassungen wurde in § 26 Abs. 2 HeimG eine Maximalfrist von einem Jahr bestimmt, sodass mittlerweile die Heimverträge in den Kündigungsfristen angepasst sein müssen.

---

[45] Ebenda, § 8, Rdn. 4.
[46] Vgl. Dahlem, u.a., 2007, § 8, Rdn. 7.

Kündigung durch den Heimträger

Kündigung durch den Heimträger

Einschränkungen im Kündigungsrecht bestehen nach § 8 Abs. 3 HeimG für Einrichtungsträger darin, dass der Heimvertrag mit einem Bewohner nur aus wichtigem Grund gekündigt werden kann. Das ordentliche Kündigungsrecht ist im Interesse der Bewohner ausgeschlossen. Die Kündigung muss nach Vorgabe des § 8 Abs. 5 HeimG schriftlich und unter Angabe der Gründe erfolgen.

Das Heimgesetz nennt vier wichtige Gründe, die jedoch in der Aufzählung nicht abschließend sind:[47]

- betriebliche Gründe
- personenbedingte Gründe (Gesundheitszustand)
- grobe Vertragsverletzungen des Bewohners
- Zahlungsverzug des Bewohners

Diese Gründe signalisieren, dass eine Kündigungsberechtigung für den Heimträger nur in Härtefällen besteht.

Betriebliche Gründe

Betriebliche Gründe

5

Betriebliche Gründe greifen, wenn der Heimbetrieb eingestellt, wesentlich eingeschränkt oder in seiner Art verändert wird und die Fortsetzung des Heimvertrags für den Träger eine unzumutbare Härte bedeuten würde (§ 8 Abs. 3 Nr. 1 HeimG). Eine Einstellung des Betriebs muss in der Praxis auf die Schließung des Heimes gerichtet sein. Eine wesentliche Einschränkung liegt vor, wenn die Platzzahl nicht nur geringfügig verkleinert oder der Betreuungsumfang reduziert wird. Eine Veränderung ist gegeben, wenn die Heimart gewechselt wird, z.B. durch Umwandlung der vollstationären Pflegeplätze in Teil- und Kurzzeitpflegeplätze.

Eine außerordentliche Kündigung kann dann unter Berücksichtigung des Schutzbedürfnisses der Bewohner nur gerechtfertigt sein, wenn der Träger nachweist, dass für ihn die Fortsetzung des Vertragsverhältnisses eine **unzumutbare Härte** bedeuten würde.[48] **Härtegesichtspunkte** können sich aus wirtschaftlichen Belastungen oder erheblichen Mehrbelastungen aufgrund der Aufrechterhaltung eines Betriebsteils ergeben. Trotz der außerordentlichen Kündigung muss seitens des Heimträgers eine Frist eingehalten werden: Die Kündigung kann am **dritten Werktag eines Kalendermonats für den Ablauf des nächsten Monats** ausgesprochen werden (§ 8 Abs. 6 Satz 2 HeimG).

Zusätzlich muss der Träger den Bewohnern eine angemessene anderweitige Unterkunft und Betreuung zu zumutbaren Bedingungen nachweisen und die Kosten des Umzugs in angemessenem Umfang tragen (§§ 7 und 8 Abs. 7 HeimG).

Diese Regelung verdeutlicht, dass dem Heimträger die Sicherstellung der Versorgungsqualität für die Bewohner obliegt.

---

[47] Vgl. Ebenda, § 8, Rdn. 9.
[48] Vgl. Ebenda, § 8, Rdn. 10.

Personenbedingte Gründe

Personenbedingte Gründe

Personenbedingte Gründe rechtfertigen eine Kündigung, wenn sich der **Gesundheitszustand** eines Bewohners in körperlicher oder geistiger Hinsicht nachhaltig verschlechtert hat und dadurch eine fachgerechte Betreuung im Heim nicht mehr möglich ist (§ 8 Abs. 3 Nr. 2 HeimG).

Dies wird nur in Heimen der Fall sein, in denen keine Dauerpflege angeboten wird. Da die Grundvoraussetzung für den Betrieb eines Heimes die Gewährleistung einer angemessener Qualität der Betreuung ist, wird diese Situation der Ausnahmefall sein. Heimträger sind nach § 6 Abs. 1 HeimG verpflichtet, ihre Leistungen dem erhöhten oder verringerten Betreuungsbedarf der Bewohner anzupassen.

Der Gesetzgeber hat **kein Verfahren zur Feststellung des veränderten Gesundheitszustands** bestimmt. Aus diesem Grunde sollte im Heimvertrag ein Verfahren vereinbart werden, etwa der Art, dass der Hausarzt oder ein mit dem Heim kooperierender Arzt bzw. ein Heimarzt die medizinischen Indikationen trifft.[49] Unwirksam sind vertragliche Vereinbarungen, mit denen der Heimträger sich das Recht der Feststellung des Gesundheitszustands einseitig einräumen lässt, da entsprechende Klauseln das Persönlichkeitsrecht verletzen und gemäß § 307 Abs. 2 BGB unangemessen und damit unwirksam sind.[50]

Bei der außerordentlichen Kündigung muss keine Kündigungsfrist eingehalten werden (§ 8 Abs. 6 HeimG). Der Träger ist jedoch gemäß § 7 HeimG verpflichtet, dem Bewohner eine angemessene anderweitige Unterkunft und Betreuung zu zumutbaren Bedingungen nachzuweisen.

Grobe Vertragsverletzungen

Grobe Pflichtverletzung

Einen weiteren wichtigen Kündigungsgrund stellt die **schuldhafte grobe Verletzung vertraglicher Pflichten durch den Bewohner** dar. Eine fristlose Kündigung des Heimvertrags ist dann gerechtfertigt, wenn dem Träger die Fortführung des Vertrags nicht mehr zumutbar ist (§ 8 Abs. 3 Nr. 3 HeimG).

Grobe Pflichtverletzungen des Vertrags sind anzunehmen, wenn ein Bewohner den ihm überlassenen Wohnraum vertragswidrig gebraucht oder grob gegen die Heimordnung und deren Verhaltensregeln verstößt. Ebenso dürfte eine fortwährende Belästigung anderer Heimbewohner oder des Personals sowie eine ständige unpünktliche Zahlung des Entgelts zur Kündigung berechtigen.[51] Entscheidend ist die **Beurteilung des Einzelfalles.** Beruht das Fehlverhalten zudem auf einer psychischen Erkrankung des Bewohners, wird in diesen Fällen der Vorwurf des schuldhaften Fehlverhaltens kaum tragfähig sein, eine Kündigung zu rechtfertigen. Soweit im Einzelfall jedoch Gründe für eine Kündigung des Heimvertrags festzustellen sind, ist der Träger nach § 8

[49] Vgl. Ebenda, § 8, Rdn. 11.
[50] LG Hamburg v. 15.8.1997, Az. 324 O 354/97.
[51] Krahmer; Richter, 2006, § 8, Rdn. 13 f.

Abs. 6 HeimG berechtigt, den Heimvertrag ohne Einhaltung einer Frist zu kündigen.

Zahlungsverzug des Bewohners

Zahlungsverzug

Ein weiterer außerordentlicher Kündigungsgrund ist der **Zahlungsverzug des Bewohners,** da hierdurch die wirtschaftliche Existenz des Betriebs gefährdet wird. Das Gesetz nennt dazu zwei Konstellationen:

- Der Bewohner ist für zwei aufeinander folgende Termine mit der Entrichtung des Entgelts oder eines Teils des Entgelts, der das Entgelt für einen Monat übersteigt, in Verzug.
- Der Bewohner ist in einem Zeitraum, der sich über mehr als zwei Termine erstreckt, mit der Entrichtung des Entgelts in Höhe eines Betrags in Verzug, der das Entgelt für zwei Monate erreicht (§ 8 Abs. 3 Nr. 4 HeimG).

In beiden Fällen darf der Träger **ohne Einhaltung einer Kündigungsfrist** den Heimvertrag kündigen, § 8 Abs. 6 HeimG. Die Kündigung ist nur dann ausgeschlossen, wenn der Träger vorher befriedigt wird, das heißt, wenn der noch offene Betrag noch vor dem Zugang der Kündigung bezahlt wird (§ 8 Abs. 4 Satz 1 HeimG).[52]

Die Kündigung wird unwirksam, wenn innerhalb von zwei Monaten nach Eintritt der Rechtshängigkeit des Räumungsanspruchs der säumige Geldbetrag gezahlt wird oder eine öffentliche Stelle sich zur Befriedigung verpflichtet (§ 8 Abs. 4 Satz 2 HeimG). Dies verlangt, dass die vollständige Zahlung des Rückstands **nach** dem Zugang der Kündigung innerhalb von zwei Monaten nach Eintritt der Rechtshängigkeit erfolgen muss.

Tod des Bewohners

Das Vertragsverhältnis endet mit dem **Tod des Bewohners** (§ 8 Abs. 8 Satz 1 HeimG). Somit ist eine **Kündigung** des Heimvertrags durch den oder die Erben nicht mehr notwendig.

Das Heimgesetz eröffnet hier die Möglichkeit, vertragliche **Vereinbarungen** über eine **Fortgeltung des Vertrags** hinsichtlich der Entgeltbestandteile für Wohnraum und Investitionskosten zu treffen, soweit ein Zeitraum von zwei Wochen nach dem Sterbetag nicht überschritten wird. In diesen Fällen ermäßigt sich das Entgelt um den Wert der vom Träger ersparten Aufwendungen (§ 8 Abs. 8 Satz 2 und 3 HeimG).

Diese Gestaltungsfreiheit besteht jedoch nicht bei **Versicherten der sozialen Pflegeversicherung. Eine sofortige Beendigung der Zahlungspflicht** für die Leistungsempfänger der Pflegeversicherung und ihre Kostenträger tritt nach **§ 87a Abs. 1 Satz 2 SGB XI mit dem Todestag** des Versicherten ein. Eine andere Vereinbarung zwischen dem Heimträger und dem Bewohner ist gemäß Satz 4 des § 87a Abs. 1 SGB XI nichtig. Heimträger, die eine Fortgeltungsklausel formularmäßig im Heimvertrag aufgenommen haben,

[52] Vgl. Ebenda, § 8, Rdn. 14a.

sollten diese beim Vertragsschluss mit Versicherten der sozialen Pflegeversicherten streichen. Ungeachtet der Rechtsfolge der Unwirksamkeit nach § 87a Abs. 1 SGB XI, stellt die Fortsetzungsklausel im Vertragswerk mit pflegeversicherten Personen einen Mangel im Sinne § 17 Abs. 1 HeimG dar, sodass eine sofortige Anpassung des Heimvertrags auch per Anordnung der sofortigen Vollziehung erfolgen kann.[53]

Geschäftsunfähigkeit des Bewohners

Geschäftsunfähigkeit bei Vertragsschluss

Einen Sonderfall der Vertragslösung regelt § 8 Abs. 10 HeimG. War der Bewohner bei Abschluss des Heimvertrags geschäftsunfähig, so kann **der Träger** der Einrichtung **das Vertragsverhältnis** aus wichtigem Grund **für gelöst erklären.** Diese Lösungsmöglichkeit der Erklärung setzt voraus, dass bei dem Abschluss „ein mit entsprechendem Wirkungskreis ausgestatteter Betreuer (noch) nicht bestellt war."[54] Die Möglichkeit der Auflösung des Heimvertrags seitens des Trägers ist auf den Fall des Vorliegens eines wichtigen Grundes beschränkt. Die Regelungen zum Kündigungsrecht des Heimträgers sowie zur Beendigung aufgrund des Todes des Bewohners finden entsprechende Anwendung.

5.2.7 Empfehlungen zur qualitativen Gestaltung und Anbahnung des Heimvertrags

Qualitätssicherung der Vertragsgestaltung

Das Heimgesetz fordert zur Qualitätssicherung der Versorgung und Betreuung der Bewohner Transparenz in den Heimverträgen.

Die Gestaltung des Heimvertrags ist eine Aufgabe des internen Qualitätsmanagements, die besonderer Sorgfalt bedarf.

Qualitative Maßstäbe werden dabei nicht nur durch die hier dargestellten rechtlichen Anforderungen an den Vertragsinhalt gesetzt, sondern – mit Blick auf die Forderung der Transparenz und Information der Betroffenen – auch durch die Informationspflicht bei der Vertragsanbahnung. Zur Sicherstellung der Transparenz und Effizienz der Information empfehlen sich folgende Schritte:

- Die Erstellung eines **Musterheimvertrags** erleichtert sowohl die Informationsvermittlung gegenüber dem Interessenten bei der Vertragsanbahnung als auch die Umsetzung des Vertragsschlusses bei der Heimaufnahme.

---

[53] VG Halle (Saale), Beschluss vom 24.8.2006 – 4 B 357/06; VG Magdeburg, Urteil vom 22.2.2006 – 6 A 1299/04.

[54] Dahlem, u.a., 2007, § 8, Rdn. 17a.

- Der Musterheimvertrag sollte einen **allgemeinen Leistungskatalog** sowie eine Darstellung der **Art,** des **Inhalts** und des **Umfangs** der Leistungen enthalten. Ebenso müssen die aufgeschlüsselten **Entgelte, Regelungen bei Abwesenheit** des Bewohners sowie Hinweise auf das **Beschwerderecht** und mögliche **Leistungs- und Entgeltveränderungen** enthalten sein. Der Musterheimvertrag sollte so verfasst sein, dass er auf jeden zukünftigen Bewohner, unabhängig vom Kostenträger, angewandt werden kann.
- Dem Musterheimvertrag sollte die gültige **Heimordnung** als Bestandteil des Vertrags beigefügt werden.
- Ergänzend zum Informationsgespräch sollte der Musterheimvertrag zum Abschluss des Gesprächs zur weiteren Information mitgegeben werden.
- Für Bewohner, die keine Leistungen nach dem SGB XI oder SGB XII erhalten und die der Erhöhung des Entgelts **zustimmen** müssen, sollte unter Verweis auf die Pflegesatzvereinbarungen gemäß § 7 Abs. 2 HeimG die Entgelterhöhung durch **einseitige Erklärung** des Trägers vereinbart werden. Diese Regelung trägt dem Grundsatz Rechnung, dass eine Differenzierung nach Kostenträgern unzulässig ist, und schafft Klarheit im Verfahren.
- Der **Heimvertrag** wird auf der Basis des Musterheimvertrags abgeschlossen und gegenüber dem Bewohner bestätigt.

5

Obwohl kein **Formerfordernis** für den Abschluss des Heimvertrags besteht (der Vertragsinhalt ist schriftlich zu bestätigen), sollte dieser **schriftlich** abgeschlossen werden. Ebenso möglich ist ein schriftlicher Vorvertrag, wenn der Bewohner dies wünscht oder ein dauerhafter Vertrag noch nicht geschlossen werden soll oder kann.

5.3 Qualitätssicherung durch Mitwirkung der Bewohner in Heimangelegenheiten

5.3.1 Geltung der Mitwirkungsrechte nach der Föderalismusreform

Grundlagen der Mitwirkung und Ziele

Das Heimgesetz sieht traditionell Mitwirkungsrechte für Heimbewohner vor. Diese sollen dem Schutz und der Sicherung der Bewohnerrechte dienen. Das Dritte Änderungsgesetz[55] von 2001 hat zu einer Ausweitung der Mitwirkungsrechte geführt. Die Heimrechtsnovelle führte seinerzeit zur Schaffung breiter Informations- und Beteiligungsrechte der Interessenvertretung der Bewohnerschaft, um eine qualitative Verbesserung der Pflege und Versorgung in den Heimen zu bewirken.

[55] Heimgesetz in der Fassung der Bekanntmachung vom 5.11.2001, BGBl. I S. 2970.

Mit der **Föderalismusreform** ist u.a. auch die Gestaltungsmacht für die Mitwirkungsrechte der Bewohnerschaft auf die Bundesländer übergegangen. Derzeit zeichnen sich in diesem Bereich aber keine grundlegenden Änderungen ab. Die mit den Mitwirkungsrechten verbundenen Zielsetzungen des Schutzes und der Teilhabe der Bewohner an Qualitätssicherungsmaßnahmen sind keineswegs überflüssig oder überholt und werden in den Ländergesetzen fortgeführt werden müssen. Allerdings besteht die Gefahr, dass jedes Bundesland unterschiedliche Regelungen trifft und diese in der Vielfalt nicht eindeutig und transparent sein werden. Aus den Eckpunktepapieren und Gesetzesentwürfen zum neuen Heimrecht geht eindeutig hervor, dass der Verbraucherschutz in Heim gestärkt werden soll, sodass mit einer Reduzierung der Mitwirkungsrechte nicht zu rechnen ist. Positionspapiere der Verbände, wie z.B. der BIVA, fordern zudem eine stärkere Verbesserung der Mitwirkung in den Ländergesetzen durch Förderung der ehrenamtlichen Unterstützung der Heimbeiratstätigkeit, eigener Finanzmittel für entsprechendes bürgerschaftliches Engagement und einen eigenen Etat für den Heimbeirat.[56]

Derzeit gelten die vorhandenen Regelungen zur Interessenvertretung und Mitwirkung der Bewohner fort, weil das vorhandene Heimgesetz und damit auch die **Heimmitwirkungsverordnung nach Art. 125a GG** wirksam bleiben, solange deren Bestimmungen nicht durch Landesregelungen ersetzt werden. In den Landesheimgesetzen, die bereits verabschiedet sind, wird durch Verweisungsregelung die Fortgeltung bewirkt (➤ Kap. 3.2.4 mit Quellen). Im Folgenden wird die Mitwirkung im Heimbereich anhand des geltenden Heimrechts dargestellt.

Organe und Mitwirkungsbereiche

Das Heimgesetz nennt in § 10 HeimG zwei **Organe der Interessenvertretung:** Den **Heimbeirat** oder den **Heimfürsprecher,** durch den die Interessen und Belange der Bewohner vertreten werden sollen und der jeweils auf die Qualität der Versorgung Einfluss nehmen kann.

§ 10 HeimG enthält die zentrale Regelung für die **Mitwirkungsaufgaben** und die Wahl der Interessenvertretung. Die Mitwirkung bezieht sich danach auf:

- **Angelegenheiten des Heimbetriebs** (§ 10 Abs. 1 HeimG), z.B.
  - Unterkunft
  - Betreuung
  - Aufenthaltsbedingungen
  - Heimordnung
  - Verpflegung
  - Freizeitgestaltung
- **Sicherung einer angemessenen Qualität der Betreuung**
- **Leistungs-, Vergütungs-, Qualitäts- und Prüfungsvereinbarungen** (vgl. § 7 Abs. 4 und 5 HeimG, § 85 Abs. 3 SGB XI)
- **Verwaltung sowie die Geschäfts- und Wirtschaftsführung des Heimes,** wenn von Bewohnern oder künftigen Bewohnern Leistungen zum Bau, zum Erwerb, zur Instandsetzung, zur Ausstattung oder zum Betrieb der

[56] BIVA (Hrsg.), 2007, S. 5.

Einrichtung zugesagt und übernommen werden (vgl. § 10 Abs. 1 Satz 3 HeimG)

Heimmitwirkungsverordnung

Die konkrete Ausgestaltung der Mitwirkungsrechte der Bewohner erfolgt gesondert in einer **Heimmitwirkungsverordnung**[57] (im Folgenden: HeimmitwV), die seit 2002 als Änderungsverordnung in Kraft ist.

Die Verordnung regelt:

- die Bildung und Zusammensetzung der Heimbeiräte,
- die Geschäftsführung des Heimbeirats,
- die Inhalte der Mitwirkung und
- das Verfahren der Mitwirkung.

Ziel ist es, eine angemessene Interessenvertretung der Bewohner zu sichern und auf diesem Wege zur Entwicklung einer Versorgungsqualität beizutragen. Voraussetzung dafür ist die Bildung eines Heimbeirats.

5.3.2 Bildung des Heimbeirats

Allgemeiner Ablauf

Bildung: Heimbeirat

Die Interessen der Heimbewohner sollen vorrangig durch einen gewählten **Heimbeirat** vertreten werden. Die Bestellung eines **Heimfürsprechers**[58] ist demgegenüber subsidiär und darf nur erfolgen, wenn in einer Einrichtung ein Heimbeirat nicht gebildet werden kann. In diesem Fall ist der Heimfürsprecher unverzüglich von der Heimaufsicht zu bestellen (vgl. § 25 Abs. 1 HeimmitwV). Nach den Angaben aus den Ländern lag im Jahre 2003 der Anteil der gewählten Heimbeiräte zwischen 75 v.H. und 91 v.H.[59] Neuere Studien gibt es nicht. Abbildung 5.3 zeigt die **Schritte,** die bei der Bildung des Heimbeirats eingehalten werden müssen (vgl. §§ 5–11 HeimmitwV)[60].

Wahlberechtigte, Vorschlagsrecht und Durchführung

Wahlausschuss

Zur Vorbereitung und Durchführung der Wahl eines Heimbeirats wird ein Wahlausschuss gebildet. Der **Wahlausschuss** besteht in der Regel aus **drei wahlberechtigten Bewohnern** (vgl. § 6 Abs. 1 HeimmitwV). Es können jedoch durch den Heimleiter auch Mitarbeiter des Heimes zu Wahlberechtigten bestellt werden, wenn die erforderliche Zahl von Wahlberechtigten für den Wahlausschuss nicht zustande kommt (vgl. § 6 Abs. 2 HeimmitwV). Der

57 Verordnung über die Mitwirkung der Bewohnerinnen und Bewohner in Angelegenheiten des Heimbetriebes (Heimmitwirkungsverordnung – HeimmitwV). Bekanntmachung vom 25.7.2002, BGBl. I S. 2896.

58 Die Bezeichnung „Heimfürsprecher" wird neutral zur besseren Lesbarkeit verwendet. Erfasst werden sowohl männliche als auch weibliche Sprecher.

59 Bundesministerium für Familie, Senioren, Frauen und Jugend (Hrsg.), 2006, S. 122 f.

60 Vgl. Bundesministerium für Familie, Senioren, Frauen und Jugend (Hrsg.), 2003b, S. 5 ff.

1 Der Heimbeirat bestellt den Wahlausschuss (Fristende: acht Wochen vor Ende der Amtszeit). Besteht sechs Wochen vor Ablauf der Frist kein Wahlausschuss, so wird dieser durch den Leiter des Heimes bestellt.

↓

2 Der Wahlausschuss unterrichtet die Bewohner und die Heimaufsicht über die bevorstehende Wahl. Der Wahltermin ist mindestens vier Wochen vor der Wahl bekannt zu geben.

↓

3 Der Wahlausschuss bereitet die Wahl vor:
- Einholung der Wahlvorschläge
- Einholung der Zustimmungserklärung der vorgeschlagenen Bewohner zur Annahme einer Wahl
- Bestimmung von Ort und Zeit der Wahl
- Aufstellung der Liste der Wahlvorschläge
- Bekanntmachung der Liste sowie des Ablaufs der Wahl

↓

4 Der Wahlausschuss führt die Wahl durch:
- Überwachung der Wahlhandlung
- Auszählung der Stimmen
- Schriftliche Feststellung des Ergebnisses

↓

5 Bekanntmachung des Wahlergebnisses durch Aushang und schriftlich durch den Wahlausschuss

↓

6 Heimträger unterrichtet die Heimaufsicht über das Wahlergebnis

Abb. 5.3 Ablauf der Heimbeiratswahl

Wahlausschuss fasst Beschlüsse mit einfacher Stimmenmehrheit (vgl. § 7 Abs. 4 HeimmitwV).

Aktives Wahlrecht

Ein **aktives Wahlrecht** haben und damit **wahlberechtigt** sind alle am Wahltag in der Einrichtung wohnenden Bewohner (vgl. § 3 Abs. 1 HeimmitwV). Diese sind berechtigt, Wahlvorschläge zu machen (vgl. § 5 Abs. 2 Satz 1 HeimmitwV). Mit der Reform der Heimmitwirkungsverordnung wurde der Kreis der Vorschlagsberechtigten erweitert. Seit 2002 besteht ein **Vorschlagsrecht für Kandidaten** (§ 5 Abs. 2 HeimmitwV) für:
- Wahlberechtigte, also Bewohner der Einrichtung
- Angehörige
- die Heimaufsicht

Passives Wahlrecht

Wählbar sind und damit das **passive Wahlrecht** haben grundsätzlich die Bewohner. Während in der Vergangenheit nur Personen wählbar waren, die am Wahltag bereits mindestens zwei Monate in dem Heim wohnten, sind nach dem geltenden Recht **wählbar:**
- Bewohner des Heimes, auch wenn sie gerade erst eingezogen sind
- Angehörige der Heimbewohner
- Vertrauenspersonen der Bewohner
- Mitglieder örtlicher Seniorenvertretungen und örtlicher Behindertenorganisationen
- von der Heimaufsicht vorgeschlagene Personen (§ 3 Abs. 2 HeimmitwV)

Die Notwendigkeit, den Kreis der **wählbaren Personen** zu erweitern, ergab sich aufgrund grundlegender Veränderungen in der Bewohnerstruktur in den Pflegeeinrichtungen. Nicht zuletzt aufgrund der Steuerungsmechanismen der Pflegeversicherung und deren Grundsatz der ambulanten Pflege vor stationärer Pflege hat sich die Altersstruktur der Bewohner in Heimen deutlich erhöht. Hinzugekommen ist auch eine – ebenso altersbedingte – Zunahme der Pflegebedürftigkeit der Bewohner und im Weiteren eine wachsende Zahl von demenziell erkrankten Bewohnern.[61]

Um **Interessenskonflikte** mit Personen, die nicht im Heim wohnen, aber dem Heimbeirat angehören wollen, von vornherein auszuschließen, sind **nicht wählbar** (vgl. § 3 Abs. 3 HeimmitwV):

- Personen, die bei dem Heimträger, dem Kostenträger oder bei der Heimaufsicht gegen Entgelt beschäftigt sind
- Mitglieder des Vorstands, des Aufsichtsrates oder eines gleichartigen Organs des Trägers
- Personen mit Leitungsfunktion bei einem anderen Heimträger oder einem Verband von Heimträgern

Einer Unterstützung eines Wahlvorschlags durch mindestens drei Wahlberechtigte bedarf es nicht mehr.

Wahlvorgang

Bei der **Durchführung** der Wahl sind folgende Verfahrensgrundsätze zu beachten:

- Der Heimbeirat wird in **gleicher, geheimer und unmittelbarer Wahl** gewählt (§ 5 Abs. 1 HeimmitwV).
- Die **Stimmen der Wahlberechtigten** richten sich nach der Anzahl der zu wählenden Heimbeiratsmitglieder. Jedoch kann der Wahlberechtigte jedem Bewerber nur eine Stimme geben (vgl. § 5 Abs. 3 HeimmitwV).
- Gewählt sind die Bewerber, welche die meisten Stimmen auf sich vereinigen (§ 5 Abs. 3 S. 3 HeimmitwV).

Aufgrund der seit 2002 bestehenden Erweiterung des wählbaren Personenkreises gilt im Falle der **Stimmengleichheit der Gewählten** folgende Regelung: Gewählte Kandidaten, die im Heim wohnhaft sind, haben Vorrang vor gewählten Kandidaten, die nicht im Heim wohnen.

Im Übrigen entscheidet gemäß § 5 Abs. 3 Satz 3 HeimmitwV das Losverfahren.

Wahlversammlung

Vereinfachte Wahl/Wahlversammlung

In Heimeinrichtungen mit bis zu 50 Bewohnern kann das zuvor beschriebene Wahlverfahren vereinfacht werden. So kann der Heimbeirat in diesen Einrichtungen auch im Rahmen einer **Wahlversammlung** gewählt werden. Die **Entscheidungsfreiheit** liegt beim Wahlausschuss. Innerhalb der Wahlver-

[61] Vgl. Bundesministerium für Familie, Senioren, Frauen und Jugend (Hrsg.), 2002. S. 44 f. Zu den Folgewirkungen für die Versorgung vgl. Wiese, 2004. Gemessen an der Zahl der Leistungsempfänger der sozialen Pflegeversicherung lag Ende 2006 das Alter bei 76,7 v.H. der Pflegebedürftigen bei über 80 Jahren.

sammlung kann die Wahl des Heimbeirats mit geringerem Aufwand und u.U. an einem einzigen Tag durchgeführt werden.[62] Beim Wahlverfahren sind folgende Punkte zu beachten:

- Der Wahlausschuss muss mit einer Frist von mindestens **14 Tagen** zur Wahlversammlung einladen (vgl. § 7a Abs. 2 HeimmitwV).
- In der Wahlversammlung können noch **Wahlvorschläge** gemacht werden (§ 7a Abs. 3 HeimmitwV).
- Bewohner, die nicht an der Wahlversammlung teilnehmen, müssen die **Möglichkeit zur Stimmabgabe** innerhalb einer angemessenen Frist erhalten. Die Stimmen dürfen erst nach Ablauf der Frist ausgezählt werden (§ 7a Abs. 1 HeimmitwV). Dafür sind zwei Tage als angemessene Frist anzusetzen. Zur Gewährleistung dieser Vorschrift ist es notwendig, in der Wahlversammlung eine Anwesenheitsliste zu erstellen.
- Die Heimleitung kann an der Wahlversammlung teilnehmen. Der Wahlausschuss hat jedoch das Recht, durch Beschluss die Heimleitung von der Wahlversammlung auszuschließen (vgl. § 7a Abs. 4 HeimmitwV).

Wahlanfechtung

Wahlanfechtung

Eine Wahlanfechtung ist durch mindestens drei Wahlberechtigte möglich. Für die Heimleitung besteht dieses Recht nicht. Die **Anfechtungsfrist** beträgt zwei Wochen ab Bekanntmachung des Wahlergebnisses. Über die Wirksamkeit der Anfechtung entscheidet die Heimaufsicht (vgl. § 10 HeimmitwV).

Ausnahmeregelungen

Ausnahmeregelung zum Wahlverfahren

Die **Heimaufsicht** kann nach § 11 a HeimmitwV **in Einzelfällen** Abweichungen bei der Bildung des Heimbeirats zulassen. Dies ist möglich:

- bei der Zahl der Mitglieder des Heimbeirats nach § 4 HeimmitwV,
- bei den Fristen zur Bestellung des Wahlausschusses und der Zahl der Wahlausschussmitglieder nach § 6 HeimmitwV (vgl. § 11a Abs. 1 HeimmitwV).

Auf **Antrag des Wahlausschusses** kann die Heimaufsicht in Ausnahmefällen auch in Einrichtungen mit **mehr als 50 Bewohnern** eine Wahlversammlung zulassen (vgl. § 11a Abs. 2 HeimmitwV). Damit wird eine vereinfachte Form der Wahl auch für größere Einrichtungen eröffnet. Allerdings muss mit Blick auf die Ausnahmeregelung ein **besonderer Grund** angegeben werden.

Abweichungen von dem Regelverfahren für die Bildung des Heimbeirats werden von der Heimaufsichtsbehörde nur dann zugelassen, wenn andernfalls die Bildung eines Heimbeirats nicht umsetzbar erscheint.

[62] Vgl. zur 2. Heimmitwirkungs-Änderungsverordnung: Bundesministerium für Familie, Senioren, Frauen und Jugend, 2002a, S. 21.

Tab. 5.4 Anzahl Heimbeiratsmitglieder

Regelung seit 01.08.2002		
Anzahl der Bewohner	Mitgliederanzahl	Max. Anzahl externer Mitglieder
Bis 50	3	1
51–150	5	2
151–250	7	3
Über 250	9	4

Zusammensetzung des Heimbeirats

Besetzung des Heimbeirats

Die Zahl der Mitglieder ist abhängig von der Anzahl der Bewohner. Tabelle 5.4 zeigt die Besetzungszahlen in Anlehnung an § 4 HeimmitwV.

Die Übersicht verdeutlicht, dass in jedem Heim, unabhängig von der Anzahl der Bewohner, ein Heimbeirat zwingend installiert werden muss.

Um die Bildung der Interessenvertretung trotz der sich stark verändernden Altersstrukturen und der gestiegenen Zahl hochaltriger und pflegebedürftiger Bewohner sicherzustellen, sieht die Heimmitwirkungsverordnung die Wahl außenstehender Personen in den Heimbeirat vor. Auch können in größeren Einrichtungen mehrere Heimbeiräte für einzelne Teile der Einrichtung gebildet werden. Diese Regelung gemäß § 1 Abs. 3 HeimmitwV dient dem Ziel, die Mitwirkung der Bewohnerschaft besser gewährleisten zu können.

Externe Mitglieder

Externe Heimbeiratsmitglieder dürfen nach § 4 Abs. 2 HeimmitwV zahlenmäßig nur eine **Minderheit** im Heimbeirat sein. Damit soll verhindert werden, dass die in der Einrichtung wohnenden Mitglieder von den externen Mitgliedern im Abstimmungsprozess überstimmt werden können, und die Interessenvertretung überwiegend durch externe Personen erfolgt, d.h. nicht mehr in den Händen der Bewohner liegt.[63] Diese Regelung basiert auf dem Gedanken, dass die Belange der Heimbewohner am besten durch intern gewählte Vertreter wahrgenommen werden können. Auch sollen Konfliktfälle, wie sie z.B. bei erklärten Ansprüchen der Bewohner und daraus resultierenden möglichen Entgelterhöhungen entstehen können, vermieden werden.

Bildung weiterer Beiräte

Beratende Beiräte

Neben dem Heimbeirat können weitere Beiräte gebildet werden. Die Heimmitwirkungsverordnung sieht folgende Beiräte vor:

- Angehörigenbeiräte
- Betreuerbeiräte
- Gemischte Beiräte, die sich aus dem Kreis der Angehörigen, der Betreuer und Vertreter von Behinderten- und Seniorenorganisationen zusammensetzen (§ 1 Abs. 4 S. 1 HeimmitwV).

63 Vgl. Ebenda, S. 19.

Aufgaben dieser Beiräte können darin liegen, den Heimbeirat zu **unterstützen** und zu **beraten** (§ 1 Abs. 4 S. 2 HeimmitwV). Die Beiräte stellen somit **kein** neues **Vertretungsgremium** dar, sondern dienen der Umsetzung der Mitwirkungsrechte.[64]

Amtszeit der Heimbeiräte

Amtszeit

Die **Amtszeit** des Heimbeirats in Pflegeeinrichtungen beträgt nach § 12 Abs. 1 HeimmitwV zwei Jahre. Sie beginnt mit dem Tag der Wahl bzw. mit dem Ende der Amtszeit des bisherigen Heimbeirats.

Erlöschen der Mitgliedschaft

Die **Mitgliedschaft im Heimbeirat** kann nur aus besonderen Gründen erlöschen. Diese sind gemäß § 14 HeimmitwV:

- Ablauf der Amtszeit
- Niederlegung des Amtes
- Ausscheiden aus dem Heim
- Verlust der Wählbarkeit
- Feststellung der Heimaufsicht auf Antrag von zwei Dritteln der Mitglieder des Heimbeirats, dass ein Heimbeiratsmitglied seinen Pflichten nicht mehr nachkommt oder nicht mehr nachkommen kann, z.B. weil eine gravierende Verschlechterung des Gesundheitszustands eingetreten ist

Die Beendigungsgründe „Verlust der Wählbarkeit" und „Nichtwahrnehmung der Aufgaben" sind erst mit der 2. Änderungsverordnung 2002 eingefügt worden.

Verlust der Wählbarkeit

Die Tatbestände, die zum Verlust der Wählbarkeit führen, werden in § 3 Abs. 3 HeimmitwV genannt. Dieser Fall ist gegeben, wenn das Mitglied:

- beim Heimträger, einem Kostenträger oder bei der Heimaufsicht gegen Entgelt beschäftigt wird oder
- als Mitglied des Vorstands, des Aufsichtsrates oder eines gleichartigen Organs des Trägers tätig wird oder
- eine Leitungsfunktion bei einem anderen Heimträger oder einem Verband von Heimträgern aufnimmt.

Bei sonstigen Veränderungen, die insbesondere persönliche Angelegenheiten betreffen, wie z.B. beim Wechsel des Betreuers, können Mitglieder selbst entscheiden, ob sie ihr Amt niederlegen oder weiterführen wollen.[65]

Bei der Feststellung, ob ein Mitglied des Heimbeirats **seinen Pflichten nicht mehr nachkommt** oder nachkommen kann, besteht folgendes Verfahren:

- Zwei Drittel der Heimbeiratsmitglieder müssen einen Antrag bei der Heimaufsicht stellen und
- nur die Heimaufsicht kann die notwendige Feststellung treffen.

Bei der Feststellung, ob ein Heimbeiratsmitglied seinen Pflichten nicht nachkommt oder nicht nachkommen kann, handelt es sich um eine reine **Tatsachenfeststellung.** Die Ursachen für das Unterlassen der Aufgabenwahrneh-

64 Vgl. Ebenda, S. 17.
65 Vgl. Ebenda, S. 23.

mung, z.B. durch Erkrankung oder fehlendes Interesse sind dabei ohne Bedeutung. Ziel dieser Regelung ist die **Erhaltung der Funktionsfähigkeit** des Heimbeirats.

Nachrückverfahren und Neuwahl des Heimbeirats

Nachrücken/Neuwahl

Zur Sicherstellung einer angemessenen Mitwirkung des Heimbeirats sind in der Verordnung das Nachrückverfahren und das Verfahren der Neuwahl festgelegt.

Nachrücken von Ersatzmitgliedern

Nachrücken von Ersatzmitgliedern

Wenn ein Mitglied aufgrund eines der genannten Gründe ausscheidet, soll ein **Ersatzmitglied** nachrücken. Das Nachrückverfahren soll auch bei einer zeitweiligen Verhinderung eines Heimbeiratsmitgliedes Anwendung finden. Als Ersatzmitglied rückt die nicht gewählte Person mit der höchsten Stimmenzahl nach (§ 15 S. 1 HeimmitwV). Hierbei darf durch das Hinzukommen des Ersatzmitglieds die Minderheitenquotierung in der Anzahl der externen Heimbeiratsmitglieder nicht überschritten werden (vgl. § 15 S. 2, § 4 Abs. 2 HeimmitwV).

Beispiel: Ein gewählter Heimbeirat hat fünf Mitglieder. Drei der Mitglieder sind Bewohner der Einrichtung, zwei Mitglieder sind Angehörige von Bewohnern. Scheidet ein Heimbewohner als Mitglied aus dem Heimbeirat aus, darf kein „externes Mitglied", z.B. ein Betreuer oder eine nicht im Heim wohnende Person, als Ersatzmitglied nachrücken. Andernfalls würden die externen Mitglieder die Mehrheit bilden und die im Heimbeirat verbliebenen Heimbewohner überstimmen können. Als Ersatzmitglied wäre ein Heimbewohner listenmäßig zu ermitteln. Soweit kein Ersatzmitglied bestellt werden kann, muss der Heimbeirat mit **verringerter Mitgliederanzahl** weiter arbeiten.

Neuwahl des Heimbeirats

Neuwahl

Verringert sich die **Gesamtzahl der Heimbeiratsmitglieder** um mehr als die Hälfte der vorgeschriebenen Zahl, so ist der Heimbeirat gemäß § 13 HeimmitwV neu zu wählen.

Ziel der Verordnung ist die Erhaltung der **Funktionsfähigkeit** des Heimbeirats. Soweit im Nachrückverfahren aus Mangel an Ersatzmitgliedern keine Neubesetzung **bis zur Mindestbesetzung** mehr möglich ist, muss zwangsläufig neu gewählt werden.

Dies kann dazu führen, dass durch Ausscheiden mehrerer interner Heimbeiratsmitglieder die Zahl der externen die der internen Heimbeiratsmitglieder übersteigt, soweit die Mindestbesetzung in der Zahl nicht unterschritten wird.

Beispiel: Ein Heimbeirat besteht aus drei Bewohnern und zwei Angehörigen. Ein Ersatzmitglied nach § 15 HeimmitwV gibt es nicht, da nur diese fünf Personen bei der Heimbeiratswahl zur Wahl standen. Wenn zwei Heimbewohner ausscheiden, bestände der Heimbeirat noch aus einem Heimbewoh-

Tab. 5.5 Mindestmitgliederzahl des Heimbeirats nach der HeimmitwV

Anzahl der Bewohner	Mitgliederanzahl	Max. Anzahl externer Mitglieder	Mindestmitgliederanzahl
Bis 50	3	1	2
51–150	5	2	3
151–250	7	3	4
Über 250	9	4	5

ner und zwei Angehörigen und würde die Mindestmitgliederzahl von drei Mitgliedern nach § 13 HeimmitwV nicht unterschreiten. Eine Neuwahl wäre demnach nicht notwendig. Diese Besetzung würde allerdings der Vorgabe der „in der Regel" mehrheitlichen Besetzung des Heimbeirats durch Heimbewohner (§ 4 HeimmitwV) widersprechen. Hier sollte deshalb eine **Interessenabwägung** stattfinden:

Soweit die Aussicht besteht, genügend Bewohner als Kandidaten zur Wahl eines neuen Heimbeirats zu mobilisieren, sollte dies entsprechend der Mehrheitsregelung geschehen. Andernfalls sollte im Interesse der Erhaltung der Funktionsfähigkeit des Heimbeirats eine Fortführung trotz reduzierter Mitgliederzahl und einer Unterbesetzung der Bewohnervertretung erfolgen.

Eine **Neuwahl** wird allerdings dann erforderlich, wenn der Heimbeirat mit der Mehrheit seiner Mitglieder seinen Rücktritt beschließt (§ 13 HeimmitwV).

5

5.3.3 Pflichten des Heimträgers und der Leitung bei der Wahl des Heimbeirats

Heimträgerpflichten

Dem Heimträger obliegen bei der Wahl des Heimbeirats **Informations- und Unterstützungspflichten.**

Er ist gemäß § 2 Abs. 1 HeimmitwV verpflichtet, die **Bewohner** über ihr Recht zur Bildung eines Heimbeirats aufzuklären. Darüber hinaus muss er über den Ablauf der Wahl und die Arbeitsweise des Heimbeirats informieren. Der Verordnungsgeber überlässt es den Trägern, wie sie die Informationspflicht erfüllen wollen. Dies kann im Rahmen einer Bewohnerversammlung oder auch durch Aushändigung schriftlicher Informationen geschehen.[66]

Unterrichtung

Eine Unterrichtungspflicht besteht auch **gegenüber der Heimaufsicht** (vgl. § 11 HeimmitwV):

- Der Träger muss spätestens **vier Wochen nach Ablauf der Amtszeit** des Heimbeirats die Heimaufsicht über die Bildung eines neuen Heimbeirats unterrichten.
- Bei der Eröffnung einer Heimeinrichtung muss innerhalb von **sechs Monaten nach der Betriebsaufnahme** ein Heimbeirat gebildet werden und die Heimaufsicht hierüber unterrichtet werden.
- Ebenso muss die Heimaufsicht **unverzüglich** informiert werden, wenn **kein Heimbeirat** gebildet werden konnte. In diesem Fall ist der Träger

[66] Vgl. Ebenda, S. 18.

gehalten, in enger Zusammenarbeit mit der Heimaufsicht nach möglichen Lösungen zur Bildung eines Heimbeirats zu suchen.

Die Informationspflichten des Heimträgers nach der HeimmitwV dienen dazu, die Bildung der Heimbeiräte in den Einrichtungen sicherzustellen.

Unterstützung

Die Vorbereitung und Durchführung der Wahl soll außerdem „in dem erforderlichen Maße" **personell** und **sächlich** unterstützt werden (§ 8 HeimmitwV). Dazu gehört beispielsweise, dass für die Wahl erforderliche Materialien und Räumlichkeiten zur Verfügung gestellt werden. Auf Wunsch der Bewohner sollen Mitarbeiter der Einrichtung bei der Durchführung der Wahl unterstützend helfen.[67]

Für die Heimträger ergeben sich vor allem aufgrund der Erweiterung des Kreises der Wahlberechtigten mehr Aufgaben der Koordination.[68]

Koordination

Die Beteiligung externer Personen verlangt, dass diese über die Inhalte der Wahlen, ihre Vorschlagsrechte und das Verfahren informiert werden. Da auch Angehörige der Bewohner, Betreuer oder Mitglieder von örtlichen Seniorenvertretungen und Behindertenorganisationen sowie von der Heimaufsicht vorgeschlagene Personen gewählt werden können, wird vorausgesetzt, dass der Träger die Beteiligten über anstehende Wahlen informiert, Vorschläge einholt und mit ihnen korrespondiert. Dies kann einen Mehraufwand an Arbeit und Kosten verursachen.

Kostentragung durch Pflegeeinrichtung/§ 82b SGB XI

Die **erforderlichen Kosten** der Wahl sind gemäß § 9 Abs. 2 HeimmitwV von dem Heimträger zu tragen. Für daraus entstehende Mehrkosten hat der Verordnungsgeber keinen Ausgleich vorgesehen, da dieser mit geringfügigen Mehrkosten rechnete.[69] Eine Vereinfachung des Wahlverfahrens und eine damit verbundene Kostenersparnis wurde nur für kleinere Heimeinrichtungen eingeplant, indem ein vereinfachtes Wahlverfahren in einer Wahlversammlung ermöglicht wird (➤ Kap. 5.3.2 „Wahlversammlung").

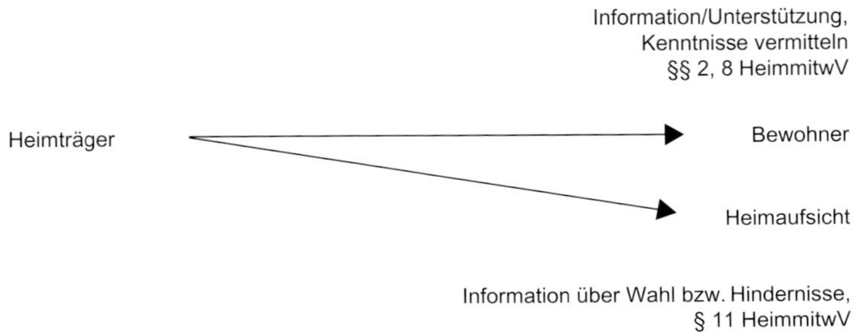

Abb. 5.4 Pflichten des Trägers im Rahmen der Heimbeiratswahl

67 Vgl. Bundesministerium für Familie, Senioren, Frauen und Jugend (Hrsg.), 2003b, S. 10 ff.
68 Vgl. Wiese, 2002, S. 392 f.
69 Vgl. Bundesministerium für Familie, Senioren, Frauen und Jugend, 2002, unter D und E.

Aufwendungen für ehrenamtliche Unterstützung nach SGB XI

Das **Pflege-Weiterentwicklungsgesetz** sieht hier die Möglichkeit vor, dass nicht gedeckte **Aufwendungen für ehrenamtliche Unterstützung im Pflegesatz berücksichtigt werden können.** Erstattungsfähig sind Sach- und Personalaufwendungen, z.B. für vorbereitende und begleitende Schulungen der Mitglieder von Selbsthilfegruppen oder für die Planung und Organisation von Einsätzen Ehrenamtlicher und für das Abstellen von Personal.[70] Da die Einbeziehung externer ehrenamtlicher Personen, z.B. Angehörige der Bewohner oder Mitglieder von Interessenverbänden, im Heimbereich eine wachsende Bedeutung hat, bietet sich auf diesem Wege ein Ausgleich für Heimträger an. Nach der Gesetzesbegründung bedarf es keines besonderen Ausweises der Aufwendungen in der Vergütungsvereinbarung. Zwingende Voraussetzung ist allerdings, dass die Aufwendungen nicht von anderen Kostenträgern des Bundes, des Landes oder von kommunalen Einrichtungen übernommen werden können. Die Pflegeeinrichtung muss daher für die Geltendmachung des Aufwendungsersatzes nachweisen, dass keine andere Förderungsmöglichkeit besteht.

5.3.4 Bestellung des Heimfürsprechers

Heimfürsprecher

Die **Bestellung eines Heimfürsprechers** kommt nur in Betracht, wenn kein Heimbeirat gebildet werden kann. Nach § 25 Abs. 1 HeimmitwV ist es dann **Aufgabe der Heimaufsicht,** einen oder mehrere Heimfürsprecher zu bestellen.

Die Regelungen für die **Amtszeit** und den **Aufgabenbereich** des Heimfürsprechers sind eng an die Vorschriften gebunden, die für die Wahl und die Aufgabenbereiche des Heimbeirats verfasst wurden und verdeutlichen, dass der Heimfürsprecher subsidiär die Aufgaben und Funktionen eines Heimbeirats übernehmen soll.

Ebenso wie für den Heimbeirat beträgt auch für den bestellten Heimfürsprecher in Pflegeheimen die regelmäßige **Amtszeit zwei Jahre** (vgl. § 25 Abs. 2 Satz 1 HeimmitwV). Soweit zwischenzeitlich in der Einrichtung doch noch ein Heimbeirat gebildet werden kann, ist die Bestellung des Heimfürsprechers vorzeitig aufzuheben (vgl. § 26 Abs. 1 Nr. 4 HeimmitwV).

Für größere Einrichtungen können auch **mehrere Heimfürsprecher** von der Heimaufsicht bestellt werden (§ 25 Abs. 1 HeimmitwV).

Mit dieser Regelung soll dem Umstand Rechnung getragen werden, dass die **Bereitschaft zur ehrenamtlichen Tätigkeit** als Heimfürsprecher gerade in großen Heimen aufgrund der Aufgabenfülle abnimmt. Durch die Möglichkeit, Aufgaben zu verteilen, erhofft sich der Verordnungsgeber bessere Chancen, Ehrenamtliche für die Tätigkeit zu gewinnen.[71]

---

[70] Begründung zu Nr. 49 (§ 82b), Gesetzentwurf der Bundesregierung (2007), Entwurf eines Gesetzes zur strukturellen Weiterentwicklung der Pflegeversicherung – Pflege-Weiterentwicklungsgesetz, Deutscher Bundestag – Drucks. 16/7439 vom 7.12.2007.

[71] Vgl. Bundesministerium für Familie, Senioren, Frauen und Jugend, 2002, S. 3.

Tab. 5.6 Anzahl Heimfürsprecher

Heimplätze	Mögliche Anzahl der Heimfürsprecher
Bis 70	1
71–150	2
Über 150	3

Statistische Daten zur Anzahl der Heimfürsprecher sind rar. Für das Jahr 2003 weist der erste amtliche Bericht[72] des BMFSFJ für den Heimbereich eine Besetzungsquote mit Heimfürsprechern von 4 v.H. bis zu 24,8 v.H. in den Einrichtungen aus. Die Werte wurden nach den Mitteilungen der sechzehn Bundesländer ermittelt und belegen eine erhebliche Schwankungsbreite.

Sind mehrere Heimfürsprecher für eine Einrichtung bestellt worden, müssen diese ihre Tätigkeit untereinander abstimmen und festlegen, wer die Interessen der Heimbewohner innerhalb und außerhalb der Pflegeeinrichtung vertritt (§ 25 Abs. 1 HeimmitwV).

Anforderungen an den Heimfürsprecher

Zum Heimfürsprecher kann nach § 25 Abs. 3 HeimmitwV nur bestellt werden, wer neben der erforderlichen Eignung unabhängig ist:

- von der Heimaufsicht,
- vom Träger,
- von den Kostenträgern und
- von den Verbänden der Heimträger.

Bei der Auswahl der Person des Heimfürsprechers, haben die betroffenen Heimbewohner oder deren gesetzliche Vertreter gegenüber der Heimaufsicht ein Vorschlagsrecht (§ 10 Abs. 4 S. 4 HeimG). Häufig können ehrenamtliche Heimfürsprecher aus dem Kreis der Angehörigen von Bewohnern oder aus der Gruppe der ehrenamtlichen Helfer gewonnen werden. Seelsorger in kirchlichen Heimen kommen nicht als Heimfürsprecher in Betracht.

Aufhebung der Bestellung

Eine **Aufhebung der Bestellung** kommt nach § 26 Abs. 1 HeimmitwV in Betracht, wenn:

- der Heimfürsprecher die Voraussetzungen für das Amt nicht mehr erfüllt,
- der Heimfürsprecher gegen seine Amtspflichten verstößt,
- der Heimfürsprecher sein Amt niederlegt oder
- ein Heimbeirat gebildet worden ist.

In diesen Fällen **muss** die Bestellung aufgehoben werden.

Die Bestellung **kann** dagegen aufgehoben werden, wenn „eine gedeihliche Zusammenarbeit zwischen dem Heimfürsprecher und den Bewohnerinnen und Bewohnern" nicht mehr möglich ist (vgl. § 26 Abs. 2 HeimmitwV). Die Heimaufsicht hat hierbei abzuwägen, ob das **Vertrauensverhältnis** zwischen den **Bewohnern** und dem **Heimfürsprecher,** das die Grundlage für die Interessenvertretung durch den Heimfürsprecher sein muss, zerstört oder erheblich gestört ist.[73]

[72] Siehe: Bundesministerium für Familie, Senioren, Frauen und Jugend (Hrsg.), 2006, S. 122.

[73] Vgl. Dahlem, u.a., 2007, § 26 HeimmitwV, Rdn. 9.

Ein gestörtes Vertrauensverhältnis zwischen dem Heimfürsprecher und der Leitung des Heimes ist kein Grund für die Aufhebung der Bestellung.

Pflichten des Trägers bei der Bestellung des Heimfürsprechers

Heimträgerpflichten

Der Träger muss die Bewohner in geeigneter Weise über die Bestellung bzw. die Aufhebung der Bestellung informieren (vgl. § 25 Abs. 4 HeimmitwV). Der Träger hat hier eine Informationspflicht. Wie er jedoch dieser Pflicht nachkommt, bleibt ihm überlassen. Dies kann durch Aushang, Rundbrief oder im Rahmen eines Gesprächs erfolgen.

Die Auswahl des Heimfürsprechers obliegt – wie bereits dargestellt – der Entscheidung der Heimaufsicht. In der Praxis haben die Träger und Leitungen der Einrichtungen allerdings auch Einfluss auf die Entscheidungsfindung, indem sie Vorschläge zur Person machen können.

Bildung eines Ersatzgremiums

Ersatzgremien

Die Heimmitwirkungsverordnung sieht auch die Möglichkeit vor, **anstelle eines Heimfürsprechers ein Ersatzgremium** mit der Vertretung der Interessen und Belange der Bewohner zu beauftragen (vgl. § 28 a HeimmitwV). Diese Möglichkeit ergibt sich aus § 1 Abs. 4 HeimmitwV, der die Einrichtung weiterer Beiräte, insbesondere Angehörigenbeiräte oder Betreuerbeiräte vorsieht (➢ Kap. 5.3.2 „Bildung von Beiräten"). Entsprechende Beiräte können durch Entscheidung der Heimaufsicht als **Ersatzgremium** bestellt werden. Voraussetzung ist stets, dass im Vorfeld ein Heimbeirat nicht gebildet werden konnte.[74] Das Ersatzgremium kann die Aufgaben eines Heimbeirats übernehmen. Daraus ist zu schließen, dass ein bestelltes Ersatzgremium die gleichen Rechte und Aufgaben hat wie der Heimbeirat.

Wachsende Bedeutung ehrenamtlichen Engagements und Ersatzmöglichkeiten gemäß § 87b SGB XI

Ehrenamtliche Unterstützung/ Aufwandsersatz

Die Heimmitwirkungsverordnung regelt die Voraussetzungen für die Bildung des Heimbeirats. Der Kreis der wählbaren Personen ist weit gefasst. Es können auch Personen, die nicht im Heim leben, gewählt werden. Ein Vorschlagsrecht für Kandidaten haben auch Angehörige der Bewohner. Für die Heimträger ist damit die Aufgabe verbunden, bei der Vorbereitung und der Durchführung der Wahl stärker mit Angehörigen von Bewohnern oder anderen externen Institutionen zu kooperieren.

Diese Aufgabe dürfte vor allem für größere Einrichtungen zu einem **Mehraufwand** führen. Dieser Mehraufwand wird mit **Mehrkosten** einhergehen,

[74] Vgl. Bundesministerium für Familie, Senioren, Frauen und Jugend, 2002, S. 17.

die allerdings bislang nicht erfasst oder statistisch ausgewiesen sind. Heimträger müssen darauf achten, die Informations- und Unterstützungspflichten bei der Wahl des Heimbeirats effizient und mit möglichst geringem Aufwand zu erfüllen. Dabei ist zu berücksichtigen, welche **Sach- und Personalaufwendungen** entstehen und welcher **Kostenstelle** diese zuzuordnen sind.[75] § 82 b SGB XI räumt stationären Pflegeeinrichtungen ein, die Sach- und Personalaufwendungen für die Schulung, Planung und Organisation des Einsatzes Ehrenamtlicher und deren Aufwandsersatz in den Vergütungsverhandlungen geltend zu machen (➢ Kap. 5.3.3).

Aufgrund der Option, auch **Angehörige, Betreuer oder Vertreter von Behinderten- und Seniorenorganisationen in den Heimbeirat** wählen zu können, besteht für diese Personengruppen die Möglichkeit, verstärkt Einfluss auf heiminterne Entwicklungen zu nehmen. Da der Altersdurchschnitt der Heimbewohner heute bei über 80 Jahren liegt und viele Bewohner pflegebedürftig sind, wird die Einbindung Angehöriger und anderer ehrenamtlich tätiger Personen in die Heimbeiratstätigkeit zunehmend an Bedeutung gewinnen.

Eine **aktive Angehörigenarbeit** und engere Kooperation mit ehrenamtlich Tätigen, örtlichen Organisationen, insbesondere mit Betreuungsbehörden sowie Seniorenorganisationen zu schaffen, obliegt dem Aufgabenbereich der Leitenden. Der mit dem Einsatz Ehrenamtlicher verbundene Sach- und Personalaufwand sollte kostenmäßig ausgewiesen werden und innerhalb der Pflegesatzverhandlung geltend gemacht werden.

5

5.3.5 Mitwirkungsrechte des Heimbeirats, des Ersatzgremiums und des Heimfürsprechers

Reichweite und Regelungsgegenstände der Mitwirkung

Vertretungsorgane im Rahmen der Mitwirkungsrechte

In diesem Abschnitt werden die unterschiedlichen Mitwirkungsrechte des Heimbeirats und Heimfürsprechers dargestellt. Da die **Aufgaben des Heimfürsprechers identisch** sind **mit den Aufgaben des Heimbeirats,** wenn dieser als Ersatzorgan für einen nicht zustande gekommenen Heimbeirat tätig wird, werden mit der Darstellung der Mitwirkungsrechte des Heimbeirats synonym auch die des Heimfürsprechers dargestellt, ohne dass dies gesondert hervorgehoben wird. **Gleiches gilt für das subsidiär zu bildende Ersatzgremium** (➢ Kap. 5.3.4).

Begriff: Mitwirkungsrecht

Der Gesetzgeber hat die **Beteiligungsrechte** des Heimbeirats einheitlich als **„Mitwirkungsrechte“** ausgestaltet. Darin kommt zum Ausdruck, dass der Heimbeirat als Vertretungsorgan der Bewohner zwar bei den „Angelegenheiten des Heimbetriebes“ (vgl. § 1 HeimmitwV) nicht mitbestimmen kann, doch ist es sein Recht, bei der Entscheidungsfindung **mitzuwirken,** indem er Interessen der Bewohnerschaft vertritt. Stellungnahmen oder auch Einwände

[75] Vgl. Wiese, 2002, S. 393.

des Heimbeirats zu den der Mitwirkung unterliegenden Angelegenheiten müssen in die Entscheidungsfindung einbezogen und mitbedacht werden.

Für die Leitungen der Pflegeeinrichtungen hat dies zur Konsequenz, dass Entscheidungen in Mitwirkungsangelegenheiten, z.B. bei Fragen der Unterkunft, der Betreuung, der Heimordnung oder der Freizeitgestaltung nicht von einer **Zustimmung** des Heimbeirats abhängen. Aufgrund der Mitwirkungsrechte ist die Heimleitung jedoch verpflichtet, den Heimbeirat bei betrieblichen Angelegenheiten **zu informieren, anzuhören** und mit ihm die einzelnen Angelegenheiten **zu erörtern.** Darüber hinaus hat der Heimbeirat gemäß § 4 HeimG Anspruch auf Beratung durch die zuständige Landesstelle. Im Konfliktfall kann die Heimaufsicht eingeschaltet werden, um die Vereinbarkeit einer Trägerentscheidung mit dem Heimgesetz zu überprüfen. Einschränkungen der Rechte im Wege vertraglicher Vereinbarungen zwischen einem Heimbeirat und einem Heimträger sind mit Blick auf den Vertretungsauftrag des Organs unzulässig.[76]

Mitwirkungsbereiche

Die Heimmitwirkungsverordnung regelt in § 30 HeimmitwV abschließend **12 Bereiche des Heimbetriebs,** in denen der Heimbeirat **Mitwirkungsrechte** ausüben soll:

- Aufstellung oder Änderung der Musterverträge und der Heimordnung
- Maßnahmen zur Verhütung von Unfällen
- Änderung der Entgelte des Heimes
- Planung oder Durchführung von Veranstaltungen
- Alltags- und Freizeitgestaltung
- Unterkunft, Betreuung und Verpflegung
- Erweiterung, Einschränkung oder Einstellung des Heimbetriebs
- Zusammenschluss mit einem anderen Heim
- Änderung der Art und des Zweckes des Heims oder seiner Teile
- umfassende bauliche Veränderungen oder Instandsetzung des Heims
- Mitwirkung bei Maßnahmen zur Förderung einer angemessenen Qualität der Betreuung
- Mitwirkung nach § 7 Abs. 4 HeimG an den Verhandlungen über die wesentlichen Leistungs- und Qualitätsmerkmale nach § 84 Abs. 5 SGB XI n.F. im Rahmen der Vergütungsvereinbarungen und nach § 7 Abs. 5 HeimG an der inhaltlichen Abstimmung zu den Leistungs-, Vergütungs- und Prüfungsvereinbarungen. Gemäß § 85 Abs. 3 SGB XI ist die schriftliche Stellungnahme der Interessenvertretung der Bewohnerschaft für die Pflegesatzverhandlung vorzulegen.

§ 31 HeimmitwV regelt einen **Sonderfall als 13. Mitwirkungsbereich.** Danach soll der Heimbeirat auch an der Aufstellung der Haushalts- oder Wirtschaftspläne mitwirken. Dieses Mitwirkungsrecht besteht jedoch nur dann, wenn ein Bewohner oder ein Dritter zugunsten eines Bewohners Finanzierungsbeiträge zum Bau, zum Erwerb, zur Instandsetzung, zur Ausstattung oder zum Betrieb des Heimes an den Träger geleistet hat, die über das für die Unterbringung vereinbarte laufende Entgelt hinausgehen. Der Heimträger hat in diesem Fall eine erweiterte Auskunftspflicht gegenüber dem Heimbei-

[76] Vgl. Dahlem, u.a., 2007, § 30 HeimmitwV, Rdn. 6.

rat, indem er Angaben zum Verständnis und zur Bewertung der Haushalts- oder Wirtschaftspläne geben muss und anhand der Haushalts- oder Wirtschaftspläne schriftlich über die wirtschaftliche Lage der Einrichtung zu berichten hat.

Praxis der Mitwirkung

Praxis der Mitwirkung

Obwohl der Gesetz- und Verordnungsgeber mit den Mitwirkungsrechten eine Stärkung der Position des Heimbeirats und damit der Bewohner bezweckt, fehlen derzeit nähere Erkenntnisse darüber, ob und wie in den Heimen Mitwirkungsrechte wahrgenommen werden. Der erste Heimbericht des BMFSFJ[77] verweist auf eine Befragung aus dem Jahre 2001, die aber keine repräsentativen Daten zur Umsetzung der Mitwirkung gibt. Ebenso fehlen repräsentative Untersuchungen über Wahlbeteiligungen und faktische Wirkungsmöglichkeiten bei der Ausübung der Mitwirkungsrechte.[78]

Ergebnisse der Erhebung

Eigene frühere Erhebungen, die in Form von Interviews mit Mitgliedern von Heimbeiräten und Heimleitungen durchgeführt wurden, ließen darauf schließen, dass **die Schwerpunktsetzungen bei der Mitwirkung unterschiedlich** und dabei auch durch die Interessenlagen der einzelnen Mitglieder des Heimbeirats geprägt sind.

Wiederkehrende Themen in der Tätigkeit der Heimbeiräte sind v.a.:

- Probleme bei der Verpflegung der Bewohner
- Fragen der Unterkunft
- Möglichkeiten der Eingliederung neu hinzukommender Bewohner
- Fragen des Angebots und der Gestaltung von Veranstaltungen
- bauliche Veränderungen

Ähnliche Mitwirkungsbereiche nennt der Heimbericht aus dem Jahre 2006.

Die zeitlich frühere qualitative Studie ergab darüber hinaus, dass das Engagement auch durch die Interessenschwerpunkte der Mitglieder geprägt wird. Dabei spielen biografische und berufsbiografische Aspekte eine wichtige Rolle, z.B. wenn ein Heimbeiratsmitglied sich im Bereich der Pflege der Grünanlagen engagiert, weil er beruflich als Landschaftsgärtner tätig war.

Bereitschaft und Aufgaben der Heimbeiräte

Ebenso wird die individuelle Bereitschaft der einzelnen Mitglieder, sich für die Interessen ihrer Mitbewohner einzusetzen, in starkem Maße durch die gesundheitliche Verfassung geprägt. Seitens der Heimleitungen wird häufig berichtet, dass bereits die Gewinnung von Bewohnern für die Interessenvertretung schwierig ist, da viele Bewohner sich aufgrund gesundheitlicher Probleme dazu nicht in der Lage sehen. Auch führen gesundheitliche Veränderungen im Laufe der Amtszeit bei Mitgliedern immer wieder zu Einschränkungen bei der Bereitschaft zur Mitwirkung. Beispielhaft deutlich wird dies anhand der Aussage eines Heimleiters:

[77] Bundesministerium für Familie, Senioren, Frauen und Jugend (Hrsg.), 2006, S. 124.

[78] Darauf verweist auch der Altenbericht des Bundesministeriums für Familie, Senioren, Frauen und Jugend (Hrsg.), 2002b, S. 344 ff.

„Das hat aber auch, muss man verstehen, mit der Gesamtsituation zu tun. Ich denke, der Mensch, wenn er denn immer pflegebedürftiger wird, ist in erster Linie darauf angewiesen, dass er sein Umfeld, also sich selbst auch noch organisieren kann; sich kaum noch mit anderen Dingen beschäftigt. Das liegt in der Natur der Sache." (HL2/S.4/Z. 9–14)

Einen wichtigen Aufgabenbereich in der Heimbeiratstätigkeit bildet die **Verpflegung.** Heimbeiräte werden von Bewohnern gebeten, Wünsche oder Beschwerden bei der Verpflegung, insbesondere zur Speisenauswahl und dem Speisenangebot vorzubringen.

Im ersten Heimbericht wird darauf hingewiesen, dass viele Heimbeiräte mehr Mitspracherechte wünschen. Ob eine Ausweitung der Mitwirkungsrechte oder die Einführung von Mitbestimmungsrechten erfolgt, wird durch die Landesgesetzgeber bei der Umsetzung der Landesheimgesetze zu entscheiden sein.

Mitwirkung bei der Aufstellung oder Änderung der Heimordnung

5

Einzelne Mitwirkungsrechte

Die Heimmitwirkungsverordnung legt in § 1 Abs. 2 fest, dass sich die Mitwirkung des Heimbeirats bzw. seiner Ersatzgremien (➢ Kap. 5.3.5 „Mitwirkungsrechte") „auf alle Angelegenheiten des Heimbetriebes" erstreckt. Diese Angelegenheiten umfassen neben den in § 10 Heimgesetz beschriebenen Bereichen (Unterkunft, Betreuung, Aufenthaltsbedingungen, Heimordnung und Freizeitgestaltung) zusätzlich die Finanzierungsgrundlagen, die Vereinbarung der wesentlichen Leistungs- und Qualitätsmerkmale (wLQm) und die Qualität der Betreuung. § 30 der Heimmitwirkungsverordnung enthält eine konkrete Auflistung der mitwirkungsberechtigten Angelegenheiten.

Überblick

Im Folgenden werden schwerpunktmäßig **drei zentrale Mitwirkungsbereiche** näher erörtert. Der erste Bereich betrifft die Heimordnung.

Mitwirkungsbereich: Heimordnung

Ein Mitwirkungsrecht besteht bei der **Erstellung oder Änderung der Heimordnung.** Die Heimordnung regelt gewöhnlich Verhaltenspflichten der Bewohner, wie z.B. Ruhezeiten, Besuchszeiten, Schlüsselsicherung, Sicherheitsregelungen und Tierhaltung. Durch entsprechende Regelungen werden auch Persönlichkeitsrechte der Bewohner berührt. Die Heimordnung wird in der Regel zum Bestandteil des Heimvertrags gemacht, sodass zur Wahrung der Interessen und Rechte der Bewohner die Mitwirkung bei der inhaltlichen Gestaltung mit Recht auf den Heimbeirat übertragen wurde. Dieser kann vor Ort die Belange und Ansprüche der Bewohnerschaft vertreten, während die ebenfalls erforderliche Genehmigung der Heimordnung durch die Heimaufsicht vor allem der Prüfung der Rechtmäßigkeit der Einzelregelungen gilt.

Allerdings wird – wie bei allen Mitwirkungsrechten und deren Wahrnehmung durch den Heimbeirat – die in § 2 Abs. 2 HeimG garantierte Selbstständigkeit des Trägers nicht berührt. Dieser hat somit auch bei der Aufstellung und Änderung der Heimordnung ein Gestaltungs- und Entscheidungsrecht. Entsprechende Gestaltungsrechte des Trägers bestehen auch mit Blick auf die religiöse und weltanschauliche Ausrichtung der Einrichtung. Deren Inhalte werden in der Regel als Leitbild im Rahmen der Heimordnung festgeschrieben.

Dies kann im Einzelfall zu Konflikten führen, wenn ein pflegebedürftiger Mensch auf die Bereitstellung eines Heimplatzes angewiesen ist, dabei aber keine Wahlfreiheit hat, weil kein weiterer Heimplatz zur Verfügung steht. Dem Pflegebedürftigen bliebe dann bei einer abweichenden religiösen oder weltanschaulichen Einstellung im Konfliktfall keine andere Wahl, als die Regelungen der Heimordnung zu akzeptieren. Ein Heimbeirat kann hier im Rahmen seines Mitwirkungsrechtes bei der Gestaltung der Heimordnung auf eine offene, die Weltanschauung der einzelnen Bewohner respektierende Regelung hinwirken.

Mitwirkung bei Änderung des Heimentgelts

Entwicklung der Mitwirkungsrechte

Vor der Novellierung des HeimG 2001 und der HeimmitwV 2002 kam der Mitwirkung des Heimbeirats bei Änderung der Heimkostensätze eine besondere rechtliche Bedeutung zu. So musste der Träger den Heimbeirat über die Absicht, die Gründe und das Ausmaß der Änderung informieren. Dieser hatte dann die Möglichkeit, unter Beratung sachverständiger Dritter Spar- und Änderungsvorschläge zu beschließen, die der Leitung vorgeschlagen werden konnten.[79]

Seit dem Inkrafttreten des Pflegeversicherungsgesetzes und des Sozialgesetzbuches (Zwölftes Buch, XII) wird für die Mehrzahl der Heimbewohner das zu leistende Entgelt in **Pflegesätzen** mit den zuständigen Kostenträgern festgelegt. Dies gilt auch für Leistungsempfänger nach dem SGB XII. Eine Mitwirkung des Heimbeirats war ursprünglich bei den Pflegesatzverhandlungen nicht vorgesehen. Mit der Novellierung des Heimgesetzes und der Heimmitwirkungsverordnung 2002 hat der Gesetzgeber die Mitwirkungsrechte für die Heimbeiräte auch auf den Bereich des Heimentgeltes erweitert. Ziel ist es, Transparenz zu schaffen und dem Heimbeirat Möglichkeiten der Einflussnahme zu geben.

Entgelterhöhung gemäß § 7 Abs. 3 HeimG

Entgelterhöhung nach § 7 Abs. 3 HeimG

Eine **Entgelterhöhung** durch den Heimträger ist nur möglich, wenn sich die **Berechnungsgrundlagen** verändert haben. Der Träger muss die Veränderungen detailliert schriftlich gegenüber den Bewohnern begründen. So ist anhand der **Leistungsbeschreibung** und der **Entgeltbestandteile** des Heimvertrags die vorgesehene Entgelterhöhung darzustellen und den bisher gültigen Entgelten gegenüberzustellen (§ 7 Abs. 3 S. 1 und 2 HeimG).

Der Träger muss den Bewohnern und dem **Heimbeirat** gemäß § 7 Abs. 3 S. 4 HeimG Gelegenheit geben, seine Angaben durch Einsichtnahme in die **Kalkulationsunterlagen** zu überprüfen. Ziel dieser Regelung ist die Verbesserung der Transparenz auch in den wirtschaftlichen Berechnungen. Zudem sollen Heimbewohner in ihrem Prüfrecht gestärkt werden.[80]

---

79 Vgl. Crößmann, u.a., 2000, § 30 HeimmitwV, Rdn. 5.
80 Vgl. Bundesministerium für Familie, Senioren, Frauen und Jugend, 2001, S. 23.

Einsichts- und Prüfrechte der Bewohner und des Heimbeirats

Der Gesetzgeber lässt jedoch offen, welche Unterlagen den Kalkulationsunterlagen zuzuordnen sind und damit vorgelegt werden müssen. Angesichts der Zielsetzung, mehr Transparenz in der betrieblichen Kostenkalkulation zu schaffen, ist davon auszugehen, dass der Träger neben einzelnen Kostenpositionen auch weitere Angaben zur personellen und sachlichen Ausstattung machen muss. Im Streitfalle wäre der Umfang der vorzulegenden Unterlagen gerichtlich durchzusetzen.

Zu berücksichtigen ist hierbei, dass es sich bei den vorzulegenden Unterlagen um sensible und geheimhaltungsbedürftige Betriebsdaten handelt. Der Gesetzgeber hat hier versäumt, in § 7 Abs. 3 HeimG mit dem Einsichts- und Prüfrecht zugleich eine **Verschwiegenheitsverpflichtung** für die berechtigten Bewohner und den Heimbeirat festzuschreiben. Daraus wächst die Befürchtung, dass Betriebsdaten und Betriebsgeheimnisse nicht geschützt sind. Zur Sicherung der geheimhaltungsbedürftigen Daten wird deshalb eine vertragliche Selbstverpflichtung zur Verschwiegenheit gefordert.[81] Eine entsprechende Verschwiegenheitserklärung des Heimbeirats ist allerdings aufgrund der Regelung des § 24 HeimmitwV überflüssig.

5

§ 24 HeimmitwV legt eine generelle Verschwiegenheitsverpflichtung für Heimbeiräte über Informationen fest, die sie bei der Ausübung des Amtes erlangen. Insofern besteht eine ausreichende Verschwiegenheitsverpflichtung auch zum Schutz der Betriebsdaten.[82]

Zur Sicherung des Mitwirkungsrechtes des Heimbeirats hat der Gesetzgeber Sanktionsregelungen in die Verordnung aufgenommen. Die Missachtung des Einsichts- und Prüfungsrechtes des Heimbeirats durch den Träger der Pflegeeinrichtung stellt eine **Ordnungswidrigkeit** dar, die gemäß § 21 Abs. 2 S. 1 HeimG i.V.m. § 34 Ziffer 8 HeimmitwV mit einer **Geldbuße** geahndet werden kann.

Entgelterhöhung gemäß § 7 Abs. 4 HeimG

Entgelterhöhung bei gesetzlich Pflegeversicherten

Soweit eine Entgelterhöhung aufgrund von Pflegesatzverhandlungen mit den Kostenträgern vereinbart wird, besteht kein Zustimmungserfordernis seitens der Bewohner, die Leistungen nach der Pflegeversicherung beziehen. Das Verfahren zur Erhöhung des Entgelts gemäß § 7 Abs. 3 HeimG findet in diesen Fällen keine Anwendung.

Mitwirkung des Heimbeirats

Allerdings ist auch hier der Heimbeirat zur Sicherung der Bewohnerrechte in einem Vorverfahren zu beteiligen und der Heimträger muss dessen **Stellungnahme zur beabsichtigten Entgelterhöhung** einholen (§ 7 Abs. 4 HeimG). Die Erklärung des Heimbeirats oder Heimfürsprechers ist bei der Aufnahme der Pflegesatzverhandlung nach § 85 SGB XI vom Heimträger den Kostenträgern in **schriftlicher Form** vorzulegen. Die Kostenträger sollen diese Stellungnahme in angemessener Form berücksichtigen. Daraus ist zu schließen, dass der Stel-

[81] Vgl. Heumann, 2002, S. 61.
[82] Vgl. Wiese, 2002, S. 398.

lungnahme des Heimbeirats im Rahmen der Pflegesatzverhandlung ein Bedeutungswert beigemessen wird, auch wenn z.B. die Ablehnung durch den Heimbeirat kein Veto-Recht beinhaltet. Erfolgt vom Heimbeirat keine Stellungnahme, muss der Heimträger nachweisen, dass er den Heimbeirat zur Erklärung aufgefordert und ihm eine angemessene Frist zur Stellungnahme gesetzt hat. Ansonsten droht eine Verzögerung der Pflegesatzverhandlungen.

Einsichts- und Prüfrechte des Heimbeirats

Um den Heimbeirat in die Lage zu versetzen, eine Prüfung des Erhöhungsantrags durchzuführen und im Anschluss daran eine Stellungnahme für die Pflegesatzverhandlungen abzugeben, sind in § 7 Abs. 4 HeimG die für die Ausübung des **Mitwirkungsrechtes** notwendigen Voraussetzungen konkretisiert worden. Die Wahrnehmung des Mitwirkungsrechtes ist für den Heimträger mit der Verpflichtung verknüpft worden, dem Heimbeirat im Rahmen der Anhörung **nachvollziehbare Unterlagen** vorzulegen und ihm die wirtschaftliche Notwendigkeit und Angemessenheit der geplanten Erhöhung zu erläutern. Darüber hinaus sollen Mitglieder des Heimbeirats bzw. der Heimfürsprecher auf Verlangen des Heimträgers zu den mündlichen Pflegesatzverhandlungen hinzukommen. Daraus ist zu schließen, dass dem Heimbeirat im Rahmen der Anhörung auch die Kostenkalkulationen vorzulegen und zu erläutern sind, die für die Pflegesatzverhandlungen mit den Pflegekassen zugrunde gelegt werden. Die Ausgestaltung dieses Mitwirkungsrechtes zeigt, dass dem Gesetzgeber an der Sicherstellung des Beteiligungsrechtes des Heimbeirats und der Gewährleistung einer Kosten- und Leistungstransparenz gelegen ist.

5

Mitwirkung bei Maßnahmen zur Förderung und Weiterentwicklung einer angemessenen Qualität der Betreuung

Mitwirkungsrecht: Betreuung

Die Aufgabe der **Mitwirkung bei der Gestaltung der Betreuungsleistungen** wird im Heimgesetz und in der Heimmitwirkungsverordnung in mehreren Vorschriften angesprochen. § 10 HeimG stellt zunächst klar, dass zu den Angelegenheiten des Heimbetriebs, bei denen der Heimbeirat bzw. der Heimfürsprecher mitzuwirken hat, auch die Betreuung der Bewohner zählt.

Qualitätssicherung und -entwicklung

Seine Beteiligung soll der **Sicherung einer angemessenen Qualität der Betreuung** dienen. § 29 Nr. 7 HeimmitwV sieht dazu konkretisierend vor, dass der **Heimbeirat aktiv** an Maßnahmen der Förderung der Qualität der Betreuung beteiligt sein soll und entsprechend § 30 HeimmitwV **Mitwirkungsverantwortung** bei Entscheidungen des Heimträgers hat. Die Förderung und Sicherung der Qualität der Betreuung soll damit sowohl **originäre Aufgabe des Heimbeirats,** als auch **Mitwirkungsrecht** gegenüber dem Einrichtungsträger sein.

Was unter „Betreuung" zu verstehen ist, erläutert der Gesetzgeber nicht. Den Gesetzesbegründungen ist aber zu entnehmen, dass der Gesetzgeber hier die **soziale Betreuung** meint.[83] Mit dem Hinweis, dass die Betreuung für das

---

[83] Vgl. das Heimgesetz 2002 in der Bekanntmachung der Neufassung vom 5.11.2001, BGBl. I 2001, S. 2970 ff. In: Vollmer; Vollmer et. al, 2001, Amtliche Begründungen Nr. 6 zu § 10 HeimG.

Wohlbefinden der Bewohner von zentraler Bedeutung sei, wird der Heimbetreiber verpflichtet, auf die Erfahrungen und Anregungen der Bewohner zurückzugreifen.

Das Vertretungsorgan der Bewohner soll **Einfluss nehmen auf den Umfang, die Vielfalt und die Gestaltung der Betreuungsangebote.** Vorrangiges Ziel ist es, durch die Mitwirkung die Qualität der **sozialen Betreuung** zu verbessern.

Änderungsbedarfe

Die **Qualität der Betreuung** bedarf dringend der **Verbesserung.** Gerade bei den Betreuungsangeboten wurden aufgrund des Kostendrucks und weiterer ökonomischer Zwänge sowie daraus resultierender Sparmaßnahmen Einschränkungen vorgenommen. Hiervon betroffen sind alle Bewohner, denn auch betreuende Hilfen während der Pflege sind zugunsten des Kernbereichs der pflegerischen Versorgung vernachlässigt worden. Dem Pflegepersonal bleibt ohnehin kaum Zeit für die persönliche soziale Betreuung und Zuwendung, wie etwa individuelle Gespräche mit Bewohnern, personenorientierte Betreuung in Krisen oder die Begleitung bei Spaziergängen. Besondere Betreuungsmodelle für demenziell erkrankte Heimbewohner werden zunehmend in Heimeinrichtungen aufgebaut, andere elementare Betreuungsformen, wie die Betreuung im Rahmen einer Sterbebegleitung, sind noch in der Entwicklung.[84] Mit dem Pflege-Weiterentwicklungsgesetz hat der Gesetzgeber durch die Einführung von **Vergütungszuschläge gemäß § 87b SGB XI für besonders Betreuungsbedürftige** auf diesen Missstand reagiert und erste Verbesserungsschritte unternommen (➢ Kap. 1.3.7).

Mit der Aufgabenbestimmung, dass der Heimbeirat sich aktiv mit seinen Erfahrungen und Bedarfen an der Gestaltung der Betreuung beteiligen soll, ist die Erwartung verbunden, dass durch Anregungen des Heimbeirats und einer verbesserten Vertretung der Bedürfnisse der Bewohner **Betreuungskonzepte** künftig in stärkerem Maße **bewohnerorientiert** entwickelt und umgesetzt werden (➢ Kap. 1.3.5 unter „Betreuungsangebote/Betreuungskonzepte").

Mitwirkung bei der Bestimmung der wesentlichen Leistungs- und Qualitätsmerkmale gemäß § 84 Abs. 5 SGB XI

Mitwirkung bei der LQV

Mit dem Pflege-Qualitätssicherungsgesetz wurde 2002 für Heimeinrichtungen die Verpflichtung zum Abschluss einer **Leistungs- und Qualitätsvereinbarung (LQV) mit den Kostenträgern eingeführt.** Die LQV war als **Bindeglied** zwischen dem Versorgungsvertrag und der Vergütungsvereinbarung gedacht. Zur Durchsetzung der Leistungs- und Qualitätsvereinbarung wurde dieser Vertrag zur Grundvoraussetzung für den Abschluss einer Pflegesatzvereinbarung gemacht.

[84] Vgl. Bundesministerium für Gesundheit (Hrsg.), 2008, S. 71.

Pflege-Weiterentwicklungsgesetz und wLQm

Mit dem **Pflege-Weiterentwicklungsgesetz**[85] werden die Leistungs- und Qualitätsmerkmale in die Pflegesatzverhandlungen überführt und sind damit unmittelbarer Bestandteil der Pflegesatzverhandlungen. Die sogenannten **wesentlichen Leistungs- und Qualitätsmerkmale (wLQm)** haben damit direkte Auswirkungen auf die zu vereinbarende Vergütung.

Mitwirkungsinhalt

Parallel zur Einführung der Leistungs- und Qualitätsvereinbarung in der Pflegeversicherung wurde im Heimrecht das Mitwirkungsrecht des Heimbeirats um die Beteiligung an der Leistungs- und Qualitätsvereinbarung erweitert. Es besteht folglich auch bei der Vereinbarung der wesentlichen Leistungs- und Qualitätsmerkmale gemäß § 84 Abs. 5 SGB XI.

Der Träger der Pflegeeinrichtung muss den Heimbeirat rechtzeitig vor Aufnahme der Verhandlung über die wesentlichen Leistungs- und Qualitätsmerkmale seiner Einrichtung anhören und ihm **Gelegenheit zur Stellungnahme** geben. Parallel zu dem beschriebenen Verfahren bei anstehenden Entgelterhöhungen hat der Heimbeirat bzw. der Heimfürsprecher das Recht auf Vorlage nachvollziehbarer Unterlagen, anhand derer er sich über die Leistungen und die sächliche und personelle Ausstattung der Einrichtung Einblick verschaffen kann. Gestärkt wird das Mitwirkungsrecht auf Anhörung zusätzlich durch das Recht der schriftlichen Stellungnahme gegenüber dem Heimträger. Verfahren und Form der Mitwirkung ergeben sich aus § 7 Abs. 4 und 5 HeimG (➤ Kap. 5.3.5 „Reichweite und Regelungsgegenstände der Mitwirkung“).

Des Weiteren sollen Vertreter des Heimbeirats an den **Verhandlungen** über die Festlegung der wesentlichen Leistungs- und Qualitätsmerkmale **teilnehmen** können. In der amtlichen Begründung stellt der Gesetzgeber klar, dass der Träger verpflichtet ist, Vertreter des Heimbeirats zu den mündlichen Verhandlungen hinzuzuziehen.[86] Da in den Pflegesatzverhandlungen die **Qualitätskriterien der Pflege und Betreuung** festgelegt werden, soll der Heimbeirat die Möglichkeit haben, innerhalb des Anhörungsverfahrens die Interessen in der Betreuung und Pflege vertreten zu können. Eine Teilhabe an der mündlichen Verhandlung kann durch mündliche Stellungnahme oder Befragung, z.B. zur derzeitigen Ausstattung, Alltags- und Freizeitgestaltung, Unterkunft und Betreuung, stattfinden.

Ergänzend dazu sieht § 7 Abs. 5 HeimG vor, dass die Interessenvertretung der Bewohnerschaft die gleichen Rechte der Anhörung und Stellungnahme auch im Rahmen der Verhandlungen des Trägers mit anderen Kostenträgern als den Pflegekassen hat. Folglich hat der Heimbeirat das Recht an den Verhandlungen über Leistungs-, Vergütungs- und Prüfungsvereinbarungen nach dem SGB XII vom Träger hinzugezogen zu werden.

Qualitätssicherung durch Mitwirkung

Die hier skizzierten Mitwirkungsrechte des Heimbeirats bzw. Heimfürsprechers verdeutlichen, dass die Beteiligungsrechte der Vertretungsorgane in der Vergangenheit erweitert wurden. Damit verbunden war das Ziel, dass Heimbewohner in stärkerem Maße als bisher in die Leistungsfestlegungen, insbesondere der LQV (a.F.) bzw. jetzt wLQm (n.F.), und deren Entgeltver-

85 Pflege-Weiterentwicklungsgesetz vom 28.5.2008, BGBl. I S. 874 ff.
86 Vgl. Bundesministerium für Familie, Senioren, Frauen und Jugend, 2001, S. 24.

einbarung eingebunden werden. Ebenso sollen deren Interessen an einer Gestaltung ihrer persönlichen Lebensverhältnisse stärker in die Vereinbarungen der Selbstverwaltung Eingang finden und damit zur Entwicklung der Versorgungsqualität beitragen. Inwiefern diese Ziele erreicht werden, hängt davon ab, ob es gelingt, die Heimbeiräte auf ihre erweiterten Aufgaben vorzubereiten, sodass sie diese Aufgaben auch entsprechend wahrnehmen können. Weitere Verbesserungen sind auch davon abhängig, welches Gewicht die Kostenträger den Stellungnahmen des Heimbeirats beimessen.[87]

Zusammenfassung

Zusammenfassung

Das Heimgesetz enthält umfassende Mitwirkungsrechte für die Interessenvertretung der Bewohnerschaft. Diese erstrecken sich auf Maßnahmen zur Förderung einer angemessenen Qualität der Betreuung, der Beteiligung an den Vereinbarungen über die wesentlichen Leistungs- und Qualitätsmerkmale sowie auf die Mitwirkung bei Änderungen des Heimentgeltes, einschließlich der Beteiligung an den Vergütungsverhandlungen mit den Kostenträgern.

Der Gesetzgeber begründet diese **erweiterten Mitwirkungsrechte** mit der Tatsache, dass die Bewohner unmittelbar von den Ergebnissen der Vergütungsverhandlungen und der Festlegung der wesentlichen Leistungs- und Qualitätsmerkmale betroffen sind. Vor diesem Hintergrund sei es ein Gebot der Fairness, die Interessenvertretung an den Verhandlungen zu beteiligen.[88] Damit verbunden ist die **Erwartung,** dass Bewohner **mehr Einfluss** auf die **Versorgungsqualität** nehmen und damit ihre Interessen an einer bewohnerorientierten Pflege und Betreuung vertreten können. Das Recht des Vertretungsorgans, schriftliche Stellungnahmen in die Verhandlungen zwischen Heimträger und den Kostenträgern einzubringen, verdeutlicht diese Intension.

Der Gesetzgeber hat es allerdings versäumt, Begriffe wie „Berechnungsgrundlage, Kalkulationsunterlagen, nachvollziehbare Unterlagen" näher zu bestimmen. Er setzt hier offensichtlich entsprechend der in § 32 HeimmitwV gefassten Leitlinie darauf, dass die Mitwirkung auf einem funktionierenden Vertrauensverhältnis zwischen Heimbeirat und Heimleitung basiert.

Die **Heimbeiratstätigkeit** bzw. Tätigkeit des Heimfürsprechers hat durch die Erweiterung der Mitwirkungsrechte einen **Bedeutungszuwachs** erhalten. Ob und wie die Rechte der Bewohnervertretung in neue Heimgesetze der Länder überführt werden, wird sich in naher Zukunft zeigen.

Die Tabellen 5.7 und 5.8 geben eine Übersicht zur Struktur und den Mitwirkungsrechten nach dem HeimG.

[87] Weitergehende Vorgaben zur Würdigung und Berücksichtigung der Stellungnahme bestehen für die Leistungs- und Qualitätsbestimmungen gemäß § 84 Abs. 5 SGB XI.
[88] Vgl. Bundesministerium für Familie, Senioren, Frauen und Jugend, 2001, S. 24.

Tab. 5.7 Strukturen der Zusammensetzung des Heimbeirats

Regelungen des Heimgesetzes vom 5. November 2001, BGBl. I 2001 Nr. 57, 2970
Struktur des Heimbeirats nach dem Heimgesetz und der Heimmitwirkungsverordnung. Diese Regelungen gelten bis zur Ablösung durch Landesheimgesetze fort.
Regelungsinhalte (§ 10 Abs. 5 HeimG): • Wahl und Bestellung von Heimbeirat und Heimfürsprecher und Art, Umfang, Form der Mitwirkung nach Rechtsverordnung. Einschlägig sind §§ 1 ff. HeimmitwV • Erweiterung des Kreises wählbarer Externer: Angehörige, Vertrauenspersonen, von Behörden vorgeschlagene Personen, Mitglieder der örtlichen Seniorenvertretung bzw. von Behindertenorganisationen; § 3 Abs. 2 HeimmitwV • Neben dem Heimbeirat kann als beratendes Organ ein Angehörigen- oder Betreuerbeirat oder ein zusätzlich mit Vertretern von Behinderten- und Seniorenorganisationen besetzter Beirat gebildet werden; § 1 Abs. 4 HeimmitwV • Eingrenzung des passiven Wahlrechts Externer auf unter 50 % der Heimbeiratsmitglieder, § 10 Abs. 5 HeimG; § 4 Abs. 2 HeimmitwV

Tab. 5.8 Mitwirkungsrechte des Heimbeirats

Regelungen des Heimgesetzes vom 5. November 2001, BGBl. I 2001 Nr. 57, 2970	**Unterstützende Regelungen im Heimgesetz und SGB XI**
Rechte des Heimbeirats:	Unterstützende Regelungen im Heimgesetz/Pflege-Qualitätssicherungsgesetz:
Mitwirkungsrechte § 10 HeimG im Bereich: • Unterkunft • Betreuung • Aufenthaltsbedingungen • Heimordnung • Verpflegung • Freizeitgestaltung • Mitwirkung bei der Sicherung der angemessenen Qualität der Betreuung.	Pflicht der Heimaufsicht zur Förderung der Mitwirkung, § 10 Abs. 2 HeimG Heimbeirat soll mind. einmal jährlich eine Bewohnerversammlung abhalten, § 10 Abs. 3 HeimG, § 20 HeimmitwV
Mitwirkungsrechte: • Mitwirkung bei Darlehensgewährung, § 10 Abs. 1 S. 3 HeimG • Mitwirkung durch Anhörungsrecht vor Aufnahme der Verhandlungen für die wesentlichen Leistungs- und Qualitätsmerkmale innerhalb der Vergütungsvereinbarungen, § 7 Abs. 4* • Vorlagerecht, Erklärungsrecht, hinsichtlich wirtschaftlicher Notwendigkeit Angemessenheit geplanter Erhöhungen, § 7 Abs. 4 • Recht zur schriftlichen Stellungnahme gegenüber dem Träger • Beteiligungsrecht gegenüber dem Träger an den Verhandlungen mit den Pflegekassen über Leistungs-, Qualitäts- und Vergütungsvereinbarungen, sowie der Vereinbarungen nach dem SGB XII, § 7 Abs. 5 HeimG • Mitwirkung bei der Erhöhung eines Entgelts, § 7 Abs. 3 HeimG • Heimbeirat hat Überprüfungsrecht durch Einsicht in die Kalkulationsunterlagen	Pflicht der Zusammenarbeit von Heimaufsicht und anderen Behörden zum Schutz der Bewohner Pflicht des Heimträgers, die Stellungnahme des Heimbeirats vor Aufnahme der Pflegesatzverhandlungen mit vorzulegen, § 85 Abs. 3 SGB XI.
* §§ 7 Abs. 4, 5 HeimG finden ausdrücklich auch für Heimfürsprecher Anwendung	

Weitere Aufgaben der Interessenvertretung der Bewohner

Aufgabenkatalog

Mitwirkungsaufgaben

Der Heimbeirat hat über die zuvor erörterten Mitwirkungsrechte hinaus weitergehende **Aufgaben.** Die Aufgabenbereiche werden in § 29 HeimmitwV aufgelistet, wobei neben den bereits dargestellten Bereichen zu den Mitwirkungsrechten auch Aufgaben genannt werden, die auf die Vertretung der Bewohnerbelange und die Information der Bewohner in den jeweiligen Einrichtungen gerichtet sind. Die Verordnung nennt insgesamt **acht Aufgabenbereiche.** Diese umfassen:

Aufgabenkatalog Mitwirkung

1. Maßnahmen des Heimbetriebs, die den Bewohnern des Heimes dienen, bei der Leitung oder dem Träger zu beantragen,
2. Anregungen und Beschwerden von Bewohnern entgegenzunehmen und erforderlichenfalls durch Verhandlungen mit der Leitung oder dem Träger auf ihre Erledigung hinzuwirken,
3. die Eingliederung der Bewohner in dem Heim zu fördern,
4. bei Entscheidungen in den Mitwirkungsbereichen gemäß §§ 30, 31 HeimmitwV mitzuwirken,
5. vor Ablauf der Amtszeit einen Wahlausschuss zu bestellen,
6. eine Bewohnerversammlung durchzuführen und den Bewohnern einen Tätigkeitsbericht zu erstatten,
7. bei Maßnahmen der Sicherung und Weiterentwicklung einer angemessenen Qualität der Betreuung mitzuwirken,
8. bei den in § 7 Abs. 4 des HeimG genannten Leistungs-, Qualitäts- und Vergütungsvereinbarungen und entsprechend § 7 Abs. 5 HeimG bei den Leistungs-, Vergütungs- und Prüfungsvereinbarungen mitzuwirken.

Die in den ersten drei Ziffern genannten Aufgaben umschreiben nochmals die Bereiche, in denen sich der Heimbeirat aktiv für die Belange der Bewohner einsetzen soll. Ziffer 5, 7 und 8 regeln ergänzend zu den Mitwirkungsrechten nach §§ 30, 31 HeimmitwV die Aufgabenbereiche des Heimbeirats. Diese wurden bereits weitgehend bei der Darstellung der Mitwirkungsrechte mit erörtert. Abschließend soll deshalb der in **§ 29 Ziffer 6 genannte Aufgabenbereich** noch dargestellt werden.

Bewohnerversammlung und Tätigkeitsbericht

Bewohnerversammlung/Tätigkeitsbericht

Als Vertretungsorgan der Bewohner obliegt dem Heimbeirat die Aufgabe, mindestens **einmal im Amtsjahr** eine Bewohnerversammlung abzuhalten. Möglich sind auch **Teilbewohnerversammlungen,** wenn diese erforderlich werden.

Ziel der Bewohnerversammlung ist die Aussprache zwischen dem Heimbeirat und den Bewohnern und die Unterrichtung der Bewohner über die sie betreffenden Belange.[89] Der Heimbeirat hat in diesem Rahmen einen Tätigkeitsbericht zu geben, der möglichst schriftlich an alle Bewohner verteilt werden soll.

Die Heimleitung kann auf Vorschlag des Heimbeirats an der Bewohnerversammlung teilnehmen. Ebenso kann die Heimleitung von der Bewohnerversammlung insgesamt oder zu einzelnen Tagesordnungspunkten ausgeschlossen werden. Hintergrund für die Regelung ist die Absicht, der Bewohnerschaft einen geschützten Raum der internen Willensbildung zu geben.

89 Vgl. Bundesministerium für Familie, Senioren, Frauen und Jugend, 2002a, S. 25.

5.3.6 Förderung der Tätigkeit des Heimbeirats

Einführung

Förderung des Heimbeirats

Um die Interessenvertretung der Bewohnerschaft in die Lage zu versetzen, ihre Mitwirkungsrechte und hierbei insbesondere Mitwirkungsrechte im Rahmen der Leistungs- und Qualitätsvereinbarungen innerhalb der Pflegesatzverhandlungen sicher auszuüben, bedarf es einer Qualifizierung der Heimbeiräte im Bereich der Mitwirkungsangelegenheiten. Eine von der Bundesinteressenvertretung der Altenheimbewohner e.V. durchgeführte Studie zur Heimbeiratstätigkeit[90] ergab, dass viele Mitglieder von Heimbeiräten in Fragen der Mitwirkung und deren Ausübung **erheblichen Informationsbedarf** haben.

Auch die Heimmitwirkungsverordnung enthält Regelungen, die der Förderung der Heimbeiratstätigkeit dienen sollen. Folgende Förderungsschwerpunkte werden genannt:
- Unterstützung der Tätigkeit des Heimbeirats
- Schulung der Heimbeiräte
- Beratung der Heimbeiräte durch fach- und sachkundige Personen

5

Unterstützung des Heimbeirats durch Heimleitung und Heimträger

Aufgaben des Heimträgers

Gemäß § 21 der HeimmitwV ist der **Träger** grundsätzlich **verpflichtet,** dem Heimbeirat die zur Erfüllung seiner Aufgaben **„erforderlichen Hilfen"** zu gewähren.[91] Hierzu gehören vor allem die Bereitstellung von Räumen und die Verbreitung schriftlicher Mitteilungen an die Bewohner sowie die Schaffung von Informationsforen für Bekanntmachungen.

Kostenübernahme

Da der Heimbeirat über kein eigenes Budget verfügt, ist der **Träger** verpflichtet, **alle angemessenen Kosten,** die durch die Tätigkeit des Heimbeirats entstehen, zu tragen.

Als „angemessen" gelten Kosten, die „bei Anlegung eines verständigen Maßstabes erforderlich sind".[92] Der Grundsatz der Sparsamkeit ist von den Heimbeiräten zu beachten. Zu den angemessenen Kosten zählen z.B. Fahrtkosten, Kopierkosten, Porto- und Telefonkosten, Kosten der Schulung der Heimbeiratsmitglieder sowie Aufwendungsersatz für hinzugezogene Dritte in Form von Verpflegungs- und Übernachtungskosten.[93] Die Tätigkeit der hinzugezogenen Dritten erfolgt ehrenamtlich und wird daher nicht vergütet.

---

90 BIVA (Hrsg.), Modellprojekt 2001.

91 Für Heimfürsprecher finden gemäß § 28 HeimmitwV die §§ 20 und 21 Abs. 1 und 2 HeimmitwV Anwendung. Zur Kostenregelung gilt für Heimfürsprecher § 28 Abs. 3 HeimmitwV.

92 Vgl. Bundesministerium für Familie, Senioren, Frauen und Jugend, 2002a.

93 Vgl. Ebenda, S. 25; Bundesministerium für Familie, Senioren, Frauen und Jugend (Hrsg.), 2003b, S. 15 ff.

Die Erstattungsfähigkeit der Kosten besteht zunächst dem Grunde nach und ist jeweils auf den Einzelfall bezogen zu prüfen. Ob z.B. die Kosten einer Schulung unter Zugrundelegung des Maßstabes der Erforderlichkeit angemessen sind oder nicht oder ob die geltend gemachten Übernachtungs- und Verpflegungskosten eines externen Dritten angemessen sind, bedarf der Aushandlung im Einzelfall oder ist im Streitfalle gerichtlich zu entscheiden.[94]

Hinzuziehung Dritter und Kostenregelung

§ 17 Abs. 5 HeimmitwV erweitert den Handlungsspielraum des Heimbeirats bei der **Hinzuziehung fach- und sachkundiger Personen.** Er kann externe Experten grundsätzlich ohne vorherige Vereinbarung mit dem Träger hinzuziehen. Der Heimträger muss die angemessenen Aufwendungen übernehmen. Über die Erstattung der angemessenen Kosten können Konflikte entstehen, wenn der Heimträger die Notwendigkeit der Informationsbeschaffung oder die Höhe der Aufwendungen z.B. für Fahrten oder Übernachtung bestreitet.

Aktivitäten des Heimbeirats unterliegen dem **Sparsamkeitsgebot.** Die Ausübung der Mitwirkungsrechte soll nicht zu Kostensteigerungen und einer daraus resultierenden Anhebung der Pflegesätze führen. Für die Mitglieder des Heimbeirats sind daher auch interne Konflikte absehbar, wenn die mit Kosten verbundene Informationsbeschaffung und Beratung unter dem Damoklesschwert der Kosten- und Preissteigerung steht.[95]

Die Heimleitung bzw. der Träger soll den Heimbeirat in seinen Aufgaben fachlich beraten und rechtzeitig informieren (vgl. § 32 Abs. 2 HeimmitwV). In Angelegenheiten, in denen der Heimbeirat ein Mitwirkungsrecht nach §§ 30, 31 HeimmitwV besitzt, hat die Heimleitung oder der Träger diese Angelegenheiten mit dem Heimbeirat rechtzeitig zu erörtern (vgl. § 32 Abs. 3 HeimmitwV). Bei Missachtung der Informationspflicht droht eine Geldbuße bis zu 10 000 Euro (vgl. § 34 Nr. 8 HeimmitwV i.V.m. § 21 Abs. 2 Nr. 1 HeimG).

Insgesamt wird aus den Heimmitwirkungsregelungen erkennbar, dass der Heimbeirat und dessen Mitwirkungsrechte gestärkt werden sollen. Deshalb wurden dem Heimträger Unterstützungs- und Beratungspflichten auferlegt. Problematisch für die Aufgabenwahrnehmung des Heimbeirats ist jedoch, dass diese nach den Vorstellungen des Verordnungsgebers **kostenneutral erfolgen soll bzw. für den Fall, dass Kosten entstehen, diese allein zu Lasten des Heimträgers gehen** sollen.[96] Zwar wurde mit dem **Pflege-Weiterentwicklungsgesetz 2008** in § 82b SGB XI ein Aufwendungsersatzanspruch zugunsten der Heimträger eingeführt. Dieser bezieht sich allerdings auf den Ersatz von Sach- und Personalkosten, die für den Einsatz ehrenamtlicher Kräfte entstehen. Demnach können finanzielle Aufwendungen für die Schulung externer Beiräte oder die Heranziehung externer Berater des Heimbeirats über den Pflegesatz erstattet werden, aber nicht die durch den Heimbeirat unmittelbar verursachten Aufwendungen (zum Aufwendungsersatz ➢ Kap. 5.3.3).

---

[94] Vgl. Wiese, 2002, S. 397.

[95] Vgl. Ebenda.

[96] Vgl. die Begründungen zur 2. Heimmitwirkungs-Änderungsverordnung, Bundesministerium für Familie, Senioren, Frauen und Jugend, 2002a, unter Punkt E.

Tab. 5.9 Kostenregelung nach der HeimmitwV

HeimmitwV vom 25.7.2002	
2 Abs. 2	Angemessene Kosten der erforderlichen Fortbildung.
§ 8	Personelle und sächliche Unterstützung zur Vorbereitung und Durchführung der Wahl durch die Leitung.
§ 17 Abs. 5	Aufwandsentschädigung in angemessenem Umfang bei Hinzuziehung von fach- und sachkundigen Personen durch den Heimbeirat.
§ 21 Abs. 1	Die zur Erfüllung erforderlichen Hilfen sind zu gewähren, insbesondere Räumlichkeiten sind zur Verfügung zu stellen.
§ 21 Abs. 2	Möglichkeiten der Mitteilung, insbesondere schriftliche Mitteilungen sind zu gewährleisten.
§ 21 Abs. 3	Angemessene Kosten aufgrund der Tätigkeit des Heimbeirats.

Ein weiteres Manko ist das Fehlen eines eigenen Budgets für den Heimbeirat. Entsprechende Vorschläge für eine Etablierung in den Landesheimgesetzen wurden von der BIVA gemacht.[97]

Tabelle 5.9 gibt einen Überblick über die Kostenregelungen nach der Heimmitwirkungsverordnung.

5

Schulung der Heimbeiräte

Schulung

Seit 2002 enthält die Heimmitwirkungsverordnung für Heimträger die Verpflichtung, den Heimbeiräten die für ihre Tätigkeit **erforderlichen Kenntnisse** zum Heimgesetz und seinen Verordnungen zu vermitteln, § 2 Abs. 2 HeimmitwV.

Schulungsinhalte

Was unter „erforderlichen" Kenntnissen zu verstehen ist, wird in der amtlichen Begründung zu der Änderungsverordnung erläutert.[98] Danach richtet sich die Erforderlichkeit nach den **Aufgaben des Heimbeirats,** seinem Kenntnisstand in den Aufgaben und nach der Informations- und Schulungsbedürftigkeit der einzelnen Heimbeiratsmitglieder. Dieser Wissensstand kann durchaus unterschiedlich sein, wenn man bedenkt, dass künftig auch externe Dritte, insbesondere Angehörige von Bewohnern oder Mitglieder von Seniorenorganisationen Mitglieder eines Heimbeirats sein können. In Schulungsveranstaltungen sollen den Heimbeiratsmitgliedern Kenntnisse des Heimgesetzes und seiner Verordnungen vermittelt werden (vgl. § 2 Abs. 2 HeimmitwV).

Da vor allem über die gesetzlichen Regelungen im Heimbereich informiert werden soll, ist daraus zu schließen, das weitergehende Schulungen, z.B. zur Kosten- und Leistungsrechnung, nicht zwingend angeboten und durchgeführt werden müssen.[99]

Der Verordnungsgeber lässt auch offen, durch wen die Schulungen durchgeführt werden sollen.[100] Darüber müssen Heimbeirat und Träger Einver-

97 BIVA e.V. (Hrsg.), 2007, S. 13 f.
98 Bundesministerium für Familie, Senioren, Frauen und Jugend, 2002a, S. 18.
99 Ebenda.
100 Vgl. Ebenda.

nehmen erzielen. Möglich ist eine Schulung durch den Träger der Einrichtung. Ebenso könnten Schulungen auch durch sogenannte **Multiplikatoren** (ehrenamtlich oder hauptamtlich ausgebildete Personen) erfolgen, welche die Schulungs- und Informationsveranstaltungen jeweils flächendeckend und wohnortnah für Heimbeiräte und Heimfürsprecher durchführen. Ein entsprechendes **Multiplikatorenmodell wurde von der Bundesinteressenvertretung der Altenheimbewohner e.V. (BIVA)** entwickelt und in den Bundesländern durchgeführt.[101] Die Schulungen wurden auf ehrenamtlicher Basis durchgeführt und waren für den Heimträger – bis auf den Aufwendungsersatz – kostenneutral. Im Vergleich zu kommerziellen Schulungsmodellen, die mit Honorarkosten verbunden sind, können deshalb jene Schulungen nach dem Multiplikatorenmodell auch unter Kostengesichtspunkten eine Alternative darstellen.

Beratung der Heimbeiräte durch fach- und sachkundige Personen (§ 17 HeimmitwV)

Externe Beratung und Kosten

Der Heimbeirat kann – wie bereits dargestellt – beschließen, dass er für die Wahrnehmung seiner Aufgaben **fach- und sachkundige Personen** hinzuziehen will. Dies kann in allen Angelegenheiten des Heimbetriebs geschehen. Beispielsweise könnte bei Fragen der Ernährung und der Nahrungszubereitung ein Ernährungsberater hinzugezogen werden, in Fragen des Betreuungsangebotes z.B. ein Gerontologe. Auch können dritte Personen, z.B. Angehörige, ganz oder teilweise an Sitzungen teilnehmen (§ 17 Abs. 5 HeimmitwV). Diese Personen erhalten **keine Vergütung** für ihre beratende Tätigkeit. Der Träger hat aber in angemessenem Umfang **Aufwandsentschädigungen,** z.B. Reise-, Telefon- und Übernachtungskosten, für die hinzugezogenen Personen zu tragen. Um im Vorfeld mögliche Konflikte zu vermeiden, sollten zwischen dem Heimträger und dem Heimbeirat verbindliche Vereinbarungen, zumindest aber Absprachen über die Hinzuziehung und Kostendeckung von fach- und sachkundigen Personen erfolgen. Jene Aufwendungen wären dann als Aufwendungen für ehrenamtliche Tätigkeit gemäß § 82b SGB XI über die Pflegesatzvereinbarung auszugleichen (➢ Kap. 5.3.3).

Fazit

Ergebnisse

Das Heimgesetz und die bestehende Heimmitwirkungsverordnung enthalten vielfältige Regelungen, die die Mitwirkungsrechte der Heimbewohner stärken und sichern sollen. Regelungsziel ist, die **Qualität der Mitwirkung zu sichern und zu verbessern.** Der Gesetzgeber hat dafür zum einen für externe, nicht im Heim lebende Personen, die Möglichkeit eröffnet, Mitglied des Heimbeirats zu werden. Im Weiteren haben die Aufgabenbereiche des Heimbeirats an Bedeutung gewonnen. Deutlich wird dies bei den Mitwirkungs-

[101] Vgl. http://www.biva.de/index.php?id=512, [12.4.2008].

möglichkeiten im Rahmen der Vereinbarung der Leistungskriterien und der Qualitätsmerkmale (wLQm) der Vergütungsvereinbarung. Damit Heimbeiräte ihre Mitwirkungsrechte auch verantwortungsvoll wahrnehmen können, müssen sie geschult und beraten werden. Für die Heimträger und deren Leitungen erwachsen daraus neue Anforderungen an die Förderung, Unterstützung und an die Zusammenarbeit mit dem Heimbeirat. Diese bestehen im Angebot von Schulungen, einer umfassenden Information über betriebsinterne Entwicklungen und in umfangreichen Koordinierungsaufgaben, z.B. bei Wahlverfahren unter **Beteiligung Dritter** oder bei der Abstimmung und Einrichtung von Schulungsmöglichkeiten. Für die Heimträger können daraus je nach den Gegebenheiten in der Einrichtung auch in unterschiedlichem Maße Aufwandskosten entstehen. Einrichtungen sollten diese Aufwandskosten erfassen und in den Pflegesatzverhandlungen geltend machen. § 82b SGB XI gibt dafür die rechtliche Anspruchsgrundlage.

Aufgrund der Föderalisierung des Heimrechts besteht die Gefahr, dass die bislang bundeseinheitlich geregelten Mitwirkungsrechte länderspezifisch ausgestaltet werden. Näheres wird sich in der Umsetzung der Ländergesetze zeigen. Näheres dazu: **www.pflegeheute.de**

5.4 Die Heimaufsicht als Institution externer Qualitätssicherung

5.4.1 Beratung und Überwachung mit dem Ziel der Qualitätssicherung

Überprüfungen als originäre Aufgabe der Heimaufsicht

Eine wichtige Aufgabe der Heimaufsichtsbehörden besteht traditionell in der Wahrnehmung von **Überwachungs- und Kontrollfunktionen** zum Schutz der Heimbewohner. Das Heimgesetz enthält dazu in § 15 HeimG detaillierte Regelungen. Danach ist es Aufgabe der Heimaufsicht, in regelmäßigen Prüfungen zu kontrollieren, ob die im Heimgesetz enthaltenen Anforderungen an den Heimbetrieb nach § 11 HeimG von den Trägern der Pflegeeinrichtungen eingehalten werden.

Dieser Prüfaufgabe der Heimaufsicht wurde bis zur letzten großen Reform des Heimgesetzes im Jahre 2002 eine zentrale Bedeutung beigemessen, um die **Zielsetzung einer qualitätsgesicherten Versorgung und Betreuung der Heimbewohner** und den Schutz der Würde und der Interessen und Bedürfnisse der Bewohner zu erreichen. Beratende Aufgaben konnten nach der alten Gesetzesregelung nur auf Antrag hin durch die Heimaufsicht wahrgenommen werden.[102]

[102] § 11 des Heimgesetzes in der Fassung des Gesetzes vom 3. 2. 1997, BGBl. I S. 158 ff., gültig bis zum Inkrafttreten des Dritten Gesetzes zur Änderung des Heimgesetzes vom 5.11.2001, BGBl. I S. 2960 ff. zum 1.1.2002.

Nebeneinander von Heimaufsicht und MDK

Seit dem Bestehen der Pflegeversicherung und der damit in Folge verbundenen Implementierung von Qualitätsprüfungen durch den MDK im SGB XI werden Überprüfungen in stationären Heimeinrichtungen von zwei Institutionen wahrgenommen. Die Heimaufsicht und der MDK nehmen ihre Aufgaben voneinander getrennt wahr und haben auch zumindest teilweise unterschiedliche Prüfaufgaben wahrzunehmen. Eine fehlende Koordination der Qualitätsprüfungen zwischen der Heimaufsicht und dem MDK sowie die in zunehmenden Maße festgestellten Missstände in Einrichtungen waren für den Gesetzgeber bei der Heimrechtsreform Anlass, die Prüfkompetenzen der Heimaufsicht zu verbessern und für die Heimaufsichtsbehörden die Pflicht zur Zusammenarbeit mit dem MDK vorzugeben. Deutlich wird dies in den Gesetzesbegründungen zum Dritten Änderungsgesetz für das Heimrecht:

„In der letzten Zeit aufgetretene Pflegeskandale haben gezeigt, dass die Aufsicht über die Heime zum Teil intensiviert, insbesondere das Eingriffsinstrumentarium der Heimaufsicht verbessert werden muss. [...] Trotz der gleich gelagerten Aufgabenstellung arbeiten Heimaufsichtsbehörden und Medizinischer Dienst der Krankenversicherung noch zu wenig zusammen. Zum Teil sehen sie sich mangels Regelungen über den Datenaustausch an einer Zusammenarbeit gehindert.“ [103]

5

Aktuelle Aufgabenbereiche der Heimaufsicht

Die benannten Defizite sollten nach dem Willen des Gesetzgebers durch eine Verbesserung der Eingriffsinstrumente sowie Maßnahmen zu einer kooperativen Zusammenarbeit mit dem MDK und den Trägern der Sozialhilfe beseitigt werden.[104] Dazu verfolgte der Gesetzgeber eine Verbesserung der Qualitätssicherung durch die Stärkung der Heimaufsicht und der ihr obliegenden Überwachungsaufgaben.

Mit der Heimrechtsreform 2002 wurden aber auch die **Beratungsaufgaben der Heimaufsicht** erweitert, indem der Heimaufsicht nach § 4 HeimG mehr Beratungskompetenzen übertragen wurden, die – bei erfolgreicher Umsetzung – zu einer Verlagerung des Aufgabenschwerpunktes führen können.

Aufgaben und Instrumente der Heimaufsicht

Die Heimaufsicht hat nach dem aktuellen Stand folgende Kompetenzen:
- Information und Beratung gemäß § 4 HeimG
- Wiederkehrende oder anlassbezogene Überprüfungen („Überwachung") der Heime nach § 15 HeimG
- Beratung von Heimträgern bei festgestellten Mängeln und ggf. Unterstützung von Bewohnern bei der Suche nach einer anderen angemessenen Unterkunft und Betreuung, wenn ein Verbleib in dem Heim gemäß § 16 HeimG nicht zumutbar ist
- Maßnahmen der Eingriffsverwaltung, z.B. durch Anordnungen, Beschäftigungsverbote, Untersagung des Betriebs bzw. durch Geldbußen gemäß §§ 16 ff., § 20 HeimG

Jene Aufgaben und Kompetenzen finden sich auch in den Landesheimgesetzen wieder. Weiteres unter: **www.pflegeheute.de**

[103] Bundesministerium für Familie, Senioren, Frauen und Jugend, 2001, S. 15.
[104] Vgl. die Begründung zum Entwurf des Dritten Gesetzes zur Änderung des Heimgesetzes, S. 15.

5.4.2 Beratung durch die Heimaufsicht

Vorrang der Beratung vor Überprüfung

Der Beratungsauftrag

Seit 2002 hat die Heimaufsicht einen umfassenden Beratungsauftrag. Der Gesetzgeber verbindet damit den Grundsatz der **„Beratung vor Überwachung"**.

Nach § 4 HeimG soll deshalb die Heimaufsichtsbehörde ungeachtet eines Antrags[105] Beratungsaufgaben wahrnehmen gegenüber:

- Heimbewohnern, Heimbeiräten und Heimfürsprechern
- Personen mit berechtigtem Interesse

Eine Beratung aufgrund vorheriger Antragsstellung erfolgt nur bei Personen und Trägern, die die Schaffung von Heimen im Sinne des § 1 HeimG anstreben oder eine Einrichtung schon betreiben. Die Beratung bezieht sich für diesen Personenbereich auf die Planung und den Betrieb einer Heimeinrichtung.

Umfang der Beratung

Beratung von Bewohnern, Heimbeiräten und Heimfürsprechern

Bewohner/Heimbeirat

Den Bewohnerinnen und Bewohnern, Heimbeiräten und Heimfürsprechern räumt § 4 Nr. 1 HeimG einen **Rechtsanspruch auf Information und Beratung** über ihre **Rechte und Pflichten** ein. Damit wird der Beratungsauftrag der Heimaufsicht in einem umfassenden Sinn definiert. Auch wenn Ratsuchende keinen Antrag stellen müssen, so ist doch davon auszugehen, dass die Heimaufsicht nach wie vor nur aufgrund eines zuvor artikulierten Beratungsbedarfs tätig wird.

Beratungsinhalte

Der Gesetzgeber hat für die Beratung keine inhaltlichen Grenzen gesetzt. Nach den Intentionen des Gesetzes können sich die Beratungen nur auf die Bereiche beziehen, die der Fachaufsicht unterstehen. **Dazu gehören insbesondere:**

- Fragen zu Rechten und Pflichten nach den Regelungen des Heimgesetzes und dessen Verordnungen
- Fragen des Heimaufenthalts
- Fragen der betrieblichen Heimangelegenheiten
- das Beschwerderecht, auf das der Träger beim Abschluss des Heimvertrags schriftlich und unter Angabe der entsprechenden Adresse der zuständigen Behörde hinweisen muss (➤ Kap. 5.2.1).
- Maßnahmen bei Mängeln
- Maßnahmen bei Nichterfüllung vertraglich zugesicherter Leistungen des Heimträgers

Andere Bereiche, wie z.B. die Beratung von Bewohnern in höchstpersönlichen Angelegenheiten, in Angelegenheiten der Heimplatzwahl oder in famili-

105 Vgl. Bundesministerium für Familie, Senioren, Frauen und Jugend, 2001, S. 21.

ären Unterhaltsrechten, in Sozialleistungsangelegenheiten oder in betreuungsrechtlichen Angelegenheiten, werden dagegen nicht davon erfasst.

Gegenüber dem Heimbeirat oder dem Heimfürsprecher bestehende Beratungspflichten der Heimaufsicht werden im Allgemeinen **im Zusammenhang mit den Aufgaben der Bewohnervertreter und den Mitwirkungsrechten im Rahmen der Heimmitwirkungsverordnung** bestehen. Die Beratung wird hierbei Auskünfte und Informationen zu den einzelnen in § 29 und §§ 30, 31 HeimmitwV genannten Mitwirkungsrechten zum Inhalt haben. Bezüglich der Mitwirkungsrechte wird auf Gliederungspunkt 5.3.5 verwiesen. Ebenfalls dazu gehören die in § 10 HeimG genannten Mitwirkungsrechte in Angelegenheiten des Heimbetriebs, insbesondere zur Unterkunft und Betreuung, der Aufenthaltsbedingungen, der Heimordnung sowie der Verpflegung und Freizeitgestaltung. Zudem hat der Heimbeirat gemäß § 10 HeimG bei der Wahrnehmung der Angelegenheiten der Bewohner das Recht, fach- und sachkundige Personen zur Beratung hinzuzuziehen. Dies können auch Berater der Heimaufsicht sein.

5

Beratung von Personen mit berechtigtem Interesse

Beratung sonstiger Personen

Die Beratungspflicht der Heimaufsicht besteht gemäß § 4 Nr. 2 HeimG auch gegenüber **Personen,** die ein **berechtigtes Interesse** an Informationen über den Heimbereich und zu den Rechten und Pflichten der Träger und Bewohner haben. Dazu gehören insbesondere:

- der Heimbeirat bzw. der Heimfürsprecher als Vertretungsorgan der Bewohner
- Angehörige von Bewohnern
- Betreuer von Heimbewohnern
- Personen, die einen Heimplatz suchen
- Beschäftigte in Heimeinrichtungen
- Mitarbeiter von Pflegekassen, Sozialhilfeträgern, Beratungsstellen, Krankenhaussozialdiensten

Der Begriff des „berechtigten Interesses" ist im umfassenden Sinne zu verstehen und ist damit nicht auf die Beratung in rechtlichen Angelegenheiten begrenzt. Die Information und Beratung der Heimaufsicht erstreckt sich deshalb auch auf Erfahrungswerte, die im Rahmen der Aufsichtsführung und bei Prüfungen gemacht wurden. Die Heimaufsicht muss Informationen und Beratungsleistungen **neutral** vermitteln, indem sie sich auf die Mitteilung von Tatsachen beschränkt und inhaltliche Wertungen vermeidet.[106]

Beratung von Personen und Institutionen bei der Errichtung und beim Betrieb von Heimeinrichtungen

Beratung der Heimträger

Die **Beratung** durch die Heimaufsicht **bei der Planung von Heimeinrichtungen oder in bereits bestehenden Einrichtungen** soll dazu dienen, dass Heimträger sich frühzeitig über heimrechtliche Fragen der Führung eines Heimbetriebs informieren können. Die Beratung erfolgt nur **auf Antrag.** Der

106 Vgl. Kunz, u.a., 2003, § 4, Rdn. 3.

Gesetzgeber legt hier zugrunde, dass Kenntnisse zu den spezifischen Kriterien des Heimgesetzes und dessen Verordnungen nicht ohne weiteres vorausgesetzt werden können.[107] Die Heimaufsicht soll deshalb über alle mit dem Heimrecht zusammenhängenden Fragen beraten, um bereits im Planungsstadium Mängel, z.B. im Bau oder in der Konzeption, zu vermeiden und die Umsetzung der gesetzlichen Vorgaben, z.B. in der Personalbesetzung oder bei der Vertragsgestaltung, sicherzustellen. Der **Beratungsauftrag** ist somit **auf die Aufgabenbereiche begrenzt, die der Heimaufsicht nach dem Gesetz übertragen sind.** Dazu zählen die Information und Beratung zu den betrieblichen Voraussetzungen des Betreibens einer Heimeinrichtung, zu den Rechten und Pflichten des Heimbetreibers in Bezug auf die Bewohner und deren Vertretungsorgan und dessen Rechte und Pflichten gegenüber Prüfinstanzen und Aufsichtsbehörden. Nicht zum Beratungsauftrag gehören Informationen und Auskünfte zu betriebswirtschaftlichen Fragen, zum wirtschaftlichen Risiko, Arbeitsschutz oder zum Haftpflichtrecht.[108]

Beratung zur Beseitigung festgestellter Mängel

Beratung zur Mängelbeseitigung

Weitere Beratungsaufgaben nimmt die Heimaufsicht in Einrichtungen wahr, in denen bei **Überprüfungen durch die Heimaufsicht** Mängel festgestellt wurden. Die Heimaufsicht soll entsprechend ihrem gesetzlichen Auftrag gemäß § 16 HeimG den Träger der Einrichtung zuvorderst über Möglichkeiten der Mängelbeseitigung beraten. Die Beratungspflicht besteht bei festgestellten Mängeln in einem laufenden Heimbetrieb, aber auch schon dann, wenn die zur vorgesehenen Betriebsaufnahme erforderliche Anzeige eingegangen ist.

Entsprechend dem Grundsatz der Beratung vor Überprüfung sind zwingende Anordnungen gemäß § 17 HeimG durch die Heimaufsicht erst dann zu treffen, wenn nach erfolgter Beratung über Möglichkeiten der Beseitigung festgestellter Mängel keine Abänderung der Defizite erfolgt.[109] Sofortige Anordnungen ohne vorherige Beratung sind nur dann zulässig, wenn die Beratung vom Heimträger abgelehnt wird oder wenn eine Beeinträchtigung oder Gefährdung des Wohls der Bewohner droht.

Während § 4 Nr. 3 HeimG mit präventiver Zielsetzung den Beratungsanspruch des Heimträgers gegenüber der Heimaufsichtsbehörde festlegt, um Mängel im Vorfeld möglichst zu vermeiden, zielt § 16 Abs. 1 HeimG darauf ab, durch gezielte Beratung von Heimträgern festgestellte Mängel zu beseitigen.

An der Beratung sind gemäß § 16 Abs. 2 HeimG die **Träger der Sozialhilfe** zu beteiligen, wenn die Beseitigung der Mängel Auswirkungen auf die **Entgelte oder Vergütungen** haben kann. Gleiches gilt für die Beteiligung der Pflegekassen, wenn zwischen ihnen oder ihrem Landesverband und der betroffenen Einrichtung Vereinbarungen in Form eines Versorgungsvertrags, von Rahmenverträgen oder Pflegesatzvereinbarungen nach dem SGB XI oder pallia-

[107] Dahlem, u.a., 2007, § 4, Rdn. 14.
[108] Vgl. Ebenda.
[109] Vgl. Krahmer; Richter, 2006, § 17, Rdn. 6.

tiv-medizinischen Versorgungsvereinbarungen bestehen. § 16 HeimG verweist dazu ausdrücklich auf §§ 72, 75 oder 85 SGB XI bzw. auf § 39a SGB V.

Entwicklung in der Beratungstätigkeit

Fehlen empirischer Daten

Die Ausbreitung der im Heimgesetz enthaltenen Beratungsaufgaben und der damit verbundene Vorrang der Beratung vor Überprüfung (Überwachung) legen offen, dass die Heimaufsicht im **Feld der Beratung verstärkt der Qualitätssicherung dienen soll.** Inwiefern damit ein grundlegender Wandel in den Tätigkeitsschwerpunkten und im Selbstverständnis der Heimaufsichtbehörden eingeleitet wurde, lässt sich allerdings nicht ermitteln. Derzeit fehlen dazu empirisch gesicherte Daten und es fehlt auch an ausreichender Transparenz in der Aufgabenwahrnehmung der Heimaufsichtsbehörden der Länder. Die Landesgesetzgeber sind deshalb gefordert, im Rahmen ihrer Gesetzgebungskompetenz die Aufgaben der Heimaufsicht neu zu definieren und dabei den Beratungsauftrag der Heimaufsicht sowie die Berichterstattung weiter zu entwickeln.

Erste Berichte

Zur Wahrnehmung der Beratungsaufgaben der Heimaufsichtsbehörden lassen sich in bundesweiter Betrachtung einzelne Informationen aus dem Ersten Bericht des Bundesministeriums für Senioren über die Situation der Heime und die Betreuung der Bewohnerinnen und Bewohner entnehmen.[110] Dem Bundesministerium obliegt gemäß § 22 HeimG eine Berichtspflicht, die auch die Tätigkeit der Heimaufsicht umfasst. Der erste Bericht wurde auf der Basis der Auswertung von Literatur, Forschungsvorhaben, Daten der Pflegestatistik aus dem Jahre 2003 und Beiträgen der Länder mit Angaben der Heimaufsichtsbehörden erstellt.[111]

Dem Bericht zufolge standen bei der **Beratung der Heimbewohner** und ihrer Interessenvertretung Themen der Heimmitwirkung, Tätigkeitsberichte der Heimräte und Schulungsmöglichkeiten im Vordergrund. Ein weiterer Schwerpunkt lag in der Vertragsgestaltung zu Vertragsinhalten, der Personalausstattung sowie Fragen der Pflege- und Betreuungsqualität.[112]

Bei der **Beratung von Angehörigen** und anderen Personen mit berechtigtem Interesse standen dem Bericht zufolge Fragen zum Heimvertrag, der Abgrenzung von Leistungen, z.B. von Regel- und Zusatzleistungen, und Fragen zu finanziellen Aspekten, wie z.B. der Angemessenheit von Entgelten, sowie Recherchemöglichkeiten nach geeigneten Heimplätzen im Mittelpunkt. Von den Heimaufsichtsbehörden wurden als **Beratungsschwerpunkte beim Heimpersonal** Fragen zu Aufbewahrungspflichten, zu Pflegemängeln, dem Qualitätsmanagement, der Sondennahrung, der Wäscheversorgung und der Legitimation von Fixierungen angegeben.

Die Beratungstätigkeiten gegenüber **Heimbetreibern und Trägern** bezogen sich überwiegend auf bauliche Maßnahmen und baukonzeptionelle Fra-

---

110 Bundesministerium für Familie, Senioren, Frauen und Jugend (Hrsg.), 2006.
111 Siehe dazu Seite 1 des Berichts.
112 Bundesministerium für Familie, Senioren, Frauen und Jugend (Hrsg.), 2006, S. 203 f.

gen sowie auf die Heimmitwirkung und die Vorgaben zur Personalausstattung.

In einer Anlage[113] zum Bericht werden zusätzlich diverse Beratungsthemen aufgelistet, allerdings ohne dass zum Beratungskontext sowie dem Umfang und der Form der Beratung Details genannt werden. Deshalb wird auch in diesem Bericht abschließend festgestellt, dass es zuverlässige **empirische Daten über die Beratungstätigkeit** der Heimaufsichtsbehörden derzeit nicht gibt. Der Wissensstand zu diesem Aufgabenbereich ist somit unzureichend.[114]

5.4.3 Überwachung durch die Heimaufsicht

Qualitätssicherung durch Überwachung

Überwachungsauftrag/externe Qualitätssicherung

Eingangs zu diesem Abschnitt wurde bereits darauf hingewiesen, dass zu den traditionellen Aufgaben der Heimaufsicht **Überwachungsaufgaben** gehören (➢ Kap. 5.4.1). Die Überprüfung von Alten- und Pflegeheimen dahingehend, ob die heimrechtlichen Anforderungen an die Versorgung und Betreuung der Bewohnerschaft beachtet werden, diente stets dem Ziel, die **Versorgungsqualität** zu sichern. Diese Aufgabe prägt auch in der Gegenwart die Tätigkeit der Heimaufsicht, trotz der hinzugekommenen Beratungsaufgaben zum Verbraucherschutz und zur präventiven Beratung. Die Überwachung der Heime ist ein **Kernelement der externen Qualitätssicherung** durch die Heimaufsicht.[115] Der Gesetzgeber hat dieses Instrument der Qualitätssicherung in den letzten Jahren ausgeweitet, indem die Zielsetzung, Ankündigung und Durchführung der Heimüberwachung präziser und detaillierter geregelt wurde. Mit Inkrafttreten des Dritten Änderungsgesetzes zum Heimgesetz im Jahre 2002 wurde in § 15 HeimG das Überwachungsverfahren durch die Heimaufsichtsbehörde neu festgelegt. Zwei Arten der Überwachung werden unterschieden:

- Auskunftspflicht gemäß § 15 Abs. 1 und 9 HeimG und
- örtliches Prüfungs- und Besichtigungsrecht nach § 15 Abs. 2 HeimG.

Die Überwachungsmaßnahme kann eine **wiederkehrende oder anlassbezogene** Prüfung sein. Bei den wiederkehrenden Prüfungen handelt es sich um Routineprüfungen. Um dem Ziel des Verbraucherschutzes zu entsprechen, ist die Heimaufsicht gemäß § 15 Abs. 4 HeimG verpflichtet, grundsätzlich **mindestens einmal im Jahr** jedes Heim zu prüfen. Anlassbezogene Prüfungen erfolgen u.a. aufgrund von Beschwerden oder zur Überprüfung von Anordnungen, z.B. der Untersagung von Handlungen oder der Aufforderung zur Mängelbeseitigung, nach §§ 17 und 18 HeimG.[116]

---

[113] Anlage 12 zu Bundesministerium für Familie, Senioren, Frauen und Jugend (Hrsg.), 2006.

[114] Vgl. Bundesministerium für Familie, Senioren, Frauen und Jugend (Hrsg.), 2002b, S. 346.

[115] Vgl. Bundesministerium für Familie, Senioren, Frauen und Jugend, 2001, S. 29.

[116] Vgl. Dahlem, u.a., 2007 § 15, Rdn. 13.

Überwachungsbefugnisse der Heimaufsicht

Auskunftspflichten nach § 15 HeimG

Überwachungsbefugnisse/Auskunftsrechte der Heimaufsicht

Damit die Heimaufsicht in die Lage versetzt wird, die Einzelprüfungen durchzuführen, sind Heimträger, Heimleitung und Pflegedienstleitung verpflichtet, der zuständigen Heimaufsichtsbehörde die erforderlichen mündlichen und schriftlichen **Auskünfte** innerhalb der gesetzten Frist unentgeltlich zu erteilen (§ 15 Abs. 1 HeimG). Die Auskunftspflichtigen können die Auskunft nur verweigern, wenn sie sich damit selbst oder einen der in § 383 Abs. 1 bis 3 Zivilprozessordnung[117] bezeichneten Angehörigen, z.B. den Ehegatten, der Gefahr strafrechtlicher Verfolgung oder eines Ordnungswidrigkeitsverfahrens aussetzen würden (vgl. § 15 Abs. 9 HeimG).
Zur Auskunft sind **unabhängig voneinander** verpflichtet:

- der Heimträger
- die Heimleitung
- die Pflegedienstleitung

Nach den Gesetzesmaterialien wird davon ausgegangen, dass der Träger der Einrichtung für seine Auskünfte auf die Berichte der Heimleitung zurückgreift.[118] Der Kreis der **Auskunftspflichtigen** wurde **um die Pflegedienstleitung** erweitert. Dies geschah vor dem Hintergrund, dass die Heimaufsicht auch die Qualität der Pflege in den Einrichtungen überprüfen muss, um sich ein umfassendes Bild über die Versorgungssituation der Bewohner machen zu können. Dazu gehören neben der Einsicht in die Pflegedokumentation und die Pflegeverläufe auch Auskünfte zum Konzept der Pflege und deren Planung. Der Gesetzgeber geht hier davon aus, dass „die zur Beurteilung der Pflegequalität erforderlichen Informationen in erster Linie bei der Pflegedienstleitung" vorliegen.[119]

Die Form der Auskünfte ist nicht zwingend vorgegeben. Es liegt im Ermessen der Heimaufsicht, ob sie die Auskünfte **mündlich oder schriftlich** von den Auskunftspflichtigen verlangt. Hinsichtlich des Umfangs des Auskunftsersuchens ist die Heimaufsicht an den Grundsatz der Verhältnismäßigkeit gebunden. Sie darf demnach **Auskünfte nur aus konkretem Anlass** verlangen, z.B. zwecks Vorbereitung einer Regelüberprüfung oder zur Prüfung aus Anlass einer Beschwerde oder zwecks Nachprüfung einer gemäß § 17 HeimG getroffenen Anordnung zur Beseitigung dort beschriebener Mängel. Aus der Tatsache, dass die Auskunftsersuchen nur anlassbezogen erfolgen dürfen, folgt auch, dass der Träger, die Heimleitung oder die Pflegedienstleitung Auskünfte nur so weit erteilen müssen, wie sie zur Beantwortung des konkreten Auskunftsersuchens notwendig sind. Die Heimaufsicht darf ihrerseits Auskünfte nur zu den ihr übertragenen Aufgabenbereichen verlangen.

[117] Zivilprozessordnung in der Fassung vom 5.12.2005, BGBl. I S. 3202), zuletzt geändert durch Art. 2 Gesetz v. 26.3.2008 (BGBl. I S. 441).
[118] Vgl. Kunz, u.a., 2003, § 15, Rdn. 2.
[119] Bundesministerium für Familie, Senioren, Frauen und Jugend, 2001, S. 29.

Örtliches Prüfungs- und Besichtigungsrecht

Prüfungs- und Besichtigungsrecht

Zur Erfüllung des Überwachungsauftrags haben die Prüfer der Heimaufsichtsbehörde ein **örtliches Prüfungs- und Besichtigungsrecht.** § 15 Abs. 2 HeimG regelt dazu detailliert die Rechte der Heimaufsicht und – in Ergänzung dazu – eine Duldungspflicht des Trägers (§ 15 Abs. 2 S. 2 HeimG). Das örtliche Überprüfungs- und Besichtigungsrecht ist gegenständlich und inhaltlich im Heimgesetz konkretisiert und erstreckt sich auf folgende Bereiche:

Inhalte

- Auf die für das Heim genutzten **Grundstücke und Räume,** soweit diese nicht dem Hausrecht der Bewohner unterliegen (§ 15 Abs. 2 Nr. 1 HeimG). Die Beschäftigten der Heimaufsicht können somit Funktionsräume, Aufenthalts- und Behandlungsräume der Einrichtung ohne Zustimmung des Trägers betreten. Die Wohnräume der Bewohner dürfen dagegen nur mit Zustimmung der einzelnen Bewohner betreten werden. Nur zur Verhütung dringender Gefahren wie Gesundheitsgefahren, können auch die Wohnräume der Bewohner jederzeit betreten werden. Gleiches gilt für Räumlichkeiten der Auskunftspflichtigen. Liegt der Verdacht einer dringenden Gefahr vor, kann aus diesem Anlass das Grundrecht der Unverletzlichkeit der Wohnung gemäß Art. 13 Grundgesetz eingeschränkt werden (§ 15 Abs. 3 HeimG).

Einsichtsrechte

Einsichtsrechte

Das Recht der **Einsicht erstreckt sich auf alle betrieblichen Unterlagen** und die Dokumentation zur Qualitätssicherung einschließlich deren Ergebnisse. Es erfasst demnach die Unterlagen, die im Rahmen des § 13 HeimG verpflichtend zu führen sind und die u.a. Auskunft über die wirtschaftliche und finanzielle Lage und den Personalbestand sowie die Qualifikation des Personals geben. Weitere Unterlagen sind z.B. die Dokumentationen zur Arbeitszeit- und Dienstplangestaltung, die Unterlagen zur Bewohnerstruktur und den Betreuungsbedarfen der Bewohner, die Unterlagen zur Arzneimittelversorgung, die Pflegedokumentation und die Unterlagen zum Stand der Qualitätsentwicklung.

Zu den notwendigen, stets bereitzuhaltenden Aufzeichnungen nach § 13 Abs. 1 HeimG gehören insbesondere:
- Unterlagen zur Pflegebuchführung
- Unterlagen zur Anzahl, Größe und Lage der Zimmer sowie deren Belegung
- eine Liste über die Qualifikation der Mitarbeiter und deren ausgeübte Tätigkeiten
- die Dienstpläne
- die Maßnahmen der Qualitätsentwicklung und -sicherung
- die Pflegedokumentation

Prüfung der Pflegequalität

Vor allem die Ausweitung des Einsichtsrechts in die Pflegedokumentation sowie die Dokumentationsunterlagen, die zu den Maßnahmen der internen Qualitätsentwicklung und Qualitätssicherung zählen, signalisieren, dass der Gesetzgeber das Überwachungsrecht der **Heimaufsicht** in stärkerem Maße auf die **Prüfung der Pflegequalität** ausweiten wollte. Hier zeigen sich Anknüpfungen an die Qualitätsgrundsätze gemäß § 80 SGB XI a.F./§ 113 SGB XI n.F. und an den Prüfauftrag des MDK, der ebenfalls Qualitätsprüfungen in Pflegeeinrichtungen durchzuführen hat. Die Schwerpunktsetzung in den Einsichts- und Überwachungsaufgaben der Heimaufsicht auf die Überprüfung der Pflegequalität und Qualitätsentwicklung entspricht zudem den Zielsetzungen, die Prüftätigkeiten der Heimaufsicht und des MDK zu koordinieren und in der Zusammenarbeit effizienter zu gestalten (➤ Kap. 5.4.4).

Um der Heimaufsicht die Einsichtnahme in die in § 13 HeimG aufgelisteten Unterlagen vor Ort zu ermöglichen, ist der Träger verpflichtet, die Aufzeichnungen einsehbar bereitzuhalten.[120]

Bereitzustellende Unterlagen des Trägers

Bei der örtlichen Überprüfung ist der Grundsatz der Verhältnismäßigkeit zu beachten. Daraus folgt für die Heimaufsicht, dass nur die Maßnahmen ergriffen werden dürfen, die zur Durchführung der Prüfung geeignet sind. Die Maßnahmen sind am Grundsatz der Erforderlichkeit und Notwendigkeit zu messen. Für die Praxis folgt daraus, dass eine Überprüfung nur heimrechtlich relevante Sachverhalte erfassen kann. Hierzu gehören u.a.:[121]

- pflegerische, gesundheitliche und soziale Betreuung der Heimbewohner
- Wahrung und Sicherung der Bewohnerrechte
- Ausstattung, Zustand sowie die Gestaltung der Räumlichkeiten und des Geländes
- Tagesablauf- und Arbeitsablaufgestaltung
- qualitative und quantitative Personalbesetzung
- Verpflegung der Heimbewohner
- Mitwirkung der Heimbewohner nach der Heimmitwirkungsverordnung
- allgemeinen hygienischen Verhältnisse

Angemeldete/unangemeldete Prüfungen nach § 15 HeimG

Die Durchführung der Prüfung kann gemäß § 15 Abs. 1 Satz 2 HeimG jederzeit **angemeldet oder unangemeldet** erfolgen. In der Regel meldet die Heimaufsicht eine örtliche Überprüfung zuvor an, sodass auch das Recht des Trägers gemäß § 15 Abs. 8 HeimG gewahrt wird, Verbandsvertreter der Heimträger hinzuzuziehen. Soweit jedoch Gründe vorliegen, die ein sofortiges Handeln erfordern, kann von einer vorherigen Anmeldung abgesehen werden.

Eine unangemeldete Überprüfung erfolgt vor allem dann, wenn der **Verdacht** besteht, dass bei einer vorherigen Anmeldung rechtswidrige Zustände, wie z.B. personell unterbesetzte Wohneinheiten, unzulässige nicht indizierte Fixierungen von Bewohnerinnen/Bewohnern, verdeckt werden könnten.

[120] Vgl. Kamm, 2002, S. 23.

[121] Saarländisches Ministerium für Frauen, Arbeit, Gesundheit und Soziales (Hrsg.), 2001, S. 2. Zum Auftrag der Heimaufsicht: Bundesministerium für Frauen, Senioren, Familien und Jugend (Hrsg.), 2004, S. 76.

Prüfungen zur Nachtzeit sind gemäß 15 Abs. 1 Satz 3 HeimG nur zulässig, wenn und soweit das Überwachungsziel zu anderen Zeiten nicht erreicht werden kann. Diese Vorschrift zielt auf die Überwachung der angemessenen nächtlichen Versorgung der Bewohner hinsichtlich der geplanten und tatsächlichen Personalbesetzung und der Qualifikation der Nachtwachen.[122] § 5 Abs. 1 S. 2 der Heimpersonal-Verordnung verlangt hier für Pflegeheime eine Mindestbesetzung mit mindestens einer ständig anwesenden Fachkraft (➢ Kap. 3.2.4).[123]

Häufigkeit der Regelprüfungen und Anerkennung anderer Prüfungen

Jährliche Prüfungen

Die Überprüfung der Heimeinrichtungen soll grundsätzlich mindestens **einmal im Jahr** durch die zuständige Heimaufsicht vorgenommen werden. Eine Prüfung in größeren Zeitabständen kann erfolgen, wenn ein Heim bereits durch den MDK geprüft wurde oder ein aktueller Qualitätsnachweis eines unabhängigen Sachverständigen vorliegt, der belegt, dass die Einrichtung die Anforderungen erfüllt, die gemäß § 15 Abs. 4 HeimG an den Betrieb eines Heimes gestellt werden.

Prüfungen und LQN/Qualitätsnachweise

Der Verordnungsgeber räumt der **Heimaufsicht** bei der Frequenz der regelmäßigen Überprüfung der Heime **Entscheidungsspielraum** ein. Diese Ermessensregelung steht im Zusammenhang mit der ebenfalls seit 2002 umzusetzenden **Koordinierung der Prüfaufgaben zwischen Heimaufsicht und MDK** (➢ Kap. 5.4.4). Mit dieser Regelung soll vermieden werden, dass Heimträger durch häufige regelmäßige Prüfungen der unterschiedlichen Prüfinstanzen unzumutbar belastet werden. Im Weiteren soll unabhängig von der externen Qualitätsprüfung die interne Qualitätsentwicklung in den Einrichtungen weiterentwickelt werden.

§ 15 Abs. 4 HeimG sieht deshalb vor, dass die Heimaufsicht von ihrer jährlichen Prüffrequenz auch dann abweichen kann, wenn ein **Leistungs- und Qualitätsnachweis** (LQN) aufgrund einer Qualitätsprüfung durch unabhängige Sachverständige vorgelegt wird. Das Verfahren zur Einführung der Leistungs- und Qualitätsnachweise, der Anerkennung unabhängiger Sachverständiger und Zertifikate wurde allerdings für das Heimrecht nicht umgesetzt. Dies könnte sich mit der Umsetzung der Landesheimgesetze ändern.

§ 113 Abs. 1 SGB XI in der Fassung des Pflege-Weiterentwicklungsgesetzes sieht Zertifizierungs- und Prüfverfahren vor, die durch unabhängige Sachverständige oder anerkannte Prüfinstitutionen erfolgen. Nach erfolgreicher Überprüfung sollen sie der Heimeinrichtung einen Qualitätsnachweis ausstellen. Zu diesem Zweck sieht § 114 Abs. 4 i.V.m. § 113 Abs. 1 SGB XI die Entwicklung eines Prüfverfahrens durch unabhängige Sachverständige vor, das durch die Landesverbände der Pflegekassen anerkannt werden muss. Mit diesem Verfahren sollen die Voraussetzungen dafür geschaffen werden, dass

122 Vgl. Dahlem, u.a., 2007, § 15, Rdn. 14.
123 Vgl. Crößmann, 2004, S. 39.

Pflegeeinrichtungen **selbst veranlasste Qualitätsprüfungen** durchführen lassen.[124] Im Zuge dieses Verfahrens sollen dann Qualitätsprüfungen durch den MDK in „angemessener Weise" im Prüfumfang verkürzt werden. Entsprechendes gilt gemäß § 114 Abs. 3 SGB XI bezüglich vorangegangener Prüfungen der Heimaufsichtsbehörden oder landesrechtlicher Prüfverfahren. Auch hier hat eine **Verringerung in angemessenem Umfang** zu erfolgen. Die ursprünglich im Gesetzentwurf vorgesehene Regelung, die Regelprüfung im Abstand von höchstens drei Jahren durchzuführen, wurde damit aufgegeben.[125]

Stärkung selbstveranlasster Qualitätsprüfungen

Das **Pflege-Weiterentwicklungsgesetz** sieht die Installierung von unabhängigen Sachverständigen und Prüfinstitutionen vor, die nach einem anerkannten Verfahren und festgelegten Anforderungen zur Messung und Bewertung der Pflegequalität tätig sein sollen. Grundsätzlich soll nach § 114 Abs. 2 SGB XI ab dem Jahre 2011 eine **Überprüfung der Pflegeeinrichtungen regelmäßig im Abstand von höchstens einem Jahr** erfolgen. Übergangsweise ist vorgesehen, dass bis Ende 2010 regelmäßig mindestens einmal eine Überprüfung stattfinden soll. Der Prüfungsumfang kann für den MDK verkürzt werden, wenn nach Prüfung der Heimaufsichtsbehörde oder durch anerkannte unabhängige Sachverständige oder Prüfinstitutionen bereits ein positives Prüfergebnis festgestellt wurde. **Selbst veranlasste Qualitätsprüfungen** durch Heimträger sollen die externen Qualitätskontrollen verringern helfen.

LQN/Zertifikate/Qualitätsnachweise

Parallel dazu räumt § 15 Abs. 4 HeimG der Heimaufsicht daher das Recht ein, Qualitätsnachweise unabhängiger Sachverständiger anzuerkennen und dann auf eine turnusmäßige Prüfung zu verzichten, wenn aus der **vorangegangenen Prüfung, die nicht mehr als ein Jahr zurückliegen darf,** zu erkennen ist, dass die Einrichtung die Anforderungen erfüllt, die mit dem Betrieb eines Heimes verbunden sind.[126] Die amtlichen Begründungen zu den Überwachungsaufgaben unterstreichen jedoch, dass die Heimaufsicht durch die Prüfung des MDK oder durch die Vorlage anderer adäquater Leistungs- und Qualitätsnachweise nicht von ihrer eigenen Prüfverantwortung entlastet wird. Bei besonderen Prüfungsanlässen, wie etwa Beschwerden über eine Einrichtung oder Hinweise auf Qualitätsmängel, besteht ohnehin die Pflicht zur sofortigen Überprüfung.

Die **regelmäßig durchzuführenden Überprüfungen der Heimaufsichtsbehörden** richten sich nach den **Zeiträumen und der Anerkennung anderer Prüfverfahren:**

- Gemäß § 15 Abs. 4 HeimG grundsätzlich für jedes Heim im Jahr mindestens eine Prüfung
- Die Anerkennung anderer positiv verlaufener Überprüfungen **kann** zu **größeren Abständen im Prüfzeitraum führen,** wenn diese:

[124] Pflege-Weiterentwicklungsgesetz vom 28.5.2008, BGBl. I S. 874 ff.

[125] Gesetzentwurf der Bundesregierung (2007), Entwurf eines Gesetzes zur strukturellen Weiterentwicklung der Pflegeversicherung – Pflege-Weiterentwicklungsgesetz, Deutscher Bundestag – Drucks. 16/7439 vom 7.12.2007.

[126] Vgl. Bundesministerium für Familie, Senioren, Frauen und Jugend, 2001, S. 31.

- durch den MDK durchgeführt wurden oder
- geeignete Nachweise durch unabhängige Sachverständige vorliegen und
- aus den Prüfungen erkenntlich ist, dass die Anforderungen an den Betrieb eines Heimes in der Einrichtung erfüllt sind.

Zur Handhabung der Regelprüfungen durch den MDK (➢ Kap. 5.4.4. und ➢ Kap. 6.2.7):

Das Heimgesetz und das SGB XI – mit Stand Pflege-Weiterentwicklungsgesetz 2008 – enthalten Regelungen, nach denen durch die Anerkennung von Qualitätsnachweisen aus Zertifizierungs- und Prüfverfahren unabhängiger Sachverständiger die Prüfungszeiträume der Heimaufsichtsbehörde und des MDK gestreckt werden können. Das Pflegereformgesetz sieht dafür in § 114 SGB XI die Schaffung eines anerkannten Verfahrens zur Messung und Bewertung der Pflegequalität durch unabhängige Sachverständige oder Prüfinstitutionen vor. Das Heimgesetz sieht dazu landesrechtliche Regelungen vor.

5.4.4 Zusammenarbeit zwischen Heimaufsicht und Medizinischem Dienst der Krankenversicherung

Entwicklung der Gesetzgebung

Regelungen: Zusammenarbeit MDK und Heimaufsicht

Seitdem mit der sozialen Pflegeversicherung dem Medizinischen Dienst der Krankenversicherung die Aufgabe der Qualitätsprüfung übertragen wurde, müssen vollstationäre Pflegeeinrichtungen stets auf eine Überprüfung durch die Heimaufsicht und den MDK vorbereitet sein. Beide Institutionen haben jeweils unabhängig voneinander eigenständige Kompetenzen und Aufgabenschwerpunkte und handeln autonom. Seitens der Praxis wurden deshalb wiederholt Doppelprüfungen in kurzen Zeitabständen und damit verbundene Mehrbelastungen für die Pflegeheime sowie eine mangelnde Abstimmung und Abgrenzung von Prüfgegenständen beklagt.

Der Gesetzgeber hat zur Beseitigung dieses Problems in der Vergangenheit bereits verschiedene Maßnahmen ergriffen. Mit der letzten Heimrechtsreform im Jahre 2002 wurden in § 20 Heimgesetz **erste Grundsätze für die Zusammenarbeit** zwischen den Heimaufsichtsbehörden und den Medizinischen Diensten der Krankenversicherung sowie den Pflegekassen und den Sozialhilfeträgern aufgenommen.

Für die Landesverbände der Pflegekassen und die Medizinischen Dienste untereinander waren zuvor bereits Pflichten zur Zusammenarbeit im Pflege-Qualitätssicherungsgesetz von 9.9.2001[127] und hier in § 117 SGB XI festgelegt worden. Weitere Regelungen der **Zusammenarbeit von MDK und Heimaufsicht** und zum **Prüfauftrag durch die Landesverbände** der Pflegekassen wurden in den Qualitätsprüfungs-Richtlinien (QPR) vom 10.11.2005[128] gere-

[127] Pflege-Qualitätssicherungsgesetz v. 9.9.2001, BGBl. I S. 2320.
[128] MDS e.V. (Hrsg.), 2005a.

gelt. Ebenfalls im Jahre 2001 wurden **in den §§ 112 ff. und 114 SGB XI** die Zugangs- und Zutrittsrechte des MDK sowie dessen Prüf- und Besichtigungszeiten konkretisiert und erweitert. Mit der Konkretisierung der **Prüfungsbedingungen im Rahmen der externen Qualitätssicherung** wollte der Gesetzgeber die Basis für eine **Zusammenarbeit und inhaltliche Abstimmung zwischen der Heimaufsicht und dem MDK** legen. § 20 HeimG und § 117 SGB XI enthalten die **Regelungen zur Zusammenarbeit beider Prüfinstitutionen.** Die Vorschriften sind zwar in den Formulierungen und den Aufgabendarstellungen unterschiedlich gefasst, in den Regelungsinhalten zur Zusammenarbeit sind sie jedoch deckungsgleich.

Getrennte Aufgabenbereiche

Mit den Reformengesetzen wurden 2002 im Heimgesetz und im Pflegeversicherungsgesetz Vorgaben zur Zusammenarbeit von Heimaufsicht und MDK für die Überprüfung von Heimen festgelegt, die eine Abstimmung bei den Prüfungen herbeiführen sollten.

Die Verantwortungs- und Aufgabenbereiche der Institutionen blieben jedoch getrennt:

- Dem **MDK** obliegt im Rahmen seines Prüfauftrags die Verantwortung zu überprüfen, ob die zugelassenen Pflegeeinrichtungen die Leistungs- und Qualitätsanforderungen nach dem SGB XI, insbesondere nach den vereinbarten Grundsätzen und Maßstäben für die Qualität und die Qualitätssicherung gemäß § 80 SGB XI a.F. und der Leistungs- und Qualitätsbestimmungen erfüllen. Zentrale Vorschriften für das Prüfverfahren waren §§ 112, 114 SGB XI.[129]
- Die **Heimaufsicht** prüft – wie dargestellt – die heimrechtlichen Anforderungen an den Betrieb der Heimeinrichtungen, die sowohl die Qualität der Betreuung, einschließlich der Pflege und Wohnbedingungen der Bewohner, als auch die Einhaltung der spezifisch heimrechtlichen Verordnungen umfasst. Zentrale Vorschriften für das Verfahren sind die §§ 15 ff. HeimG.
- Die Eigenständigkeit der Prüfungsbefugnisse wurde und wird durch Regelungen in § 114a Abs. 4 n.F. (§ 113 Abs. 4 S. 2 SGB XI a.F.) und § 117 Abs. 2 SGB XI klargestellt.

Stand nach dem Pflege-Weiterentwicklungsgesetz

Trotz der verpflichtenden Vorgabe zur Zusammenarbeit blieb der gewünschte Erfolg aus. Dies ergibt sich aus den Erkenntnissen der Arbeitsgruppe III des Runden Tisches Pflege. Aufgabe der Arbeitsgruppe war es, Entbürokratisierungspotenziale und -notwendigkeiten zu identifizieren. Der Runde Tisch empfahl 2005 in seinem Bericht, die Inhalte der Prüfungen der Heimaufsichtsbehörden und des Medizinischen Dienstes eindeutig voneinander abzugrenzen und die Überprüfungen aufeinander abzustimmen. Den Anlass für die Empfehlung gab die Feststellung, dass die Prüfungen oft ohne ausrei-

[129] Neue Fassung nach dem Pflege-Weiterentwicklungsgesetz. Siehe auch: Gesetzesentwurf der Bundesregierung, 2007.

chende Koordination erfolgten und zum Teil auch widersprüchliche Anforderungen in den Prüfungen zugrunde gelegt wurden.[130]

Im **Pflege-Weiterentwicklungsgesetz** wurden diese Kritikpunkte berücksichtigt und es sind „Maßnahmen zur Entbürokratisierung“[131] eingefügt worden, um eine gemeinsame Prüfpraxis zu fördern und um Pflegeeinrichtungen zu entlasten (➢ nächster Abschnitt „Inhalte der Zusammenarbeit“). Außerdem wurde § 114 SGB XI für die Durchführung von Qualitätsprüfungen neu gefasst und um **Regelungen zum Verfahren und Ablauf** in § 114a SGB XI erweitert.

Noch nicht absehbar ist, welche Auswirkungen die **Föderalisierung des Heimrechts** für den Aufgabenbereich der Heimaufsichtsbehörden und die Gestaltung der Zusammenarbeit mit den Medizinischen Diensten haben wird. In den Bundesländern werden unterschiedliche **Gesetzesentwürfe für Landesheimgesetze** mit zum Teil recht unterschiedlichen inhaltlichen Schwerpunkten entwickelt. Spezifizierte Regelungen zu den Prüfaufgaben der Heimaufsichtsbehörden bestehen bislang nicht. Eine aus den Entwürfen ersichtliche konkludente Einigkeit scheint aber darüber zu bestehen, dass die Heimaufsichtsbehörden durch die Landesgesetze gestärkt werden sollen. Beispielsweise sehen die „Eckpunkte für ein Pflegegesetzbuch Schleswig-Holstein“ vor, dass die Aufgaben der Aufsichtsbehörden nicht ausgeweitet, sondern zukunftsorientiert flexibilisiert werden sollen. Auch soll die Zusammenarbeit und Abstimmung zwischen Heimaufsicht und MDK weiter verbessert werden, indem „geeignete Maßnahmen“ zur Koordination und Vernetzung getroffen werden sollen.[132] Ein Entwurf für die Region Berlin sieht eine Entbürokratisierung nach 10 Eckpunkten vor, nach dem „Vorschriften gestrichen werden sollen, die im Widerspruch zu einer Harmonisierung im Heimgesetz und SGB XI stehen“.[133]

Insgesamt zeigen die Beispiele, dass nach den Zielsetzungen der Landesregelungen die Zusammenarbeit zwischen Heimaufsicht und MDK verbessert werden soll. Bis zur Ablösung des Bundesgesetzes durch länderspezifisches Heimrecht gelten jedoch die Regelungen des Heimgesetzes und damit auch § 20 HeimG weiter. Näheres dazu via Website (**www.pflegeheute.de**).

Anerkennung von Prüfungen/ Verringerung des Prüfumfangs nach SGB XI

Im Kontext der Maßnahmen zur Verbesserung der Zusammenarbeit ist auch die wechselseitige Berücksichtigung und Übernahme der Ergebnisse anderer Prüfinstitutionen zu sehen.

Zum Heimrecht wurden die Anerkennungskriterien bereits dargestellt. Dort ist eine Verlängerung des Zeitabstands möglich (➢ Kap. 5.4.3 zur „Häufigkeit der Regelprüfungen und Anerkennung anderer Prüfungen“).

130 Deutsches Zentrum für Altersfragen, 2005, S. 5.

131 Gesetzentwurf der Bundesregierung (2007), Entwurf eines Gesetzes zur strukturellen Weiterentwicklung der Pflegeversicherung – Pflege-Weiterentwicklungsgesetz, Deutscher Bundestag – Drucks. 16/7439 vom 7.12.2007, Begründung unter A. Allgemeiner Teil, S. 99.

132 Ministerium für Soziales, Gesundheit, Familie, Jugend und Senioren des Landes Schleswig-Holstein (Hrsg.), 2007, S. 7 ff.

133 Entbürokratisierung im Heimrecht, 10 Eckpunkte, http://swa-berlin.de/fileadmin/documents/10_Punkte_B_rokratieabbau_BMFSFJ.pdf

Nach dem SGB XI bestehen gemäß § 114 SGB XI **folgende Vorgaben für den MDK bei den Regelprüfungen:**

- Der MDK prüft bis Ende 2010 mindestens einmal im Jahr, ab dem Jahr 2010 regelmäßig im Abstand von höchstens einem Jahr. Alternativ können bestellte Sachverständige die Prüfungen durchführen.
- Soweit die Überprüfung der einzelnen Pflegeeinrichtung durch die zuständige Heimaufsichtsbehörde positiv verlaufen ist, **haben die Landesverbände der Pflegekassen den Prüfumfang angemessen zu verringern.** Gleiches gilt für ein nach Landesrecht erfolgreich durchlaufenes Prüfverfahren.
- Beim Nachweis der Zertifizierung bzw. eines Qualitätsnachweises durch die Pflegeeinrichtungen gilt Folgendes:
  - § 114 Abs. 4 SGB XI sieht eine **Verringerung des Prüfumfangs** vor, wenn die Prüfergebnisse auf einem von den Landesverbänden der Pflegekassen **anerkannten Verfahren** beruhen und **durch Sachverständige** und Prüfinstitutionen erfolgten, die gemäß § 113 Abs. 1 Nr. 2 SGB XI den gestellten Anforderungen in der Zuverlässigkeit, Unabhängigkeit und Qualifikation entsprechen und sich auf die Prüfung der Struktur- und Prozessqualität beziehen.
  - Die selbst veranlasste **Prüfung** darf zudem **nicht länger als ein Jahr zurückliegen** und die Prüfergebnisse müssen nach den anerkannten Bewertungskriterien gemäß § 115 Abs. 1a SGB XI veröffentlicht werden. Zu den Kriterien: **www.pflegeheute.de**

Da eine Reduzierung des Prüfumfangs in „angemessenem Umfang" erfolgen soll, haben die Landesverbände der Pflegekassen Ermessen, in welcher Maße und in welchen Bereichen sie den Prüfumfang verkürzen. Allein aus der Tatsache, dass Ergebnisse der Struktur- und Prozessqualität durch ein anderes Prüfverfahren nachgewiesen werden müssen, kann nicht geschlossen werden, dass die veranlasste Prüfung dann auf die Prüfung der Ergebnisqualität verringert werden soll.

Inhalte der Zusammenarbeit

Gesetzesinhalte und Richtlinien zur Zusammenarbeit

Ein zentraler Grundsatz für die Zusammenarbeit besteht darin, dass bei der Zulassung und Überprüfung von Heimen der Medizinische Dienst und die Heimaufsichtsbehörden sowie die Kostenträger sich **gegenseitig informieren sollen.** Dies geben sowohl § 20 HeimG als auch § 117 Abs. 1 SGB XI vor. Das Pflegeversicherungsgesetz nennt darüber hinaus in § 117 Abs. 1 SGB XI für den MDK zusätzlich noch die Pflicht der **Beratung der Heimaufsichtsbehörden** und der Landesverbände der Pflegekassen. Hinzu kommen Grundsätze, die eine **Koordinierung der Prüftätigkeit durch Terminabsprachen** für gemeinsame und arbeitsteilige Überprüfungen und die **Verständigung auf Maßnahmen der Qualitätssicherung und die im Einzelfall notwendigen Maßnahmen,** z.B. zum Abstellen von Mängeln, zum Inhalt haben (vgl. § 20 Abs. 1 HeimG und § 117 Abs. 1 SGB XI). Ziel dieser Maßnahmen ist es, Doppelprüfungen möglichst zu vermeiden.

Datentransfer

Da die genannten Aufgaben zwangsläufig einen intensiven Datenaustausch erfordern, sehen die Gesetze **umfängliche Ermächtigungen für den Datentransfer** vor: Der MDK ist z.B. berechtigt und auf Aufforderung verpflichtet, der zuständigen Heimaufsichtsbehörde die ihm zugänglichen Daten über die einzelnen Pflegeheime seines Bereichs mitzuteilen.
Diese Informationen umfassen:
- Zahl und Art der Pflegeplätze
- die betreuten Personen
- personelle und sächliche Ausstattung
- Leistungen und Vergütungen

Die Prüfergebnisse aus den Qualitätsprüfungen nach dem SGB XI sind der Heimaufsichtsbehörde mitzuteilen, soweit sie für die Aufgabenwahrnehmung im Rahmen des Heimgesetzes erforderlich sind (vgl. § 117 Abs. 4 SGB XI). Daraus ist zu entnehmen, dass eine Datenübermittlung nicht nur bei festgestellten Mängeln erfolgen muss, die ein Einschreiten der Heimaufsicht zwingend erfordern, sondern dass **ein genereller Austausch von Daten erlaubt wird,** soweit diese Daten für die Aufgaben der Heimaufsicht relevant sind. Dies betrifft Daten und Erkenntnisse, die auch die Heimaufsicht im Rahmen ihrer Prüfaufgaben recherchieren müsste, mithin also die Kriterien nach § 11 HeimG und die über die Aufzeichnungs- und Aufbewahrungspflicht der Träger gemäß § 13 HeimG zu offenbarenden betriebsinternen Daten und Fakten, z.B. zur Belegung und sächlichen Ausstattung, zum Personalstand und zur Pflegequalität. Personenbezogene Daten müssen vor der Datenübermittlung in der Regel anonymisiert werden. Die gleiche Berechtigung und Verpflichtung räumt das Heimgesetz der Heimaufsicht in § 20 Abs. 2 und 3 HeimG gegenüber dem MDK ein.

Zusammenarbeit nach den QPR 2006

Weitere Regelungen zur Zusammenarbeit enthalten die seit 2006 geltenden Qualitätsprüfungs-Richtlinien der Spitzenverbände der Pflegekassen.[134] Es handelt sich hierbei um Regelungen, deren Adressaten die Landesverbände der Pflegekassen und der MDK sind. Zum Teil werden im 7. Abschnitt zur Kooperation mit der Heimaufsicht nur gesetzliche Vorgaben, wie die Pflicht zur gegenseitigen Information und Beratung durch den MDK wiederholt. Weitergehende Vorgaben der Richtlinien[135] gehen dahin, dass:
- die gemeinsamen oder arbeitsteiligen Überprüfungen von Heimen aufeinander abgestimmt werden sollen,
- eine Verständigung über die aus der Überprüfung gezogenen Maßnahmen erfolgen soll,
- der MDK in den gemeinsam gebildeten Arbeitsgemeinschaften gemäß § 20 HeimG mitzuwirken hat und
- der MDK die Heimaufsicht über seine Prüfergebnisse informiert, soweit diese den Zuständigkeitsbereich der Heimaufsicht tangieren und für die Durchführung aufsichtsrechtlicher Maßnahmen erforderlich sind. Informationen sollen insbesondere erfolgen, wenn ungerechtfertige freiheitsentziehende Maßnahmen festgestellt werden, wenn eine akute Gefähr-

134 MDS e.V. (Hrsg.), 2005a.
135 Siehe Gliederungspunkt 7 der Qualitätsprüfungs-Richtlinien.

dung von Bewohnern durch Pflegedefizite, wie z.B. Exsikkose, Dekubitalulcera oder Mangelernährung festgestellt wurde, oder die Mindestbesetzung mit einer Pflegefachkraft insbesondere in der Nacht nicht gewährleistet ist.

Gemeinsame Prüfungen sind nach dem Wortlaut der Richtlinien nur **aufgrund eines Auftrags durch die Landesverbände** durchzuführen. Der Auftrag soll im Einzelfall erfolgen, wenn der Heimaufsicht bereits „konkrete Kenntnisse über Defizite in der Pflegequalität" vorliegen, was regelmäßig nur der Fall sein wird, wenn entsprechende Beschwerden oder eine Anzeige an die Heimaufsicht erfolgt sind und damit eine **Anlassprüfung** ansteht. Für die regelhaften Überprüfungen, z.B. Stichprobenprüfungen, sind die Prüfinstitutionen frei darin, sich abzustimmen und eine gemeinsame Prüfung durchzuführen.[136]

Neben § 20 HeimG und § 117 SGB XI enthalten auch die Qualitätsprüfungs-Richtlinien Regelungen zur Zusammenarbeit von Heimaufsicht und MDK. Anlassprüfungen (unangemeldete) sollen nach den Richtlinien gemeinsam, regelhafte Prüfungen (angemeldet) – soweit als möglich – nach Abstimmung erfolgen.

5

Gemeinsame Prüfungen nach Pflege-Weiterentwicklungsgesetz

Das **Pflege-Weiterentwicklungsgesetz** sieht in der neu hinzugefügten Vorschrift des § 114a SGB XI vor, dass **auch bei den angemeldeten Regelprüfungen** der MDK die zuständige Heimaufsicht beteiligen soll, soweit dadurch die Prüfung nicht verzögert wird. Der Gesetzgeber will dadurch eine **gemeinsame Prüfpraxis fördern** und Pflegeeinrichtungen entlasten. Darüber hinaus regelt Absatz 4 des § 114a SGB XI, dass der MDK und die von den Landesverbänden der Pflegekassen bestellten Sachverständigen berechtigt sind, sich an den Überprüfungen der zuständigen Heimaufsichtsbehörden zu beteiligen. **Die Gesetzesregelung geht den Richtlinienvorgaben** vor. Bei gemeinsamen Prüfungen obliegt dem MDK die Qualitätsprüfung nach den QPR, der Heimaufsicht die Überprüfung nach heimrechtlichen Vorschriften.

Entwicklungsbedarfe

Entwicklungsbedarfe

Die Gesetzesvorschriften und Regelungen der Qualitätsprüfungs-Richtlinien verdeutlichen, dass die Prüftätigkeit von Heimaufsicht und MDK stärker verzahnt werden soll, um die Instrumente der externen Qualitätssicherung und infolgedessen die Qualitätssicherung in der Heimpflege zu verbessern. Ebenso sollen auch personelle und zeitliche Belastungen für die Pflegeeinrichtungen vermieden und bürokratischer Aufwand abgebaut werden. Mit dem Pflege-Weiterentwicklungsgesetz knüpft der Gesetzgeber an den bestehenden Strukturen an und versucht eine gemeinsame und arbeitsteilige Prüfpraxis der Heimaufsichtsbehörden und der Medizinischen Dienste der Krankenversicherung herbeizuführen. Die Ausweitung der gemeinsamen Prüfungen auf alle Prüfarten, unabhängig davon, ob es sich um Anlass- oder Regelprüfun-

[136] Siehe Gliederungspunkt 7 (2) der Qualitätsprüfungs-Richtlinien.

gen handelt, dürfte dazu allerdings nicht ausreichen und den Einrichtungen keine deutliche Entlastung bescheren.

Notwendigkeit inhaltlicher Abstimmung und Transparenz

Um eine wirksame Koordinierung der Prüfungstätigkeiten zu erzielen, bedarf es **weitergehender Abstimmungsprozesse.** Das Pflege-Weiterentwicklungsgesetz sieht in § 114 SGB XI derzeit mindestens eine jährliche Prüfung vor, ab dem Jahre 2011 höchstens eine jährliche Prüfung. An dieser soll dann nach § 114a SGB XI auch die jeweils zuständige Heimaufsichtbehörde beteiligt werden. Der zeitliche Koordinierungsaufwand wird durch die Ausweitung auf die Regelprüfungen also weiter steigen.

Um die Prüfpraxis wirksam und zentriert gestalten zu können, bedarf es vor allem einer Abstimmung und Vereinbarung gemeinsamer Prüfungsmaßstäbe und Prüfmethoden. Dies verlangt eine **Abstimmung in den von den Pflegeeinrichtungen bereitzuhaltenden Daten und Unterlagen,** um den tatsächlichen Mehraufwand an Nachweisen und Vorhaltepflichten zu mindern und für die Träger und Leitungen der Einrichtungen Transparenz in den Prüfungsanforderungen zu schaffen.

Entsprechende **gemeinsame Prüfkriterien und -maßstäbe fehlen** bislang. Für das Prüfverfahren der Medizinischen Dienste bestehen jetzt zwar bundesweit einheitliche Qualitätsprüfungs-Richtlinien, die auch einen detaillierten Einblick zum Prüfverfahren und den Prüfkriterien geben, sodass hinsichtlich der MDK-Prüfungen für die Praxis Transparenz besteht. Für das **Prüfverfahren der Heimaufsichtsbehörden** der Länder fehlt es weiterhin an Prüfanleitungen, aus denen für die Praxis ersichtlich ist, wie der Prüfungsablauf ist und was überprüft wird. Für die geprüften Einrichtungen besteht insofern **keine Transparenz.** Es liegen keine detaillierten Erkenntnisse darüber vor, ob entsprechende Prüfanleitungen der Heimaufsichtsbehörden in (allen) Ländern bestehen und ob diese vor allem in den Arbeitsgemeinschaften nach § 20 Abs. 5 HeimG mit dem MDK abgestimmt werden.[137]

Länderübergreifende Abstimmung und Transparenz

Erstmals wurde 2006 in einem Bundesbericht über die Situation in den Heimen auch über die Arbeitsgemeinschaften und zum Stand der Kooperation von Heimaufsicht und MDK berichtet.[138] Dem Bericht zufolge sollen bereits funktionierende Kooperationsformen entwickelt sein bzw. sie sind im Aufbau. Die dazu in einer Anlage 15 abgedruckten Berichte aus den Ländern zeigen sehr unterschiedliche Entwicklungsstände in der Zusammenarbeit. Die Aussagen zu den Inhalten der Zusammenarbeit lassen darauf schließen, dass für die Prüfpraxis keine gleichartigen oder vergleichbaren Kooperationen bestehen. Seitens der **Heimaufsichtsbehörden** werden bei der Begehung von Einrichtungen in der Regel **Prüfbögen, Ablaufpläne oder Checklisten** eingesetzt. Diese sind bei den Aufsichtsbehörden häufig unterschiedlich und in den Schwerpunkten individuell gestaltet, sodass kein einheitliches metho-

137 Dies gilt auch für die Tätigkeitsberichte der Heimaufsichtsbehörden gemäß § 22 Abs. 3 HeimG.

138 Bundesministerium für Familie, Senioren, Frauen und Jugend (Hrsg.), 2006, S. 210 f mit Anlage 15. Das 2004 herausgegebene Handbuch zur Praxis der Heimaufsicht stellt vor allem den Auftrag dar: Vgl. Bundesministerium für Familie, Senioren, Frauen und Jugend (Hrsg.), 2004, S. 133 ff.

disches Vorgehen nach quantitativen oder qualitativen Verfahren angenommen werden kann.[139]

Auch gibt es kaum veröffentlichte Fachanleitungen der Heimaufsichtsbehörden, an denen sich Pflegeeinrichtungen über das Prüfverfahren informieren können. Fachanweisungen zur Durchführung des Heimgesetzes[140] oder Veröffentlichungen einer „Gemeinsamen Empfehlung" zur Zusammenarbeit des Medizinischen Dienstes und der Heimaufsicht, wie sie für das Land Niedersachsen erfolgten, sind noch die Ausnahme.[141]

Für eine Verbesserung der gemeinsamen Prüfpraxis, die auch für Pflegeeinrichtungen Entlastungseffekte bewirken soll, sind daher länderübergreifende Abstimmungsprozesse zwischen den Heimaufsichtsbehörden untereinander und mit den Medizinischen Diensten notwendig. Im Weiteren bedarf es einer inhaltlichen **Koordinierung der rechtlich eigenständigen Prüfaufgaben in gemeinsamen Prüfabläufen und Prüfinhalten,** die nach außen für die Pflegeeinrichtungen dokumentiert und damit nachvollziehbar sind.

Anerkennung zur Reduzierung des Prüfumfangs

Die wechselseitige Anerkennung von Prüfergebnissen der Heimaufsichtsbehörden bzw. des MDK erfordert eine detaillierte Abstimmung in der Arbeitsteilung. Die Notwendigkeit folgt schon daraus, dass gemäß § 114 Abs. 3 SGB XI eine **Verringerung des Prüfungsumfangs** nur dann erfolgen soll, wenn der **MDK aus den Überprüfungen der Heimaufsichtsbehörden** oder den landesrechtlichen Prüfverfahren **Erkenntnisse gewinnen kann, dass die Qualitätsanforderungen nach dem SGB XI in der überprüften Einrichtung erfüllt sind.** Möglich wird dies nur sein, wenn zwar arbeitsteilig geprüft wird, aber dennoch Prüfungsschwerpunkte so weit aufeinander abgestimmt werden, dass die Ergebnisse auch anerkannt werden können.

5.4.5 Fazit

Beratung

Mit der Novellierung des Heimgesetzes wurden 2002 die Aufgaben der Heimaufsichtsbehörden und deren Instrumentarien deutlich erweitert. Zusätzlich zu der Aufgabe der externen Qualitätssicherung durch regelmäßige (jährliche) Überprüfungen der Heimeinrichtungen erhielt die Heimaufsicht die Aufgabe der Beratung. Es gilt seitdem der Grundsatz der **Beratung vor Überwachung.**[142] Die Überwachungsaufgaben der Heimaufsicht haben daneben nicht an Bedeutung verloren, sondern wurden konkreter gefasst und u.a. auf jährliche Regelprüfungen (§ 15 Abs. 4 HeimG) erweitert. Mit der Fö-

139 Vgl. eine Studie des Fraunhofer Instituts Arbeitswirtschaft und Organisation, die Methoden und Vorgehensweisen der Heimaufsichtsbehörden und des MDK verglichen hat: Zukunft der Heimaufsicht – Wie muss eine zukunftsfähige Fortbildung für die Heimaufsicht gestaltet werden? S. 23 ff. Vgl. auch Crößmann, 2004, S. 39 ff.

140 Z.B. eine Fachanweisung für die Stadt Hamburg, Stand 2006. In: http.//hamburg.de/heimaufsicht/77620/rechtsvorschriften.html [3.8.2008].

141 Gemeinsame Empfehlung des zuständigen Ministeriums für Soziales, der Spitzenverbände der Kommunen und der Landesverbände der Pflegekassen sowie des MDK in Niedersachen, 2006.

142 Vgl. Bundesministerium für Familie, Senioren, Frauen und Jugend, 2001, S. 21.

deralisierung weiter Teile des Heimrechts haben die Länder neue Gesetzgebungskompetenzen erlangt. Für die dargelegten Aufgaben der Heimaufsichtsbehörden sind derzeit aber keine grundlegenden Änderungen im Aufgabenbereich zu erwarten, zumal auch der Bundesgesetzgeber im neuesten Reformgesetz zur Weiterentwicklung der Pflegeversicherung, von einer rechtlichen Eigenständigkeit der Heimaufsichtsbehörden und der Medizinischen Dienste bei der Wahrnehmung der Prüfungstätigkeiten ausgeht.

Anforderungen: Entbürokratisierung

Vom Bund und den Ländern beabsichtigt ist eine deutlich stärkere Verbesserung der Zusammenarbeit, da sich gezeigt hat, dass ein Nebeneinander der Prüftätigkeiten von Heimaufsicht und MDK zu unnötigen Belastungen in den Pflegeeinrichtungen geführt hat. Um eine spürbare Entbürokratisierung bei den Prüfungen von Heimaufsicht und MDK und infolgedessen eine spürbare Entlastung für die Praxis erzielen zu können, werden Heimaufsicht und MDK für die Regelprüfungen die zu prüfenden Kriterien und fachlichen Schwerpunkte sowie das Verfahren stärker als bisher aufeinander abstimmen müssen.

Weitere Anforderungen an die Prüfinstanzen

Dazu gehört auch eine größere Transparenz in den zu prüfenden Kriterien und Anforderungen, die seitens der Heimaufsicht fehlt. Ebenso notwendig sind gemeinsame Prüfmaßstäbe für die Qualitätsprüfungen zwischen Heimaufsicht und MDK. Und schließlich verlangt die Anerkennung und Übernahme von Prüfergebnissen der jeweils anderen Behörde, dass gemeinsame Schwerpunkte, z.B. zur Struktur- und Prozessqualität, erarbeitet und vereinbart werden. Nur dann wird es zu einer Reduzierung des Prüfungsumgangs bzw. zu einer Verlängerung der Prüfabstände und damit zu einer Entlastung der Pflegeeinrichtungen kommen können.

5

5.5 Themenrelevante Literatur

Arbeitshilfe stationäre Pflege für Regel- und Zusatzleistungen und Ausstattung mit Hilfsmitteln/Pflegehilfsmitteln (2007) zum Abgrenzungskatalog der Spitzenverbände der Krankenkassen – zugleich handelnd als Spitzenverbände der Pflegekassen – zur Hilfsmittelversorgung in stationären Pflegeeinrichtungen (Pflegeheimen). Anhang Abschnitt 9. In: http://www.vdak.de/vertragspartner/Pflegeversicherung/Rahmenkonzept/abschnitt_9.pdf [15.11.2007].

BIVA (Hrsg.): Qualifizierung von Heimbeiräten und Heimfürsprechern durch Multiplikatoren, Modellprojekt 2001, o.A.

BIVA (Hrsg.), 2007: Positionspapier zum Heimrecht nach der Föderalismusreform aus Verbrauchersicht. Grundsätze für die Länder-Heimgesetze. In: http://www.biva.de/uploads/media/PE-vom 26.07.07 Positionspapier_ L-nderheimgesetze.pdf [10.4.2008].

Bundesministerium für Familie, Senioren, Frauen und Jugend (Hrsg.), 2001: siehe Gesetzentwurf der Bundesregierung, 2001.

Bundesministerium für Familie, Senioren, Frauen und Jugend (Hrsg.), 2002a: Zweite Verordnung zur Änderung der Verordnung über die Mitwirkung der Bewohner von Altenheimen, Altenwohnheimen und Pflegeheimen für Volljährige in Angelegenheiten des Heimbetriebes (2. Heimmitwirkungs-Änderungsverordnung). Deutscher Bundesrat – Drucksache 294/02 vom 8.4.2002.

Bundesministerium für Familie, Senioren, Frauen und Jugend (Hrsg.), 2002b: Vierter Bericht zur Lage der älteren Generation. Deutscher Bundestag – Drucksache 14/8822 vom 18.4.2002.

Bundesministerium für Familie, Senioren, Frauen und Jugend (Hrsg.), 2003a: Ihre Rechte als Heimbewohnerinnen und Heimbewohner, Berlin 2003. In: http://www.bmfsfj.de [30.3.2008].

Bundesministerium für Familie, Senioren, Frauen und Jugend (Hrsg.), 2003b: Der Heimbeirat. Ein Informationsblatt über die Mitwirkung der Bewohnerinnen und Bewohner in Angelegenheiten des Heimbetriebes, Berlin 2003 In: http://www.bmfsfj.de [30.3.2008].

Bundesministerium für Familie, Senioren, Frauen und Jugend (Hrsg.), 2004: Handbuch zur Praxis der Heimaufsicht, Berlin 2004.

Bundesministerium für Familie, Senioren, Frauen und Jugend (Hrsg.), 2006: Erster Bericht des Bundesministeriums für Familie, Senioren, Frauen und Jugend über die Situation der Heime und die Betreuung der Bewohnerinnen und Bewohner, Stand 15.8.2006, Berlin 2006.

Bundesministerium für Gesundheit (Hrsg.), 2008: Vierter Bericht über die Entwicklung der Pflegeversicherung, 2008. In: http://www.bmg.bund.de [29.2.2008].

Bundesministerium für Gesundheit und Soziale Sicherung (Hrsg.), 2004: Dritter Bericht über die Entwicklung der Pflegeversicherung, Berlin, 2004. In: http://www.bmg.de [30.4.2008].

Crößmann, G.; Goberg, O.; Iffland, S.; Mangels, R., 2000: Taschenkommentar zum Heimgesetz, Hannover 2000.

Crößmann, G, 2004: Bestandsaufnahme und Erfahrungen der Praxis mit dem neuen Heimrecht. In: RsDE 2004, Heft 56, S. 24–43.

Dahlem, O.; Giese, D.; Igl, G.; Klie, Th., 2007: Das Heimgesetz, Band I, Kommentar, Köln/Berlin/Bonn/München 2007.

Deutsches Zentrum für Altersfragen, 2005: Geschäftsstelle Runder Tisch Pflege, Arbeitsgruppe III, Entbürokratisierung, Berlin September 2005.

Drittes Gesetz zur Änderung des Heimgesetzes vom 5.11.2001, BGBl. I Nr. 57, S. 2960, Bundesministerium für Familie, Senioren, Frauen und Jugend.

Eckpunkte für ein Landesheimgesetz NRW, 2008: In: http://www.mags.nrw.de/08_PDF/003/Eckpunkte_Landesheimgesetz_NRW.pdf [7.11.2007].

Fraunhofer Institut Arbeitswirtschaft und Organisation (Hrsg.), 2003: Zukunft der Heimaufsicht – Wie muss eine zukunftsfähige Fortbildung für die Heimaufsicht gestaltet werden? o.O., 2003.

Gemeinsame Grundsätze und Maßstäbe (2003) zur Qualität und Qualitätssicherung sowie für die Entwicklung eines einrichtungsinternen Qualitätsmanagements nach § 80 SGB XI in vollstationären Pflegeeinrichtungen vom 16.12.2003.

Gemeinsame Empfehlung des Niedersächsischen Ministeriums für Soziales, Frauen, Familie und Gesundheit, der kommunalen Spitzenverbände Niedersachsens, der Verbände der gesetzlichen Pflegekassen in Niedersachsen sowie des Medizinischen Dienstes der Krankenversicherung Niedersachsen (2006) zur Zusammenarbeit des Medizinischen Dienstes und der Heimaufsichtsbehörden im Rahmen von Prüfungen nach dem 11. Kapitel des Elften Buches des Sozialgesetzbuches (SGB XI)/§§ 15 und 20 des Heimgesetzes (HeimG) in Niedersachsen", Hannover Stand September 2006. In: http://cdl.niedersachsen.de/blab/images/C27408989_L20.pdf [30.4.2008].

Gemeinsame Empfehlung gemäß § 75 Abs. 5 SGB XI zum Inhalt der Rahmenverträge nach § 75 Abs. 1 SGB XI zur vollstationären Pflege vom 25. November 1996.

Gesetz zur strukturellen Weiterentwicklung der Pflegeversicherung (Pflege-Weiterentwicklungsgesetz) vom 28.5.2008, BGBI. Nr. 20 S. 874 ff.

Gesetz zur Qualitätssicherung und zur Stärkung des Verbraucherschutzes in der Pflege (Pflege-Qualitätssicherungsgesetz – PQsG) vom 9.9.2001, BGBI. Nr. 47 S. 2320.

Gesetzentwurf der Bundesregierung, 2000: Entwurf eines Gesetzes zur Qualitätssicherung und zur Stärkung des Verbraucherschutzes in der Pflege (Pflege-

Qualitätssicherungsgesetz – PQsG), Deutscher Bundesrat – Drucksache 731/00 vom 10.11.2000.

Gesetzentwurf der Bundesregierung, 2001: Entwurf eines Dritten Gesetzes zur Änderung des Heimgesetzes, Deutscher Bundestag – Drucksache 14/5399 vom 23.2.2001.

Gesetzentwurf der Bundesregierung, 2007: Entwurf eines Gesetzes zur strukturellen Weiterentwicklung der Pflegeversicherung – Pflege-Weiterentwicklungsgesetz, Deutscher Bundestag – Drucksache 16/7439 vom 7.12.2007.

Heumann, F.-W., 2002: Das neue Heimgesetz (1. Teil). In: PflegeRecht 2002, S. 54–64.

Kamm, J., 2002: Allzeit bereit? In: Altenheim 2002, S. 23.

Krahmer, U.; Richter, R. (Hrsg.), 2006: Heimgesetz, Lehr- und Praxiskommentar, 2. Auflage, Baden-Baden 2006.

Kunz, E.; Butz, M.; Wiedemann, E., 2003: Heimgesetz, Kommentar, München 2003.

MDS e.V. (Hrsg.), 2005a: Richtlinien der Spitzenverbände der Pflegekassen über die Prüfung der in Pflegeeinrichtungen erbrachten Leistungen und deren Qualität (Qualitätsprüfungs-Richtlinien – QPR) vom 10.11.2005, Essen 2005. In: http://www.mds.de [30.4.2008].

MDS e.V. (Hrsg.), 2005b: MDK-Anleitung zur Prüfung der Qualität nach den §§ 112, 114 SGB XI in der stationären Pflege vom 10.11.2005, Essen 2005.

Ministerium für Soziales, Gesundheit, Familie, Jugend und Senioren des Landes Schleswig-Holstein (Hrsg.), 2007: Eckpunktepapier für ein Pflegegesetzbuch Schleswig-Holstein (PflegeGB SH). In: http://www.schleswig-holstein.de/MSGF/DE/AeltereMenschen/PflegeBegleitung/Heimrecht/Heimrecht__node.html__nnn=true [7.11.2007].

Münder u.a, 2008: Lehr- und Praxiskommentar, Sozialgesetzbuch SGB XII, Sozialhilfe, 8. Auflage, Baden-Baden 2008.

Rahmenvertrag für Niedersachsen: Rahmenvertrag gemäß § 75 Abs. 1 i.V.m. Abs. 2 SGB XI zur vollstationären Dauerpflege, in der Fassung der Schiedsstellenfestsetzung vom 27.1.2005 nebst Nachtrag, in Kraft seit 1.1.2007.

Rahmenvertrag für Rheinland-Pfalz: Rahmenvertrag nach § 75 Abs. 1 SGB XI zur vollstationären Pflege in Rheinland-Pfalz, in Kraft ab 1.1.1999.

Saarländisches Ministerium für Frauen, Arbeit, Gesundheit und Soziales (Hrsg.), 2001: Darstellung der Aufgaben der Heimaufsicht, o.O., 2001. In: http://www.soziales.saarland.de/medien/inhalt/Darstellung_der_Aufgaben_der_Heimaufsicht.pdf [3.2.2003].

Vollmer, R.; Vollmer, P.; Rudolph, J.; Wilhelms, C., 2001: Texte zum Gesundheits- und Sozialrecht. Das neue Heimgesetz (HeimG), 1.Auflage, November 2001.

Wiese, U.E., 2002: Das neue Heimrecht. Erweiterte Mitwirkungsrechte des Heimbeirates als Schwerpunkt der Gesetzesnovellierung und deren Auswirkungen. In: PflegeRecht 2002, S. 392–400.

Wiese, U. E., 2004: Pflegeversicherung und Pflegepraxis. Auswirkungen rechtlicher Regularien auf die Pflege, Pflegequalität und Qualitätssicherung, Baden-Baden 2004.

KAPITEL

6 Qualitätsentwicklung und -sicherung als institutionelle Aufgabe

6.1 Einführung

Gesetzliche Forderungen

Die Qualitätsentwicklung und -sicherung ist eine institutionelle Aufgabe, die im Verantwortungsbereich des Heimträgers und der Leitungskräfte liegt. Den Trägern der Pflegeeinrichtungen ist es dabei freigestellt zu entscheiden, welche Methoden und Instrumente der Qualitätssicherung zum Einsatz kommen. Zwingende Vorgaben des Gesetzgebers bestehen dazu nicht. Auch sind Begriffe wie Qualität, Qualitätsmanagement, Qualitätsmanagementsysteme oder Qualitätsniveaus nicht durch den Gesetzgeber definiert oder ausgestaltet worden. Er hat aber dadurch, dass er im Pflegeversicherungsgesetz, beispielsweise in § 11 SGB XI die Forderung nach einer dem allgemeinen Stand medizinisch-pflegerischer Erkenntnisse entsprechenden Qualität aufstellt und in § 72 Abs. 3 SGB XI die Zulassung zur Pflege von der Verpflichtung zur Einführung und Weiterentwicklung eines einrichtungsinternen Qualitätsmanagements abhängig macht, die Qualitätsdiskussion und -entwicklung in der Altenpflege in Gang gebracht. Im Pflegeversicherungsgesetz finden sich deshalb zu den **institutionellen Qualitätsanforderungen** weitgehend **unbestimmte Rechtsbegriffe,** deren Konkretisierung jeweils nach den weiteren Normentwicklungen in den Professionen, z.B. in der Pflegewissenschaft, erfolgen und fortgeschrieben werden soll.

Das Pflegeversicherungsgesetz gibt keine eindeutige Definition von „Qualität" und institutioneller „Qualitätssicherung" vor, sondern fordert die Einhaltung einer am Stand der Wissenschaft orientierten Qualität und Qualitätssicherung. Nach den bereits in den vorangegangenen Kapiteln entwickelten rechtlichen Anforderungen lässt sich „Qualität" allgemein als Gesamtheit der Leistungen erfassen, die der Lebensqualität und bedürfnisorientierten Pflege, Betreuung und Versorgung der Heimbewohner dienen.

Föderalismusreform/weitere Relevanz des Heimgesetzes

Auch das Heimgesetz enthält Regelungen, in denen Forderungen an die Qualität und Qualitätssicherung der Betreuung und Versorgung formuliert sind. Heimbetreiber sind gemäß § 3 HeimG verpflichtet, ihre Leistungen nach dem jeweils allgemein anerkannten Stand fachlicher Erkenntnisse zu erbringen. Die Betriebserlaubnis ist gemäß § 11 Abs. 2 Nr. 4 an die Bedingung geknüpft, dass ein Qualitätsmanagement betrieben wird. Die Anforderungen an die Qualitätssicherung und an die Umsetzung eines heiminternen Qualitätsmanagements wurden teilweise erst mit dem Dritten Änderungsgesetz zum Heimgesetz im Jahre 2001 aufgenommen.[1]

[1] Drittes Gesetz zur Änderung des Heimgesetzes vom 5.11.2001, BGBl. I 2001, S. 2970 ff.

Zwar ist bekanntlich die Gesetzgebungszuständigkeit für das Heimrecht im Rahmen der Föderalismusreform auf die Bundesländer übergegangen und die Länder können autonom Landesheimgesetze verfassen, doch wird trotz aller denkbaren unterschiedlichen Ausgestaltung die **Qualitätssicherung und -entwicklung „Kernthema"** bleiben.

Dies belegen auch Diskussionspapiere, sowie Eckpunktepapiere und Entwürfe zum Heimrecht aus den Ländern (zu den Ländergesetzen via Website: **www.pflegeheute.de**). Das Heimgesetz bleibt zudem bis zur Ablösung durch landesgesetzliche Regelungen in Kraft und wird, aller Voraussicht nach, in vielen Regelungsbereichen des Verbraucherschutzes auch Leitfunktion beibehalten.

Wegen der grundsätzlichen Bedeutung des Themas und der nach wie vor bestehenden Relevanz des Heimgesetzes und dessen Regelungen, wird zunächst auf die **institutionellen Qualitätsanforderungen** des Heimgesetzes eingegangen. Im Anschluss daran werden die Qualitätsanforderungen des Pflegeversicherungsgesetzes dargelegt.

6.2 Rechtliche Anforderungen an die Qualitätsentwicklung und -sicherung als institutionelle Aufgabe

6.2.1 Qualitätsentwicklung und -sicherung nach den Bestimmungen des Heimgesetzes

Qualitätssicherung im Heimgesetz

Gemäß § 11 Abs. 1 Nr. 3 i.V.m. § 3 Abs. 1 HeimG sind Heimträger verpflichtet, eine **angemessene Qualität der Betreuung** nach dem anerkannten Stand medizinisch-pflegerischer Erkenntnisse zu gewährleisten und die ärztliche und gesundheitliche Betreuung der Bewohner zu sichern. Dies setzt voraus, dass der Heimbetreiber **Qualitätsmaßstäbe entwickelt und Qualitätssicherungsmaßnahmen implementiert.**[2]

Darüber hinaus ist gemäß § 11 Abs. 1 Ziffer 6 die **hauswirtschaftliche Versorgung zu erbringen** und eine **angemessene Qualität des Wohnens sicherzustellen.** Die Schaffung von Wohnqualität ist mit der Forderung verbunden, dass Heimbewohner ihre unmittelbare Umgebung nach ihren persönlichen Bedürfnissen und Wünschen gestalten können und damit die Möglichkeit haben, für sich eine persönliche Wohnsphäre zu schaffen.[3] Maßnahmen der Qualitätssicherung müssen folglich der Sicherstellung der gesundheitlichen Pflege und medizinischen Versorgung, der hauswirtschaftlichen Versorgung und Wohnqualität sowie der Betreuung dienen.

[2] Amtliche Begründung zu § 11 Ziffer 6 in: Gesetzentwurf der Bundesregierung (2001b), Entwurf eines Dritten Gesetzes zur Änderung des Heimgesetzes, Deutscher Bundestag – Drucksache 14/5399 vom 23.2.2001, S. 26, 27.

[3] Ebenda, S. 26.

Abb. 6.1 Qualitätssicherungsziele nach dem HeimG

Unbestimmtheit der Regelung

In § 11 Abs. 2 Nr. 4 HeimG wird schließlich das Betreiben eines Qualitätsmanagements als Betriebsvoraussetzung verlangt. Diese Anforderung steht scheinbar neben den zuvor genannten Qualitätsanforderungen. Aus den Gesetzesmaterialien ergibt sich jedoch, dass der Gesetzgeber das Betreiben eines heiminternen Qualitätsmanagements als notwendige Konsequenz für die Verbesserung der Betreuungs- und Versorgungsqualität gesehen hat und deshalb § 11 Abs. 2 HeimG um die Verpflichtung zur Führung eines Qualitätsmanagements ergänzt hat.[4] Qualitätsmanagement ist damit auch nach dem Gesetz ein Oberbegriff, der qualitätsbezogene Tätigkeiten, also auch Maßnahmen der Qualitätssicherung und Qualitätsverbesserung umfasst.[5]

6

Maßstab für das Qualitätsmanagement ist § 113 SGB XI

Weitere Vorgaben zum Verfahren oder zu den Instrumenten, die im Rahmen des internen Qualitätsmanagements zur Qualitätssicherung eingesetzt werden sollen, nennt das Heimgesetz nicht. Absicht des Gesetzgebers war, dass sich die Entwicklung des Qualitätsmanagements an den Kriterien des Pflegeversicherungsgesetzes und hier an den Qualitätsvereinbarungen gemäß § 80 SGB XI orientieren sollte.[6] § 80 SGB XI wurde mit dem Inkrafttreten des Pflege-Weiterentwicklungsgesetzes zum 1.7.2008[7] außer Kraft gesetzt. Die bis dahin in § 80 SGB XI enthaltene Regelung zur Sicherung und Weiterentwicklung der Pflegequalität durch die Vereinbarung von Maßstäben und Grundsätzen wurde in § 113 SGB XI eingefügt und hat damit weiter Geltung.[8]

Die einzelnen **zum Heimgesetz erlassenen Verordnungen** enthalten ebenfalls kaum instrumentelle Empfehlungen zur Qualitätssicherung und Qualitätsentwicklung. Lediglich die Heimpersonalverordnung nennt in § 8 das Instrument der Fort- und Weiterbildung des Personals und bezieht dies auf spezifische Funktions- und Tätigkeitsfelder der Altenpflege. Weiterge-

[4] Vgl. Dahlem, u.a., 2004, § 11 HeimG, Rdn. 27.
[5] Zum Begriff: Göpfert-Divivier; Robitzsch, 2002, S. 227 ff. m.w.N.
[6] Vgl. Nr. § 6 (§ 11 Abs. 2 Nr. 3 HeimG), Änderungen in dem Bericht des 13. Ausschusses, Deutscher Bundestag, Drucks. 14/6364 21.6.2001, S. 31, 32.
[7] Pflege-Weiterentwicklungsgesetz vom 28.5.2008, BGBl. I S. 874 ff.
[8] Vgl. die Begründung im Gesetzesentwurf der Bundesregierung zum Pflege-Weiterentwicklungsgesetz, Deutscher Bundestag, Drucks. 16/7439 vom 7.12.2007, zu § 113 SGB XI S. 195.

hende institutionelle Anforderungen, etwa zum Konzept und dem Qualitätsniveau von Fortbildungen bestehen nicht.

Die übrigen Inhalte der Verordnungen sind begrenzt auf die Festschreibung einzelner inhaltlicher Qualitätsanforderungen. Nur diese werden auch von der Heimaufsicht kontrolliert.

Der Gesetz- und Verordnungsgeber setzt bei der Umsetzung eines internen Qualitätsmanagements auf die Eigeninitiative der Heimträger und deren Leitungen. Für die Umsetzung der institutionelle Qualitätsentwicklung und Qualitätssicherung enthält das Heimrecht keine verpflichtenden Vorgaben.

Qualitätsentwicklung und -sicherung nach SGB XI

6.2.2 Qualitätsentwicklung und -sicherung nach den Bestimmungen des Pflegeversicherungsgesetzes

Für die im Leistungssystem des Pflegeversicherungsgesetzes zugelassenen Einrichtungen enthält das Gesetz vielfältige Vorgaben für die Qualitätsentwicklung und die Sicherstellung der Qualität. Die Gesetzesanforderungen bilden weniger ein Programm, sondern eher eine Ansammlung von Auflagen, Pflichten, Instrumenten und Verfahrensvorgaben zur Qualitätssicherung, die sich zudem an unterschiedliche Adressaten richten. Folgende Übersicht verdeutlicht dies anhand des aktuellen Gesetzesstandes nach Inkrafttreten des Pflege-Weiterentwicklungsgesetzes 2008. Beispielhaft für die Vielfalt der Regelungen sind:

Regelungsvielfalt

- ✓ Die Zulassung von Pflegeeinrichtungen ist gemäß § 72 Abs. 3 an die Einführung und Weiterentwicklung eines einrichtungsinternen Qualitätsmanagements und an die Anwendung der Expertenstandards geknüpft.
- ✓ Zugelassene Pflegeeinrichtungen sind gemäß § 112 Abs. 2 SGB XI verpflichtet, sich an Maßnahmen der Qualitätssicherung zu beteiligen sowie ein Qualitätsmanagement nach den Qualitätsvereinbarungen gemäß § 113 SGB XI durchzuführen, die Expertenstandards anzuwenden und an Qualitätsprüfungen mitzuwirken.
- ✓ Einrichtungen müssen bei der Leistungserbringung den Stand der Wissenschaft in der medizinisch-pflegerischen Versorgung gewährleisten (vgl. § 11 SGB XI).
- ✓ Die in § 113 SGB XI genannten Spitzenverbände haben Grundsätze und Maßstäbe auch für die Qualitätssicherung und für die Entwicklung eines einrichtungsinternen Qualitätsmanagements aufzustellen. Diese sind für die Pflegeeinrichtungen verpflichtend.
- ✓ In der Qualitätsvereinbarung gemäß § 113 SGB XI, die für vollstationäre Pflegeeinrichtungen gilt, werden unter Nr. 5 die Verantwortungsbereiche der Heimträger für die interne Qualitätssicherung genannt. Die Träger werden aufgefordert, sich auch an Maßnahmen der externen Qualitätssicherung zu beteiligen. Hier finden sich auch Vorschläge für geeignete Maßnahmen zur Qualitätssicherung.
- ✓ Es sind gemäß § 84 Abs. 5 SGB XI wesentliche Leistungs- und Qualitätsmerkmale für jede Einrichtung zu vereinbaren, die integrierter Bestandteil der Pflegsatzvereinbarung sind.

✓ Dem MDK obliegt die externe Qualitätssicherung, indem er regelmäßig Kontrollen zur Prüfung der Qualität und Maßnahmen zur Qualitätssicherung in den Pflegeeinrichtungen durchführt (§ 114 SGB XI i.V.m. § 114a SGB XI). Gleiches gilt für Sachverständige, die vom MDK bestellt sind und Prüfungen durchführen.

Das **Pflegeversicherungsgesetz enthält** ein Grundkonzept der internen und externen Qualitätssicherung, das auch Maßnahmen der Qualitätsentwicklung beinhaltet. Das Konzept basiert auf einem System interner Qualitätssicherung und externer Qualitätsprüfungen durch den MDK.

Im Folgenden wird näher auf Details und zentrale Instrumente eingegangen.

Verantwortungsbereiche der Heimträger

Die **zentralen Rechtsvorschriften** für die Qualitätssicherung durch die Träger der Pflegeheime und deren Leitungskräfte sind in **§ 113 SGB XI und § 112 SGB XI** enthalten.

Zentral: § 112 SGB XI

§ 112 SGB XI regelt die „Qualitätsverantwortung" der Heimeinrichtungen. Die **Verantwortung der Heimträger** für die Qualitätssicherung der von ihnen zu erbringenden Leistungen und die Sicherung und Weiterentwicklung der Pflegequalität umfasst:

- nach § 112 Abs. 1 und 2 SGB XI:
  - die Beachtung der **Qualitätsvereinbarung** gemäß § 113 SGB XI und
  - die Einhaltung der Leistungsinhalte und Qualitätskriterien, die als wesentliche **Leistungs- und Qualitätsmerkmale (wLQm)** gemäß § 85 Abs. 5 SGB XI mit dem Pflegesatz vereinbart wurden.
- nach § 112 Abs. 2 SGB XI die Pflicht der Anwendung der Expertenstandards und als Qualitätsnachweis die Mitwirkungspflicht bei Qualitätsprüfungen.
- Die Qualitätssicherungspflicht bezieht sich im stationären Bereich auf
  - die allgemeinen Pflegeleistungen und die medizinische Behandlungspflege sowie
  - auf die Betreuungs-, Unterkunfts-, Verpflegungs- und Zusatzleistungen gemäß §§ 87, 88 SGB XI.

Änderungen und Anforderungen nach dem Pflege-Weiterentwicklungsgesetz

Neue Anforderungen des Pflege-Weiterentwicklungsgesetzes

Die zuvor gegebene Übersicht zur Vielfalt der Regelungen gibt den aktuellen Stand mit den neuen Anforderungen des Pflege-Weiterentwicklungsgesetzes wieder, enthält aber auch Regelungen, die in den vorangegangenen Reformwerken in das Pflegeversicherungsgesetz aufgenommen worden waren. Auch mit dem Pflege-Weiterentwicklungsgesetz von 2008 hat der Gesetzgeber eine Fortentwicklung der Versorgungsqualität und der Qualitätsentwicklung beabsichtigt. In dem „Entwurf eines Gesetzes zur strukturellen Weiterentwicklung der Pflegeversicherung" nennt der Gesetzgeber als eine zentrale Zielsetzung der Reform, **„die Qualität der pflegerischen Versorgung weiter zu**

verbessern und die Instrumente der Qualitätssicherung und Qualitätsentwicklung zu stärken".[9] Mit dem Inkrafttreten des Gesetzes sind damit auch für vollstationäre Pflegeeinrichtungen elementare Änderungen eingetreten. Im Folgenden werden die neuen Regelungen im Kontext der Gesetzesänderungen dargelegt. Dabei wird ausschließlich auf die **Regelungen des Pflege-Weiterentwicklungsgesetzes** Bezug genommen, **die das Qualitätsmanagement, die Qualitätssicherung und die Qualitätsnachweise betreffen:**

PflWG zur Qualitätsentwicklung und Qualitätssicherung

- ✓ Die mit der Zulassung zur Leistungserbringung verbundene Verpflichtung zur Einführung und Weiterentwicklung eines einrichtungsinternen Qualitätsmanagements bleibt und ist in § 72 Abs. 3 Nr. 3 SGB XI enthalten. Für die Einführung sind nach wie vor die Qualitätsvereinbarungen maßgebend, die nun über § 113 SGB XI Anwendung finden. § 113 SGB XI ist eine der zentralen Gesetzesvorschriften für die Sicherung und Weiterentwicklung der Pflegequalität. Bis zum 31.3.2009 sollen neue Maßstäbe und Grundsätze für die Qualität und Qualitätssicherung vereinbart werden, die die geltenden Vereinbarungen ablösen sollen.
- ✓ Zur Sicherung und Weiterentwicklung der Qualität bestimmt § 72 Abs. 3 Nr. 4 SGB XI i.V.m. § 113a Abs. 3 SGB XI, dass die zugelassenen Pflegeeinrichtungen verpflichtet sind **alle Expertenstandards** des Deutschen Netzwerks zur Qualitätsentwicklung in der Pflege anzuwenden. Gemäß § 113a SGB XI konkretisieren die Expertenstandards in ihren Themenbereichen den allgemein anerkannten Stand der medizinisch-pflegerischen Erkenntnisse.
- ✓ Die „Qualitätsverantwortung" der Pflegeeinrichtungen ist weiterhin in den §§ 112 ff SGB XI festgelegt. Zentrale Vorschrift für die **interne Qualitätssicherung** ist § 113 SGB XI. Zu den Instrumenten (u.a. einrichtungsinternes Qualitätsmanagement) werden hier zur Überprüfung der Verpflichtungen Mitwirkungspflichten im Rahmen der externen Qualitätsprüfungen festgelegt.
- ✓ Das Gesetz sieht auch für die Anwendung der **Qualitätsvereinbarungen** gemäß § 113 SGB XI inhaltliche Erweiterungen vor. Dazu sollen in den Maßstäben und Grundsätzen für die Qualität und Qualitätssicherung (Qualitätsvereinbarung):
  1. verbindliche Festlegungen zur Pflegedokumentation getroffen werden, die „praxistauglich" sind, aber auch die Anforderungen an die Qualitätssicherung erfüllen;
  2. zusätzlich auch Anforderungen zur Anerkennung von Sachverständigen und Prüfinstitutionen vereinbart werden, und zwar nach Zuverlässigkeit, Unabhängigkeit und Qualifikation;
  3. für **Zertifizierungs- und Prüfverfahren** unabhängiger Sachverständiger Anforderungen zur methodischen Verlässlichkeit der Verfahren vereinbart werden.

6

[9] Gesetzentwurf der Bundesregierung (2007), Entwurf eines Gesetzes zur strukturellen Weiterentwicklung der Pflegeversicherung – Pflege-Weiterentwicklungsgesetz, Deutscher Bundestag – Drucks. 16/7439 vom 7.12.2007, S. 2.

Zertifizierungs- und Prüfverfahren durch Sachverständige

Mit den Regelungen zu § 113 Abs. 1 Nr. 2 und 3 SGB XI erfolgt eine **Wiederaufnahme** des bislang nicht umsetzbaren Modells der **Leistungs- und Qualitätsnachweise** (LQN).

Rückblickend betrachtet wurde mit dem Pflegequalitätssicherungsgesetz 2001[10] Pflegeeinrichtungen die Verantwortung auferlegt, **Leistungs- und Qualitätsnachweise (LQN)** über ihre Leistungen und deren Qualität und damit auch zur Qualitätssicherung zu erbringen. Die Einführung der Leistungs- und Qualitätsnachweise war seinerzeit mit der Zielsetzung verbunden gewesen, Pflegeeinrichtungen mit der Zulassung auch zur Einführung und Weiterentwicklung eines einrichtungsinternen Qualitätsmanagements zu verpflichten. Gleichzeitig sollte die externe Qualitätssicherung ausgebaut werden. Die Leistungs- und Qualitätsnachweise sollten nach erfolgreich absolvierter Prüfung durch unabhängige Sachverständige oder Prüfstellen erteilt werden können.[11] Damals sah der Gesetzgeber in § 118 SGB XI a.F. vor, dass das Verfahren für die Erteilung der LQN und für die Anerkennung der Sachverständigen und Prüfstellen durch Rechtsverordnung geregelt werden sollte.

Scheitern der LQN 2002/ Neue Ziele der Zertifizierung

Die rechtliche Umsetzung der Leistungs- und Qualitätsnachweise scheiterte, da die hierfür notwendigen **Rechtsverordnungen zur Einführung der Leistungs- und Qualitätsnachweise nicht realisiert** werden konnten. Der Entwurf einer Verordnung wurde im Jahre 2002 vom Bundesrat abgelehnt.

§ 114 Abs. 4 SGB XI: Zertifizierung

Mit der **Anerkennung von Zertifizierungs- und Prüfverfahren** und der Etablierung unabhängiger Sachverständiger ist beabsichtigt, die interne Qualitätssicherung in den Pflegeeinrichtungen stärker zu fördern und die externen Regelprüfungen durch den MDK inhaltlich und zeitlich zu verringern.[12] Dazu sieht der Entwurf für die Neufassung des § 114 SGB XI vor, dass auch Ergebnisse von Prüfungen und Zertifizierungen zur Qualität der Leistungen, die von den Pflegeeinrichtungen selbst veranlasst werden, für die externe Qualitätsprüfung durch den MDK angerechnet werden können. Die Regelprüfung soll damit im Umfang reduziert werden können (§ 114 Abs. 4 SGB XI).[13] Zwingende Voraussetzung für die Anerkennung soll sein, dass das Zertifizierungs- und Prüfverfahren nach einem anerkannten Verfahren und durch anerkannte Sachverständige und Prüfinstitutionen erfolgt. Dazu und zu den Modalitäten der Anerkennung soll gemäß § 113 Abs. 1 SGB XI in der Qualitätsvereinbarung für stationäre Einrichtungen näheres festgelegt werden. Die Regelungskompetenz ist durch die **Anerkennung von Zertifizierungs- und Prüfverfahren** unabhängiger Sachverständiger damit auf die Spitzenverbände der Selbstverwaltung verlagert worden. Eine Rechtsverordnung ist nicht mehr vorgesehen.

Qualitätssicherung durch Pflegeheimvergleich – alter/ neuer Stand

✓ Die Regelung des **§ 92a SGB XI zum Pflegeheimvergleich** bleibt bestehen, obwohl bislang auch dieses Instrument nicht umgesetzt werden konnte. Mit § 92a SGB XI wurde im Rahmen des Pflegequalitätssicherungsgesetzes die Ermächtigungsgrundlage geschaffen, durch Rechtsverordnung mit

10 Pflegequalitätssicherungsgesetz vom 9.9.2001, BGBl. I S. 2320.

11 Vgl. Bundesministerium für Gesundheit, 2001, S. 30, zu § 113.

12 Gesetzentwurf der Bundesregierung (2007), Entwurf eines Gesetzes zur strukturellen Weiterentwicklung der Pflegeversicherung – Pflege-Weiterentwicklungsgesetz, Deutscher Bundestag – Drucks. 16/7439 vom 7.12.2007, S. 93 f. der Begründung.

13 Ebenda, S. 94 f. der Begründung.

6

Zustimmung des Bundesrates einen Pflegeheimvergleich anzuordnen. Der Pflegeheimvergleich sollte mehr Transparenz in den Heimbereich bringen und als Hilfe und Vergleichsmaßstab beim Abschluss von Leistungs- und Qualitätsvereinbarungen gemäß § 80a SGB XI a.F. dienen. Ebenso sollte das Instrument dazu eingesetzt werden, Vergleiche bei den Vergütungsvereinbarungen und bei Wirtschaftlichkeits- und Qualitätsprüfungen zu ermöglichen (vgl. § 92 Abs. 2 SGB XI). Außerdem sollten Pflegeheime länderbezogen verglichen werden, um darauf aufbauend einen externen Vergleich durchführen zu können.[14] Infolge der fehlenden Rechtsverordnung wurden Pflegeheimvergleiche bislang nur sehr vereinzelt und anhand unterschiedlicher Vergleichskriterien durchgeführt.[15]

✓ Mit dem Pflege-Weiterentwicklungsgesetz haben sich die Ziele, die mit **§ 92a SGB XI verbunden werden, geändert.** Der Pflegeheimvergleich ist nicht mehr als Vergleichsmaßstab für die Leistungs- und Qualitätsvereinbarung vorgesehen, da es diesen Vertragstyp nach dem Inkrafttreten des Reformgesetzes nicht mehr gibt (➤ Kap. 6.2.5). Ebenfalls gelöscht wurde der Bezug zur LQN.

✓ Für die Wirtschaftlichkeitsprüfungen und die Bemessung der Vergütungen und Entgelte, soll der Pflegeheimvergleich als unterstützende Grundlage dienen. Deshalb wird an dem Ziel der Umsetzung weiterhin festgehalten. Derzeit wird von der **Bundesinteressenvertretung der Nutzerinnen und Nutzer von Wohn- und Betreuungsangeboten im Alter und bei Behinderung e.V. (BIVA)** eine Datenbank mit Qualitätsbewertungen für Heime entwickelt.

✓ Das Konzept der **Leistungs- und Qualitätsvereinbarung** (LQV) wurde verändert, indem die LQV als eigenständiger Vertragstyp abgeschafft wurde. Aus der „Leistungs- und Qualitätsvereinbarung" wurden die **„wesentlichen Leistungs- und Qualitätsmerkmale"** (wLQm). Die „wLQm" sind zugleich in die Bemessungsgrundsätze gemäß § 84 SGB XI integriert worden. Damit sind die wesentlichen Leistungs- und Qualitätsmerkmale **unmittelbarer Verhandlungsgegenstand** der Pflegesatzverhandlungen geworden.[16] Die individuell zu vereinbarenden Leistungsinhalte und Leistungsmerkmale wurden modifiziert (dazu ➤ Kap. 6.2.5).Vergleichbare Merkmale gleichartiger Pflegeheime sind bei der Bemessung der Pflegesätze zu berücksichtigen.

Die mit dem Pflege-Weiterentwicklungsgesetz verbundenen Gesetzesänderungen verdeutlichen in den dargestellten Ausschnitten, dass mit der Pflegereform die interne Qualitätsentwicklung vorangetrieben werden soll. Intension des Gesetzgebers ist, dass die Träger von Pflegeeinrichtungen mehr Ver-

---

14 Vgl. Bundesministerium für Gesundheit, 2001, S. 36. Der erste Pflegeheimvergleich sollte gemäß § 92a Abs. 8 SGB XI zum 31.12.2003 vorgelegt werden. Vgl. auch „Dritter Bericht über die Entwicklung der Pflegeversicherung", 2004, unter C.I.3.3.2.

15 Beispielsweise im Rahmen eines EQUAL-Projektes in Baden-Württemberg, durchgeführt 2004. Weitere Informationen hierzu im Internet unter http://www.equal-altenhilfe.de [2.2.2008].

16 Die Streichung beruht auf einem Vorschlag der Arbeitsgruppe III, Runder Tisch Pflege. Vgl. Deutsches Zentrum für Altersfragen, 2005, Empfehlung 4.1.4.

Qualitätssicherungskonzept SGB XI	
Stand bis Juni 2008	Aktueller Stand (ab 1.7.2008), Änderungen nach dem Pflege-Weiterentwicklungsgesetz vom 28.5.2008
Nach PQsG seit 1.1.2002 • Qualitätsvereinbarung nach § 80 Abs. 1 SGB XI • Beteiligung an Qualitätssicherungsmaßnahmen nach § 112 Abs. 1 und 2 SGB XI • Prüfungen durch den MDK nach § 112 Abs. 3 i.V.m. § 114 SGB XI	• Qualitätsvereinbarung nach § 113 SGB XI • Beteiligung an QS-Maßnahmen nach Abs. 1 und 2 mit Erweiterungen, z.B. Anwendungspflicht der Expertenstandards • Prüfungen durch den MDK nach §§ 114, 114a SGB XI
• § 72 Abs. 3 SGB XI: Einführung und Weiterentwicklung eines einrichtungsinternen Qualitätsmanagements nach Maßgabe der Qualitätsvereinbarung nach § 80 SGB XI (§ 72 Abs. 3 Nr. 3 SGB XI)	• Regelung des § 72 Abs. 3 SGB XI bleibt, aber verpflichtend werden: - Qualitätsvereinbarung nach § 113 SGB XI zur Einführung eines QM - Expertenstandards nach § 113a SGB XI • Qualitätsvereinbarung regelt auch anzuerkennende Zertifizierungs- und Prüfverfahren
• Leistungs- und Qualitätsvereinbarung nach § 80a SGB XI (LQV)	• LQV als Vertrag entfällt; die „wesentlichen Leistungs- und Qualitätsmerkmale" werden Teil der Pflegesatzverhandlungen, § 84 SGB XI
• Leistungs- und Qualitätsnachweise (LQN) nach § 113 i.V.m § 118 SGB XI	• LQN Rechtsverordnung entfällt. Anzuerkennende Zertifizierungs- und Prüfverfahren reduzieren die externen Prüfungen, § 114 SGB XI
• Pflegeheimvergleich nach § 92a SGB XI	• Pflegeheimvergleich nach § 92a SGB XI bleibt, aber ohne Bezug: - zur Leistungs- und Qualitätsvereinbarung - zum Leistungs- und Qualitätsnachweis
• Sanktionen nach § 115 SGB XI	• Sanktionen nach § 115 SGB XI

Abb. 6.2 Qualitätssicherungskonzept nach dem SGB XI vor und nach der Pflegereform 2008

antwortung für die Qualitätssicherung und -entwicklung übernehmen sollen.

Abbildung 6.2 verdeutlicht das aktuelle Qualitätssicherungskonzept des SGB XI in der Gegenüberstellung zu dem Stand vor Inkrafttreten des Pflege-Weiterentwicklungsgesetzes.

Anstellung von Heimärzten zur Sicherstellung der medizinischen Versorgung

Beschäftigung eines Heimarztes

Die mit dem demografischen Wandel einhergehenden Veränderungen des Krankheitsspektrums und die Zunahme krankheitsspezifischer Behandlungsbedarfe Pflegebedürftiger führen nicht nur für das Pflegepersonal zu einem deutlichen Mehraufwand an Behandlungspflege. Mit dieser Entwicklung steigen auch die Anforderungen an die medizinische Betreuung und an die Sicherstellung einer ständigen, qualitativ gesicherten medizinischen Versorgung. Die Bewohner in Pflegeheimen haben das Recht der freien Arztwahl. Allerdings bemühen sich viele Heime, zur Sicherstellung einer Rund-um-die-Uhr-Versorgung und Notfallversorgung, auch um Kooperationen mit niedergelassenen Vertragsärzten. Dies scheint aber nicht oder nicht überall zu gelingen.

Mit dem Pflege-Weiterentwicklungsgesetz wurde in Art. 6 (Änderung des Fünften Buches Sozialgesetzbuch) im Regelungsbereich der Krankenversicherung § 119b SGB V neu aufgenommen. § 119b SGB V **eröffnet für vollstationäre Pflegeheime die Möglichkeit** der Teilnahme an der ambulanten Behandlung und sieht vor, dass **Heimträger auf Antrag zur Teilnahme an der vertragsärztlichen Versorgung** ermächtigt werden können. Dies erlaubt den Pflegeeinrichtungen, einen Arzt anzustellen, der im Arztregister eingetragen ist und über eine geriatrische Fortbildung verfügt. Der Gesetzgeber will damit die ärztliche Versorgung in den Pflegeheimen verbessern, Schnittstellenprobleme abbauen und den gesetzlichen Krankenkassen Kostenersparnisse bei den Transport- und Krankenhauskosten ermöglichen.[17]

Voraussetzung ist, dass eine ausreichende Versorgung nicht durch niedergelassene Ärzte oder andere Kooperationsverträge, wie z.B. eine hausarztzentrierte Versorgung oder eine integrierte Versorgung sichergestellt ist. Nach dem Wortlaut des Gesetzes sollen kooperative Versorgungsformen allerdings Vorrang haben. Die Kassenärztliche Vereinigung hat deshalb auf Antrag der Pflegeeinrichtung einen kooperativen Versorgungsvertrag anzustreben. Scheitert dies, so ist nach sechs Monaten die antragstellende Pflegeeinrichtung zur Teilnahme an der vertragsärztlichen Versorgung zu ermächtigen.

Die Ermächtigung ist abhängig von den Bedürfnissen der einzelnen Pflegeeinrichtung. Den Bedarf muss die Einrichtung anhand konkreter Beispiele für eine nicht ausreichende Versorgung belegen. Zeitliche Begrenzungen in Abhängigkeit zum Versorgungsbedarf bestehen aber nicht. **Die Beschäftigung von Heimärzten soll folglich eine Form der ärztlichen Betreuung sein, wenn kooperative Versorgungsformen nicht zustande kommen.** Das Gesetz sieht außerdem vor, dass ein Heimarzt in mehreren Heimen angestellt sein kann. In diesen Fällen soll der Arzt selbst zur Teilnahme an der vertragsärztlichen Versorgung ermächtigt werden.

Mit der Möglichkeit der Anstellung von Heimärzten in Pflegeeinrichtungen geht der Gesetzgeber neue Wege. Inwiefern sich dieser Weg als geeignet erweist und in der Praxis Anklang findet, bleibt abzuwarten (➢ Kap. 1.2.2 zu „Rehabilitation und Therapie"). Für die ärztliche Versorgung der Pflegebedürftigen dürfte dies in der Regel eine qualitative Verbesserung der Versorgung zur Folge haben, zumal der anzustellende Arzt über eine geriatrische Fortbildung verfügen soll.

Die folgende Abbildung stellt die Sicherstellung der medizinischen Behandlungspflege durch die Berufsgruppen dar (zur Palliativversorgung durch Heimärzte und Pflegekräfte ➢ Kap. 1.3.6).

[17] Vgl. die Begründung zu § 119b SGB V im Gesetzentwurf zum Pflege-Weiterentwicklungsgesetz zu Art. 6, Deutscher Bundestag – Drucksache 16/7439 vom 7.12.2007.

Sicherstellung der medizinischen Behandlungspflege im Heim

Berufsgruppen	Grundlage der Tätigkeit
Pflegekräfte	Anstellung
• Ärzte	• grds. Freiberufler, Wahlfreiheit der Bewohner
• Niedergelassener Vertragsarzt/ niedergelassene Ärzte	• Kooperation mit dem Heimträger
• Heimarzt - im Arztregister eingetragen - geriatrisch fortgebildet	• Anstellung im Heim, Ermächtigung der Pflegeeinrichtung zur Teilnahme an der vertragsärztlichen Versorgung; bei Anstellung für mehrere Heime erfolgt die Ermächtigung des Arztes

Abb. 6.3 Berufsgruppen im Heim zur Sicherstellung der medizinischen Behandlungspflege

6.2.3 Maßnahmen der Qualitätssicherung aufgrund der Qualitätsvereinbarung gemäß § 113 SGB XI

Interne/externe Qualitätssicherung

Die im vorherigen Abschnitt dargelegten Verantwortungsbereiche der Heimträger für die Qualitätssicherung haben deutlich gemacht, dass die „Maßstäbe und Grundsätze[18] für die Qualität und Qualitätssicherung", kurz gefasst als „Qualitätsvereinbarung", von grundlegender Bedeutung für das Qualitätsmanagement sind. Für vollstationäre Pflegeeinrichtungen findet die Qualitätsvereinbarung in der Fassung vom 16.12.2003[19] Anwendung. Sie enthält im Vergleich zur ersten Fassung aus dem Jahre 1996[20] weitergehende Vorgaben auch für die Qualitätssicherung. Unterschieden wird zwischen Maßnahmen der **internen und externen Qualitätssicherung und der Qualitätsprüfung.**

Maßnahmen der Qualitätssicherung

Die Verantwortung für die **internen Qualitätssicherungsmaßnahmen** liegt beim Träger der Einrichtung. Unter Nr. 5 der Qualitätsvereinbarung wird explizit auf diesen Verantwortungsbereich hingewiesen. Er hat deshalb Maßnahmen zur internen Qualitätssicherung der Struktur-, Prozess- und Ergebnisqualität in seiner Einrichtung festzulegen, diese auch durchzuführen und deren Wirksamkeit laufend zu überprüfen. Darüber hinaus sollen sich die Träger an **Maßnahmen der externen Qualitätssicherung** beteiligen. Die Qualitätsvereinbarung verlangt zusätzlich eine Dokumentation der Durchführung von und Beteiligung an Maßnahmen zur Qualitätssicherung zum Zwecke des Nachweises.

18 Mit dem Pflege-Weiterentwicklungsgesetz wurde die Wortfolge umgestellt. Statt Grundsätze und Maßstäbe heißt es in § 113 SGB XI „Maßstäbe und Grundsätze", ohne dass sich hieraus grundlegende Änderungen ableiten lassen. Der ursprüngliche Wortlaut der geltenden Qualitätsvereinbarung wird deshalb beibehalten.

19 Gemeinsame Grundsätze und Maßstäbe (2003).

20 Gemeinsame Grundsätze und Maßstäbe (1996), BAnz 1996 S. 12041.

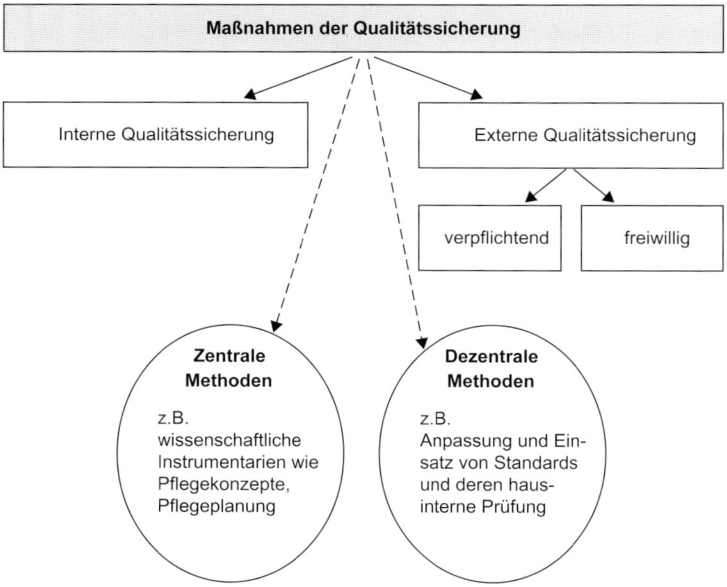

Abb. 6.4 Maßnahmen der Qualitätssicherung nach der Qualitätsvereinbarung gemäß § 80 SGB XI für vollstationäre Pflegeeinrichtungen in der Fassung vom 16.3.2003

Die in Betracht kommenden **Maßnahmen der internen und externen Qualitätssicherung** sind beispielhaft genannt und können nach Wahl beinhalten:[21]

- Einrichtung von Qualitätszirkeln
- Einsetzung eines Qualitätsbeauftragten
- Mitwirkung an Qualitätskonferenzen
- Mitwirkung an Assessmentrunden
- Entwicklung und Weiterentwicklung von Verfahrensstandards für die Pflege und Versorgung
- interne und externe Audits

Heterogenität und Unbestimmtheit

Die hier aufgelisteten **Instrumente** sind **heterogen** und bleiben **inhaltlich unbestimmt.** Es fehlen Konkretisierungen, welche Anforderungen z.B. an Qualitätszirkel[22] bezüglich ihrer Struktur, Besetzung, Ziele und Voraussetzungen zu stellen sind, um für eine systematische Qualitätsverbesserung nutzbar zu sein. Auch wird nicht geklärt, in welchem Verhältnis die verschiedenen Instrumente, z.B. Qualitätszirkel und Qualitätskonferenzen sowie Aufgaben, z.B. die Aufgaben eines Qualitätsbeauftragten, zueinander zu sehen sind.[23]

[21] Vgl. Qualitätsvereinbarung nach § 80 SGB XI, Gliederungspunkt 4.1 Geeignete Maßnahmen zur Qualitätssicherung.

[22] Zu der Gestaltung und den Zielen von Qualitätszirkeln finden sich unterschiedliche Beschreibungen: Vgl. Wallrafen-Dreisow, 2003, S. 293, 303. Mötzing; Wurlitzer, 2000, S. 97. Barth, 2002, S. 195.

[23] Überwiegend erfolgen nur teilweise Auflistungen und Beschreibungen, vgl. z.B: Barth, 2002, S. 190 ff.

Die in der schlichten Auflistung von Qualitätsinstrumenten deutlich werdende Zurückhaltung der Vereinbarungspartner, keine inhaltlichen oder gewichtenden Vorgaben zu setzen, ist nachvollziehbar vor dem Hintergrund, dass es zumindest in den neunziger Jahren noch keine methodisch gesicherten Handlungsinstrumente gab und es vorrangig darum ging, den Prozess der Qualitätssicherung in Gang zu bringen. Dies hat sich mittlerweile geändert. Nach offiziellen und bundesweit erhobenen Daten zur Situation der Qualitätssicherung in Pflegeheimen sollen 76 % der Pflegeheime Maßnahmen des internen Qualitätsmanagements anwenden.[24] Dennoch ist dieser Prozess, wie auch die Daten zeigen, noch in der Entwicklung. Auch der Gesetzgeber erhofft sich durch Gesetzesreformen, wie das Pflege-Weiterentwicklungsgesetz, weitere Verbesserungen in der Qualitätssicherung und -entwicklung. Die beispielhafte Auflistung dazu geeigneter Maßnahmen in der Qualitätsvereinbarung hat deshalb nach wie vor hinweisenden Charakter.

In der Praxis scheinen derweil verschiedenste Methoden und Instrumente zum Einsatz zu kommen. Teils wird auf Instrumente des Beschwerdemanagements oder der Supervision gesetzt, teils werden Pflegevisiten implementiert. Wohlfahrtsverbände beispielsweise setzen zunehmend auf die Entwicklung und Umsetzung von Qualitätszertifikaten.[25] Aktuelle Untersuchungen zeigen auf, dass über drei Viertel der stationären Einrichtungen Qualitätssicherungsinstrumente einsetzen, wobei oft mehrere Instrumente verwendet werden. Die drei vorrangig genannten Instrumente sind die Pflegevisite, Qualitätszirkel und das Beschwerdemanagement.[26]

Die interne Qualitätssicherung erfordert eine Qualitätsmanagementstrategie, die aufzeigt, wie und mit welchen Instrumenten in welchen Bereichen die Qualität der Leistungen sichergestellt und weiterentwickelt werden soll. Die Auswahl und der sinnvolle Einsatz der geeigneten Qualitätssicherungsmaßnahmen müssen sich am einrichtungsinternen Qualitätsmanagement orientieren. Dieser Entwicklungsprozess ist in der Praxis noch nicht vollzogen.

Stand der Praxis: Qualitätszirkel und Standards

In der Praxis werden häufig diejenigen Instrumente verwendet, die am besten in die aktuelle Arbeitsorganisation eingebaut werden können. Deutlich wird dies am **Einsatz von Qualitätszirkeln** und der **Entwicklung von Standards.** Standards wurden z.B. schon sehr früh als Verfahrensstandards entwickelt, um pflegerische Abläufe zu strukturieren, transparent zu machen und die Dokumentation zu straffen.[27] Beide Instrumente sind in der Praxis verbreitet. Doch deren Ausgestaltung und Umsetzung lassen an der Wirksamkeit dieser Instrumente zur Qualitätssicherung mitunter zweifeln.

Qualitätszirkel werden in der Praxis häufig mit Fach- und Helferkräften besetzt und dienen der Erstellung von Verfahrensstandards oder sonstigen

---

[24] Bundesministerium für Familie, Senioren, Frauen und Jugend (Hrsg.), 2006b, S. 178.

[25] Vgl. Ebenda. Ein Beispiel ist die Zertifizierung nach ProCumCert für konfessionelle Einrichtungen.

[26] Siehe dazu Bundesministerium für Familie, Senioren, Frauen und Jugend (Hrsg.), 2006b, S. 178 f; mit Verweis auf Schönberg, 2005.

[27] Wiese, 2004, S. 218 ff.

Verfahrensabläufen. Oft sind es Gesprächskreise ohne systematische Anleitung. Ebenso sind die Bedeutung und der Sinn von **Standards** als Instrument der Qualitätssicherung in der Pflege umstritten.[28] Standards sollen als Instrument eines zu bestimmenden Qualitäts- und Leistungsniveaus dienen. In der Praxis werden Standards als Verfahrensstandards weitgehend der Form halber zum Nachweis von Aktivitäten oder zur Arbeitsvereinfachung als Anleitung für die Pflege nach dem SGB XI erstellt. Dabei stehen Anpassungen an die verrichtungsorientierte Pflege im Vordergrund. Ein weiteres Problem besteht darin, dass es bei der Erstellung einrichtungsinterner Standards an professioneller Anleitung fehlt. Deren Entwicklung in Zirkeln erweist sich häufig als zeit- und kostenaufwendig, da Personalkapazität gebunden wird, aber auch als wenig effizient, da die Standards von erfahrenen Kräften oft nicht akzeptiert werden und die gewünschte Qualitätssicherung nicht erzielt wird.[29] Der Gesetzgeber hat sich dieses Problems bislang noch nicht angenommen, sondern setzt auf die Weiterentwicklung der Instrumente durch die Pflegewissenschaft. Jüngstes Beispiel dafür ist die **Einbindung der Expertenstandards[30] im Rahmen des Pflege-Weiterentwicklungsgesetzes** und die damit in § 113a Abs. 3 SGB XI geregelte **Verpflichtung** für die zugelassenen Pflegeinrichtungen, **diese Standards in der Pflegepraxis anzuwenden.**

Die derzeit in den stationären Einrichtungen geltende Qualitätsvereinbarung aus dem Jahre 2003[31] sieht bislang keine weitergehenden Konkretisierungen zu den Qualitätssicherungsinstrumenten vor, sondern enthält lediglich eine Erweiterung des Katalogs der Maßnahmen um interne und externe Audits. Weitere Details zur Systematik oder den Erfordernissen für den Einsatz der Instrumente fehlen jedoch. Das Pflege-Weiterentwicklungsgesetz sieht in § 113 SGB XI vor, dass bis März 2009 die Maßstäbe und Grundsätze für die Qualität und Qualitätssicherung sowie für die Entwicklung eines einrichtungsinternen Qualitätsmanagements neu getroffen werden sollen. Es ist zu erwarten, dass die zu vereinbarenden Maßstäbe und Grundsätze auch weitergehende Anforderungen an die Qualitätssicherung und -entwicklung stellen werden. Dazu sollten auch Regelungen zur Sicherstellung der medizinischen Behandlungspflege und der therapeutischen Leistungen, zur Palliativversorgung sowie dem Auf- und Ausbau integrierter Versorgungsformen gemäß § 92b SGB V[32] und zur Überwindung der starren Zuständigkeits- und Leistungsgrenzen der gesetzlichen Kranken- und der sozialen Pflegeversicherung gehören (➤ Kap. 1.2.4 „Bedeutungszuwachs rehabilitativer und therapeutischer Leistungen“ und ➤ Kap. 1.3.5 „Individuelle Betreuungshilfe insbesondere in Krisen, Sterbe- und Trauerbegleitung“).

[28] Vgl. zur Ausgestaltung, zum Bedeutungswert und zur Kritik an Standards Wiese, 2004, S. 216 ff.

[29] Vgl. auch die Kritik aus den Pflegewissenschaften: Bienstein, 1995, S. 24. Eine andere Umsetzung zur Entwicklung von Expertenstandards erfolgt durch das deutsche Netzwerk für Qualitätssicherung in der Pflege: Vgl. dazu die Stellungnahme des Bundesvorstandes des DBfK, 2001, S. 235.

[30] Herausgeber: DNQP – Deutsches Netzwerk für Qualitätsentwicklung in der Pflege.

[31] Gemeinsame Grundsätze und Maßstäbe (2003).

[32] § 92b SGB V, eingefügt mit dem Wettbewerbsstärkungsgesetz vom 26.3.2007, BGBl. I S. 378.

Nach den geltenden Grundsätzen und Maßstäben nach § 113 SGB XI sind die Pflegeeinrichtungen in der Wahl und inhaltlichen Ausgestaltung der Qualitätssicherungsinstrumente allein auf sich gestellt. Ein wirksamer Einsatz von Qualitätssicherungsinstrumenten kann allerdings nur in Verbindung mit einem Qualitätsmanagementsystem erreicht werden.

Wahlrecht unter den QM-Maßnahmen

Im Folgenden wird erläutert, was der Gesetzgeber mit der Verpflichtung zum Qualitätsmanagement verbindet.

6.2.4 Einrichtungsinternes Qualitätsmanagement

Definition „Qualitätsmanagement"

Das SGB XI baut auf dem Grundsatz der Eigenverantwortung der Pflegeeinrichtungen für die Sicherung und Weiterentwicklung der Qualität der Leistungen auf. Die in § 72 Abs. 2 SGB XI normierte Verpflichtung zur Einführung eines **einrichtungsinternen Qualitätsmanagements** resultiert aus der Einsicht, dass erst mit der Einführung eines Qualitätsmanagementkonzeptes die Qualität der Leistung gewährleistet und gesichert werden kann.

Internes Qualitätsmanagement

Die gesetzlichen Anforderungen an das Qualitätsmanagement sind dann erfüllt, wenn die einzelne Pflegeeinrichtung über ein Konzept verfügt, das „entsprechend der Vereinbarung nach § 113 SGB XI" (n.F.) der Qualitätssicherung der Leistungen dient.[33] Demzufolge obliegt die Aufgabe der Festlegung von Vorgaben und Anforderungskriterien für das Qualitätsmanagement den zuständigen Spitzenverbänden der Kostenträger. Eine Spezifizierung ist jedoch bislang nicht erfolgt.

6

Zielvorgaben und Anforderungsmerkmale für das interne Qualitätsmanagement können daher nur aus den amtlichen Begründungen und fachwissenschaftlichen Stellungnahmen erschlossen werden.

Dabei ist dem Gesetzesentwurf zu § 72 SGB XI in der originären Fassung zu entnehmen, welches Verständnis von Qualitätsmanagement der Gesetzesfassung zugrunde gelegt wurde (➢ Tab. 6.1).[34] Die Regelung des § 72 Abs. 3 Nr. 3 SGB XI ist in diesem Regelungsteil nicht durch das Pflege-Weiterentwicklungsgesetz verändert worden.

Die amtliche Begründung macht deutlich, dass beim Gesetzgeber ein **Verständnis von Qualitätsmanagement** besteht, das als eine Art **Umsetzungsmethode zu begreifen ist.** Diese setzt sich aus einer Gesamtheit von Instrumenten, Ressourcen und Zielsetzungen einschließlich der stetigen Bewertung und Prüfung der Qualität zusammen.[35] Qualitätsmanagement wird der Qua-

Unterschiedliches Begriffsverständnis

---

33 Besonderer Teil der Begründung zu § 72 Abs. 3, BR-Drucks. 731/00, S. 46, 47, abgedruckt in: AOK-Verlag (Hrsg.), Pflege-Qualitätssicherungsgesetz (PQsG) 2002, Textausgabe mit amtlicher Begründung, S. 38.

34 Gesetzentwurf der Bundesregierung (2001a), Entwurf eines Gesetzes zur Qualitätssicherung und zur Stärkung des Verbraucherschutzes in der Pflege (Pflege-Qualitätssicherungsgesetz – PQsG), Deutscher Bundestag – Drucksache 14/5395 vom 23.02.2001.

35 Zu diesem Verständnis von Qualitätsmanagement vgl. auch das Gutachten 2000/2001 des Sachverständigenrates für die Konzertierte Aktion im Gesundheitswesen, S. 58.

Qualitätsmanagement nach der Gesetzesbegründung

Tab. 6.1 Gesetzgeberisches Verständnis von einrichtungsinternem Qualitätsmanagement nach § 72 Abs. 3 SGB XI[36]

Einrichtungsinternes Qualitätsmanagement nach § 72 Abs. 3 SGB XI
Qualitätsmanagement • ist eine Art Gesamtstrategie, • welche auf die Mitwirkung aller Mitarbeiter gestützt wird. • Im Mittelpunkt steht die Qualität der Pflege in allen Ausprägungen (Struktur-, Prozess- und Ergebnisqualität). • Ziel ist die kontinuierliche Verbesserung der Qualität der Pflege und • die Berücksichtigung der Bedürfnisse der Pflegebedürftigen, Angehörigen und Mitarbeiter. • Besondere Bedeutung wird der berufsgruppen-, hierarchie- und fachübergreifenden Zusammenarbeit sowie der stetigen internen, systematischen Bewertung und Überprüfung des erreichten Niveaus der Qualitätssicherungsanstrengungen beigemessen.

litätssicherung gleichgesetzt, denn Qualitätssicherung wird als Gesamtheit aller qualitätsorientierten Maßnahmen begriffen.[37]

Normierungsgremien

Von einem anderen Verständnis gehen Konsensvereinbarungen der internationalen Normierungsgremien aus. Danach tritt der Begriff „Qualitätsmanagement" an die Stelle des Begriffs „Qualitätssicherung". Nach der **DIN EN ISO 8402-Norm,** die auch im deutschen Raum übernommen wurde, wird Qualitätsmanagement definiert als *„alle Tätigkeiten des Gesamtmanagements, die im Rahmen des Qualitätsmanagements die Qualitätspolitik, die Ziele und Verantwortungen festlegen sowie diese durch Mittel wie Qualitätsplanung, Qualitätslenkung, Qualitätssicherung, Darlegung des Qualitätsmanagements und Qualitätsverbesserung verwirklichen."*[38]

Dies macht deutlich, dass der Gesetzgeber gegenüber der Definition der internationalen Normierungsgremien von einem „anderen" Verständnis von Qualitätsmanagement in § 72 SGB XI ausgeht und hierbei mehr auf Verfahrensschritte setzt, wie z.B. Ausprägungen der Qualitätsdimensionen, Zusammenarbeit, Bewertung und Überprüfung.

Qualitätsmanagement nach der Qualitätsvereinbarung

In der überarbeiteten Fassung der Qualitätsvereinbarung nach § 80 SGB XI vom 16.12.2003 wurde erstmals eine Definition und Beschreibung dessen gegeben, was mit einem einrichtungsinternen Qualitätsmanagement bewirkt werden soll. Entsprechend der Qualitätsvereinbarung für die vollstationäre Pflege umfasst Qualitätsmanagement *„alle Managementprozesse (Verantwortung der Leitung, Ressourcenmanagement, Leistungserstellung, Analyse/Verbesserung), die Qualität entwickeln, festlegen und sichern. Es bezieht sich auf alle Handlungen und Leistungen, die einer zielorientierten, fachgerechten und effektiven Leistungserbringung dienen"*.[39]

Das Gesetz und die Qualitätsvereinbarung für die vollstationäre Pflege geben für das Qualitätsmanagement einen stark umsetzungsorientierten Ansatz

36 Vgl. Ebenda S. 28.
37 Kritisch zu diesem Begriffsverständnis von Qualitätsmanagement und Qualitätssicherung: Dangel, 2003, S. 84–85.
38 Deutsches Institut für Normung, ISO-Norm 9004-2, Teil 2.
39 Vgl. Gliederungspunkt 1.3 in: Gemeinsame Grundsätze und Maßstäbe (2003).

Tab. 6.2 Anforderungen an einem einrichtungsinternen Qualitätsmanagement nach Nr. 1.3 der Qualitätsvereinbarung nach § 80 SGB XI

Einrichtungsinternes Qualitätsmanagement nach Nr. 1.3 der Qualitätsvereinbarung gemäß § 80 SGB XI a.F./§ 113 SGB XI n. F.
Sicherstellung: • der vereinbarten Leistungen zu der vereinbarten Qualität, • der stetigen Überprüfung und Verbesserung der Leistungen nach den notwendigen Bedürfnissen und fachlichen Erfordernissen, • der Transparenz und Überprüfbarkeit der Zuständigkeiten, Abläufe, eingesetzten Methoden und Verfahren in den Leistungsbereichen nach innen und außen. **Qualitätsmanagement erfordert:** • Verantwortlichkeit der Leitungsebene für das QM auch bei Einsetzung eines QM-Beauftragten; Einbeziehung aller Mitarbeiter in den kontinuierlichen Prozess; • Festlegung von Aufgaben, Kompetenzen und Verantwortungen für die Qualitätssicherung und Bestimmung von Maßnahmen und Verfahren zur Sicherstellung von Qualität; • Beschreibung der Ausgangssituation, der Strukturen, der wesentlichen Prozesse und angestrebten Ergebnisse. Maßnahmen und Verfahren zur Erreichung der Qualitätsziele erfolgen in einem ständigen Prozess der Planung, Ausführung, Überprüfung, Verbesserung. • Kundenorientiertheit; Einbeziehung der Erwartungen und Bewertungen der Bewohner und aller Beteiligter; • Dokumentation der Maßnahmen und Verfahren sowie Bekanntsein und Umsetzung der Maßnahmen und Verfahren in der Einrichtung.

vor. Danach wird vorrangig auf das Vorhandensein von Rahmenbedingungen und Prozessen abgestellt, die als notwendig definiert werden. Auf Modellinhalte oder konkrete methodische Ansätze wird in den Rechtsquellen nicht eingegangen. Der Gesetzgeber setzt damit auf die Weiterentwicklung durch die Pflegewissenschaft und die Praxis.

Gestaltungsraum bei der Wahl des QM-Modells

Die einzelne Pflegeeinrichtung hat folglich bei der Wahl des Qualitätsmanagementmodells freien Entscheidungsraum.

Bei der Auswahl stehen den Einrichtungen auf dem Gesundheits- und Pflegemarkt **diverse Qualitätsmanagementmodelle** zur Verfügung.[40] Zudem hat sich eine eigenständige „Beratungsbranche" zur Qualitätssicherung entwickelt, von der sowohl externe Qualitätssicherungsmaßnahmen mit Gütesiegeln und Zertifikaten angeboten werden als auch Qualitätsmanagementmodelle mit stärker integrierten Qualitätsentwicklungsansätzen.[41]

Diese Qualitätsmanagementmodelle verfolgen je nach Ansatz und Ausrichtungen eigenständige Konzepte, die separat neben den im Pflegeversicherungsgesetz verankerten Rahmenbedingungen und Grundsätzen zur Qualität stehen.

Rechtliche Anforderungen sind – wenn überhaupt – nur teilweise integriert. Eine methodische „Verknüpfung" und „Harmonisierung" der Management-

[40] Vgl. Blonski (Hrsg.), 1998, S. 13 ff. Zu den Gestaltungsmöglichkeiten eines Qualitätsmanagements siehe u.a.: Ludwig; Burr, 2003, S. 82–86 und Lutter, 2003, S. 35–50.
[41] Siehe Blonski, 1998, S. 13 ff.

konzepte mit den rechtlich normierten Anforderungen fehlt noch immer, was mit zu den bestehenden Umsetzungs- und Akzeptanzproblemen beitragen dürfte.

Einbindung von rechtlichen Kriterien in das QM-Modell

Integration rechtlicher Qualitätskriterien in ein Qualitätsmanagement

Anforderungen an internes Qualitätsmanagement

Bei der Einführung und Implementierung eines Qualitätsmanagementmodells sollten Pflegeeinrichtungen deshalb auch darauf achten, dass die im Gesetz und in der Qualitätsvereinbarung gemäß § 113 SGB XI aufgelisteten Qualitätserfordernisse berücksichtigt und auch dargestellt werden können. Denn schließlich werden im Rahmen der regelmäßigen externen Qualitätsprüfungen nicht nur das Vorhandensein, der Stand und die Handhabung des Qualitätsmanagements überprüft, sondern auch die damit verbundenen Zielsetzungen: Diese sollen auf die Verfolgung einer kontinuierlichen Verbesserung der Qualität der Leistungen und der damit verbunden Leistungsprozesse gerichtet sein (➤ Tab. 6.2). Dazu wird seitens des MDK auch auf die Qualitätsvereinbarung gemäß § 80 SGB XI a. F. und die Qualitätsdimensionen der Struktur-, Prozess und Ergebnisqualität Bezug genommen (vgl. Nr. 6 der MDK-Prüfanleitung).[42]

Quellen/Inhalte

Anforderungen an das einrichtungsinterne Qualitätsmanagementmodell ergeben sich innerhalb der Pflegeversicherung aus den Qualitätsanforderungen an die Leistungen (Pflege, soziale Betreuung, Unterkunft, Verpflegung), dem Einsatz von internen und externen Instrumenten und schließlich den Qualitätsprüfungs-Richtlinien mit der dazu ergänzend verfassten MDK-Anleitung.

Die Qualitätsanforderungen, die für die Leistungserbringung in der Pflege (➤ Kap. 1.2.4), für die soziale Betreuung (➤ Kap. 1.3.2) und für die hauswirtschaftliche Versorgung (➤ Kap. 1.4.4) in der Qualitätsvereinbarung nach § 113 SGB XI festgelegt sind, wurden bereits dargelegt.

Ebenfalls dargelegt wurden die Maßnahmen zur internen und externen Qualitätssicherung (➤ Kap. 6.2.3) sowie die in der Qualitätsvereinbarung festgelegten Zielsetzungen, die mit einem einrichtungsinternen Qualitätsmanagement erreicht werden sollen (➤ Tab. 6.2).

Anforderungen nach den Qualitätsprüfungs-Richtlinien und der MDK-Anleitung

Qualitätsprüfungs-Richtlinien und MDK-Anleitung

Im Folgenden wird noch auf die Anforderungen und Kriterien eingegangen, die zur **Überprüfung des einrichtungsinternen Qualitätsmanagements** von den Spitzenverbänden der Pflegekassen und dem Medizinischem Dienst der Spitzenverbände der Krankenkassen (MDS) in Form der Qualitätsprüfungs-Richtlinien (QPR) erarbeitet wurden. Die seit dem 1.1.2006 geltenden

[42] MDS e.V. (Hrsg.), 2005b.

Richtlinien geben Aufschluss darüber, welche Schwerpunkte und Details als Maßstab für ein qualitativ gesichertes Managementkonzept im Rahmen der externen Prüfungen herangezogen werden. Sie sollten daher bei der Einführung und Gestaltung sowie der Weiterentwicklung des Qualitätsmanagements Beachtung finden, können aber ebenso der Vorbereitung von Qualitätsprüfungen dienen. Die Prüfungskriterien zum Qualitätsmanagement sind aus Anlage 2, **Nr. 6 der Qualitätsprüfungs-Richtlinien** entnommen und werden aus Gründen der Übersichtlichkeit tabellarisch aufgelistet. Die Tabelle 6.3 wird – soweit möglich – um weitergehende Prüfhinweise aus der MDK-Anleitung ergänzt. Dadurch sollen auch neue Anforderungen und Entwicklungen verdeutlicht werden.

Nr. 6 der QPR/MDK-Anleitung

Die Qualitätsprüfungs-Richtlinien differenzieren bei der Überprüfung des Qualitätsmanagements in Einrichtungen zwischen externen und internen Maßnahmen:

Tab. 6.3 Maßnahmen der externen und internen Qualitätssicherung

Qualitätsprüfungs-Richtlinien (QPR) 2005	Qualitätsvereinbarung (§ 80 SGB XI a.F./§ 113 n.F.) und Hinweise aus der MDK-Anleitung
A. Kriterien der **externen Qualitätssicherung**	
6.2: Durchführung von Maßnahmen der externen QS, z.B. einrichtungsübergreifende Qualitätskonferenzen	Zielt auf die Anforderungen nach Nr. 5 der Qualitätsvereinbarung und den Einsatz der Instrumente; MDK prüft den Nachweis anhand von Tagesordnungen, Namenslisten, Protokollen etc.
6.3: Berücksichtigung der Expertenstandards des DNQP im QM bzw. in deren konkreten Planung (Auflistung der Standards: Dekubitusprophylaxe, pflegerisches Schmerzmanagement, Sturzprophylaxe)	Zielt auf die Anforderungen nach Nr. 5 (anerkannte Verfahrensstandards); MDK prüft diese als Maßstab für den aktuellen medizinisch-pflegewissenschaftlichen Stand)
B. Kriterien der **internen Qualitätssicherung**	
6.4: Durchführung von Maßnahmen der internen Qualitätssicherung in der Pflege	Keine spezifische Zuordnung möglich Anforderungen nach MDK-Anleitung: • Zielen auf umfassende Prüfung des Einsatzes von Instrumenten, z.B. Qualitätszirkel, Vorhandensein eines Qualitätsbeauftragten, Standards, Richtlinien, Pflegevisiten, Fallbesprechungen, Vorhandensein und Fortführung eines QM-Handbuchs, Übernahme fachlicher Erkenntnisse aus Literatur und Fortbildungen • Nähere Beschreibung der Instrumente und Maßnahmen • Mindestens drei der Maßnahmen sind nachzuweisen
6.5: Durchführung von Maßnahmen der internen Qualitätssicherung in der Hauswirtschaft	Teils Bezüge zu Nr. 3.2 und Nr. 5 der Qualitätsvereinbarung Anforderungen nach MDK-Anleitung: • Zielt auf die Prüfung selbstständig durchgeführter interner Qualitätskontrollen durch Visiten der Fachkraft in den Leistungsbereichen, Teilhabe am Beschwerde-Managementsystem, Eigenkontrolle der Prozesse im Verpflegungsbereich (Sicherung Hygienestandards nach HACCP-System)* • Eigenkontrolle der Prozesse im Reinigungsbereich und im Wäschebereich • Befragung/Gespräche mit Bewohnern zur Ermittlung des Standes der Zufriedenheit in der Verpflegung, dem Reinigungs- und Wäscheservice, der Hausgestaltung • Mindestens drei der Maßnahmen sind nachzuweisen

Tab. 6.3 Maßnahmen der externen und internen Qualitätssicherung *(Forts.)*

Qualitätsprüfungs-Richtlinien (QPR) 2005	Qualitätsvereinbarung (§ 80 SGB XI a.F./§ 113 n.F.) und Hinweise aus der MDK-Anleitung
6.6: Liegt ein kontinuierlicher Verbesserungsprozess im Sinne des PDCA-Zyklus vor? (Plan, Do, Check, Act)	Zielt auf die Grundanforderungen an das QM nach Nr. 1.3 der Qualitätsvereinbarung
6.7: Vorhandensein einer aktuellen Liste über das eingesetzte Pflegepersonal mit Qualifikation, Namen und Handzeichen. Schließt das seit mehr als einer Woche beschäftigte Pflegepersonal ein.	Keine eindeutige Zuordnung; Ziele sind aus Strukturanforderungen (2.4.1 zur Qualifikation der Pflegekräfte) und der Prozessqualität (3.1.2 Pflegedokumentation und 3.1.3 Pflegeteams) abzuleiten. Anforderungen nach MDK-Anleitung: • Listenprüfung schließt Prüfung der Eindeutigkeit der Handzeichenliste ein
6.8 und 6.9: Vorhandensein eines prospektiven Fortbildungsplans für alle Leistungsbereiche und Einbeziehung aller Mitarbeiter (Pflege, Hauswirtschaft, soziale Betreuung) einschließlich schwerpunktspezifischer Fortbildungen	Zielt auf die Anforderungen an die Strukturqualität nach Nr. 2.4.2 (geplante Fortbildung) der Qualitätsvereinbarung
6.10: Zugängliche Vorhaltung von Fachliteratur und Fachzeitschriften/Kenntnis durch Umlauf.	Zielt auf die Anforderungen an die Strukturqualität nach Nr. 2.4.2
6.11: Einsatz eines geeigneten Einarbeitungskonzeptes für neue Mitarbeiter mit systematischen Einarbeitungsstufen	Keine eindeutige Zuordnung in der Qualitätsvereinbarung MDK-Anleitung nennt Sicherheit, Motivation, Zufriedenheit der neuen Mitarbeiter, Reduzierung von Fluktuation und effektive Nutzung von Personalressourcen als Zweck
6.12: Einsatz von Methoden zur Sicherstellung der Informationsweitergabe, z.B. Übergabe, Dienstbesprechungen in allen Leistungsbereichen, professionsübergreifende Dienstbesprechungen; schriftliche Methoden, z.B. Dienstanweisungen, Rundschreiben	Keine eindeutige Zuordnung in der Qualitätsvereinbarung
6.13: Vorhandensein schriftlicher und verbindlicher Anweisungen für Erste-Hilfe-Maßnahmen bei Bewohnern, einschließlich Schulungen	Keine eindeutige Zuordnung in der Qualitätsvereinbarung. MDK-Anleitung empfiehlt Regelung in Form eines Flussdiagramms und Vorgabe zum Vorgehen beim Auffinden eines Pflegebedürftigen
6.14: Vorhandensein schriftlicher Regelungen zur Beschwerdeerfassung und Auswertung	Keine eindeutige Zuordnung, evtl. Teil der Ergebnisqualität nach Nr. 4. der Qualitätsvereinbarung

* HACCP-System (Harzard Analysis and Critical Control Points): Risikoanalyse und Überwachung kritischer Kontrollpunkte. Siehe MDK-Anleitung zur Prüfung der Qualität nach den §§ 112,114 SGB XI in der stationären Pflege vom 10.11.2005

Resümee/Schlüsse

Resümee und Schlussfolgerung

Die Qualitätsprüfungs-Richtlinien nennen erstmals verbindliche Vorgaben und Instrumente für das Prüfverfahren sowie zum Stand und zur Umsetzung des einrichtungsinternen Qualitätsmanagements. Angeknüpft wird dabei an den Qualitätsdimensionen und Qualitätsanforderungen der Qualitätsvereinbarung für die stationäre Pflege nach § 80 SGB XI a.F./§ 113 n.F. Bei den Qualitätssicherungsinstrumenten wird analog der Regelungen der Qualitätsvereinbarung zwischen Maßnahmen interner und externer Qualitätssicherung unterschieden. Zum Teil geben die Qualitätsprüfungs-Richtlinien der Spitzenverbände aber auch weitergehende Anforderungen zu den Instrumenten vor, als sie in der geltenden Qualitätsvereinbarung aus dem Jahre 2003 enthalten sind. Beispielsweise verlangt die Qualitätsvereinbarung im Rahmen des Qualitätsmanagements die „Anwendung und Optimierung anerkannter Verfahrensstandards in der Pflege und Versorgung".

Nach den Qualitätsprüfungs-Richtlinien ist eine zu erfüllende Anforderung an das Qualitätsmanagement die Berücksichtigung, zumindest aber Planung der Anwendung der **Expertenstandards** des Deutschen Netzwerks für Qualitätsentwicklung in der Pflege. Mit dem Pflege-Weiterentwicklungsgesetz dürfte diese Prüfungsanforderung überholt sein, da das Gesetz in §§ 72 Abs. 3 Nr. 4, 113 Abs. 3 SGB XI nun die verpflichtende Anwendung der Expertenstandards vorschreibt. § 113 a SGB XI enthält zusätzlich die Vorgabe, dass die Vertragsparteien nach § 113 SGB XI (und die Spitzenverbände, Verbände der Pflegeeinrichtungen) die Einführung der Expertenstandards in der Praxis unterstützen sollen. Für die Pflegeeinrichtungen folgt daraus, dass die schon bestehenden Expertenstandards anzuwenden sind und deren Beachtung im Rahmen der Qualitätsprüfungen auch vorausgesetzt wird.

Ebenso sind Anforderungen der Qualitätsvereinbarung, die sich auf Qualitätsverbesserungen in der **hauswirtschaftlichen Versorgung** richten, in den Qualitätsprüfungs-Richtlinien schon detailliert als Verantwortungsbereich für das Qualitätsmanagement festgelegt, indem z.B. Forderungen der internen Qualitätssicherung für die Hauswirtschaft und deren Fortbildung nach Plan und Umsetzung zum Gegenstand der Prüfung erhoben werden.

6

Prüfung: Einarbeitungskonzept/ Beschwerdemanagement

Zu anderen **Prüfgegenständen der Richtlinien,** wie z.B. dem Einarbeitungskonzept oder zum Einsatz von Methoden zur Sicherstellung der Informationsweitergabe bzw. zum Beschwerdemanagement, finden sich dagegen in der Qualitätsvereinbarung keine Festlegungen. Diese Abweichungen dürften mit den weiteren Entwicklungen in der Qualitätssicherung zu erklären sein: Mit den Expertenstandards werden pflegewissenschaftliche Standards zur qualitativen Sicherstellung der Pflege gesetzt. Damit wird zugleich die Forderung des SGB XI nach einer dem „Stand medizinisch-pflegerischer Erkenntnisse" entsprechenden Pflege eingelöst.

Andere Prüfelemente, wie die Erfassung des Beschwerdemanagements, knüpfen an Entwicklungen der Praxis an und sind auf eine stärkere Berücksichtigung und Eigenkontrolle der **Ergebnisqualität** in Pflegeeinrichtungen gerichtet. Zentrale Zielsetzung ist hierbei die Erschließung und Erfassung der Wahrnehmung von Qualität durch den pflegebedürftigen Menschen, sei es durch Befragungen zur Zufriedenheit und/oder durch die Aufnahme von Beschwerden. Aspekte der sogenannten Kundenzufriedenheit haben jedoch nicht in allen Managementmodellen Bedeutung.[43]

[43] Vgl. Blonski (Hrsg.), 1998, S. 44 unter Hinweis auf die Bedeutung der Kundenzufriedenheit im Qualitätsmanagement-Modell des European Quality Award; anders dagegen S. 45 für die Modelle der DIN ISO 9000 Familie.

Zudem bergen Bewohnerbefragungen oft erhebliche methodische Probleme.[44] Methodisch fundierte Forschungen zur Ergebnisqualität und zur methodisch kontrollierten Messung von Pflegequalität befinden sich noch in der Entwicklung.[45] Mit dem Instrument des **Beschwerdemanagements** soll der Perspektive der Heimbewohner und der Bewohnerbedürfnisse stärkeres Gewicht eingeräumt werden.

Verbindlichkeit der Qualitätsprüfungs-Richtlinien

Die gemäß § 53a SGB XI mit Zustimmung des BMG erlassenen Qualitätsprüfungs-Richtlinien sind **für die Medizinischen Dienste verbindlich.** Das bedeutet, dass sie nur verwaltungsinterne Bindungswirkung entfalten. Bei der MDK-Anleitung handelt es sich um eine Handlungsanleitung, die für die bestellten Prüfer des MDK bindend ist. Insofern sind Ausführungen und Prüfelemente der Richtlinien und Anleitung, auch und vor allem soweit sie auf weitergehende Kriterien, wie z.B. einen zahlenmäßigen festgelegten Nachweis von Maßnahmen abstellen (Nr. 6.4 und 6.5), nicht für die Pflegeeinrichtungen bindend.

Für die Pflegeeinrichtungen ist gemäß § 72 Abs. 3 Nr. 3 SGB XI i.V.m. § 113 SGB XI die Beachtung der Qualitätsvereinbarung nach § 113 SGB XI verpflichtend. Die Prüfungsrichtlinien mit der MDK-Anleitung signalisieren allerdings die Tendenz, innerhalb der Qualitätsprüfungen die Anforderungen sukzessive auszubauen und aktuelle Entwicklungen, insbesondere in der Pflegewissenschaft und im Qualitätsmanagement aufzunehmen. Für die Träger und das Management der Pflegeheime sind die Richtlinien und die MDK-Anleitung deshalb von hohem Orientierungswert.

6

Stand und Umsetzung der Qualitätssicherung in der Praxis

Einsatz: Qualitätsmanagementmodelle/Instrumente

Zum Stand der Verbreitung interner Qualitätsmanagementkonzepte und von Instrumenten zur Qualitätssicherung liegen keine gesicherten Daten vor. In seinem ersten Bericht zur Situation der Heime und zur Betreuung der Heimbewohner wird seitens des BMFSFJ darauf hingewiesen, dass nach ersten Erkenntnissen das „Instrumentarium zur Qualitätssicherung“ sehr vielfältig und umfangreich ist.[46] Zu dem im Pflegeleistungsbereich häufig verwendeten Qualitätsmanagement-System gehört das Modell der DIN ISO, das auf einem Zertifizierungsverfahren basiert. Konkrete Daten zur Verbreitung dieses Modells in Pflegeeinrichtungen gibt es allerdings ebenso wenig wie zu anderen Qualitätsmanagement-Modellen, z.B. TQM, EFQM, SIESTA oder SEA.[47]

---

[44] Methodisch entwickelte Messungen bei kognitiv eingeschränkten Bewohnern fehlen, vgl. Roth, 2002, S. 26. Siehe auch die Stellungnahme des Bundesministeriums für Familie, Senioren, Frauen und Jugend (Hrsg.), 2006, S. 171.

[45] Siehe Roth, 2002, S. 1 ff.

[46] Bundesministerium für Familie, Senioren, Frauen und Jugend (Hrsg.), 2006b, S. 166 ff.

[47] Eine Übersicht zu den Modellen gibt das Bundesministerium für Familie, Senioren, Frauen und Jugend (Hrsg.), 2006b, S. 166 ff.; ebenso: Blonski, 1998, S. 35 ff.

Weitergehende Erkenntnisse zum Einsatz von Instrumenten der Qualitätssicherung in der stationären Altenpflege liefert eine neuere Untersuchung der Forschungsgesellschaft für Gerontologie. Die Auswertung der Daten stationärer Einrichtungen ergab, dass in der Regel in den Altenpflegeheimen fünf Instrumente eingesetzt wurden. Dies sind in der Rangfolge der Häufigkeit die Instrumente Pflegevisite, Qualitätszirkel, Beschwerdemanagement, Einsetzung eines Qualitätsbeauftragten, Kundenbefragung.[48]

Von den gesetzlich geforderten Maßnahmen der Qualitätssicherung, wie z.B. Standards, gaben über 70 % in den Antworten an, eigene (teils auch vom Träger erarbeitete) Standards einzusetzen, während 43 % angaben, den Expertenstandard Dekubitusprophylaxe des DNQP anzuwenden.[49]

Prüfbericht MDK

Weitere Einblicke zur Verbreitung und Umsetzung von Qualitätsmanagementmodellen und den Qualitätssicherungsinstrumenten geben nach wie vor die **Prüfberichte** des MDK sowie der MDS-Qualitätsbericht gemäß § 118 SGB XI a.F.

Die Erkenntnisse gründen in den regelmäßig durchzuführenden externen Qualitätsprüfungen und der jeweils geltenden MDK-Prüfanleitung. Grundlage der Überprüfungen waren stets durch die Landesverbände der Pflegekassen veranlasste Anlass-, Stichproben- und vergleichende Prüfungen anhand der MDK-Anleitungen für die ambulante bzw. stationäre Pflege.[50] Der Schwerpunkt lag in den zurückliegenden Jahren bei den Anlassprüfungen.[51] Die Chronologie der Berichte zeigt ebenfalls Weiterentwicklungen bei der Qualitätssicherung auf:

Ergebnisse der MDK-Prüfungen

Die Auswertung von rund 4000 Prüfberichten (davon 2000 aus stationären Pflegeeinrichtungen) des MDK aus den Jahren 1996 bis 1999 ergab als eine wesentliche Erkenntnis, dass die Mehrzahl der Einrichtungen *„bemüht sind, u.a. durch die Einführung eines internen Qualitätsmanagements die Qualität ihrer Leistungen zu sichern und weiterzuentwickeln"*.[52]

Kategorien von Einrichtungen

Hierbei wurden die geprüften Einrichtungen vier Kategorien zugeordnet (➢ Tab. 6.4)

Die Mehrzahl der geprüften Einrichtungen wurde den Kategorien II oder III zugeordnet, d.h. Maßnahmen der Qualitätssicherung waren begonnen worden oder wurden aufgrund der Prüfungen veranlasst. [53]

Nach der zugrunde gelegten Prüfanleitung wurden folgende Maßnahmen unter der Ausprägung „Qualitätsmanagement" geprüft:

- ob und welche Art von Maßnahmen zur externen und internen Qualitätssicherung durchgeführt wurden,

---

48 Bundesministerium für Familie, Senioren, Frauen und Jugend (Hrsg.), 2006b, S. 178 ff. unter Bezug auf Schönberg, 2005.

49 Bundesministerium für Familie, Senioren, Frauen und Jugend (Hrsg.), 2006b, S. 180.

50 Vgl. Brucker, 2001, S. 14 ff.

51 Vgl. zur Entwicklung auch: Bundesministerium für Gesundheit und Soziale Sicherung (Hrsg.), 2004, C.X.5.

52 Gesetzentwurf der Bundesregierung (2001a), Entwurf eines Gesetzes zur Qualitätssicherung und zur Stärkung des Verbraucherschutzes in der Pflege (Pflege-Qualitätssicherungsgesetz – PQsG), Deutscher Bundestag – Drucksache 14/5395 vom 23.02.2001.

53 Ebenda, S. 17 f. Diese Zuordnung in Kategorien bezog sich auf alle geprüften Einrichtungen, sodass gesonderte Werte für stationäre Einrichtungen nicht ausgewiesen wurden.

Tab. 6.4 Einteilung der Pflegeeinrichtungen durch den MDS

Kategorie I	Kategorie II	Kategorie III	Kategorie IV
Pflegeeinrichtungen, die seit Jahren Pflege auf einem qualitativ hohen Niveau erbringen. MDK-Prüfungen werden von den Einrichtungen als Bestätigung und Anerkennung ihrer Arbeit betrachtet.	Pflegeeinrichtungen, die mit Einführung des SGB XI begonnen haben, internes Qualitätsmanagement zu betreiben. Sie erzielen dabei erste Ergebnisse. MDK-Prüfungen wirken überwiegend als Bestätigung ihrer Arbeit. MDK-Empfehlungen zur QS fördern und steuern die weitere positive Entwicklung.	Pflegeeinrichtungen, die erst durch den MDK zum Betreiben von Qualitätssicherung bewegt wurden.	Einrichtungen mit so erheblichen Qualitätsdefiziten in allen Bereichen, dass keine Möglichkeit mehr gesehen wird, die Qualität in angemessener Frist zu verbessern.

- ob Fortbildungen durchgeführt werden,
- ob ein Konzept zur Einarbeitung von Mitarbeitern vorhanden ist,
- ob ein Beschwerdemanagement besteht.

Die in den externen Qualitätsprüfungen kontrollierten Qualitätsanforderungen entsprechen weitgehend auch den aktuellen Prüfpunkten, die nach der neuesten, seit Januar 2006 anzuwendenden MDK-Anleitung geprüft werden. Sie korrespondieren aber nicht in allen Punkten mit den Anforderungen, die in den Qualitätsprüfungs-Richtlinien aufgestellt sind (➤ Tab. 6.3).

6

Auch die geltende MDK-Anleitung stellt eine Handlungsanleitung dar, die als sogenanntes Binnenrecht nur für die bestellten Prüfer des MDK bindend ist, nicht aber für die Pflegeeinrichtungen.

Qualitätsberichte MDS

Der erste Qualitätsbericht des MDS aus dem Jahre 2004 zum Stand der Qualität in der ambulanten und stationären Pflege enthielt zur Entwicklung des Qualitätsmanagements in der stationären Altenhilfe nur eine kurze Stellungnahme. Danach wurden in der Gesamtzahl der überprüften stationären Einrichtungen bei 76 % der geprüften Einrichtungen „interne Qualitätsmanagementmaßnahmen" nachgewiesen.[54] Weitere Konkretisierungen erfolgten nicht. Positiv vermerkt wurde, dass in den überprüften Pflegeeinrichtungen geplante Fortbildungen (69 %), ein Einarbeitungskonzept (63%) und ein Hygieneplan bzw. Hygienestandard (63 %) vorhanden waren.

Im zweiten Qualitätsbericht aus dem Jahre 2007, dessen Daten auf Prüfungen in 3945 vollstationären Pflegeeinrichtungen beruhen, wird zum Erhebungspunkt ‚Qualitätsmanagement' detaillierter auf den Stand des Qualitätsmanagements eingegangen. Danach werden zunächst „deutliche Verbesserungen im Vergleich zum 1. Bericht" festgestellt. Als wichtige Elemente interner Qualitätssicherung werden – wie schon in den Berichten zuvor – das Einarbeitungskonzept sowie die Fortbildung und das Arbeiten nach verbindlichen

[54] MDS (Hrsg.), 2004, S. 74.

Hygienestandards bzw. Hygieneplänen erwähnt.[55] Die Prüfung dieser Anforderungen ergab, dass in 82,7 % der Einrichtungen ein Einarbeitungskonzept angewandt wurde, in 95,3 % pflegebezogene Fortbildungen und in 85,1 % der geprüften stationären Einrichtungen ein Hygieneplan oder ein Hygienestandard Anwendung findet. Ebenso wenden nach dem Bericht 89,6 % der stationären Einrichtungen Qualitätssicherungsinstrumente an, z.B. Qualitätszirkel, Einsatz eines Qualitätsbeauftragten und Standards.

Insgesamt zeigt sich, dass **in der Praxis die Entwicklung des internen Qualitätsmanagements und die Implementation von Qualitätssicherungsinstrumenten** erheblich an **Bedeutung gewonnen** haben. Die seit 2006 geltenden Qualitätsprüfungs-Richtlinien mit ihren Regelungsinhalten verdeutlichen, dass die Qualitätsentwicklung ein wesentlicher Bestandteil der Prüfverfahren ist. Ob es gelingt, mit Maßnahmen der Qualitätssicherung Verbesserungen der Leistungsqualität und damit insbesondere auch eine stärker bewohnerorientierte Pflege und Betreuung zu erzielen, wird von der Weiterentwicklung durch das Management und der Absorption neuer wissenschaftlicher Erkenntnisse und Modelle abhängen.

6.2.5 Die Vereinbarung der wesentlichen Leistungs- und Qualitätsmerkmale nach § 84 Abs. 5 SGB XI

Wesentliche Leistungs- und Qualitätsmerkmale (wLQm)

Wesentliche Leistungs- und Qualitätsmerkmale statt Leistungs- und Qualitätsvereinbarung

Mit dem Inkrafttreten des Pflege-Weiterentwicklungsgesetzes 2008 wurde mit Neufassung des § 84 Abs. 5 SGB XI eine neue Form der Festlegung sogenannter **„wesentlicher Leistungs- und Qualitätsmerkmale" (wLQm)** für den stationären Pflegebereich eingeführt. Der bis dahin bestehende Vertragstyp der Leistungs- und Qualitätsvereinbarung (LQV) gemäß § 80a SGB XI wurde mit dem Inkrafttreten des § 84 Abs. 5 SGB XI abgeschafft. Die erklärte Absicht des Gesetzgebers war es, Pflegeeinrichtungen *„von unnötigem Verwaltungsaufwand"* zu entlasten. Durch die Integration der Vereinbarung in die Pflegsatzverhandlungen sei *„neben der Vergütungsvereinbarung keine weitere zusätzliche und auf dem Rechtsweg gesondert überprüfbare Vereinbarung über die Leistung und die Qualität des Pflegeheimes erforderlich"*.[56] Anlass für die Aufhebung der Vertragsform und die Einbettung der Verhandlungen in die Pflegsatzvereinbarungen war, dass u.a. von der Arbeitsgruppe III, Runder Tisch Pflege, die Abschaffung der LQV als Maßnahme der Entbürokratisierung in der stationären Pflege vorgeschlagen worden war.[57]

Die Begründungen zu § 84 Abs. 5 SGB XI sprechen dafür, dass mit der Gesetzesänderung keine inhaltlichen Änderungen zu den Leistungs- und Qualitätsbestimmungen beabsichtigt sind. Allerdings sind die inhaltlichen Vorgaben für die wesentlichen Leistungs- und Qualitätsmerkmale auch nicht wort-

---

55 MDS (Hrsg.), 2007, S. 73 ff.

56 Vgl. die Begründung zu § 84 SGB XI im Gesetzentwurf zum Pflege-Weiterentwicklungsgesetz, Deutscher Bundestag, Drucks. 16/7439 vom 7.12.2007, S. 170.

57 Deutsches Zentrum für Altersfragen, 2005, Empfehlung 4.1.4.

getreu und inhaltlich deckungsgleich in § 84 Abs. 5 SGB XI übernommen worden. In den Gesetzesmaterialien werden die inhaltlichen Änderungen damit begründet, dass die *„inhaltlich unverzichtbaren Elemente der aufgehobenen Regelung des § 80a SGB XI"*[58] als Vereinbarungsbestandteil in die Vergütungsvereinbarungen aufgenommen werden sollten. Daraus ist zu schließen, dass eine inhaltliche „Vereinfachung" in Form einer Reduktion der Fassung beabsichtigt ist, die mit der LQV verbundenen Zielsetzungen und zu verhandelnden Merkmale jedoch übernommen werden sollen. Daraus folgt, dass bei der Auslegung und Anwendung der Regelungen des § 84 Abs. 5 SGB XI auch die Vorläuferregelung der LQV und deren Umsetzung in der Praxis zu beachten ist.

Im Folgenden werden deshalb zunächst die Regelungsinhalte des § 84 Abs. 5 SGB XI zu den wesentlichen Leistungs- und Qualitätsmerkmalen dargestellt und dann den Inhalten der alten Fassung zur LQV gegenübergestellt.

Inhalte der neu geschaffenen wLQm

§ 84 Abs. 5 SGB XI sieht vor, dass zu den wesentlichen Leitungs- und Qualitätsmerkmalen, die in der Pflegesatzvereinbarung festgelegt werden sollen, **drei Bereiche** gehören.
Dies sind insbesondere:

1. die Zuordnung des zu versorgenden Personenkreises, der während des Vergütungszeitraums zu erwarten ist. Damit einher geht die Festlegung der Art, des Inhalts und des Umfangs der Leistungen.
2. die individuelle personelle Ausstattung der Einrichtung. Diese muss sich an dem voraussichtlich zu versorgenden Personenkreis orientieren. Außerdem ist das Personal nach Berufsgruppen zu gliedern.
3. Art und Umfang der Ausstattung mit Verbrauchsgütern gemäß § 82 Abs. 2 Nr. 1 SGB XI. Eine Abgrenzungsverordnung liegt dazu aber nicht vor.

Dem Wortlaut nach sind diese Regelungsbereiche nicht abschließend gedacht, wie das Wort „insbesondere" verdeutlicht. Die Vertragsparteien können durchaus weitere Leistungs- und Qualitätsmerkmale verhandeln und festlegen. Der Gesetzgeber sieht die drei Regelungsfelder als die wesentlichen Vereinbarungsgegenstände, da er diese Leistungs- und Qualitätsmerkmale auch als Maßstab für die Bemessung der Pflegesätze für die Pflegesatzparteien zugrunde legen will. Gemäß § 84 Abs. 2 S. 7) sollen die drei Leistungs- und Qualitätsmerkmale neben der Art der Einrichtung und deren Größe als Vergleichsfaktoren zwischen Einrichtungen herangezogen werden. Außerdem soll die festgelegte personelle Ausstattung nach Nr. 2 Geschäftsgrundlage für die Gewährleistung der Sicherstellung der personellen Ausstattung sein. Der Heimträger hat die Versorgung der Heimbewohner mit dem vereinbarten Personal sicherzustellen. Das Personal muss tatsächlich bereitgestellt und eingesetzt werden. Den Nachweis darüber hat der Träger gemäß § 84 Abs. 6 SGB XI auf Verlangen jederzeit in einem Personalabgleich sicherzustellen.

Abbildung 6.5 veranschaulicht die Leistungsfestlegungen

[58] Begründung zu § 84 SGB XI im Gesetzentwurf zum Pflege-Weiterentwicklungsgesetz, Deutscher Bundestag, Drucks. 16/7439 vom 7.12.2007, S. 170.

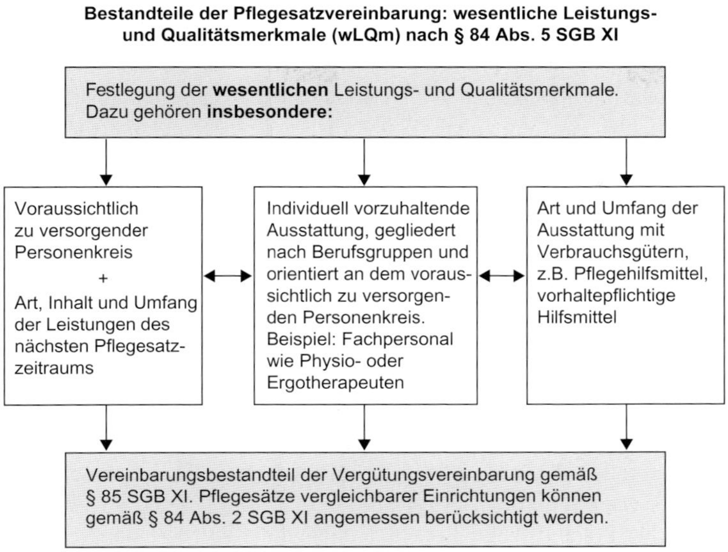

Abb. 6.5 Regelungsinhalte der wesentlichen Leistungs- und Qualitätsmerkmale

Inhalte und Ziele der abgeschafften Leistungs- und Qualitätsvereinbarung

Vergleicht man die Regelungen der wLQm mit denen der aufgehobenen LQV, so ergeben sich auch in den inhaltlichen Anforderungen Übereinstimmungen.

Rückblick auf die Leistungs- und Qualitätsvereinbarung (LQV)

Wesentliche Leistungs- und Qualitätsmerkmale

Das Instrument der LQV diente dazu, die **„wesentlichen Leistungs- und Qualitätsmerkmale"** als verbindliche Bemessungsgrundlage für die Pflegesätze aber auch für die Schiedsstellenentscheidung festzulegen.

§ 80 a Abs. 2 SGB XI a.F. sah in Satz 2 konkrete Merkmale vor, die nicht als abschließend zu verstehen waren, aber **„insbesondere" in die LQV aufgenommen werden sollten:**

- künftig zu erwartender Bewohnerkreis, nach Pflegestufen und besonderem Bedarf,
- Art und Inhalt der Leistungen,
- sächliche und personelle Ausstattung, einschließlich der Qualifikation der Mitarbeiter.

Vergleich LQV und wLQm-Regelung

Hinsichtlich der Merkmale „zu erwartender Bewohnerkreis, Art und Inhalt der Leistungen", „personelle Ausstattung und sächliche Ausstattung" mit Verbrauchsgütern sowie der Qualifikation des Personals (hier als Berufsgruppen gekennzeichnet), besteht Deckungsgleichheit. In § 84 Abs. 5 SGB XI ist zusätzlich der Umfang der Leistungen, die für den nächsten Pflegesatzzeitraum erwartet werden, genannt. Hierbei dürfte es sich um eine logische Ergänzung der Aufzählung handeln, da der Leistungsumfang zu kalkulierender Teil der Vergütung ist.

Zur Bewohnerstruktur fehlen die Vorgaben zur Ermittlung nach Pflegestufen, besonderem Bedarf an Grund- und medizinischer Behandlungspflege und sozialer Betreuung. Die Streichung ist nach der Gesetzesbegründung als Konsequenz der Reduktion der Neufassung auf die „inhaltlich unverzichtbaren Elemente" der LQV zu verstehen. Ein Ausschluss ist damit nicht beabsichtigt. Wie Heimeinrichtungen den zu versorgenden Personenkreis bestimmen, obliegt ihrer Verantwortung. Doch werden die Merkmale der Pflegestufen und der Pflege- und Betreuungsbedarfe als objektive Kriterien zentrale Elemente bleiben.

Ziele: Leistungsbestimmung/ Qualitative und bedarfsgerechte Versorgung/Entwicklung der Versorgungsqualität

Ein Ziel des Gesetzgebers war es, mit der LQV eine **Verbesserung der Verhandlungsqualität** zwischen den Leistungserbringern und den Kostenträgern zu erreichen. Ebenso sollte die LQV ein Bindeglied zwischen den **Versorgungsverträgen** nach § 72 SGB XI und den **Vergütungsvereinbarungen** nach § 85 SGB XI darstellen. § 72 Abs. 1 SGB XI regelt zwar, dass in den **Versorgungsverträgen** Art, Inhalt und Umfang der von den Pflegeeinrichtungen zu erbringenden allgemeinen Pflegeleistungen festzulegen sind, für viele Versorgungsverträge, für die zum Teil auch nach § 73 Abs. 3 und 4 SGB XI noch gesetzlicher Bestandsschutz besteht, enthalten die Verträge aber keine konkreten Leistungsinhalte.[59] Eine Konkretisierung des Versorgungsauftrags erfolgte nicht. Die LQV sollte hier Abhilfe schaffen.

Eine weitere Zielsetzung war, dass die Pflegeeinrichtungen gemäß § 84 Abs. 2 SGB XI Ansprüche auf leistungsgerechte Pflegesätze erhalten sollten, damit sie ihren Versorgungsauftrag nach Bedarf und Notwendigkeit erfüllen können.[60] Durch die **Mitwirkungspflichten der Pflegekassen und Einrichtungsträger** sollte eine **bedarfs- und qualitätsgerechte Versorgung** der Bewohner gesichert und weiterentwickelt werden.[61]

Und schließlich sollte die LQV der **institutionellen Sicherung und Entwicklung der bedarfsorientierten Versorgungsqualität** dienen. Das Ziel, Qualität durch leistungsgerechte Vergütung zu stärken, baute und baut allerdings auch heute auf einem „geschlossenen Finanzierungsprogramm" auf. Ein Mehr an finanziellen Mitteln wurde bei Einführung der LQV nicht bereitgestellt, sodass es letztlich darum ging, die Mittel „anders" zu verteilen. Geschehen sollte und soll dies auch mithilfe der wLQm über einen Leistungswettbewerb.[62]

Kritik und Informationsstand

Die LQV war von Beginn an Gegenstand wiederholter Kritik. Seitens der Praxis wurde beanstandet, dass Pflegeeinrichtungen mit der Vorleistung von Daten zur künftigen Entwicklung ihre Bewohnerschaft und deren Bedürfnissen sowie der zu erwartenden Leistungen mit Mehrbelastungen beladen würden und dass der bürokratische Aufwand bei gleichzeitig fehlenden finanziellen Mitteln noch verstärkt werde. Ebenfalls kritisiert wurde, dass eine dezidierte Leistungsbeschreibung auf diese Weise nicht erreicht werden könne (➢ Kap. 6.2.2).[63]

[59] Gesetzentwurf der Bundesregierung (2001a), Entwurf eines Gesetzes zur Qualitätssicherung und zur Stärkung des Verbraucherschutzes in der Pflege (Pflege-Qualitätssicherungsgesetz – PQsG), Deutscher Bundestag – Drucksache 14/5395 vom 23.02.2001, S. 32.

[60] Ebenda

[61] Vgl. dazu die Begründung in Bundesministerium für Gesundheit, 2001, S. 31.

[62] Wiese, 2003, S. 164, 168 f.

[63] Deutsches Zentrum für Altersfragen, 2005, Empfehlung 4.1.4.

Tatsächlich wurde den Trägern der Pflegeeinrichtungen von ihren Verbänden geraten, in der Leistungsbeschreibung eher vorsichtig zu verfahren.

Wissenschaftliche Daten zur Umsetzung und Ausgestaltung der LQV liegen nicht vor.[64] Nachweislich zugenommen hat in den vergangenen Jahren die Anzahl der Vertragsmuster, die vor allem von den Pflegekassen und Sozialverbänden publiziert wurden und zunehmend nach Fachschwerpunkten differenziert und auch inhaltlich unterschiedlich als Checklisten oder als Mustervorlagen ausgestattet waren.

Mit der Überführung der LQV in die Pflegesatzvereinbarung und Kennzeichnung als wesentliche Leistungs- und Qualitätsmerkmale (wLQm) hat der Gesetzgeber klargestellt, dass er diese Vereinbarungsform und deren inhaltlichen Vorgaben als wichtiges Instrument der Qualitätssicherung beibehalten will.

Einordnung der wLQm in die Regelungssystematik von SGB XI und HeimG

wLQm zwischen SGB XI und HeimG

Da bereits in der Bundesempfehlung[65] zum **Inhalt der Rahmenverträge** nach § 75 SGB XI und in den Landesrahmenverträgen gemäß § 75 SGB XI verbindliche Festlegungen zum Inhalt der zu erbringenden Leistungen getroffen wurden, sind diese Regelungen auch als Maßstab für die Festlegung der wesentlichen Leistungs- und Qualitätsmerkmale zu berücksichtigen. Gleiches gilt für die Leistungs- und Qualitätsgrundsätze in der Qualitätsvereinbarung gemäß § 113 SGB XI, da hier verbindliche Maßstäbe zur Leistungsqualität bestehen. Diese Quellen sind zu beachten (➤ Kap. 1.2.4 ff) und geben den Rahmen für die Vereinbarung der Leistungen und der Festlegung der Qualitätsmerkmale vor.[66]

Heimgesetz

Ebenfalls zu beachten sind die **Regelungen aus dem noch geltenden Heimgesetz** und den Heimverordnungen, da auch sie Leistungsbeschreibungen fordern. Beispielsweise wird für den Heimvertrag in § 5 HeimG eine verbindliche Leistungsbeschreibung nach Art, Inhalt und Umfang der zu erbringenden Leistungen verlangt. Ebenso sind die Vorgaben der Heimpersonalverordnung zur Personalfachkraftquote nach §§ 4 ff. HeimPersV zu berücksichtigen.[67] Zur Wahrung und Sicherung der Bewohnerrechte hat das Vertretungsorgan der Bewohnerschaft, der Heimbeirat, Mitwirkungsrechte beim Abschluss der wLQm (➤ Kap. 5.3.5).

Abbildung 6.6 gibt einen Überblick über die zu berücksichtigenden Quellen.

64 Vgl. auch Bundesministerium für Familie, Senioren, Frauen und Jugend (Hrsg.), 2006b, S. 174.

65 Gemeinsame Empfehlung gemäß § 75 Abs. 5 SGB XI zum Inhalt der Rahmenverträge nach § 75 Abs. 1 SGB XI zur vollstationären Pflege vom 25. November 1996.

66 Vgl. Hoffmann, 2002, S. 31; vgl. Gesetzentwurf der Bundesregierung (2001a), Entwurf eines Gesetzes zur Qualitätssicherung und zur Stärkung des Verbraucherschutzes in der Pflege (Pflege-Qualitätssicherungsgesetz – PQsG), Deutscher Bundestag – Drucksache 14/5395 vom 23.02.2001, S. 21.

67 Vgl. Klie; Krahmer, Lehr- und Praxiskommentar, § 80a SGB XI, Rdn. 7, 2003.

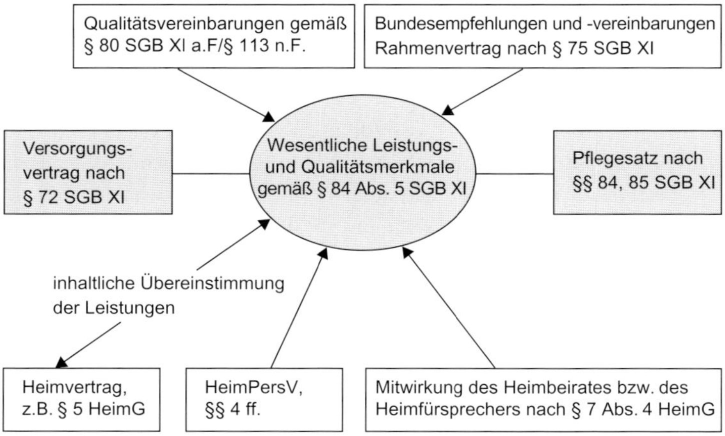

Abb. 6.6 Die wLQm im Kontext des SGB XI und des HeimG

Zu vereinbarende Vertragsinhalte der wLQm gemäß § 84 Abs. 5 SGB XI

Inhaltliche Konkretisierung der Merkmale

In diesem Abschnitt wird auf die zu vereinbarenden wesentlichen Leistungs- und Qualitätsmerkmale näher eingegangen, die im Rahmen der Pflegsatzverhandlungen zu vereinbaren sind. Dabei wird auch auf die Inhalte der aufgehobenen LQV und deren Ausgestaltung nach Mustern aus der Praxis zurückgegriffen, da sowohl die Betrachtung der Gesetzesbegründungen zur wLQm als auch der Vergleich der Regelungsinhalte mit der LQV gezeigt haben, dass der Gesetzgeber mit der Regelung der wLQm in § 84 SGB XI an den Regelungsinhalten der LQV festhalten will. Die wesentlichen Leistungs- und Qualitätsmerkmale des Gesetzes werden dazu in ihren Anforderungen und unter Berücksichtigung der schon für die LQV entwickelten und vorgeschlagenen Ausgestaltungsmöglichkeiten erläutert.

Dazu werden auch Vertragsmuster zur LQV berücksichtigt, die zur Orientierung und inhaltlichen Gestaltung der wLQm als Checklisten oder Mustervorlagen dienen können.

Ermittlung der künftigen Bewohnerstruktur

Der voraussichtlich zu versorgende Personenkreis gemäß § 84 Abs. 5 Satz 2 Nr. 1 SGB XI

Erstes zu konkretisierendes Merkmal ist die **Belegungsstruktur.** Der künftig zu versorgende Personenkreis muss dabei die voraussichtliche Entwicklung der Bewohnerstruktur erfassen. Dies erfordert von den Heimleitungen, dass der Personenkreis nach den voraussichtlichen Pflegestufen, dem Bedarf, auch dem besonderem Bedarf an Grundpflege, medizinischer Behandlungspflege oder sozialer Betreuung gegliedert zu ermitteln ist.

Die **Aufschlüsselung der bestehenden Bewohnerstruktur** nach den Pflegestufen bereitet in der Praxis keine Probleme. Hinsichtlich der künftigen **zu erwartenden Bewohnerkreise** können verschiedene Orientierungsmerkmale genutzt werden.

- Zum einen kann die Entwicklung der Bewohnerstruktur der letzten Jahre (Alter beim Heimeinzug, Pflegestufen beim Eintritt, Veränderung der Pflegestufen während der Verweildauer) herangezogen werden, um **Anhaltswerte für die prognostische Entwicklung** zu gewinnen. In den Musterverträgen finden sich zum Teil Empfehlungen, die Pflegebedürftigen, zahlenmäßig gelistet nach den Pflegestufen für die letzten 12 Monate zu erfassen und diesen Zahlen die zu erwartenden Werte für die Dauer des Vereinbarungszeitraums gegenüberzustellen. Andere Muster enthalten dazu keine konkreten Details.
- Ebenfalls nützlich sein können Statistiken. Landesstatistische Daten und Bundesstatistiken liefern empirisch gesicherte Daten zu den demografischen Entwicklungen und den zu erwartenden Pflegebedarfen und multimorbiden Bedarfsspektren, die in die Prognose einbezogen werden können.[68] Weitere Orientierungsdaten lassen sich aus den regelmäßig erscheinenden Berichten zur Entwicklung der Pflegeversicherung entnehmen.[69]
- Eine hausintern geplante Belegung für die Laufzeit der Leistungs- und Qualitätsvereinbarung ist ein wesentliches Merkmal für die Bewohnerstruktur. Dafür sind auch Umbauten, Renovierungen etc. zu berücksichtigen.

6

Art, Inhalt und Umfang der Leistungen (§ 84 Abs. 5 Nr. 1)

Ermittlung der Leistungen nach Art und Inhalt und Umfang

Zu den wesentlichen Leistungs- und Qualitätsmerkmalen gehört auch die **Festlegung der Art und des Inhalts sowie des Umfangs** der im folgenden Pflegesatzzeitraum zu erbringenden Leistungen. Hierbei geht es darum, die **Leistungen dezidierter,** als dies bislang in den Rahmenverträgen der Länder gemäß § 75 SGB XI der Fall ist, **zu regeln und mit Qualitätsmerkmalen** zu verbinden.

Die Qualitätsanforderungen an die Leistungen ergeben sich aus der Qualitätsvereinbarung gemäß § 113 SGB XI. Deren Anforderungen gelten auch über § 11 HeimG im Heimrecht, da auch dem Heimgesetz ein Versorgungsmaßstab zugrunde liegt, der eine angemessene Qualität der Versorgung verlangt. Deshalb wird in einigen Musterverträgen, die noch zur LQV verfasst wurden, neben dem Leistungsangebot auch die Vorlage eines Einrichtungskonzeptes von den Pflegeeinrichtungen verlangt. Dieses Konzept soll ent-

---

68 Vgl. dazu die Datenbanken des Statistischen Bundesamtes oder der Ämter für Landesstatistik. Weitere Daten z.B. zur demografischen Entwicklung, steigenden Lebenserwartung und durchschnittlichen Verweildauer im Heim geben Pflegestatistiken. Vgl. auch Bundesministerium für Gesundheit (Hrsg.), 2001, S. 74. Auch Landespflegepläne können zum regionalen Bedarf Aufschlüsse geben.

69 Bundesministerium für Gesundheit (Hrsg.), 2008.

sprechend den Anforderungen der Qualitätsvereinbarung gemäß § 80 SGB XI a. F. die Darstellung des Pflege- und des Versorgungskonzeptes beinhalten. Das Versorgungskonzept soll die Grundsätze, Ziele und das Leistungsangebot der Einrichtung in den Bereichen Verpflegung, Hausreinigung, Wäscheversorgung und Hausgestaltung darlegen.[70] Die Qualitätsmaßstäbe des Heimgesetzes und des SGB XI sind auch bei der Festlegung der Leistungs- und Qualitätsmerkmale nach § 84 Abs. 5 SGB XI zu beachten.

Neu hinzugekommen ist die **Feststellung des Umfangs der Leistungen.** Die Formulierung des Gesetzgebers erscheint hier kryptisch. Mit den Pflegesätzen sind im Voraus gemäß § 86 SGB XI Art, Inhalt, Umfang und Kosten der Leistungen zu bestimmen. Der Umfang wird hier alle Leistungen erfassen, die zu erwarten sind und die auch abgegolten werden können. Vom Sinn und Zweck der Regelung her kann deshalb mit dem „Umfang" der Leistungen nicht das Ausmaß, sondern – wie zuvor in der aufgehobenen LQV festgelegt – der allgemeine und besondere Bedarf an Leistungen gemeint sein. Dafür spricht auch, dass nach den Bemessungsgrundsätzen gemäß § 84 Abs. 2 die Pflegesätze leistungsgerecht sein müssen. Deren Vereinbarung hat sich deshalb nach dem Versorgungsaufwand zu richten, der sich an der Art und Schwere der Pflegebedürftigkeit, eingeteilt in Pflegeklassen, orientiert. Der „Umfang" soll auch die **besonderen Bedarfe** in der Pflege und Betreuung erfassen, wie dies schon im Rahmen der LQV der Fall war.

Ermittlung der „besonderen Bedarfe"

Schwieriger erscheint dagegen die Bestimmung des **besonderen Bedarfs** an Grundpflege, Behandlungspflege oder sozialer Betreuung. In der Gesetzesvorschrift wird nicht weiter klargestellt, was eigentlich unter „besonderen" Bedarfen zu verstehen ist. Anknüpfungspunkte lassen sich deshalb nur aus der Gesetzessystematik entnehmen.

Zu berücksichtigen ist hier, dass der Gesetzgeber an dem Pflegestufenprinzip für die (leistungsrechtliche) Pflegebedürftigkeitsfeststellung festhält. Diese entsprechen bekanntermaßen nicht den personenorientierten Bedarfen, die in der stationären Versorgung zu berücksichtigen sind und deren Fehlentwicklungen sich u.a. in Diskrepanzen zwischen den individuellen Bedürfnissen und der Leistungsvergütung zeigen.[71]

Bestimmung dessen, was ein besonderer Bedarf ist

Mehrbedarf für Grundpflege, Behandlungspflege und Betreuung

In Anknüpfung an die vom Gesetzgeber zugrunde gelegten Pflegestufen ist davon auszugehen, dass bei den in der Einrichtung lebenden Bewohnern die **Mehrbedarfe** zu erfassen sind, d.h. die Leistungen an Grundpflege- und Behandlungspflege sowie die Betreuungsbedarfe, die inhaltlich und zeitlich nicht bei der Pflegestufenermittlung gemäß §§ 14, 15 SGB XI erfasst werden.

---

[70] Empfehlung zur Umsetzung des § 80a SGB XI der Spitzenverbände der Pflegekassen zu den Leistungs- und Qualitätsvereinbarungen, Stand 16.7.2003, Gliederungspunkt 3; ähnlich für das Land Hessen die Mustervereinbarung als „offene Version gemäß Beschluss der AG stationäre Pflege vom 21.9.2005, zu § 2. In: http://www.vsak.de/LVen/hes/vertragspertner/Pflegeversicherung/LQV Hessen offene Version verabschiedet 210905.pdf [31.1.1.2008].

[71] Vgl. dazu im Weiteren auch Klie; Krahmer, Lehr- und Praxiskommentar, § 80a, Rdn. 7, 2003.

Dafür spricht auch, dass nach den Erklärungen zur Einführung der LQV dieses Instrument genutzt werden sollte, um die Bedürfnisse demenziell erkrankter Heimbewohner stärker zu berücksichtigen und auf deren besonderen Bedarf an sozialer Betreuung mehr einzugehen.[72] Hintergrund ist hier, dass die bei dementen Personen bestehenden allgemeinen (nicht verrichtungsbezogenen) Anleitungs- und Aufsichtsbedarfe im Leistungssystem der Pflegeversicherung nicht berücksichtigt werden und sich aus der Perspektive des Gesetzgebers daher als „besondere" Bedarfe darstellen. Eine rechtliche Definition des „besonderen" und des dazu abzugrenzenden „allgemeinen" Bedarfs an Grund- und Behandlungspflege sowie sozialer Betreuung ist bislang versäumt worden.

Notwendige Grundlage für die Erfassung „besonderer Bedarfe" ist eine nicht (nur) verrichtungsorientierte, sondern auch **bedarfsorientierte Pflegedokumentation und Pflegeplanung.**

Musterverträge/Orientierungshilfen

Die Musterverträge und Orientierungshilfen der Pflegekassen und Sozialverbände enthalten keine einheitlichen Beschreibungen dazu, was als „besonderer Bedarf" in einer Leistungs- und Qualitätsfestlegung aufzunehmen ist. In vielen Empfehlungen wird darauf hingewiesen, dass der „besondere Bedarf" anhand von **Diagnosegruppen** bestimmt werden kann. Anhaltspunkte sollen „besondere Diagnosen" des behandelnden Arztes oder eines Facharztes liefern, aus denen sich z.B. erhöhte Aufwendungen in der Pflege oder Betreuung entnehmen lassen. **Beispielhaft** genannt sind **Erkrankungen,** wie AIDS, Alzheimer, amnestisches Syndrom, Aphasie, Chorea Huntington, Creutzfeldt-Jakob, Epilepsie, geistige Behinderungen, Multiple Sklerose, Korsakow und Parkinson-Syndrom. Ebenso werden genannt: Alkoholkranke, Apalliker, Beatmungspatienten, chronisch psychisch Kranke, demenziell Erkrankte, gerontopsychiatrisch Erkrankte, psychisch Behinderte, Patienten mit schweren Hirnschädigungen, Körperbehinderte, Palliativpatienten und Wachkoma-Patienten.[73]

In der Empfehlung der Spitzenverbände der Pflegekassen vom 16.7.2003 werden zu dem Regelungspunkt „zu betreuende Personenkreise" und den besonderen Bedarfen **„besondere Personengruppen"** aufgelistet, die einen „zusätzlichen Interventionsbedarf auslösen" können. Dies sind: Personen mit geistigen Behinderungen, psychischen Erkrankungen, demenzbedingten Fähigkeitsstörungen und anderen Leiden des Nervensystems. Der Bedarf soll konkretisiert werden durch Assessment oder ärztliches Attest und nach den Versorgungsbedürfnissen in der Grund- oder Behandlungspflege oder der sozialen Betreuung.[74] Andere Mustervorlagen, wie beispielsweise die „Empfehlungen der Vertragspartner des Rahmenvertrags gemäß § 75 SGB XI in Ber-

[72] Gesetzentwurf der Bundesregierung (2001a), Entwurf eines Gesetzes zur Qualitätssicherung und zur Stärkung des Verbraucherschutzes in der Pflege (Pflege-Qualitätssicherungsgesetz – PQsG), Deutscher Bundestag – Drucksache 14/5395 vom 23.02.2001.

[73] Rundschreiben Nr. 03/2004 – Stationär Niedersachsen der Geschäftsstelle VDAB e.V. Hannover vom 30.11.2004, zu § 3 der Muster-LQV.

[74] Spitzenverbände der Pflegekassen zu den Leistungs- und Qualitätsvereinbarungen, 2003.

lin", geben bereits im Raster Personengruppen vor, bei denen grundsätzlich besondere Bedarfe angenommen werden können. Nach dem LQV-Muster, dass für die Verhandlungen mit Pflegeeinrichtungen in Berlin herausgegeben wurde, werden diese Personengruppen eingegrenzt auf mobile, erheblich verhaltensauffällige Menschen mit einer medizinisch, therapeutisch nicht beeinflussbaren Demenz, Bewohner im Wachkoma, Phase F, langzeitbeatmete Patienten, geistig behindert oder geistig mehrfach behinderte Menschen sowie Menschen mit psychischen Erkrankungen oder seelischen Behinderungen.[75]

Diese Mustervorlagen und Orientierungshilfen verdeutlichen, dass nur Bedarfe für spezifische schwere (Krankheits-)Diagnosen im Rahmen der Leistungs- und Qualitätsverhandlungen berücksichtigt werden sollen, für die zuvor entsprechende Bedarfe auf der Grundlage fachlich anerkannter Verfahren festgestellt wurden. Daraus resultieren für die Pflegeeinrichtungen Nachweispflichten zu den „Besonderheiten" in der Grund- und Behandlungspflege und der sozialen Betreuung. Bei Menschen mit demenzbedingten Fähigkeitsstörungen oder geistigen Behinderungen bzw. psychischen Erkrankungen kann zur Bedarfsermittlung die Richtlinie der Spitzenverbände vom 10.6.2008 herangezogen werden.[76]

Besonderer Bedarf = Mehrbedarf an Grund- und Behandlungspflege

Mit den Begriffen **Grund- und Behandlungspflege** wird an die versicherungsrechtliche Terminologie des SGB V und SGB XI angeknüpft, nach der zwischen pflegerischen Leistungen und medizinisch indizierten Behandlungspflegeleistungen unterschieden wird. Während die Leistungen der Grundpflege im SGB XI abschließend festgelegt sind und sich darauf aufbauend die „besonderen" Bedarfe ermitteln lassen, ist dies für die Behandlungspflege nicht der Fall. Die besonderen Bedarfe werden daher von den Einrichtungen nur über begründete Hilfsinstrumente dargelegt werden können. Diese werden im Folgenden erläutert.

6

Strukturelle Bedarfe

Eingangs zu beachten ist, dass es bei der Festlegung der Leistungs- und Qualitätsmerkmale nicht darum geht, die jeweiligen besonderen Einzelbedarfe der Bewohner hochzurechnen und zur Geltung zu bringen. Vielmehr soll den Pflegeeinrichtungen die Möglichkeit eröffnet werden, eine Leistungsspezialisierung vorzunehmen und sich stärker an den Bedürfnissen der Bewohnerschaft auszurichten. Schon bei der LQV sprach der Gesetzgeber von „Strukturen" und meint damit „konkrete Leistungs- oder Versorgungserfordernisse der Pflegeeinrichtung".[77]

Die einzelnen **Pflegeeinrichtungen sollen für die Verhandlung der wesentlichen Leistungs- und Qualitätsmerkmale neben den geforderten Strukturdaten (Bewohnerstruktur) auch die für ihre Einrichtung ermittelten Bedarfsstrukturen** in die Pflegesatzverhandlung **einbringen.**

---

[75] Empfehlungen der Vertragspartner des Rahmenvertrags gemäß § 75 SGB XI in Berlin, Stand 1.8.2007, unter 5.2. In: http://www.berlin.de/imperia/md/content/sen-soziales/sonstiges/vertragsangelegenheiten/lqv_vollstat_a_b-01_09_2007.pdf [1.2.2008].

[76] Richtlinie zur Feststellung von Personen mit erheblich eingeschränkter Alltagskompetenz und zur Bewertung des Hilfebedarfs, 2008.

[77] Vgl. Gesetzentwurf der Bundesregierung (2001a), Entwurf eines Gesetzes zur Qualitätssicherung und zur Stärkung des Verbraucherschutzes in der Pflege (Pflege-Qualitätssicherungsgesetz – PQsG), Deutscher Bundestag – Drucksache 14/5395 vom 23.02.2001.

Der Gesetzgeber geht davon aus, dass die Leistungserfordernisse für jedes Pflegeheim unterschiedlich sind und diese für die Verhandlung der wesentlichen Leistungs- und Qualitätsmerkmale konkretisiert werden sollen.

Im Folgenden wird auf die **Instrumente der Bedarfsermittlung** eingegangen.

Besonderer Bedarf an Grundpflege

Bedarfsermittlung für die Grundpflege

Grundpflegerische Leistungen sind im Pflegeversicherungsgesetz abschließend geregelt (zum Umfang der Grundpflegeleistungen ➢ Kap. 1.2). Besondere Bedarfe können – wie dargestellt – nur über Mehrbedarfe erfasst werden. Die Gewinnung der Mehrbedarfe können nach den Pflegestufen und/oder für „besondere" Bewohnergruppen, z.B. Diagnosegruppen, Demenzerkrankte, Schlaganfallpatienten, Apalliker, Beatmungspatienten, oder nach anderen typisierenden Merkmalen gebündelt erfolgen.

Einen **besonderen Bedarf an Grundpflege** im leistungsrechtlichen Sinne des § 43 Abs. 3 SGB XI werden insbesondere pflegebedürftige Bewohner der Pflegestufe III aufweisen, wenn ein außergewöhnlich hoher und intensiver Pflegeaufwand erforderlich ist, der das **übliche Maß der Pflegestufe III weit übersteigt.**[78] Dies betrifft Personen, die als sogenannte Härtefälle i.S.d. Härtefallrichtlinie zu erfassen wären. Die gemäß § 17 SGB XI erlassene **Härtefall richtlinie**[79] ist zwar ursprünglich für die Finanzierungsentscheidung der Pflegekassen bei Pflegefällen mit außergewöhnlich erhöhtem Pflegebedarf verfasst worden. Sie kann aber ebenso auch für die Ermittlung der besonderen Pflegebedarfe als Orientierungshilfe dienen.

In § 43 Abs. 3 SGB XI werden als infrage kommende Personenkreise beispielhaft Apalliker, schwer demenziell Erkrankte oder Pflegebedürftige im Endstadium von Krebserkrankungen genannt. Neben der Nennung der Patientengruppen muss für die Festlegung der Leistungs- und Qualitätsmerkmale begründet und attestiert werden, welcher pflegerische und zeitliche Mehrbedarf entsteht.

> Nach der Härtefallrichtlinie besteht ein außergewöhnlicher Pflegeaufwand, wenn entweder die Grundpflege auch nachts von mehreren Pflegekräften gemeinsam (zeitgleich) erbracht werden muss oder der Pflegebedürftige der Hilfe bei der Körperpflege, der Ernährung oder der Mobilität mindestens 6 Stunden täglich, davon wenigstens 3-mal nachts, bedarf. Für Erkrankungen, bei denen der Pflegebedarf nicht nur vorübergehend über den mit der Pflegeeinstufung verbundenen Bedarf hinausgeht und außergewöhnlichen Aufwand erfordert, sind ebenfalls besondere Bedarfe geltend zu machen.

Der besondere Bedarf kann vor allem mithilfe einer **bedarfsorientierten** Dokumentation der tatsächlich zu erbringenden Leistungen und der Erfassung

[78] Auf die sogenannten Härtefälle wird auch in einigen Muster-LQVs abgestellt: z.B. AOK Niedersachsen, o. Jahr, Anlage 1, Nr. 3.1.

[79] Richtlinien der Spitzenverbände der Pflegekassen zur Anwendung der Härtefallregelungen (Härtefall-Richtlinien – HRi) vom 10.7.1995, Stand 28.10.2005.

des zeitlichen und/oder personellen Mehraufwands ermittelt werden. Die Einrichtung muss grundsätzlich entscheiden, ob sie die Bedarfsermittlung gruppenbezogen nach Bewohnergruppen oder nach Erkrankungsformen durchführen will.

Änderung: § 15 SGB XI mit WSG/"Krankheitsspezifische Pflegemaßnahmen"

Besondere Bedarfe, die seitens der Pflegeeinrichtungen schon im Rahmen der LQV eingebracht werden konnten und deshalb auch für die wLQm zu beachten sind, ergeben sich aus einer im Jahre 2007 erfolgten Gesetzesänderung des § 15 SGB XI. Die Änderungen können vor allem für die Geltendmachung besonderer Pflegebedarfe bei Pflegebedürftigen erhebliche Bedeutung haben, die **(noch) nicht als Härtefall** eingestuft sind.

Mit dem Wettbewerbsstärkungsgesetz wurde gemäß Art. 8 zur Änderung des Elften Buches der für die Pflegeeinstufung maßgebende § 15 SGB XI in Abs. 3 um folgende Regelungen erweitert: *„Bei der Feststellung des Zeitaufwandes ist ein Zeitaufwand für erforderliche verrichtungsbezogene krankheitsspezifische Pflegemaßnahmen zu berücksichtigen; dies gilt auch dann, wenn der Hilfebedarf zu Leistungen nach dem Fünften Buch führt. Verrichtungsbezogene krankheitsspezifische Pflegemaßnahmen sind Maßnahmen der Behandlungspflege, bei denen der behandlungspflegerische Hilfebedarf untrennbarer Bestandteil einer Verrichtung nach § 14 Abs. 4 ist oder mit einer solchen Verrichtung notwendig in einem unmittelbaren zeitlichen und sachlichen Zusammenhang steht“.*

Zurechnung von Behandlungspflege zur Grundpflege

Mit dieser Gesetzesregelung wird bezweckt, dass auch **krankheitsspezifische Pflegemaßnahmen** bei der Feststellung der Pflegebedürftigkeit i.S.d. SGB XI berücksichtigt werden. Mit der Änderung des § 15 SGB XI hat der Gesetzgeber auf die Rechtsprechung des Bundessozialgerichts reagiert. Das BSG hatte in mehreren Streitfällen entschieden, dass auch **Maßnahmen der Behandlungspflege zur Grundpflege zu zählen sind,** wenn sie untrennbarer Bestandteil einer Katalogverrichtung gemäß § 14 SGB XI sind oder **in einem notwendigen zeitlichen und sachlichen Zusammenhang** mit Verrichtungen der **Grundpflege** stehen. Mit ausschlaggebend war die Entscheidung des BSG vom 30.10.2001, in der die Feststellung getroffen wurde, dass das medizinisch verordnete An- und Ausziehen von Stützstrümpfen der Kompressionsklasse II und III im engen Zusammenhang mit dem Aufstehen und Zubettgehen steht und in diesem Zusammenhang durchzuführen ist. Die Maßnahmen seien deshalb auch bei der Ermittlung der Grundpflege innerhalb des SGB XI zu berücksichtigen. Weitere Entscheidungen betrafen z.B. das morgendliche Abklopfen von Mukoviszidose-Kindern beim Aufstehen am bzw. im Bett sowie die Hilfe beim Baden in engem Zusammenhang mit dem Pflegebad eines Neurodermitis-Patienten.[80]

Dem Gesetzeswortlaut nach ist damit klargestellt, dass bei einer entsprechenden Erfüllung der genannten Voraussetzungen krankheitsspezifische Pflegemaßnahmen ebenfalls dem Grundpflegebedarf zuzurechnen sind und damit Einfluss auf die Pflegeeinstufung haben können. Ebenso ist damit festgelegt, dass die Pflegekasse in der Leistungspflicht ist. Darüber hinaus ist die Konsequenz zu ziehen, dass es sich bei den **krankheitsspezifischen Pflege-**

[80] BSG Urteil vom 30.10.1001 – B 3 KR 2/01 R; BSG Urteil vom 29.4.1999 – B 3 P 13/98 R; BSG Urteil vom 26.11.1998 – B 3 P 20/97 R.

maßnahmen um **Grundpflegeleistungen der „besonderen Art“** handelt, die von den Heimträgern im Rahmen der Pflegesatzverhandlungen als Leistungs- und Qualitätsmerkmal eingebracht werden sollten.

In der Gesetzesbegründung zu § 15 SGB XI[81] sind beispielhaft krankenspezifische Pflegemaßnahmen für die Zurechnung genannt worden, die folglich auch als **besonderer Grundpflegebedarf** geltend gemacht werden sollten:

- An- und Ausziehen von Kompressionsstrümpfen ab Klasse II
- Oro/tracheale Sekretabsaugung
- Einreiben mit Dermatika
- Verabreichung eines Klistiers oder Einlaufs
- Einmalkatheterisierung
- Wechseln einer Sprechkanüle gegen eine Dauerkanüle bei einem Tracheostomapatienten zur Ermöglichung des Schluckens
- Maßnahmen zur Sekretelimination bei Mukoviszidose oder Erkrankungen mit vergleichbarem Hilfebedarf

Diese Auflistung in der Änderungsbegründung zu § 15 SGB XI ist nur beispielhaft erfolgt, sodass auch andere Maßnahmen der Behandlungspflege bei der Geltendmachung besonderer Pflegebedarfe berücksichtigt werden können, soweit der geforderte Zusammenhang nachgewiesen werden kann. Näheres über Art und Inhalt der verrichtungsbezogenen krankheitsspezifischen Pflegemaßnahmen hat der Gemeinsame Bundesausschuss in den Krankenpflege-Richtlinien nach § 92 SGB V festlegt.[82]

6

Außerhalb der Härtefälle kann ein **besonderer Grundpflegebedarf** für Bewohner bestehen, bei denen konkrete Maßnahmen der Behandlungspflege nicht allein aus praktischen oder nur zeitlichen Gründen mit der Grundpflege durchgeführt werden, sondern wenn sie in einem notwendigen (sachlichen) und zeitlichen untrennbaren Zusammenhang mit Maßnahmen der Grundpflege erfolgen. Da es sich nicht um „echte" Grundpflegeleistungen handelt, sondern um krankheitsspezifische Pflegeleistungen, die der Grundpflege zuzurechnen sind, müssen diese, der Gesetzeslogik folgend, als besondere Bedarfe der Grundpflege erfasst werden.
Wichtig ist auch hier die Dokumentation der Maßnahmen, die ärztliche Verordnung bzw. die Bestimmung von Diagnosegruppen, um diese Leistungen für die Festlegung der Leistungs- und Qualitätsmerkmale in den Vergütungsverhandlungen geltend zu machen.

Besonderer Bedarf an medizinischer Behandlungspflege

Bedarfsermittlung für die Behandlungspflege

Leistungen der **medizinischen Behandlungspflege** sind grundsätzlich dem Zuständigkeitsbereich der gesetzlichen Krankenversicherung zuzuordnen. Im Rahmen der Pflegeversicherung müssen die Kosten der medizinischen

81 Entwurf eines Gesetzes zur Stärkung des Wettbewerbs in der gesetzlichen Krankenversicherung (GKV-Wettbewerbsstärkungsgesetz), Deutscher Bundestag – Drucksache 16/3100 vom 24.10.2006, Art. 8 (Änderung des Elften Buches Sozialgesetzbuch) zu Nr. 4 (§ 15).

82 Richtlinien des Bundesausschusses der Ärzte und Krankenkassen über die Verordnung von „häuslicher Krankenpflege" nach § 92 Abs. 1 Satz 2 Nr. 6 und Abs. 7 SGB V, Stand 1.6.2008.

Behandlungspflege gemäß § 43 SGB XI pauschaliert von den Pflegekassen getragen werden. Die medizinische Behandlungspflege gehört neben den allgemeinen Pflegeleistungen zu den Leistungen, die von den Pflegekassen gemäß § 82 SGB XI vergütet werden. Soweit allerdings die Krankenkasse die Aufwendungen für die medizinische Behandlungspflege im Einzelfall übernehmen muss, sind die Pflegekassen nicht zur Kostentragung verpflichtet. Der Kostenanteil ist in diesen Fällen zumeist nicht klar einschätzbar.

§ 37 SGB V: Anspruch bei stationärer Pflege

Für die Leistungszuständigkeiten und die Kostentragung von Kranken- und Pflegekassen hat das Wettbewerbsstärkungsgesetz grundlegende Veränderungen gebracht:

- Seit April 2007 liegt die Kostentragungspflicht für die Aufwendungen der medizinischen Behandlungspflege in der vollstationären Pflege endgültig bei den Pflegekassen. Bis zu dem Zeitpunkt bestand nur eine zeitlich befristete Pflicht für die Pflegekassen. Mit der dauerhaften Verlagerung der Kostenpflicht sollen die Krankenkassen vor zusätzlichen finanziellen Belastungen geschützt werden.[83]
- Abweichend von diesem Grundsatz besteht gemäß § 82 Abs. 1 SGB XI keine Kostentragungspflicht der Pflegekassen, wenn Pflegebedürftige einen Anspruch auf medizinische Behandlungspflege gemäß § 37 SGB V (häusliche Krankenpflege) gegenüber ihrer Krankenkasse haben. Für Personen mit **vollstationärer Dauerpflegeversorgung** besteht nach § 37 Abs. 2 Satz 3 SGB V[84] ausnahmsweise dann ein Anspruch auf Behandlungspflege, wenn sie auf Dauer, d.h. **voraussichtlich für mindestens sechs Monate,** einen **besonders hohen Bedarf an medizinischer Behandlungspflege** haben. Aus der Gesetzesbegründung ist zu entnehmen, dass der Rechtsanspruch nur für einen eng begrenzten Personenkreis mit **besonders hohem Versorgungsbedarf** bestehen soll. Beispielhaft genannt werden Wachkomapatienten und dauerbeatmete Patienten.

Obwohl der Gesetzgeber in § 37 SGB V nicht ausdrücklich auf die sogenannten Härtefälle i.S.d. § 43 Abs. 3 SGB XI Bezug nimmt und auch nicht auf die Härtefallrichtlinien[85] verweist, ist dennoch anzunehmen, dass er jene besonderen Personengruppen als Anspruchberechtigte im Blick hatte. Dafür spricht, dass mit dem Hinweis auf die Gruppe der Wachkomapatienten ein Personenkreis genannt wird, der als sogenannter Härtefall nach den Härtefallrichtlinien anerkannt ist. Andererseits gibt es keine Hinweise, dass mit der Formulierung vom „besonders hohem Versorgungsbedarf" etwas anderes gemeint sein soll als mit der Voraussetzung eines **„außergewöhnlich hohen und intensiven Pflegeaufwands"** für den Härtefall i.S.d. § 43 Abs. 3 SGB XI.

83 Entwurf eines Gesetzes zur Stärkung des Wettbewerbs in der gesetzlichen Krankenversicherung (GKV-Wettbewerbsstärkungsgesetz), Deutscher Bundestag – Drucksache 16/3100 vom 24.10.2006, Art. 8 (Änderung des Elften Buches Sozialgesetzbuch) zu Nr. 13 (§ 43); Gesetz zur Stärkung des Wettbewerbs in der gesetzlichen Krankenversicherung (GKV – Wettbewerbsstärkungsgesetz) vom 26.3.2007, BGBl. I S. 378.

84 Siehe auch: Richtlinien der Spitzenverbände der Pflegekassen zur Anwendung der Härtefallregelungen (Härtefall-Richtlinien – HRi) vom 10.7.1995, Stand 28.10.2005.

85 Richtlinien der Spitzenverbände der Pflegekassen zur Anwendung der Härtefallregelungen (Härtefall-Richtlinien – HRi) vom 10.7.1995, Stand 28.10.2005.

Eine klärende Abgrenzung und Konkretisierung der Fallgruppen wird dennoch durch die Rechtsprechung erfolgen müssen.

Für die **Praxis** in den Pflegeeinrichtungen hat diese Regelung zur **Konsequenz,** dass für Patientengruppen, wie z.B. Wachkoma- und Beatmungspatienten sowie vergleichbare schwerste Dauerpflegefälle, **keine besonderen Bedarfe** für die Behandlungspflege veranschlagt werden können. Der Anspruch eines Heimbewohners auf Krankenpflege gemäß **§ 37 Abs. 2 SGB V schließt für den Heimträger die Geltendmachung von besonderen Bedarfen des Bewohners** bei der medizinischen Behandlungspflege in der Pflegesatzverhandlung **aus.**

„Besonderen Bedarf" an medizinischer Behandlungspflege kann nur bei pflegebedürftigen Heimbewohnern bestehen, die einerseits krankheitsspezifische Mehrbedarfe haben, die über die pauschaliert mit dem Pflegesatz gemäß § 84 SGB XI abgegoltenen Leistungen der Behandlungspflege hinausgehen, andererseits aber (noch) nicht als Härtefall anerkannt sind, sodass auch kein Anspruch nach § 37 Abs. 2 S. 3 SGB V entsteht.
Um diese Patientengruppen für die Ermittlung des Mehrbedarfs und damit für den Umfang der Leistungen gemäß § 84 Abs. 5 SGB XI definieren zu können, ist eine Klärung des Begriffs der medizinischen Behandlungspflege und der Diagnosegruppen notwendig. Beides ist bislang im Gesetz nicht geschehen.

Fehlende Begriffserklärung zur Behandlungspflege

Eine Legaldefinition des Begriffs „Behandlungspflege" gibt es nicht. Behandlungspflege wird gemeinhin umschrieben als krankheitsspezifische Pflegemaßnahme, die als medizinisch indizierte Hilfeleistung erfolgt.[86] Selbst die einschlägigen Richtlinien über die Verordnung von „häuslicher Krankenpflege"[87] enthalten keine Definition, sondern geben Leistungsbeschreibungen. Danach zählen zu den Leistungen der häuslichen Krankenpflege die Behandlungspflege, Grundpflege und hauswirtschaftliche Versorgung. Da die Abgrenzungskriterien zwischen der Grund- und Behandlungspflege streitig sind, wurde in den Krankenpflegerichtlinien eine Zuordnung der unterschiedlichen Krankenpflegeleistungen zur Behandlungspflege oder Grundpflege vorgenommen, die auf Rahmenempfehlungen der Spitzenverbände der Krankenkassen und der Pflegekassen zurückgeht.[88] Ausgehend von der in der gesetzlichen Krankenversicherung geregelten zentralen Vorschrift des § 37 SGB V ist für die Behandlungspflege kennzeichnend, dass sie der Sicherung der Ziele der ärztlichen Behandlung dient.

---

86 BSGE 82, S. 27, 32 ff.

87 Richtlinien des Bundesausschusses der Ärzte und Krankenkassen über die Verordnung von „häuslicher Krankenpflege" nach § 92 Abs. 1 Satz 2 Nr. 6 und Abs. 7 SGB V, Stand 1.6.2008.

88 Vorbemerkungen zu den Richtlinien des Bundesausschusses der Ärzte und Krankenkassen über die Verordnung von „häuslicher Krankenpflege" nach § 92 Abs. 1 Satz 2 Nr. 6 und Abs. 7 SGB V, Stand 1.6.2008.

Medizinische Feststellung

Maßnahmen der medizinischen Krankenpflege bedürfen der ärztlichen Verordnung. Die Feststellung eines **„besonderen Bedarfs" an medizinischer Behandlungspflege unterliegt deshalb auch der ärztlichen Einschätzung und Verordnung.** Da keinerlei Vorgaben darüber bestehen, wer entsprechende Mehrbedarfe feststellen darf, ist es den Pflegeeinrichtungen freigestellt, die Bedarfe durch die Hausärzte der Bewohner oder durch einen eigenen, mit der Einrichtung kooperierenden Arzt ermitteln zu lassen. Viele Mustervereinbarungen und Orientierungshilfen zur LQV (alter Form) sehen dazu eine ärztliche Attestierung bzw. Verordnung vor. Diese Muster haben zwar nur Empfehlungscharakter, eine einseitige Festlegung der bestehenden und zu erwartenden besonderen Bedarfe an medizinischer Behandlungspflege allein durch den Heimträger dürfte dennoch für eine Akzeptanz bei der Festlegung der Leistungs- und Qualitätsmerkmale nicht ausreichend sein. Der „besondere Bedarf" sollte deshalb auch für die wLQm durch ärztliche Feststellung ermittelt werden.

Im Sprachgebrauch ist die Kennzeichnung von Leistungen als sogenannte „besondere" Behandlungspflege ohnehin irreführend, da es weiter gedacht keine sogenannte „allgemeine" Behandlungspflege gibt. Eine solche Systematik ist dem Krankenversicherungsrecht fremd. Maßstab für die Erfassung der „besonderen" Bedarfe können somit allein **zeitliche und sachliche Mehrbedarfe** in der ärztlich verordneten Pflege sein. Da medizinische Behandlungspflege ausschließlich von Pflegefachkräften bzw. nur unter deren Leitung durchgeführt werden darf, hat der zeitliche Aufwand für die medizinische Behandlungspflege unmittelbare Bedeutung für die Stellenplanung in der Pflege und damit für die Personalausstattung und die Personalkosten. Die personelle Ausstattung einschließlich der Qualifikation der Mitarbeiter ist nach Nr. 2 des § 84 Abs. 5 SGB XI daran anschließend ebenfalls Gegenstand der Leistungs- und Qualitätsmerkmale für den Abschluss der Pflegsatzvereinbarung.

Mehrbedarf bei der Behandlungspflege nach Erkrankungsdiagnosen

Bei der Ermittlung der Mehrbedarfe besteht mangels eindeutiger Rahmenvorgaben in der Pflegeversicherung grundsätzlich Ermessensspielraum. In den **Musterverträgen** finden sich unterschiedliche Empfehlungen: Beispielsweise gibt die Empfehlung der Landesverbände der gesetzlichen Pflegekassen in Niedersachsen für eine Struktur und Gliederung von Leistungs- und Qualitätsvereinbarungen vor, dass ein besonderer Bedarf [89] an medizinischer Behandlungspflege bejaht werden kann:

- wenn Erkrankungsdiagnosen bestehen, die regelmäßig mit erhöhten Aufwendungen der medizinischen Behandlungspflege einhergehen. Dies trifft z.B. auf ORSA-Patienten oder Beatmungspatienten zu. Ein höherer Aufwand an Behandlungspflege kann nach der geltenden Rechtslage aber nur geltend gemacht werden, wenn keine Härtefallfeststellung getroffen wurde (§ 37 Abs. 2 S. 3);
- wenn Pflegebedürftige unabhängig von der Krankheitsdiagnose einen Mehrbedarf an medizinischer Behandlungspflege erfordern, weil bei ihnen Verweigerungstendenzen festgestellt werden und die Behandlungspflege besonders zeitaufwendig ist.

[89] Vgl. die Empfehlung der Landesverbände der gesetzlichen Pflegekassen in Niedersachsen, 2004, unter 4.2.

Eine „Orientierungshilfe" zur LQV (a.F.) der AOK Niedersachsen[90] nennt als besonderen Bedarf an medizinischer Behandlungspflege Krankheitsdiagnosen und Patientengruppen, bei denen in der Regel erhöhte Aufwendungen an Behandlungspflege anzuerkennen sind. Dies sind Schwerst-Schädel-Hirngeschädigte, ORSA-Keim mit Wunde, Multiple Sklerose, Chorea Huntington, Ulcus cruris, Zustand nach Venenthrombose, Tumorerkrankungen, Träger von Trachealkanülen sowie Aids-Patienten.

Krankenpflegerichtlinien/GBA

Für die Konkretisierung dessen, **welche Leistungen** der Behandlungspflege zugerechnet werden können, sind die vom Bundesausschuss der Ärzte und Krankenkassen erlassenen **Richtlinien über die Verordnung von „häuslicher Krankenpflege"** heranzuziehen. Die Richtlinien enthalten eine Auflistung von Leistungen der Behandlungspflege in Abgrenzung zu den Grundpflegeleistungen. Der Behandlungspflege zugerechnet werden folgende Aufgaben:

- Absaugen der oberen Luftwege
- Bronchialtoilette
- Anleitung bei der Behandlungspflege in der Häuslichkeit
- Beatmungsgerät, Bedienung und Überwachung
- Blasenspülung
- Blutdruckmessung
- Blutzuckermessung
- Dekubitusbehandlung
- Überprüfen und Versorgen von Drainagen
- Einlauf, Klistier, digitale Enddarmausräumung
- Flüssigkeitsbilanzierung
- Infusionen i.v., Inhalation, Injektionen und Richten von Injektionen
- Instillation
- Auflegen von Kälteträgern
- Versorgung eines suprapubischen Katheters
- Katheterisierung der Harnblase zur Ableitung des Urins
- Krankenbeobachtung, spezielle
- Legen und Wechseln einer Magensonde
- Medikamentengabe (verordnete Medikamente, nicht erfasst sind hier Injektionen, Infusionen, Instillationen, Inhalationen
- Versorgung bei PEG (perkutane endoskopische Gastrostomie)
- Psychiatrische Krankenpflege
- Stomabehandlung
- Wechsel und Pflege der Trachealkanüle
- Pflege des zentralen Venenkatheters
- Anlegen und Wechseln von Wundverbänden
- Anlegen eines Kompressionsverbands/An- und Ausziehen von Kompressionsstrümpfen/-strumpfhosen der Kompressionsklassen II bis IV
- Anlegen von stützenden und stabilisierenden Verbänden[91]

6

[90] AOK Niedersachsen, 2005/2006, unter Anlage 1.3.2.

[91] Vgl. Richtlinien des Bundesausschusses der Ärzte und Krankenkassen über die Verordnung von „häuslicher Krankenpflege" nach § 92 Abs. 1 Satz 2 Nr. 6 und Abs. 7 SGB V. Stand vom 11.6.2008.

Die Kompetenz zur Festlegung, an welchen Orten und in welchen Fällen Leistungen der Behandlungspflege auch in vollstationären Pflegeeinrichtungen erbracht werden können, liegt gemäß § 37 Abs. 6 SGB V bei dem Gemeinsamen Bundesausschuss. Die Spezifizierungen in den Krankenpflegerichtlinien gemäß § 92 Abs. 1 S. 2 Nr. 6 SGB V sind deshalb zu beachten.

Besondere Bedarfe bei der sozialen Betreuung

Bedarfsermittlung für soziale Betreuung

Unbestritten ist, dass Demenzerkrankte einen **höheren Bedarf an sozialer Betreuung** (Begriff „soziale Betreuung" ➢ Kap. 1.3.3) aufweisen, da sie – je nach Schwergrad der Erkrankung – der allgemeinen Unterstützung durch Anleitung und Beaufsichtigung bedürfen. Auch nimmt die Zahl der demenzkranken Bewohner in den Heimen kontinuierlich zu.[92] Für viele Pflegeheime ergeben sich aus der wachsenden Anzahl von demenzkranken Bewohnern in verstärktem Maße Problemlagen. Die Demenzerkrankung bedingt einen erhöhten allgemeinen Betreuungs- und Hilfebedarf, der aber im Rahmen der verrichtungsbezogenen Pflegebedarfsermittlung und in der daran gekoppelten Pflegestufenfestlegung nicht adäquat berücksichtigt wird. Folglich werden diese Unterstützungsbedarfe auch nicht in der Pflegeklassenzuordnung und Vergütung angemessen berücksichtigt und wirken sich in der Personalbemessung nicht aus (zu den damit verbundenen Problemen ➢ Kap. 1.3.4).

Nach den Zielsetzungen des Gesetzgebers sollte schon die LQV als Instrument genutzt werden, für Bewohnergruppen mit besonderem Bedarf an sozialer Betreuung die Leistungen und die Qualität der Versorgung zu definieren und über die LQV in die Pflegsatzverhandlungen einzubringen. Das Pflege-Qualitätssicherungsgesetz vom 9.9.2001 sah in § 80a Abs. 1 Nr. 1 SGB XI ausdrücklich die Berücksichtigung besonderer Bedarfe in der sozialen Betreuung vor. Als Vertragsgegenstand für die LQV wurden in der Gesetzesbegründung zu § 80a SGB XI ausdrücklich Hilfestellungen „der allgemeinen Betreuung und Beaufsichtigung von geistig behinderten, psychisch veränderten oder dementen Pflegebedürftigen" genannt.[93] Da mit der Überführung der LQV in die wLQm keine inhaltlichen Veränderungen in diesen Regelungen beabsichtigt wurden, sind besondere Betreuungsbedarfe nach wie vor im Rahmen der Leistungs- und Qualitätsmerkmale einzubringen. Auch die mit dem Pflege-Weiterentwicklungsgesetz geschaffene neue Form der Vergütung szuschläge für Betreuungspersonal gemäß § 87b SGB V ändert daran nichts (➢ Kap. 1.2.4).

Die zentrale Aufgabe für die Pflegeheime besteht auch hier darin, die „besonderen Personengruppen" und deren „besonderen Bedarf" zu definieren.[94]

[92] Vgl. Bundesministerium für Familie, Senioren, Frauen und Jugend (Hrsg.), 2002, S. 168.
[93] Gesetzentwurf der Bundesregierung (2001a), Entwurf eines Gesetzes zur Qualitätssicherung und zur Stärkung des Verbraucherschutzes in der Pflege (Pflege-Qualitätssicherungsgesetz – PQsG), Deutscher Bundestag – Drucksache 14/5395 vom 23.02.2001, S. 33 zu § 80a Abs. 2 SGB XI.
[94] Vgl. Ebenda, S. 32.

Bedarf an Betreuung, Beaufsichtigung, Begleitung

Aus der Systematik der Pflegeversicherung abgeleitet, kann sich der „besondere" Bedarf nur aus den im Einzelfall zwar bestehenden aber nicht anerkannten Betreuungsbedürfnissen ergeben. Denn soweit bei den Verrichtungen im Ablauf des täglichen Lebens Unterstützungsbedarf durch Beaufsichtigung oder Anleitung festgestellt wird, werden diese Betreuungsbedarfe bei der Pflegebedürftigkeitsfeststellung eingerechnet. Im Umkehrschluss folgt daraus, dass **nicht berücksichtigte aber notwendige Betreuungsleistungen** als „besonderer" Betreuungsbedarf zu erfassen sind. Entsprechende soziale Betreuungsleistungen werden derzeit vorrangig für Demenzerkrankte gefordert; Betreuungsbedarfe können aber ebenso in anderen Bereichen entstehen, z.B. bei der **Krisenbegleitung oder im Rahmen der palliativen Begleitung.**

Demenzstatus festlegen

Der Begriff der „Demenz" kennzeichnet in der Öffentlichkeit die Personengruppe der Pflegebedürftigen, die an psychischen Erkrankungen oder geistigen Behinderungen leiden. Demenzkranke Menschen sind die mit Abstand größte Gruppe aller psychisch erkrankten Menschen mit langfristigem Pflegebedarf. Mit zunehmender Pflegestufe nimmt auch der Anteil der Erkrankungen zu. Für das Jahr 2006 lag die Quote in der Pflegestufe I bei 23,4 %, bei Pflegestufe II bei 36,6 % und bei der Pflegestufe III bei 53,8 %.[95]

Maßgebend für das **Verfahren zur Feststellung** einer demenziellen Erkrankung ist eine von den Spitzenverbänden **erlassene Richtlinie.**[96] Diese wird analog im vollstationären Bereich angewandt.

Es lassen sich spezifische Symptome demenzieller Erkrankungen charakterisieren. Diagnostische Kriterien umfassen nach Gutzmann und Zank[97] unter Bezug auf die diagnostischen Kriterien der International Classification of Diseases ICD-10 Störungen des Gedächtnisses, Störungen des Denkvermögens, Störungen der Alltagskompetenz und der Informationsverarbeitung sowie Störungen der Aufmerksamkeit. Die **diagnostischen Kriterien** nach ICD-10 für die Demenzbestimmung sind seit 2006 auch **Bestandteil der Begutachtungsrichtlinien** zur Begutachtung von Pflegebedürftigkeit im Rahmen der Pflegeversicherung.[98] Diese Demenzkriterien werden zugrunde gelegt, um den Demenzstatus zu bestimmen. Die Begutachtungsrichtlinien nebst Formular sehen unter D 3.5 ebenfalls ein Screening und Assessment zur Feststellung von Personen mit erheblich eingeschränkter Alltagskompetenz vor. Für die Versorgung und Betreuung Demenzerkrankter relevant sind auch Charakteristika demenzieller Erkrankungen. Das BMFSFJ hat in seinem vierten Bericht zur Lage der älteren Generation eine Übersichtstabelle veröffentlicht, in der die wesentlichen Symptome der Demenz aufgelistet sind.

Zusätzlich zur ärztlichen Diagnose geben Schweregrad-Einteilungen Hinweise auf Beeinträchtigungen und damit verbundene besondere Bedarfe. Beispielhaft dafür zu nennen ist die Alzheimerkrankheit, bei der sieben Schweregradeinstellungen (SG) unterschieden werden (➤ Tab. 6.5).

[95] Bundesministerium für Gesundheit (Hrsg.), 2008, S. 41.
[96] Richtlinie zur Feststellung von Personen mit erheblich eingeschränkter Alltagskompetenz und zur Bewertung des Hilfebedarfs, Stand 10.6.2008. Die Richtlinie findet mit Wirkung vom 1.7.2008 Anwendung und gilt zunächst bis zum 30.6.2010.
[97] Gutzmann; Zank, 2005, S. 25.
[98] MDS e.V. (Hrsg.), 2006, S. 51 ff.

Tab. 6.5 Einteilung der Alzheimerkrankheit nach Schweregraden (SG)[99]

SG	Symptomatik
1	Unauffällig. **Keine Beschwerden**
2	**Subjektive Beschwerden** über Vergesslichkeit, Verlegen von Gegenständen, Wortfindungsschwierigkeiten, Schwierigkeiten genau so schnell zu lesen oder zu verstehen wie früher. Es gibt keine objektivierbaren Auffälligkeiten.
3	**Erste objektivierbare Beeinträchtigungen.** Vergisst gelegentlich den Wochentag, was es zum Mittagessen gab oder welches Buch gerade gelesen wurde. Einige „weiße Flecken" in der persönlichen Vorgeschichte. Verwirrung, wenn mehr als eine Sache gleichzeitig zu erledigen ist. Wiederholtes Fragen. Gelegentlich Verstimmung und um die eigene Gesundheit besorgtes Nachfragen. Die Defizite zeigen sich auch in psychometrischen Tests.
4	**Mäßige Beeinträchtigungen.** Schwierigkeiten, den eigenen Lebenslauf zu erinnern, Gesprächen zu folgen, bei einfachen Haushaltstätigkeiten außer An- und Ausschalten, bei Bankgeschäften oder dem Kauf von Briefmarken. Probleme, Bekannte am Telefon wiederzuerkennen. Die Schwierigkeiten spiegeln sich in allen psychometrischen Tests wider.
5	**Mittelschwere Beeinträchtigungen.** Kennt die eigene Adresse und wesentliche Inhalte seines Lebenslaufes nicht mehr. Unsicher zu Tag, Monat und Jahr sowie zum herrschenden Wetter. Schlafstörungen. Wahnvorstellungen wie: es wurde mir etwas weggenommen.
6	**Schwere Beeinträchtigungen.** Unsicherheit zur Uhrzeit, zum Aufenthaltsort und zum eigenen Namen. Häufig wird der Name des Lebenspartners nicht mehr erinnert. Geringe Kenntnisse aktueller Ereignisse. Hilfe beim Waschen, Baden und Anziehen nötig. Blasen- und Darminkontinenz. Beim Besteck kann nur noch der Löffel adäquat verwendet werden. Tag-Nacht-Umkehr, zielloses Umherlaufen, verbale oder physische Aggressivität.
7	**Sehr schwere Beeinträchtigung.** Sprache auf ein bis zwei Worte reduziert. Häufige Bettlägerigkeit. Keine Vorstellung vom eigenen Namen. Unfähig, von eins bis zehn zu zählen. Durchgängig Hilfe erforderlich. Zum Ende nicht mehr in der Lage, den Kopf zu heben. Ernährung nur noch intravenös oder über Katheter möglich.

Dementsprechend sind je nach Symptomatik unterschiedliche soziale Betreuungsbedarfe festzustellen, z.B. tagesstrukturierende oder räumliche Orientierungshilfen. Dazu ist seitens der Einrichtungen eine aussagekräftige Dokumentation erforderlich, aus denen der besondere Bedarf und die notwendigen Leistungen hervorgehen.

Anforderungen an die Dokumentation

Grundlage ist wiederum eine bedarfsbezogene Pflegedokumentation und Pflegeplanung. Die Feststellung der Betreuungsbedarfe und Leistungserfordernisse wird je nach den Gegebenheiten der Einrichtung gruppenbezogen oder wohngruppenbezogen erfolgen müssen. Bei speziellen Wohngruppen und Versorgungsformen für Demente wird der Betreuungsbedarf auch die therapeutische Anleitung und Beschäftigung und eventuell hauswirtschaftli-

[99] Bundesministerium für Familie, Senioren, Frauen und Jugend (Hrsg.), 2002, S. 289.

che Betreuungsanteile umfassen. Besondere pflegerische Bedarfe können sich z.B. in dem Kontext zusätzlich auf die Kontrolle der Flüssigkeitsaufnahme beziehen. In Mustervorlagen und Orientierungshilfen zur LQV (a.F.) finden sich zunehmend Vorgaben, nach denen ein besonderer Bedarf an sozialer Betreuung bei Demenzerkrankung oder sonstigen seelischen Behinderungen durch eine stichprobenartige Auswertung der Pflegedokumentation zu ermitteln und nachzuweisen ist.[100]

Nachweis „besonderer" Bedarfe an sozialer Betreuung

Für die Vereinbarung der wesentlichen Leistungs- und Qualitätsmerkmale muss der **Demenzstatus der Bewohner spezifiziert** werden, um daran anknüpfend die besonderen Versorgungs- und Betreuungsbedarfe differenziert belegen zu können. Dies erfolgt in der Praxis durch den MDK und nach den Vorgaben in den Begutachtungsrichtlinien und der Richtlinie vom 10.6.2008.

Abschließend ist darauf hinzuweisen, dass zur Verbesserung der Pflegesituation Dementer und der Verbesserung der Versorgungsqualität diverse Modellprojekte, wie z.B. das Modell „Besondere stationäre Dementenbetreuung in Hamburg" und weitere Modelle zum Schwerpunkt Demenz und Unterstützung von Angehörigen initiiert wurden.[101] Handlungsanleitungen und Orientierung für die Praxis enthalten die seit 2006 bestehenden Rahmenempfehlungen zum Umgang mit herausforderndem Verhalten bei Menschen mit Demenz in der stationären Altenhilfe.[102] Sie sollen als Grundlage zur Entwicklung eines Expertenstandards zur Pflege demenziell erkrankter Menschen dienen.

6

Empfehlung zur Vereinbarung der wLQm

Als Beispiel für die wLQm dienen kann die „**Orientierungshilfe** zur Gliederung und Erstellung einer Leistungs- und Qualitätsvereinbarung gemäß § 80a SGB XI für vollstationäre Pflegeeinrichtungen (inkl. eingestreuter Kurzzeitpflege)".[103] Für die Darstellung der zu betreuenden Bewohnergruppen, der Ermittlung „besonderer Bedarfe" und der Leistungen werden die in ➢ Abb. 6.7 dargestellten Empfehlungen gegeben. Diese können nach wie vor als Orientierungshilfe für die Festlegung und Verhandlung der wesentlichen Leistungs- und Qualitätsmerkmale gemäß § 84 Abs. 5 SGB XI dienen.

Die Vereinbarung zielt nicht allein auf die Spezifizierung der einzelnen Leistungen, sondern soll auch den bei der Leistungserbringung zugrunde zulegenden Qualitätsstandard und das Qualitätsmanagement der Einrichtung umfassen. Einen erheblichen Gestaltungsspielraum haben die Heimeinrichtungen gerade in den Bereichen „Hauswirtschaftliche Versorgung" und „soziale Betreuung" (➢ Kap. 1.3 und ➢ Kap. 1.4). Diese Gestaltungsmöglichkeiten sollten im Rahmen der wLQm genutzt werden.

---

100 AOK Niedersachsen, 2005/2006, Anlage 1, Nr. 3.3.

101 Behörde für Soziales und Familie (Hrsg.), 2000; dazu die Übersicht: Bundesministerium für Gesundheit (Hrsg.), 2008, S. 100 ff.

102 Bundesministerium für Gesundheit (Hrsg.), 2006. Siehe auch: Bundesministerium für Gesundheit (Hrsg.), 2008, S. 103; Bundesministerium für Familie, Senioren, Frauen und Jugend (Hrsg.), 2006a.

103 AOK Niedersachsen, 2005/2006, unter Anlage 1.3.2, Anlage 1.

Zu 2. des Musters:

Darstellung des zu betreuenden Personenkreises:

Anzahl der Bewohner nach Pflegestufen und Gegenüberstellung der voraussichtlichen Entwicklung nach Pflegestufen, unterteilt nach normalem und besonderem Bedarf.

Zu 3. des Musters:

Ermittlung des zu betreuenden Personenkreises mit besonderen Bedarfen:

Bei der Grundpflege: besonderer Bedarf erfolgt durch die Einstufung als Härtefall.
Bei der med. Behandlungspflege ist auf Krankheitsdiagnosen Bezug zu nehmen, z.B. Schwerst-Schädel-Hirngeschädigte, oder es sind davon unabhängig Verweigerungstendenzen und dadurch bedingter Zeitaufwand darzulegen.
Nachweis durch stichprobenartige Auswertung der Pflegedokumentation, ärztliche Befunde etc.
Bei der sozialen Betreuung ist der Demenzstatus zu bestimmen und der Personenkreis i.S.d. § 45a Abs. 2 SGB XI zu ermitteln. Bei anderen seelischen Erkrankungen sind die besonderen Bedarfe zu beschreiben. Die Ermittlung der allgemeinen Betreuungsbedarfe ist nach den Begutachtungsrichtlinien im Rahmen der Einstufung durch den MDK durchzuführen. Nachweise durch stichprobenartige Auswertung der Pflegedokumentation und andere Unterlagen.

Zu 4. des Musters:

Dem Leistungsangebot für die LQV sind Pflege-und Versorgungskonzepte beizufügen und es sind die unmittelbaren bewohnerbezogenen Leistungen zu nennen.

4.1 Unmittelbare bewohnerbezogene Leistungen

- Grundpflege evtl. mit Personengruppen mit besonderem Bedarf an Grundpflege
- Medizinische Behandlungspflege
- Soziale Betreuung mit konzeptionellen Grundlagen
- Unterkunft und Verpflegung mit detaillierter Leistungsbeschreibung, z.B. der Speisen- und Getränkeversorgung, Reinigung und deren Intervalle, Wäscheversorgung, Ver- und Entsorgung, Wartung und Instandhaltung

4.2 Mittelbare bewohnerbezogene Leistungen

- Pflegeprozess (u.a. mit den Bestandteilen Pflegeplanung und Pflegedokumentation)
- Arbeitsorganisation/Kommunikationsstruktur
- Kooperation mit Dritten, z.B. ehrenamtlich Tätige
- Kontakte zu Dritten
- Koordination/Verwaltung
- Fort- und Weiterbildung

Abb. 6.7 Musterinhalte zur Bestimmung der Leistungs- und Qualitätsmerkmale

Es ist empfehlenswert, für die Festlegung der wesentlichen Leistungs- und Qualitätsmerkmale die Pflege- und Betreuungsleistungen voneinander getrennt und nach Art und Inhalt der Leistungen sowie dem Qualitätsniveau zu bestimmen.

Qualitätsmerkmale der wLQm: Pflege, soziale Betreuung, Hauswirtschaft

Beispiele: Leistungen der Pflege

Für die Bestimmung der Leistungs- und Qualitätsmerkmale ist – wie schon dargelegt wurde – auch die **Darlegung des schriftlichen Pflegekonzeptes** relevant. Dieses muss dem allgemeinen Stand der pflegewissenschaftlichen Erkenntnisse entsprechen. Das Pflegekonzept basiert auf pflegewissenschaftlichen Theorien oder Modellen und wird im Pflegeprozess umgesetzt. Es beschreibt das konkrete Leistungsprofil der Pflegeeinrichtung und trifft Aussagen zu den Leistungen und dem Qualitätssicherungssystem und den Zielen sowie zur Organisation des pflegerischen Handelns. Näheres zu den – auch geprüften – Anforderungen der konzeptionellen Grundlagen kann den Qualitätsprüfungs-Richtlinien der Spitzenverbände entnommen werden.[104]

[104] MDS e.V. (Hrsg.), 2005, unter 5.

Das **Pflegekonzept** der Einrichtung bildet mit dem jeweils gültigen **Landesrahmenvertrag** gemäß § 75 SGB XI die **Grundlage für die Darstellung der wesentlichen Pflegeleistungen.**

Im Rahmen der zu vereinbarenden Leistungs- und Qualitätsmerkmale sollte von der einzelnen Pflegeeinrichtung mit dem Pflegekonzept auch dargelegt werden, inwiefern dieses sich an den Bedarfen der Bewohner orientiert und Maßnahmen der aktivierenden und rehabilitativen Pflege beinhaltet.

Beispielsweise können Schulungen zur **Sturzprophylaxe und – mit Blick auf § 113a Abs. 3 SGB XI wichtig – die Umsetzung der Expertenstandards** bzw. der Stand des Umsetzungsprozesses dargelegt werden. Im Rahmen des Pflegekonzeptes können Maßnahmen der Sturzprophylaxe (z.B. zur Einschätzung des Sturzrisikos einzelner Bewohner oder dem Abbau von Mobilitätsbeeinträchtigungen durch automatisch sich öffnende Türen, Trainingsprogramme/Qualifikation des Personals) dargestellt werden.[105]

Weitere Leistungsbestimmungen können sich z.B. auf die **Fehlernährungs- und Dehydrationsprophylaxe** beziehen oder auf die mit der pflegerischen Versorgung verbundenen **Handlungs-, Kommunikations- und Therapiekonzepte.** Beispielsweise kann zur aktivierenden Pflege das Handlungskonzept Kinästhetik festgelegt werden.[106]

Beispiele: Betreuung

Art und Inhalt der sozialen Betreuung können **bezogen auf Bewohnergruppen** und typische **Betreuungsangebote** dargestellt werden, z.B.:

- die Begleitung von Pflegebedürftigen bei Behördengängen,
- die allgemeine Betreuung sowie Beaufsichtigung von dementen Bewohnern (integrativ oder segregativ),
- betreuende Maßnahmen der Sterbebegleitung und im Kontext palliativer Pflege,
- Angebote für (ältere) Immigranten.[107]

Ein Verweis auf das Betreuungskonzept in dem Leistungsangebot genügt. Die Notwendigkeit spezieller Betreuungsleistungen kann durch die Mitwirkung des Heimbeirats bei der Festlegung der wLQm unterstützt werden (Mitwirkungsrechte des Heimbeirats ➢ Kap. 5.3.5).[108]

Beispiele: Hauswirtschaft

Leistung und Qualität der hauswirtschaftlichen Versorgung sollten in dem hauswirtschaftlichen Versorgungskonzept dargestellt werden. Durch entsprechende Verweise kann dieses in die Leistungs- und Qualitätsverhandlungen eingeführt werden. Die Leistungen wurden bereits in den exemplarischen Empfehlungen genannt (➢ Empfehlungen zur Vereinbarung der wLQm, Abb. 6.7).

105 Vgl. Bundesministerium für Familie, Senioren, Frauen und Jugend (Hrsg.), 2002, S. 279; Becker, u.a., 2001, S. 21.

106 Durch die Anwendung der Kinästhetik in der Pflege erhält der pflegebedürftige Bewohner die Möglichkeit, sich aktiv an Handlungen und Aktionen zu beteiligen. Vgl. hierzu: Knobel, 2008.

107 Gesetzentwurf der Bundesregierung (2001a), Entwurf eines Gesetzes zur Qualitätssicherung und zur Stärkung des Verbraucherschutzes in der Pflege (Pflege-Qualitätssicherungsgesetz – PQsG), Deutscher Bundestag – Drucksache 14/5395 vom 23.02.2001.

108 Zum Mitwirkungsrecht des Heimbeirats bei der LQV vgl. auch § 7 Abs. 4 SGB XI.

Hier wird auch festzuhalten sein, ob und in welchem Umfang hauswirtschaftliche Leistungen von externen Einrichtungen bereitgestellt werden, da dies direkte Auswirkungen auf das benötigte Personal und auf die sächliche Ausstattung hat.

Für gesonderte Wohngruppen, insbesondere für selbstständige Wohnbereiche oder spezielle Bewohnergruppen, sollten ggf. gesondert die wesentlichen Leistungs- und Qualitätsmerkmale (wLQm) vereinbart werden. Im SGB XI, insbesondere im Regelungsbereich des § 75 SGB XI, finden sich dazu vielfältige Leistungstypen, die auf eine Bandbreite der Verhandlungsmöglichkeiten verweisen.[109]

Personelle Ausstattung gemäß § 84 Abs. 5 Nr. 2 SGB XI

Als weiteren Verhandlungspunkt der Leistungs- und Qualitätsmerkmale nennt das Gesetz in § 84 Abs. 5 Nr. 2 die individuell vorzuhaltende personelle Ausstattung des Pflegeheims, gegliedert nach Berufsgruppen. Daran anknüpfend werden die Pflegeeinrichtungen nach Absatz 6 der Gesetzesvorschrift verpflichtet, mit der vereinbarten personellen Ausstattung die Versorgung sicherzustellen. Die tatsächliche Personalbesetzung ist auch Prüfungsgegenstand und wird in einem **Personalabgleichsverfahren kontrolliert.** Bei Verstößen droht eine Kürzung der vereinbarten Pflegevergütung nach § 115 SGB XI.

Personalanerkennung

Hintergrund für diese Regelungen sind in der Vergangenheit festgestellte **Defizite in der Personalbesetzung.** So ergab eine Untersuchung des MDK im Jahr 2000, dass es bei 18 von 22 Einrichtungen Abweichungen in der personellen Besetzung im Pflege- und Betreuungsbereich im Vergleich zu den im Pflegesatz festgelegten Personalzahlen und -kosten gab.[110] Für den Gesetzgeber waren die Untersuchungsergebnisse Anlass, schon mit der Einführung der Vorläuferregelung, der Leistungs- und Qualitätsvereinbarung gemäß § 80a SGB XI a.F., die personelle Ausstattung zum Vereinbarungsgegenstand der Pflegesatzvereinbarung zu machen.[111] Dieser Vereinbarungsteil wurde für die Leistungs- und Qualitätsmerkmale übernommen.

Rahmenverträge (§ 75 SGB XI) als Grundlage der wLQm

Die Grundlage für die Verhandlungen zur individuellen personellen Ausstattung der einzelnen Einrichtungen bilden die **Personalanhaltszahlen** oder **Personalrichtwerte** der Rahmenverträge gemäß § 75 SGB XI. In den **Rahmenverträgen nach § 75 SGB XI** sollen länderspezifische Verfahren zur Personalbedarfsermittlung festgelegt werden. Gemäß § 72 SGB XI regeln sie die Maßstäbe und Grundsätze für eine wirtschaftliche und leistungsbezogene, am Versorgungsvertrag orientierte Ausstattung der Pflegeeinrichtungen. Der Personalbedarf kann entweder durch landesweite Verfahren zur Ermittlung des Personalbedarfs bzw. zur Bemessung der Pflegezeiten oder durch landesweite Personal-

[109] Vgl. Anlage zu 5.2 B der Leistungs- und Qualitätsvereinbarung nach § 80a SGB XI. In: Empfehlungen der Vertragspartner des Rahmenvertrags gemäß § 75 SGB XI in Berlin vom 24.10.2005.

[110] Gesetzentwurf der Bundesregierung (2001a), Entwurf eines Gesetzes zur Qualitätssicherung und zur Stärkung des Verbraucherschutzes in der Pflege (Pflege-Qualitätssicherungsgesetz – PQsG), Deutscher Bundestag – Drucksache 14/5395 vom 23.02.2001.

[111] Vgl. Deutscher Bundestag, 2002, S. 33.

richtwerte erfolgen. Personalrichtwerte können als Bandbreiten vereinbart werden. Hierbei müssen entsprechend § 75 Abs. 3 Satz 2 SGB XI die besonderen Pflege- und Betreuungsbedarfe von Pflegebedürftigen mit geistigen Behinderungen, psychischen Erkrankungen, demenzbedingten Fähigkeitsstörungen und anderer Leiden des Nervensystems berücksichtigt werden.[112] Der Personalbedarf nach Bandbreiten oder Personalrichtwerten ist in den Bundesländern unterschiedlich umgesetzt worden. Einen Überblick zu den Verfahren der Personalbemessung mit Stand 2003 findet man im ersten Bericht über die Situation der Heime und die Betreuung der Bewohnerinnen und Bewohner.[113]

Die **Ermittlung des Personalbedarfs** erfolgt somit nach den jeweils vereinbarten Regelungen der **Landesrahmenverträge nach § 75 SGB XI.**[114] Die Bestimmungen des Heimgesetzes und die dazugehörigen Verordnungen (insbesondere die Fachkraftquote) müssen ebenfalls berücksichtigt werden.

Abbildung 6.8 verdeutlicht nochmals die verschiedenen Quellen.

Optionen der wLQm

Im Rahmen der zu vereinbarenden wesentlichen Leistungs- und Qualitätsmerkmale soll, ausgehend von den skizzierten Personalbemessungsgrundlagen, die für die jeweilige Einrichtung angemessene Personalausstattung für den nächsten Pflegesatzzeitraum festgelegt werden. Zu beachten sind dazu auch betriebswirtschaftliche Kalkulationen und fachwissenschaftlich notwendige Standards.

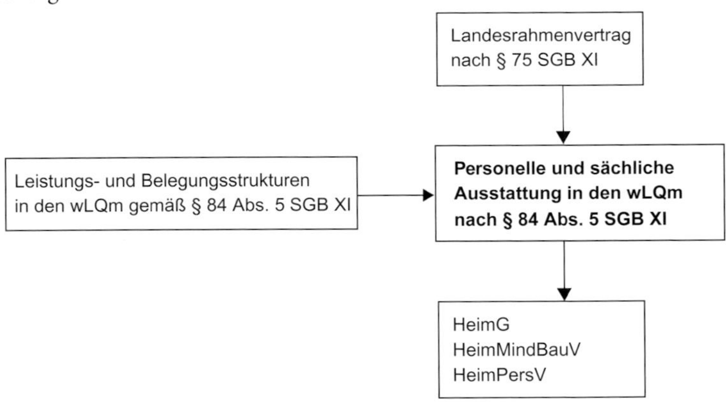

Abb. 6.8 Zu berücksichtigende Rechtsquellen für die Personalausstattung

§ 84 Abs. 5 SGB XI sieht für die individuelle Vereinbarung verschiedene Optionen vor: Von den Personalanhaltszahlen oder Personalrichtwerten des Rahmenvertrags kann nach oben oder unten abgewichen werden. Die Gesetzesbegründung zu § 84 SGB XI nennt beispielhaft die in Tabelle 6.6 genannten **Abweichungsgründe bei den Leistungs- und Qualitätsmerkmalen.**[115]

[112] Siehe zur Anzahl des Personals weitergehende Ausführungen im 3. Kapitel.

[113] Bundesministerium für Familie, Senioren, Frauen und Jugend (Hrsg.), 2006, S. 93 ff.

[114] Auf die Einzelregelungen kann nicht weiter eingegangen werden.

[115] Gesetzentwurf der Bundesregierung (2007), Entwurf eines Gesetzes zur strukturellen Weiterentwicklung der Pflegeversicherung – Pflege-Weiterentwicklungsgesetz, Deutscher Bundestag – Drucksache 16/7439 vom 7.12.2007, S. 170.

Tab. 6.6 Abweichungsgründe bei den Leistungs- und Qualitätsmerkmalen

Geringere personelle Ausstattung	Höhere personelle Ausstattung
• Flexiblere Strukturen im Bereich der Tagespflege, weil z.B. morgens keine grundpflegerischen Leistungen anfallen • Durch Modellvorhaben (§ 8 Abs. 3 SGB XI) bedingte Abweichung oder als Ergebnis derartiger Modellvorhaben	• z.B. aufgrund ausgeprägter Besonderheiten des zu versorgenden Personenkreises • Durch Modellvorhaben (§ 8 Abs. 3 SGB XI) bedingte Abweichung oder als Ergebnis derartiger Modellvorhaben • Aufwendungen durch besonderes Fachpersonal, z.B. Physio-, Ergotherapeuten oder ehrenamtlich Tätige

Aus der beispielhaften Aufzählung ergibt sich, dass besondere Pflegebedarfe der Grundpflege und/oder medizinischen Behandlungspflege, besondere Betreuungsbedarfe, therapeutische Bedarfe der Bewohner sowie qualifiziertes Fachpersonal auch von den Personalbemessungswerten abweichende Leistungs- und Qualitätsmerkmale und damit gesonderte Vergütungsvereinbarungen rechtfertigen. Wie die allgemeinen und besonderen Versorgungsbedarfe zu ermitteln sind, wurde bereits zu § 84 Abs. 5 Satz 2 Nr. 1 SGB XI ausführlich dargestellt (➢ Kap. 6.2.5 unter „Der voraussichtlich zu versorgende Personenkreis gemäß § 84 Abs. 5 Satz 2 Nr. 1 SGB XI").

Nach der Zielsetzung des Gesetzgebers soll die Personalausstattung inhaltlich flexibel gestaltet werden können, indem – unter Berücksichtigung der Gegebenheiten der Einrichtung und deren Situation entweder eine feste Personalgröße vereinbart werden kann oder eine personelle Mindestausstattung oder auch ein Korridor, wenn für mehrere Einrichtungen gemäß § 72 Abs. 2 SGB XI ein Gesamtversorgungsvertrag besteht. Aufgabe der Pflegeeinrichtungen ist es, die zu erwartende Bewohnerstruktur und deren Versorgungs- und Betreuungsbedarfe sowie personelle Erfordernissen detailliert nachzuweisen, um über die Vereinbarung von Leistungs- und Qualitätsmerkmalen eine überdurchschnittliche Vergütungsvereinbarung zu erzielen. Fachspezifische Schwerpunkte sind dabei von Vorteil.

Personal: Gliederung nach Berufsgruppen

Für die Vereinbarung der personellen Ausstattung ist das Personal auch nach Berufsgruppen aufgegliedert festzulegen. Aus der Gesetzesbegründung zu dieser Regelung geht nicht hervor, weshalb hier in Abweichung von der vorherigen Regelung der LQV nicht mehr auf die Qualifikation, sondern nunmehr auf die Berufsgruppen abgestellt wird. Auch die Personalbemessungsgrundlagen der Rahmenverträge enthalten keinerlei Hinweise. Denkbar ist, dass im Zuge der Veränderungen der Altersstrukturen und der Versorgungsbedarfe sowie wissenschaftlicher Erkenntnisse neben der Berufsgruppe der Pflege auch andere Berufe an Bedeutungszuwachs gewinnen. Dies betrifft zumindest den Arztberuf, therapeutische Berufe und die Hauswirtschaftskräfte (➢ Kap. 1.4.5). Bei den Berufsgruppen spielt auch die **Qualifikation der Mitarbeiter** eine gewichtige Rolle, wie z.B. § 71 SGB XI (zur Anerkennung als Pflegefachkraft) oder die Regelungen zur Heimpersonalverordnung zeigen (➢ Kap. 3.2). Den Mindeststandard für die Fachkraftbesetzung geben die

§§ 4 ff. HeimPersV vor.[116] Deren Vorgaben werden mangels konkreter Personalanhaltszahlen auch in den Qualitätsprüfungen nach dem SGB XI zugrunde gelegt.[117]

In vielen **Musterentwürfen zur – nunmehr abgeschafften – LQV** waren Empfehlungen zur personellen Ausstattung enthalten. Beispielhaft dafür kann auf die Orientierungshilfe der AOK zur Gliederung und Erstellung der LQV[118] verwiesen werden: Danach soll zur Verhandlung der personellen Ausstattung jede einzelne Pflegeeinrichtung die verantwortliche Pflegefachkraft, deren Aufgaben sowie deren Stellenanteil (Anzahl) angeben. Im Weiteren ist der zuletzt nach Pflegestufen vereinbarte Personalschlüssel (ohne PDL-Anteil) darzulegen sowie die Einhaltung der Fachkraftquote nach der Heim-Personalverordnung nachzuweisen. Ebenfalls anzugeben ist das auszubildende Personal sowie die personelle Besetzung der Leitung, der Verwaltung, der Hauswirtschaft, des technischen Dienstes und des Qualitätsmanagements. Da auch die wLQm individuell für jede Pflegeeinrichtung und deren künftig zu erwartenden Belegungsstruktur abzuschließen ist, muss das zusätzlich zu fordernde Personal nach den **prognostizierten Bedarfen und orientiert an dem landesspezifischen Personalschlüssel** in die Leistungsvorlage einkalkuliert werden. Zwar fehlen in den Musterentwürfen derzeit noch in der Sparte der Fachkräfte die Physio- und Ergotherapeuten und Heilpädagogen, dennoch sollten diese bei einem entsprechenden Bedarf durchaus mit verhandelt werden (➢ „Optionen der wLQm" in diesem Kapitel). Wie oben dargestellt, sah bereits der Gesetzesentwurf für das Pflege-Weiterentwicklungsgesetz die Kalkulation entsprechender Personalkosten für Therapeuten und ebenso die Berücksichtigung von Aufwendungen für ehrenamtlich tätige Personen für die Leistungs- und Qualitätsverhandlungen vor.[119]

Mit der Pflegsatzvereinbarung ist im Rahmen der zu vereinbarenden einrichtungsbezogenen Leistungs- und Qualitätsmerkmale auch die Personalausstattung festzulegen. Den Maßstab geben die Personalbemessungswerte der Länder vor, von denen je nach den Bedarfen der einzelnen Einrichtung abgewichen werden kann. Die mit den Leistungs- und Qualitätsmerkmalen vereinbarte personelle Ausstattung ist für die Heimeinrichtung verpflichtend. Die Versorgung ist mit der vereinbarten Personalausstattung jederzeit – also auch bei Personalausfällen – sicherzustellen. Deshalb sollten möglichst **Toleranzwerte für Abweichungen im Personalbestand** vereinbart werden.

116 Zur Problematik der Fachkraftquote siehe auch die Ausführungen im 3. Kapitel unter 3.2.4. Ebenfalls kritisch hierzu Klie; Krahmer, Lehr- und Praxiskommentar, § 80 a SGB XI, Rdn. 7, 2003.

117 MDS e.V. (Hrsg.), 2004, unter 4.5.4.

118 AOK Niedersachsen, 2005/2006, Anlage 1, Nr. 5.

119 Gesetzentwurf der Bundesregierung (2007), Entwurf eines Gesetzes zur strukturellen Weiterentwicklung der Pflegeversicherung – Pflege-Weiterentwicklungsgesetz, Deutscher Bundestag – Drucksache 16/7439 vom 7.12.2007, Begründung, B. Besonderer Teil, zu Nr. 51 (§ 84).

Sächliche Ausstattung gemäß § 84 Abs. 5 Nr. 3 SGB XI

Sächliche Ausstattung mit Verbrauchsgütern

Mit dem Inkrafttreten des Pflege-Weiterentwicklungsgesetzes am 1.7.2008 wurde der Vereinbarungsgegenstand der **sächlichen Ausstattung** gesondert geregelt. Gemäß § 84 Abs. 2 Satz 2 Nr. 3 SGB XI sind „Art und Umfang der Ausstattung der Einrichtung mit **Verbrauchsgütern** (§ 82 Abs. 2 Nr. 1 SGB XI) innerhalb der Leistungs- und Qualitätsmerkmale festzulegen und zu vergüten. Abweichend von § 80a SGB XI a.F., der generell auf die sächliche Ausstattung Bezug nahm, sollen nun die Verbrauchsgüter Teil der Leistungs- und Vergütungsvereinbarung werden. § 82 Abs. 2 SGB XI, auf den in § 84 SGB XI verwiesen wird, unterscheidet zwischen Anlagegütern (z.B. Gebäuden) und Verbrauchsgütern, die zum Verbrauch bestimmt sind und der Pflegevergütung für die allgemeinen Pflegeleistungen zuzuordnen sind. Damit verbunden ist zunächst die Konsequenz, dass die Aufwendungen für Verbrauchsgüter von den Pflegekassen zu tragen sind. Mit der Festlegung der Verbrauchsgüter innerhalb der Leistungs- und Qualitätsmerkmale sollen deren Kosten in der Pflegesatzvereinbarung verhandelt und mit der Pflegevergütung abgegolten werden. Die neue Regelung führt damit für Pflegeeinrichtungen zu einer Verengung der Möglichkeiten, sächliche Leistungsangebote in die Verhandlungen einzubringen, da z.B. Angebote zur Umgestaltung von Therapieräumen oder ergänzende Angebote (z.B. zur Schaffung einer Cafeteria oder von Gästezimmern oder besondere Ausstattungsformen für Wohngruppen mit besonderem Betreuungsbedarf) nicht mehr geltend gemacht werden können.

Fehlende Inhaltsbestimmung für „Verbrauchsgüter"

Ein weiteres Problem besteht darin, dass es **keine Definition oder Abgrenzung der Verbrauchsgüter** zu anderen Gütern gibt. Eine Abgrenzungsverordnung für Leistungsaufwendungen, wie sie § 83 Abs. 1 Nr. 5 SGB XI vorsieht, gibt es nicht. Orientiert man sich an § 40 SGB XI, der allerdings nur für die häusliche Pflege Anwendung findet, so ist zwischen Pflegehilfsmitteln, die zum Verbrauch bestimmt sind und technischen Hilfsmitteln zu unterscheiden. Hilfsmittel, die zum Verbrauch bestimmt sind, wären demnach z.B. Einmalhandschuhe, Fingerlinge, saugende Einlagen, Schutzschürzen und sonstige nicht wieder verwendbare Gegenstände. Diese Verbrauchsmittel sowie technische Hilfen, die der Erleichterung der Pflege dienen, sind ohnehin von den Pflegeheimen vorzuhalten (zur Abgrenzungsproblematik Pflegehilfsmittel und Hilfsmittel: ➢ Kap. 2.6).

Fehlende Gesetzesbegründung

Ob der Gesetzgeber in diesem engen Sinne die Vorgaben für die sächliche Ausstattung gemäß § 84 Abs. 5 SGB XI festlegen wollte oder nicht, muss derzeit offen bleiben. Der Gesetzesbegründung sind keinerlei Hinweise zur sächlichen Ausstattung zu entnehmen. Deshalb können an dieser Stelle nur einige ergänzende Aspekte erfolgen.

Die Bereitstellung der **notwendigen sächlichen Güter** (Pflegehilfsmittel) für die Bewohner der Pflegeheime ist eng verbunden mit den allgemeinen Pflege- und Versorgungsleistungen und sollte im Rahmen der sächlichen Ausstattung in der Vereinbarung der wesentlichen Leistungs- und Qualitätsmerkmale mit verhandelt werden. Das **Verbrauchsmerkmal kann nicht entscheidend sein.** In die Verhandlungen einbezogen werden können allerdings nur die Pflegehilfsmittel. Der Hilfsmittelanspruch des Versicherten gegenüber seiner Krankenkasse bleibt davon unberührt. Vereinbarungen zur sächlichen Ausstattung mit Pflegehilfsmitteln sind im Rahmen der Pflegsatzverhandlungen ohne weiteres möglich (➤ Kap. 2.6 zur Abgrenzung).

Muster zur LQV: sächliche Ausstattung mit (Pflege-)Hilfsmittel

Abschließend sollen Regelungsinhalte aus Musterverträgen dargestellt werden, die noch zur alten Form der LQV für die sächliche Ausstattung erstellt wurden und als Orientierungshilfe für die wLQm dienen können.

Bereits in den Vertragsmustern zur LQV war vorgesehen, dass der individuelle Anspruch der Bewohner auf Hilfsmittelleistungen gemäß § 33 SGB V durch die Leistungs- und Qualitätsvereinbarung nicht eingeschränkt werden kann.[120]

Verhandlungsmuster zur LQV sahen als Verhandlungspunkte zur Pflegehilfsmittelversorgung u.a vor:[121]

- **zum Verbrauch bestimmte Pflegehilfsmittel,** z.B. saugende Einlagen, Einmalprodukte, Schutzbekleidung, Desinfektionsmittel
- **Pflegehilfsmittel zur Erleichterung der Pflege,** z.B. Pflegebetten, Bettzurichtungen, Pflegebett-Tische, Pflegeliegestühle, Lagerungshilfen
- **Pflegehilfsmittel zur Körperpflege/Hygiene,** z.B. Bettpfannen, Schutzeinlagen, Waschsysteme
- **Pflegehilfsmittel zur Linderung von Beschwerden**, z.B. Lagerungsrollen
- **allgemeine technische Hilfsmittel,** z.B. Faltrollstühle für heiminterne Transporte, Gehwagen
- **technische Hilfsmittel in spezialisierten Einrichtungen,** z.B. Beatmungsgeräte, Bildschirmlesegeräte

6

6.2.6 Fazit

Fazit

Die LQV wurde durch die Vereinbarung der wesentlichen Leistungs- und Qualitätsmerkmale (wLQm) als integrierter Teil der Pflegesatzverhandlungen abgelöst. Die Regelungsinhalte sind weitgehend geblieben. Nach wie vor haben die Einrichtungsträger die Pflicht, für den nächsten Pflegesatzzeitraum die zu erwartende Bewohnerstruktur und die Leistungen zu bestimmen sowie Mehrbedarfe als „besondere" Bedarfe zu ermitteln. Diese Daten sind mit weiteren Kriterien zur personellen und sächlichen Ausstattung zu verbinden und als Leistungsangebot in die Pflegesatzverhandlung einzubringen und nachzuweisen. Ziel soll es sein, den von Einrichtung zu Einrichtung durchaus unterschiedlichen Leistungserfordernissen stärker Rechnung zu tragen und gemäß § 84 Abs. 2 SGB XI eine Vergleichbarkeit der Einrichtungen auch für die Bemessung der Pflegesätze herbeizuführen. Trotz vielfacher Kritik aus der Praxis hat der Gesetzgeber an der Konzeption der Leistungs- und Qualitätsfestlegung festgehalten und diese unmittelbar in die Pflegesatzvereinbarung integriert.

[120] AOK Niedersachsen, 2005/2006, Anlage 1, Nr. 6.

[121] Empfehlung zur Umsetzung des § 80a SGB XI der Spitzenverbände der Pflegekassen zu den Leistungs- und Qualitätsvereinbarungen, Stand 16.7.2003, zum Verhandlungspunkt 8.; vgl. auch das Muster des VDAB: Rundschreiben Nr. 03/2004 – Stationär Niedersachsen vom 30.11.2004, zu § 5. In: http://www.VDABbundesverband.de [1.2.2008].

6.2.7 Qualitätsprüfungen durch den MDK

Externe Qualitätssicherung durch Prüfungen

Externe Qualitätssicherung

Seit der Einführung der Pflegeversicherung nimmt der MDK Aufgaben der Qualitätsprüfung in den zugelassenen Pflegeeinrichtungen wahr. Ihm obliegt die in der Qualitätsvereinbarung nach § 80 SGB XI[122] beschriebene Aufgabe der **externen Qualitätssicherung.** Diese umfasst nach der Qualitätsvereinbarung für die stationäre Pflege[123] unter Gliederungspunkt 1.4 die externe Qualitätssicherung mit unterschiedlichen **Formen der Beratung und Außenkontrolle.** Der eindeutige Tätigkeitsschwerpunkt liegt jedoch bei den Außenprüfungen. Dies folgt daraus, dass der Gesetzgeber für die Qualitätssicherung und -entwicklung die externe Qualitätssicherung umstrukturiert und die Außenprüfungen des MDK und der Heimaufsicht forciert.

Zertifizierung, Qualitätsprüfung, Beratung

Mit dem Pflege-Weiterentwicklungsgesetz ist das Prüfverfahren des Medizinischen Dienstes detaillierter ausgestaltet worden. Auch wurden die Beratungsaufgaben des MDK ausgeweitet. Gänzlich neu geregelt wurde die **Einführung und Anerkennung von Zertifizierungs- und Prüfverfahren** und der zu stellenden Anforderungen an die Sachverständigen und Prüfinstitutionen (➤ Kap. 6.2.2). Deren Umsetzung und Etablierung in der Praxis soll in neu zu vereinbarenden Maßstäben und Grundsätzen zur Sicherung und Weiterentwicklung der Pflegequalität nach § 113 SGB XI umgesetzt werden. Das Ziel ist es, die Weiterentwicklung der internen Qualitätssicherung durch die Heimträger selbst zu fördern, indem die Einrichtungsträger regelmäßig anerkannte Prüf- und Zertifizierungsverfahren durchführen lassen. Gleichzeitig soll durch den Einsatz anerkannter Sachverständiger und Prüfinstitutionen sowie methodisch verlässlicher Verfahren zur Messung und Bewertung, die auch durch die Landesverbände der Pflegekassen anerkannt sind, eine Reduzierung der MDK-Prüfungen erreicht werden. Dazu sieht § 114 Abs. 4 SGB XI vor, dass der Umfang der Regelprüfung angemessen verringert werden kann.

Der Prüfungsumfang bestimmt sich nach den Qualitätsprüfungs-Richtlinien und der dazu gehörigen MDK-Anleitung.[124] In welchem Umfang eine Reduktion der Prüfung erfolgt, liegt im Ermessen des MDK. In die Prüfung stets einzubinden ist nach § 114 Abs. 4 SGB XI die **Ergebnisqualität.**

Verringerung des Prüfungsumfangs

Eine **Verringerung des Prüfumfangs** hängt von der Erfüllung folgender Voraussetzungen ab:

1. Die (positiven) Prüfergebnisse wurden entsprechend den Anforderungen gemäß § 113 Abs. 1 Satz 4 Nr. 2 und 3 SGB XI in einem anerkannten Verfahren und von anerkannten Prüfern gewonnen.
2. Die Prüfung darf nicht länger als ein Jahr zurückliegen.
3. Die Prüfergebnisse sind gemäß § 115a SGB XI im Internet und hausintern zu veröffentlichen (➤ Kap. 6.2.7 „Transparenz durch Veröffentlichung der Prüfergebnisse“).

---

[122] Aufgehoben mit dem Inkrafttreten des Pflege-Weiterentwicklungsgesetzes.
[123] Gemeinsame Grundsätze und Maßstäbe (2003).
[124] MDS e.V. (Hrsg.), 2005a.

Näheres zum Zertifizierungs- und Prüfverfahren ist in diesem Kapitel unter 6.2.6 beschrieben. Im Folgenden soll noch auf den Beratungsauftrag des MDK eingegangen werden, um dann anschließend das Verfahren der Qualitätsprüfung zu beleuchten.

Beratungsaufgabe des MDK

Mit dem Pflege-Weiterentwicklungsgesetz wurde § 112 Abs. 3 (vormals Abs. 4) SGB XI dahingehend geändert, dass der **MDK** nunmehr den **Auftrag zur Beratung** der Pflegeeinrichtungen hat, um Mängeln vorzubeugen und die einrichtungsinterne Qualitätsentwicklung zu unterstützen. Damit ist die bis dahin im Gesetz enthaltene Einschränkung entfallen, wonach eine Beratung nur bei entsprechenden Kapazitäten („Möglichkeiten") erfolgen soll. Auch der Passus im Gesetz, dass kein Rechtsanspruch auf Beratung bestehen soll, ist entfallen, sodass im Umkehrschluss nunmehr ein Beratungsanspruch der Pflegeeinrichtungen anzuerkennen ist.

Seitens des MDK wird ein beratungsorientierter Prüfansatz vertreten. Einzelne Erhebungen in der Praxis ergaben jedoch, dass bislang kein Beratungskonzept mit diesem Prüfansatz verbunden wird. Bei festgestellten Mängeln aufgrund von Prüfungen werden die betroffenen Einrichtungen informiert und Änderungsnotwendigkeiten aufgezeigt.[125] Eine Qualitätsprüfung innerhalb der Medizinischen Dienste erfolgt derzeit nur in Form der Qualitätsprüfung der Pflegebegutachtung.[126]

Details des Prüfungsverfahrens (§§ 114 ff. SGB XI)

Qualitätsprüfungsverfahren des MDK

Weitere erklärte Ziele des Pflege-Weiterentwicklungsgesetzes sind, das **Verfahren der externen Qualitätsprüfung** durch den MDK und die von ihm bestellten Sachverständigen weiter zu entwickeln und für mehr **Transparenz bei den gewonnenen Prüfergebnissen** zu sorgen.[127] Der MDK soll detaillierte Vorgaben und Rechte erhalten.

Die Prüfrechte und das Prüfverfahren für die Qualitätsprüfungen im Rahmen der Pflegeversicherung waren bereits in den Reformgesetzen zuvor ausgestaltet worden. Rechtsquellen finden sich insbesondere in der Qualitätsvereinbarung gemäß § 80 SGB XI a.F. und in den Qualitätsprüfungs-Richtlinien sowie in der MDK-Prüfanleitung vom 10.11.2005 in Form von Prüfungskriterien und Prüfungsschwerpunkten. Zuvor waren auch mit dem Pflege-Qualitätssicherungsgesetz von 2002 die Aufgaben des MDK in den § 114 ff. SGB XI konkretisiert und erweitert worden.

Mit dem Pflege-Weiterentwicklungsgesetz von 2008 wurden die Prüfungskompetenzen und Prüfzeiträume überarbeitet. § 114 Abs. 2 SGB XI regelt die

[125] Vgl. Dippel; Thesing, 2002; vgl. auch: Pick, 2003, S. 22, 23 sowie den MDS e.V. (Hrsg.), 2004.

[126] Maßgebend sind die „Richtlinien zur Qualitätssicherung der Begutachtung und Beratung für den Bereich der sozialen Pflegeversicherung", in Kraft seit dem 1.1.2005.

[127] Siehe die Begründung zu § 112 SGB XI zum Pflege-Weiterentwicklungsgesetz: Gesetzentwurf der Bundesregierung (2007), Entwurf eines Gesetzes zur strukturellen Weiterentwicklung der Pflegeversicherung – Pflege-Weiterentwicklungsgesetz, Deutscher Bundestag – Drucksache 16/7439 vom 7.12.2007.

Prüfungsarten und die Zeiträume, in der die Qualitätsprüfungen erfolgen sollen:

- ✓ Bis zum **31.12.2010 soll mindestens einmal im Jahr eine Regelprüfung** der zugelassenen Heimeinrichtungen durch den MDK oder durch von ihm bestellte Sachverständige erfolgen. Ab 2011 ist **höchstens im Abstand von einem Jahr** eine Prüfung zu veranlassen. Ziel ist, dass dann durch die oben beschriebenen selbst veranlassten Zertifizierungs- und Prüfverfahren und einer Weiterentwicklung des einrichtungsinternen Qualitätsmanagement die Regelprüfungen zumindest im Umgang (vgl. § 114 Abs. 4 SGB XI) reduziert werden können (➢ „Verringerung des Prüfumfangs" in diesem Kapitel.
- ✓ Die Prüfarten werden in ihren Schwerpunkten und im Inhalt skizziert und damit transparenter für die Einrichtungen: Die **Regelprüfung** beinhaltet die Prüfung der Einhaltung der Qualitätsanforderungen nach dem SGB XI und der geltenden Qualitätsvereinbarung gemäß § 113 SGB XI. Im Focus steht insbesondere die Ergebnisqualität mit dem Pflegezustand und der Wirksamkeit der Pflege- und Betreuungsmaßnahmen. Es liegt im Ermessen der Prüfer, das Prüfverfahren auf die Prozess- und Strukturqualität auszudehnen. Für die Prüfung sind Richtlinien über die Prüfungen, über die erbrachten Leistungen und deren Qualität zu erstellen, die auch wissenschaftlich erarbeitete Indikatoren und Instrumente zur Beurteilung der Ergebnisqualität enthalten, § 114a Abs. 7 SGB XI.[128]
  Im Rahmen der Regelprüfung wird nach § 114 Abs. 2 SGB XI die Qualität der allgemeinen Pflegeleistungen, der medizinischen Behandlungspflege der sozialen Betreuung mit der zusätzlichen Betreuung und Aktivierung im Sinne des § 87b SGB XI geprüft. Ebenfalls in die Prüfung einbezogen werden die Leistungen der Unterkunft und Verpflegung (§ 87), der Zusatzleistungen (§ 88) und die im Heim geleisteten Krankenpflegeleistungen der Krankenkasse und – als Kann-Regelung – die Abrechnung der Leistungen. Ausdrücklich überprüft wird auch die Einhaltung der Empfehlungen der Kommission für Krankenhaushygiene und die Beachtung der Infektionsprävention (§ 23 Abs. 3 IfSG).
  Damit sind alle Bereiche aufgelistet, (außer den zusätzlichen Betreuungsleistungen nach § 87b SGB XI, die erst 2008 im Gesetz aufgenommen wurden) die auch Basis der Prüfungen nach den Qualitätsprüfungs-Richtlinien vom 10.11.2005 sind.
- ✓ Einzelprüfungen **(Anlassprüfungen)** sollen nach § 114 Abs. 5 SGB XI nur aus gegebenem Anlass erfolgen, z.B. wenn Beschwerden vorliegen. In diesen Fällen erfolgt dann aber eine vollständige Prüfung der Einrichtung mit dem Schwerpunkt der Ergebnisqualität. Nachfolgende Wiederholungsprüfungen aufgrund festgestellter Mängel können nach § 114 Abs. 5 Satz 2 SGB XI bei Anlass- oder Regelprüfungen auf Kosten der Einrichtung veranlasst werden.

[128] Siehe die Begründung zu § 114a zu Absatz 7 SGB XI zum Pflege-Weiterentwicklungsgesetz: Gesetzentwurf der Bundesregierung (2007), Entwurf eines Gesetzes zur strukturellen Weiterentwicklung der Pflegeversicherung – Pflege-Weiterentwicklungsgesetz, Deutscher Bundestag – Drucksache 16/7439 vom 7.12.2007.

- ✓ Weitere Prüfungsarten, die nicht im Pflegeversicherungsgesetz genannt sind, wie z.B. die Stichprobenprüfung, vergleichende Prüfungen oder Evaluationsprüfungen oder kombinierte Prüfungen, sind in den Qualitätsprüfungs-Richtlinien zum Verfahrensablauf unter III. nachlesbar.
- ✓ Der Medizinische Dienst der Krankenversicherung ist gemäß § 115 SGB XI gesetzlich verpflichtet, die Ergebnisse der Qualitätsprüfungen den Landesverbänden der Pflegekassen, den Trägern der Sozialhilfe und – im stationären Bereich – auch der Heimaufsichtsbehörde mitzuteilen. Die Mitteilungspflicht besteht auch für die Prüfergebnisse, die durch unabhängige Sachverständige oder Prüfinstitutionen gewonnen wurden und die Regelprüfung teilweise ersetzen, § 115 Abs. 1 Satz 2 SGB XI.

Abbildung 6.9 stellt die Prüfanlässe und die Prüfrechte dar. Nähere Einzelheiten zur Durchführung der Qualitätsprüfungen sind den Darlegungen in § 114a SGB XI zu entnehmen und werden deshalb nicht mit aufgelistet.

Außer dem MDK und anerkannten Sachverständigen und Prüfinstitutionen werden auch durch die Heimaufsicht regelmäßig Prüfungen in den Heimeinrichtungen durchgeführt. Bereits das Pflege-Qualitätssicherungsgesetz von 2002 sah für die Zusammenarbeit Kooperationsregelungen im SGB XI vor, wie z.B. die Abstimmung von Prüfungen gemäß § 117 SGB XI und eine wechselseitige Beteiligung. Das Pflege-Weiterentwicklungsgesetz hat hier zum Prüfverfahren keine grundlegenden Änderungen gebracht. Eine Darstellung der Prüfrechte der Heimaufsicht und der Vorgaben für die Zusammenarbeit von MDK und Heimaufsicht enthalten ➢ Kapitel 5.4.3 und ➢ 5.4.4.

Abbildung 6.10 gibt einen Überblick zu den prüfungsberechtigten Institutionen.

6

Übersicht: Prüfinstanzen

Mit § 114 SGB XI hat der Gesetzgeber mehr Transparenz in den Grundlagen der externen Qualitätsprüfung geschaffen. Zusammen mit den Qualitätsprüfungs-Richtlinien vom 10.11.2005 und der dazu erlassenen MDK-Anleitung wird das Procedere überschaubarer und erlaubt eine gezieltere Analyse und Verbesserung der internen Qualitätsentwicklung- und Qualitätssicherung. Die Ergänzung durch anerkannte Zertifizierungs- und Prüfverfahren ist für Pflegeeinrichtungen mit der Chance verbunden, die interne Qualitätsentwicklung und die Prüfzeiträume gezielter und aktiv zu steuern und so auch die oft beklagte Rolle des Geprüften zu überwinden. Von erheblicher Bedeutung – wenn auch kaum erwähnt – wird für die Akzeptanz der selbst veranlassten Zertifizierungs- und Prüfverfahren deren Umsetzbarkeit und Vertretbarkeit für die Praxis und die Kostenlast sein. Bezüglich **der Kosten der Zertifizierungs- und Prüfverfahren** sieht das SGB XI **keine Berücksichtigung in der nächstmöglichen Vergütungsvereinbarung** vor. § 116 SGB XI erfasst nur die Prüfkosten bei Wirksamkeits- und Wirtschaftlichkeitsprüfungen gemäß § 79 SGB XI.[129] Diese Prüfung knüpft hier an Anhaltspunkte an, dass eine Einrichtung die Zulassungsvoraussetzungen nicht mehr erfüllt. Es ist deshalb davon auszugehen, dass die Prüfkosten selbst veranlasster Zertifizierungs- und Prüfverfahren nicht bei den leistungsgerechten Vergütungen berücksichtigt werden können und damit nicht pflegesatzfähig sind.

---

129 Die ursprünglich für die Leistungs- und Qualitätsnachweise nach § 113 SGB XI a.F. geregelte Aufwandserstattung in der Vergütungsvereinbarung wurde mit dem Inkrafttreten des Pflege-Weiterentwicklungsgesetzes aufgehoben.

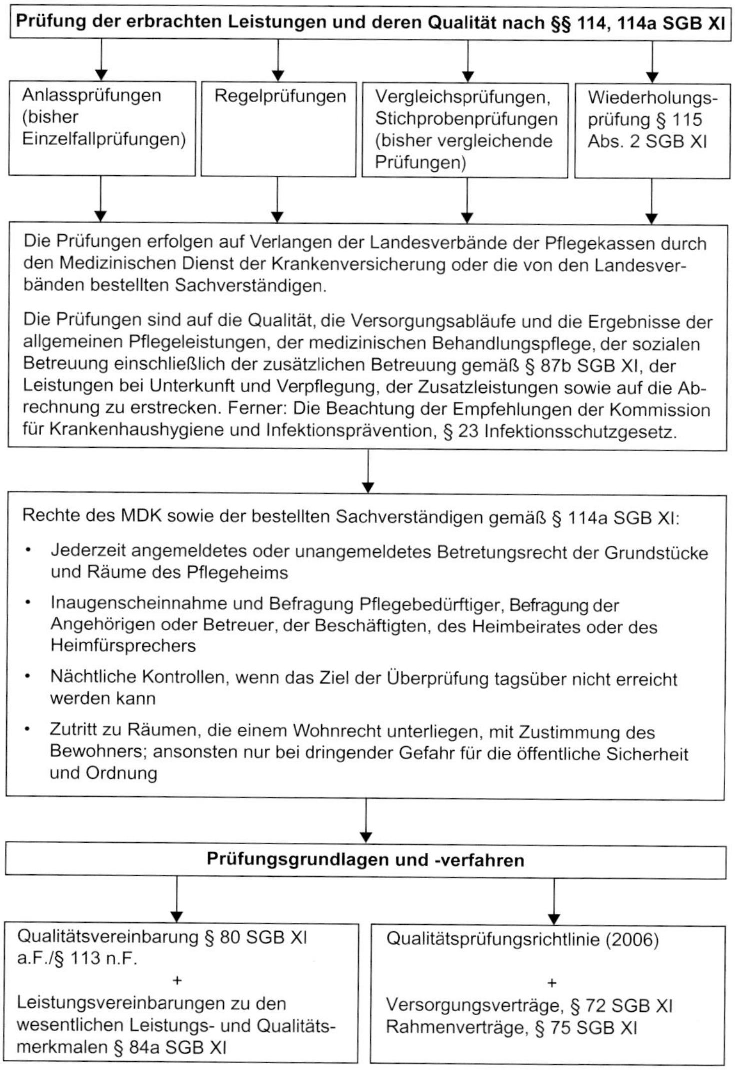

Abb. 6.9 MDK-Prüfungen nach § 114 SGB XI

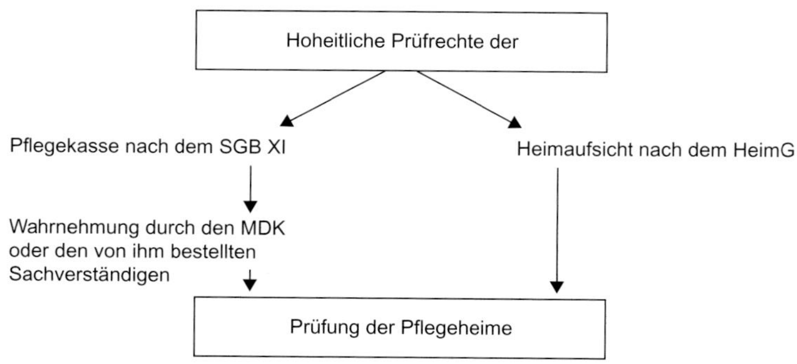

Abb. 6.10 Wahrnehmung der Prüfrechte nach dem SGB XI und dem HeimG

Konsequenzen

Die **Ergebnisse der Qualitätsprüfung** und der **Prüfung durch unabhängige Sachverständige oder Prüfinstitutionen** gemäß § 114 Abs. 4 SGB XI werden entsprechend § 115 Abs. 1 SGB XI den Landesverbänden der Pflegekassen, den zuständigen Sozialhilfeträgern, der zuständigen Heimaufsichtsbehörde und der betroffenen Einrichtung mitgeteilt.

Bei **festgestellten Mängeln** entscheiden nach § 115 Abs. 2 SGB XI die Landesverbände der Pflegekassen nach Anhörung des Trägers der Pflegeeinrichtung und der beteiligten Trägervereinigung unter Beteiligung des zuständigen Sozialhilfeträgers, welche Maßnahmen zur Beseitigung der festgestellten Mängel getroffen werden müssen. Zugleich wird eine angemessene Frist zur Mängelbeseitigung gesetzt. Die Landesverbände der Pflegekassen erhalten bei nicht fristgerechter Mängelbeseitigung durch den Träger der Einrichtung das Recht, den Versorgungsvertrag nach § 74 Abs. 1 SGB XI zu kündigen. Die ordentliche Kündigungsfrist beträgt ein Jahr.

Bei schwerwiegenden Mängeln kann der Versorgungsvertrag gemäß § 74 Abs. 2 SGB XI auch ohne Einhaltung einer Kündigungsfrist durch die Landesverbände der Pflegekassen gekündigt werden. Schwerwiegende Mängel liegen z.B. bei dauerhafter unzureichender Personalbesetzung, Misshandlungen der Bewohner oder wiederholten, nicht abgestellten Pflegefehlern vor.[130]

Eine **Verschärfung der Kündigungsregelung** hat das Pflege-Weiterentwicklungsgesetz gebracht: Eine Kündigungsmöglichkeit ist auch eröffnet, wenn eine wiederholte grobe Pflichtverletzung der Pflegeeinrichtung darin besteht, dass Pflegebedürftigen ein möglichst selbstständiges und selbstbestimmtes Leben nicht ermöglicht wird, entsprechende Hilfen zur Wiedergewinnung der körperlichen, geistigen oder seelischen Kräfte nicht bestehen und Wünschen Pflegebedürftiger zur Gestaltung der Hilfe nicht entsprochen wird.

Unter welchen Fallkonstellationen diese Missstände angenommen werden können und wie konkret diese sein müssen, um als grobe Pflichtverletzung eingestuft zu werden, wird nicht klar geregelt. Insgesamt bleibt dieser Regelungsteil unbestimmt. Konkret sind dagegen die **Sanktionen,** die zur Abwendung der Kündigung des Versorgungsvertrags geplant sind. Es sind Maßnahmen wie gezielte **Fort- und Weiterbildungsmaßnahmen** für die PDL und weitere Leitungskräfte oder ein zeitlich befristeter **Aufnahmestopp** Pflegebedürftiger bis zur Beseitigung der Kündigungsgründe (§ 74 Abs. 1 Satz 2 SGB XI).

➢ Abbildung 6.11 stellt den Maßnahmenkatalog bei festgestellten Qualitätsmängeln dar.

Transparenz durch Veröffentlichung der Prüfergebnisse

Mit dem Pflege-Weiterentwicklungsgesetz wurden die Informations- und Veröffentlichungspflichten erweitert. Für Pflegeinrichtungen bestehen wesentliche Änderungen bestehen darin, dass gemäß § 115 Abs. 1a SGB XI die erbrachten Leistungen und deren Qualität, vor allem die Ergebnisqualität für die Pflegebedürftigen und Angehörigen nachvollziehbar und vergleichbar im

[130] Vgl. Klie; Krahmer, Lehr- und Praxiskommentar, § 115 SGB XI, Rdn. 6, 2003.

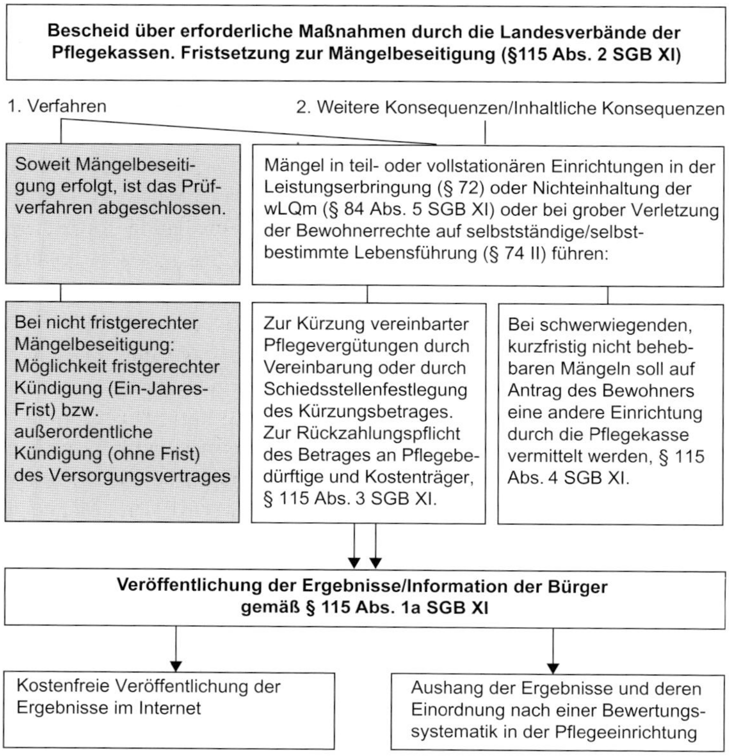

Abb. 6.11 Maßnahmenkatalog nach § 115 SGB XI bei festgestellten Qualitätsmängeln

Internet und auch in „anderer geeigneter Form" veröffentlicht werden. Dies geschieht kostenfrei. Nach dem Gesetzwortlaut des § 115 SGB XI baut der Bericht auf den Ergebnissen der Qualitätsprüfung oder anderen Prüfungen auf.

Zusätzlich verlangt § 115 Abs. 1a SGB XI von den Einrichtungen, dass sie eine **Zusammenfassung der Prüfergebnisse** der Heimeinrichtung, verbunden mit dem Datum der letzten Prüfung und Bewertung des MDK „an gut sichtbarer Stelle" in der Pflegeeinrichtung **aushängen.** Die Einordnung des Prüfergebnisses durch den MDK soll nach einer Bewertungssystematik erfolgen, die im November 2008 von den Spitzenverbänden vereinbart wurde. Dazu: **www.pflegeheute.de**

Verhältnis von Prüfung und Beratung

Bedeutung cer Beratung

Das Pflege-Weiterentwicklungsgesetz hält an der bestehenden Aufgabenzuteilung des Medizinischen Dienstes der Krankenversicherung fest. Danach soll der MDK sowohl Beratungsaufgaben als auch Prüfaufgaben in den Pflegeeinrichtungen wahrnehmen.

Die Ausweitung der Prüfaufgaben, die mit einer zunehmenden Regelungsdichte insbesondere in den Qualitätsprüfungs-Richtlinien und der dazu verfassten MDK-Anleitung verbunden ist, zeigen, dass der Medizinische Dienst primär Prüf- und Kontrollinstanz sein soll. Dies entspricht allerdings auch seinen Aufgaben im Rahmen der Begutachtung und Einstufungsprüfung. In Anbetracht der vielfältigen Prüfaufgaben empfiehlt es sich für die Praxis, die Prüfvorgaben, Anleitungen und Mängelberichte des MDS als Orientierungshilfe zu verwenden und für Maßnahmen des internen Qualitätsmanagements und der Qualitätssicherung nutzbar zu machen. Dies gilt auch für den Fall, dass gemäß § 114 Abs. 4 SGB XI der Weg der selbst veranlassten Qualitätsprüfung durch eine anerkannte Zertifizierungs- oder Prüfinstitution gewählt wird, da auch für dieses Verfahren die Einhaltung und Beachtung der jeweils geltenden Richtlinien des Spitzenverbandes Bund der Pflegekassen über die Qualitätsprüfungen (Qualitätsprüfungs-Richtlinien) Grundvoraussetzung ist.[131]

Der Beratungsauftrag fällt gegenüber dem Prüfauftrag kaum ins Gewicht und ist bislang in der Praxis kaum wahrnehmbar. Zwar wurde der Beratungsauftrag im § 112 Abs. 3 SGB XI ohne eine Kapazitätseinschränkung und als rechtliche Pflicht formuliert. Der Schwerpunkt soll eindeutig bei der präventiven Beratung liegen. Doch fehlt es weiterhin an beratungsorientierten Konzepten. Mit der Weiterentwicklung der Prüfverfahren des MDK und anderer Prüfinstitutionen wurde eine klare politische Weichenstellung zugunsten der Prüfaufgaben gesetzt.

Im Gegensatz dazu besteht in der Praxis der Altenpflege ein gewaltiger Beratungsbedarf (➤ Kap. 6.2.4 „Stand und Umsetzung der QS in der Praxis“). Besonders deutlich vor Augen geführt wird dies durch die regelmäßige Berichterstattung in Form von Mängellisten und Problemdarstellungen zur Umsetzung der Qualitätsanforderungen, die trotz zeitgleich skizzierter Entwicklungsschritte in der Qualitätsverbesserung bestehen.[132] Im Aufgabenfeld der Beratung als Teil der externen Qualitätssicherung durch den MDK besteht weiterhin folglich erheblicher Entwicklungsbedarf.

6.3 Themenrelevante Literatur

AOK Niedersachsen, 2005/2006: Orientierungshilfe zur Gliederung und Erstellung einer Leistungs- und Qualitätsvereinbarung gem. § 80a SGB XI für vollstationäre Pflegeeinrichtungen (inkl. eingestreute Kurzzeitpflege). AOK Niedersachsen, Anlage 1. In: http://www.vdak.de/LVen/NDS/Vertragspartner/Pflegeversicherung/0607_LQV-Orientierung.pdf [4.5.2008].

Barth, M., 2002: Qualitätsentwicklung und -sicherung in der Altenpflege, 2. Auflage, München/Jena 2002.

Becker, C.; Walter-Jung, B.; Nikolua, T., 2001: Verminderung von sturzbedingten Verletzungen bei Alten- und Pflegeheimbewohnern, 2. Jahresbericht des Ulmer Modellvorhabens, Ulm 2001.

Behörde für Soziales und Familie (Hrsg.), 2000: Besondere stationäre Dementenbetreuung in Hamburg, 2. Auflage, Hamburg 2000.

---

[131] Begründung zu § 113 Absatz 1. Gesetzentwurf der Bundesregierung (2007), Entwurf eines Gesetzes zur strukturellen Weiterentwicklung der Pflegeversicherung – Pflege-Weiterentwicklungsgesetz, Deutscher Bundestag – Drucksache 16/7439 vom 7.12.2007.

[132] Vgl. dazu Wiese, 2004.

Bienstein, C., 1995: Pflegestandards. Eine Hilfe zur Qualitätssicherung. In: Pflege Aktuell 1995, S. 24–27.

Blonski, H. (Hrsg.), 1998: Qualitätsmanagement in der Altenpflege, Hagen 1998.

Bobath Initiative für Kranken- und Altenpflege (BIKA) e.V., 2004: Kurzinformation zum Bobath-Konzept. In: http://www.bika.de/bika_bob.htm [15.12.2004].

Brucker, U., 2001: Qualität in der Pflege: Schwachstelle Management. In: Die BKK, Heft 1, 2001, S. 14–19.

Bundesministerium für Familie, Senioren, Frauen und Jugend (Hrsg.), 2002: Vierter Bericht zur Lage der älteren Generation. Deutscher Bundestag – Drucksache 14/8822 vom 18.4.2002.

Bundesministeriums für Familie, Senioren, Frauen und Jugend (Hrsg.), 2006a: Aktuelle Forschung und Projekte zum Thema Demenz, Berlin 2006.

Bundesministeriums für Familie, Senioren, Frauen und Jugend (Hrsg.), 2006b: Erster Bericht des Bundesministeriums für Familie, Senioren, Frauen und Jugend über die Situation der Heime und die Betreuung der Bewohnerinnen und Bewohner, Stand 15.8.2006, Berlin 2006.

Bundesministerium für Gesundheit (Hrsg.), 2001: Zweiter Bericht über die Entwicklung der Pflegeversicherung, Deutscher Bundestag – Drucksache 14/5590 vom 15.3.2001.

Bundesministerium für Gesundheit (Hrsg.), 2006: Rahmenempfehlungen zum Umgang mit herausforderndem Verhalten bei Menschen mit Demenz in der stationären Altenhilfe, Berlin 2006.

Bundesministerium für Gesundheit (Hrsg.), 2008: Vierter Bericht über die Entwicklung der Pflegeversicherung, 2008. In: http://www.bmgs.bund.de [3.3.2008].

Bundesministerium für Gesundheit und Soziale Sicherung (Hrsg.), 2004: Dritter Bericht über die Entwicklung der Pflegeversicherung, Berlin 2004. In: http://www.bmgs.bund.de [13.5.2008].

Bundesvorstand des DBfK, 2001: Zur Verwendung der Begriffe Standards und Leitlinien im deutschen Gesundheitswesen. In: Pflege Aktuell 2001, S. 235.

Dahlem, O.; Giese, D.; Igl, G.; Klie, Th., 2004: Das Heimgesetz, Band I, Kommentar. Köln/Berlin/Bonn/München 2004.

Dangel, B., 2003: Transformation der Qualitätssicherung in der Folge pflegerechtlicher Regelungen. In: Wiese, U. E. (Hrsg.): Soziale Sicherung im Spannungsfeld von Recht, Pflege und Ökonomie, Osnabrücker Studien, Band 19, Osnabrück 2003, S. 59–96.

Deutscher Bundestag, 2001: Beschlussempfehlung und Bericht des Ausschusses für Familie, Senioren, Frauen und Jugend (13. Ausschuss), Deutscher Bundestag – Drucksache 14/6366 vom 21.6.2001.

Deutscher Bundestag, 2002: Schriftliche Fragen zu den in der Zeit vom 1. bis 12. Juli 2002 eingegangenen Antworten der Bundesregierung, Deutscher Bundestag – Drucksache 14/9775 vom 12.7.2002.

Deutsches Institut für Normung, 1992: ISO-Norm 9004–2, Teil 2. Qualitätsmanagement und Elemente eines Qualitätssicherungssystems. Leitfaden für Dienstleistungen, Berlin 1992.

Deutsches Netzwerk für Qualitätssicherung in der Pflege (DNQP) (Hrsg.), 2004: Expertenstandards Dekubitusprophylaxe, Überleitungsmanagement und Schmerzmanagement in der Pflege. In: http://www.dnqp.de [16.07.2008].

Deutsches Zentrum für Altersfragen, 2005: Geschäftsstelle Runder Tisch Pflege, Arbeitsgruppe III, Entbürokratisierung, Berlin September 2005.

Dippel, C.; Thesing, B., 2002: Beratungsaufgaben des Medizinischen Dienstes der Krankenkassen im Rahmen der Pflegeversicherung – Eine empirische Untersuchung über die Erfahrungen vollstationärer Pflegeeinrichtungen mit dem beratungsorientierten Prüfansatz nach § 80 SGB XI in Niedersachsen, unveröffentlichte Diplomarbeit, 2002.

Empfehlung der Landesverbände der gesetzlichen Pflegekassen in Niedersachsen (2004) für eine Struktur und Gliederung von Leistungs- und Qualitätsvereinbarungen gemäß § 80a SGB XI, Stand März 2004, unveröffentlicht.

Empfehlungen der Verhandlungspartner des Rahmenvertrags gemäß § 75 SGB XI in Berlin. Stand 24.10.2005.

Gemeinsame Grundsätze und Maßstäbe (1996) zur Qualität und Qualitätssicherung einschließlich des Verfahrens zur Durchführung von Qualitätsprüfungen nach § 80 SGB XI in vollstationären Einrichtungen vom 7.3.1996, Bekanntmachung am 21.10.1996, BAnz 1996 Nr. 213, S. 12041.

Gemeinsame Grundsätze und Maßstäbe (2003) zur Qualität und Qualitätssicherung sowie für die Entwicklung eines einrichtungsinternen Qualitätsmanagements nach § 80 SGB XI in vollstationären Pflegeeinrichtungen vom 16.12.2003.

Gesetz zur Stärkung des Wettbewerbs in der gesetzlichen Krankenversicherung (GKV – Wettbewerbsstärkungsgesetz) vom 26.3.2007, BGBl. I Nr. 11 S. 378 ff.

Gesetz zur strukturellen Weiterentwicklung der Pflegeversicherung (Pflege-Weiterentwicklungsgesetz) vom 28.5.2008, BGBl. I Nr. 20 S. 874 ff.

Gesetzentwurf der Bundesregierung, 2001a: Entwurf eines Gesetzes zur Qualitätssicherung und zur Stärkung des Verbraucherschutzes in der Pflege (Pflege-Qualitätssicherungsgesetz – PQsG), Deutscher Bundestag – Drucksache 14/5395 vom 23.02.2001.

Gesetzentwurf der Bundesregierung, 2001b: Entwurf eines Dritten Gesetzes zur Änderung des Heimgesetzes, Deutscher Bundestag – Drucksache 14/5399 vom 23.2.2001.

Gesetzentwurf der Bundesregierung, 2007: Entwurf eines Gesetzes zur strukturellen Weiterentwicklung der Pflegeversicherung – Pflege-Weiterentwicklungsgesetz, Deutscher Bundestag – Drucksache 16/7439 vom 7.12.2007.

Gesetzentwurf der Fraktionen der CDU und SPD, 2006: Entwurf eines Gesetzes zur Stärkung des Wettbewerbs in der gesetzlichen Krankenversicherung (GKV-Wettbewerbsstärkungsgesetz – GKV-WSG), Deutscher Bundestag – Drucksache 16/3100 vom 24.10.2006.

Göpfert-Divivier, W.; Robitzsch, M., 2002: Qualitätsmanagement in der Altenpflege. In: Igl, G.; Schiemann, D.; Gerste, B.; Klose, J. (Hrsg.):Qualität in der Pflege, Stuttgart 2002.

Gutzmann, H.; Zank, S., 2005: Demenzielle Erkrankungen: Medizinische und psychosoziale Interventionen, Stuttgart 2005.

Hoffmann, M., 2002: Noch viele Fragen offen. In: Altenheim 2002, S. 30–34.

Klie, Th., 1999: Qualitätssicherung und § 80 SGB XI. In: PflegeRecht, Heft 7, 1999, S. 159–163.

Klie, Th., 2000: Qualitätssicherung im Streit? Zu Konzept, Umsetzung und Reformüberlegungen der Qualitätssicherung in der Pflege. In: PflegeRecht, Heft 10, 2000, S. 326–333.

Klie, Th., 2003: Die Chance für einen Neuanfang nutzen. In: Pflegezeitschrift, Heft 1, 2003, S. 43–46.

Klie, Th.; Krahmer, U. (Hrsg.), 1998: Soziale Pflegeversicherung, Lehr- und Praxiskommentar, (LPK – SGB XI), Baden-Baden 1998.

Klie, Th.; Krahmer, U. (Hrsg.), 2003: Soziale Pflegeversicherung. Lehr- und Praxiskommentar (LPK-SGB XI), 2. Auflage, Baden-Baden 2003.

Knobel, o.V.: Das Handlungskonzept Kinästhetik in der Pflege. In: http://www.pflege.ch [2.2.2008].

Ludwig, H.-P.; Burr, D., 2003: Lebendiges Qualitätsmanagement – Wirkungsvolle Umsetzung mit Elementen des Change Managements. In: PR-InterNet, Heft 6, 2003, S. 82–86.

Lutter, H., 2003: Qualitätssicherung und Qualitätsmanagement in der stationären Altenpflege in Niedersachsen. Eine Expertise über Systeme und ihre Anwendung, Hannover 2003.

MDS e.V. (Hrsg.), 2004: Qualität in der ambulanten und stationären Pflege. 1. Bericht des Medizinischen Dienstes der Spitzenverbände der Krankenkassen (MDS) nach § 118 Abs. 4 SGB XI, Essen 2004.

MDS e.V. (Hrsg.), 2005a: Richtlinien der Spitzenverbände der Pflegekassen über die Prüfung der in Pflegeeinrichtungen erbrachten Leistungen und deren Qualität (Qualitätsprüfungs-Richtlinien – QPR) vom 10.11.2005, Essen 2005.

MDS e.V. (Hrsg.), 2005b: MDK-Anleitung zur Prüfung der Qualität nach den §§ 112, 114 SGB XI in der stationären Pflege vom 10.11.2005, Essen 2005. In: http://www.mds.de [30.4.2008].

MDS e.V. (Hrsg.), 2006: Richtlinien der Spitzenverbände der Pflegekassen zur Begutachtung von Pflegebedürftigkeit nach dem XI. Buch des Sozialgesetzbuches, Essen 2006.

MDS e.V. (Hrsg.), 2007: Qualität in der ambulanten und stationären Pflege. 2. Bericht des Medizinischen Dienstes der Spitzenverbände der Krankenkassen (MDS) nach § 118 Abs. 4 SGB XI, Qualität in der ambulanten und stationären Pflege, Essen 2007.

Mötzing, G.; Wurlitzer, G., 2000: Leitfaden Altenpflege, München/Jena 2000.

Niedersächsisches Ministerium für Frauen, Arbeit und Soziales, 2000: Rahmenkonzept zur vollstationären Pflege von Schädel-Hirngeschädigten in Pflegeeinrichtungen der Phase F in Niedersachsen, Hannover 2000.

Nydahl, P., 1999: Basale Stimulation in der Intensivpflege. Pflege als Basis zur Kommunikation. In: Pflegezeitschrift 1999, Heft 4, S. 257–267.

Pick, P., 2003: Der Medizinische Dienst bleibt am Ball. In: Altenheim, Heft 3, 2003, S. 22–25.

Richtlinie der Spitzenverbände der Pflegekassen zur Anwendung der Härtefallregelungen (Härtefall-Richtlinien – HRi) vom 10.7.1995, Stand 28.10.2005.

Richtlinie zur Feststellung von Personen mit erheblich eingeschränkter Alltagskompetenz und zur Bewertung des Hilfebedarfs vom 22.3.2002, geändert durch Beschlüsse vom 11.5.2006 und 10.6.2008.

Richtlinien des Bundesausschusses der Ärzte und Krankenkassen über die Verordnung von „häuslicher Krankenpflege" nach § 92 Abs. 1 Satz 2 Nr. 6 und Abs. 7 SGB V in der Fassung vom 16. Februar 2000, veröffentlicht im Bundesanzeiger Nr. 91, S. 8 878, in Kraft getreten am 14. Mai 2000, zuletzt geändert am 17. Januar 2008/10.4.2008, veröffentlicht im Bundesanzeiger 2008, Nr. 84, S. 228, 2029 und 2030, in Kraft getreten am 11. Juni 2008.

Richtlinien zur Qualitätssicherung der Begutachtung und Beratung für den Bereich der sozialen Pflegeversicherung, in Kraft seit dem 1.1.2005.

Roth, G.,2002: Qualität in Pflegeheimen. Expertise im Auftrag des Bundesministeriums für Familie, Senioren, Frauen und Jugend. Dortmund 2002.

Sachverständigenrat für die Konzertierte Aktion im Gesundheitswesen, 2001: Gutachten 2000/2001. Bedarfsgerechtigkeit und Wirtschaftlichkeit, Band II. Qualitätsentwicklung in Medizin und Pflege. Deutscher Bundestag – Drucksache 14/5661 vom 21.3.2001.

Schönberg, o. V. (2005): Instrumente der internen Qualitätssicherung in der stationären und ambulanten Altenpflege, Dortmund 2005.

Spitzenverbände der Pflegekassen zu den Leistungs- und Qualitätsvereinbarungen (2003), Stand 16.7.2003: Empfehlung zur Umsetzung des § 80a SGB XI. In: http://www.aok-gesundheitspartner.de/inc_ges/download/dl.php/bundesverband/pflege/imperia/md/content/gesundheitspartner/bund/pflege/stationaerepflege/empf_spiv_umsetzung_lqv_16_07_2003.pdf [31.1.2008].

Udsching, P., 2000: SGB XI, Soziale Pflegeversicherung, Kommentar, 2. Auflage, München 2000.

Verband Alten- und Behindertenhilfe e.V. (Hrsg.), 2004: Rundschreiben Nr. 03/2004 – Stationär Niedersachsen der Geschäftsstelle VDAB e.V. Hannover vom 30.11.2004.

Verband Alten- und Behindertenhilfe e.V. (VDAB), 2003: Böses Erwachen vermeiden. In: Altenheim, Heft 3, 2003, S. 8.

Vollmer, R. J.; Vollmer, P., 2007: Kommentar, Soziale Pflegeversicherung SGB XI, Loseblatt, Remagen 2007.

Wallrafen-Dreisow, H., 2002: Qualitätssichernde Maßnahmen aus Sicht der Pflegeeinrichtung: Kundenzufriedenheit durch Dienstleistungsqualität. In: Igl, G.; Schiemann, D.; Gerste, B.; Klose, J.(Hrsg.): Qualität in der Pflege, Stuttgart/New York 2002, S. 293–309.

Wiese, U. E. (Hrsg.), 2003a: Soziale Sicherung im Spannungsfeld von Recht, Pflege und Ökonomie. Osnabrücker Studien, Band 19, Osnabrück 2003.

Wiese, U. E., 2003b: Rechtliche Aspekte der am 1.1.2002 in Kraft getretenen Gesetzesregelungen. In: Soziale Sicherung im Spannungsfeld von Recht, Pflege und Ökonomie. Osnabrücker Studien, Band 19, Osnabrück 2003, S. 164–174.

Wiese, U. E., 2004: Pflegeversicherung und Pflegepraxis. Auswirkungen rechtlicher Regularien auf die Pflege, Pflegequalität und Qualitätssicherung, Baden-Baden 2004.

Register

I

K

L